上海咬文嚼字文化传播有限公司

上海文艺出版社

图书在版编目（CIP）数据

2022年《咬文嚼字》合订本 / 《咬文嚼字》编辑部编. -- 上海 : 上海文艺出版社, 2023

ISBN 978-7-5321-8600-6

Ⅰ. ①2… Ⅱ. ①咬… Ⅲ. ①汉语－语法分析 Ⅳ. ①H14

中国版本图书馆CIP数据核字(2022)第239527号

责任编辑 朱恺迪
封面设计 王怡君

2022 Nián «Yǎowén-jiáozì» Hédìngběn

书　　名 2022年《咬文嚼字》合订本
编　　者 《咬文嚼字》编辑部
出　　版 上海文艺出版社
地　　址 上海市闵行区号景路159弄A座2-3楼
邮政编码 201101
发　　行 上海市闵行区号景路159弄A座206室
印　　刷 上海新艺印刷有限公司
开　　本 787×1092 1/32
印　　张 25.875
版　　次 2023年3月第1版 2023年3月第1次印刷
国际书号 ISBN 978-7-5321-8600-6/H.076
定　　价 60.00元（平装）
告 读 者 如发现本书有印刷质量问题请与印刷厂质量科联系
电　　话 021-33854186

顾　　问　濮之珍　何伟渔　陈必祥
　　　　　金文明　姚以恩
主　　编　黄安靖
副 主 编　王　敏
特约编委　汪惠迪（中国香港）
　　　　　田小琳（中国香港）
　　　　　林国安（马来西亚）
　　　　　吴英成（新加坡）
责任编辑　施隽南　朱恺迪
发稿编辑　戚新蕾　赵晓骏
封面设计　王怡君
特约校读　陈以鸿　李光羽
　　　　　王中原　张献通
　　　　　黄殿容　王瑞祥

精益求精，好上加好

（序）

陈以鸿

我是上海交通大学出版社退休编审。由于职业习惯，经常把所看到的文字应用上的各种错误，包括错别字、语法错误、引文错误、标点符号错误、史实错误等记在一个小本子上，并写明如何改正，取名《吹求录》，表“吹毛求疵”之意。

《咬文嚼字》创刊，可谓深得吾心。不仅每期仔细阅读，而且就刊物中出现的问题陆续寄信提意见。一次编辑部召开读者座谈会，主编郝铭鉴先生利用会议间隙对我说，意见很好，可惜时间晚了，好像马后炮，不知能不能把工作做在前面。我问怎么做。他说两种办法：一是审阅原稿，一是审读校样。我选择看校样。从此每月收到付印前的校样，约期反馈。当时社址在绍兴路，与上海昆剧团相近。我常去昆剧团学唱昆曲，可以顺便送回校样。后来办法改变了,校样看过不用还,电话联系就行。事实上经过编校同志们的努力,现在校样上问题很少,几分钟迅速交流完毕。

这次应约为合订本作序,我回溯往事,首先要怀念郝铭鉴先生首创之功,然后要祝愿《咬文嚼字》办得精益求精,好上加好,成为同类刊物中的卓越榜样。

2022 年 11 月 24 日

于上海仁济医院

《咬文嚼字》2022年第1—12期(总第325—336期)

总 目 录

(斜线后的数字,前为期数,后为页数)

年度盘点

微型讲坛

探名小札

前线观察

追踪荧屏

锁定名人

词语春秋

时尚词苑

一针见血

学习专栏

八面来风

热点聚焦

十字街头

有此一说

热线电话

译海寻真

书林一叶

正音室

语言哲思

社交新风

借题发挥

校园丛谈

学　林

文章病院

语苑新谈

检 测 窗

东语西渐

网言网语

说文解字

向你挑战

新年寄语

微 语 录

看图说话

雾里看花

广角镜

火眼金睛

其　他

YAOWEN-JIAOZI

咬文嚼字®

2022.01

春卷

一种用薄面皮包馅心、经煎炸而成的食品。由“春盘”演变而来。晋代周处《风土记》载“五辛盘”，《本草纲目》中说“五辛”即“葱、蒜、韭、蓼蒿、芥”。五辛盘是将辛味蔬菜置于盘中供人食用，以迎春接福，又称“春盘”。唐代演化成“春饼”，即将蔬菜切细，用薄饼卷着食用。元代以后，将“春饼”放入锅中油炸，逐渐演变成今日之“春卷”。

上海世纪出版集团
欢迎至邮局订阅本刊 邮发代号 4-641
国内统一连续出版物号 CN 31-1801/H
定价：6.00 元

新年寄语

大力弘扬“赶考”精神

编者

过去一百年，党向人民、向历史交出了一份优异的答卷。习近平总书记却强调：“党面临的‘赶考’远未结束。”“现在，中国共产党团结带领中国人民又踏上了实现第二个百年奋斗目标新的赶考之路。”作为新时代的出版人，我们必须大力弘扬“赶考”精神，主动担当，积极作为！

通过20多年的发展，《咬文嚼字》由期刊界的“小不点儿”成长为全国知名的语文运用刊物。在一定程度上，《咬文嚼字》影响着中国当代语文生活的走向。语言学家许嘉璐先生便曾赞扬说：“小刊物产生了大影响。”新时代，给我们提出了新的要求，我们担负着新的使命。我们既面临新的机遇，也面临新的挑战。不能止步于前，我们必须保持谦虚、谨慎、不骄、不躁的作风，继续埋头苦干、勇毅前行。在新征程上，展现新气象，做出新贡献，创造新辉煌。

亲爱的读者朋友，请你继续支持我们。有了你的支持，我们一定能考出好的成绩！

2021年12月

广角镜

喜报

在国家语委办公室（教育部语言文字应用管理司）组织开展的第二批国家语言文字推广基地遴选建设工作中，上海咬文嚼字文化传播有限公司经教育行政部门审核推荐、专家评审、实地考察、综合评议、网上公示等程序，被正式认定为第二批国家语言文字推广基地。（编者）

低调的院士

康　泰／文　臧田心／画

顾诵芬，1930 年 2 月出生，中国航空工业集团有限公司研究员。我国飞机设计大师，飞机空气动力设计奠基人，中国科学院院士、中国工程院院士。2021 年 11 月 3 日，国家科学技术奖励大会在北京举行，顾院士荣获国家最高科学技术奖。在谈到这一至高荣誉时，顾院士说：“党和人民给了我很多、很高的荣誉。这些荣誉应归功于那些振兴中国航空工业的领导和默默无闻、顽强奋斗的工人、技术人员。”顾院士为人低调，淡泊名利，一心扑在飞机设计事业上，是年轻人学习的楷模。

咬文嚼字®
2022年1月1日出版
1
总第325期

主管：上海文艺出版总社
主办：上海文化出版社
编辑、出版：《咬文嚼字》杂志社
集团网站：http://www.shwenyi.com
E-mail：yaowenjiaozi2@163.com
官方微博：
http://weibo.com/yaowenjiaozish
电话传真：021-64330669
发行电话：021-53204165
邮购电话：021-53204211
地址：上海市闵行区号景路159弄A座3楼
邮政编码：201101
发行：上海市报刊发行局
发行范围：国内外公开
订阅处：全国各地邮局
邮发代号：4-641
ISSN 1009-2390
CN 31-1801 / H
印刷：上海中华印刷有限公司
印厂电话：021-60829062
021-60299079
定价：6.00元

2021年十大流行语

《咬文嚼字》编辑部

（2021年12月）

一、百年未有之大变局 2017年12月习近平总书记在一次讲话中指出："放眼世界，我们面对的是百年未有之大变局。"此后，总书记在重要会议和重要场合多次提到了"百年未有之大变局"。我国发展既面临前所未有的机遇，也面临前所未有的挑战。中国共产党从1921年到2021年的百年奋斗，从根本上改变了中国人民的前途命运，开辟了实现中华民族伟大复兴的正确道路，深刻影响了世界历史进程。十八大以来，中国共产党团结带领全国各族人民，实现第一个百年奋斗目标，朝着实现中华民族伟大复兴的宏伟目标继续前进，党和国家事业取得历史性成就、发生历史性变革，为实现中华民族伟大复兴提供了更为完善的制度保证、更为坚实的物质基础、更为主动的精神力量，中华民族迎来了从站起来、富起来到强起来的伟大飞跃。历史证明，党的坚强领导是迎接挑战、应对变局、实现中华民族伟大复兴的中国梦的根本保证。

二、小康 小康社会是千百年来中国人对经济繁荣、社会安宁、家境富裕的向往和追求。改革开放之初，我们党就提出了建设小康社会目标。党的十八大报告明确"全面建成小康社会"的目标，十九大发出"决胜全面建成小康社会"的动员令。"小康不小康，关键看老乡"，脱贫攻坚是全面建成小康社会的底线任务，只有打赢脱贫攻坚战，才能确保全面建成小康社会。党坚持精准扶贫，确立不愁吃、不愁穿和义务教育、基本医疗、住房安全有保障工作目标，实行“军令状”式责任制，动员全党全国全社会力量，上下同心、尽锐出战，攻克坚中之坚、解决难中之难，组织实施人类历史上规模最大、力度最强的脱贫攻坚战。党的十八大以来，全国八百三十二个贫困县全部摘帽，十二万八千个贫困村全部出列，近一亿农村贫困人口实现脱贫，提前十年实现联合国二〇三〇年可持续发展议程减贫目标，历史性地解决了绝对贫困问题，创造了人类减贫史上的奇迹。在建党一百周年庆祝大会上，习近平总书记庄严宣告我国已全面建成小康社会。“千年小康梦成真”，“小康”正承载着新的时代内涵，正焕发着新的生命活力。

三、赶考 中华人民共和国成立前夕，党中央从西柏坡动身前往北京时，毛泽东同志说：“今天是进京赶考的日子。”号召全党务必继续保持谦虚、谨慎、不骄、不躁的作风，务必继续保持艰苦奋斗的作风。不忘初心，方得始终。过去一百年，党向人民、向历史交出了一份优异的答卷。习近平总书记在西柏坡考察时曾指出，“我们面临的挑战和问题依然严峻复杂，党面临的‘赶考’远未结束”。在庆祝建党一百周年大会重要讲话中，总书记再次强调：“现在，中国共产党团结带领中国人民又踏上了实现第二个百年奋斗目标新的赶考之路。”《中共中央关于党的百年奋斗重大成就和历史经验的决议》指出：“时代是出卷人，我们是答卷人，人民是阅卷人。我们一定要继续考出好成绩，在新时代新征程上展现新气象新作为。”走好新的赶考之路，勿忘昨天的苦难辉煌，无愧今天的使命担当，不负明天的伟大梦想，以史为鉴、开创未来，埋头苦干、勇毅前行，为实现第二个百年奋斗目标、实现中华民族伟大复兴的中国梦而不懈奋斗。“赶考”生动地展现出中国共产党一路披荆斩棘,在探索中铸就辉煌、不断开创未来的奋斗姿态。

四、双减 2021年5月21日,习近平主持召开中央全面深化改革委员会第十九次会议,会议审议通过了《关于进一步减轻义务教育阶段学生作业负担和校外培训负担的意见》。"减轻义务教育阶段学生作业负担和校外培训负担"简称"双减",针对的问题是中小学生负担太重,"校内减负、校外增负"现象突出,广大青少年的身心健康受到了严重影响。"双减"意见发布后,其效果堪称震撼,不但强化了学校教育的主阵地作用,有效遏制了校外教育机构的无序发展,而且也让社会各界,尤其是学生家长重新思考探索更加科学的教育理念和方式。

五、碳达峰,碳中和 "碳达峰"指二氧化碳的排放不再增长,达到峰值之后开始下降;"碳中和"指企业、团体或个人通过植树造林、节能减排等形式,抵消自身产生的二氧化碳排放量,实现二氧化碳"零排放"。2020年9月22日,国家主席习近平在第七十五届联合国大会上宣布,中国力争2030年前二氧化碳排放达到峰值,努力争取2060年前实现碳中和。在今年全国"两会"上,"碳达峰""碳中和"写入了《政府工作报告》,再次引起广泛关注。"双碳"目标,事关中华民族永续发展和构建人类命运共同体的重大战略决策,充分彰显中国言必信、行必果的大国担当。"碳达峰""碳中和"倡导绿色、环保、低碳的生活方式,推动资源循环利用,提高资源利用效率,与我们每一个人都有关。

六、野性消费 2021年7月,河南遭遇特大洪灾,某国产运动品牌捐赠5000万元物资低调赈灾。网友得知后深受感动,纷纷涌入该品牌直播间下单,表达自己对爱心企业的支持。主播劝大家理性消费,而网友们则在弹幕里喊出"我要野性消费"。"野性"指不驯顺的性情，“野性消费”即不受约束的消费。然而，率性的语言表达，彰显的是爱心行动。这种释放“爱”意的“野性消费”有其现实基础：一是感情基础，良心企业确实是不求回报做慈善，才赢得了广大网友爱心回馈；二是品质基础，如今国货品质全面提升，国潮品牌物美价廉，才赢得了广大消费者的放心消费。

七、破防 “破防”本指突破防御，最初是网游用语，指游戏装备、技能被破坏，失去了防御效果。后词义引申，如今多指心理防线被攻破。“破防”的结果有两种：一种是指内心受到伤害后的悲羞与痛苦，另一种是内心受到触动后的共鸣与感动。如今常用的是后者，比如：2021年7月1日，张桂梅老师登上天安门城楼，穿的是送学生高考时的那件朴素的衬衫，这处细节让网友直呼“破防”了。

八、鸡娃 “打鸡血”源于曾经流传的“鸡血疗法”。因缺少科学依据，该疗法早已销声匿迹，但“打鸡血”一词却流传至今，多用于调侃、讽刺某些人精神亢奋，有近乎疯狂、痴迷的状态。近年来，升学竞争十分激烈，为了不“输在起跑线上”，不少家长逼迫孩子大量补习，“努力拼搏”。这种近乎疯狂的养育方式被调侃为是在“给孩子打鸡血”，简称“鸡娃”。如今，“鸡娃”之积极效果未见得有多少，父母与孩子身心俱疲则是无法否认的现实。显而易见，“鸡血疗法”是不科学的，拔苗助长的“鸡娃”也是不值得提倡的。说到这个“鸡”字，还请注意，它已经从名词扩展出了动词的用法。

九、躺平 “躺平”本指平卧，引申指休息。如今不少人口头挂着的“躺平”，多指一种“不作为”“不反抗”“不努力”的生活态度，以此为生活理念的群体即“躺平族”，面对各种压力选择“一躺了之”。其实，许多喊着“躺平”的年轻人，并未真正“躺平”，他们只是在用自嘲的方式反抗当今巨大的生活压力、高度的“内卷”竞争。“躺平族”也从未相信“躺平”能“赢”，今天的“躺平”只不过是为明天更好地奋斗而养精蓄锐。年轻人应理性地看待竞争，以积极的态度面对压力，永不放弃，为理想和未来努力奋斗。

十、元宇宙 2021年10月底，一家网络公司更名“元宇宙”，在世界范围内引起广泛关注。“元宇宙”的前身是“元界”，最早出现在一本科幻小说中，那是一个平行于现实世界的虚拟数字世界。不能否认，元宇宙作为虚拟世界和现实世界融合的载体，蕴含社交、游戏、办公等场景变革的巨大机遇。基于“元宇宙”而生发出的一系列构想，背后是人类生活方式的重大变革。不过，元宇宙目前还处在初期发展阶段，尤其是作为产业，仍存在诸多不确定性，无论是产业发展还是市场投资，都亟需回归理性。

《“冬天不要砍树”》参考答案

1. 凛迥——凛冽
2. 调零——凋零
3. 端祥——端详
4. 姆指——拇指
5. 掂记——惦记
6. 法廷——法庭
7. 唇枪舌战——唇枪舌剑
8. 悬梁刺骨——悬梁刺股
9. 金榜提名——金榜题名
10. 羸弱——羸弱

斑竹不是“香妃竹”

◎李景祥

央视财经频道2021年9月18日播出的《中国国宝大会》第三场比赛中，第一轮第七题问北魏司马金龙墓中出土的漆屏风上所绘制的“帝舜二妃娥皇女英”“灵公夫人”等内容取材自哪部作品，答案是《列女传》。场上嘉宾在解说时介绍了娥皇女英的故事，并说道：“屈原在写《九歌》的时候也提到过，舜死了以后，娥皇女英最后哭，大家可能还知道那个斑竹，她（们）的眼泪（掉在）竹子上后变成了这个泪痕……”主持人说道：“所以叫 xiāng 妃竹。”嘉宾说：“对。xiāng 妃竹也是和这个有关系的。”字幕将两处“xiāng 妃竹”都写作了“香妃竹”。历史上确实有一位“香妃”，但斑竹未曾有过“香妃竹”的称呼，这里的“香妃竹”应是“湘妃竹”。

传说，尧之二女娥皇女英同嫁于舜，舜去南方巡视，死于苍梧，葬于九嶷山。娥皇、女英二人闻讯赶往南方，死于江湘之间。二人哭舜所流之泪，染在青竹之上形成了斑点，人们乃称之为“斑竹”。这种竹子也被称为“湘妃竹”“湘竹”“泪

介子推是“晋代名士”？

◎偶　见

纪录片《诗词之旅》第2集中，嘉宾在解说宋代黄庭坚七律诗《清明》时，说该诗涉及两个典故：“其一为齐人乞讨祭品果腹，却向妻妾炫耀自己酒足饭饱之事；其二为晋代名士介子推焚身而死不慕权贵。”这里的“晋代”是“晋国”之误。

历史上，占据中原地区、具

竹”“潇湘竹”。战国时代，楚人屈原作组诗《九歌》，共十一篇，第三篇为《湘君》，第四篇为《湘夫人》。有人认为“湘君”就是娥皇，“湘夫人”就是女英，也有说“湘夫人”为娥皇、女英二人。屈原并未点出人名，后人无法确知。

而香妃即清代乾隆之容妃（1734或1735—1788），和卓氏，维吾尔族人。乾隆二十五年（1760）进宫。乾隆三十三年（1768）进位贵妃，称容妃。传说她体有异香，所以也被称为“香妃”。这位香妃在民间有一些传说，但都与斑竹无涉，也未见有把“湘妃竹”写作“香妃竹”的。字幕误打出“香妃竹”，应是节目制作者不了解湘妃竹的典故所致。

有承前启后作用的政权，其朝代习惯上被称为“代”，如周代、唐代；而分封或割据政权则一般不称“代”，只称“国”，如三国时期的魏、蜀、吴。“晋”既是国名，也是朝代名。

晋国，周代诸侯国，在今山西西南部。开国君主是周成王之弟叔虞。前403年，周威烈王册封韩、赵、魏为诸侯，史称“三家分晋”。前376年，末任晋侯晋静公被废为庶民，晋国正式消亡。晋国主要疆域在山西，故今山西省仍别称“晋”。

晋代则一般指西晋。266年司马炎篡魏，建立政权，国号“晋”，定都洛阳，史称“西晋”。316年，西晋被匈奴人刘聪所灭。317年，司马睿在南方重建晋朝，都建康（今江苏南京），史称东晋。420年，刘裕建立刘宋，东晋灭亡。西晋、东晋合称“两晋”。

介子推（现常写作“介之推”）是春秋时期名士。当时晋国内乱，太子申生被陷害致死，公子夷吾和重耳畏惧逃亡，介子推等多位贤士追随。逃亡时重耳经常食不果腹，介子推“割股奉君”——割自己腿上的肉，与野菜同煮成汤，给重耳吃。后来重耳回到晋国成为晋文公，封赏早年跟随流亡的人，但“赏从亡者未至隐者介子推”，子推也“不言禄”，携母隐入绵山。解张为介子推鸣不平，晋文公深感惭愧，往绵山寻找不得，下令烧山，逼介子推出来。大火烧了三天，始终未见介子推。传说，后来在一棵枯柳树下发现了介子推母子的尸骨，晋文公悲痛万分，为哀悼介子推，下令在其忌日禁止烟火，吃冷的食物，由此形成“寒食节”。黄庭坚《清明》诗中赞叹介子推“士甘焚死不公侯”。

介子推系春秋时期晋国人，与司马氏所建立的政权没有任何关联，可以称他“周代名士”“晋国名士”，但是不能称“晋代名士”。

“吊诡”岂能作“刁诡”

◎周生军

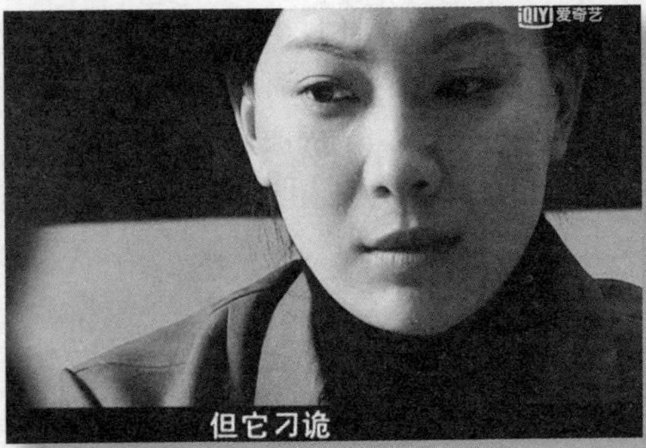

连续剧《暗算》第18集中，黄依依推测“光密”的加密技术时这样说道：“我觉得它既不高难，也不是常见的，但它刁诡、有趣、智慧，就像是魔术。”（字幕同步显示）这里的“刁诡”令人疑窦丛生，联系语境，应是“吊诡”之误。

“吊诡”读音作diàoguǐ。语出《庄子·齐物论》：“丘也与女皆梦也；予谓女梦亦梦也。是其言也，其名为吊诡。”陆德明释文：“吊，如字，又音的，至也；诡，异也。”就是说“吊”意思是至，“诡”即怪异，“吊诡”即非常怪异的意思。如鲁迅《坟·文化偏至论》：“而十九世纪末之重个人，则吊诡殊恒，尤不能与往者比论。”另外，《咬文嚼字》2007年第5期上《撩起“吊诡”的面纱》一文曾介绍“吊诡”近年来被用来翻译英文中的“paradox”，“paradox”义为“悖论、似是而非”，这是“吊诡”的新义。剧中黄依依是用“吊诡”来形容“光密”加密技术的虚实莫测、奇特怪异。

“刁（diāo）”义为狡猾、无赖，常用来形容人，汉语中没有“刁诡”之说。

应为“一推六二五”

◎高良槐

电视连续剧《我哥我嫂》第49集中，夏一男对嫂子董香合说：“家里发生这么多大事的时候，你这个长嫂在哪儿？”董香合争辩：“那时候我又不在，你又不能把这些事都怪在我头上吧。”夏一男说：“行，这是一推二六五是吧。本来没人指望你对这些事情负责……”（字幕同步显示）此处的“一推二六五”不对，应为“一推六二五”。

“一推六二五”，原作“一退六二五”，本是珠算斤两的口诀。现在，1斤等于10两，而在过去，1两是1斤的1/16，即0.0625斤。珠算中，有计算斤两的口诀：“一退六二五，二留一二五，三留一八七五……”后来“一退六二五”被借用为推卸干净之义。而“退”与“推”谐音，故亦多作“推”。梁斌《〈烽烟图〉寻稿记实》：“工宣队一推六二五，说：‘你交给谁了找谁去，我们不管！’”

1959年国务院发布《关于统一计量制度的命令》，将1斤16两改为1斤10两，至今已有60多年。现在，熟悉“一退（推）六二五”的人已经不多了，这才出现了“一推二六五”的误说。

榷论“回笼”与“媾和”

◎刘希贤

以连续剧《大宅门》享誉全国的著名导演郭宝昌先生研究京剧美学的著作《了不起的游戏——京剧究竟好在哪里》由生活·读书·新知三联书店在2021年8月出版。笔者在书中发现两处文字表述似可商榷。

书中说样板戏用西洋乐队改造了京剧的音乐构成,但不掩盖京剧伴奏传统三大件(京胡、弦子、月琴)的光芒,并举例:“再如《智取威虎山》,杨子荣《打虎上山》一段,也是由西乐前导,起导板,后由西乐伴舞,再起回笼,西乐再前奏,由三大件……”(第211页)其中“回笼”应是“回龙”。

回龙,又名“回龙腔”,是京剧中一种板式,连接导板与其他板式,起到承上启下的作用。回龙的特点是前紧后弛,前半段具有叠句特点,一句垛一句,后半句有一个较长拖腔。(见《中国京剧艺术百科全书·上卷》)而回笼,生活中指把凉了的馒头或包子重新放到笼屉里再蒸,引申为重新学习或加工。在经济学中,也指在社会上流通的货币回到发行的银行。“回笼”与京剧无关。

第336页讲由传统京戏《活捉三郎》改编的《惜·姣》的艺术创新时写道:“被宋江杀死的阎婆惜,死后不找杀她的宋江报仇,却找当初与其媾和的张文远算账,只因张文远曾发誓与其同生共死……”这里的“媾和”属用词不当。

媾,音gòu。《说文·女部》:“媾,重婚也。”段玉裁注:“重婚者,重叠交互为婚姻也。”本指结为婚姻,亲上加亲,后来有交

『一鸟不鸣山更幽』非唐诗

◎时未

著名红学家、文史学家冯其庸先生所著《瓜饭集》(商务印书馆2009年出版)中有一段写道:“我们四望天池,一片寂静,唐人说‘一鸟不鸣山更幽’,倒确实是‘一鸟不鸣’,幽静之极。”(第142页)这里所引诗句“一鸟不鸣山更幽”非唐人所作,而是北宋政治家、文学家王安石《钟山即事》中的一句。

《钟山即事》全诗如下:“涧水无声绕竹流,竹西花草弄春柔。茅檐相对坐终日,一鸟不鸣山更幽。”这是王安石于宋神宗熙宁九年(1076)因变法失败,再次罢相退居江宁(今南京)时在钟山脚下半山园所作的一首七言绝句。看似耽情于山水的悠闲之中,却寄托着无限的孤寂和无奈。

王安石常化用前人诗句熔铸新句,此诗尾句即源于南朝王籍《入若耶溪》:“蝉噪林逾静,鸟鸣山更幽。”原作运用以动写静、以有声托无声的修辞手段,有“寂静之幽深者,每以得声音衬托而愈觉其深”(钱锺书语)的效果。唐人对王籍这一名联多有仿效或借用,如王维的“月出惊山鸟,时鸣春涧中”、常建的“万籁此俱寂,唯闻钟磬音”、杜甫的“春山无伴独相求,伐木丁丁山更幽”等等。或许是受到这些唐诗的影响,冯先生一时疏忽,误将宋语作唐声了。

合、和好等义。“媾和”一词多指交战双方之间缔结和约,结束战争状态。上例中阎婆惜与张文远不存在缔结和约的“媾和”关系,而是有男女交合的“媾合”关系。当然,更准确的用词应当是“苟合”。

苟,音gǒu,有随便、暂且等义。“苟合”旧时有无原则地附和的意思,现在多指男女之间不正当的结合。阎婆惜和张文远,显然是不正当的“苟合”关系。

“割席”和“切割”

◎高丕永

新世纪以来，“割席”和“切割”这两个词，越来越多地出现在媒体上。

“割席”一词，出自《世说新语·德行》：三国时，管宁、华歆本是合坐一张席上读书的同学。后来，管宁鄙视华歆的为人，同他“割席分坐”，并说“你不再是我的朋友”。后世用“割席”指朋友间断交。比如宋代杨万里《斋房戏题》诗：“欲从举者便弹冠，回顾石交难割席。”（石交：交谊坚固的朋友）现今说“割席”，往往泛指“断绝关系，撇清关系”。

“割席”的常见用法是组成“与（和）……割席”结构。比如：“现在，一个事实愈发清晰：不与暴力割席，暴力就会绑架自己；同情暴徒、做暴力的帮凶，暴力必然反噬自身；所谓‘违法达义’，只会让香港永无宁日。”（《人民日报》2019年11月16日）有时，“割席”单独使用，则要根据上下文来了解“与谁断绝关系”。比如：“特朗普模糊回应种族主义　CEO们割席断交”（标题，《第一财经日报》2017年8月16日）。标题里的“割席”，指与特朗普撇清关系。

“切割”一词，汉语里本来就有，主要指“用刀具截断物品；用机床切断或用火焰、电弧等烧断金属原材料或部件”。现在，媒体上经常出现的“切割”，有些也是指“断绝关系、撇清关系”，与泛指的“割席”同义。这个意义的“切割”，是意译英语动词短语“cut off”借入的。借词“切割”，可组成两种结构：“与……切割”和“切割……”。

“与……切割”结构比较多见，“切割”的对象是介词“与”的宾语。比如：“据《纽约时报》报道：针对美国总统特朗普在处理新冠疫情、解决国内经济问题以及应对骚乱等方面的表现，一些共和党大佬开始与他切割。”（《大公报》2020年6月9日）又如：“百事薯片涉事工厂关停　与饮料切割力保‘支柱’”（标题，《中国经营报》2020年6月29日）。汉语原有的“切割”，没有这样的结构。

另一结构“切割……”中“切割”的宾语就是“切割”的对象。比如：“反对派切割‘港独’才有出路”（标题，《大公报》2019年3月2日）。又如：“忙着切割‘黑历史’的好莱坞，是在逃避比黑夜更黑暗的过去”（标题，《文汇报》2020年6月23日）。

借词“切割”和汉语原有的“切割”，都可组成“切割……”结构。如何区分呢？这两个“切割”的意义相差很大，可以根据上下文加以辨别。比如，我们说“切割黑历史”，借词“切割”是要与“黑历史”撇清关系，而汉语原有的“切割”则是要把“黑历史”分割成几个部分。

有时，借词“切割”也单独使用。根据上下文，便能了解“与谁断绝关系”。比如：“近年来，不少‘伪央企’现身资本市场，它们打着央企的旗号，靠央企的信用背书获得金融机构的信任，大肆融资。一旦出现违约，背后的真央企立刻站出来进行澄清或切割，金融机构和投资者损失惨重。”（《中国新闻周刊》2021年第10期）

媒体上，有时还会出现“部分切割”的说法。一般认为，“部分切割”是意译英语的“partially（部分地）cut off”借入的，指“断绝部分关系，撇清部分关系”。比如：“陈水扁一审被判无期徒刑，民进党主席蔡英文11日晚间亲自举行记者会回应，蔡英文从两方面评价一审结果，被媒体解读为蔡英文与陈水扁‘部分切割’。”（《厦门商报》2009年9月12日）

“小姐姐”与“小哥哥”

◎代宗艳

如今，人们生活中悄然掀起一股“小姐姐”热，“小姐姐”一词频现于微博、论坛甚至报纸杂志。例如：

（1）近日，在浙江义乌，一个小姐姐为消防员的夜宵埋单后偷偷溜走，让网友直呼“太暖了”！消防员事后调取监控，全网寻找这位好心人，想对她说一声谢谢。7日，这个暖心的小姐姐终于被找到了。（《长治日报》2020年8月11日）

（2）根据秒针与海马云大数据的《2018抖音研究报告》，流量最大的是“美好生活类”，占40%，互动量远大于其余类别。“美好生活”专指“生活里的小确幸”，包含美食美景、萌宠萌娃、时尚美妆、生活记录和“高颜值小哥哥小姐姐”。（《北京青年报》2019年1月11日）

现下风靡的“小姐姐”一词最初来源于二次元文化圈，其早期含义为粉丝对萌系女生的称呼。后来，通过弹幕网站与动画论坛的传播，二次元的“小姐姐”走向了大众视野。最后由线上扩散至线下，“小姐姐”便从二次元亚文化圈逐步扩散到社会主流文化圈，其使用范围也变得更加广泛，发展到几乎可以用来指称所有的年轻女性。

在我们的言语系统中，对于女性的称呼大致包括“小姐、女神、靓女、美女、姑娘、小妹、老妹、女士”等等。根据交际对象的不同，我们对称谓语的选择也不尽相同。“小姐”本指称年轻或者未婚女性，语义泛化后也用于指称从事某种不良行业的女性，因而人们对其认可度和接受度逐渐下降，只是在比较正式的场合中使用；“女神”“靓女”和“美女”，多指称年轻貌美的女性，在年轻人中广为使用，部分女性认为称呼“女神”“靓女”和“美女”比较轻佻，因为它们涉及对外貌的评价，因此可能导致听话人的不适。“姑娘”“老妹”和“小妹”通常是年长者对有亲属关系的或者是陌生女性的称呼。“女士”应该算一个较为礼貌的通用称谓语，它常和姓氏连用，多用于正式场合。“小姐姐”好比异军突起，后来居上。

从语言结构上来看，“小姐姐”为 ABB 型结构词，节奏感强，朗朗上口；从语义上看，“小姐姐”凸显感情色彩，带有[+年轻][+可爱][+温柔][+美丽][+亲切]的语义特征。值得注意的是，“小姐姐”并不具有“姐姐”“大姐”“大姐姐”等所具有的[+年长]的语义特征。伴随“小姐姐”高频使用，已类推出“××小姐姐”等一系列新词语，彰显出强大生命力。例如：

(3)10 月 16 日，红遍网络的“不倒翁小姐姐”亮相“好吃运城嗨购河东”金秋消费季系列活动现场，市民与演员握手、合照，近距离感受“不倒翁小姐姐”的魅力。(《运城晚报》2020 年 10 月 19 日)

(4)昨晚，河南卫视元宵节特别节目——“河南博物院元宵奇妙夜”精彩上演。“唐宫小姐姐”来到河南博物院，与该院的国宝文物一起……带领观众度过了一个美妙的元宵节前夜。(《郑州日报》2021 年 2 月 26 日)

有了“小姐姐”，人们还仿拟了与之对应的男性社会称谓语“小哥哥”(二者的语义特征和语用状况有点类似，本文不赘述)。例如：

(5)“不动产登记”小姐姐和“绩效”小哥哥的励志故事(标题，《北海日报》2020 年 12 月 16 日)

称谓语是语言交际中最为

两个“复盘”不一样

◎南　园

先请看下面的例句：

（1）停牌将近两个月中兴通讯昨日复盘（标题，《新快报》2018年6月14日）

（2）广交复盘，各行业“疫”往无前收获多（标题，《国际商报》2020年10月27日）

（3）2021年春运 民航市场复盘（标题，《中国民航报》2021年3月15日）

（4）中国领队陪日本10岁小棋手复盘（标题，《北京青年报》2019年5月23日）

（5）武汉疫情迅速控制关键因素是啥？——华中科技大学教授复盘（标题，《大河报》2020年12月7日）

（6）为了共同的目标，每节训练课后，大家总会坐在一起复盘，寻找问题，培养默契。（《人民日报》2021年7月31日）

“复盘”，2005年收入了《现代汉语词典》（第5版），词类标注为动词，列出了两个义项。其中一个义项（以下简称“复盘①”），指“证券市场停盘后重新恢复交易”（按，“停盘”，指“暂停交易”）。比如例（1）。现在，复盘①还用来泛指“恢复、复苏”。比如例（2）（3）。

“复盘①”的用例，很久以前就出现了。据《申报》1884年

丰富而活跃的部分，也是反映社会政治、经济、文化发展变化的重要载体。“小姐姐”“小哥哥”的出现可以视为对汉语通用称谓语系统的有益补充，同时迎合了当今社会大众的审美眼光和社会心理，因此受到众人的追捧和模仿。

3月17日报道：宁波各地正在举办庙会，但是赌博活动在几个乡里又露头了。赌徒们在庙会前后左右搭棚聚赌。乡里的管理者不但不制止，反而还收取摊位费，造成赌风益发嚣张，斗殴等治安案件多了起来。这则报道的标题是《赌风复盘》。

"复盘"的另一个义项（以下简称"复盘②"），指"按原先的走法，把下完的棋再摆一遍"。比如例（4）。三十多年前，这个"复盘"已经开始泛指"对过去的操作过程重新推演一遍，通过对过去的思维和行为进行回顾、反思和研究，从而实现改进，最终达到提升"。比如："提高业务水平的好方法——文件办毕须'复盘'"（标题，《秘书工作》1985年第2期）。现在，泛指的"复盘②"很常见。比如例（5）（6）。

"复盘①"，不带宾语，见例（1）（2）（3）。"复盘②"，多数也不带宾语，见例（4）（5）（6）。少数带宾语的"复盘"，一般是"复盘②"。比如："实事求是复盘灾害过程查清问题短板厘清责任"（标题，《羊城晚报》2021年8月22日）。

"复盘①"和"复盘②"的词义差别不小，主要因为这两个词里"复"的字源、字义均不同。"复盘①"的"复"（繁体字为"復"），是"恢复"的"复"，与"复职、复婚、复辟"的"复"同义；"复盘②"的"复"（繁体字为"複"），是"重复"的"复"，与"复写、复诊、复印"的"复"同义。另外，这两个义项里的"盘"，字义也不同。"复盘①"的"盘"，原指"（证券市场的）行情、交易"；"复盘②"的"盘"，原指"（下完的）一盘棋"。

《火眼金睛》提示

图1，"兴国安帮"应为"兴国安邦"。

图2，"肉沫茄子"应为"肉末茄子"。

图3，"与子携老"应为"与子偕老"。

图4，"暧通"应为"暖通"。

“品轶”？“品秩”！

◎晋　相

2021年10月19日《北京晚报》第25版刊有《香山胜景 名园静宜》一文，其中讲到香山静宜园管园官员的级别：“与‘三山五园’中的其他园林相比”，建立之初的静宜园“在官员品轶和人员配置上明显偏低，仅有八品苑丞两人，未入流苑副两人”。这里的“品轶”应为“品秩”。

“品秩”的“品”是封建帝制时代官吏的等级，“秩”本指等第、次序，可表示官员的俸禄、品级等，这里指的是官吏的俸禄。“品秩”即官品与俸秩。古代的文武百官，不论在京中还是在外任职，都是有品级的，品级有高低，官俸也有高低不同。上述引文中提到的“八品苑丞”和“苑副”都是等级较低的官吏。

轶，有超越、散失、安乐等义，都与品级无关，哪个朝代也找不到有讲官员之“品轶”的。

“兵俑”如何繁衍后代

◎周　振

2021年9月22日《报刊文摘》第2版《延平郡王信俗在台湾》一文写道：“收复台湾后，延平郡王（即郑成功）将台南作为其军事基地据点，进行反清复明的准备，同时，他也积极建设台湾，其从闽粤沿海带来的大量兵俑，后来成为闽粤籍后代的祖先。”其中把郑成功带到台湾的士兵称为“兵俑”，错了。

兵俑，是古代墓葬中的木制、陶制或铜制的偶人，也称武士俑。世界闻名的兵俑，是1974年开始陆续在陕西西安秦始皇陵出土的七千多件陶制武士俑。这些兵俑与真人相仿，千姿百态，栩栩如生。显然，“兵俑”即使是像秦始皇陵之中者栩栩如生，也是人工制作出来的殉葬品，是没有生命力的，不可能成为繁衍后代的“祖先”。这里的“兵俑”应该是“兵勇”。

勇,除了形容有胆量、不怕困难不怕危险等,还可指士兵、兵卒。清代称兵为“额兵”,额兵之外临时招募的兵卒称为勇。所以“兵勇”后泛指士兵、兵卒。如清代平步青《霞外攟(jùn)屑》:“去岁英勇(英国士兵——笔者注)一入城,叶名琛即被掠而去。彼时城中岂无数百官绅?岂无数万兵勇?皆无法可施。”“兵勇”是活生生的人,可婚配繁衍后代。将上述文章中的“兵俑”改成“兵勇”就正确了。

侧目“睥睨”无关“晲”

◎雷晓琪

“人或称赞几句,老徐不为所动,目不斜视,但余光有睥晲之意。他的字越写越好,最得意的是笔画中的点。”这段话出自《读者》2021年第15期《广场晨昏》一文,其中“睥晲”之“晲”错了!应为“睨”。

睨,音 nì,义为斜着眼睛看。《史记·李将军列传》:“广佯死,睨其旁有一胡儿骑善马,广暂腾而上胡儿马。”即李广装死,斜眼看到有一个少年胡人骑着好马,李广就忽然跃起上了马。睥,音 pì,意思是看。睥睨,就是眼睛斜着看,有傲慢轻视或不服气之意,如梁启超《民约论巨子卢梭之学说》:“自是刻苦砥砺,日夜孜孜,惟恐不足,崭然有睥睨千古之概。”“睥睨”还有窥视、监视之义,还指城墙上的矮墙。另外,睥睨也是古代皇帝的一种仪仗。《宋史·仪卫志六》:“睥睨,如华盖而小。”稍做揣摩不难发现,上文当用“睥睨”。

“晲”读作 nǐ,意思是日过午偏斜,不能与“睥”搭配使用。

《白毛女》是歌剧不是小说

◎辜良仲

“《保卫延安》《白毛女》《小

二黑结婚》《青春之歌》《林海雪原》《红岩》《创业史》《平凡的世界》等小说所反映的社会生活虽然早已成为历史，但其中的典型人物成了历史的永恒标志。"这段话出自2021年9月7日《光明日报》第2版《文艺应凸显自然之美、生活之美、心灵之美》一文。这段话的准确性值得推敲，《白毛女》不是小说，而是我国经典歌剧。

歌剧《白毛女》是在延安新秧歌运动基础上创作的中国第一部新歌剧。剧本是在民间传说"白毛仙姑"的基础上，由延安鲁迅艺术学院集体创作而成。故事说的是地主黄世仁看中了杨白劳的女儿喜儿，逼杨白劳以喜儿抵债，喜儿被抢进黄家。之后喜儿逃居深山多年，头发全白。后来八路军从深山中找回喜儿，为她申冤。其主题是"旧社会把人逼成鬼，新社会把鬼变成人"。1945年4月首演于延安。

《白毛女》首先是歌剧，后来还被改编成电影、京剧和芭蕾舞剧。说《白毛女》是小说，那是不正确的。

"举人"的别称非"贡生"

◎杨宏著

《李叔同·圆月天心》（辽宁人民出版社2015年9月出版）第7页上说李叔同的父亲李世珍"是清同治四年（一八六五年）乙丑科这一年先后考取了举人（贡生）和进士的"。其中将"举人"括注为"贡生"是不对的。

明清时期，凡是经过本省童生试入府、州、县学的称为生员。生员可参加乡试。乡试在各省省城举行，每三年秋季举行一次，故又称秋试或秋闱。乡试录取者称为举人。举人可参加会试，会试在乡试的第二年春季举行，故又称"春闱"。会试取中者称贡士或中式进士。会试一个月后举行殿试，贡士参加殿试并无黜落，根据成绩分为三等：一等为进士及第，二等为进士出身，三等为同进士出身。

“贡生”则是科举时代考选府、州、县生员（秀才）送到国子监肄业的人。称为贡生，是取“将人才贡献给皇帝”之意。举人和贡生并不是一回事。

另外，文章中的表述也不够明白，易造成李世珍考取举人和进士都在同治四年的误解。根据上述介绍可知，考中进士最早只能在考中举人的次年。李世珍应该是在乙丑年考中了进士，在前一年甲子年考中了举人。

香草错成了篱笆

◎厉申东

2021 年 10 月 27 日《益寿文摘》所刊《古诗词里的亭台楼阁轩榭廊舫》引用了白居易《竹枝词四首》之三，其中有“江篱湿叶碧凄凄”一句，“江篱”是“江蓠”之误。

“江蓠”亦作“江离”，是香草名，屈原《离骚》：“扈江离与辟芷兮，纫秋兰以为佩。”王逸注：“江离、芷，皆香草名。”白居易“江蓠湿叶碧凄凄”中的“江蓠”即香草。“江蓠”还指一种红藻，亦名龙须菜、海面线、海菜等，可食用，也是制取琼胶的主要原料。

“篱”是篱笆，即用竹、木、芦苇等编成的屏障。“江篱”是指江中筑起篱笆？即便意思可通，与古诗中的“江蓠”也是风马牛不相及。

应是《西湖游览志余》

◎木　子

“在明代，月饼成了中秋节必食之品，并被赋予合家团圆之意。《西湖游览志会》记载有‘八月十五日谓之中秋，民间以月饼相遗，取团圆之义’。”这段话出自 2021 年 9 月 21 日《沈阳日报》第 3 版《巧出饼师心貌得婵娟月》一文。文中的《西湖游览志会》错了，应是《西湖游览志余》,撰写者为田汝成。

田汝成(1503—1557),字叔禾,浙江钱塘(今杭州)人,曾任南京刑部主事、礼部主事、福建提学副使等职。对于家乡杭州的西湖,撰有《西湖游览志》及《西湖游览志余》两部笔记。《西湖游览志》以杭州西湖周围山川景物、名胜古迹为中心,记述地理形势、民间传说、人物故事、庙宇布局、文人唱和等等。《西湖游览志余》为撰写前书时"剪裁之遗兼收并蓄分门汇总"而成,以轶闻掌故为中心,有杭州风俗、民间谚语童谣等,所录故事曾被后世文人取材,用于小说、戏曲创作。上述文章中的引文即出于《西湖游览志余》卷二十。

能自称"乔迁"吗

◎厉国轩

2021年5月11日《上海老年报》第8版《给女儿八米距离》一文说:朋友批评"我"把北间给女儿做卧室不妥当,"由此次对话,(我)联想起20多年前乔迁入住时的房间分配情景"。搬进新房入住能自称"乔迁"吗?不能!

"乔迁"出自《诗经·小雅·伐木》:"伐木丁丁,鸟鸣嘤嘤。出自幽谷,迁于乔木。"是说鸟从幽深的低谷出来,迁到高大的乔木上。后以"乔迁"祝贺人或单位搬到新的地方居住或办公,旧时亦以之贺人官职高升。称自己搬入新居为"乔迁",难免惹人笑话,用"搬迁新居"就行。

酿酒用的是"曲蘖"

◎禅意斋

2021年第14期《读者》上刊登的《酿酒师》中有这样一段文字:

本朝诗宗李若虚喝了昆仑绛后,颓然道:"我的诗只能流传于口舌上,最多抵达胸臆之间,(陈)春醪先生却能以水米为辞令,以曲蘖为韵脚,所酿的诗能透入肺腑,随血脉流遍周身,真是天下绝艺。”

其中的“曲蘖”写错了,应为“曲糵”。

糵,读 niè,即酒曲,是酿酒用的发酵剂。引文中李若虚称赞的是陈春醪的酿酒技艺,水米发酵成酒的过程中需要的正是“曲糵”。

蘖,也读 niè,是指树木被砍伐后长出的新芽,泛指植物从茎的基部长出的分枝,如分蘖、蘖枝。

在古代典籍中,有“糵”“蘖”通用的例子,但如今应规范用字,“曲糵”不能写成“曲蘖”。

司马懿曾任“文学掾”

◎孔　昭

漓江出版社 2007 年 1 月出版的《天下三国》中说:“司马懿在此之前为文学椽,政治地位较高,但不掌军事的全面指挥权。”(第 319 页)历史上有“椽”这种官职吗?

椽(chuán),指屋顶结构中设置在檩条上的木条,引申指房屋的间数,如茅屋几椽。笔者未曾听闻有“文学椽”之说,“文学椽”也说不通。司马懿当时所担任的职务应该是“文学掾”。

“掾”(yuàn)是我国古时官府中佐助官吏的通称,如掾吏、掾佐。《晋书》记载司马懿:“宣皇帝讳懿,字仲达”,“汉建安六年,郡举上计掾”,“及魏武为丞相,又辟为文学掾”。上计是战国、秦、汉时地方官府定期向中央呈报施政情况,作为官员考课依据的制度。上计掾就是佐理上计事务的官吏。文学掾,或称“文学史”,省称“文学”。汉代于州郡及王国置“文学”,为后世教官由来。魏晋以后有“文学从事”之名。书中将“文学掾”写作“文学椽”,应是形近致误。

学习专栏

《共产党宣言》中文首译本文法之复句关联词使用特色

◎吴 颖 杨 越

陈望道1920年翻译的《共产党宣言》,是国内第一个全文采用白话文的完整译本,被公认为"中文首译本"。陈望道先生致力于中国语言文字的研究和革新,提倡白话文、新式标点和汉语拼音,在文法、修辞等研究上身体力行,从《共产党宣言》的翻译中就能充分予以体现。翻译文本中复句关联词使用丰富,使得整个译本文字层次清楚,表现出很强的层次性与逻辑性,同时也体现了陈望道先生做学问要用"古今中外法"的观点。《共产党宣言》中文首译本文法的复句关联词使用至少有以下特色。

第一,涵盖各种复句类型。

《共产党宣言》中文首译本约28 000字中包含了汉语的各种复句类型。其中,联合复句包括:

(1)他们既使乡村服从于都市,又同样使野蛮和半开化的国民屈服于文明国民,农业国民屈服于资本国民,东洋屈服于西洋。(并列复句)

(2)不但保守,他们并且希望把历史的机轮向后退转,简直是复古的。(递进复句)

(3)这种关系,便必要崩坏的,结局果然崩坏了。于是自由竞争,便来代替了他们的地位,适合这自由竞争的社会和政治组织,也就跟着出现;有产阶级的经济和政治权力,也就跟着得到了。(承接复句)

(4)或者有人说:"宗教的,道德的,哲学的及法律的思想,在历史发展的路上固然有种种变化，但宗教，道德，哲学，政治，法律仍然遗留在这变化中间。”或者又有人说：“并且，自由，正义，这些东西，是恒久的真理不随社会状态变迁的。”（选择复句）

偏正复句包括：

（5）照这样说来，现在资本家社会，早应该为了懒惰而零落了。因为现在社会里，劳动的人却丝毫得不着什么，得着一切的反而是不劳动的人。（因果复句）

（6）工银劳动，全靠劳动者相互竞争。但有产阶级无意中促进产业的进步，却已使劳动者从竞争的孤立变成协力的团结。（转折复句）

（7）他的权力太大，无法救正那些制度，他虽然受那些制度的束缚，一旦打破了束缚，他便使有产社会全部扰乱，使财产制度根本动摇。（条件复句）

（8）如果买卖消灭，买卖自由也是要消灭的。（假设复句）

（9）为了生产品增多，必须时常扩张市场，有产阶级，遂布满世界，他们到处密集到处栖止，到处发生关系。（目的复句）

（10）便是智识的生产，也已经和物质的一样。（让步复句）

第二，关联词既典型又丰富。

中文首译本中不少复句都使用了典型的关联词，如条件关系复句中使用了最典型的“只要……就……”和“只有……才……”。例如：

（11）只要举出商业上的恐慌就够了；这种恐慌，隔了一定期间，便反复发生，一回凶过一回，常常震动有产阶级社会底全部。

（12）现在和有产阶级对峙的各阶级当中，只有这无产阶级，才算得真正的革命阶级。

另外，同一类型的复句使用多种关联词。比如并列复句除了例（1）中的典型的关联词“既……又……”，还用了“一面……一面……”“一方面……一方面……”“一半是……一半是……”“一是……一是……”

等。例如：

（13）封建的社会主义，就是这样起来的：一半是悲哀，一半是讥讽，一半是过去底反响，一半是将来底威吓……

第三，多种复句叠加使用。

为了表达丰富的层次关系，首译本中多处出现多种复句的叠加使用。

（14）有产阶级既急激的改良了生产机关，又不断的开拓了交通机关，于是一切国民，连极野蛮的，也尽数牵入文明队里。

用“既……又……”的并列复句表示原因，后面用关联词“于是”表结果，整个构成一个因果关系复句。再如：

（15）可是一方面产业愈加发达，一方面无产阶级不但人数增加，而且渐次集中结成大团体。

整个句子用“一方面……一方面……”表示并列关系，在后一句又加上了“不但……而且……”表示递进，进一步给予解释。

第四，保留古汉语的关联词或受英语译文表达影响。

陈望道先生1920年翻译《共产党宣言》，那时，白话文运动刚刚开始，首译本中个别复句保留了古汉语的关联词。例如：

（16）于是乎，有产阶级底全体就会齐声喊道：你们共产党不是要创设妇女共有制了。

（17）现在社会最下层的无产阶级，若不把官僚社会压在上层的全部抛出九霄云外，自己是不会翻身上达的。

以上两句中的关联词“于是乎”和“若”都是古代汉语的表达。

还有些关联词受到英语译文表达的影响。例如：

（18）他们的争斗并非革命的，只是保守的。不但保守，他们并且希望把历史的机轮向后退转，简直是复古的。（They are therefore not revolutionary, but conservative. Nay more, they' re reactionary, for they try to roll back the wheel of history.）

两个『欧化』的语法结构

◎过国娇

在《共产党宣言》中文首译本(1920,以下简称《宣言》)中,有以下两个结构表达:

(1)便是智识的生产,也已经和物质的一样。

(2)劳动也是一种商品,自然逃不出这个定理。

划线部分可分别概括为"N的V"和"V+一+量+N"结构。它们都是五四以后由于受印欧语影响而发展起来的结构表达,王力的《中国语法理论》(1944)称之为欧化的语法结构。

"N的V"结构是用名词性定语N修饰谓词性中心语V而构成的一种定中结构。上古汉语中虽曾出现类似的"N之V"结构,但中古以后基本不用。在五四前的旧白话中还很少见到"N的V"结构,而在《宣言》首译本中已不乏此类表达,例如:

(3)美洲底发见,好望角底周航,新添给有产阶级一些发展地。

(4)各国国民智识的创作,已成了世界的公有物。

目前对五四以来"N的V"结构广泛使用较合理的解释是:人们在翻译印欧语中包含行为名词(action noun)的定中结构时,会用汉语的动词去直接对译其中的行为名词,结果导致汉语中的动词性成分V频繁出现在定中结构的中心语位置,加之上古汉语中已有"N之V"结构,共同促使了"N的V"结构的兴起,对比《宣言》英译

"not…… but……"是"不是……而是……";"nay"为古英语副词,表示"不,不但如此","nay more"义为"不但……而且……"。译文借鉴了英语译文逻辑关系表达,在忠实原意基础上,使用与英文相对应的汉语关联词。

本中的表达可以看出这种对译的影响：

美洲底发见——the discovery of America

好望角底周航——the rounding of the Cape

智识的创作——intellectual creation

按照汉语的传统表达，“一+量+N”位于述语V后如果不强调数量的话，通常不用“一+量”，或者省略数词“一”，只单用量词。因此前面例（2）表达为“劳动也是商品”或“劳动也是种商品”应该更符合汉语习惯表达。但是《宣言》中不强调数量而采用“V+一+量+N”结构的表达却不少，例如：

有一个怪物，在欧洲徘徊着。

像他们这样恐怕丧失的教育，在大多数人不过是一种机械动作的练习罢了。

这主要也是五四以来在印欧语言的影响下发生的变化。因为印欧语中通常存在像英语中的不定冠词“a、an”去修饰名词的结构，翻译过程中，人们很自然地会用汉语的数词“一”去对译这些结构中的不定冠词。而现代汉语中的数词一般须跟量词先组合为数量短语后才能修饰后面的名词性成分，因而这些不定冠词到了汉语里就被翻译成了“一+量”，例如：

有一个怪物，在欧洲徘徊着——a spectre is haunting Europe

一种机械动作的练习——a mere training to act as a machine

“欧化”语法现象的出现离不开外因和内因的共同作用。“N的V”和“V+一+量+N”等语法结构之所以能在五四以后的汉语书面语中得到迅速发展和应用，最主要的外因在于当时许多著名学者，如胡适、陈望道、傅斯年、鲁迅等，他们在对旧白话的改造探索中主张学习西方语言，并试图通过“欧化”的途径来改造旧白话的文法。当然，“欧化”语法现象的发生也与汉语自身积累的基础相关，如“N之V”对“N的V”结构形成所产生的影响。

正音室

“褌衣”误读成“chán 衣”

◎盛祖杰

央视财经频道 2021 年 11 月 13 日播出的《中国国宝大会》中，有一道选择题：“这位舞俑穿着的是改进前的西汉初年服装，它是什么？”旁白在念选项时，把第四个选项“褌衣”误读成了“chán 衣”。

“褌”简体为“裈”，读 dān。《说文·衣部》：“裈，衣不重（chóng）。从衣，单声。”《礼记·玉藻》：“裈为絅。”郑玄注：“絅，有衣裳而无里。”裈衣是只有一层没有里子的衣服。1972 年，长沙马王堆一号汉墓出土了直裾素纱裈衣，这件裈衣是极其珍贵的文物。

将“裈衣”读成“chán 衣”，应是将“裈”误认为了“禅”。读chán的“禅”来自音译词“禅那”（梵文 dhyāna），原指静坐默念。引申为禅理、禅法、禅学，可泛指有关佛教的事物。如“禅衣”即僧人穿的衣服。“禅”还有一音，读 shàn，指古代帝王祭祀土地山川，如秦始皇泰山封禅。还可指以帝位让人，如禅让、禅位。

“裈”与“禅”形似，但音义皆殊，不应混同。

“刹那”莫读“shànà”

◎汤青武

近日笔者在CCTV6上观看电影《江湖论剑实录》,电影开头男主角司徒耀祖这样说道:“突然有一天,我们又被迫放弃了这一切,因为你的生活中,突然出现了一个叫名门正派的东西。刹那之间,名门正派四个字成了你存在的全部……”(字幕同步显示)演员将“刹那”读为shànà,正确的读法应为chànà。

“刹”有两读。读shā,表示止住,如刹车。读chà,用于佛教相关的语词中,如“古刹”即古寺。“刹那”为梵语kṣaṇa的音译,是古印度最小的计时单位,在汉语中表示时间极短。如茅盾《子夜》:“刹那间的静默。巷堂里馄饨担的竹筒托托地响了几下。”将“刹”读成“shà”,应该是混淆了“霎”与“刹”。

霎,读shà,本义为风雨之声,引申表示时间的短暂。“霎时”即短时间。陈其通《万水千山》第八幕:“霎时,暴雨倾盆;瞬间,飞雪满天。”

“刹那”与“霎时”的意思相近,常有人“刹”“霎”不分,将“刹那”错写成“霎那”,还有如剧中男主角一样将“刹那”误读为shànà的。再次提醒,“刹那”的“刹”读chà!

李白为什么会上当

◎宗守云

成都飞往上海的航班上，我翻阅2021年11月1日《华西都市报》，忽然看到这样一段文字：

（1）汪伦在给李白的信上写："此处有十里桃花"，"此处有万家酒店"。他知道，李白见信，必来无疑。李白果然中招，去了泾县，发现那里既没有十里桃花，也没有那么多的酒店，他是被汪伦忽悠了。汪伦却很淡定，告诉李白，所谓十里桃花，是指这里有十里桃花潭，所谓万家酒店，是指有一家酒店，店主姓万。李白听后，开怀大笑，被汪伦的盛情所感动。（祝勇《纸上的李白》）

例（1）"十里桃花"和"万家酒店"是名称，而李白理解为实实在在的"十里桃花"和"万家酒店"，这是汪伦有意引导李白把名称理解为实在，因此导致李白上当。这涉及名称和实在的关系问题。一般情况下，名称和实在是统一的，这是正常交流的前提。但在一些特殊的情况下，由于说话人的主观故意或听话人的客观限制，名称和实在被割裂了。在例（1）中，说话人汪伦有意割裂名称和实在，目的是诱导李白到泾县相聚，这是善意的割裂。

有时还存在说话人恶意割裂名称和实在的情况。例如：

（2）宋小宝：什么炒面？

伙计：海参炒面。

宋小宝：玩儿呢？啊？

伙计：咋的啦？

宋小宝：在哪儿呢海参呐？光有炒面，海参在哪儿呢？炒丢了？扒拉出锅了？让你造了？海参炒面，给我一个完美的解释。

伙计：解释啥呀？

宋小宝：海参炒面，海参呢？

伙计：我叫海参，面是我炒的。（小品《吃面》）

例（2）伙计有意割裂“海参”的名称与实在，误导宋小宝把名称理解为实在，然后说“海参”是伙计的名字。如果不考虑艺术表现层面，单从叙事情节层面看，这显然是误导消费者的行为，是恶意的割裂。

名称和实在的割裂，有时不是说话人主观故意导致的，而是由于听话人的客观限制导致的。例如：

（3）12月14日晚上，南京浦口分局珠江派出所一名巡逻民警带着一名保安，在辖区内巡查，当行至南京审计学院附近时，发现一名男子推着一辆助力车吃力地步行。“这么晚了，推着车子干吗？”民警感觉此人非常可疑，便上前将男子拦了下来。

“你叫什么名字？”民警问。

“蒋英羽。”男子答。

“什么名字？”民警感觉奇怪。

“蒋英羽啊！”男子也觉得诧异。

民警没辙，只好用英语询问：“What's your name？”

这下，轮到那名男子傻了眼，愣了几秒钟后，男子哈哈大笑，随后，男子掏出了自己的身份证，民警拿过来一看，“蒋英羽！”顿时，民警也笑了起来。（《现代快报》2011年12月17日）

例（3）名称和实在存在割裂，是由于巡逻民警的客观限制导致的，由于巡逻民警对被盘查男子的情况一无所知，因此误把作为名称的“蒋英羽”理解为“讲英语”，于是闹出笑话。

在名称和实在割裂的情况下，无论是说话人主观故意为之还是听话人客观限制所致，听话人首先理解的都是实在，而不是名称。这是因为，实在具有对象语言的性质，在理解时是优先选择的内容，而名称具有元语言的性质，在理解时不容易被唤起。汪伦正是利用人的这一心理倾向，诱导李白上当，到泾县相聚。

“全虚拟关系”初探

◎徐默凡

在前网络时代，我们的交际圈子是有限的，每天见面交流的不外乎家人、同事、邻居，分别代表了家庭关系、工作关系和社会关系。此外就是同学、朋友。由于个人性情不同，每个人交往的朋友数量不一，但保持密切往来的，隔三岔五就相聚的一般也不会超过十个。所以，总的说来，前网络时代的交际范围保持在几十人的规模以内。

但到了网络时代，这个数量规模被大大突破了。我们拥有了QQ、微信、微博等即时社交媒介，还有游戏好友、淘宝客服、理财顾问等在线关系，很多人的网络“好友”都是以成百上千的数字来计算的。在交际数量暴增的同时，我们的社交关系也发生了一些质的变化，产生了一些崭新的社交模式，本文不妨先来探究一种“全虚拟关系”。

所谓“全虚拟关系”，指的是交际参与者纯粹以虚拟身份进行交际活动，真实身份完全不为人所知的社交关系，比较典型的交际场景有微博、豆瓣、知乎等社交网站。在这些网络平台上，年轻人以一个化名活跃其间，发表社会评论，交流阅读体会，传播专业知识，用一个虚拟的人设和其他虚拟的人设互动，过着自由自在的“云上生活”。

“全虚拟关系”能够产生，一方面当然是拜现代科技之赐，凭空为现代人构拟了一片全新的天地；另一方面，也是日益细密的社会分工、日益拥堵的城市空间让人和人之间产生日益密切的社会交往，同时也带来时刻存在的社交压力，逐渐使现代人不堪重负，急需寻找一个“避难”的空间。“全虚拟关系”能够让我们以理想中的形象示人，以自己喜欢的方式交流，合则聚不合则散，既可以超脱现实中的社交压力，又可以享受社交的乐趣，无疑成为了“社恐人”的最佳选择。

“全虚拟关系”的重要原则就是匿名性，虚拟世界和真实世界毫无交集，虚拟人物和真实人物完全剥离。如果你问一个年轻人要他的微博账号，他告诉你“我没有微博”，那么可能他确实没有微博，也可能他有一个微博，但那是他虚拟分身的灵魂栖息地，完全不想受到现实关系的打扰。在某种意义上，他也没有撒谎，作为真名实姓的现实人物，他确实没有微博，有微博的是那个虚拟世界中的镜像者。因此，虚拟交流比现实交流的隐私意识更强烈，我们不要轻易询问别人的性别、职业、居住城市等。

在发展中，“全虚拟关系”也在逐渐生成它的语言游戏规则。第一条应该还是老生常谈的“网络并非法外之地”，所以在享受匿名的网络自由的同时，不要以为可以胡言乱语，法律规范、道德规则、社会规矩还是时刻不能忘记，否则不仅会被封号，而且肯定会危及现实身份。然后，虚拟交流的功利性、目的性会较弱，娱乐性、互助性会较强。匿名不仅会放大人心之恶，而且会扩张人性之善，陌生人之间没有现实交流的各种后顾之忧，网友会更乐意提供各种力所能及的帮助，我们经常看到一个问题下面几十个几百个的回复，即使不能解决问题，也能让人感到一种无私的热情。所以我们不妨大胆地求助，但也不要忘记积极地回应，这样就可以更好地享受网络带来的纯净交往之益。

随着元宇宙生活的日益迫近，类似这样的“全虚拟关系”是否会不断增多，最终演变出一种全新的社会模式？让我们静观其变吧。

“侩子手”？“刽子手”！

◎程镇飞

2018 年 5 月 29 日《上海大众卫生报》头版头条刊有《烟草——心脏的侩子手》一文，谈烟草对心脏的危害。文章标题中的“侩子手”显然是“刽子手”之误。

侩，读 kuài。用作动词，意思是说合买卖之间的价钱以成交。作名词，指买卖的中间人，如“牙侩”即旧时为买卖双方撮合从中取得佣金的人。又如“市侩”本指买卖中间人，后指奸商，也指贪图私利、投机取巧的人。汉语中没有“侩子手”之说。

刽，读 guì。从刀，意思是砍断。刽子手，是旧时执行斩刑的刀斧手。如《武王伐纣平话》卷下：“监斩官并刽子手二人来见太公，二人言奇怪事。”后来泛指杀人凶手，比如《醒世恒言·徐老仆义愤成家》：“那李林甫……乃是杀人不见血的刽子手。”报纸上这篇文章中说的是烟草危及心脏健康，标题中“心脏的侩子手”是将烟草比喻成了危害心脏的“凶手”，应该是“刽子手”。

“刽”常被误读为 kuài，前述文章可能就是因此才会混淆“刽”和“侩”两字。

烟草——心脏的侩子手

作为世界上最大的烟草生产国
，目前有3亿多烟民，被动吸烟
研究显示，21世纪全球将有10

险增加20%~3
手烟也能导致
康介绍，“打造

“撸钵”是什么

◎王宗祥

2021年10月3日《新民晚报》第12版刊有题为《撸钵》的文章。这里的“撸钵”令人困惑。查看正文，文章写道：“撸钵，陶瓷品，极寻常之用具，过去几乎每户人家皆备也。……逢年过节要吃汤圆时，制馅需要花点时间。先炒香芝麻，再用撸钵与撸杵将芝麻撸碎成粉状。将芝麻粉拌以白糖或红糖，按各家之喜好而为之。”原来，文章说的“撸钵”是指用来研磨固体的陶瓷器具。这种器具不叫“撸钵”，叫“乳钵”，另外“撸杵”也应是“乳杵”。

撸，即捋，表示用手握住条状物向一端划动，如撸起袖子加油干。撸，还有拍击义，如撸他几个耳光。“撸”无研磨义。芝麻不能撸碎，只能磨碎、压碎、捣碎……

撸　钵

寒漫思

撸钵，陶瓷品，极寻常之用具，过去几乎每户人家皆备也。应该说撸钵是总称，除钵外还有一件撸杵，否则，孤掌难鸣矣。先述撸钵之形状：高约5寸，口部直径约4.5寸，底部直径约4.3寸。钵体外面全部上釉，以求美观。钵体内部只有上半部上釉，其他部位皆不可上釉。再述撸杵之形状：一支撸杵长约6寸，其形圆，杵干直径粗约1寸，杵头形似大半个乒乓球，连接在杵棒的下端。整个撸杵只在杵的上端大部分涂釉，下小半部及球形端皆不可涂釉。

撸钵有什么用途？大家知道，我们中国人过年要吃汤圆的，团团圆圆，其乐融融。现在一些超市一年四季

“乳”字有研磨的意思。乳钵就是研磨的器具。乳钵的使用有久远历史而且形状大小不一。如旧题晋葛洪《肘后备急方·治寒热诸疟方》中有：“治疟，用桃仁一百个去皮尖，于乳钵中细研成膏。”又如《红楼梦》第二十八回有：“我没法儿，把两枝珠花儿现拆了给他，还要了一块三尺上用大红纱去，乳钵乳了隔面子呢。”是说用乳钵把珍珠研磨成碎末，再用大红纱筛细做药。

“撸”“乳”音近，大概是“乳钵”错成“撸钵”的原因。

“新市”究竟在哪里

◎柏　松

南宋诗人杨万里《宿新市徐公店》:“篱落疏疏一径深,树头新绿未成阴。儿童急走追黄蝶,飞入菜花无处寻。”该诗被选入部编版小学《语文》四年级下册,教材中对“新市”的注释是:“地名,在今湖南攸县北。”(人民教育出版社2019年版第2页)但回溯该诗的辑录和写作背景,这个注释有误。

杨万里现存诗四千余首,有诗集:《江湖集》《荆溪集》《西归集》《南海集》《朝天集》《江西道院集》《朝天续集》《江东集》《退休集》。除《退休集》是在杨万里去世之后由其子杨长孺编定外,其余均由杨万里亲自编定,每一集前有自序,诗歌则按照写作的年月日先后顺序进行编排。

《宿新市徐公店》被收录于《江东集》之中。杨万里在《诚斋江东集序》中介绍《江东集》,因是出任“江东副漕”任上所作,便命名为《江东集》。创作时间应是绍熙元年至绍熙三年,涉及地域包括“金陵及行部广德、宣、池、徽、歙、饶、信、南康、太平诸郡”。

杨万里写作有一个特点,喜欢直接将地名纳入诗题,《江东集》不少诗作题中有清晰的时间、地点信息。《宿新市徐公店》的具体写作时间当在寒食节。同题下另一首:“春光都在柳梢头,拣折长条插酒楼。便作在家寒食看,村歌社舞更风流。”描写了宋代寒食节插柳、游乐等习俗。《岁时广记》卷十五引《岁时杂记》:“清明前二日为寒食节,前后各三日,凡假七日。”从寒食节到清明节中午，杨万里作诗多首，顺着这些诗题中的地名可以大致画出他的行动轨迹。

寒食节前一天写《寒食前一日行部过牛首山》，牛首山属江宁府，在今江苏南京。夜宿金陵镇栖隐寺（江苏南京），作《宿金陵镇栖隐寺望横山》。

寒食节清晨从金陵镇栖隐寺出发，作《明发栖隐寺》。在姜家林用早餐，作《寒食日晨炊姜家林，初程之次日也》，姜家林应距离金陵镇不远。寒食节中午在褚家坊清风亭休息，作《午憩褚家坊清风亭》。褚家坊地名至今能见，在今安徽马鞍山。寒食节当晚宿于"新市"徐公店，作《宿新市徐公店（二首）》。

寒食节第二天到清明节中午，杨万里写了《风花》《晓过叶家桥》《过杨二渡》《宿青山市》《题青山市汪家店》《清明日午憩黄池镇》等诗。诗题中的叶家桥地名也至今能见，在今安徽马鞍山，位置紧挨褚家坊。青山、黄池镇等现在属于安徽马鞍山。

从杨万里寒食节至清明节的行走路线看，杨万里大部分时间在安徽境内活动，褚家坊（中午）、"新市"（晚宿），叶家桥（第二天早晨）、青山市（晚宿），依据当时的交通条件，几地之间距离应在方圆几十里之内。褚家坊、叶家桥、青山市等在南宋时都属"江南东路"太平州所辖当涂县，褚家坊在当涂县东北的丹阳镇，叶家桥在距离褚家坊不远西南处，青山市在当涂县西南。据此，居于中途的"新市"也应在当涂县。辛更儒《杨万里集笺校》中认为"新市"在"当涂县东五十里"。此地现属安徽马鞍山。

再看教材中的"湖南攸县"，南宋时攸县是"荆湖南路"潭州下属县，"荆湖南路"并非杨万里的管辖范围，《江东集》自序中也并未述及湖南。从行程看，寒食当天中午在安徽马鞍山，晚上到达湖南攸县，第二天又回到安徽，在杨万里的时代，短时间内在近千公里的两地之间往返是无法实现的。"新市"不可能在湖南攸县。

“拼搏”不能写作“拼博”

◎崔子荣

这是笔者在一所学校大楼墙面上看到的该校的“一训三风”——校训、校风、教风、学风，其中的校风为“和融活泼，勤朴拼博”。这里的“拼博”应是“拼搏”。

“博”与“搏”的读音相同，均读为bó。“博”是形声兼会意字，从十，尃(fū)声，尃兼表意。“十”意思是四方中央齐备，“尃”有分布之义。“博”字的本义即范围大，引申有扩充、丰富、通晓、获取等义，如博览、博物、博取、赌博等。搏，形声字，从手，尃声，本义为捕捉，引申指对打、斗争，如搏击。后又引申指跳动，如脉搏。

“拼搏”意思就是全力搏斗、拼命争取，不能写作“拼博”。在古代，“博”字偶尔通“搏”，表示争斗、搏斗等意义。如《醒世恒言·乔太守乱点鸳鸯谱》：“今日与你性命相博，方见老娘手段。”但现在“博”“搏”二字分工明确，应规范使用。

故此，校风中的“拼博”应改为“拼搏”。误“搏”为“博”应是形近音同所致。

『过奖』究竟如何奖

◎吕永进

学林

“过奖”虽为历史久远的文雅词，但对礼仪之邦的平民百姓来说绝不生疏。被人称赞时，多会以“过奖过奖”自谦一番。说是说了，然而较真地问一句：“过奖”究竟如何奖？查查词典，没承想就来了问题。

《汉语大词典》“过奖”条收两个义项。一是“过当的奖掖、重用”。引刘禹锡《代杜司徒让淮南立去思碑表》：“臣伏蒙先朝过奖，累典方隅。”二是“谦辞。过分的表扬或夸奖”。引冯梦龙《酒家佣·恩诏录孤》：“公子过奖了。”还有《老残游记》第三回：“阁下以‘高尚’二字许我，实过奖了。”等等。然揣摩文义，两义项下所引例句其实均为被“奖”者自谦之语，区别是前者所奖为实，后者为虚。前者是官阶的“奖赏；奖励”，后者是言辞的“夸奖；赞誉”。而其“过”义无别，皆当为“过错”之虚化义，用以自谦。

汉语中“敬”与“谦”相生相成，“自谦”就是通过压低自身而抬高对方，或者说，自谦是敬人的逆向表达。而敬人多以最高标准而致意，故相对的自谦也当以抑至最低为心安。正如许多贬义词用于称己时，就成为了谦辞，如“乡曲之见”“歪诗”“贱体”等等。因此，臣对君的自谦如理解为实在意义“过当的奖掖、重用”就不合适了。“过当”义为“过分，失当”，即行为超出一定标准。这就暗含自己应当被奖，只是君王您奖赏过头了。这自然不是臣子想对君说的话，也不是敢说的话。

同理，把“过奖”的“过”理解为“过分”也有悖于自谦的本意。说得直白些，“过奖”用于谦辞字面理解就是“错奖”，意为“不该奖而奖”，是把自己压低到极限，以表自谦，毫无评价对方“奖励”的尺度之意。汉语中“过”为“错”义及其同义的

“错”“谬”组成的谦辞数量不在少数，如“过爱”“过称”“过誉”“错爱”“谬恩”“谬进”“谬登”“谬爱”等等，《汉语大词典》对上述词语中“错”和“谬”均以虚化义当作自谦的表达。而独“过”组成的谦辞均释为“过分、过当”。显然，谦辞中“过”就是“错”“谬”的同义词，如以“过”字“错、谬”义构成的双音词“过杀”即“错杀；误杀”，“过谋”即“错误的谋划”，不言自明。“过奖”与“过杀”等的区别只在于“过奖”之“过”意义可虚化，“过杀”等意义实在而已。敬谦辞往往具有相对性，同一词语，用于称人为实指，用于称己则多虚化为谦辞。如“过举”一词，若用于称人，其义为“错误地提拔”，是评价甚至责备，是实指。而像《战国策·楚策一》：“王过举而已，不然，无以至此。”《史记·乐毅列传》：“先生过举，厕之宾客之中，立之群臣之上，不谋父兄，以为亚卿。”此处“过举”自然为自谦之语，并非指责“王”和“先生”之过错。

“过”有“过分、过当”义。《墨子·经下》：“或过名也，说在实。”孙诒让《墨子间诂》：“过名，谓过之而成是名。”即名过其实，正是“过分、过当”义。最直观的如“过爱”的两种用法，区分甚为清楚。汉代贾谊《新书·礼》：“天子爱天下，诸侯爱境内……失爱不仁，过爱不义。故礼者，所以守尊卑之经，强弱之称也。”这是“过分爱”。《初刻拍案惊奇》卷一：“今蒙我翁过爱，抬举成人，不烦役使，珍重多年，冥数得满。”这无疑为谦辞。或正是因为“过分、过当”行为是“错误”之举，使二者形义纠葛，遂把谦辞中虚化的“错误”义转嫁于“过分、过当”，可谓张冠李戴了。其实，《汉语大词典》有的词条释义区分清楚，如“过爱”释义一是“过分地爱溺”，一是“谦辞。犹错爱”。而“过奖”条却如上文所引，把同为谦辞的“过奖”分为二义。其实，“过爱”可以是实指“过分溺爱”，“过奖”亦可为“过当的奖掖”之义。只是《汉语大词典》所给例证不

《青藏高原》中的『一座座山川』

◎金立鑫

《青藏高原》是一首很多人熟知的歌曲，由张千一作词、作曲，是1994年电视剧《天路》的片头曲，后来收录在李娜1998年发行的音乐专辑《青藏高原》中。这首歌歌词第一段为："是谁带来远古的呼唤/是谁留下千年的祈盼/难道说还有无言的歌/还是那久久不能忘怀的眷恋/哦/我看见一座座山一座座山川/一座座山川相连/呀啦索/那可是青藏高原"。

歌词中的量词"座"限定名词"山川"似乎不太合适。用"座"限定"山"没问题，可以说"一座山"，但是用"座"来限定"川"却不合适。"川"始见于商代甲骨文，本义是河流水道。"川"也可以指地势低的地带，如"平川"。但无论如何，"一座山"可以成立，"一座川"无法搭配。或许有人说，"川"是用来衬托音节的。如果真是用来衬托音节，那么可选的双音节词还可以有"山峦"或"山岭"，而且"峦"与"川"韵尾一致。因此，这首歌词中的"一座座山川"的说法值得推敲。

合，令人纠结。

关于"过奖"释义，上以《汉语大词典》为例而申说，查检《现代汉语词典》《现代汉语规范词典》等，释义与所引例证均与《汉语大词典》大同小异。"过奖"为现代汉语普及的为数不多的文雅礼貌用语之一，对其理解恰切允当，方可使交际双方意合心遂，也才与其礼貌用语的身份相符。汉语为母语者，若出现"老外"那种不解"哪里哪里"的谦辞含义，而不得不称赞中国朋友的新娘"眼睛漂亮，鼻子漂亮，处处都漂亮"的笑话，还是怪让人难为情的。

“尔馨”是“处处馨香”吗

◎裴 伟

《寿宁待志》是明末文学家冯梦龙所编撰的一部地方志。2018年1月海峡文艺出版社出版《寿宁待志校译》,书中有一处译文可商榷。原文为:“据旧志载:寺四,庵四十有四,堂五。蕞尔邑而佛宇尔馨,可谓多矣。”(第182页)译文为:“据旧县志记载:全县有寺四座,庵四十四座,佛堂五处。这么一个小县而佛宇香火处处馨香,可以说是多了。”(第183页)译文说“尔馨”是“处处馨香”,实乃望文生义。

“馨”除了表示芳香外,还可用作语助词,相当于“般”和“样”。如南朝宋刘义庆《世说新语·忿狷》中有:“冷如鬼手馨,强来捉人臂。”意思就是手冷得像鬼手一样,还硬来捉别人的手臂。

“尔馨”其实是魏晋南北朝时期常用口语词,意思是“如此”“那样”。如《世说新语·文学》:“殷去后,乃云:‘田舍儿,强学人作尔馨语。’”类似的还有“如馨”“宁馨”,皆表如此、那样的意思。如《魏书·刘子业传》:“将刀来破我腹,那得生如馨儿!”宋代苏轼《平山堂次王居卿祠部韵》:“六朝兴废余丘垄,空使奸雄笑宁馨。”一般认为,“宁馨、尔馨、如馨”是一个词的不同形式。如近代学者刘盼遂认为“宁、如、尔”三字是“一声之转”,“宁馨、如馨、尔馨三者实一语也”。

志中的“佛宇尔馨”意思就是佛寺如此,整句话的意思是:根据旧县志记载,全县有四座寺,四十四座庵,五处佛堂,小小的县有佛寺如此,可以说是很多了。

不是“芦获”，是“芦荻”

◎汤生根

华艺出版社2021年1月出版的《毛泽东诗词中的历史波澜》第41页有一段话这样写道：“据1975年曾在他身边陪读古典文学的芦获回忆，毛泽东解释自己所作的《七律·答友人》中的‘斑竹一枝千滴泪，红霞万朵百重衣’时，讲过这两句‘就是怀念杨开慧的，杨开慧就是霞姑嘛！’”1975年毛泽东身边陪读古典文学的不是芦获，而是芦荻。

《毛泽东年谱(1949—1976)》第6卷第586页记载，1975年5月到9月中旬，毛泽东“因患眼疾，不能看书，请北京大学中文系讲师芦荻到中南海游泳池住处读古代文史著作，主要选读《二十四史》《昭明文选》中的若干篇章以及大量的诗词曲赋和鲁迅的文章。听芦荻读书期间，不时点评历史人物和文学作品、历史著作”。1975年5月，芦荻来到中南海游泳池毛泽东住处，毛泽东刚见到芦荻，便握着芦荻的手问：“会背刘禹锡的《西塞山怀古》这首诗吗？”还没等高度紧张的芦荻反应过来，毛泽东就吟诵了这首诗。这首诗的最后两句是：“从今四海为家日，故垒萧萧芦荻秋。”毛泽东笑着问芦荻：“你的名字，是不是从这首诗来的？”诗句中的“芦”即芦苇，“荻”也是一种植物，形状像芦苇。毛泽东的博学，毛泽东的记忆力，毛泽东对古诗文的理解，给芦荻留下了难以磨灭的印象。

将“芦荻”误为“芦获”，大概是形近误排吧。

梭鱼也能喷墨汁？

◎周岩壁

《影中独行》(*Walking in the Shade*)，是诺贝尔文学奖获得者、英国女作家多丽斯·莱辛的自传，北京联合出版公司2016年12月出版其中文版。书中第109页有这样一句："我认为他们的态度都是无意识的，就像梭鱼喷出团团浓黑的墨汁。"看到这里不禁感到疑惑，梭鱼会喷墨汁吗？

梭鱼是一种常见的鱼。梭鱼身体细长，头短而宽，鳞片很大，生活于沿海江河，或咸淡水交汇处，肉质鲜美。善跳跃，喜欢群集生活。查各种资料，未见有说梭鱼会喷出墨汁的。

会喷墨汁的水生动物中最出名的是乌贼。乌贼，也称墨鱼，是软体动物。身体椭圆形，略扁平，体色苍白，有色泽不同的各种斑点。有一对大眼，口的边缘有十只腕足，腕足内侧生有吸盘。乌贼的体内有墨囊，能分泌出黑色的液体，遇敌时乌贼会放出墨汁，掩护自己逃跑。

"乌贼"一词在英文中是"cuttlefish"。查英语原版，书中此处用的正是"cuttlefish"。为何会将"乌贼"误作"梭鱼"？笔者大胆猜测，织布的梭子在英语中叫"shuttle"，译者大概误把"cuttlefish"当成"shuttlefish"，而导致"梭鱼喷出团团墨汁"的误译，赋予了梭鱼以乌贼的技能。实际上，英语中也没有"shuttlefish"，"梭鱼"在英语中的对应词是"pike"。希望该书再版时，能改正这一错误。

“昼短”为何成“书短”

◎欧阳俭朴

近日读《〈古文观止〉化读》(生活·读书·新知三联书店2020年4月出版),其中有一段文字这样写道:

古诗曰:“书短苦夜长,何不秉烛游。”古时圣贤书少,容易读完,今人书多,喜欢看、看了觉得生命充实恒久的书也少,如真想读书,你会发现可读的书并没有你想象的那么多,信息爆炸炸不死,出版泛滥淹不死。

第一眼看到“书短苦夜长”,还以为是校对错误,但看了后面的话,才知原来书中写的真的是“书短苦夜长”,还堂而皇之地进行了阐释。其实,“古诗曰”的是“昼短苦夜长”。

这两句诗出自《古诗十九首》的《生年不满百》篇,全诗如下:

生年不满百,常怀千岁忧。

昼短苦夜长,何不秉烛游。

为乐当及时,何能待来兹。

愚者爱惜费,但为后世嗤。

仙人王子乔,难可与等期。

《古诗十九首》是一组五言诗,创作于东汉后期,非一人所作,也非一时所作。“昼短苦夜长,何不秉烛游”的意思是:既然老是埋怨白天如此短暂,黑夜如此漫长,那么何不拿着烛火,欢乐游玩呢?

上述引文中的错误,当是繁体字“惹的祸”。“书”的繁体“書”和“昼”的繁体“晝”非常相似,不细辨,“昼短苦夜长”便成了“书短苦夜长”。

舌尖上的汉语

◎石毓智

不同的民族认知世界的角度差别非常大，这首先反映在词汇上。中华民族自古至今，总是喜欢从饮食上来解读世界，这样就形成了汉语的一个鲜明特色，那就是很多概念、判断都与“吃”有关。这是其他语言所没有的现象。

比如不论干哪一行，不就是为了“吃一碗饭”吗？现在的公务员，都是“吃公家这碗饭”。人跟人的能力不一样，有人技术好“吃技术”，有人能说会道“吃嘴皮子”，还有些岗位需要长相，那就“吃脸蛋”。中国人学英语多，需要的英语老师也多，就有不少“吃英语这碗饭的”。别人问我干什么的，我就说“吃汉语这碗饭的”。红学是一门显学，不少人一辈子就做这个，那就是“吃《红楼梦》这碗饭”的。

有些行业是长线投资，越干越“吃香”。比如做学问就是越老越值钱，年轻时做的那些东西，到了后来才发酵，才让人认识到它们的价值。可是像干体育的，除了少数后来当了教练，大多是“吃青春饭”的。

在大单位上班，人浮于事，不管业绩如何，人人有份，这叫“吃大锅饭”。特别是改革开放以前，单位就是一切，吃喝拉撒全管，生老病死都包，这叫“铁饭碗”。经济改革的一项就是“打破铁饭碗”。不少人就得重新学习，另谋职业，否则就只好“喝西北风”了。

有些人就是情商高，善于社交，就到处“吃得开”，到处“吃得香”。可是有些人总是“吃不开”，有时一心想得到领导的好评，结果还是“吃了一顿批评”。

有些人什么都吃得起，就是“吃不起亏”，还爱管别人的闲事，都说他“吃多了撑的”。回家还被家人数落：“你真是‘吃错了药’，管这些事干吗？”

小时候没办法，只好“吃父母”。上大学后，父母已经退休了，可是哥哥姐姐参加工作了，那就“吃哥哥姐姐”。大学毕业有了工作，该自力更生了，就得“自己吃自己”。如果还揩父母的油，那就加入了“啃老族”。

现在人忙得很，没时间做饭，就“吃快餐”；没时间读书，就“吃文化快餐”。一台内容丰富、多彩多姿的文艺节目，那叫“文化盛宴”或者“文化大餐”。

小时候看抗战电影，最痛快的时候，就是我们的游击队“吃掉敌人一个碉堡”。长沙会战很激烈，我们的军队一次就“吃掉了敌人一个兵团”。下象棋，你如果能“吃掉对方一个车”，那就获得了优势。下围棋，做不了两个眼，迟早“这块棋会被对方吃掉的”。听到房间里很热闹，不时传出来“吃！吃！吃！”的声音。千万不要认定那是在请客吃饭，很可能是棋艺比赛。

当年世界杯法国与意大利决赛。法国队灵魂人物齐达内小不忍则乱大谋，中了对方球员马特拉济的激将法，一头撞向对方。这一头不仅让齐达内“吃了一张红牌”，还让法国“吃了败仗”。齐达内没有“吃一堑长一智”，他这是老毛病了。这位足坛老将想必会为此“饮恨终生”。

看历史，中国的“吃”文化源远流长；观现在，中国的饮食业繁荣昌盛。对于我们中国人来说，“吃”的意义已经远远超出了饮食，远远不是提供营养这么简单一件事了。“吃”已经渗透到我们的精神世界，是我们观察事物、判断事物的出发点和归宿点。这不仅带来了汉语中与“吃”有关的词汇高度发达，甚至还影响了我们的语法，“吃”一度成为被动句的标记。《水浒传》中常有“那厮吃他杀了”这样的句子，就是说“那家伙被他杀了”。

汉语真是有滋有味，甜酸苦辣，啥都不缺，而且还形象生动。光看“吃”的这“色香味俱全”的用法，就知此言不虚。

编校差错扫描(四十一)

◎王　敏

"提纲"不是作文"题"

【错例】 明确了写作要求后,同学们很快就拟好了作文题纲。

【简析】 "题纲"应为"提纲"。形声字"题"和"提"声符均为"是",区别在形符。"题"从页(本读xié,甲骨文字形象人首,是"头"的本字),本义指额头。《说文解字》:"题,额也。"如"赤首圆题"(《汉书·司马相如传》)。引申指物品的前端或顶端,如"堂高数仞,榱(cuī,椽子)题数尺"(《孟子》)。再引申指加在诗文等内容前面的名目,如"标题""主题"。又特指考试或练习时要解答的问题,如"试题"。另用作动词,指写上、签署,如"题词"。"提"从手,本义指拎着。《说文解字》:"提,挈也。"如"提刀而立"。引申指揪持,如"耳提面命"。再引申指统领、率领,如"提督""提兵"。拎是向上用力,故"提"引申指使位置提高,如"提升",也指使时间向前,如"提早"。再引申指举出,如"提条件",指说起,如"提话头",指取出,如"提现货"。另用作名词,或指酒提,或指汉字的一种笔画,即"挑"。"提纲"常与"挈领"连用,指撒网要抓大绳,拿衣要提衣领,比喻处事要抓住重点要害。"提纲"另引申作名词,指文章、讲话等的内容要点。作文、讲话要扣题,但写提纲、拎要点不是简单重复题目,"提纲"不能写成"题纲"。

“金碧”颜色映辉煌

【错例】阳光普照大地，既会光顾金壁辉煌的宫殿，也会照进低矮阴暗的草屋。

【简析】“金壁辉煌”应为“金碧辉煌”。“壁”是形声字，从土辟声，本义指墙壁。《说文解字》：“壁，垣也。”如“铜墙铁壁”。引申指某些物体的结构中像墙壁的部分，如“细胞壁”。又特指军营、军营的围墙，如“坚壁清野”“作壁上观”。另引申喻指陡峭的山崖，如“悬崖峭壁”。“碧”是形声兼会意字，本义指青绿色的美石。《说文解字》：“碧，石之青美者。从玉、石，白声。”段注曰：“从玉、石者，似玉之石也。碧色青白，金克木之色也，故从白。云白声者，以形声苞（包）会意。”引申泛指青绿色或浅蓝色，如“碧草”“碧空”。“金碧辉煌”常用于形容建筑物装饰华丽，光彩夺目，其来源是中国山水画中的“金碧山水”。这种山水画的始创者是唐朝李思训，他在以石青、石绿为主色的“青绿山水”中加入泥金一色，一般用于勾染山廓、石纹、坡脚、彩霞，以及宫室楼阁等建筑物。因此，“金碧辉煌”是指金色和碧色交相辉映，显得豪华富丽，虽常用于建筑物，却与墙壁无关，不能写成“金壁辉煌”。

不予宽恕称“不贷”

【错例】严重危害社会的罪大恶极者，必须严惩不殆。

【简析】“严惩不殆”应为“严惩不贷”。“殆”小篆字形为𣧑，形声字，从歺（è，甲骨文象有裂缝的残骨，隶变作“歹”，含义多与死、坏、不祥等有关），台声，本义指危险、危亡。《说文解字》：“殆，危也。”引申指败坏，如“不知其敌，每战必殆”。又引申指疲困，如“学而不思则罔，思而不学则殆”。另引申作副词，指大概、几乎，如“游历殆遍”。“贷”也是形声字，从贝代声，本义指施与、给予。《说文解字》：“贷，施也。”段注曰：“谓我施人曰贷也。”由施与，引申指饶恕、宽恕（罪行），如“贷罪”即免罪。另引申指借出，如“银行贷款给小企业”即借出钱，又指借入，如“贷款买房”即借入钱。由转借引申指推卸（责任），如“责无旁贷”。“严惩不贷”指严厉惩处、不予宽恕，而“不殆”或指没有危险，如“知足不辱，知止不殆”，或指不致失败，如“知己知彼，百战不殆”，在语义上都无法与“严惩”搭配。除了“严惩不殆”，“严惩不怠”“严惩不待”也是常见的误写。

翘嘴用“噘”翘尾“撅”

【错例】翘嘴鲌（bó），鲤科，全国江河湖泊均产，以鱼口上翘而得名，有的地方俗称“撅嘴鲢”。

【简析】“撅嘴”应为“噘嘴”。“撅”是形声字，从手厥声，本义指用手聚拢（物件）。《说文解字》大徐本释“撅”：“从手有所把也。”小徐本作：“以手有所把也。”段注认为其均误，当为：“以手有所杷也。”“杷本训收麦器，引申之用手捋聚亦曰杷。”引申指拨，如《集韵·薛韵》：“撅，拨也。”再引申指翘起，如“撅着嘴巴”“撅着胡子”“撅着尾巴”。又引申指折断、掐断，如“一撅两半”。“噘”也是形声字，特指翘起（嘴巴），是“撅”的异体字。1955年《第一批异体字整理表》发布，把“噘”作为“撅”的异体字淘汰。但是，2013年《通用规范汉字表》发布，确认将“噘”调整为规范汉字。此后，“噘”与“撅”分工明确：翘起嘴巴用“噘”，翘起其他对象则用“撅”。如今，“juē嘴鲢”的规范写法应是“噘嘴鲢”。

你是“小镇做题家”吗

◎胡文清

最近，“小镇做题家”这个词火了！

作为“小镇青年”叙事背景下的衍生词语，“小镇做题家”又再次让人们关注到“小镇”。从以前的“小镇姑娘”“小镇青年”到现在的“小镇做题家”，我们发现跟“小镇”有关的词语，似乎都代表着落后、贫穷。虽然这几年小镇旅游很火，生活在大城市的人们越来越多地走进乡村小镇，感受自然风光，可那仅仅是游览而已，人们绝不会产生在小镇上长期生活的想法。在认知观念中，人们显然更加在意“小镇”的贫穷落后，而不是它的风景秀丽。

在这样的时代背景下，小镇上的青年学子们也纷纷选择逃离。可是当他们来到更广阔的世界之后，他们发现自己身上的小镇烙印并不是那么好清除的。当他们受挫之后，他们选择用“小镇做题家”这个词来形容自己。这个词最初出现在豆瓣网上的一个名叫“985废物引进计划”小组。小组成员们大多是来自农村或小城市的985高校学生，他们在组内分享自己从高中进入大学甚至工作以后所遇到的困境。大多数组员们觉得造成这些困境的原因是自己的出身，他们不像大城市里的孩子从小参加各种兴趣班，也没有丰富的求学经历，他们有的只是会做题的本领。之后有小组成员将他们这一群人称为“小镇做题家”——出身农村或者小城镇，靠埋头苦读、题海战术进入高校，但是缺乏开阔的视野和多方面能力的青年学子。

这个词一出现，就引起了很多组内成员的共鸣，许多人纷纷评论，表示这个词似乎就是为自己量身定做的。之后，这个词更是火出圈了，不少网友在知乎、微博、微信等社交平台上纷纷表示这个词说的就是自己。

“××家”，如思想家、科学家、革命家、发明家，一般来说都是掌握某种专门学识或从事某种专门活动的人，并往往在这一领域有一定的成就。从这个意义上来看，“做题家”就是专门做题的人。光看“做题家”这个词，并没有贬义色彩，甚至含有尊敬意味。可是在前面加上“小镇”之后，这个词就有了贬义色彩，它所表达的意思就变成了：出身小镇、只会做题的人。所以，“小镇做题家”这个词当然不是那些会做题的小镇学子们在炫耀，而是他们在自嘲。

有“小镇做题家”分享：“进入大学以来，我发现自己除了学习什么都不会，其他同学有很多自己的爱好特长，可是我发现自己没有什么爱好，也没有什么特长，从小到大，我似乎就只知道读书……”“小镇做题家”这个词引发了这一群高校学生的共情，出身和经历所带给“小镇做题家”们的自卑，让他们在大学越来越没有勇气走出自己的舒适区，让他们越来越不敢展现自己。

可是，“小镇做题家”这个标签真的有这么大的负面力量吗？条条大路通罗马，虽然少数人已经出生在了罗马，而更多的人距罗马千里迢迢，但一出生就到达了终点，这样的人生岂不是索然无味吗？我们无法改变自己的起点，可是终点是可以靠奋斗去选择的，大多数人都是这样去获取人生的价值和意义的。

愿“小镇做题家”只是暂时处于困境的小镇青年的自嘲，而不是让它成为一直无法撕掉的标签。

小议“气氛组”

◎古舜禹

“气氛”这个词大家都熟悉，“气氛组”又是啥？它为什么会在网络走红？让我们来梳理一下这个既熟悉又陌生的网络热词的“成长史”。

首先，我们要从“气氛”说起。在《汉语大词典》中，“气氛”有两层含义：古代“气氛”一词指的是显示吉凶的云气，如汉代刘向《说苑》中的“登灵台以望气氛”。现在，“气氛”指特定环境中给人强烈感觉的景象或情调。现代文学作品中有诸多用例，如曹禺《雷雨》第一幕：“郁热逼人。屋中很气闷，外面没有阳光，天空灰暗，是将要落暴雨的气氛。”又如巴金《军长的心》：“我接触到一种平静、欢乐的气氛。”回顾了“气氛”的主要词义后，我们再一起看看“气氛组”又有哪些意义。

就目前来看，“气氛组”主要有三个意义。

第一个意义是“气氛组”这个网络热词成长的起点。顾名思义，“气氛组”开始指的是营造气氛的小组，它本来是酒吧里经常有的一个工作，主要负责带嗨全场。在这个意义上，“气氛组”专指在酒吧工作的这一类人员，例如：“做气氛组的大部分都是年轻人，基本都是‘00后’，98、99年都算是最大的一批了，年轻人爱玩，也更有活力。”

“气氛组”的第二个意义，是用来形容那些营造和活跃现场氛围的人或事物。这一特点与原义“营造气氛的小组”是相贴合的，保留和延续了基本的语义，但应用的范围不再限于酒吧这一工作场合。比如“过年气氛组上线！这就是年味！”（“济南发布”新闻标题），这一新闻标题中的“过年气氛组”指的是在过年时营造年味的人。再如“大美四川，春天最萌‘气氛组’上线”（央视网新闻标题），从新闻内容来看，这里的“气氛组”指的是春天的翠鸟们：鲜亮的羽毛和清脆的鸟鸣带来了春天生机盎然的氛围。上述例子中“气氛组”的应用范围扩大了，这一组合的生命力也增强了。在第二个意义上，“气氛组”的感情色彩是偏向中性的。

“气氛组”的第三个意义“走”得更远，它指的是那些仅仅营造了某种氛围的人，这意味着这些人的努力基本是无效的，仅是自欺欺人的表面功夫。在“营造气氛”的基础上，“气氛组”的第三个意义强调了它的消极含义，“气氛组”被用来当作“实干者”或是“成功者”的对立面，贬义色彩浓厚。例如：

省考结束：“考公气氛组”上热搜，考生人数已破500万

今年考研上岸率不到四分之一，考研“气氛组”究竟该何去何从？

关于创新，我们不做“气氛组”，要做就做“实干组”

这些例子中的“气氛组”都属于一事无成的旁观者，明显带有谐谑调侃的意味。

在今天，“气氛组”的这几种用法都在流行，但明显占了上风的是后两种意义。从专指“在酒吧营造气氛的工作人员”，到“营造和活跃现场氛围的人或事物”，再到“仅仅营造气氛，实则是表面功夫”，“气氛组”的意义不断推演、扩大和更新着。在网络语言环境中，流行词语你方唱罢我登场，“气氛组”的生命究竟有多长，会不会进一步地演化，还有待时间的检验。

说文解字

由“司”“后”之争想到的

◎刘志基

古文字课讲到殷商金文，避不开所谓“司母戊”这个世界上最大最重的出土青铜鼎，每至于此，往往有学生提问：究竟是“司母戊”还是“后母戊”？因为这在古文字专业内已经不是一个问题了，所以我总是把问题抛回：“你怎么看？”回答通常是：“现在好像多说‘后母戊’。”上网查一查，同学所言不虚，有网络图片为证：

客观来说，“司母戊”还是“后母戊”，网上呈现的还是两种声音。大概由于“后母戊”算是新说吧，因此更容易得到人们信从。

这个成为争议焦点的字原形作司，它究竟是“司”还是“后”？应该追究一下相关学者们是怎么论证的。不妨看看两种观点的代表性论说。

释“后”者主要理由是卜辞中司的形义与传世文献的相关记载可以对应：卜辞中司的身份与《礼记·曲礼》所言“天子之妃曰后”是吻合的，《曲礼》曰：“天子有后，有夫人，有世妇……”是说后地位在所有王配中最高，卜辞所见司地位尊于一般王配，与此相符。从文字形体上看，也与《说文》所言“司……从反后”相合。因此，将卜辞中作人称用的司隶定为“后”，读作王后之“后”，被认定为是较为合宜的。

释“司”者的主要依据则是甲骨文、金文文字系统内部“司”及相关字符的形音义相互关系：在甲骨文中，商代王或其他贵族配偶中，其尊者可称“司”（又简写作“𠃌”），以及从“司”或“𠃌”得声的“娰（娰）”“𦀚（𦀚）”。但这一女性称谓之字又可以用“㚤（㚤）”与“𠃌”的组合“𡚱（𡚱）”，或者以“㠯（即“以”字）”“㚤（㚤）”组合的“㚸（㚸）”等字来表达。也就是其中表示读音的“司”或其初文“𠃌”，又可以替换为“㚤”或“㠯”。而从古音来看，“㚤”“㠯”只与“司”音近，因此在古文字中，“㚤”“㠯”与“司”作为表音偏旁多可相互替换，而它们的读音与“后”的读音差得很远。因此“司母戊”中的“司”不可能是“后”字，而只能是“司”。

限于篇幅，我们无法全面呈现论者之说，但是其主要论证依据上文已经给出，由此观者不难判断其可信程度如何。毫无疑问，同时代同类型文献的内部依据，相较隔代异类文献的外部依据，无疑是更可令人信服的。这也是大多数学者认同释“司”的原因所在。所以目前最新的殷商文字工具书，如《新甲骨文编》《新金文编》都采用释“司”的意见。

但是，令人疑惑的是，为什么已经得到解决的释读问题，在很多人的眼中依然未解。更让人百思难解的是，其实按照上文释“司”的解读（“司（司）”与“娰（娰）”同字），所谓“司母戊”，根本就不是三个字，而是“娰戊”两字，这就跟殷商金文中多见的“祖戊”“父戊”“子戊”是相同的辞例：前一个字是青铜祭器所祭祀者的身份名，后一个字是被祭者的庙号。至于所谓“司母戊”中的“娰”的偏旁排列方式，对比“龏姒觚”中的“娰”（见下文图），便可发现它只是一般的上下结构。至于“戊”嵌入“娰”的左下角，对比“妇好铭”的“帚(妇)”字嵌入“好(女旁对称复形)”字上部中间，也会发现这就是殷商金文的构形特点。

祖戊　父戊　子戊　姛戊

犇姒觚的“姛”

妇好

然而，“姛戊”这一更加精准的释读似乎更不为人所普遍知晓，所以目前人们指称这个最大最出名的青铜器，一般不是“司母戊”就是“后母戊”，“姛戊”之称却极为罕见。一个在中国最出名的青铜器，居然连称名都搞不定，古文字学被戴上“冷门绝学”的帽子，也确实事出有因了。由此现象，生出两点感想而不吐不快。

其一，关于“司母戊”还是“后母戊”这个问题，在360搜索引擎上一搜，便可得到48 200个结果。可见其并非是一个冷门问题。那么在专业内基本达成共识的情况下，为什么网上还是一片释读乱象呢？网络时代，提供了知识传播最为便捷的手段，但却带来了“碎片化”阅读的信息接受误区。知识易得，带来的直接后果是信息爆炸。信息一经爆炸，便造就了海量阅读的环境，而人们的时间精力并没有同步膨胀，因而人们制作信息碎片，便大有市场需求。人类各个领域的知识积累到今天这样的程度，系统的深度阅读是专业传承的基本途径，碎片化阅读带来的危害，已经引起有识之士的深度忧虑。古文字的释读，涉及大量专业外人群陌生的知识系统和论证方式，这本来是更需要系统深入阅读来完成知识接受的，但是学习的高门槛横亘在前，却又会“很成功地”把人们推向省力省心的碎片化阅读阵营。于是，半懂不懂，不懂装懂，对错不分，人云亦云，便成为古文字网络信息发布的常态，导致“司母戊”还是“后母戊”之类并无价值的争论长久持续。由此可见，如果任由“碎片化”阅读倾向发展，数字化有沦为新一代愚民工具的危险。

其二，平心而论，当下并不乏汉字知识乃至古文字知识的普及读物，但是恕我直言，其中存在的问题是大量的，知识的过时甚至错误都不鲜见。而其原因，主要是没有真正做到所谓“专业的人做专业的事”。关于这一点，明眼人都清楚，不必赘言。那么，为什么没有金刚钻偏要揽瓷器活儿？诸多因素使然，我们就不去刨根问底了，只是希望相关作者乃至出版者不要为了一点现实利益而抛弃了对母语文字应有的敬畏之心。而在另外一面，为什么在古文字普及这个知识传播领域中不能实现以良币驱除劣币的状况？古文字界的不作为难辞其咎。为什么古文字学者不太乐意去做专业普及的工作？也是诸多因素使然，我们同样不打算深入追究到底有哪些因素消弭了学者们专业普及的热情，只是想提醒一句：让社会大众了解古文字研究最新成果终究是古文字专业从业者的社会责任，无可推脱。

微语录·母亲

我缩在被子里，拿起闹钟，发现没电了。我给妈妈打了个长途：“妈，明天我开会要赶早，你六点给我个电话叫我起床吧。”妈妈已经睡了，声音有些沙哑地说：“好，放心。”电话响的时候，外面黑黑的，我看了看表，才五点四十。我不耐烦起来：“不是说六点吗？我还想多睡一会儿呢！”我挂了电话。那天上午，我看到爸爸发来的短信：“你妈妈一晚都没睡踏实，她怕你迟到。她说是她不好，叫早了，吵醒了你。”

（刘　芳／辑）

“冬天不要砍树”

（文中有十处差错，你能找出来吗？答案在本期找）

◎辰 玉 设计

冬天来了，寒风凛冽，院子里花草树木调零，满地枯枝落叶。有棵树似乎已经死了，树皮开裂，枝叶枯黄。小男孩指着树对爸爸说：“爸爸，它死了，砍掉它吧。”

爸爸走近这棵树，仔细端祥。爸爸用姆指一按，一大片树皮应声而落，树枝更是轻轻一碰就折断。“这棵树也许真的死去了，但是，”爸爸轻轻抚摸着树干，说道，“冬天不要砍树，也许到了春天，它就活过来了。”

之后，小男孩便一直掂记着这棵树。第二年开春，小男孩惊讶地发现，这棵树竟然发出了新芽。爸爸说：“它并没有完全死去，春天一到，又焕发出生命的活力。”

这件事给小男孩留下了深刻的印象。在长大的过程中，他无数次地见证了“枯木发新枝”的道理。邻居家的“锯嘴葫芦”长大后做起了律师，在法廷上与人唇枪舌战。班上那个成绩倒数的男孩，高考前竟然悬梁刺骨，刻苦学习，最终金榜提名，考上了名校。还有自己，当年身体赢弱，被人预言难以长大，现在却硕壮无比。这正是因为父亲懂得“冬天不要砍树”的道理，没有在无望中放弃。

只要不轻易放弃，凡事都有转机！

火眼金睛

图中差错知多少？

鲸 吟 杨昌俊 周国梁 顾银乔 提供

（答案在本期找）

肉沫茄子盖浇饭 12元

鱼香肉丝盖浇饭 12元

雪菜肉丝盖浇饭 12元

2

邮政

微店

微信公众号

电子版

ISSN 1009-2390

YAOWEN-JIAOZI

咬文嚼字®

2022.02

饺子

中国传统面食，由馄饨演变过来的。宋代称“角子”“角儿”。元代、明代称“扁食”。清代始称“饺子”。清时，饺子一般在除夕半夜子时吃，此时正是农历新旧年交替之时。“饺”与“交”谐音，“子”表示“子时”，吃饺子取“更岁交子”之意。

“饺子”因此得名。

上海世纪出版集团

欢迎至邮局订阅本刊 邮发代号 4-641

国内统一连续出版物号 CN 31-1801/H

定价：6.00 元

“代表人民说话，代表人民办事”

周　源／文　臧田心／画

申纪兰（1929—2020），女，生前曾任山西省平顺县西沟村党总支副书记等职务。全国劳动模范，全国优秀共产党员，共和国勋章获得者。1954 年，申纪兰提出的《男女同工同酬》倡议，被写进了中华人民共和国的第一部《宪法》；改革开放初期，申纪兰在完善联产承包责任制、探索改革发展之路等工作上做出了重要贡献。申纪兰是第一至第十三届全国人大代表，她说：“当人大代表，就要代表人民的利益，代表人民说话，代表人民办事。”

咬文嚼字®

2022年2月1日出版

2

总第326期

主管：上海文艺出版总社
主办：上海文化出版社
编辑、出版：《咬文嚼字》杂志社
集团网站：http://www.shwenyi.com
E-mail：yaowenjiaozi2@163.com
官方微博：
http://weibo.com/yaowenjiaozish
电话传真：021-64330669
发行电话：021-53204165
邮购电话：021-53204211
地址：上海市闵行区号景路159弄A座3楼
邮政编码：201101
发行：上海市报刊发行局
发行范围：国内外公开
订阅处：全国各地邮局
邮发代号：4-641
ISSN 1009-2390
CN 31-1801 / H
印刷：上海中华印刷有限公司
印厂电话：021-60829062
021-60299079
定价：6.00元

2021年十大语文差错

《咬文嚼字》编辑部

（2021年12月）

一、“六安”的“六”误读为liù。2021年，国内疫情出现多点散发态势。5月16日，安徽省六安市出现新冠肺炎确诊病例。在相关新闻报道中，有媒体将“六安”的“六”读作liù。“六”是多音字，读liù指数字，即比五大一的正整数，读lù用于地名，如江苏六合。安徽“六安”的“六”读lù，权威辞书是这样注音的，民政部发布的《中华人民共和国行政区划简册》也是这样标注的。

二、“蔓延”误为“曼延”。2021年底，新毒株奥密克戎造成国际疫情继续扩散。不少媒体在报道中将疫情“蔓延”误作疫情“曼延”。曼，本指长、远。曼延，指连绵不断，描写的是静态对象，如“群山曼延”。蔓延，本指蔓草等向四周延伸、扩展，引申泛指向周围延伸、扩展，描写的是动态变化的对象。病毒扩散，应用“蔓延”。另外，媒体上还有用“漫延”的。在泛指向四周扩散的义项上，“蔓延”“漫延”可视为异形词，现在多主张用“蔓延”。

三、“接种疫苗”的“种”误读为zhǒng。2021年，接种疫苗是头等大事。遗憾的是，不少人将“接种”疫苗误读为“接zhǒng”疫苗。“种”是多音字：读zhǒng，表示事物，主要是名词，指种子等，也作量词，指种类；读zhòng，表示动作，是动词，如种地、种植；读Chóng，用于姓氏。接种疫苗就是把疫苗注射到人或动物体内，用以预防疾病。这个“接种”显然是动作，应读“接 zhòng”。

四、“途经”误为“途径”。 “流行病学调查”（简称“流调”）工作中，个人行动轨迹是重点。在个人旅居史描述中，不少通报将“途经”误为“途径”。“途经”，动词，意思是中途经过某地，如“从北京途经南京到上海”。“途径”，名词，意思是路径，多用于比喻，如“解决问题的途径”。“途经”和“途径”语义不同、用法不同、读音不同，把“途经中高风险地区”写为“途径中高风险地区”是错误的。

五、“必需品”误为“必须品”。 疫情防控必须确保人民群众生活必需品的充足供应。如2021年12月23日开始，西安采取封闭式管理措施，为保证群众粮食等生活必需品供应，志愿者送货上门。一些媒体在报道中，将“生活必需品”误作“生活必须品”。“必须”和“必需”都强调“一定要”。然而，它们的搭配对象不同。“必须”是副词，只能跟动词搭配，不能与名词连用，不能构成所字结构。“必需”是动词，可以与名词连用，可以构成所字结构。“品”即物品，名词性成分，只能跟“必需”搭配使用。

六、“赓续”误为“庚续”。 2021年，“赓续红色血脉”的说法常见诸媒体，遗憾的是，不少地方将“赓续”误为“庚续”。“庚”的常用义是指天干第七位，又指年龄，如“同庚”“年庚”。“赓”本义指连续、继续。典籍中“赓”多指歌咏吟诵的接续唱和，如“赓咏”“赓酬”“赓韵”等。如今，“赓”指继续，“赓续”是同义连用，复指强调。现代汉语中“庚”不表示继续，“赓续”不能写成“庚续”。

七、“失之偏颇”误为“有失偏颇”。 电视剧《觉醒年代》里，陈独秀曾说过“二十年不谈政治”，第27集中李大钊说道：“当初说这句话有失偏颇了。”其中，“有失偏颇”有误，应改为“失之偏颇”。“有失”即失去，强调的是“失去”的对象，与褒义词连用，如“有失公正”，就是指失去了公正。而“失之”的“失”指失误、失当，“失之”分析的是失误的原因，与贬义词连用，如“失之狭隘”。“偏颇”指偏向一方、不公平、不公正，因“偏颇”而造成失误，当称“失之偏颇”。

八、“血脉偾张”误为“血脉喷张”。2021年8月1日，苏炳添以9秒83的成绩晋级东京奥运会百米决赛。不少媒体在报道中称，这一惊世骇俗的成绩令人“血脉喷张”。其中“喷张”有误，正确的写法应是“偾张”。“偾”读fèn，指亢奋，“偾张”指扩张突起，“血脉偾张”意为血液流动加快，血管膨胀，青筋鼓起，多用来形容激动、亢奋、激情。“喷张”指张裂喷射，“血脉喷张”即鲜血喷射，用来形容情绪激动显然不合情理。

九、“情结”误为“情节”。2021年，中国精心筹办北京冬奥会。中国人对冬奥会寄托了很深的情感，一些媒体在相关报道中将冬奥“情结”误成了冬奥“情节”。“情结”指很深的情感，深藏心底的感情，如“思乡情结”，或指心中的感情纠葛，如“化解不开的情结”。“情节”指事情的变化和经过，如“故事情节”，或指犯罪或犯错误的具体情况，如“案件的情节”。中国人重视冬奥会，不遗余力地筹办北京冬奥会，寄托在其中的深情当然应称“情结”而不是“情节”。

十、“行拘”误为“刑拘”。2021年10月21日，北京警方针对某知名人士嫖娼事件进行通报，称违法人员对违法事实供认不讳，因触犯《治安管理处罚法》被朝阳公安分局依法行政拘留。有媒体在报道中将“行拘”误成了“刑拘”。“行拘”是“行政拘留”的简称，“刑拘”是“刑事拘留”的简称，两个简称读音相同，但含义相差很大。上述人士嫖娼触犯的是《治安管理处罚法》，这是行政法，因此适用的是“行拘”。如果触犯的是《刑法》，那适用的就应该是“刑拘”了。

“第五六两句失粘”？

◎张仙权

汪曾祺在《七十书怀》(《汪曾祺全集》第5卷散文卷，人民文学出版社2019年1月出版)中说：“《七十书怀出律不改》，‘出律’指诗的第五六两句失粘，并因此影响最后两句平仄也颠倒了。我写的律诗往往有这种情况，五六两句失粘。”这里有两个问题。首先，“失粘(nián)”是旧写法，根据现在的用字规范，正确的写法应是“失黏”。其次，《七十书怀出律不改》一诗(第218页)，确实因“失黏”而“出律”，但失黏的却不是“五六两句”，而是四五两句。

律诗平仄讲究“黏对”。“对”，即平对仄、仄对平，指出句与对句平仄一般是相对的(有些字的平仄可不拘，这里不细说)；“黏”，即平黏平、仄黏仄，指后联出句第二字平仄要与前联对句第二字一致，即第三句与第二句、第五句与第四句、第七句与第六句相黏。因遵循黏对规则，律诗声调才更加谐调。如果不“对”，同一联上下两句平仄就雷同；如果不“黏”，前后两联平仄就雷同。违反“对”的规则，叫“失对”；违反“黏”的规则，叫“失黏”。由此可见，“五六两句”失黏的说法是不对的。

细览汪老的《七十书怀出律不改》全诗：

悠悠七十犹耽酒，
唯觉登山步履迟。
书画萧萧余宿墨，
文章淡淡忆儿时。
也写书评也作序，
不开风气不为师。

"逐免先得"？"逐兔先得"！

◎杨宏著

李国文先生在《天下三国》（漓江出版社2007年1月出版）的《逐免先得》一章中说："一个目标物放在那里，人人都想获得它，在这个目标物未明确落入谁的手中时，角逐者的争斗，便一刻也不得安宁。只有争夺已经无望，归属成为定局，大家这才会停下手来，这就是法正劝喻刘备取西蜀时，所说的'逐免先得'的规律。"（第287页）标题和正文中提到的"逐免先得"令人困惑，经查，应是"逐兔先得"。

"逐兔"字面意义是追逐兔子，比喻争夺帝位。《后汉书·袁绍传》："世称万人逐兔，一人获之，贪者悉止，分定故也。"《三国演义》第六十回："法正曰：'益州天府之国，非治乱之主不可居也。今刘季玉不能用贤，此业必属他人。今日自付与将军，不可错失。岂不闻"逐兔先得"之说乎？将军领取，某当效死。'""逐兔先得"即指众人追野兔，谁先得到就归谁所有，别人就不能再来争夺了。法正劝说刘备取西蜀正是表达这个意思。

"免"音miǎn，有学者认为它是冠冕之"冕"的本字，后假借表示免除、避免之义。"逐免"难以索解，应是形近致误。

假我十年咸粥饭，

未知留得几囊诗。

这首诗的第五句第二字"写"为仄，第四句第二字"章"为平，两句平仄失黏，因而"出律"。

略述“百年未有之大变局”

——从“变局”说起

◎高丕永

“变局”一词，古汉语里早已有之，用作动词或名词，本义与棋局有关，即“下棋时双方棋子力量对比的变化”。唐代诗人孟郊根据“山中方一日，世上已千年”的烂柯山传说写成的《烂柯石》诗里，有“双棋未变局，万物皆为空”句。后来，动词“变局”引申指“改变局面，情况发生变化”。南宋诗人刘克庄《郑丞相生日口号十首》之二里有“却是端平变局难”句。“端平变局难”指“南宋端平元年（1234）光复中原失利”。

古汉语名词“变局”，引申指“局面、情况的变化”。比如：“至嘉熙之变局，正党论之交驰，摸床棱者无可无否，骑门限者半黠半痴。”（南宋王迈《臞轩集》）明清时期，医学著作和描写市井生活的白话小说里出现了不少名词“变局”用例。鸦片战争后，与大事有关的名词“变局”多了起来。比如：“今海外略地已竟，合而伺我，真非常之变局也。”（康有为《上清帝第一书》，1888年10月）又如：“中国海疆袤延万余里，泰西各国兵舶溶驰轮转，络绎往来。无事则探测我险易，有事则窥伺我藩篱，从此海防遂开千古未有之变局。”（郑观应《盛世危言》卷七，1894年）

进入二十世纪后，中国内忧外患不断。一百年来，中国共产党领导中国人民，不断应对变局、把握大局、开创新局，事关大事的名词“变局”用例就更加多了。因而,《国语辞典》(1937 年)把“变局”释义为“非常之局势”,《汉语大词典》(1993 年)释义为“变化的时局”。实际上,现代汉语“变局”的词义和用法并没有大的“变局”。

2017 年 12 月 28 日,习近平主席在接见回国参加 2017 年度驻外使节工作会议的全体使节时发表了重要讲话,用到了“百年未有之大变局”一语。他说:“放眼世界,我们面对的是百年未有之大变局。”(《人民日报》2017 年 12 月 29 日)至今,习主席已有 120 余次在国际国内的重要场合用到了“百年未有之大变局”。

“百年未有之大变局”,是中国领导人对当今时代形势的一个重大战略判断。2018 年 9 月 3 日,习主席在 2018 年中非合作论坛北京峰会开幕式上发表主旨讲话时,对“百年未有之大变局”的深刻内涵作了精辟的阐述:“世界多极化、经济全球化、社会信息化、文化多样化深入发展,全球治理体系和国际秩序变革加速推进,新兴市场国家和发展中国家快速崛起,国际力量对比更趋均衡,世界各国人民的命运从未像今天这样紧紧相连。同时,我们也面临前所未有的挑战。霸权主义、强权政治依然存在,保护主义、单边主义不断抬头,战乱恐袭、饥荒疫情此伏彼现,传统安全和非传统安全问题复杂交织。”(《人民日报》2018 年 9 月 4 日)

我们该如何应对“危”和“机”并存的“百年未有之大变局”呢?习总书记也给出了答案:“只要我们咬定青山不放松,沿着中国特色社会主义道路奋勇前进,我们的国家必将日益繁荣昌盛,必将日益走近世界舞台中央,必将日益为人类作出新的更大贡献。”(《人民日报》2017 年 12 月 29 日)

就语感而言,“百年未有之大变局”这个八字短语,会让人产生一种庄重感。庄重感从何而来？这是善于选词、用词的修辞效应。我们不妨假设一个同义短语“一百年不曾有过的变局”，来进行对比分析。第一，“百年”就是“一百年”，但“百年”比“一百年”简练。汉语中许多固定组合都用“百年”而不用“一百年”，如“百年大计”“百年好合”“百年华诞”“百年之后（婉辞）”等。第二，“不曾有过”偏口语化，而“未有”比较书面化。第三，不用最普通最常见的结构助词“的”（轻声），而改用文言虚词“之”（第一声），有助于正式的语感。第四，切莫小看“变局”前加一个“大”，有了“大”，就说明这个“变局”是异乎寻常的，是非同小可的，是令人瞩目的。这四条合在一起，为短语“百年未有之大变局”增添了一抹庄重色彩。

“百年未有之大变局”，有时缩略成“百年变局”使用。2021年11月4日，习主席以视频方式出席第四届进博会开幕式，发表了题为《让开放的春风温暖世界》的主旨演讲，用到了“百年变局”。他说：“当前，世界百年变局和世纪疫情交织，单边主义、保护主义抬头，经济全球化遭遇逆流。”（《人民日报》2021年11月5日）抗击新冠疫情以来，习主席已有20余次在国际国内的重要场合用到了“百年变局”。

《桃子的诱惑》参考答案

1. 一坐高山——一座高山
2. 对奕——对弈
3. 观摹——观摩
4. 薰染——熏陶
5. 轮翻——轮番
6. 较劲脑汁——绞尽脑汁
7. 快快大国——泱泱大国
8. 水密桃——水蜜桃
9. 咋咋称赞——啧啧称赞
10. 你才会赢——你就会赢

“破防”成功破圈

◎王冬雪

“破防”，本是游戏中专用术语“破除防御”的缩略语，指的是游戏对决中，一方发起攻击且攻击力的数值大于另一方防御力的数值，从而破除另一方的防御，造成伤害值。现在，“破防”成功破圈，在各大新闻媒体中频频出现，应用范围从单一的游戏领域拓展到政治、经济、文化、医学等领域。例如：

（1）他建议，制定和落实相关法律法规，加大对让游戏企业防沉迷措施破防的网络灰黑产业的打击力度。（《中国青年报》2021年9月28日）

（2）靶向抗体可让乳腺肿瘤“破防”（标题，《科技日报》2021年11月5日）

游戏中“破防”破的只是对手的防御力，而例（1）中“破防”破的是防沉迷措施，例（2）中“破防”破的是乳腺肿瘤细胞的屏障。

原先，“破防”大多指向虚拟的、非现实的层面。随着使用频率的提升，“破防”逐渐推衍至愈加虚幻的心理层面，表示人的心理防线被突破，从而在情绪上出现大的波动。心理防线，也就是人在心理上能够承受的最大极限。一旦心理防线崩塌，人就会产生强烈的激动、痛苦、疯狂的情绪，甚至崩溃失控。例如：

（3）近日，一张拍摄于2019年秋的志愿军陵园照片再次令网友破防。（《华西都市报》2021年10月13日）

（4）电影《我和我的父辈》中，出自章子怡导演篇章的一首小诗，观众纷纷转发，直呼

"破防"。(《昆明日报》2021年10月6日)

例(3)中一张志愿军陵园的照片令网友回想起抗美援朝战争——那段用血肉写就的历史,例(4)电影中一首简短的小诗让观众了解中国航天事业发展壮大的背后,有多少航天人前仆后继,默默牺牲。由于照片和小诗引发了网友和观众巨大的情感共鸣,一时间悲伤、尊敬、感恩等多种情绪喷涌而出,无法抑制。这儿用"破防"来表达他们复杂的情绪波动。

其实,当代年轻人情绪起伏还和社会生存压力有关。现代社会日新月异,紧张的生活节奏、忙碌的工作步调,都给年轻人带来了沉重的心理压力,使他们无所适从,精神时刻处于紧绷状态,因此自身情绪极容易受到外界影响,哪怕只是生活中一些琐事。请看:

(5)对于一个吃货而言,在这种饕餮盛宴的美食纪录片面前,我完全破防了。(《广西日报》2021年10月3日)

有时,为了突显情绪来得极为猛烈,语用中临时发挥,造出了"破大防"的用法,来形容自己内心受到震动的程度极深。另外,心理防线被击溃往往是一瞬间的情绪爆发,所以"破防"在句中常与"瞬间""突然""马上"这类表示时间短暂的词语共现。例如:

(6)望着对面马路上的儿子,连续加班熬夜的李菊瞬间"破防"。(《江西日报》2021年11月11日)

"破防"一词,语言形式简短、画面感强,广受年轻人的喜爱和欢迎,因此还常常用于新闻标题中,如"这封家书,让人含泪破防""被《功勋》'破防',主旋律好剧热播正当时"。2021年,"破防"被选入了"年度十大流行语",堪称实至名归。

小议“伤害性不大，侮辱性极强”

◎代宗艳

语言是一条流动的河，新词语、新句式、新用法生生不息。最近网络上、短视频里经常会出现“伤害性不大，侮辱性极强”这个小句，用来表达说话人的扎心感叹。2021年，一些文化机构评选的“年度网络用语”中，“伤害性不大，侮辱性极强”赫然在列。当前，“伤害性不大，侮辱性极强”成了人们耳熟能详的流行语，使用范围由网络扩展至纸媒。例如：

（1）笔者家附近的健身房最近开业。家人每次路过，都有店员瞄着他的肚皮，大声建议他“管理一下身材”，这话“伤害性不大，侮辱性极强”，每次都让他感觉受到了冒犯。（《东方烟草报》2021年9月24日）

（2）“平平无奇”和“奇葩”，“普通人”和“坏人”，两组词，每组二选一，你会怎么选？大家会不会有这样的感受：前者“伤害性不大，但侮辱性极强”。（《萧山日报》2021年5月19日）

“伤害性不大，侮辱性极强”是一个表达说话人主观消极评价的小句，常用于针对某些人的一些言语和行为，虽然不会对他人造成肉体上的伤害，但会造成精神上的暴击。例（1）中，家人在路过健身房时，店员“管理一下身材”的建议不可能对他造成肉体上的伤害，但在心理上却是强烈的打击。例（2）中，对于当代年轻人来说，追求比别人优秀，或者与众不同、特立独行，成为他们的人生目标。因此在“平平无奇”

与"奇葩"、"普通人"与"坏人"这两组词中,前者的评价或许对于他们心理上的打击更大吧?

"伤害性不大,侮辱性极强"最早出现于抖音和微博评论区,原本是单身者用来评价别人在自己面前秀恩爱时的文案,随后在抖音上被模仿使用。这个小句走红之后,人们将它运用在生活中的各个领域,用来形容自己在种种小事或细节上受到了冒犯。它既可以讽刺社会上的一些现象,如例(4),也可以单纯调侃取乐,如例(5)。如今,在各类热点事件的评论中,不时用到这句话。例如:

(3)近日,一篇名为《你们才30亿市值,我们接待不了》的公众号文章在朋友圈刷屏,不少转发者直呼"伤害性不大,侮辱性极强"。(《东南商报》2021年4月29日)

(4)新乡县七里营镇的一家超市副食品区的青菜、洋葱、豆芽、蘑菇、胡萝卜、猪肉连续几天被盗,虽然被盗物品不值几个钱,但对超市来说是"伤害性不强,侮辱性极大",愤怒不已的超市老板到派出所报了案。(《新乡日报》2021年3月18日)

(5)伤害性不大,但侮辱性极强。一支塔利班部队放出了一张宣传照片,照片中塔利班士兵穿着缴获的美械,模仿并嘲笑了美军在二战期间硫磺岛战役中的经典场景。据俄罗斯电视台称,这张照片让美军沦为笑柄,许多美国保守派人士被气晕了。(《株洲晚报》2021年8月25日)

从句法结构看,"伤害性不大,侮辱性极强"是一个对偶句式,前一分句与后一分句形成转折关系,强调了后一分句"侮辱性极强"带来的主观心理感受。经过高频使用和语用扩展,还形成了"××力/性不大,××性极强"的流行格式,衍化出如"杀伤力不大,侮辱性极强""危险性不大,欺侮性极强"之类的说法。

何来"薤霹行"

◎王云峰

商务印书馆2014年版《冠英说诗》，收录余冠英先生有关诗词的文章十余篇。在162页《建安诗人代表曹植》一文中，"薤露行"被误作"薤霹行"。

《薤露》是汉魏时期的一首挽歌，感叹生命易逝，旧说出于楚汉之际的田横的门客，田横被汉高祖征召，半途自杀，他的门客哀悼他作了此歌。至汉武帝时，李延年分为二曲，《薤露》送王公贵人，《蒿里》送士大夫庶人。原文为："薤上露，何易晞。露晞明朝更复落，人死一去何时归。""薤"音xiè，是一种多年生草本百合科植物，地下有鳞茎，叶子细长，花紫色。鳞茎也称藠头（jiàotou），可做蔬菜。"露"指露水。薤露，即薤叶上的露水，因露水存在时间短暂，易于消失，后代文人以此为由头，多有引发，感叹生命短暂，时光易逝。如曹操、曹植父子均作有《薤露行》，后世还有《薤露歌》《薤露吟》等。曹植《薤露行》表达出施展抱负的希望，但他的侄子曹叡对这个才高八斗的叔叔颇为忌惮，曹植只能"骋我径寸翰，流藻垂华芬"，郁郁而终。

霹，音pī，指响声极大的雷，"薤霹"难以索解。

语义重复的"女警花"

◎胡礼湘

疫情当前，有关"警花"抗疫的报道也较多。齐鲁晚报网2021年2月18日发布一则新闻《上得了荧幕下得了基层，济南这位警花主动申请上战疫一线》，其中这样写道："自古以来，巾帼英雄许许多多。在济南市历城公安分局华山派出所户籍大厅内，也有这么一位巾帼不让须眉的女警花，她上得了电视荧幕，下得了基层，在疫情突然来临之际主动申请走上战疫一线，她就是户籍民警张璐。”这段话中的“女警花”有语病。

花，本是可供观赏的植物，引申比喻年轻漂亮的女子。如“班花”，指一个班级里公认的最美的女生；“交际花”，指社交场中活跃的有名女子；“警花”，是对年轻女警察的美称。可见，这一类“× 花”词语中的“花”，本身就带有一种性别指向，再在它前面加上“女”，岂不是叠床架屋？

“香江”误为“湘江”

◎程 旭

《三联生活周刊》2021 年第 44 期有一篇文章《梁文道：播客，别那么热闹》，文中梁文道以第一人称口述的形式，讲自己在香港商业电台工作时，邀请香港的专栏作家来主持节目，其中包括陶杰：“为了宣传他，我还给他起了个名号，叫‘湘江第一才子’。”这里的“湘江第一才子”应为“香江第一才子”。

湘江亦称“潇湘”，是湖南省最大河流、洞庭湖水系主要河流之一，上源海洋河出自广西壮族自治区东北海洋山西麓。东北流贯湖南省东部，最终流入洞庭湖。而“香江”一般指代香港，鲁迅《而已集·略谈香港》：“若夫‘香江’（案：盖香港之雅称）之于国粹，则确是正在大振兴而特振兴。”之所以叫“香港”，是因地产沉香并在此出口而得名，又称“香海”。

上文中的陶杰，原名曹捷，另有笔名杨非劫、蒋一礁等，出生于香港，可以说是香港土生土长的专栏作家。且不论“第一”的名头是否合适，这位“香江才子”其实是和“湘江”挨不着边的。

法槌之“槌”不能写作“锤”

◎雷晓琪

灾难中的形象往往会传播得很广，当时我的社会声望已远远超出学院，被选为整个上海市的中文专业教授评审组组长，兼艺术专业教授评审组组长。每次评审，我们对那些在灾难岁月投机取巧、丧失天良的文人都断然予以否定。于是，我又拿起了那支笔，一次次重重地写下了否定结论，又浓浓地签上自己的名。那支笔在当时，几乎成了法官敲下的那个锤子，响亮、果敢、权威、无可争议。

上述文字出自余秋雨《文化苦旅》(长江文艺出版社 2017 年 5 月出版)中《祭笔》一文，其中把"笔"比作了"法官敲下的锤子"。"锤子"错了，应是"槌子"。

槌，指敲打用的棒，大多一头较大或呈球形。法槌，是法官在开庭、休庭或宣布判决、裁定及维护法庭秩序时用来敲击的槌子，作用相当于古时的惊堂木，是法庭审判不可或缺的工具。我们国家的法槌是木制的，槌身圆柱形，槌顶镶嵌法徽，配有方形底座。

锤，指锤子，是敲打东西的工具，前有金属等材料做的头，有一个与头垂直的手柄。"槌"和"锤"都可以用来敲击，但是两者的用途和材质有一定的区别，法官敲下的只能是"法槌"。

金朝"中都"，今朝北京

◎陈　渊

2018 年 8 月 17 日《检察日报》6 版有一篇文章《古代借贷那些事儿》，其中有一段写道："金世宗完颜雍大定十三年(1173 年)，因为民间质典利息太高，下令在中都(今河南开封)、东平、真定等处，设置质典库，称为'流泉'，抵押款照抵押物的七成估价，月息一分，过了25 个月不赎回，就下架质押的物品(死当)出卖。"此处括注中说金中都在今河南开封，错了。

金朝中都并非今开封，而是今北京。金朝继承辽朝的五京建制，也实行五京制，最初以上京会宁府(今黑龙江阿城南)、东京辽阳府(今辽宁辽阳)、北京大定府（今内蒙古宁城县大明镇）、西京大同府（今山西大同）、南京开封府（今河南开封）为五京。其中上京会宁府是国都，其他四京是政治军事重镇。金天德三年（1151），海陵王下诏迁都，自上京南迁到燕京（今北京），贞元元年（1153）正式迁都，改燕京为中都大兴府，直至贞祐二年（1214）金宣宗“贞祐南渡”由中都逃往南京开封，金朝在此建都共62年。

金朝的中都是燕京，即今天的北京，而今天的开封是金朝的南京。

粳米也是大米

◎屠林明

有一次，一位多年没联系的老家亲戚来我家做客，一走进家门，便问怎么你家有股大米的清香味，是特地招待我煮大米的吗？父母觉得很尴尬，家里其实没有大米可煮（当年家里吃的都是粳米）。后来搞明白了，原来是隔壁的糕团厂正在开工生产糕团，窗外飘来一阵阵大米的清香。

这是2020年7月10日《解放日报》11版所刊《这一口软糯大米香》中的一段话，其中的括注明显不通。

大米，在《现代汉语词典》中的释义为“去了壳的稻的籽实”。以此看，大米实际上是稻米的统称。但稻米因水稻品种的不同，又可分为粳米、籼米、糯米等。粳米，即粳稻碾出的米，其特点是米粒短而粗，所煮的米饭黏性强，油亮甘甜，香味浓郁四溢。糯米是糯稻碾出的米，富于黏性，可做糕点，亦可酿酒，一些地方也称“江米”。粳米和糯米由于黏性较强，因此经常拿来做糕点。上述《这一口软糯大米香》中作者也提到小时候家住在虹口糕团厂旁边，放学经常去厂门口看工人用粳米、糯米制作糕团。籼米，是籼稻碾出的米，其特点是米粒长而细，所煮的米饭黏性弱。

可见，粳米、糯米、籼米都是

大米，上引文句中说“家里其实没有大米可煮（当年家里吃的都是粳米）”，是自相矛盾的。粳米是大米的一种，既然有粳米吃，怎么说是“没有大米可煮”呢？

何来“麋集”

◎厉国轩

《上海老年报》2021 年 3 月 2 日 7 版《评弹鼻祖马如飞轶事》一文说：马如飞“嗣得纵横数亩之郊原一处，建篷搭坐，弹唱其间。所唱者皆平生得意之作。远近乡人纷纷驾舟麋集，入纳茶资十数文”。这处“麋集”错了，应是“麇集”。

“麇”是个多音字。读 jūn 时，指古书中的獐子；读 qún 时，义为成群。“麇集”，即聚集，群居。柯灵《香雪海·阿波罗降临人世》：“各国新闻记者麇集现场。”

“麋”音 mí，一般指称麋鹿，是一种哺乳动物，毛淡褐色，雄的有角，角像鹿，尾像驴，蹄像牛，颈像骆驼，但从整体看哪种动物都不像，俗称“四不像”。原生活在中国，是一种珍稀动物。汉语中无“麋集”的说法。

“麇”“麋”音义迥异，系形似致误。

书札计量应用“通”

◎李景祥

《辽宁日报》2021 年 1 月 18 日 07 版《仇英妙用“四两拨千斤”》一文，介绍了在辽宁省博物馆展出的明代仇英《赤壁图卷》，其中有这样一段话：“史料记载，元丰五年（1082 年）夏，道士杨世昌由匡庐至黄州东坡雪堂作客数月之久。东坡赠札一甬，称其：‘善画山水，能鼓琴，晓星历，通知黄白药物，可谓艺事矣！’”早年在学习苏轼的作品时，得知在元丰五年，苏轼两次陪同友人夜游赤壁，写下了传世名篇《赤壁赋》和《后赤壁赋》。但这里说苏轼“赠札一甬”让人费解。

甬，本义指古代的钟柄，后也泛指钟。现在常用的义项指巷道，即两旁有墙垣遮蔽的通道。可见都是做名词用，一般没有做量词的用法。札，本指古代书写用的小而薄的木片，后也用作纸的代称，引申有书信、公文、函告等义。“甬”无法计量“札”。这里的“一甬”应该为“一通”。

通，用作量词可以指击鼓的一个段落，也用于文章、文件、书信。曹植《与杨德祖书》：“今往仆少小所著辞赋一通相与。”“通”可用来计量“札”，“赠札一通”即赠一封信。

又见“陆润痒”

◎杨昌俊

《咬文嚼字》多次谈过末代皇帝溥仪的老师是陆润庠，不是“陆润痒”。可是，2021年11月11日的《蚌埠日报》A6版《秋聚逍遥津》一文中又见此误：“正门匾额‘古逍遥津’四个鎏金大字，据介绍这四个大字为清代宣统皇帝爱新觉罗·溥仪的老师陆润痒的手迹。”

庠，读作xiáng，指古代地方学校。《孟子·滕文公上》：“夏曰校，殷曰序，周曰庠，学则三代共之，皆所以明人伦也。”后遂以“庠序”指古代乡学，泛指学校。陆润庠（1841—1915），字凤石，同治十三年（1874）在殿试中一举夺魁，成为清朝第一百零一名状元，苏州的最后一名状元，辛亥后，留清宫，任逊位的末代皇帝溥仪之师。查陆润庠的墓志铭，得知其出生于清朝道光年间的镇江府学学舍，府学内有宋乾道二年（1166）“熊克凤石图赞”碑一通。镇江古称“润州”，府学又可称“庠”。家中长辈为他起名“润庠”及字“凤石”，其来有自。

“痒”，读作yǎng，指皮肤或黏膜受到轻微刺激时不适、引人欲搔的感觉。庠与痒，音、义皆不同，把“陆润庠”写成“陆润痒”，应是两者形近致误。

如何提高阅读文言文的能力

◎苏培成

汉语书面语自古至今有两大系统,就是文言文和白话文。文言文的源头是先秦两汉的书面语。在封建社会,文言文占据书面语的主导地位。那时的知识分子不但要会阅读文言文,而且还要会写文言文。到二十世纪初的语文改革时,白话文才逐步代替文言文,成为主要文体。直到1949年新中国建立,白话文才确立了支配地位。现代具有中等文化程度的人士会读会写白话文,就具备了书面语的交际能力。文言文成为从事文史等专业人士的专用文体,他们必须具有较高的阅读文言文的能力。这是目前语文生活的基本情况。还要看到,文言文的应用在我国长达两千多年,文言文的典籍浩如烟海。人们在工作和生活中时常要接触文言文,因此具有阅读文言文的能力,除了专业的文史工作者以外,成为不少人追求的目标。本文拟就如何提高阅读文言文的能力提出一些建议,供有需求的朋友参考。

一、学会文言文里的较生僻的字词。某个字词不认识,不知道表示的是什么意思,这是阅读文言文时最常见的拦路虎。例如:

三十輻共一轂;當其無,有車之用。(《老子》)[輻:车轮的辐条。轂:读gǔ,车轮中心的有圆孔的圆木,里边贯轴,外边承辐。这句话的大意是:三十根辐条都聚在车毂;正因为车毂有孔,车子才能起作用。]

宰夫胹熊蹯不孰,殺之,寘諸畚,使婦人載以過朝。(《左传·宣公二年》)[宰夫:厨子。

胹：读 ér，炖。蹯：读 fán。熊蹯：熊掌。孰：熟。寘：读 zhì，置。畚：读 běn，筐子。这句话的大意是：厨子炖熊掌炖不熟，杀了他，放在筐里，让妇人用车装上经过朝廷。]

至使人有功當封爵者，印刓敝者，忍不能予。（司马迁《史记·淮阴侯列传》）[印：这里指官员的印信。刓：读 wán，磨去棱角。敝：损坏。这句话的大意是：以至使有大功理当封爵的人，印信都磨去了棱角，损坏了，还舍不得授予。]

二、要认识文言文中的异体字，知道和它相当的规范字是哪个。例如：

起坐而諠譁者，衆賓懽也。（欧阳修《醉翁亭记》）[諠譁：现在作喧哗。懽：现在作欢。这句话的大意是：站起来离开了座位在吵嚷，各位宾客欢乐啊！]

太行之陽有盤谷，盤谷之間，泉甘而土肥，草木藂聚，居民鮮少。（韩愈《送李愿归盘谷序》）[藂：现在作丛。这几句话的大意是：太行山的南坡有个地方叫盘谷，盘谷的泉水甘甜而土地肥沃，草木丛生，居民很少。]

及項梁渡淮，信仗劍從之，居戲下，無所知名。（司马迁《史记·淮阴侯列传》）[戲：读 huī，同麾。戲下：现在作部下。这句话的大意是：等到项梁渡过淮河时，韩信带着剑跟着他，留在他的部下，没有什么名气。]

三、要认识文言文里的通假字。古代字少，记录语言时没有合用的字，就借用一个同音或近音的字来表示，这样用的字就是通假字。例如：

歸孔子豚。（《论语·阳货》）[歸：本指女子出嫁，在这句里假借为"馈"，赠送。这句话的意思是：送给孔子一头小猪。]

甚矣，汝之不惠。（《列子·汤问》）[惠：本指仁慈、恩惠，在这里假借为智慧的"慧"。这句话的意思是：严重啦，你太不聪明。]

之死矢靡它。（《柏舟》）[之：到。矢：本指箭，在这句话里假借为誓言的"誓"。靡它：没有二心。这个句子的意思是：到死也无二心。]

四、文言文里有些字的意义与白话文不同，如果用白话文的意义去理解就错了。例如：

君除吏已盡未？（司马迁《史记·魏其武安侯列传》）[除：与现代义不同，这里指任命。除吏：任命官吏。盡：完了。未：表示疑问，没有。这句话的意思是：您任命官吏的事已经完了没有？]

至南鄭，諸將行道亡者數十人。（司马迁《史记·淮阴侯列传》）[行：读 háng，与现代义不同，这里指等，辈。諸將行：将官们。道亡：半路上逃走。这句话的意思是：到了南郑，将官们逃走的有几十人。]

王曰："丞相數言將軍，將軍何以教寡人計策？"信謝。（司马迁《史记·淮阴侯列传》）[王：这里指汉王刘邦。謝：这里不是感谢，是辞谢。这几句话的意思是：刘邦说："丞相萧何多次推荐将军，将军有什么计策教给我呢？"韩信推辞谦让。]

五、文言文里有的名词时常用作动词。例如：

晉靈公不君。（《左传·宣公二年》）[君：本为名词，指君主，这里用作动词，指行君道。]

孟嘗君怪其疾也，衣冠而見之。（《战国策·齐策四》）[衣冠：本为名词，这里用作动词，指穿衣服戴帽子。这句话的意思是：孟尝君对冯谖回来得这么快很惊奇，穿好衣服戴好帽子来接见他。]

項王雖霸天下而臣諸侯，不居關中而都彭城。（司马迁《史记·淮阴侯列传》）[霸：本为名词，指霸王，这里用作动词，指称霸。臣：本指臣下，这里用作动词。臣诸侯：以诸侯为臣。都：本指国都，这里用作动词。都彭城：以彭城为国都。这句话的意思是：项羽虽然称霸天下以诸侯为臣，可是他不住在关中而以彭城为都城。]

学习古代汉语最好的教材是王力先生主编的四卷本《古代汉语》。有意学习古代汉语的朋友们，学习贵在有恒，坚持数年，必有好处。

语言哲思

公孙龙的白马和柏拉图的面包

◎宗守云

公孙龙在《公孙龙子·白马论》中提出"白马非马"论："马者，所以命形也。白者，所以命色也。命色者，非命形也，故曰白马非马。"柏拉图仆人买面包的故事，与"白马非马"论情形类同：

大家知道古希腊有一位著名的哲学家叫柏拉图，柏拉图有一天饿了，他就告诉他的仆人，你去外面给我买一个面包回来，外面街上都是卖面包的嘛。这仆人就出去了，过了一会儿空手而归，说报告先生，我买不回来面包。柏拉图说街上不都是卖面包的吗，怎么一个面包都买不回来呢？仆人说街上只有方面包，圆面包，长面包，没有你说的那个"面包"的面包，所以我买不回来。柏拉图一听，说那这样吧，你去给我买一个长面包吧，这仆人又出去了，过了一会儿还是空手而回。这会儿柏拉图已经饿得差不多了，问面包呢？这个仆人说，报告先生，我还是买不回来，只有黄的长面包，白的长面包，没有你说的那个"长面包"的长面包，我买不回来。柏拉图就又说，那你就买一个白的长面包吧。结果仆人还是空着手回来，说只有冷的白长面包，热的白长面包，没有你说的那个"白的长面包"的白的长面包。（来华强《登高望远——论哲学阅读的意义》）

从哲学看，"白马非马"和"只有长面包，没有面包"涉及矛盾的普遍性和特殊性问题；从认知语言学看，它们涉及基本层次范畴和下位范畴问题，"马"和"面包"属于基本层次范畴，"白马"和"长面包"属于下位范畴，下位范畴包含于基本层次范畴，因此白马是马，长面包是面包，"白马非马"和"只有长面包，没有面包"是不正确的。

在经验的世界里，事物被

划分为不同的范畴。范畴具有层次性,表现为范畴之间的层层包含关系,比如生物包含动物,动物包含狗,狗包含黄狗,黄狗包含大黄狗,等等。那么,人脑是怎样把这些层次的范畴有效地组织起来的?认知语言学认为,人脑是从基本层次范畴这一层面开始组织范畴并认识事物的。在“生物>动物>狗>黄狗>大黄狗”这些层次的范畴中,人最先认识的是“狗”这一基本层次范畴,然后向上概括为“动物”这样的上位范畴,向下区分为“黄狗”这样的下位范畴,再进一步扩展,就形成了层层包含的范畴系统。

基本层次范畴是最重要的,在范畴中处于中心地位,可以满足人的基本认知需求。基本层次范畴具有思维的优先性,当我们看到一条狗的时候,我们首先想到的是“这是一条狗”,而不是“这是一个动物”或“这是一条黄狗”。儿童在习得词语的时候,首先习得的是基本层次范畴的词语,比如,先习得“狗”,然后习得“动物”和“黄狗”。基本层次范畴的词语形式最短,使用频率最高,比如“狗”,不但词语形式短,而且使用频率很高,远远高于“动物”和“黄狗”。

在民俗分类中,基本层次范畴也是最重要的。1974年,美国学者伯林等对墨西哥南部泽套人如何给植物分类进行了调查。他们发现,基本层次范畴包含的项目数量上是最多的,如“松树、柳树、玉米、豆”等,共471个,其他几个层次的项目数量都很少,上位范畴只包含“树、藤、草、阔叶植物”4项,下位范畴项目较多,但也只有273项,包括“纯种松、红松、白豆、扁豆”等。基本层次范畴项目不仅数量最多,而且使用最频繁,词语形式也最简单。基本层次范畴具有语言和文化上的重要性,“玉米”和“豆”是泽套人最重要的两种主食,这种文化上的重要性反映着泽套人的基本生理需要。伯林等的调查从实证的角度说明了基本层次范畴的重要性。

读准“汔可小康”

◎杨亚东

微纪录片《百年求索》第67集《全面建设小康社会》伊始，播音员坚定有力地说道：“民亦劳止，汔可小康。”（字幕同步显示）然而把“汔可小康”之“汔”读成了yì，错了，应读为qì。

“汔”是个形声字，从水气声，读作qì。本义为水干涸，后来引申出竭尽、完成之义，如汔尽、汔事。杨树达《积微居读书记·读〈吕氏春秋〉札记》：“‘汔尽’连言，汔，亦尽也。”另可作副词，可表示几乎、差不多，表示接近某种情况。如《周易·未济》：“小狐汔济，濡其尾，无攸利。”这句话意思是小狐狸将要过河，沾湿了尾巴，没有好处。

“民亦劳止，汔可小康”出自《诗经·大雅·民劳》，其中的“汔”就是庶几、差不多的意思。整句话的意思是老百姓年复一年地劳作，十分辛苦，可以稍微得到安定、安乐了。这句话表达了对四方清明、宽裕安乐的理想社会的深深向往。

要准确表达诗句的含义，就要读准“汔可小康”，不可将“汔”读作yì。

“尺有所长,寸有所短”?

◎张　煜

优酷视频上播出的连续剧《最酷的世界》第34集中,赵总鼓动段冲吸收合伙人程旭的全部股权时,说:“像程旭这样的技术总监到处都是……生意呢,和江湖是一回事,也是两回事。尺有所长,寸有所短。好好想想。”(字幕同步显示)乍一看,这句话似乎没毛病。但其实,正确的说法是“尺有所短,寸有所长”。

“尺有所短,寸有所长”,出自《楚辞·卜居》。意思是一尺也有显得短的时候,一寸也有显得长的时候。比喻人或事物各有各的长处和短处。司马迁《史记·白起王翦列传》:“鄙语云‘尺有所短,寸有所长’。白起料敌合变,出奇无穷,声震天下,然不能救患于应侯。”由于这句话充满了哲理性,含义深刻,后人便将其浓缩为四字成语“尺短寸长”。

剧中赵总从公司长远发展的角度劝说段冲,要表达的是:在管理方面“你”并不擅长,应听从“我”的建议,正应该是“尺有所短,寸有所长”。希望“尺有所长,寸有所短”这种似是而非的用法早日绝迹。

形容“气势”用“磅礴”

◎秦　武

央视电影频道播出的阿根廷、西班牙合拍影片《亡命大画家》中，阿根廷一家大公司准备购置一幅画，经纪人阿图罗提议，与其购置传世名作，不如定制专门打造的原创画作，并推荐了画家伦佐·纳尔维。阿图罗的秘书不解，阿图罗解释道：“我找过萨德加提扎巴尔，可他在西班牙。要找个技法高超、能在大画布上画出气势滂沱作品的人，除了他我还真不知道还有谁。”（字幕同步显示）这里的“滂沱”用得不妥。

滂沱，本形容雨下得很大，引申形容水流盛大的样子。后也用来比喻眼泪流得很多，哭得厉害，如唐代杜甫《蚕谷行》：“不劳烈士泪滂沱，男谷女丝行复歌。”可见，滂沱形容的对象多与水等液态物有关，而电影中阿图罗说的是画作的气势，用“滂沱”显然不合适。此处应该用“磅礴”。

磅礴，本义为广大无边的样子，做形容词指（气势）盛大，做动词指（气势）充满。徐迟《凤翔》：“一切都是新鲜的，热烈的，美妙的，光明的，欢乐的，振奋人心的，气势磅礴的。”用“磅礴”来形容大气的美术作品是恰当的。

关于"抱薪救火"的字面义

◎陈璧耀

传承旧成语"抱薪救火"之"抱",究竟是"抱"还是"抛",上世纪八十年代后有了争议,至今似未有定论。本文拟略作梳理以探究此"抱"字当作何解为好。

从辞书角度说,最早收录这条成语的是1936年版《辞海》,以《史记·魏世家》"且夫以地事秦,譬犹抱薪救火,薪不尽,火不灭"为其语源。《辞源》接着溯源《战国策·魏策三》之"抱薪而救火"。后来《汉语成语考释词典》又继续溯源为《文子·精诚》的"不治其本而救之于末,无以异于凿渠而止水,抱薪而救火"。文子相传为"老子弟子,与孔子并时",因此从源头上说,应该是最早的(有学者误以为源自《韩非子》之"负薪而救火")。

争议之缘起,就近期言,是郭在贻先生在其《训诂学》(1986年湖南人民出版社)第五章《训诂的方法四》中所说的"成语'抱薪救火',原义乃抛薪救火也"。差不多同时又有署名"锐声"的《说"抱薪救火"》(《中国语文通讯》1986年第3期),也认为"抱"当作"抛"解,说"抱着柴"与"灭火"不沾边,谈不上"薪不尽""火不灭",说"抱"在古代就是作"弃掷"和"抛弃"讲的。与郭氏所说同。

次年,《中国语文天地》第5期又发表了杨琳的《〈说"抱薪救火"〉商榷》,认为"抱"在古代有"抛掷"义并不等于只有"抛掷"义,说"抱持"从来就是"抱"的常用义,举例《韩非子·有度》的“负薪而救火”，以为与“抱薪救火”意思一样，所以“抱薪”只能解作“抱着柴薪”。

此后便多有学者撰文各抒己见。影响到辞书，就开始有释“抱”为“抛”者。如商务印书馆《新华词典》(2001年修订版)之“用抛掷木柴击火的办法灭火”，明确说“抱”就是“抛掷的意思”；世界图书出版公司《新课标中学生实用成语词典》(2004年版，黄金贵主编)也释为“指抛入柴草去灭火”，说“抱：原音‘抛’”。但多数依然维持旧说。印象中1959年商务版《汉语成语小词典》是1949年后最早出版的成语词典，其字面义就是“像抱着柴草去救火”。此后也有避开字面义只释喻义的，如《现汉》的“比喻因为方法不对，虽然有心消灭祸患，结果反而使祸患扩大”。

认为“抱”当作“抛”解者，如果溯源，却是闻一多先生最早提出的，他在《诗经新义·抱》中说“抱当读为抛”，说“《笺》沿旧说读抱如字，非是”。但其时并无异议，却在几十年后的今天，旧话重提引发了学界争议。

《说文》没有“抱”字，《玉篇》说是“《说文》同上”，即同上一字“捊(póu)”。许慎释“捊”为：“引取也。从手，孚声。捊或从包。步侯切。”则“抱”原是“捊”的异体。《玉篇》注“今薄保切”，说明“抱”最初不读bào。南唐徐铉也说“今作薄报切，以为怀抱字，非是”。所以“抱”作“怀抱”义应是后起的。

《汉语大字典》“抱(二)”注为“pāo《集韵》披交切，平肴滂”，释义为“同‘抛’。抛弃；抛掷。《集韵·爻韵》：‘抛，弃也。或作抱。’”又引清洪颐煊《读书丛录》(卷五)“《史记·三代世表》‘抱之山中’集解：‘抱，音普矛反。’抱即抛字”，以证明“抱”同“抛”。此外还有两条引例：《汉书·李广传》“暂腾而上胡儿马，因抱儿鞭马南驰数十里”与《敦煌变文集》之《搜神记·张嵩》“忽有一道风云而来到嵩边,抱嵩置墓东八十步"。进一步证明"抱"应解作"抛"。

先秦诸子书多有与此相类的用例,如:

不治其本而务其末,譬如拯溺锤之以石,救火投之以薪。(《邓析子·无厚》)

故物归类:抱薪趋火,燥者先燃;平地注水,湿者先濡。(《鬼谷子·摩篇第八》)

"救火投之以薪"就是"抱薪救火","抱"即作"投"解。"抱薪趋火"(唐马总《意林》引作"赴"),着一"趋"或"赴",则所"趋"或所"赴"者只能是"薪",所以下句才有"燥者先燃"之说,"抱"就是"投"或"抛"。陈蒲清先生《鬼谷子详解》今译为"把柴抛到火中,干燥的柴首先燃烧"(岳麓书社2010年第2版),很好地传达了原文的意思。

有学者质疑说:"那怎么看《韩非子》所说的'负薪救火'呢?'负'不能解释为'抛'啊。"但所"负"之"薪"也是用以救火的,应该没有疑义啊,那么"负"就是运送薪至火发现场的另一种不同方式而已。退一步说,即便"抱"作"抱着"解,到了火场,也必定如文子所说是"救火投之以薪"的,并非"抱着"或"背着"去救火。抱着薪还怎么救火?

旧版《辞海》只释喻义为"欲除其害反助其势",则能"助其势"者就是"薪"。又引《淮南子·主术训》"不直之于本,而事之于末,譬犹扬堁而弭尘,抱薪以救火也",来旁证其喻义。则"扬堁"之为"弭尘"与"抱薪"之为"救火",以"抱"对"扬",恐怕也是认同闻先生所说的"抱当读为抛"的。所以,释"抱"为"抱着"有以今释古之嫌,且与《史记》引文之"以地事秦"语意不合。王利器先生《文子疏义》释"凿渠而止水,抱薪而救火"为"决渠水溢,益薪火炽,莫能救也",也是一样的意思。"益薪"无疑就是"抱薪"即"抛薪"的结果,所以火才会"炽"。因此,以"抱"作"抛"解,似乎才是符合其字面义的。

代代不绝不是“不绝如缕”

◎辜良仲

2021年11月29日《光明日报》第15版刊文《〈世说新语〉与魏晋风度》，其中有这样一段话：“当人们为现实得失而烦恼、为理想暂时失落而沮丧时，当人们得意忘形时，魏晋风度永远像一面镜子，照出我们心灵深处的尘埃，使我们精神得到荡涤。从他们那里，我们不仅能得到美的享受，更能得到人生的给养。这也就是历代文人不绝如缕地倾倒于魏晋风度的理由吧。”末句中“不绝如缕”用得不妥当。

何谓“不绝如缕”？“绝”者，“断”也；“缕”者，“细线”也。其本义为像细线一样连着，差点儿就要断了，多比喻局势危急，也作“不绝若线”。《公羊传·僖公四年》：“夷狄也，而亟病中国，南夷与北狄交，中国不绝若线。”后用以比喻技艺或其他方面的继承人稀少。唐代柳宗元《寄许京兆孟容书》：“世亦不肯与罪大者亲昵，以是嗣续之重，不绝如缕。”说的是柳宗元妻子早亡，并未诞子，被贬永州后，很少有身家相配的女子愿意亲近戴罪之身，续弦一事变得十分困难，柳家的香火有中断的危险。“不绝如缕”也可用来形容声音、气息等细微悠长，时断时续。如苏轼《赤壁赋》：“其声呜呜然，如怨如慕，如泣如诉，余音袅袅，不绝如缕。”

上引文想要表达的意思是，魏晋风度有一种独特的魅力，使后世历代源源不断有文人为之倾倒。这里用“不绝如缕”是不合适的，改成“接连不断”“络绎不绝”庶几可通。

获得荣誉不用“当仁不让”

◎成宝东

2021年1月31日是人民艺术家、中国文联荣誉委员秦怡的99岁生日，2月1日的《中国艺术报》刊载《99岁秦怡：最美奋斗者，她名副其实》一文，高度评价了秦怡对艺术孜孜以求的精神和高洁的人品、高尚的艺品，并向这位德艺双馨的老艺术家送上深深的祝福。文中有这样一个句子：“直至现在，秦怡心心念念的依旧还是电影——‘人民艺术家’她当仁不让，‘最美奋斗者’她名副其实。”仔细推敲这句话就会发现，这里的“当仁不让”用得不妥。

“当仁不让”语出《论语·卫灵公》：“当仁，不让于师。”朱熹集注：“当仁，以仁为己任也。虽师亦无所逊，言当勇往而必为也。”说的是在仁德面前，即使面对的是老师，也不能谦让，表现了孔子对仁德的高度重视。后泛指遇到应该做的事，积极主动去做，不退让，不推诿。如吴组缃《山洪》：“他以一种当仁不让的神气立刻接受了委托，兴奋的跳着去了。”

在实际语用中，“当仁不让”的使用频率非常高，我们来看看高考试题中两次涉及“当仁不让”的考查。

①美国黑人电影明星福克斯和弗里曼在第七十届奥斯卡奖角逐中当仁不让，分别夺得最佳男主角奖和最佳男配角奖。(2005年全国卷Ⅲ)

②在全国比赛中屡获金奖的我省杂技团，当仁不让地承担了这次出国演出任务。(2014年全国新课标甲卷)

这两个句子的语境有一定的相似性，但①句中的“当仁不

“有染”的误用

◎汤青武

《湖南文学》2021年第3期刊有一篇题为《失忆者终将与幸福有染》的作品。一看标题，就有了疑问：“有染”能这么用吗？

有染，义谓男女有奸情。《三国演义》第十三回：“闻郭将军与李司马夫人有染，其情甚密。倘司马知之，必遭其害。”可以说，这个词语是一个有特定对象、特定含义的词语，甚至带有一定的贬义色彩，不是所有的有关系、有关联都可以说成是“有染”。《失忆者终将与幸福有染》不当地扩大了词语的使用范围，把特定的对象泛化了，是一种误用。

看内容，作品说的是失忆者最终得以收获幸福。如把“有染”改为“有缘”就妥当了。“有缘”，即有缘分的意思。

让”用错了，而②句则用对了。原因是什么呢？这两个句子都用到了“不让”（即“不推诿”）的意思，不同之处在于是否有“仁”（即“应该做的事”）的前提，以及所做之事是否主动。①句中两位黑人电影明星获得奥斯卡奖这件事，按一般的观念，是被动授予，也谈不上是“应该做的事”，用“当仁不让”不合适；②句中的出国演出，是为国增光的事，也是杂技团主动去承担的任务，用“当仁不让”恰如其分。

从《99岁秦怡：最美奋斗者，她名副其实》全文来看，秦怡是非常热爱电影事业的老艺术家，并不在意金钱名利，获得“人民艺术家”的美誉，并不是她认为“应该做的事”，她也不会“积极主动去做”。所以，说“‘人民艺术家’她当仁不让”，从某种程度上是对秦怡的误解。在这个语境中，可以用“当之无愧”。“当之无愧”义为当得起某种称号或荣誉而无愧色，多用于对别人的评价。此处用“当之无愧”，与下句中的“名副其实”形成照应，表意更加明确，行文上也更加通顺。

杜牧“二十八句史论”?

◎李信宜

《杜牧集》(三晋出版社2008年出版)中《过华清宫绝句三首》后面有一段评语,其中写道:“杜牧以七绝咏史诗著称,他借咏史讽刺现实。立意高绝,创意新奇,有‘二十八句史论’之誉。”这里“二十八句史论”有误,应是“二十八字史论”。

“二十八字史论”是世人对杜牧七绝诗作的评价,此说源自宋代许顗(字彦周)《彦周诗话》:“牧之《题桃花夫人庙》诗:‘细腰宫里露桃新,脉脉无言度几春。至竟息亡缘底事,可怜金谷坠楼人。’仆尝谓此诗乃二十八字史论。”可见,这一句话最初是许彦周用来评《题桃花夫人庙》这一首七绝咏史诗的。一首七绝共有四句,每句七字,合计二十八字,而这一首诗又是咏史诗,故称它为“二十八字史论”。

杜牧有大量的咏史诗是用七绝写成的,如《泊秦淮》《赤壁》《金谷园》《题乌江亭》等,借咏史抒发自己的政治见识和感慨,仅用二十八字追伤历代兴亡史事,其中深寓对现实的讽刺,立意高远,议论往往新颖独特,有鲜明的史论笔法,因此后世将他的这类七绝咏史诗誉为“二十八字史论”。上引文提到的《过华清宫绝句三首》也属于这类作品,写的是唐玄宗和杨贵妃的相关史事,其中最广为人知的名句是“一骑红尘妃子笑,无人知是荔枝来”。

由此可知,“二十八”是指七绝的字数,而非句数。

“合仄押韵的古诗”？

◎李可钦

《演讲与口才(学生读本)》2019年第4期刊有文章《成语解析：别出心裁》，其中写道：“前不久，重庆八中宏帆初级中学初二年级30班的语文老师闫井顺，给班里的学生们布置了一项作业：要求撰写一首基本能合仄押韵的古诗。”这里的“合仄”应改为“合辙”或“合平仄”。

辙，义为车轮碾轧过的痕迹。合辙，本义为若干辆车的车轮在地上轧出来的痕迹相合，比喻彼此思想、言行等方面一致、合拍。在诗词戏曲中，“合辙”表示押韵。在北方戏曲中，韵又叫辙，故押韵又叫合辙。“合辙”和“押韵”在很多地方都是并用的，如《儿女英雄传》第三十七回：“不想他一朝作了官亲，福至心灵，这几句官话儿倒误打误撞地说了个合辙押韵。”林语堂《京华烟云》第九章：“伴娘在这种时候儿，有好多吉祥话儿，合辙押韵的词句挂在嘴边儿上。”

“古诗”可指古体诗(与格律诗相对)，也可泛指古代诗歌。古体诗不讲究平仄，只对押韵有要求，如《蜀道难》《琵琶行》。故如果文中的古诗指的是古体诗的话，“合仄押韵”可改为“合辙押韵”。

格律诗，又叫近体诗，包括绝句和律诗，有严格的格律规定，涉及平仄、黏对、押韵等基本要求。故如果文中老师所说的“古诗”特指格律诗的话，“合仄押韵”这种说法也是不通的，只强调“合仄”，遗漏了“合平”，至少“合仄”应改为“合平仄”。

“園夢”乎？“圓夢”也！

◎古　辛

2019 年 11 月 14 日《中国信息报》的《艺苑大观》载一幅书法作品，用繁体字写成，其中有“講黨性園夢奮鬥终身”之句，这里“園夢”的“園”错了，正确的应是“圓”。

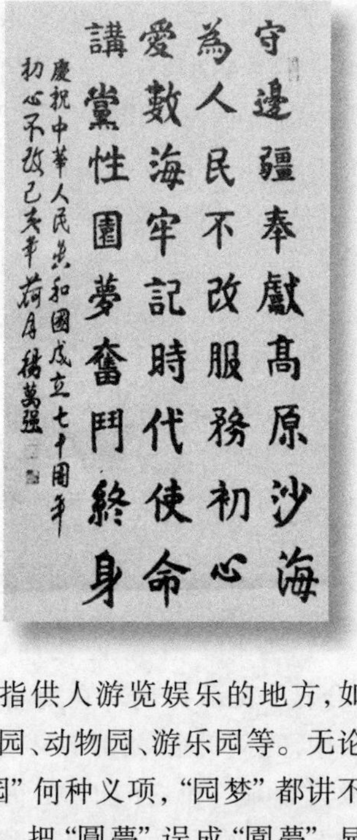

“圓”和“園”的读音都为 yuán，但是对应的简体字是不同的。“圓”是一个形声兼会意字，从囗（wéi）員声，員（圓的本字）兼表义。对应的简体字是“圆”。本义是圆形，引申有使周全、圆满之义。“圆梦”即实现梦想或理想。上述书法作品的那句话想要表达的是一种职业理想，用“圆梦”是合适的。

“園”是一个形声字，囗表义，表示围起来、范围，袁表声。对应的简体字是“园”。本义为种蔬菜、花果、树木的地方，后也指供人游览娱乐的地方，如公园、动物园、游乐园等。无论“园”何种义项，“园梦”都讲不通。把“圓夢”误成“園夢”，显然是“圓”“園”两字音同形近致误。

落字无悔

◎徐默凡

网络技术为人际交流提供了便利方式，也催生了特殊的网络语言。网络语言不使用严肃的书面语，更接近比较随意的口语，交际时往往需要即时做出迅捷的反应，因此错别字、病句不可避免，省略、追补、倒装等用法也常常出现。但是，网络交流毕竟不是口语交流，两者之间还是存在很多差别。

口语交流是面对面的情景化交流，语言表达未尽之意可以通过表情、身姿加以补充，现场语境也会起到辅助理解的重要作用，所以口语交流比较随意。说快了、说错了也没有关系，一方面说话人可以随时找补，另一方面对方也会及时脑补，相互之间的准确理解比较容易达成。但是网络交流是异地的文字交流，不能利用任何情境因素，很多内容需要一个字一个字地敲出来，否则就容易造成误会。而且网络交流的话轮之间是允许有较大停顿的，可以考虑几分钟才回复，这在口语交流中是不可想象的。

因为使用的符号系统不同，口语交流和网络交流还有一个很容易被忽视却是很重要的区别：口语交流随风而逝，网络交流落字无悔。口语交流中不管说了什么，交流完了也就完了，我们记住的只是主要信息内容，无法在事后字斟句酌。而网络交流则在电子屏幕上留下了准确的记录，一旦留痕就无法挽回，而别人可以拷贝转发，可以反复揣摩。

“有充分考虑时间”“文字内容会留存”这两个特点结合，就使我们对网络交流的严谨性有了更大的期待。漠视这种期待，就会使网络交流不畅，甚至会催生一些社会事件。

近年来，屡屡出现用截屏的聊天记录或者网络评论作为证据来爆料、投诉、举报甚至报案的，因为“有图有真相”，效果要比间接复述好得多。控诉方的主要依据是“网络并非法外之地”,说话人对自己的任何言行都要负责。而被控诉方往往也会觉得冤枉,他们的申辩理由往往有两方面:一个是断章取义,脱离语境来曲解对话;另一个是私密语境下的谈话比较随意,不应作为正式证据。应该说双方都有一定的道理,其中的是非曲直脱离开具体的事件还不太好判断,但是这类事件日益频繁地出现,还是提醒我们网络交流和口语交流还是不一样的,需要慎重对待。

对于网络语言的使用者而言,你要意识到你的文字可能会永远留存在网络上,时刻记住你的阅读者可能不仅是当下的交流对象,而且是未来的所有人,所以什么该说什么不该说,发出之前要三思。特别是一些公共平台的留言,不能因为匿名的身份而口无遮拦。

对于网络材料的阅读者而言,你要有一颗良善之心,要设身处地考虑对方发言的局限性,不要断章取义,更不要上纲上线。对一些私密的对话,更要注意保护对方的隐私。你可能是无心的截屏玩笑,但无数次转发后就可能引发轩然大波,导致网络暴力。

从某种意义上说,网络交流已经从口语交流和书面语交流中分化出来,它“落字无悔”的特点可能会慢慢改变人类日常社交的属性:我们会更加慎重地对待语言文字,会更加严格地要求自己的日常表达。这一方面是好事,让我们能更理性更周全地思考问题,但另一方面无疑也会带来很多负面效应。比如会降低日常交流的效率,说话吞吞吐吐,求全责备;比如我们需要时时压抑自己的真实情感,变得更虚伪……

对这些问题,我们的语言学家、社会学家都还缺少应有的思考,甚至法律制度也没有跟上——如何看待网络交流材料的法律效力仍然无法可依。但是,我们每个人已经生活在这种交流方式中,对此进行一些深入的思考总是有益无害的。

编校差错扫描(四十二)

◎王　敏

古时编制分“行”“伍”

【错例】不少行武出身的企业家取得了成功，因此有人提出要“向军队学管理”。

【简析】“行武”应为“行伍”。“伍”是会意兼形声字，从人从五会意，五兼表声，本义指古代军队编制的最小单位，五人为“伍”。西周军队是依照伍、两、卒、旅、师、军进行编制的。《周礼·地官·小司徒》：“五人为伍，五伍为两，四两为卒，五卒为旅，五旅为师，五师为军。”也作古代民户编制单位，五家编为一伍，如“伍籍”即平民的户籍。后“伍”泛指军队，如“入伍”“退伍”。再引申指同列、同伴、同伙，如“相与为伍”“羞与为伍”。另用作“五”的大写。“武”甲骨文作，金文作，会意字，从戈从止（脚），会持武器行进之意，本义指征伐、示威。引申泛指关于军事或技击的活动，如“文治武功”“武器”“武术”。再引申指勇猛、猛烈，如“孔武有力”“英武”“威武”。“行（háng）伍”的“行”也是古代军队的编制单位，指二十五人。《左传·隐公十一年》：“郑伯使卒出豭（jiā，公猪），行出犬鸡，以诅射颍考叔者。”杜预注：“百人为卒，二十五人为行。”“行伍”因此泛指军队，“行伍出身”即军队出身、当兵出身。“行伍”与“武”有关，但“行武”实是音同义误造成的误写。

着手处置称“措手”

【错例】变化突如其来，让人猝手不及。

【简析】“猝手不及”应为“措手不及”。“措”是形声字，从手昔声，本义指安置、安放。《说文解字》：“措，置也。”如“措身”即安身、置身，“手足无措”即手脚无处安放，形容举止慌乱，不知如何是好。引申指处置、安排，如“措置裕如”“惊慌失措”。又指筹办、准备，如“筹措款项”。“猝”也是形声字，从犬卒声，本义指狗从草丛中突然蹿出追人。《说文解字》：“猝，犬从艸暴出逐人也。”引申指突然、出乎意料地，如“猝发”即突发，“猝死”即突然死亡，“猝不及防”指事发突然，来不及防备。“措手不及”指来不及动手应付，指事出意外，一时无法对付，它和“猝不及防”词形接近，含义接近，用法接近，因此时常混淆，“猝手不及”就是两者杂糅而成的“怪胎”。其实，“措手”指着手处理，而“猝手”根本不成词。另须注意，“措手不及”和“猝不及防”还经常杂糅成“措不及防”，这个组合似是而非，语义不通，因此也是错误的。

不识豆“豉”误作“鼓”

【错例】豆鼓种类繁多，有黑豆的，还有黄豆的，有干豆的，还有水豆的。

【简析】“豆鼓”应为“豆豉”。“豉”(chǐ)是形声字，其小篆写法本从尗(shú，豆子)支声(取其声如“嗜”)，楷化后作“敊”，后俗体字改为从豆，楷化后为“豉”，本义指豆豉，即豆子泡透后蒸熟或煮熟，经发酵制成或咸或淡的食品，多用于调味。《说文解字》：“敊，配盐幽尗也。……豉，俗敊从豆。”“豉”是后起俗字，但形义关系明显，更为常用,终代“𡍮”而成规范字。“鼓”是会意字,甲骨文作[illegible],金文作[illegible],从壴(“鼓”的本字,象形,上为鼓饰,中为鼓面,下为鼓架),从支(象手持鼓槌),本义指击鼓。特指击鼓进攻,如“一鼓作气”。引申指敲击或弹奏其他乐器,如“鼓乐”“鼓瑟”。再引申指打开、开启,如“鼓箧”即打开书箱。还指敲打、拍击,如“鼓掌”。由击鼓进攻,又引申指振动、催动,如“微风鼓浪”,褒义的指振奋、激发,如“鼓舞士气”“鼓劲”,贬义的则指怂恿、煽动,如“鼓唇摇舌”“鼓惑”。还特指用机械或风箱送风,如“鼓风机”。另,“鼓”也作名词。“豆豉”风味独特,豆豉蒸排骨等佳肴大众都很熟悉。“豆鼓”之误,纯粹是形近误读造成的。

“分庭抗礼”在“庭院”

【错例】北宋末年,流寇四起,占山为王,与官府分廷抗礼。

【简析】“分廷抗礼”应为“分庭抗礼”。“廷”金文作[illegible],为会意兼形声字,“𡈼”(“挺”之本字,兼表声)象人立土上,“彡”象洒扫之形,“乚”则“象庭隅之形”(林义光《文源》),以人立庭中洒扫之形会意,本义即庭院,是“庭”的本字;小篆字形讹作[illegible],从廴(yǐn,连步行走)𡈼(tǐng,注意不是“壬”)声。引申指古代帝王接受朝拜和处理政事的地方。《说文解字》:“廷,朝中也。”如“宫廷”。“庭”是形声字,从广(yǎn,因岩造屋)廷声,是“廷”的加旁分化字,本义指房屋的正室,引申指庭院,即正房堂阶前的平地,如“门庭”。又特指法庭。古汉语中“廷”“庭”常混用,如今二者分工,“廷”仅指宫廷。“分庭抗礼”指古代宾主相见,在庭院两边相对行礼,表示平等相待,后用来比喻地位相等或互相对立。抗原作“伉”(kàng),指对等、相当。“分庭抗礼”与朝廷无关,不能写成“分廷抗礼”。

汉语缺乏什么吗

◎石毓智

汉语语法的研究只有一百多年的历史。学者们最早是通过印欧语系的语法著作来“发现”汉语的语法的，先是从对比之中看汉语。这种研究思路，很容易发现汉语缺乏这个，缺乏那个。比如看见英语的名词表示复数用标记 -s，咱们没有，就得出结论说“汉语缺乏复数标记”；看见英语的动词有过去时 -ed，咱们也没有，就得出结论说“汉语缺乏过去时形态”；如此等等。这给人一个印象：汉语是一种残缺不全的语言。什么叫“缺乏”？那就是你应该有而没有。这些话出自一般人还关系不大，但出自最有名的大学者的专著，那影响面可想而知。

其实，这种“缺乏”之说是不合理的。自觉不自觉地把英语等屈折语作为衡量的尺子，忽略了人类语言的多样性和个性。印欧语系的国家确实代表着当今世界经济、科学、文化的先进水平，但是他们的语言只占人类 6,000 余种语言的一小部分，哪种语言都不能自封为“人类语言的标准”。

很多时候，只是表达的手段不一样而已，如果从功能上看，汉语并不缺乏什么。打个比喻，一个人到了欧洲一趟，看到欧洲人多长着高高大大的鹰钩鼻，就得出结论说：“中国人没有鼻子。”生活中这么想的人很难找到，但是有这种思路的学者则比比皆是。道理也很明显，说某个人有没有鼻子，主要看他有没有呼吸器官，而不是看他长没长着某种特定形状的器官。就过去时来说，英语采用的是在动词之后加尾巴的方式，比如 He worked yesterday，汉语则用虚词“了”和时间词配合来说，跟英语对应说法是：“他昨天工作了。”你看，在这里，从功能上讲，汉语啥也不缺，所有的意思都表达出来了，什么也没有遗漏。

有的时候，只是语言的类型不一样，就用单复数来说明这一点。其实，英语的复数标记，很多时候我真觉得多余，three books，数词 three 已经说明不是一本书了，何必再来个复数标记 -s ？但是说这种语言的人也没办法，啰唆也得说，因为这是语法的要求，否则就犯错误了。

名词的数量表达是人类语言的重要语法范畴，人类语言主要采用两种方式来表达它。第一类是英语这种语言，不论有定无定，只要大于一，都加复数标记。第二类则是只有表示有定时，名词才要求用适当的手段来标记它的数量特征，明确是“一”还是“大于一”。所谓的“有定”就是指名词所指的对象是确定的，汉语中则常用“这”“那”加在名词前头来表示。当用“这”“那”修饰限制名词时，必须明确名词所指的数量特征，是单数还是复数。单数有三种表示方法，一是加“一 + 量”（这一个人、这一本书），二是去掉“一”只用量（这个人、这本书），三是什么都不加，然而比较少用（这人、这书）。复数的表达方法主要有两种，一是加“些”（这些人、这些书），二是加具体的数量（这两个人、那三本书）。汉语的很多方言中，“这”和“那”都不能直接修饰名词，必须明确名词的数量特征才行，是单数还是复数，这是汉语在事物数量表达上的重要规律。

汉语数量表达的特征最明显地表现在代词系统上。代词主要是指代名词的，它们最显著的语义特征是有定性，所以代词有严格的单复数对立：第一人称“我—我们”，第二人称“你—你们”，第三人称“他—他们、她—她们、它—它们”。

关于名词的数量表达，还可以从另外一个角度看。纵观人类语言，可以发现这样一种倾向，名词的数量表达有两种主要的方式：一是像英语这种单复数标记，二是像汉语这种具有发达的数量词系统。很少有语言是兼而有之的。这就好比上帝让不同的语言来抓阄，袋子里装着两样东西：量词系统（1号）和单复数标记（2号），一种语言只能从中抓一个出来。汉语抓了1号阄，英语抓了2号阄，事情就这么简单。汉语实际上还搞了一个特殊化，除了拥有发达的量词系统以外，还具有严格的表达有定性名词的单复数系统。

确实，有些语法标记存在于某些语言中，而不见于其他语言中。在同一个语言内部也是如此，有些语法标记只见于某一特定历史时期。比如汉语的动词重叠，现在使用频率非常高，比如“昨晚我在家里看了看报，听了听音乐，看了看电视”。动词重叠的含义很丰富，表示动作的随意性，持续时间比较短，动作量比较小。可是，十五世纪之前的汉语没有这个语法范畴，英语也没有，很多语言都没有对应的语法范畴。所以要把汉语的动词重叠翻译成英语就非常困难，几乎找不到严格的对应翻译。但能不能说，十五世纪以后的汉语因为有了动词重叠就更加发达了，英语没有动词重叠就断定它缺乏些什么？也不能这样简单地看问题。汉语之所以后来发展出了动词重叠，那是整个语言的系统发展而使这种现象成为了可能。语言系统的发展往往有双重效用：一是淘汰一些旧有的现象，二是诞生一些新现象，吐故纳新，就像人体的新陈代谢一样。

总之，汉语不比别人少什么，也不比别人多什么，汉语为什么是今天这个样子，是由其整体的系统特征决定的。

会说话就出本书

——网络夸奖语的流变

◎周　彤

东京奥运会的开幕式震惊了广大观众，虽然有一定文化寓意，但其独特的艺术表现形式还是令人大感迷惑。网络评论区里，网友纷纷留下了精准吐槽：“艺术可以接地气，但不能接地府；艺术可以冷门，但不能邪门；艺术可以报答观众，但不能报废观众……”这些评论视角独特，语言幽默，得到了网友的热情夸奖：“会说话就出本书！”“×老师当年我就不建议您退出文坛的！”别疑惑，这并不是指隐退文坛的文学大师在网络上“重出江湖”，而是网络夸奖用语演变到今天产生的一种特别形式。

如同口语和书面语这两种传统语体一样，网络用语在人们使用过程中也会不断发生变化。从夸人“会说话”这一角度切入，网络夸奖语言大致经历了三个变化阶段——

第一阶段：“会说话就多说点”“会说话就出本书”。

第二阶段：“哪里可以买到您的书”“我把书店砸了，因为书店里没有您的书”。

第三阶段：“×老师当年我就不建议您退出文坛的”“当年×老师退出文坛我是极力反对的”“我就说×老师不可能止步于此”。

这三个阶段的转变具有一定特点。首先，夸奖语的演变是相互关联、具有承接关系的。第一阶段是从“出口成章”等成语溯源而来，其中“会说话就出本书”的语义被继承，对“书”这个要素充分发挥后形成第二阶段。由“著书”引申到“文坛”又构成了第三阶段的语义基础。其次,我们也可以看到“夸张化”在演变中的递增。第一阶段可以表示说话者言论精彩,受人欢迎,到了可以著书立说的程度。而第二阶段则表现出夸奖者对说话者的无比肯定,迫切希望“拜读”其大作,以至于因“无书”做出“砸店”行为。第三阶段更多了几分“敬意”,“不可能止步于此”等语句将对方塑造成一位曾经闪耀文坛而今功成身退的“文学大师”,营造出“高手在民间”的氛围。

值得注意的是网络夸奖语内涵丰富化的倾向。这一倾向在形式和内容上均有体现。形式上,字数逐渐增加,与此对应的语义也逐渐丰富。比如:从一开始的无称呼到“您”“× 老师”等称呼的加入,礼貌色彩渐浓;从最初类似命令式的口吻“会说话就……”到委婉问询,再到近似于“恭维”之语,恭敬意味渐重。句义表达由直接向间接过渡,其中蕴含的夸赞肯定之义也更进一步。

上述“一本正经式夸奖”的语言风格令广大网友喜闻乐见,不仅反映出网络用语的娱乐化特点,而且体现出人类对于尊重的需要——渴望得到别人的褒扬,同时也不吝惜对他人加以肯定。这与前两年流行的“夸夸群”有异曲同工之处。所谓“夸夸群”,就是一种“全方位地用华丽的辞藻疯狂地夸奖吹捧你”的多人群聊,你一进群就能收到铺天盖地的溢美之辞。即使你不小心把啤酒倒在了书包上,在夸夸群求夸,也能得到热情洋溢的夸赞:“背上带酒味的包去上课,你就是整条街最醉人的仔!”

就像“夸夸群”一样,人们使用网络夸奖语的出发点也是充满正能量的:在网络交流中通过网络语言去满足相互尊重的需求,反映出网民积极的语言趣味。但当夸奖本身成为目的,为夸奖而夸奖时,其言辞往往是盲目浮夸、违背现实的,受夸奖者获得的只是虚荣心的满足,却无益于认清现实、获取动力。夸奖虽好,可不要贪多呀!

爽剧爽在哪里

◎卢怡彤

随着网剧《赘婿》的开播，我们常在影评中看到这样的文章标题：《从男频“爽文”到女频“爽剧”？》《爽文之后是爽剧，爽完之后是空洞》……这不禁使人产生了疑惑，究竟什么是爽剧？“爽剧”一词从何而来？“爽”又有着什么样的特殊含义？

与我们所熟悉的喜剧和悲剧相比，爽剧最大的特点在于让观众在观剧的过程中产生“爽感”。这种爽感首先来源于剧情的快速推进，比如女主前两集还是悲苦庶女，不久便已嫁入豪门，成功上位。为了让观众爽感不减，爽剧的剧情不但要够快，还要够味，故事情节最好能一波多折，人物的命运也要出现明显的逆袭和反转，男女主的智力与情商不仅远远高于配角还能迅速搞定反派。除了剧情，演员的颜值、场景的布置、特效的处理等因素都是观众的爽感来源。

在爽剧之前，“爽文”一词先流行于网络。“爽文”最初起源于网络文学中的一个分类标签。与爽剧相比，爽文是当下网络文学众多题材的一种。这种题材的文章结构多样，元素丰富，多以主人公快速闯关升级，最终取得胜利作为主要套路，以此制造爽点，吸引读者。

对于“爽”字，《现代汉语词典》主要从三个方面进行了分析。在描述人物性格时“爽”字有率直、痛快之义，如豪爽、直爽；在表示感觉时“爽”有舒服、畅快之义，如精神爽；在描述事物特点时“爽”有明朗清亮之义，如秋高气爽。在描述与人体有关的感官特征时，“爽”常放在表示身体部位的词语前，如爽目、爽心、爽口，在这些词中，爽字皆有“使……感到清爽”“使……感到愉快”之意。那么“爽”是如何从一个描述人体感官的词转变为一个修饰影视剧和文章的词呢？从构词方式来看，爽目、爽心为动宾式词语，在这类词语中表示身体部位的词为接受者，词义可理解为使目爽、使心爽。而爽剧为偏正式词语，“剧”为事件原因，即观众因观剧而产生爽感，其构词方式、语义关系与喜剧、滑稽剧等词相同，皆为使人产生某种感觉的剧。爽剧因情节的快速推进、人物命运前后的强烈对比，使观众在观剧过程中不断产生爽感，所以人们将这类剧称为爽剧。

爽剧和爽文的文学品质虽然不高，但确实吸引了众多观众和读者。近年来，随着爽剧和爽文阅读主体的扩大，一种新型文化——“爽文化”逐渐进入人们的视野。由此也产生了很多新词，如爽点、爽感、造爽等。“爽点”即影视作品或文章中使人产生爽感之处，如正派分分钟秒杀反派之时，人们便会产生爽感，并将这一情节称为“爽点”，有时网友们也将制造“爽点”这一行为称为“造爽”。此外，爽文化甚至还影响了人际交往的表达，如有些年轻人在与他人发生冲突或遭遇不公平待遇等困境时不会进行反思和退让，而是直接采用简单粗暴的方式进行回击。

爽文、爽剧虽然有各自的特点，但其固有的缺点并不能忽视。从作品内容上看，爽文、爽剧逻辑简单、情节俗套、人物刻板，很少有真正打动人心或引人深思之处。久而久之，再劲爆的“爽感”也会成为“空感”。被爽剧“爽”过的你是否也有这种感觉呢？

凡尔赛文学的“梗”及其英译

◎陆建非

凡尔赛原指法国著名的宫殿(Palace of Versailles),以其奢华富丽、金碧辉煌的室内陈设和装潢而闻名,是世界五大宫殿之一。日本有个漫画作品《凡尔赛玫瑰》,它以法国大革命为背景,主角玛丽皇后不顾普通民众日益窘困的生活状况,沉醉于凡尔赛宫中寻欢作乐的奢靡生活。出身于贵族阶级的皇后将富裕的宫廷生活看成理所当然,用轻巧淡然的语调来诉说自己的优越处境。流行语“凡尔赛文学”便源自这部漫画作品,形容一种自认为有贵族色彩,以故作无意的口吻,明贬实褒,彰显出自己的优越生活与过人之处的表达方式。比如,“好羡慕你们那些轻轻松松就长胖的人,我这一个月吃了好多东西,以为能够达到90斤的结果……老天对我太不公平了,我想哭”,还有诸如“啊,怎么搞的,今天称体重突然发现我轻了好多,后来想起来,把钻石项链给搁在梳妆台上了”等。

“凡尔赛文学”在翻译成英语时,最初都是采用直译的方式,比如上海日报网站SHINE推送的“Here come the top 10 Chinese buzzwords of 2020(2020年中国十大流行语出炉)”一文中,“凡尔赛文学”这一条目就被直接翻译成Versailles literature。

“凡尔赛文学”实质含义是“低调地炫耀自己的奢华”,笔者认为不必译出“凡尔赛”这个专用名词,因为英语受众压根儿并不知道或理解其中的“梗”，由于文化差异，想要让他们完全理解这个流行语背后的来龙去脉是十分困难的事情，因而，笔者认为采用通俗英语直截了当地“破梗”即可，译成 humblebrag 就比较妥当。humblebrag 是个复合词，由形容词 humble（谦虚的，谦卑的）+名词 brag（自夸，吹嘘）构成，字面义为“故作谦虚地自夸”，与中文流行语“凡尔赛文学”的核心含义是基本一致的。例如：

She posted a classic humblebrag about spending $2,000 on a handbag “because I’m so terrible with money”, showing off her luxury humbly.（她发了一篇凡尔赛的炫耀性博文，十分典型，说自己花 2 000 美元买了一个手提包，“因为我对钱太没有概念了”，低调地炫了一下自己的富贵。）

I’m not sure how I feel about this post. I mean, it’s a bit of a humblebrag.（对于她的朋友圈，我不知道该怎么说，总觉得就是有点凡尔赛。）

humblebrag 也可用作动词，例如：

“I don’t know why anybody would want my autograph!” he humblebragged.（“我不知道为什么总会有人要我的签名！”他凡尔赛道。）

大多数中文流行语或者热词都很抢眼，措辞出彩，令人惊叹，过目不忘。但在英语中不一定就有现成的、对应的，或者语义等值的词语，大多数这类流行语译成英语后，都不那么“精妙”“出彩”了，有些甚至很平实、很通俗，因为它们的受众是跨文化跨族裔的，我们需用他们能够理解的或可以接受的方式来切换。诚然，流行语的英语翻译从来没有统一的版本或标准的译法，在一百个人的眼睛里，或许会折射出一百个哈姆雷特。

甲骨文“焚”的历史反思

◎刘志基

甲骨文中“焚”字形体颇多。或从“林”从“火”：

或从“木”从“火”：

或从“艸”从“火”：

又从“林”从“叏”，“叏”为手持火把形，或一手持火：

或两手持火：

“焚”之构形虽然林林总总，但其造字意图却并无二致，无非就是焚烧草木。而“焚”字后世字形，也很忠实地继承了这种造字意图。以今人的思维来考量，“焚”的甲骨文造字或许并不意外：虽然现在城里人厨房一般都是用天然气了，但是烧柴草煮饭之类日常活动在乡村依然常见。然而，如此揣度甲骨文“焚”的造字意图，却是大谬不然的。

纵观甲骨卜辞，“焚”与烧饭炒菜之类从无瓜葛，却总与“田”、“毕”（即“擒”）、“隻”（即“获”）相关联。如：

今日壬，王其田淵西，其焚亡𢦏（灾）。（《小屯南地甲骨》722）

这条卜辞是说：今天壬日，殷王在渊西（地名）“田”，开展“焚”的活动，不会有灾祸吧。要理解这句话，首先要弄清楚什么是“田”。甲骨文“田”写作：

字形象田地阡陌纵横之形，与此构形相应，“田”在甲骨卜辞中可表“田土”之义。然而值得注意的是，卜辞中的“田”更多表示打猎之义。“田”之“田猎”义后世也是常见的。

《诗经·小雅·吉日》：“田车既好，四牡孔阜。”朱熹《集传》：“田车，田猎之车也。”由此可知，“田”字之义，“农田”“田猎”二位一体。而这种奇妙的联系是怎么建立起来的呢？“刀耕火种”为原始农耕的代名词。而文献中“田”与“焚”相关联又不仅关涉农耕。

“焚林而田，竭泽而渔。”——《淮南子·本经》

“焚林而田，偷取多兽，后必无兽。”——《韩非子·难一》

其中“焚林”之后的“田”显然是指狩猎。这表明，初级农耕与狩猎密切相关：刀和火，既是狩猎所用，也为农耕所用。刀耕火种之际，农垦与狩猎一体。具体来说，垦田与围猎是同一过程的。上古时代，林木草莽遍地，开垦农田最有效率的方法就是放把火来烧。林莽之中，禽兽聚集，所以放火烧田，正是围猎的机会。上述卜辞中的“田”正是这样一个二位一体的概念。当然，焚烧林莽田畴辟出的同时，又有禽兽被猎获。如以下卜辞：

翌癸卯其焚，毕。癸卯允焚。隻……兕十一、豕十五、虎□、麋二十。（《甲骨文合集》10408）

这条卜辞是说，殷王卜问：在癸卯日焚田的话，会有擒获吧。后来真的在癸卯日焚田了，猎获了犀牛十一，野猪十五，老虎若干，獐子二十。

值得注意的是，殷人田猎，还往往获象。如：

壬午卜，貞王田梌，往來亡𡿧。隻隹一百四十八，象二。（《甲骨文合集》37513）

这条卜辞是说：壬午这天占卜，贞问，王去梌地田，来去没有灾祸吧。果然此行获鸟一百四十八只，象二头。甲骨

文获象记录颇多,“象”字构形亦多:

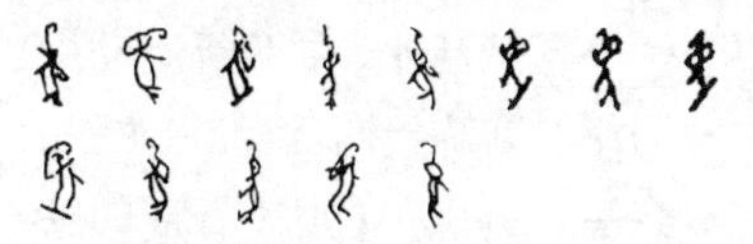

被《说文》误解为“母猴也”的“为”字,竟也是从“象”从“又”的构形,其造字意图被描述为“役象以助劳”:

由此可知,甲骨文时代中原地区多象,生态、气候环境类似于今日南亚地区,与今日中原生态环境大不一样。那么,这种环境为什么后来发生了变化呢?原因或许不止一端,但是,甲骨文“焚”字所呈现的以焚烧草木山林为基本生产方式,对环境的负面影响一定是导致生态恶化的重要因素。如此人类活动历时积累,势必导致植被稀疏、水土流失的后果。生态环境的变化,又会造成大象无法生存的后果,在甲骨文中频繁使用本义的“象”字,到了西周金文中已经失去了本义表达之例,只是表示象骨之饰或一种礼仪舞蹈名称,在各种大型动物都现身的西周金文中居然没了象的身影,表明华夏中原当时已经无象,这也难怪许慎把大象误认作“母猴也”。

《吕氏春秋·古乐》:“成王立,殷民反,王命周公践伐之。商人服象,为虐于东夷,周公遂以师逐之,至于江南。”如果这个记录是真实的,那说明西周初年的殷商遗民还在战争中使用大象,这或许是被“逐之至于江南”前中原的最后一群象吧。但是真正把大象赶到南边去的,其实并不是周公之师,而是殷人自己年复一年的“焚”。三千年前的那把火,留给了今天的我们历史反思的巨大空间。

《火眼金睛》提示

图1,“窍电”应为“窃电”。
图2,“使于心”应为“始于心”。
图3,“贫脊”应为“贫瘠”。
图4,“客观”应为“客官”。

十大流行语出炉，哪一个击中了你

◎李泓冰

12月8日，《咬文嚼字》公布了2021年十大流行语。在成千上万语词中，爬梳出十个“最流行”，这一现象本身一时也成了“流行”。网友纷纷欢乐刷屏，“小康”“鸡娃”“躺平”“破防”之类热词，仿佛一语中的，种种让人们或振奋或焦虑或困惑的亲历场景，丝丝缕缕，联袂闪回，织就标志2021的一袭衣裳……

一个越来越显著的特征，便是流行语词正在跨越“庙堂”与“江湖”，跨越代际与地域隔阂，走向互鉴互证，彼此耳熟能详。比如，“百年未有之大变局”“小康”“赶考”等时政语汇，虽非发端于2021，但入选了今年的“流行语”，说明其深入人心的程度。而网言网语的流动也很踊跃，“野性消费”“鸡娃”“躺平”之类，源于网友线上互动互嘲，似乎不合语法规范，却不胫而走、老少咸宜，甚至登上主流媒体。语言正如一脉活水，在不断流动中新陈代谢、沉淀流失。

在过去，语言的变化多来自知识阶层的创造与提炼，时下却是大众共同参与的创造力表现与演变。例如，本是网游用语的“破防”被引申为心理防线被攻破，本表示平卧休息的“躺平”成为不作为、不努力的生活态度的写照。这些生动的表达，甚至包括无意识的创造，却自点而面形成了令人关注的社会现象，刷新了文化景观。语言也正是在顺畅的良性互动中，帮助社会共识的凝聚，彰显中国活力。

有意思的是，有的流行语，本身就是前后相继的关联事件，其问题导向揭示着深化改革的路径。比如“鸡娃”和“双减”。人们曾用“打鸡血”调侃某种近乎疯狂、痴迷的状态。近年来，激烈的升学竞争使不少家长逼迫孩子补课、做题，近乎疯狂的养育方式被简称为“鸡娃”，让父母孩子身心俱疲。而之后流行的“双减”，则是决策层针对“鸡娃”现象的政策“良药”。今年7月，《关于进一步减轻义务教育阶段学生作业负担和校外培训负担的意见》发布后，可谓立竿见影，给每个中国娃和家长都带来了积极的影响，“双减”入选流行语当之无愧。一个个流行语记录下宏观政策在微观生活中的投影，让我们触摸到点滴变化背后的发展脉搏。

时下，每逢年终归纳流行语，已成为一种传统“节目”。经年累积，堪为一座穿越时空的语词之城，不但深具语言学、历史学、文化学、社会学意义，更是观察社会心态流变的独特视角。

不妨回到8年前，略略回看彼时的流行语。2013年，八项规定持续发力，让党风政风为之一新；十八届三中全会是划时代的，奏响全面深化改革强音。当时《咬文嚼字》编辑部发布的“十大流行语”中，既包含着“逆袭”“点赞”的希望，也跳脱着“奇葩”“土豪”的焦灼。但在这些词语中，“中国梦”赫然居首。作为主流话语，蕴含着对每一个平凡梦想、每一个微小成功、每一个恳切呼声的尊重，草根话语序列热切接纳并延伸——“生日有人陪，哭泣有人听，这是我的‘中国梦’”，“梦想还是要有的，万一实现了呢”，“生活不止眼前的苟且，还有梦和远方”……小小梦想的叠加，形成实现中国梦的磅礴力量。

而今，从“中国梦”的提出到全面小康的建成，流行语的迭代，将人民共和国进步的足迹刻进了语词“长城”。正是因为时代在变化，国家在发展，流行语才获得了不断生长更新的肥沃土壤。从这个意义上说，见微知著，盘点流行语，其实是在浏览一部口述实录，为正史补白，也为百姓心声留痕。

这正是：庙堂江湖非为远，一语之中见古今。

（原载人民日报评论公众号
2021年12月9日）

从年度流行语中“读懂中国”

◎戴先任

《咬文嚼字》编辑部发布2021年度十大流行语，分别为：百年未有之大变局，小康，赶考，双减，碳达峰、碳中和，野性消费，破防，鸡娃，躺平，元宇宙。

近年来，一到年末，一些机构就开始评选年度流行语、年度网络流行语，这些评选年度流行语的机构多是受到业内认可的权威机构。《咬文嚼字》发布的2021年度十大流行语，就较有代表性。

比如像“百年未有之大变局”和“小康”两词，并不是出现于2021年，“百年未有之大变局”来自2017年习近平的一次讲话，到2020年全面建成小康社会是党的十八大立下的目标。这两个词似乎更多应该流行于2021年之前，而不应该成为2021年的流行语，但2021年是中国共产党建党100周年，我们实现了第一个百年奋斗目标，也全面建成小康社会，而目前我国发展既面临前所未有的机遇，也面临前所未有的挑战，这两词在2021年流行开来，也就让人理解了。

2021年实施了“双减”政策，对教育领域带来了深远影响，有利于遏制校外培训机构的无序发展，有利于给广大中小学生减负。“双减”成了年度热词，就是顺理成章。

而像“碳达峰、碳中和”，是倡导绿色、环保、低碳的生活方式，有利于推动社会高质量发展。“野性消费”则是来自一起低调赈灾事件。2021年7月，河南遭遇特大洪灾，某国产运动品牌捐赠5 000万元物资低调赈灾。为了表达对爱心企业的支持，消费者线上线下到该品牌店面“野性消费”。

另外，一些家长为不让孩子“输在起跑线”，逼迫孩子大量补习，被人调侃为“给孩子打鸡血”，简称“鸡娃”，这样的现象也是早已有之，是一种较为常见的“中国式家庭教育”。而“破防”指内心受到触动后的共鸣与感动，“躺平”则多指一种“不作为”“不反抗”“不努力”的生活态度。这些流行语对应的现象其实都并非流行于一时，在以前就有之，只是在这些“旧现象”上安上了“新词语”，让这些词语得以入选年度流行语之列。对于一些不好的现象，不能因为这些问题披着“新装”，就忽视了问题的“根深蒂固”，难以根除。

“元宇宙”背后则是一种新现象。“元宇宙”区别于当前的现实世界，目前来看还只是人们对未来世界的一种设想，在“元宇宙”时代，虚拟世界与现实世界的边界进一步模糊。需要VR（虚拟现实）、AR（增强现实）技术，以及大数据、传输技术、AI（人工智能）等前沿技术作为支撑，让虚拟世界变得更有“真实感”。现在来看，这些前沿技术发展都还很不成熟，“元宇宙”时代离我们也还很远。但“元宇宙”概念已然蹿红，不少人对“元宇宙”是什么东西都还不清楚，就一哄而上，把“元宇宙”当成“风口”，纷纷入场投资，在资本市场，出现了“元宇宙热”。对此，要引起高度警惕，也需要相关部门引导“元宇宙”相关产业规范发展。

2021年度十大流行语，虽难概括一年的所有变化，但涵盖广泛，能够从一个侧面让人对这个社会有一个粗浅了解，帮助人们“读懂中国”。2021年行将过去，盘点年度流行语，也是为了总结经验教训，弥补不足。不管是“新现象”还是“老问题”，都要认真应对，积极解决，好的一面则要发扬下去，要能除旧布新，这样才能更好前行。

（原载《中华读书报》
2021年12月22日19版）

防止“躺平”，不懈前行

◎王永鉴

前不久，《咬文嚼字》编辑部发布2021年十大流行语，“躺平”列入其中。《咬文嚼字》编辑部解释：“躺平”本指平卧，引申指休息。如今不少人口头挂着的“躺平”，多指一种“不作为”“不反抗”“不努力”的生活态度，以此为生活理念的群体即“躺平族”，面对各种压力选择“一躺了之”。其实，许多喊着“躺平”的年轻人，并未真正“躺平”，他们只是在用自嘲的方式反抗当今巨大的生活压力、高度“内卷”竞争。应该讲，这样的解释，顾及两方面，具有一定的艺术性。

现实生活中，有些人尤其是年轻人以“躺平”来自嘲，作为解脱和安慰，倒也无可厚非。但如果以“躺平”来表达一种无奈心理，抑或一种消极念头、一种畏难情绪，这就需要引起注意了。因为这往往容易表现出一种精神状态，就是得过且过，虚应故事，怠惰因循。如在工作上，缺乏热情、不求进取；在办事上，敷衍马虎、不求精致；在学习上，浅尝辄止、不下苦功。这种“躺平”，对事业发展、对个人成长不利，应该加以有效防止。

一

2021年，我们见证了建党100周年的辉煌。100年来，中国共产党筚路蓝缕，艰苦创业，率领全国人民取得了新民主主义革命和社会主义革命、建设、改革的伟大胜利，谱写了中华民族自强不息、走向复兴的奋斗凯歌。在以习近平同志为核心的党中央坚强领导下，全国人民奋力拼搏，实现了“十四五”良好开局，踏上了全面建设社会主义现代化国家新征程。2013年5月4日，习近平在同各界优秀青年代表座谈时指出：“我们的国家，我们的民族，从积贫积弱一步一步走到今天的发展繁荣,靠的就是一代又一代人的顽强拼搏,靠的就是中华民族自强不息的奋斗精神。当前,我们既面临着重要发展机遇,也面临着前所未有的困难和挑战。梦在前方,路在脚下。自胜者强,自强者胜。实现我们的发展目标,需要广大青年锲而不舍、驰而不息的奋斗。”习近平总书记的殷殷教诲,激励着广大青年,也激励着全国人民继续砥砺奋进,开创美好未来。在机关工作,我们要牢记初心使命,认真履行职责,全力以赴投入,当好参谋助手。这方面,只能苦干,不能“躺平”。因为,时代发展,我们没有时间“躺平”;使命召唤,我们没有借口“躺平”;重任在肩,我们没有理由“躺平”。与“躺平”相反的,是勤奋。古人云,“民生在勤”“业广惟勤”“天道酬勤”。“勤”字为要,我们不妨把勤奋当作座右铭,切实把勤奋付诸行动。

二

文件特别是公文是机关工作的载体和工具之一,对促进政令畅通、加强联系协调、开展公务往来、服务群众社会等具有重要作用。对我们来说,起草各类文件是家常便饭。要通过不断实践和钻研,使文件常写常新,越写越好,使其准确体现上级要求和领导意图,更好发挥应有效能。听到有人说,整天起草文件,单调、枯燥,费神费力,有点厌倦。也有人说,文件写来写去,就那些内容、套路,很难有新意和突破。还有人说,文件如何写到位,没有标准和方向,只要过得去就可以了。这些表达,也许有其客观性甚至合理性,但也可以视为“躺平”的苗头,需要端正认识,及时消除。

读了中国作协名誉副主席王蒙在今年12月10日《光明日报》上的文章《珍惜每一个日子》,其中写道:“耄耋之年,写起来回忆如潮,思绪如风,感奋如雷电,言语如铙钹混声。……我们的文化篇章,包括了你我他每一个写作人敲击的一个又一个字，一分又一分思考、应答、寻找和升华，都可以做得更出色，配得上我们的文学的辉煌历史与革命的崇高背景。”王蒙同志即将迎来“米寿”，但他依然青春不减当年，精品佳作迭出，可谓高龄作家、高产作家，这样的勤奋、这样的执着，非常值得学习。文件起草与文艺创作一样，需要激情洋溢，需要思考深邃，需要笔耕不辍。更何况，写好文件，有示范可对标，也有新路可探索。大凡事物，“没有最好，只有更好”。让重点是实施领导、做出决策、部署工作的公文，政治站位较高，主旨目的鲜明，框架结构严谨，重心重点突出，政策举措可行，语言表述精确，体例格式规范，这样的努力是无止境的。

三

今年10月中旬，上海歌舞团创制的舞剧《永不消逝的电波》在美琪大剧院开启第二轮驻演，有来自全国各地的50多位青年舞者参加。在这之前，《解放日报》记者来到美琪大剧院探班上海歌舞团联排。上海歌舞团团长陈飞华介绍：“过去两个月，他们每天上午进行基础训练，下午从1点排到7点，从头到尾紧锣密鼓，毫不松懈，进步飞速。《永不消逝的电波》百场如一，请观众放心，我们的艺术水准不降低一丝一毫。”“百场如一”，这个说法、这个要求多么打动人。联想到文件起草、审核，也要做到细节打磨、“百文如一”，以确保高质量、高标准。对语言文字仔细推敲，找出毛病，纠正差错，就是细节打磨的一项内容，一定要用心、用情、用力去做。这里举几个病例如下：

（1）对巡查中发现的问题，相关部门将责令有关机构严肃整改，整改不力的，依归做出处罚。

（2）要下大力气，坚决纠正模式侵害群众利益的形式主义、官僚主义。

（3）要禁止非法捕捞、非法交易野生动物的违法行为，革除烂食野生动物的陋习。

（4）要共同筑牢疫情防控坚固防线，全力守护城市安全。

（5）要对规划中的各项任务落实情况开展督促检查和绩效评估工作，确保规划实施工作落到实处。

（6）各有关部门要加大对这项工作的重视和支持，积极提供资源、技术等条件。

（7）要强化顶层设计，统筹推进产业规划、空间布局、平台建设、示范应用等重大事项。

（8）单位聘雇的海外高层次人才，可办理长期居留许可，办理海外人才居住证加分、留学人员落户取消社保系数要求等优惠待遇。

（9）违反本办法规定的行为，有关法律法规已有规定的，从其规定。

分析上述病例，（1）“依归”应为“依规”。（2）“模式”应为“漠视”。（3）既然是“非法捕捞”“非法交易”，那“违法行为”中的“违法”就显得多余，可以删去。还有，“烂食”应改为“滥食”。（4）有了“筑牢”，再说“坚固”，也是多余。“筑牢疫情防控坚固防线”或者改成“筑就疫情防控坚固防线”，或者改成“筑牢疫情防控防线”。（5）“确保规划实施工作落到实处”中的“实施工作”属多余，须删去。（6）“加大对这项工作的重视和支持”说不通，可以改成“加大对这项工作的支持力度”。（7）“统筹推进……重大事项”说不通，可以改成“统筹推进落实……重大事项”。（8）“办理海外人才居住证加分、留学人员落户取消社保系数要求等优惠待遇”说不通，应将“优惠待遇”删去。（9）“违反本办法规定的行为”，应改成“对违反本办法规定行为的处理”，否则这句也是说不通的。

一位作家说过，“你必须非常努力，才能看起来毫不费力”，此言甚是。非常努力、非常勤奋，工作就能得心应手，劲头十足，并能实现良性循环。

（原载上海《机关动态》2021年12期）

桃子的诱惑

（文中有十处差错，你能找出来吗？答案在本期找）

◎梁北夕　设计

从前，在一坐高山上，住着两位得道的仙人。两位仙人都非常喜欢下棋，每天下午，他们都会到那株高大的古松下对奕数局。古松之上，有一只聪明绝顶的灵猴，当仙人下棋的时候，它就躲在树上观摹。经过仙人灵气的薰染，这只灵猴居然偷师学成，练就了一手高超的棋艺。

灵猴下了山，四处找人挑战棋艺；但没有一个人能够战胜它。久而久之，灵猴的名声传到了皇帝的耳朵里。皇帝怎么也不相信，一只猴子会比人更聪明。皇帝派手下把灵猴请来，并召集国中的棋艺高手，轮翻与它下棋。没想到，“高手们”尽管较劲脑汁，却一个个被这只猴子杀得丢盔弃甲，狼狈不堪。皇帝大怒：怏怏大国，竟然找不到一个棋手打败一只猴子！

一个大臣自告奋勇地说，想和灵猴下一盘，不过有一个条件，那就是要在棋桌上放一盘香甜的水密桃。国王答应了。

比赛开始了。刚下了几步，大臣装作不经意的样子，拿起一个桃子咬了一口，还不住地咋咋称赞。随后，他把吃剩下的桃子放在一边，继续专心下棋。就这样，大臣时不时拿起桃子咬上一口，接连吃了好几个桃子。结局大家都能猜到，在比赛中，猴子经受不住诱惑，一直盯着那盘桃子，结果把棋下了个乱七八糟。大臣终于打败了灵猴。

看来，再强的对手都有弱点，只要找到，你才会赢。

“十大流行语”发布备受关注

编者

2021 年年末，《咬文嚼字》发布了 2021 年度“十大流行语”，各大媒体争相报道，在社会上引发热议。

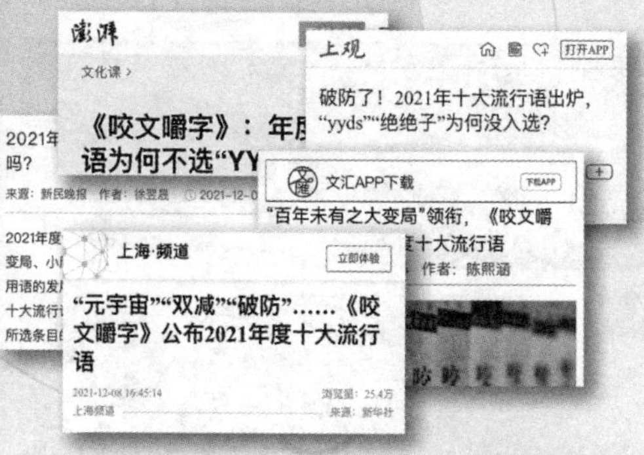

上海电视台《新闻夜线》对编辑部做了相关的采访报道。

人民日报、新华社、紫光阁、中国新闻网、光明日报、澎湃新闻、文汇报、上观新闻、天津日报、新民晚报、周到上海、青年报、劳动报、东方网、封面新闻等主流媒体纷纷报道。

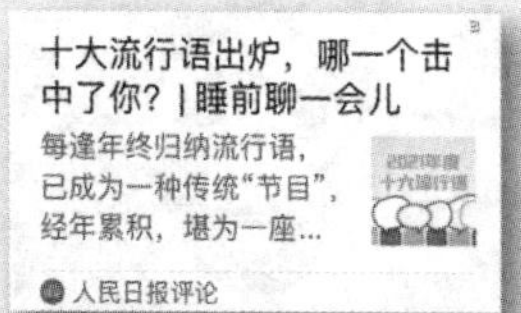

12 月 9 日“人民日报评论”说《咬文嚼字》发布 2021 年十大流行语，“在成千上万语词中，爬梳出十个‘最流行’，这一现象本身一时也成了‘流行’”。并制作了相关音频文件。

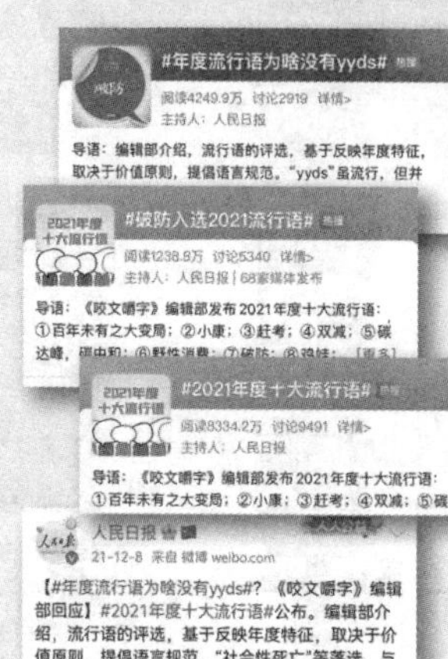

央广网中国之声《来吧 2022》，跨年盘点 2021 年年度关键词，咬文嚼字“十大流行语”排在第一。《中国青年报》发布“2021 年十大文化事件”，《咬文嚼字》编辑部公布 2021 年度十大流行语名列其中。

人民日报接连发起三个话题讨论：“2021 年度十大流行语”“年度流行语为啥没有 yyds”“破防入选 2021 流行语”。网友讨论热烈，三个话题均冲上热搜榜。

火眼金睛

图中差错知多少？

周建群 杨通沂 杨亚东 张仙权 提供

（答案在本期找）

严厉打击窍电行为，

1

民族团结使于心

示范创建重在行

2

3

4

邮政

微店

微信公众号

电子版

ISSN 1009-2390

YAOWEN-JIAOZI

咬文嚼字®

2022.03

萨其马

满语“sacima”的音译，是一种著名的满族点心。清富察敦崇《燕京岁时记》：“以冰糖、奶油合白面为之。”其制作的最后一道工序是“切”，即把从模具中取出的大块切成小块。“saci”（萨其）来自“sacimbi”，义为切，“ma”（马）是满语名词词缀。

上海世纪出版集团
欢迎至邮局订阅本刊 邮发代号 4-641
国内统一连续出版物号 CN 31-1801/H
定价：6.00 元

雾里看花

何处觅“肖县”

刘冬青

某大学城有一家安徽老板开的小店，店名为“肖县小吃”。老板说，经营的主要是他家乡的特产熟食。但据笔者所知，安徽并没有“肖县”，甚至在全国范围内都没有“肖县”。这个“肖县”是怎么回事？猜猜看，答案本期找。

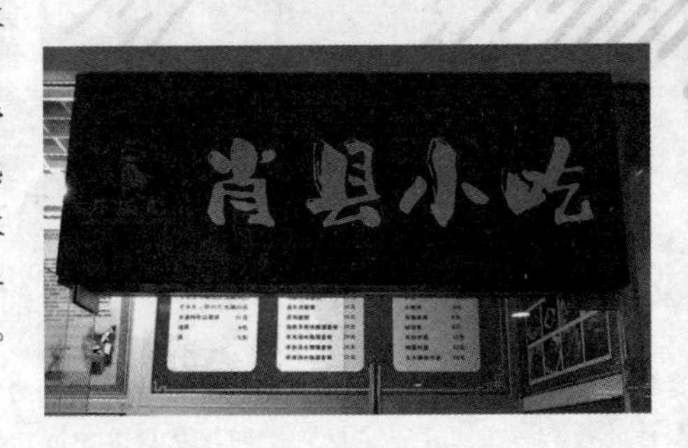

特别自豪自己是一个中国人

展　旺/文　臧田心/画

2月15日,中国小将苏翊鸣在冬奥赛场夺得单板滑雪男子大跳台金牌,这是中国单板滑雪在冬奥历史上的首枚金牌。2月7日,苏翊鸣还夺得单板滑雪男子坡面障碍技巧银牌。苏翊鸣为中国冬奥历史写下新的篇章。他接受采访时激动地表示,特别自豪自己是一个中国人,把国旗披到身上,站在奥运领奖台上,这种感觉从来没有过,特别特别自豪!

咬文嚼字®
2022年3月1日出版
3
总第327期

主管：上海文艺出版总社
主办：上海文化出版社
编辑、出版：《咬文嚼字》杂志社
集团网站：http://www.shwenyi.com
E-mail：yaowenjiaozi2@163.com
官方微博：
http://weibo.com/yaowenjiaozish
电话传真：021-64330669
发行电话：021-53204165
邮购电话：021-53204211
地址：上海市闵行区号景路159弄A座3楼
邮政编码：201101
发行：上海市报刊发行局
发行范围：国内外公开
订阅处：全国各地邮局
邮发代号：4-641
ISSN 1009-2390
CN 31-1801／H
印刷：上海中华印刷有限公司
印厂电话：021-60829062
021-60299079
定价：6.00元

虎年说“虎”

◎陈昌来

今年是壬寅年，是人们常说的虎年。虎年自然得说说“虎”。从何说起呢？先说说动物之“虎”。

“虎”俗称老虎，大型猫科动物，是历史悠久的动物。据称第三纪早期的古猫类就是虎的远祖。古猫类各支到第四纪冰河期只有真猫类幸存下来，并分化成猫族和豹族延续至今，现今的“虎”就是豹族成员之一。原来所谓“豺狼虎豹”的“虎”和“豹”血缘最近，“猫”也是“虎”的近亲，所以“照猫画虎”也是有其合理性的嘛。现今的“虎”大约来自两三百万年前的“中国古猫”，后分化为9个亚种——华南虎、西伯利亚虎、孟加拉虎、印支虎、马来亚虎、苏门答腊虎、巴厘虎、爪哇虎以及里海虎。中国是老虎的故乡，也是虎种最多的国家，曾经有华南虎、西伯利亚虎（东北虎）、孟加拉虎、印支虎（东南亚虎）以及里海虎（新疆虎，已灭绝）5个亚种，东北虎、华南虎是现今最常说的两种。虎还有一些变种，如白虎、纯白虎、雪虎、金虎等，多是基因变异所致，传说中还有黑虎、蓝虎、黑蓝虎，可能也是老虎的变种吧。

中国古代，不同地域不同时期对虎有不同的称呼，除了大家熟悉的老虎、大虫、老虫、大猫、山大王等名称之外，还有山兽之君、寅将军、寅兽、寅客、斑子、於菟、山君、伯都、封使君、李父、李耳以及山猫儿、戾虫、毛虫祖、白额、白额侯等等。这些别名或者美称各有来头。

如“老虎”是虎的通称，宋代即有，苏辙《湖阴曲》有“老虎穴中卧，猎夫不敢窥”。“山兽之君”来自许慎《说文解字》，《西游记》称虎为“寅将军”，《水浒传》称“大虫”（实际上《搜神记》中已有“大虫”之说），“斑子”见于《太平广记》，“封使君”见于《太平御览》，而“於菟、伯都、李父、李耳”等则来自古时的方言。

由于虎性凶猛，让人畏惧，历史上中国人常常把打虎者奉为英雄，文艺作品中古有武松打虎，后有杨子荣打虎上山等等。但到现代，虎已经成为珍稀濒危物种，受到重点保护，“武松”和“杨子荣”们就再也不能打虎了。

汉字“虎”是象形字。早在甲骨文中就已出现，写作“[illegible]”，横着看就像一只巨口利齿、文身长尾的老虎；金文写作“[illegible]”或“[illegible]”；小篆写作“[illegible]”，《说文解字》解释为：“虎，山兽之君。从虍，虎足象人足，象形……”从字形上看，小篆的“虎”更像虎蹲踞之形。以“虎”为偏旁的字有许多，如“琥、彪、唬、俿、淲、篪、萀、[illegible]、[illegible]、虢、[illegible]、[illegible]”等。“虎”字是汉字大家庭中的重要成员。

汉语词汇系统中，由“虎”构成的词语很多。如“老虎、虎头、虎胆、虎口、虎啸、虎威、虎劲、虎视、虎魄、虎穴、虎生生、虎彪彪、虎符、虎将、虎贲、虎卫、虎士、卧虎”等等，大都与虎的威武、勇猛有关；也有“笑面虎、纸老虎、母老虎、拦路虎、秋老虎”一类有贬义色彩的词语，多凸显虎的凶狠；跟“虎”有关的词语多有隐喻义，故而，现在在反腐败斗争中，以“虎”称重大腐败分子，使得“虎”身价直降，常出现“苍蝇老虎一起打”“打虎”“打大老虎”“新年第一虎”等说法。

由“虎”构成的成语和俗语也很多，同样褒贬不一，意义丰富。成语有“龙腾虎跃、虎背熊腰、虎穴龙潭、虎口拔牙、虎踞龙盘、如虎添翼、龙争虎斗、生龙活虎、狐假虎威、虎口余生、虎头蛇尾、为虎作伥、养虎遗患、虎视眈眈、谈虎色变”等等；俗语则如“虎老雄心在、伴君如伴虎、虎毒不食子、拉大旗做虎皮、前怕狼后怕虎、老虎屁股摸不得、老虎也有打盹的时候、好虎架不住一群狼、一山不容二虎、不入虎穴焉得虎子、山中无老虎猴子称大王、虎落平阳被犬欺、初生牛犊不怕虎、坐山观虎斗、九牛二虎之力、画虎不成反类犬”等等。

含“虎”的词语数量大，意义丰富，这不仅反映出作为物种的虎历史悠久，自古有之，也反映出虎在中华民族的传统文化心理中具有极高的地位，中国人有着极其深厚的虎缘。“虎”类词语是汉语词汇中的重要家族。

说到“虎年”，自然想到十二生肖。虎是十二生肖之一，排第三位，对应十二地支中的寅，因此我们常说寅年出生的人属虎。将虎作为属相，反映了古人对虎的崇拜。汉代时人们就把虎看作百兽之王，尤其崇拜白虎，认为白虎是五百年才能变白的虎，是神物，故而崇拜。汉代即有“白虎观”，据称汉章帝时，经学家在白虎观辩论经学，班固等人把辩论结果撰集为《白虎通》(《白虎通义》)，此书是经学史上的重要著作。中国人对虎的崇拜可能从原始社会就已开始。很多古代文化遗址中都出土过带有虎图腾的物品，后世也常用“虎将、虎臣、虎卫、虎贲”称呼将士，用“虎符”称呼兵符。诗歌、小说、戏曲、音乐、绘画、雕塑、宗教文献、神话故事乃至儿歌、民歌中，虎的形象更是时时可见。《西游记》《水浒传》中关于虎的故事家喻户晓，儿歌《两只老虎》大众耳熟能详，唱歌则有“小虎队”组合。古代诗歌中单论李白的诗中就有不少，如“节制非桓文，军师拥熊虎”“朱门拥虎士，列戟何森森”“将军分虎竹，战士卧龙沙”“朝作猛虎行，暮作猛虎吟”“困兽当猛虎，穷鱼饵奔鲸”等等。历代话本、小说、字画、建筑就更不必说。

"虎"是中国文学艺术中十分重要的艺术形象。

中国人对虎的崇拜还引申出许多关于虎的风俗。民间有给小孩做虎头鞋、戴虎头帽、送布老虎和老虎枕头的习俗,就是希望孩子虎头虎脑,长大后体格健壮,勇猛威武,孩子的乳名常有如"虎娃、虎妞、虎子、大虎、二虎、虎头"等,大约也是出于这类寓意。即使在成年人的正式姓名中,以虎为名的也不在少数。不仅人名中多"虎"名,地名中也有"虎林市、虎门、虎丘、虎头山、老虎山、老虎桥、虎跑泉、黑虎泉、虎跳峡、虎尾溪、白虎观"等"虎"名。道教将白虎神作为守护神,四方神之一,《礼记》有"前朱雀而后玄武,左青龙而右白虎"之说,"虎符、虎环、虎雕"也曾是民间除灾免祸的镇邪吉物。

迷信固不可取,但时值虎年,随处可以听到一些与虎有关的吉祥话,如"虎年行虎事,做虎人,走虎运,发虎财","虎气冲天嗷嗷叫,生活幸福哈哈笑","牛年的喜庆再继续,虎年的日子更精彩",等等。再如"新春快乐,虎年大吉""虎年吉祥""虎虎生威"之类的吉祥语,更是春节走亲访友的必备祝福。微信中常有如"祝你在新的一年里,走起路来虎步生风,干起活来生龙活虎,往家一坐虎踞龙盘,吃起饭来狼吞虎咽,身体虎背熊腰,事业如虎添翼"一类的祝福语,还有家家户户张贴的春联,如"虎跃龙腾碧海,莺歌燕舞春风""龙腾虎跃人间乐,鸟语花香天下春"等等。"虎"文化是中国传统文化的重要组成部分。

虎,是历史久远的物种,更是炎黄子孙镌刻在集体记忆中的文化意象。它的勇猛、威武让人崇拜,它的凶狠、暴戾让人畏惧,它是虎虎生风的传奇,又是虎视眈眈的猛兽,是虎头虎脑的期许,又是谈虎色变的怯惧,承载着人们既爱又怕的文化敬意。虎年说"虎",祝大家虎啸高冈、风虎云龙、虎虎生风、如虎添翼,虎年大吉!

“雪兖”当为“衮雪”

◎刘冬青

近日拜读著名编辑张守仁先生大作《名作家记》(北京十月文艺出版社2019年出版),书中《兰心蕙质的冯宗璞》一章有这样一段文字:“会客室墙壁上挂着一个拓片,是魏王写的‘雪兖’两字,字迹古朴圆润。我不知出自何典,猜想它可能是魏王号召官员们为政清廉、多替百姓做好事的意思。”文章所说的“魏王写的”“雪兖”二字当为“衮雪”。

“衮雪”石刻拓片

传为曹操所写的“衮雪”现存于陕西汉中博物馆,原镌于褒斜道南端的石门处的崖壁上,下署有“魏王”。褒斜道为古道名,因取道褒水、斜水两河谷而得名,南起褒谷口(在今陕西汉中市),北至斜谷口(在今陕西宝鸡眉县西南三十里)。对于“衮雪”,《陕西金石志》卷五写道:“衮雪,按字各方二尺,隶书,横列,下署魏王。在深涧之中,急湍乱石,溃沫若雪……考建安中,魏武两至褒中,当系尔时所书。”即说此处河流湍急,飞沫如雪,建安中曹操途经此处在此题字“衮雪”。不过,不少学者认为“衮雪”二字为后世伪刻,在此就不展开说了。

“衮雪”之“衮”何意?此处“衮”即“滚”,“衮雪”就是“滚雪”。传说,曹操书“衮雪”二字后,侍从提醒:“衮字缺了三点水。”曹操抚掌大笑:“一河流水,岂缺水乎!”传说归传说,“衮”其实是“滚”的初文。“衮”本指古代帝王及上公穿

“一搾厚”？“一拃厚”！

◎王殿雷

最好的最值得人赞美的肉，是那种肥膘有“一搾厚”的肉：“哎呀，今天的肉膘真肥啊！一搾厚！”在说这话时，会情不自禁地张开食指和大拇指，并举起来……

这段话出自曹文轩先生《新寄小读者：学会感动》（安徽少年儿童出版社2011年6月出版）一书，其中“一搾厚”的“搾”为误用。

搾，读zhà，义为挤压出物体中的汁液，也比喻残酷搜刮、剥削。如欧阳予倩《渔夫恨》：“我们的钱都被老爷们搾干了。”根据《通用规范汉字表》，“搾”是“榨”的异体字，现已不用。上述文章中的“一搾厚”是想表示肥肉膘的厚度，不管是用“榨”还是用“搾”，都语意难通，根据上下文，此处应该用“拃”。

拃，音zhǎ。作动词时，意思是用张开的拇指和中指（或小指）量长短；也可作量词，是此二者之间长度，如：“这布有三拃宽。”上文还有“会情不自禁地张开食指和大拇指”的动作描写，正与“拃”的动作相似。

“搾”与“拃”形近音近，可能是致误的原因。

的绘有卷龙的礼服，引申指卷曲。再引申指大水奔流、翻转滚动等，表示这些义项时后多写作“滚”。如杜甫《登高》：“无边落木萧萧下，不尽长江衮衮来。”“衮衮”亦作“滚滚”。“衮雪”即说此处水沫如雪团翻滚。

兖，读作yǎn，是地名，即山东兖州，也作姓。“雪兖”二字与“魏王”没有关系。

嬴政的父亲是秦始皇？

◎时　未

央视综艺频道2020年8月20日播出的《我的艺术清单》节目中，学者王立群谈到《史记》对他一生的影响时，说："二十一岁的时候，我第一次读到《史记》，读到《史记》的《吕不韦列传》中间，子楚由质子到秦始皇的变化，让我明白了一个道理：平台造就人生。"（字幕同步显示）其中的"子楚由质子到秦始皇的变化"着实让人摸不着头脑。

子楚（前280—前247），即秦庄襄王，本名异人，秦昭襄王嬴稷之孙、太子安国君嬴柱（秦孝文王）之子。子楚在赵国作"质子"（即人质）期间，商人吕不韦献赵姬于他，后赵姬生下儿子嬴政。在吕不韦的帮助下，子楚被立为太子，最终继承王位。

子楚死后，太子嬴政继位，灭六国，于公元前221年建立秦朝。嬴政是中国历史上第一个使用皇帝称号的君主，自称"始皇帝"，即"秦始皇"。

子楚只有从庶子、质子、嫡子直到秦庄襄王的变化，出现"秦始皇"这个称号时他已经死了二十多年，怎么可能有"由质子到秦始皇的变化"呢？

哪来“谣啄纷纭”

◎雷晓琪

作家张大春的《南国之冬》一书由九州出版社2020年9月出版，其中第八话《写蛮笺，传心契》说到女词人吕碧城修改词句之事，这样写道：

一个大问题是，词意像是对寒云提出一个兴办某种邦国大业的邀请。然而此前一年多，正是谣啄纷纭、喧呶不已地传说袁寒云主谋刺杀宋教仁的时候。吕碧城遂改作成这样一个转结：“低回吊古，听怨人霓裳，水音能诉。花雨吹寒，题襟催秀句。”

“喧呶（náo）”是声音嘈杂的意思。引文中的“谣啄纷纭、喧呶不已”，是在说袁世凯之子袁克文（号寒云）为宋教仁案幕后主谋的相关传言纷纷纭纭，但其中的“谣啄纷纭”写错了，应为“谣诼纷纭”。

诼，音zhuó，义为毁谤、诬陷。谣，即谣言。“谣诼”就是造谣毁谤。如《楚辞·离骚》：“众女嫉余之蛾眉兮，谣诼谓余以善淫。”大意即那些女人嫉妒我的美貌，造谣毁谤说我行事不正。又如鲁迅《我们不再受骗了》：“谣诼，诅咒，怨恨，无所不至，没有效，终于只得准备动手去打了，一定要灭掉它才睡得着。”“谣诼纷纭”就是说造谣毁谤，众多杂乱，正符合上述文章所要表达的意思。

啄，也读zhuó，指鸟用嘴取食，如啄食、啄木鸟。汉语中没有“谣啄”一说，“谣啄纷纭”更是讲不通。

《火眼金睛》提示

图1，“菇苦”应为“茹苦”。
图2，“底新”应为“底薪”。
图3，“消焱祉痛”应为“消炎止痛”。
图4，“忌拜”应为“祭拜”。

说说热词“双减”

——兼说“双”与“对”的异同

◎代宗艳

当下，缩略词“双减”已经成了家喻户晓的热词，因为“双减”跟家家户户几乎都有直接的或间接的关系。

“双减”，言简意赅，就是指要有效减轻义务教育阶段学生过重作业负担和校外培训负担。“双减”的出台是为了解决义务教育阶段中小学课业负担太重的问题。2021 年 7 月 24 日，中共中央办公厅、国务院办公厅《关于进一步减轻义务教育阶段学生作业负担和校外培训负担的意见》（简称“双减”政策）公布，要求各地区各部门结合实际认真贯彻落实。2021 年 10 月，十三届全国人大常委会第三十一次会议表决通过家庭教育促进法。“双减”明确入法。从此，“双减”一词被媒体和公众广泛使用。随着“双减”政策的施行，各大教育培训机构开始规范化，有不少在这一新政之下倒闭关门，教育逐渐回归本真，这些重大变化让“双减”热度不减。请看：

（1）今年最好的开学礼物，莫过于不久前出台的“双减”政策了。（《深圳特区报》2021 年 8 月 31 日）

（2）为全面贯彻落实国家“双减”政策，淮阴师范学院附属中学开学前积极考察、充分讨论，精心设计方案；开学后立足校情、学情，多方考证、多次调整，部署落实，力求切实减轻学生课业负担，优化教育生态环境。（《淮海晚报》2021 年 9 月 29 日）

（3）如今在“双减”背景

下，学校顺势而为，在主动变革中构建了良好的学校生态。学校课后服务工作整体按照“5+2”“1+1”的模式开展，即每周5天，每天不少于2小时。在每天2小时的课后服务中又分为2个时段，第一个时段为普惠托管服务，第二个时段为个性化课程学习。(《中国教师报》2021年10月13日)

从结构上看，“双减”是“减轻学生的作业负担和校外培训负担”的缩略形式。缩略词，即经过压缩和简略而语义不变的词语。任何缩略词的固化都需要经历一个约定俗成的过程，开始的时候，依靠特定的语境，人们才能够理解，用得多了，即使脱离语境，人们也耳熟能详了。

再说说“双”与“对”。在汉语中，“双”，“用于成对的东西”，而“对”也可以表示“双”的意思。“双”与“对”都是汉语常用词。在成语“成双作对”中，在俗语“天生一对，地造一双”中，“双”和“对”意义相同，可以互释，甚至互换也不影响语义。但是在乒乓比赛中，“男女双打”和“男女对打”，表义却完全不同，“双”和“对”绝对不能互换。那么，“双”与“对”有什么区别呢？

从词源上看，“对”的本义是“回答”，如“无言以对”。“回答”涉及提问者和回答者两方，这就为“对”引申出表示数量为“二”的意义提供了依据。这一问一答是对立的，它们性质不同但又是统一于“对”这个概念中的，于是“对”就具有了语义逻辑上的对立统一性。因此，“对”主要用于具有对立统一性的两个个体，如“一对矛盾”“一对冤家”“对联”“对唱”。

而“双”则侧重用于两个性质相同功能相同的独立个体，如“一双手套”“一双眼睛”。“双”的本义是“两只鸟”，成语有“比翼双飞”“一箭双雕”，而无“比翼对飞”“一箭对雕”。“双”的意义逐渐泛化，常用于指成对的东西，如“双减”“双碳”“双循环”等等。

"病毒"溯源

◎高丕永

《现代汉语词典》(第7版)里,"病毒"条目下有两个义项。第一个是:"比病菌更小的病原体,多用电子显微镜才能看见。没有细胞结构,但有遗传、变异等生命特征,一般能通过能阻挡细菌的过滤器,所以也叫滤过性病毒。"病毒会变异,词语也会变异,汉语的"病毒"一词就"变异"过多次。下面,不妨简要地溯源一番。

"病毒式",是最近一次的"变异",指"迅猛扩散",经常修饰"传播、扩散、推销、蔓延、炒作、视频、传言、谣言"等。比如:"微信病毒式传播 带动地方特产营销"(标题,《南方日报》2015年6月8日)。又如:"面对'病毒'式谣言,公众如何'免疫'"(标题,《新华每日电讯》2014年1月29日)。有时,"病毒式"就写成"病毒"。比如:"'病毒视频'成网络广告新载体"(标题,《都市时报》2010年7月7日)。

"病毒(式)",是从"病毒(式)营销"里"变异"出来的。"病毒式营销",于新旧世纪交替之际从英语借入,原词是"viral marketing",当初只是指"互联网上借助电子邮件的迅猛扩散而进行的营销"。比如:"目前,一种被经济学家冠名'病毒'式营销的电子商务正在网上蓬勃兴起。"(《中国科技信息》1999年第19期)又如:"听起来很可怕?但是保证有效!病毒营销的策略"(标题,《发现》2003年第10期)。"病毒(式)营销",现在还很多见,但所指范围"变异"了,可以泛指"利用互联网上信息的迅猛扩散而进行的营销”。

“病毒式营销”里的“病毒”，则是“计算机病毒”的“变异”。上世纪八十年代末，“计算机病毒”，直译英语的“computer virus”借入，指“迅猛扩散、起破坏作用的计算机程序”。比如：“抵抗计算机‘病毒’的‘疫苗’”（标题，《人民日报》1988年3月16日）。又如：“消灭‘计算机病毒’有待全球合作”（标题，《参考消息》1988年12月7日）。现在，“计算机病毒”一般缩略为“病毒”二字。这个“病毒”，2005年收入《现代汉语词典》（第5版），“病毒”条目增添了第二个义项：“指计算机病毒。”

很明显，“计算机病毒”的“病毒”，是从传染病的“病毒”“变异”而来。那么，传染病的“病毒”又是从哪里“变异”来的呢？1930年代，汉语里已经有了两个指传染病“病毒”的词语。一个是从日语借入的“滤过性病原体”（“滤过”相当于汉语的“过滤”，“病原体”是“致病微生物、寄生虫的统称”）。另一个是汉语仿造的“滤过性病毒”。比如：“通俗医药讲座：滤过性病毒”（标题，《医药导报》1939年第3卷第5期）。不久，“滤过性病毒”就开始缩略为“病毒”来使用了。到了1960年代，从“滤过性病毒”缩略“变异”而来的“病毒”，已经占据了主导地位。

那么，“滤过性病毒”里的“病毒”又是从哪里“变异”来的呢？“病毒”一词，在明代的《奇效良方》（1470年）、《证治准绳》（1602年）等医书里都有用例。沿着时间“传播链”，可一直溯源到隋代中国第一部专论疾病病因和证候的《巢氏诸病源候总论》（610年）。该书的第二十五卷里，描述了因“射工”（携带斑疹伤寒病原体的羌螨）引发的“射工候”（斑疹伤寒的症状），给出“若得此病毒，仍以为屑渐服之”（把羌螨研碎后，分次服用）的“以毒攻毒”免疫法。不过，古代的“病毒”一词，泛指“病源、病因”，所指范围明显大于现代的“病原体”。

“野性消费”背后的爱国情怀

◎王冬雪

“野性”指不驯顺的性情。“野性消费”本是贬义词，与“理性消费”相对，指人们盲目、冲动、无限制地进行消费。如：“一年600万，顾客野性消费，足浴店暗藏玄机。”然而，最近网络上掀起一股“野性消费”的热潮，“野性消费”一词的贬义色彩渐渐脱落，褒义色彩正在显露，呈现出贬义词褒义化的现象。

起因是河南洪灾期间，鸿星尔克在濒临倒闭的状况下，毅然向灾区捐赠了价值5 000万元的钱物，这一义举引起网友交口称赞。为表支持，人们高举“野性消费”大旗，自发在线上线下大批抢购鸿星尔克的商品。直播间的主播劝大家理性消费，网友则在弹幕中喊出“我要野性消费”，并扬言“今年不把鸿星尔克买得亏损转盈利，在座的各位都有责任”，“就是鞋底掉了，我也不退”。请看：

（1）连日来，鸿星尔克向河南低调捐赠5 000万元现金和物资一事持续成为各界关注热点，并引发网友的“野性消费”。（《新快报》2021年7月28日）

（2）不少网友在鸿星尔克直播间大方表示自己就是来“野性消费”的，并要求主播将直播间里最贵的产品上架销售。（中国青年网2021年8月4日）

随后，这股“野性消费”的狂潮也波及其他爱国企业，如蜜雪冰城、汇源、贵人鸟、白象等。这些企业自身的经济效益并不好，却在河南人民危难之际挺身而出，慷慨救助。这种心系国家、心系人民的行为瞬间点燃了国人的爱国热情，他们纷纷采用“野性消费”的方式来回馈、帮扶这些爱国企业。

“野性消费”背后反映的是一种“爱国式”消费心理。诸多爱国企业在洪灾面前展现出强烈的社会责任感和积极的价值取向，在消费者看来，“购买”即“爱国”，于是频现刺激性消费。与之相类的，是“新疆棉事件”。有些国外品牌，如H&M等公然抵制新疆棉，公然破坏我们国家的声誉与利益。在中国消费者看来，反“抵制”即“爱国”，于是那些涉事的国外品牌在中国区的销量立即猛跌。事实上，这也正是人们“爱国式”消费心理的体现。

“野性消费”这股热潮对国货品牌而言，是一个难得的崛起机遇。热潮在无形中提升了国货品牌的知名度，人们逐渐意识到国货不但性价比高，而且适用度好。消费者对于国货品牌，除了一时的“野性消费”，也要长期的“理性消费”，支持国货。

与此同时，国货品牌要想实现长效的可持续发展，“品质”才是硬道理。多家媒体发表评论，如《给“野性消费”泼点冷水》(《春城晚报》2021年7月27日)、《国货当自强：“野性消费”过后的思考》(《羊城晚报》2021年7月29日)、《野性消费，换不来真正的成长》(《天津日报》2021年12月8日)等等。企业应有清醒的认知，不能被一时的热度和流量冲昏头脑。抓住机遇，提高品质与服务，将群众的助力转化为发展的动力，方能打造国民品牌，焕发“国货之光”。

另外，此次“野性消费”潮流也从侧面说明，当代消费者不仅关注商品的质量和价格，也十分关注企业的社会责任感。相比铺天盖地轰炸式的媒体营销，企业自身强烈的社会责任感、良好的社会形象才是最好的广告。

何来"叵箩"

◎新　德

2021年11月30日《上海老年报》第8版《孵太阳》一文写道:"有个阿婆一大早就揣着她那装针头线脑的竹编叵箩来了。"何来"叵箩"?此处应是"笸箩"。

笸,音pǒ,形声字,从竹,叵声,主要用于"笸箩",指用柳条或竹篾等编成的器物。最初农家用来盛谷物,后来用来盛放各类杂物。大小因用途而定,形制因喜好而异。如老舍《龙须沟》:"王大妈正坐在自己门前一个小板凳上,给二春缝着花布短褂,地上摆着一个针线笸箩。"

叵(pǒ),会意字,是"可"的反写,本义为"不可"。"叵测"即不可测度。林则徐《使粤奏稿》:"且其居心叵测,反复靡常。""叵"另有"遂""就"等义,在此不赘述。汉语中并无"叵箩"。

1954年尚无"广西壮族自治区"

◎厉国轩

《报刊文摘》2021年9月29日第6版刊登了摘自2021年9月24日《北京晚报》的《信物百年:翻开红色国企百年画卷》一文。文中说:"1954年10月,普委二办派出由地质、物探、测量等20多人组成的花山工作队,对广西壮族自治区富钟县花山区铀矿进行调查。"1954年,广西尚不称"广西壮族自治区"。

广西在中国南部,南临南海北部湾,西南与越南毗邻。春秋战国时期为百越之地。宋置广南西路,简称广西路,为广西得名之始。元至正二十三年(1363)置广西行中书省,为广西设省之始。明代置广西布政使司。清代设广西省。1949年12月11日,广西全境解放。1950年2月,广西省人民政府在南宁成立。1952年12月10

日，在僮族聚居的宜山、百色、邕宁三个专区成立桂西僮族自治区。1957年6月，国务院作出关于建立广西僮族自治区的决定。1958年3月5日，广西僮族自治区正式成立。"僮"有两个读音，一读zhuàng，一读tóng，容易读错。且读tóng时，古代有一义指奴仆，如书僮、僮仆。1965年10月12日，根据周恩来总理的倡议，国务院决定改"僮族"为"壮族"，改"广西僮族自治区"为"广西壮族自治区"。

可见，1954年10月时，广西还是广西省，上述引文之说与事实不符。查《北京晚报》原文，此处写的也正是广西省。

"来鸿"不能对"去雁"

◎梁卓尧

2019年2月20日《南宁晚报》第4版刊登《跨国春晚奏响春天的旋律》一文，文章引用了《声律启蒙》中的一段话，写道："云对雨，雪对风，晚照对晴空。来鸿对去雁，宿鸟对鸣虫。"其中"来鸿对去雁"写错了，应是"来鸿对去燕"。

"鸿"又称"鸿雁"，也就是"大雁"。"来鸿对去雁"就是以雁对雁，在对联中，拿同一事物的不同名称作"对子"被称为"合掌"，是大忌。

《声律启蒙》是清代车万育编撰的诗韵启蒙读物，上述文章所引的是该书的开篇头一段，查原文，应是"来鸿对去燕，宿鸟对鸣虫"。

"投桃报李"不关"琼瑶"

◎刘曰建

2022年1月2日《北京晚报》第11版《新年之际话感恩》一文中有这样一段话：

外公给她讲过"投桃报李"出自《诗经》：投我以木桃，报之以琼瑶。从"木桃"到"琼瑶"，只是一枚感恩的种子而已——缘于爱与被爱。

此处有误，“投桃报李”并非出自“投我以木桃，报之以琼瑶”。

成语“投桃报李”出自《诗经·大雅·抑》：“投我以桃，报之以李。”投是赠送，报是回赠，意思是你赠我桃子，我回赠你李子。后用来比喻互相答赠，礼尚往来。而“投我以木桃，报之以琼瑶”出自《诗经·卫风·木瓜》，木桃是一种水果，琼瑶是一种美玉，是说你赠我木桃，我回赠你琼瑶。此诗有多种解析。《毛诗序》云：“《木瓜》，美齐桓公也。卫国有狄人之败，出处于漕，齐桓公救而封之，遗之车马器物焉。卫人思之，欲厚报之，而作是诗也。”即此诗是卫人感谢齐桓公所作。朱熹《诗集传》则说：“言人有赠我以微物，我当报之以重宝，而犹未足以为报也，但欲其长以为好而不忘耳。疑亦男女相赠答之词，如《静女》之类。”认为是男女之间相互赠答之诗。

可能是因为两句句型相似，上述文章才误将“投桃报李”的出处当成“投我以木桃，报之以琼瑶”。

肃顺不是汉人

◎秦　武

《小说月刊》2019年第3期《生门》一文写晚清的一段故事，里面有这样一句：“须知，咸丰帝驾崩于百里外的热河行宫，死前将权力转至以汉人肃顺为首的顾命八大臣。”“汉人肃顺”错了，肃顺并不是汉人。

肃顺（1816—1861），全名爱新觉罗·肃顺，字雨亭，满族镶蓝旗人，是晚清宗室、权臣。肃顺历任御前大臣、总管内务府大臣、户部尚书等职。深为咸丰帝信用，与其兄郑亲王端华和怡亲王载垣互相倚重，煊赫一时。咸丰十一年（1861）七月，咸丰驾崩前命载垣、端华、景寿、肃顺、穆荫、匡源、杜翰、焦佑瀛等八位大臣为赞襄政务王大臣（“赞襄”义为辅助、协助），辅助年仅六岁的载淳（即同治帝）。十月皇太后慈安、慈禧联合恭亲王奕䜣发动祺祥政变废除大臣辅政，肃顺在政变中被杀，端华和载垣被赐白绢自尽而死，其余五人革职。

肃顺曾力主重用曾国藩、左宗棠、胡林翼、郭嵩焘等汉族官员。而在咸丰九年（1859）七月和咸丰十年（1860）十月，肃顺也曾分别被授正红旗汉军都统和镶黄旗汉军都统。可能因此作者就想当然认为他是汉人了。

“白发垂髫的老人”？

◎江城子

2021年12月22日《牛城晚报》第12版《独坐郊台上》一文写道：“古戏楼由戏台和罩棚两部分组成，棚顶上的狗尾草更添萧瑟之感。它们像两个白发垂髫的老人，沐尽沧桑后，有不染风尘的素洁和安宁。”“白发垂髫的老人”有误。

髫，读作tiáo，指古时小孩下垂的短发，引申指童年。晋陶渊明《桃花源记》：“黄发垂髫，并怡然自乐。”其中“黄发”指老年人，“垂髫”指儿童。以“垂髫”指老人，显然是弄错了对象。

上述引文中的“白发垂髫”可改为“垂白”。“垂白”，义为白发下垂，可用来形容年老，如苏轼《求婚启》：“垂白南荒，尚念子孙之嫁娶。”也指老年人，苏轼《送欧阳主簿赴官韦城》之四：“道傍垂白定沾巾，正似当年绿发新。”“垂白”正符合作者想要表达的意思。

玉串不是“流苏”

◎禅意斋

精神饱满的魏惠王身着一领大红披风，头戴一顶前后流苏遮面、镶嵌一颗光芒四射宝珠的天平冠，脸色凝重，目不斜视。礼宾官连忙趋前引导魏惠王进入正北王座，两员大将侍立于后。

这段话出自《大秦帝国》第一部《黑色裂变》（上海人民出版社2012年5月出版）。其中说魏惠王“流苏遮面”，不妥。

流苏是用五彩羽毛或丝线制成的穗状饰品，古代用作车马、帐幕等的装饰品。《文选·张衡〈东京赋〉》：“驸承华之蒲梢，飞流苏之骚杀。”李善注：“流苏，五采毛杂之以为马饰而垂之。”

帝王冠冕前下垂的玉串不叫流苏，叫“旒”。旒，音liú，指旌旗下边悬垂的饰物。《礼记·明堂位》：“旗十有二旒。”还可指古代帝王冕冠前后下垂的玉串。《礼记·礼器》：“天子之冕，朱绿藻，十有二旒。”将上述文章中的“流苏遮面”改为“玉旒遮面”就准确了。

“骄衿”应为“骄矜”

◎重　阳

2021年11月11日《文汇报》第12版《六十年人生路，非常岁月里的中国》一文有一段文字说：

初入中国，面对船板上普通船工千年不换的中国式早餐，他（内山完造）还得米饭上打个生鸡蛋，来满足日式的胃肠。但是到了写《活中国的姿态》的1935年，他已体会到以胃肠满足为基准的中餐的实用，转而在论母国那种以洁净养眼式审美为骄衿之非了。

其中的“骄衿”应是“骄矜”之误。

“矜”读jīn，可表示怜悯，如矜怜。可表示慎重，如矜持。还可表示自尊自大。骄矜，即骄傲自大、傲慢自负。如《史记·魏公子列传》：“公子闻之，意骄矜而有自功之色。”上述引文说的是内山完造初到中国不适应中餐，而到了1935年转而开始批评日本以“洁净养眼式审美”为骄傲，此处应该用“骄矜”。

“衿”读作jīn时，指古代衣服的交领。《诗经·郑风·子衿》：“青青子衿，悠悠我心。”毛传：“青衿，青领也，学子之所服。”还可指衣的前幅、衣上代纽扣的带子等，又引申指胸怀。读jìn时，作动词，表示以带束衣或结上带子之义。“骄”与“衿”

不成词。

是"滕县"还是"藤县"?

◎晋　相

2019年5月4日《今晚报》第8版刊登《血战:川军出征》一文,讲1938年3月15日川军在山东与侵华日军激烈战斗的故事。文中日军旅团长说:"今天是兵临城下的第二天了,今天必须拿下滕县。"下文又写道:"日军进攻藤县的第二天,就在这样的极度混乱中过去了。"到底是"藤县"还是"滕县"?

滕县在山东省南部,以古时的滕国而得名。秦统一天下,设郡县时改为滕县,两汉时置蕃县,隋开皇六年(586)又改为滕县。1988年撤县建滕州市,现为枣庄市下辖的县级市。

而藤县在广西壮族自治区东部,以白藤岭、藤江而得名。东晋置夫宁县,隋改永平县,唐改镡津县,明入藤州,洪武十年(1377),改为藤县,现在为广西梧州市所辖。

文中所提到的战斗是滕县保卫战。当时日军为了打通津浦铁路,企图攻占华东战略要地徐州。滕县距离徐州一百多公里,3月日军进攻滕县。滕县守军川军英勇抗击,但伤亡甚重,滕县失守。此战延缓了日军南侵的脚步,为台儿庄大捷奠定了基础。

滕县、藤县一北一南,相距遥远,两地名形近音同,往往会写错印错,应多加注意。

"一惯性"应为"一贯性"

◎禾　宝

2021年9月22日《环球时报》第15版《奉劝境外分析师,"怨妇"心理要不得》一文中写道:"自2015年开始,对房地产企业'三条红线'的政策力度保持了一惯性,也给了房地产行业'去杠杆'的缓冲时间……"其中"一惯性"应为"一贯性"。

贯,本指穿钱(贝)的绳索,引申指贯通、穿通。"一贯"出自《论语·里仁》:“吾道一以贯之。”指的是用一种道理贯穿于万事万物。可引申指一向如此、从不改变。柳宗元《非国语上·大钱》:“古今之言泉币者多矣,是不可一贯,以其时之升降轻重也。”“一贯性”指的是思想、作风、政策等始终如一的特点。如:“利普金呼吁美国和欧盟在抗击新冠疫情时加强政策一贯性。”

惯,指习以为常,如习惯;也表纵容、溺爱,如娇生惯养。古汉语中,“惯”可以用同“贯”,表示通、穿之义。如《水浒传》:“学武艺惯心胸。”现在,“惯”“贯”分工明确,“一惯性”应写作“一贯性”。

形容流水宜用“汩汩”

居容人

2020年11月21日《永州日报》第3版《霭士井的故事》写道:“只有在淘井时抽干井水,才看到井底的泉眼,只见沽沽清流从泉眼中涌出……”其中“沽沽清流”不妥,形容水流声一般用“汩汩”。

沽,读gū,指卖,如待价而沽,义为等待高价出售。也可表示买,如沽酒。引申表示获取,如沽名钓誉。

汩,读gǔ。汩汩,形容水或其他液体流动的声音。丁玲《阿毛姑娘》:“柔嫩的声音,夹在鸟语中,夹在溪山的汩汩中,响彻了这山坳。”将文章中的“沽沽清流”改为“汩汩清流”就妥当了。

应是“涿鹿之战”

◎厉申东

2021年10月13日《益寿文摘》第11版刊有《“黎民”和“百姓”是一个意思吗》一文,文中提及传说中古代九黎族首领蚩尤,说:“逐鹿之战后,蚩尤大败……”“蚩尤大败”的战役是“涿鹿之战”,而非“逐鹿之战”。

涿(Zhuō)鹿,地名,故城

在今河北省张家口市涿鹿县南。有涿鹿山，在今涿鹿东南。相传，蚩尤与黄帝战于涿鹿之野，战败被杀。《庄子·盗跖》："然而黄帝不能致德，与蚩尤战于涿鹿之野，流血百里。"成玄英疏："涿鹿，地名，今幽州涿鹿郡是也。"《史记·五帝本纪》："蚩尤作乱，不用帝命，于是黄帝乃征师诸侯，与蚩尤战于涿鹿之野。"裴骃集解引服虔曰："涿鹿，山名，在涿郡。"

"逐鹿"，《史记·淮阴侯列传》："秦失其鹿，天下共逐之，于是高材疾足者先得焉。"鹿喻帝位，"逐鹿"比喻群雄并起，争夺天下，如"逐鹿中原"。"逐鹿"说的是目标，"涿鹿"是地名，两者不能混为一谈。

《再生缘》作者是陈瑞生？

◎李华山

"陈寅恪曾自嘲以'废残之身'撰就学术专著《论〈再生缘〉》，而《再生缘》的作者陈瑞生便是杭州人氏……陈瑞生旧居早已不复存在，只留下这一丁点遗迹。"这段话出自2021年11月29日《北京晚报》第19版《唐樟，荷花与乡愁往事》一文。其中"陈瑞生"皆为"陈端生"之误。

陈端生（1751—约1796），字云贞，又字春田，杭州人，清代女弹词作家、诗人。年少时随父亲陈玉敦宦游到过北京、山东、云南等地。二十二岁结婚，后因丈夫范菼（tǎn）卷入科场案谪戍伊犁，乃孤苦以终。

《再生缘》为长篇弹词，全书共二十卷，每卷四回。其前十七卷为陈端生所写，后三卷由另一位女作家梁德绳与其夫许宗彦续写。所讲的故事为元代之事，以尚书之女孟丽君与京营都督之子皇甫少华的悲欢离合为主线，孟丽君女扮男装，反抗压迫，最终报仇雪恨。《再生缘》被改编为戏曲，在许多地方上演，也有电视剧、电影等。陈寅恪先生《论〈再生缘〉》让读者全面了解陈端生与《再生缘》，也使作者陈端生之名广为人知。

为什么说“搓澡的还有副教授”

◎宗守云

冯巩、郭冬临表演的相声作品《旧曲新歌》里有这样一段对话：

(1) 郭冬临：用京东大鼓唱女足比赛？

冯巩：对对对。

郭冬临：来不了。

冯巩：怎么来不了？

郭冬临：我没带三弦儿啊。

冯巩：我带着呢。

郭冬临：你带着呢？

冯巩：王秘书，把三弦拿来。

郭冬临：弹弦子的还有秘书？

冯巩：废话，搓澡的还有副教授呢。

例(1)冯巩说“搓澡的还有副教授”，这是类比反驳现象。郭冬临认为弹弦子的不应该有秘书，冯巩用类比推理的方式反驳说“搓澡的还有副教授”，意思是，既然搓澡的可以有副教授职称，那么弹弦子的当然也可以有秘书协助工作。这是通过类比推理的方式反驳对方的看法，是类比反驳现象。

类比作为一种推理方式，是根据两个事物或两种现象在某些特征上的相似，推出它们在其他方面也可能相似的结论。语言中的类比是借助类似的事物或现象来比附说话人所谈及的事物或现象，由此及彼，目的是让听者、读者更好地理解说话人所谈及的事物或现象。例如：

(2)碳原子有相互“拉”着一个电子或几个电子的能力。拉几个电子的碳原子，控制电子的能力弱，容易被掺杂物夺走电子，而留下空位。这好比挤满汽车的停车场，一旦有一辆车从出口离开停车场，另一辆车就能进入一样。(《中国儿童百科全书》)

例(2)作者用挤满汽车的停车场类比拉几个电子的碳原子，形象地描绘了微观世界的物质运动情形，把深奥的物理知识用浅显的生活常识描述出来，便于读者理解。

在对话中，说话人有时把类比作为一种反驳方式，以表达自己和对方的看法不同。这包括两种情况。一是对方认为是合理的，说话人用类比说明其荒谬性。例如：

(3)看见操场上有一群小朋友在议论纷纷，我好奇地围过去看。

原来是，有一个小朋友家里的铁笼捕到一只老鼠，邀集同伴到操场举行杀鼠大典，准备在老鼠身上泼洒汽油、点火，然后拉开笼门，看点了火的老鼠可以跑多远。

我对小朋友说：“这样太残忍了，想一想如果是你们被点了火，在操场上跑，是多么的痛呀！”

小朋友没想到突然冒出个陌生人，又劝他们不要烧老鼠，气氛因僵化而沉默着。

捕到老鼠的小朋友说：“可是，可是老鼠是害虫呀！偷吃我们家的东西。”

我说：“照你这么说，做小偷的人不也该放火烧了？任何人，不管好人、坏人都有父母，在父母眼中都很可爱，老鼠在它父母眼中可能是可爱的孩子呢！”(林清玄《老鼠也有父母》)

例(3)小朋友认为应该把

老鼠放火烧死,说话人用类比推理的方式予以反驳,既然小偷不应该被放火烧死,那么老鼠也不应该被放火烧死。

二是对方认为是荒谬的,说话人用类比说明其合理性。例(1)就属于这种情形。再如:

(4) 白云:我是生在旧社会,长在红旗下,走在春风里,准备跨世纪,想过去看今朝,我此起彼伏,于是乎我冒出个想法。

主持人:什么想法?

白云:我想写本书。

黑土:哎呀,打住,拉倒吧,看书都看不下来,写啥书呢。

主持人:大叔,现在出书热,写一本也行。

白云:是,人家倪萍都出本书嘛,叫《日子》,我这本书就叫《月子》。(小品《昨天·今天·明天》)

例(4)黑土认为白云写书是荒谬的,不可能的,白云用倪萍写《日子》类比自己写《月子》,说明自己写书是合理的,有可能的。

德国有一句谚语说,任何比喻都是蹩脚的。我们也可以说,任何类比都是有缺陷的。不同的事物或现象各有其个性,某些特征相似,并不意味着其他特征必然相似。例(1)"弹弦子的"是艺术领域从业人员,"搓澡的"是服务领域从业人员,二者并不全然相同;再者,"弹弦子的"和"秘书"是两个不同个体,而"搓澡的"和"副教授"是同一个体的不同方面,即职业和职称,这两者也不相同。例(2)是把可观察的世界和不可观察的世界相类比,例(3)是把人和动物相类比,例(4)是把知名主持人和农民大妈相类比,它们之间都有很大的差异。

尽管如此,类比作为一种推理方式,仍然有其特定的存在价值,它不仅是人们认识世界的重要手段,也是科学普及和艺术创作的重要手段。

“集腑”怎能“成裘”

◎盛祖杰

电视剧《云飞丝路天》第11集，男主人公何天宝的皮货行中挂着一副对联：“多财原善贾，集腑更成裘。”下联显然是化用了“集腋成裘”，但误把“腋”写成了“腑”。

“集腋成裘”语出《慎子·知忠》：“故廊庙之材，盖非一木之枝也；粹白之裘，盖非一狐之皮也。”“粹”一作“狐”，“皮”一作“腋”。“腋”的本义是肩关节下面的凹陷部位，此处特指狐狸腋下的小块毛皮。《慎子》这句话大意是建筑廊庙的木材不会来自一棵树，纯白的裘衣不会来自一只狐狸的腋下之皮。后来就用“集腋成裘”比喻积少成多或集众力办一事，古今汉语中不乏用例。如《儿女英雄传》第三回：“如今弄多少是多少，也只好是集腋成裘了。”

腑，是中医对胃、胆、膀胱、大肠、小肠、三焦这六者的总称，也泛指内脏器官。“腑”与“裘”无关，“集腑更成裘”更是说不通。“多财原善贾，集腋更成裘”是皮货商铺的传统对联，把“腋”错写成“腑”，定然贻笑大方。

“吋”早已淘汰

◎刘大寿

2021年8月22日央视综合频道播出的电视剧《逐梦蓝天》第32集中，几位家长谈论孩子们的结婚事宜时，秦天说：“我告诉你们，我也准备大礼了。我准备给两个孩子买两个十八吋的大彩电，让他们开阔眼界、长知识。”“十八吋的大彩电”就是指这种彩电的屏幕对角线长为18英寸（45.72厘米），但“吋”是早已淘汰的译名，这里“吋”应规范作“英寸”。

“英寸”（inch）是英制计量单位，1英寸相当于2.54厘米。“英寸”引入我国时，最初翻译作“吋”。“吋”可读为yīngcùn，也可读为cùn。“吋”读cùn容易与“寸”混淆，读yīngcùn则一字两音，违反了言文一致的原则。早在1977年，中国文字改革委员会、国家标准计量局发布的《关于部分计量单位名称统一用字的通知》中就已规定，外文计量单位名称“inch”的译名为“英寸”，淘汰“吋”的译名。其他被淘汰的译名还有“浬”（海里）、“哩”（英里）、“瓩”（千瓦）等等。

从剧中情节看，当时已是二十世纪八十年代，不应用“吋”，而应用“英寸”。

与美军正面“交峰”？

◎程 旭

电影《长津湖》中，七连官兵在奔赴大榆洞途中，遇上兄弟部队和美军的一场战斗。连长伍千里决定出手相救，指导员梅生请求参加战斗，他说：“这是我们连第一次和美军正面交fēng，我认为我应该在场。”其中的“交fēng”字幕同步显示为“交峰”，错了，应为“交锋”。

锋，从金，夆（féng）声，是兵器的尖端和刀刃的利口。交锋，指刀锋相接，谓双方交战。《西游记》第五十五回：“交锋三五个回合，不知是甚兵器。”引申指双方比赛，与对手较量、争论等。如：两人将在明天的辩论赛上交锋。电影中指导员梅生说的是七连要与美军正面作战，那正是“交锋”。

峰，从山，夆声，原义是山的尖顶，引申为最高处或比喻像山峰的东西，如峰值、驼峰。山峰相接是峰连峰，与双方交战无关。字幕中的“交峰”应是音同形近致误。

问君可识“大喷儿”

◎梁德祥

电视剧《闯关东》第二十一集中，山货庄的夏老板问店员朱传杰：“山货就要大盆儿上市了，准备得怎样了？”（字幕同步显示）山货上市与大盆无关，这里的“大盆儿”是“大喷儿”之误。

“喷”是个多音字。读作pēn时，表示喷射、喷涌等义。读作fèn，表示吹奏，如南朝陈张正见《从军行》：“风前喷画角，云上舞飞梯。”还可读作pèn，方言，表示水果、蔬菜、鱼虾等大量上市的时期。中华书局《东北话词典》中收录有“大喷”一词，释义为“指果蔬大量上市”。如：“快到六月了，本地黄瓜、豆角该大喷上市了。”就是说黄瓜、豆角在六月大量成熟上市。而果蔬等大量上市时，正是商家进货的大好时机。剧中夏老板是经营山货的，秋冬季是木耳、蘑菇等山货大量上市的季节。他问“山货就要大喷儿上市了，准备得怎样了”，既符合语境，又符合剧情。

盆，是一种器具，多为圆形，如花盆、澡盆、洗衣盆等。山货“大盆儿”上市，汉语中并没有这种说法。

“卢”字为何有黑义

◎陈运舟

“卢（盧）”字产生很早，甲骨文里就有一款作（《殷契佚存》935），字从皿（），《说文》：“皿，饭食之用器也。”说明“卢”字与饭器有关，“卢”在《说文》中的解释正是：“卢，饭器也。”可见，“卢”字本是饭器。然而，有趣的是，古今许多与“卢”有关联的词都具有黑色的意思。

古代一种黑色猎犬称“卢”。晋张华《博物志》：“韩国有黑犬，名卢。”《诗经·齐风·卢令》：“卢令令，其人美且仁。”诗句由猎犬想到猎人，是说那黑色猎犬颈环响铃铃，那猎人美好又仁慈。《尚书·文侯之命》写周平王勉励晋文侯回去整治好自己的军队，安定好自己的领地，并赐给他美酒、好马等等，其中有“卢弓一，卢矢百”。唐孔颖达《尚书正义》：“卢，黑也。”就是赐他黑色弓一张，黑色的箭一百支。此外，古代还有一称作湛卢的名剑，相传为春秋时善于铸剑的越国欧冶子所造，锋利无比，通体黑色。湛卢之名，取其湛然而黑也。历代咏湛卢宝剑的诗文不绝于耳。宋代文天祥《送刘其发入蜀》：“萧萧骕骦鸣，熠熠湛卢光。”清代龚自珍《己亥杂诗》：“迢迢望气中原夜，又有湛卢剑倚门。”

还有鸬鹚，就是鱼鹰，羽毛全黑，也被叫作水老鸦。唐代杜甫《戏作俳谐遣闷》：“家家养乌鬼，顿顿食黄鱼。”一说其中的“乌鬼”指的便是鸬鹚。当年，司马相如与卓文君私奔，文君“当垆卖酒”，相如和佣人酒保一起清洗酒器。“当垆”的“垆”指的是酒店里放酒瓮的土台子。而“垆”还有一义，表示黑色的土壤，如“垆埴”为黑色黏土。还有“胪”字，表示瞳仁。《文选·扬雄〈甘泉赋〉》：“玉女亡所眺其清胪兮，宓妃曾不得施其蛾眉。”李善注引服虔曰：“胪，目童子也。”

“卢”字为何有黑义？1928年，考古工作者在山东章丘龙山镇城子崖发掘出了一批4 000年前的黑色陶器，有豆、盘、盆、杯等形制。龙山黑陶制作精美，陶质细腻，表里透黑，有光泽。如龙山蛋壳黑陶杯，因其器壁薄如蛋壳而得名。龙山镇文化遗址黑陶文化，为新石器晚期文化遗址龙山文化的代表，是中华民族文化的瑰宝。笔者以为“卢”就是这种黑陶饭器盘、盆之类的总称，“卢”这种饭器独具特色的地方，就是通体黑色。清人王夫之《说文广义》对饭器卢的说解也正是：“烧土为之，皆黑色。”

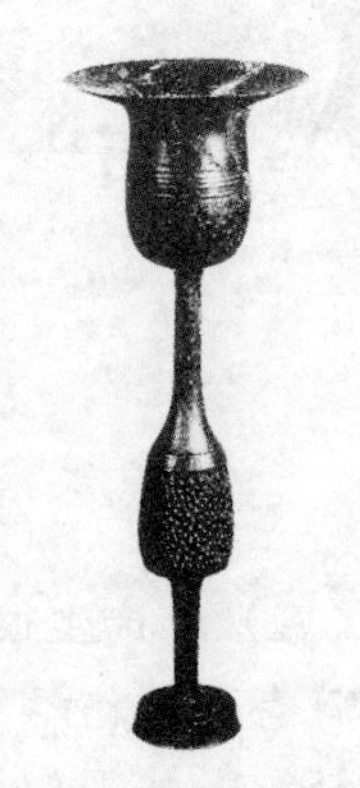

龙山蛋壳黑陶杯

卢在甲骨文中还有一款作□（《甲骨文合集》5624），郭沫若《新郑古器之一二考核》：“卢，余谓此乃古人燃炭之鑪也。鑪字其后起者也（今人作炉，又其后起）。”“燃炭之鑪”的“鑪”现在规范作“炉”。于省吾《双剑誃殷契骈枝续编》认为：“□为鑪之象形初文，上象器身，下象款足。”其形体与□差别如此之巨，或本为两字，亦未可知。

流行语的透明度

◎徐默凡

词语是预先储存在使用者大脑里的固定单位，在我们表达时根据需要被提取出来，由语法组织成合格的句子用于表情达意。汉语的词语以复合词居多，即词语内部包含两个或两个以上的实义语素，这些语素之间本身就会产生一个组合义，和词语的整体意义之间有理据性的关联。比如“马路”由“马”和“路”两个语素组成，“马+路”的组合义是“马走的路”，但现在“马路”的整体词义已经泛化为“可以通行车辆的宽阔平坦的道路”，两者的意思虽然不等同，但也有明显的演进关系，语素组合义可以帮助我们理解词语整体义。

由此可以提出一个“语义透明度”的概念：如果语素组合义和词语整体义之间的理据性强，就可以直接通过语素组合来理解词语，我们就说语义透明度高；反之，如果语素组合义和词语整体义的关系比较弱，那么就不容易通过语素组合来理解词语，我们就说词语的语义透明度低。试比较以下三个词语：

裸照：裸体照片。

裸婚：结婚时没有房子、汽车等财产叫裸婚。

裸官：指配偶和子女都移居国外或境外的官员。

显然，“裸照”的语素组合义就等于词语整体义，都是“裸体照片”，语义透明度是最高的。“裸婚”的语素组合义是“裸体结婚”，和“没有财产结婚”之间有一种显豁的比喻关系，可以较方便地理解，所以语义透明度居中。而“裸官”的语素组合义“裸体做官”，首先要用比喻关系推导到“没有配偶和子女的牵累而做官”，而且还要把“没有牵累”理解成“配偶和子女移居国外或境外”，这是需要大量背景知识加入的，难度较大，所以语义透明度较低。

用“语义透明度”的概念来分析网络流行语，就可以发现一些很有意思的规律。

首先，语义透明度高的词语因为便于理解，可以快速传播迅速流行，但是因为所见即所得，没有耐人咀嚼的味道，所以也很容易消亡。2008年的流行语“不折腾”，2009年的“不差钱”，2012年的“最美”，2016年的“小目标”，当年风靡一时，现在已经少人问津。甚至近在2020年的“好家伙”“夺冠”，因为语素意义背后没有丰富的词义内涵，也是昙花一现，现在也已经很少有人用到了。

其次，语义透明度适中的词语往往容易留存，从此进入大众的词库。2008年的流行语“山寨”，2009年的“蜗居”，2010年的流行语“拼爹”，2011年的“卖萌”，2012年的“接地气”，2013年的“点赞”，2014年的“断舍离”……这些词语的语素组合既有一定的新鲜感，又对词义理解提供了有力的支撑，多年过去了，仍然牢牢扎根在人们的日常交际中。

最后，人为制造的理解障碍会降低语义透明度，一开始会带来猎奇效应便于传播，但不能持久。最典型的例子就是所谓“谐音梗”。谐音本来是一种有效的修辞手段，可以利用同音形式表达两种意义，但在网络使用中只是单纯借用谐音字来表音，谐音成分的语素组合没有意义或只有荒谬的意义，语义透明度就很低，比如“神马”（语素义是“神奇的马”）、“亚历山大”（语素义是一个外国人名）、“蓝瘦香菇”（语素义荒诞不可解）等等。字母词也是类似的问题，不管是英语缩写还是拼音缩写，其构词理据并不符合国人的语言习惯，君不见最早一批缩写词如BXCM（冰雪聪明）、DX（大侠，大虾）、JJWW（唧唧歪歪）等，早就变为“历史遗迹”了。而且字母词也容易造成歧解，如今年流行的“yyds”，既可以是“永远的神”的缩写，也可以是“一衣带水”“永远单身”的缩写，歧解无疑会进一步降低语义透明度。还有一些生造词，比如“绝绝子”，它的语义透明度很低，从字面上较难理解，但是等理解以后发现其词义就是“绝了”，又没有什么新鲜、丰富的新内容，纯粹是为了好玩而故意降低了语义透明度。我们预测这样的词语没有额外的修辞效果，生命周期也不会很长。

这些规律也提醒我们，在使用网络词语的时候，要适当关心语义透明度的问题：透明度太高的流行语大多是口水话，往往没有特殊的表达价值，只是一种时髦跟风，不用也罢；透明度太低的流行语容易造成交际障碍，有些更是类似于隐语黑话，也尽量少用，如果要用也要结合语境进行一些解释，以免造成误解；而透明度适中的词语，往往反映了新现象新概念，语言形式上也有一定的趣味性，不妨大胆使用，丰富我们的词库。

《何处觅“肖县”》解疑

此“肖县”当为“萧县”。萧县，安徽省宿州市辖县，地处安徽省北大门，苏鲁豫皖四省交界处。萧县之“萧”来自古代的萧国。古萧国在今萧县西北。萧国建于东周，春秋时附庸于宋，秦置萧县，“萧县”之名由此而来。萧县地处四省通衢处，饮食受南北菜系影响，具有鲜明的地方特色。在《第二次汉字简化方案（草案）》中，“萧”曾被简化作“肖”；但1986年“二简字”正式废止，“肖”不再作“萧”的简化字用。按照现在的用字规范，“萧县”不可写作“肖县”。

“鼓窑”应作“箍窑”

◎汤青武

《中篇小说选刊》2013年第2期刊有《一辈子做一个窑匠》，小说写“我”的父亲窑狗子有一个愿望，就是“再过几年，我得鼓一座窑，一座属于自己的窑”。全小说中，“鼓窑”一词多次出现，如：“印象中江汉平原上兴起鼓窑，与六指队长有关。”“我已远离了鼓窑、烧窑这些事。”小说中“鼓窑”“鼓一座窑”指的是把砖窑建起来，既然是建窑，用“鼓”不妥。

“鼓”作动词时，可表示敲、用风箱扇风、发动、凸起胀大等义，如鼓掌、鼓风、鼓动、鼓起个包。“鼓”与建窑毫不相干。这里的“鼓窑”应该是“箍窑”。

箍窑指在地势较平坦的川、坝、塬、台地上利用地面空间，用砖石、土坯和黄草泥垒窑洞。“箍”字表示围束器物，使之牢固。小说中，建砖窑时为了使其牢固，甚至还要给窑箍上一道道钢筋。显然小说里应该用“箍窑”。

《关中方言大词典》（陕西人民出版社2015年出版）、《宁夏百科全书》（宁夏人民出版社1998年出版）等书中均收录了“箍窑”一词，释义正是以土坯、砖石等箍筑成窑。箍窑作为一种传统营造工艺也入选了多地非物质文化遗产名录。

而“鼓窑”，在《俚语隐语行话词典》（上海辞书出版社1996年出版）中收录有“鼓窑儿”一词，为旧时山西等地区的理发业隐语，指医院，与建窑洞无关。

苏轼曾任“密州知府”？

◎夏斯斯

宋神宗心急如焚，令各地的地方官专门汇报当地的雨情，身为密州知府的苏轼写道：“臣所领密州，自今岁秋旱，种麦不得，直至十月十三日，方得数寸雨雪，而地冷难种，虽种不生，比常年十分中只种得二三。”

上面这段文字出自《王安石》（中华书局2020年9月出版）一书第118页，讲的是北宋熙宁七年（1074），多地久旱不雨，粮食歉收，这年秋天刚调往密州的苏轼上书陈述他所见的灾情。然而此时，苏轼担任的是“密州知府”吗？不是，是“密州知州”。

宋代多用中央机关的官员做地方官：如果去做一府的长官，称“知某府事”，简称为知府；如果去做一州的长官，则称“知某州事”，简称为知州。当时的一级行政区划为路，二级行政区划包括府、州、军、监，三级行政区划主要是县。在二级行政区划中，府与州又有所不同。

府可分为京府和次府：京府包括东京开封府、西京河南府、南京应天府、北京大名府；次府如真定府、太原府、凤翔府、成都府等。王安石曾任江宁知府，江宁府隶属于江南东路，是当时的次府之一，其长官即“知府”。包拯曾任开封知府，则是京府的长官。根据《元丰九域志》，北宋元丰三年（1080），全国有“京府四，次府十，州二百四十二”，可见州的数量远多于府。

《宋史》记载，宋室南渡后，“升杭州为临安府”，可见府的地位要高于州。正如南宋的洪迈在《容斋随笔》中所写："州郡之名，莫重于府。"称"府"者地位较尊。打一个不完全贴切的比方，京府有些类似于我们现在的直辖市，次府相当于副省级城市，州则好比地级市。有的路不止一个府，但不是每个路都有府。

熙宁七年（1074），苏轼由杭州通判调任密州知州，在任期间，留下了《江城子·密州出猎》《蝶恋花·密州上元》《水调歌头·明月几时有》《超然台记》《江城子·乙卯正月二十日夜记梦》等佳作。彼时，密州（治今山东诸城市）隶属于京东东路，开篇引文中苏轼上奏的这段话，即出自他的《论河北京东盗贼状》。京东东路下辖齐州、密州、沂州等地，这些地方皆为州而非府。苏轼作为密州的长官，自然当称"知州"，而非"知府"。后来，苏轼历任徐州知州、湖州知州、杭州知州等，这些职务也均为州的长官。

北宋政和六年（1116），京东东路的齐州升为济南府，该地的最高长官便由"齐州知州"变为"济南知府"。密州则从未由州升府。

"州"与"府"、"知州"与"知府"概念不同，切不可混为一谈。

《蹊跷的戒指》参考答案

1. 价值连成——价值连城
2. 周秘——周密
3. 蛛丝蚂迹——蛛丝马迹
4. 幸苦——辛苦
5. 脏物——赃物
6. 举足无措——手足无措
7. 怎么没戒指"？——怎么没戒指？"
8. 洒瓶——酒瓶
9. 端睨——端倪
10. 婉惜——惋惜

乡试中举不是“金榜题名”

◎杨昌俊

2021年10月31日《汕尾日报》第1版刊有《状元牌匾何处来?》一文,其中写道:“乾隆二十五年(1760),李威光赴省参加庚辰科乡试,金榜题名,高中武举。此后更是习武不辍……乾隆三十七年(1772)李威光束装上京,参加壬辰科会试,殿试钦点状元及第,一举成名天下知。”此处用“金榜题名”指李威光在乡试中举,不妥。

我国的武举创始于武则天时,至清代改称武科。相对于文科举,武科举受重视度较低,武举出身的进士地位低于文举出身的进士。清代的武科依文举程序进行,可分为四级:武童试,考中者即武生员(俗称“武秀才”)。武乡试,通常在各省省城逢子、卯、午、酉年十月举行,中式者称为武举人。武会试,乡试次年九月在京城进行,考中者为武贡士。武殿试,会试考中者可入试殿试。顺治二年(1645)规定,十月内举行殿试,具体时间由兵部具奏请旨。武殿试如文殿试一样,分出“三甲”。一甲是前三名,分别称武状元、武榜眼、武探花,赐武进士及第;二甲赐武进士出身;三甲赐同武进士出身。进士榜也与文科相同,用黄纸书写,称金榜。清代文科大金榜张挂于东长安门,武科大金榜张挂于西长安门。光绪二十七年(1901)武举废止。光绪三十一年(1905)科举终结。

“金榜题名”在科举中有其特殊含义,特指殿试揭晓的榜上有名。上述文章中以“金榜题名”指科举中的乡试中举,实属不解其特指意。

“隆庆”能革除“嘉庆”朝弊病吗

◎杨顺仪

隆庆皇帝即位后，便开始对嘉庆朝早前积累的弊病进行革除。隆庆元年（1567）正月，王阳明的学生们联名上书，为他平反。最后，皇帝下了一篇文告，对王阳明的事功、学说一一进行了肯定。

这是《传习录》（北京联合出版公司2014年10月出版）上篇第八章中的一段话。让人纳闷的是：“隆庆皇帝”怎么革除“嘉庆”朝所遗留的弊病？

隆庆皇帝（1537—1572），即明穆宗朱载垕（hòu）。早年不受父亲明世宗朱厚熜（cōng）宠爱，因太子夭折、景王早殁，才坐上皇位。他于1567年即位，年号隆庆，在位6年，他倚靠高拱、陈以勤、张居正等大臣的尽力辅佐，实行革弊施新的政策，史称隆庆新政。

嘉庆，是二百多年后清仁宗爱新觉罗·颙琰（yóngyǎn）（1760—1820）的年号，始于1796年，止于1820年，共25年。嘉庆皇帝在位期间诛杀了权臣和珅，但对贪腐的整顿有限，未能从根本上扭转清朝政局的颓势，吏治腐败，农民起义接连不断，清朝出现中衰。

时隔两个多世纪，已于1572年作古的隆庆皇帝又怎能去处理嘉庆朝弊病？结合史实，隆庆皇帝朱载垕即位后要革除的是父亲朱厚熜（1507—1567）在位时所遗留的弊病。明世宗朱厚熜在位年号是嘉靖，始于1522年，止于1566年。上述文章显然把“嘉靖”误为“嘉庆”了。

“假父”与“囊扑”

◎王世然

《龙文鞭影》是我国古代著名蒙学课本。龙文是古代一种良马。书名的字面意思是说良马看见鞭子的影子就会疾驰，寓意看了此书，青少年可迅速掌握知识。中国大百科全书出版社2015年1月出版《龙文鞭影》，第354页对“景文饮鸩，茅焦伏烹”一句进行了阐释。在“典故回放”中写道：

此时茅焦却挺身而出，他说：大王用车裂之刑处死了从小教导您的吕不韦，用锥子刺死了自己的两个弟弟，还将太后迁到偏远的地方居住，现在您又要杀死敢于进谏的臣子，君王不仁不义，谁还敢来投奔秦国呢？

上述文章中的茅焦，是战国末期的齐国人。“大王”指的是秦王嬴政，即秦始皇。西汉刘向的《说苑·正谏》中有“茅焦伏烹”的故事：太后赵姬与嫪毐（Lào Ǎi）私通，并生下两个孩子，嫪毐日益嚣张，自称嬴政假父，并起兵叛乱，结果兵败。嬴政车裂嫪毐，囊扑两个弟弟，迁太后到萯（bèi）阳宫，并下令诛杀因为太后之事而上谏者。因谏而死的有二十七人。在这种情况下，茅焦上谏。

茅焦对曰：“陛下车裂假父，有嫉妒之心；囊扑两弟，有不慈之名；迁母萯阳宫，有不孝之行；从蒺藜于谏士，有桀纣之治。今天下闻之，尽瓦解无向秦者，臣窃恐秦亡为陛下危之，所言已毕，乞行就质。”（《说苑·正谏》）

秦王原本大怒说要烹煮茅

焦，茅焦说完后便解衣伏烹，秦王最终下殿亲手扶起他，并接回太后。

对照《说苑》，上引“典故回放”有两处错误。

（一）混淆“假父”

被嬴政施以车裂之刑的应是嫪毐。嫪毐本是吕不韦的食客，入后宫后得太后宠幸，封为长信侯。秦王亲政后，嫪毐起兵叛乱，兵败被杀。

而吕不韦，原为大商人，在赵国的都城邯郸结识了秦质子异人，认为奇货可居，于是入秦游说华阳夫人，将异人立为太子。庄襄王（即异人）继位后，吕不韦任相国，封文信侯。庄襄王卒，嬴政继位。吕不韦继续任相国，并被尊为“仲父”。秦王政亲政后，吕不韦被免职，后来忧惧自杀。《史记·吕不韦列传》记载：“吕不韦自度稍侵，恐诛，乃饮鸩而死。”是说吕不韦已经感到被逼迫，害怕被诛杀，于是饮毒酒而死。

所以，上述文章中的说法是错误的，吕不韦是饮鸩而死，车裂而死的是嫪毐。

（二）误解“囊扑”

“囊”指袋子。“囊扑”是将人装入袋中扑杀的一种刑罚。所谓“囊扑两弟”，是把两个弟弟装入袋中打死。“典故回放”把它解释成“用锥子刺死了自己的两个弟弟”，这显然也是错误的。

微语录·父亲

获得博士学位后，我到一所大学教书。报到第一天，父亲用他那辆运送饲料的廉价小货车送我。他没开到大学正门，而是停在侧门的窄巷边。卸下行李后，他回到车里，摇下车窗，头伸出来说：“女儿，爸爸觉得很对不起你，这种车子实在不是送大学教授的车子。”爸爸的小货车驶出了巷口，留下一团黑烟。而我还站在那里，一动不动。

（刘　芳/辑）

穆桂英岂能『抵御金兵』

◎木子

“唐代有五女把关镇守五女山，也许正是受这种巾帼不让须眉英雄气概的激励鼓舞，北宋才有杨门女将穆桂英挂帅抵御金兵。”这段话出自春风文艺出版社2020年4月出版的《发现辽宁之美》。“杨门女将穆桂英挂帅抵御金兵”之说有误。杨家将的故事不见于史书，多见于小说演义、戏剧舞台等。众所周知，穆桂英所抵抗的是辽与西夏，而非金。

《杨家府演义》，全称为《杨家府世代忠勇演义志传》，明代长篇小说，为现存最早的关于杨家将故事的小说之一。小说从宋太祖赵匡胤陈桥兵变建立宋朝讲到宋神宗一朝（1067—1085），讲述了杨继业一门五代保卫疆土，与辽和西夏等国作战的故事。小说以宋神宗时杨文广之子杨怀玉因为皇帝听信谗言，率全家归隐太行山为结尾。该书在民间广为流传，对戏曲演出有一定的影响，书中人物杨继业、佘太君、杨延昭、杨宗保、穆桂英等男女老少都登上了戏剧舞台。梅兰芳先生生前演出的最后一台大戏就是《穆桂英挂帅》，其中穆桂英出征的正是西夏。

西夏本名“大夏”。1032年党项拓跋氏人元昊嗣夏王位，1038年称帝。最盛时，占据今宁夏、陕西北部、甘肃西北部、青海东北部以及内蒙古一部分地区。

1115年，生活在我国东北地区的女真族完颜部领袖完颜阿骨打起兵建国，国号为金。完颜阿骨打就是历史上的金太祖。十年之后，金太宗完颜晟发兵灭辽，过了一年多，金兵打进开封，虏获北宋徽钦二帝，北宋终结。穆桂英并没有抵御过金兵。

马江之战与甲午战争无关

◎高良槐

2022年1月9日《福建日报》第4版《一座城的红色记忆》一文写道:"小时候,舅公告诉我,早在甲午战争时期,连江人民为了民族独立,就有数百人参加了发生在闽江口的马江之战。"马江之战不是"在甲午战争时期"发生的。

马江之战,又称马尾之役、马江海战,是清代中法战争中的一场海战。马江,位于福州东南,在闽江口内,俗称"马尾",建有马尾港。1884年(光绪十年)7月14日,法国远东舰队司令孤拔率舰侵入福建马尾港。8月23日,法舰发起进攻,清军主要将领畏战,弃舰逃跑,海战不到30分钟,福建水师几乎全军覆没,7艘军舰被击沉,官兵伤亡七百余人。8月26日,清政府被迫对法宣战。

甲午战争是1894年至1895年中国和日本之间爆发的一场战争。1894年为清光绪二十年,为甲午年,故史称"甲午战争"。1894年6月日本出兵朝鲜,7月突袭中国海陆军,8月1日双方正式宣战。日军攻下朝鲜后,经黄海海战,掌握了制海权。10月日军进攻东北,占九连城、安东(今辽宁丹东),又攻下大连、旅顺等地。次年2月占领威海卫(今山东威海),3月控制了辽东半岛。4月,清政府与日本签订《马关条约》,规定中方向日方割地赔款。甲午战争历时9个月,主要陆地战场在朝鲜半岛、辽东半岛、山东半岛,海上战场在黄海北部。清政府因此背负沉重外债,国力日趋衰退。

可见,马江之战发生在甲午战争之前,所涉地区也无交集。

“道可道，非常道”究竟何意

◎石毓智

老子的《道德经》是中华文明史上最重要的典籍之一，他所创立的道家学说影响深远。这本书言简意赅，思想深邃，洞彻自然和人类的本性。全书共有八十一章，“道”这个词是最为核心的概念，贯穿于始终。这本书的名言警句很多，如该书开篇的话：

道可道，非常道；名可名，非常名。（《道德经》一章）

从魏晋经学大师王弼到现在，历朝历代的大学者对这句话的理解很一致，都是把第二个“道”字解释为“用语言表达”，第二个“名”字解释为“用词汇命名”。下面是现代学者陈鼓应对上面一句话的白话翻译：

可以用言词表达的道，就不是常道；可以用文字表述的名，就不是常名。（商务印书馆2006年《老子今注今译》）

一般人会认为上述解释很有道理，因为支配自然界和人世间的“恒常之道”都是难以被人们发现的，也就不大可能用语言表述出来。如果真的是这样，那么老子就成了关于自然规律的神秘主义者。这又上升到一个语言哲学问题，语言是否可以表述客观世界的规律？按照目前通行的解释，中国古代哲学关于这个问题是持否定态度的。

然而，在我们看来，上述古今通行的解释有失老子的原意，也错会了老子关于“道”的思想精髓。下面我们先从语言文字入手，来分析《道德经》这句话的真正含义，再从老子关于“道”的思想体系来阐述“常道”和“常名”的真正含义。

要正确理解老子这句名言，必须从先秦的语言文字入手。从词义上看，这里的“常”字是指“恒常”或者“永恒”的意思，“常道”就是永恒的法则或者规律，“常名”就是长久不变的名称。从语法上看，上述这句话涉及先秦汉语的一个常见语法现象，就是名词活用作动词的问题。

下面先看几个同类的例子，它们都是一句话里同一个概念使用两次。

齐景公问政于孔子，孔子对曰：“君君，臣臣，父父，子子。”（《论语·颜渊》）

故人不独亲其亲，不独子其子。（《礼记·礼运》）

上述例子中两个相同的词，都是一个用作动词，一个用作名词，它们的词类虽然变了，然而概念义则保持着内在的联系。比如，“不独子其子”意思是说“要像关爱自己孩子一样来关爱别人家的孩子”。

按照先秦汉语的语法规则，关于《道德经》开头的话的通行解释很可能有问题，因为第一个“道”被理解为“自然法则”，第二个“道”被理解为“用语言表达”，两者的概念义完全不一样。第一个“名”被理解为“事物的名称”，第二个“名”则被诠释成“词汇文字”，两者的概念义也相异。也就是说，这里的两个“道”和两个“名”的概念义是完全不相关的两个概念，这种解读有悖先秦的语法规则。根据先秦的语法规则和词汇意义，《道德经》开篇这话的意思应该为：

对于一种道，凡是可以被人们作为法则或者工具来使用的，都不是恒常之道；对于一个名称，凡是可以被人们再命名其他事物的，都不是永恒之名。

如果清楚老子关于“道”的思想体系，就不难理解我们上面对这话的新解读。在老子的思想体系里，“道”是分不同层级的，最高级别的“道”是决定宇宙的起源、日月星辰的运行、万事万物生生不息的法则，就是所谓的“天之道”。下面两句话中的“道”就是这个含义。

人法地，地法天，天法道，道法自然。（《道德经》二十五章）

道生一，一生二，二生三，三生万物。（《道德经》四十二章）

这种最高层次的“道”就是“常道”，即永恒的自然法则。在老子看来，“人”只能“法地”，“人”与“道”之间隔着“地”和“天”，因而人们是无法学习掌握它们而作为自己的做事工具的。然而人世间的“道”则是处于较低层次的，一般人都可以通过学习掌握使用它们。比如，“以道佐人主者”（《道德经》三十章）的“道”就是一套具体可操作的服务君主的礼仪规矩，不属于自然界的永恒之道。用现代科学的眼光来看，那些支配日月星辰运行的自然规律，人们是无法驾驭和使用的。

人们认知到的万事万物都会被赋予一个名称，但是不同事物的名称用法是不同的，像天、地、日、月、宇宙等这些名称，它们代表自然界永恒存在的、独一无二的事物现象，所以不能再用这些名称来命名其他事物，只能专用于某一事物的名称，这就是“常名”。语言中还存在着大量普通的名词，像人、狗、车、君子等词语可以自由用来命名同类的事物，比如任何新出生的小狗都可以被叫作“狗”，它们都不是“常名”。

事实上，老子并不是一个自然神秘主义者，并不认为语言完全无法表达客观世界的法则。老子确实说过“道隐无名”，但他的真正意思是，“道”隐藏在自然现象的背后，人们难以观察到它的存在，所以缺乏现成的名称。然而“道”也不是不可以被认识的，也不是不能用语言表达的。下面一段话生动刻画了老子探索自然规则的心路历程。

有物混成，先天地生。寂兮寥兮，独立而不改，周行而不殆，可以为天地母。吾不知其名，字之曰“道”，强为之名曰“大”。（《道德经》二十五章）

这段话就是语言的具体使

用，描述了“道”的各种特征，老子还用“大道”来为其命名。

再来看一下“道”用作动词时的不同含义。在先秦汉语里，“道”确实有“述说”的用法，如“口不道忠信之言为嚚（yín，奸诈）”（《左传·僖公二十四年》）。然而《道德经》里几十个“道”，除了开篇第一句话的第二个“道”字被后世人误解为“述说”外，其他都是作法则、原则、规律、礼仪等讲的。

在老子的学说里，“道”分为“常道”和“非常道”这两种。“常道”是无时不在的永恒规律，这是人们无法学习掌握而用作工具的。“非常道”则往往是人世间的各种法则、规律等具体的知识技能，所以人们可以学习它们（“故从事于道者”，《道德经》二十三章），掌握它们（“古之善为道者”，《道德经》六十五章），运用它们（“以道佐人主者”，《道德经》三十章），有时间上的局限性（“执古之道”，《道德经》十四章），而且还可以存在或者消失（“天下有道，却走马以粪。天下无道，戎马生于郊”，《道德经》四十六章）。换个角度说，“常道”就是“天之道”，“非常道”就是“人之道”（“天之道，损有余而补不足。人之道，则不然，损不足以奉有余。孰能有余以奉天下，惟有道者”，《道德经》七十七章）。这体现了中华民族的先哲关于客观世界规律的深刻认识，在科技高度发达的今天仍然有其合理之处。

综上所述，老子并没有主张自然界的法则是无法被人认识、无法用语言来表达出来的，这是后世人的错误解读。《道德经》首篇开头的话的真正意思是，支配宇宙起源、万物生长、日月运行的永恒法则，人们是无法把它们当作一种方法工具来使用的。同时，那些永恒不变的事物名称，诸如日、月、天、地等，也是不能再用来命名其他事物的。这一全新的诠释不仅对准确理解道家思想至关重要，而且也可以从中领悟到中华民族先哲们的高超智慧。

误读“五星列宿”

◎李景祥

央视科教频道2021年12月20日《百家讲坛》播出《如果古建筑会说话》第二季第9集《日月同辉》，讲古代帝王祭祀日月诸事。在说到明朝皇帝去月坛祭月的礼仪时，主讲人引用了《大明会典》中的一段祝文：“嗣天子御名，谨昭告于夜明之神。惟神，钟阴之精，配阳之德，继明于夕，有生共赖。既惟五星列宿，咸司下土，各有攸分。”但主讲人将“五星列宿”的“宿”误读作了sù，应该读xiù。

“宿”是个多音字。读作sù，可表示过夜、旧有的、年老的等义。如“宿舍”，字面意义即过夜用的房子。“宿疾”即久治不愈之病。“名宿”指出名的老前辈。读作xiǔ时，作量词，一夜即一宿，如整宿没睡。读作xiù，即星宿，古代指某些星的集合体，如二十八星宿。

上述节目中的这段文字是皇帝祭祀月神时的祝文，皇帝祭祀月神时还要配祀五星。“五星”指金、木、水、火、土五大行星。“列宿”的“宿”按上下文意应解作星宿，读作xiù，“列宿”即众星宿。

“耑上”应读“zhuān上”

◎脱正中

电视剧《香山叶正红》第二十七集有周恩来致信宋庆龄的剧情，此处引用了历史上真实存在的信件。信中写道：“现全国胜利在即，新中国建设，有待于先生指教者正多……谨陈渴望先生北上之情，敬希早日命驾，实为至幸。耑上，敬颂大安。”（字幕同步显示）旁白在读信时将“耑上”读作“duān上”，这是错误的。

“耑”有两读。一读duān，是“端”的古字。《说文》：“耑，物初生之题（题，义为前端、顶端）也。”即物体的尖端末梢，引申指开头。如王闿运《〈六书讨原〉序》：“近世通儒发此耑绪，专研之效乃在斯人。”其中的“耑绪”即“端绪”。

一读zhuān，是“专”的异体字。意思是专一、独自、特地等。根据信中文字，“耑上”显然就是“专上”。“耑（专）”表示专为邀请宋庆龄先生北上一事而特地写的书信，“上”表示对宋庆龄先生的尊重与仰慕。所以“耑上”在这里应读作“zhuān上”。

书信用语中还有如“耑此”“耑函”“耑勒”等，都表示专门为某事写信。需要提醒的是，“耑”在表示“专”的意思时，现在应该规范作“专”，所以字幕中也应改作“专”。

编校差错扫描(四十三)

◎王　敏

驱马奔“驰”解弓“弛”

【错例】不耻最后，即使慢，弛而不息，纵会落后，纵会失败，但一定可以达到他所向往的目标。

【简析】“弛而不息”应为“驰而不息”。“弛”和“驰”都是形声字，两者区别在形符。“驰”从马，本义指使劲赶马。《说文解字》：“驰，大驱也。”如“驰马疆场”。特指使快跑送去，如“驰书千里”。引申泛指快跑、疾行，如“驰援”“风驰电掣”“年与时驰，意与日去”。由跑得快，引申指名声传扬，如“驰誉”“驰名天下”，又引申喻指心神向往，如“驰念”“心驰神往”。“弛”从弓，本义指放松弓弦。《说文解字》：“弛，弓解也。”如“弛弓”即放松弓弦。引申泛指放松、松懈，典籍中常与“张”(本义指上紧弓弦)相对举。如《礼记·杂记下》：“张而不弛，文武弗能也；弛而不张，文武弗为也。一张一弛，文武之道也。”(只上紧而不放松弓弦，文王、武王也做不到；只放松而不上紧弓弦，文王、武王都不会去做。有时拉紧，有时放松，这才是文王、武王治理国家的方法。)再引申，指解除、废除，如“废弛”“弛禁”。“驰而不息”指勇往直前，永不停息，强调的是量的积累，目标是积跬步而至千里的飞跃，其中需要的显然是奋力奔驰，而不是松懈废弛，“弛而不息”是错误的。

“瑕”玉有斑“暇”有闲

【错例】虽暇不掩瑜　亦勿忘修疵（标题）

【简析】“暇不掩瑜”应为“瑕不掩瑜”。“暇”和“瑕”都是形声字，两者区别在形符。“瑕”从玉（作偏旁简为王），本义指带有赤色的玉石。《说文解字》：“瑕，玉小赤也。”如“赤瑕驳荦”即指赤玉色彩间杂。后“瑕”转指玉石上的斑点，如《史记·廉颇蔺相如列传》：“璧有瑕，请指示王。”再引申喻指事物的缺点或人的毛病、过失。如《老子》：“善行无辙迹，善言无瑕谪。”“辙迹”喻痕迹，“瑕谪”喻过失，全句大意是高尚的言行总是不留形迹、不犯过失的。“暇”从日，本义指空闲、没有事的时候。《说文解字》：“暇，闲也。”如“目不暇接”。由空闲引申指悠闲、从容，如“自暇自逸”。“瑕不掩瑜”出自《礼记·聘义》：“瑕不掩瑜，瑜不掩瑕，忠也。”“瑜”指美玉的光泽，比喻优点。一个人的优点和缺点互不遮掩，这才是忠实的人。因此，比喻优点、缺点都有，就叫“瑕瑜互见”。“瑕不掩瑜”比喻缺点掩盖不了优点，与瑕疵有关，与闲暇无关，不能写成“暇不掩瑜”。

“豇”豆误读讹成“缸”

【错例】缸豆是夏天的主要蔬菜之一，不含胆固醇，是高血压、冠心病、高血脂患者的理想食品。

【简析】“缸豆”应为“豇豆”。“缸”和“豇”都是形声字，两者区别在形符。“豇”（jiāng）从豆，本义即豇豆。《龙龛手鉴》：“豇，豇豆也。”豇豆，一年生草本豆科植物，喜温耐热，原产印度，中国普遍栽培。荚果为长条形，长者超过两尺，两两并垂，绿、青灰或紫色等。种子肾形，黑、黄白、紫红或褐色。有长豇豆、普通豇豆和饭豇豆三种。长豇豆和普通豇豆的嫩荚是常见蔬菜，饭豇豆以种子煮食。“缸”从缶（fǒu，古时大肚小口的盛酒瓦器），本义指跟缶类似的器物。《说文解字》：“缸，瓨（hóng，长颈的瓮）也。”《史记·货殖列传》：“醯（xī）酱千瓨。”“醯酱”指醋和肉酱。“瓨”，裴骃集解引徐广曰：“长颈罂（古代大腹小口的酒器）。”又指底小口大的圆筒状容器，如“水缸”“鱼缸”。后词义扩大，泛指形状像缸的器物，如“汽缸”“烟灰缸”。另指一种由沙子和陶土混合制成的质料，如“缸瓦”“缸砖”。“缸”和“豇”音义迥别，因字形接近，生僻的“豇”常被误读为“缸”。世上哪有什么“缸豆”？不过是误读造成的误写。

锡“镴”如银“蜡”非金

【错例】真没想到，那些所谓的“名人”，原来都是些银样蜡枪头！

【简析】“银样蜡枪头”应为“银样镴枪头”。“镴”（là）是形声字，从金巤（liè）声，本义指一种白色的锡。《集韵》：“镴，锡也。”后指锡和铅的合金，常称焊锡或锡镴，可用来焊接金属，也可用来制造器皿。锡镴色白似银，但没有白银坚硬，因此“银样镴枪头”喻指徒有其表、中看不中用。“蜡”是多音字。读 qù，形声字，从虫昔声，为“蛆”古字，本义指蝇的幼虫。《说文解字》：“蜡，蝇蛆也。”读 là，其繁体是“蠟”（形声字，从虫巤声），本义指蜂蜡。《广韵》：“蜡，蜜蜡。”后泛指动物、植物或矿物产生的油质固体，能燃能熔，不溶于水，如“石蜡”。也特指蜡烛。古籍中“镴”“蠟”混用，但“银样蜡（蠟）枪头”不合理据，因为非金属“蜡”质地柔软，色泽也迥异于银，根本没有“银样”。锡“镴”如银“蜡”非金，银样锡“镴”理据通，“银样镴枪头”才是正确的写法。

“妈宝”的窘境

◎陈闻达

“我妈说不能太晚回家。”“我妈说我们在一起不合适。”“我妈说化妆的女孩子不正经。”“我妈说……”“我妈说……”相信无论在网络空间还是日常生活中，你都遇到过这样的人，并且能即时地想到这两个字：妈宝。他们或是对妈妈言听计从，毫无主见；或是被妈妈溺爱，不懂得担负责任；或是从妈妈那儿学得了不少中年习气，老气横秋……总之，他们一切听妈妈的，唯“妈”命是从。

“妈宝”的来源非常早。英语中语义相近的词“mama's boy”由来已久，而2010年前后汉语词语“妈宝”也在网络上出现了。如腾讯网一篇名为《不要去爱“妈宝男”》的文章，首发于2010年3月10日，是批评“妈宝男”的最早一批网络文章之一。作为“妈妈的宝贝”的缩略写法，它的字面义本应是中性的。但正如“社会人”被造出来用在男女青年身上就自带一种吊儿郎当的气息，“妈宝”甫一诞生便被用于形容成年男性，并带上了“长不大”“没担当”等贬义。同时，这个词几乎从一开始就主要以“妈宝男”的形式出现，其构词方法与早些年流行的“凤凰男”“孔雀女”极为相似，但相比之下语义更精练也更俏皮。

“妈宝男”使用了很长一段时间后又类推衍生出了一批类似用语，如“爸（爹）宝男”“妈宝女”“爸（爹）宝女”“姐宝男”，机智的网友甚至遗其形而取其神，又利用谐音创造出了“扶弟魔”（和“哈利·波特”系列小说中的大反派“伏地魔”谐音，一般指不计成本帮助弟弟的姐姐）。“嫁人不嫁妈宝男，娶妻不娶扶弟魔”，妈宝男、扶弟魔基本上被打入了婚恋鄙视链的末端。

有趣的是，当前语境下，“妈宝”一词单用一般还是只指男性不指女性；“妈宝男”“爸宝男”几乎清一色是贬义用法，而“妈宝女”“爸宝女”则很大一部分情况下不带贬义，不少女网友自称“妈宝”“妈宝女”等，甚至出现了“妈宝女”表情包。与之对应的是，“扶弟魔”只用于女性，而且始终以贬义用法为主。为何会如此？除了固定用法的强大惯性之外，“妈宝男”“妈宝女”的不同褒贬色彩更多的还是源自社会心理中对男性和女性的刻板印象：“男性应该坚强地独当一面，不应该依赖父母”，而“女性相对比较柔弱，应该受到父母宠爱”。“扶弟魔”用于讽刺女性，更多的则是和重男轻女的社会陋习有关。

尽管“妈宝”一词已在网络空间广泛使用了十余年，但由于它贴切生动，一望而知其义，所形容的社会现象也一直存在且典型，所以它并没有像其他网络流行语一样热闹不久就销声匿迹，而是长期活跃于大众的语言生活中。一遇到某些新的相关社会热点事件，“妈宝”“爸宝”的贬义用例又会在短时间内大量涌现，诸如《为什么“妈宝男”明星容易塌房》《从明星身上解析妈宝男的弊端》《人设崩塌？不过是妈宝男的“福报”罢了》这一类文章，时时提醒着网民们“妈宝”这一类人的存在，当然同时也在不断固化着某种社会心理。

也许，我们在跟风使用“妈宝”这个热词的时候，也应该好好思考一下，“妈宝”的窘境到底是什么原因造成的呢？我们又应该如何去避免成为“妈宝”呢？

“媛”形毕露

◎阿丽达·阿迪利

“名媛”一词,取“名”字的“名望”之义与“媛”字的“美女”之义,可理解为“有名望的美女佳人”。“名媛”一度是光鲜亮丽的代名词。从西方文化看,工业革命后资本主义社会中的新阶级富豪为了建构自己的社会圈层,学习旧贵族举办宴会进行社交,这些富豪的妻子和女儿便成为了上流社会中的“名媛群体”。而中国文化中的“名媛群体”,指的是晚清民国时期,女性受西学东渐和西方女权的影响,社会地位产生质的提升,她们逐渐出入各类社交场合,活跃于文坛和艺术界,大胆而自由地表现自己。中国的“名媛”也被赋予了面容姣好、拥有财富之外更多元的内涵,例如教育背景、谈吐举止、文艺特长等。

而网络时代的“名媛”却变了味道。2020年10月13日,一篇《我潜伏上海“名媛”群,做了半个月的名媛观察者》的新闻稿红遍全网,文章中的名媛们,不仅拼单丽思卡尔顿的豪华房间、下午茶,甚至还拼单购买大牌包包、服饰,然后拍照发朋友圈炫富。该文火爆全网,“名媛”一词从褒义的雅称,一夜变成了彻头彻尾的贬义词。名媛群里的一位成员在后期采访中表示,拼单是因为经济条件并不好,但渴望奢侈的生活,所以选择拼团,借此塑造自己梦想中的形象。人们购买奢侈品,往往是为了证明社会地位和个人价值,这种消费突破了维持生计的基本职能,成为当代社会“阶层”的隐形分级标准，可见“拼单名媛”的行为实际上是一种炫耀性消费。

随着“上海名媛”的“走红”，“名媛”一词发生了语义演变，从带着褒扬含义的词语，带有了讽刺的意味，并且“媛”字语义虚化，构词能力不断加强，在各类媒体的报道中衍生出了更多的“新型媛”。比如“佛媛”指通过网络营造抄经、拜佛的形象，后期售卖“佛式裙”、串珠等达到流量变现；“病媛”则是假称自己身患重病，在网上售卖疤痕贴等产品；等等。总之，实质都是营销虚假人设，掌握流量密码，最后变现获利。

随着“媛”字构词力的强化、讽刺性质的增强，对于“新型媛”的批判声音愈来愈大，但引起思考的是，这类营销虚假人设的人群，是否只单单存在于女性群体中？对社交平台的各种女性都进行“媛类”的区分，甚至进行批判和讨伐，是否符合理性？

“拼单名媛”的出现，是商业社会发展和消费主义盛行催生的必然结果，但带货、虚假人设、标题党等并不是“媛”应该被千夫所指的正当理由。“拼单名媛”文章的热传，各种“媛”化的夸张形容和对各类“媛”的唾弃，多少是因为它迎合了网友的猎奇心理，隐藏着对女性的刻板印象。《现代性的性别》一书提出，十九世纪后期以后，女性消费就开始被“妖魔化”，她们被塑造成“非理性”的消费者，喜欢盲目追随潮流。网络上各种“媛”的兴起，这种对女性的偏见无疑在背后起着推波助澜的作用。

人生本来就可以有多种选择、多条道路，人们不必炫耀自己的“成功”，我们也不应该站在道德高地一味进行批判。网络时代各种消息沸反盈天，如何对不同的群体保持宽容而平和的态度？对于营造“数字化形象”的浮夸欲望，我们是否需要保持冷静和清醒？这些问题希望我们在传播“名媛”这类词语之前，能够好好思考一下。

说文解字

解『困』一说

◎刘志基

前几日，偶然经过半个世纪前居住的华山路老房子处，不由驻足流连，场景令人唏嘘：独栋老屋已没有了，当年草木葱茏的大大的院子也没有了，取代它们的是几栋高层建筑。人游故地，常叹“物是人非”，而老屋不仅“人非”，而且“物非”。唯一当年之“物”，就算是院门前的那株老树了！记得当年它是一棵称不上高大的青春之树，挺拔着树身神采奕奕天天送迎我出入家门，然而现在它显然长得太大了，大到了人行走道上已容不下它：外边的树根已经冲出街沿，之所以没有冲到路面上，看光景应该是被市政管理者砍断了肆意伸展的根须。大概是因为外向发展受到阻击，树根只好顺着街沿横向伸展，虽然路政管理者给予了一定的宽容，但是也被铺路的地砖死死限定了继续延伸的空间。老树如此困厄，令我想到了“困”字。

“困”字之形，“囗”中有“木”。对其造字本义，《说文》有个挺神奇的解说：“故庐也”。而后世文字学家对此多不以为然。俞樾说：“困之为故庐，经传无征，且木在囗中，于故庐意亦无取。今按：困者，梱之古文也。《说文》：‘梱，门橛也。从木困声。’困既从木，梱又从木，緟（“重”的古字）复无理，此盖后出字，古文止作困。从囗者，象门之四旁，上为楣，下为阈，左右为枨也，其中之木即所谓橛也。”（《儿笘录》）这些话的意思是，困本来是梱字，描摹的是门的形象，囗表示门框，中间的木表示门中树立以为限隔的短木。杨树达挺俞，曰：“俞说是也。困为门梱，此初形初义也，今困字失此初义，而后起加形旁木之梱字占有之，困但有困苦、困顿等义也。”（《积微居小学述林·困梱》）

大概是因为“困”在出土古文字材料中也没有出现“故庐”的用法，今日古文字学者也颇信从俞樾之说，如《古文字谱系疏证》《战国古文字典》"困"字下都采用"(困)会门槛限定居室之意"的说解。

老房子门前那株老树，令我感到，俞樾们否定"困"的"故庐"之说，应该是个错解。其实，释"困"为"梱"，也同样是"经传无征"的，古文字材料里也没发现"困"表示"门橛"的用例。那么，在都没有直接文献证据的情况下，若要判断"困"之两说孰为可信，我们只能看看实际文献中"困"的用例接近于哪说。

"困"字最早出现在甲骨文中，显然，把源头弄清楚，是解"困"的关键点。但因出现次数太少（仅三例），迄今人们只能大致判断甲骨文"困"是个祭名。祭名与后世人们所熟悉的"困"有啥关系呢？仔细追究，还是可以找到其中与困厄意义关联的蛛丝马迹。甲骨文辞例完整的"困"仅有两条：

乙酉，貞取河，其困（ ）上甲，雨。（《甲骨文合集》34235）

乙亥貞，隹大庚。\弜困（ ）大庚。（《小屯南地甲骨》885）

这两例"困"因为后面都跟着殷先公（上甲）或先王（大庚），作为祭名是可以肯定的。前一辞意思是："乙酉那天贞问：对河神进行取祭，对上甲进行困祭，会不会下雨？"后一辞是说："乙亥那天贞问：要不要困祭大庚？"那么，"困"究竟是怎样的祭祀呢？根据"囗"中有"木"的字形（ ）来看，可以想到的自然是以木（树）来祭祀神灵。而以"木"祭神，卜辞中多见：

辛卯卜，于 。（《甲骨文合集》14771）

戊寅卜，于祖己。（《甲骨文合集》22056）

才𩫖卜：[妣庚]……（《花园庄东地甲骨》249）

其中用作祭名的 ，分明就是"木"。一般认为这种"木"也就是"尞"。"尞"，作为祭名在甲骨卜辞中更为普遍，出现1500多次，就字形而言，除了前面给出的等之外，还作等，于木旁间隙中加点状，表燔尞薪木以祭之意，或更明确地于下部加“火”作等形。

此外又有更多见“𠬪”祭，作为祭名在甲骨文中出现一千多次，其原形作：。王国维释此字曰：“从手持木于示前，祭名。”（《殷墟文字考释》）于省吾则认为，这个字形中的“木”后来演变为“出”，所以它就是《说文》中义为“报塞”（也就是后来所谓“报答”）的“𡨦”，所以这种祭祀，“指报塞鬼神之赐福言之”。（《甲骨文字释林·释𠬪》）可知殷人祭祀是频频以献“木”来报答神灵赐福的。

然而，“困”中的“木”，是置于“囗”中的，因此要弄清其中的这个“木”的属性，有必要再探究“囗”在甲骨文中的意义。“囗”可以表示某种空间限定，即牢笼意义。如甲骨文中“圉”，原形作，从“囗”从“㚔（镣铐）”或“⿱𡗜（戴镣铐张口向上哀嚎之人）”，会人戴手铐在牢狱内之意，则“囗”表示限制人身自由的囹圄之形。卜辞又有一般释作“圂”或“圞”的、，从囗从豕，豕也是一种猪，学者们据此认为“豕可被圈养”（陈剑《释豕》）。那么，困祭所用的“木”，又为啥要置于“囗”中呢？这不由令我们想到甲骨文中的“牢”。

殷王用以祭祀之物，往往有特别圈养的习惯，甲骨文“牢”，作或，前者从从牛，表示圈养的用以祭祀之牛；后者从从羊，表示圈养的用以祭祀之羊。而甲骨文祭祀卜辞中也多见一般的牛（）、羊（），可见牛羊用于祭品有是否特别圈养的区别。

如此来看，从“囗”从“木”的祭名“困”（、），很有可能就是使用专门的封闭园圃中种植的“木”（树木）祭献神灵的一种祭祀。如果这种判断不错，那么，《说文》的“困”字“故庐”之说，便可以得到字源上的合理说解了。

殷王囗（园囿之类）中养木

（树），自然是出于祭祀中对于“木”需要的考虑，然而，树木的生长需要足够的空间和阳光，一旦被限制在狭小的范围内，一定会抑制它的生机，使之陷入困顿窘迫之中。因此，甲骨卜辞的“困”，虽然只是个祭名，但却埋下了字义衍生的种子。

困祭在后世文献中未见，可以认为它是殷商特有祭祀礼仪。但是困祭中对“木”的处置方式，却并没有随着困祭的消失而绝迹。我们的祖先在居住中总与树木保持着亲密的关系，在住宅的旁边栽种大树，成了漫长的中国古代社会一成不变的定制。古人把“乔木”（即高大的树木）、“桑梓”（桑树和梓树）作为自己家园故乡的代名词，原由正在于此。这种文化，虽然不同于甲骨时代的“困”祭，但就其所造就的关于“木”的客观现实上，却并没有什么两样。因此，殷礼的祭祀文化消弭之后，人们很容易用更具有普遍社会性的居住中的切身感受来重新解说“困”的造字意图。这就成就了《说文》对“困”字的说解。

许慎所谓“故庐也”的“庐”，《说文》解释为：“寄也。秋冬去，春夏居。”段玉裁《说文解字注》“庐”下注：“春秋宣十五年公羊传注曰：一夫受田百亩，公田十亩，庐舍二亩半。凡为田一顷十二亩半，八家而九顷，共为一井。在田曰庐，在邑曰里。春夏出田，秋冬入保城郭。”简单来说，“庐”就是古代二亩半一家之居，而“故庐”就是陈旧的、有时间长度的“庐”。既然居处必定要植树，“故庐”中的树木则势必因生长期长久而高大茂盛，而二亩半的居所范围却是不能随着“桑梓”们的生长而扩展的，于是终有一天，“故庐”的院墙（囗）会对其中的“桑梓”“乔木”的生长形成制约，使之陷入困境。这种必然会发生的生活实景，即使今天依然寻常可见，本文开头所述的那株老树就是明证。由此可以想到：无论什么时候，只要有树被限制了自由生长空间，困局迟早还会出现。

蹊跷的戒指

（文中有十处差错，你能找出来吗？答案在本期找）

◎辰　玉　设计

城里举办了一场珠宝展，不少珠宝商带着自己最好的宝贝前来参展。没料到，夜里展会被盗，不少价值连成的宝贝被盗走。从监控看，这是一起团伙作案，而且盗贼似乎是惯犯，行事周秘，没有在现场留下任何蛛丝蚂迹，调查陷入了困局。

那边厢，盗贼正在庆功，围坐着大吃大喝，互相炫耀自己在盗窃时的"风采"。旁边的电视正在放着关于这起盗窃的报道。失主李先生表情苦闷，眼眶中还隐隐含泪，说道："我心疼的是那枚翡翠戒指，少说也值一套房，幸苦了一辈子，本来打算卖了就退休的……"话音未落，众贼把目光投向了负责整理脏物的老张身上。

"你藏起来了？""戒指呢？"老张神色紧张，举足无措。

"没有……我没有……没什么翡翠戒指——"话还没说完，众人的拳头就落在了他身上。"还说不是你藏的，货都在你手上！怎么没戒指"？老张一边抱头，一边大喊："别打了啊，真没有！"众人更加愤怒，再一阵拳打脚踢。乒乒乓乓的，有人掀桌子，有人砸洒瓶……

没过多久，警察通知各珠宝商前去认领失物。原来那天盗贼内讧，动静太大，引得邻居报警。警察前来，发现端睨，盗贼被一举拿下。

李先生前去认领失物时，警察婉惜地说，那枚翡翠戒指还是没找到。不料，李先生哈哈大笑，说："哪有什么翡翠戒指啊！"警察一愣，转而恍然大悟，也大笑起来。

冲上热搜榜第一

——“十大语文差错”发布广受关注

编者

2022 年 1 月 6 日，《咬文嚼字》编辑部发布“2021 年十大语文差错”，媒体高度关注，网友热烈讨论。

人民日报主持三个话题：“身份证第 18 位的 X 读作 shí ”冲上热搜榜第一，一天内阅读量超过 5.1 亿，发布媒体超过 300 家，讨论数超过 3.5 万；“六安的六读啥”热搜榜最高排第 15 位，阅读量超过 1 亿；“2021 十大语文差错发布”阅读量超过 2 亿。中国新闻网主持话题“2021 年十大语文差错”热搜榜最高排第 14 位，阅读量超过 1.1 亿。

人民日报、新华社、半月谈、紫光阁、中国新闻网、光明日报、澎湃新闻、文汇报、上观新闻、天津日报、新民晚报、周到上海、青年报、劳动报、东方网、封面新闻、看看新闻等主流媒体纷纷报道。

上海电视台、广州电视台等电视媒体也做了相关报道。

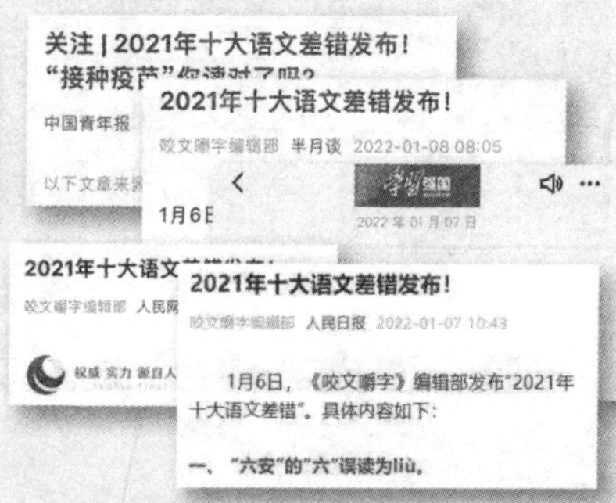

人民日报、人民网、半月谈、中国青年报、中国日报、江西共青团、新疆共青团、青春上海、中国教育新闻网、中国播音主持网等417个公众号转发、报道。“2021年十大语文差错”还登上了学习强国。

火眼金睛

图中差错知多少？

郭宝龙　杨添敬　廖传杰　龙启群　提供

（答案在本期找）

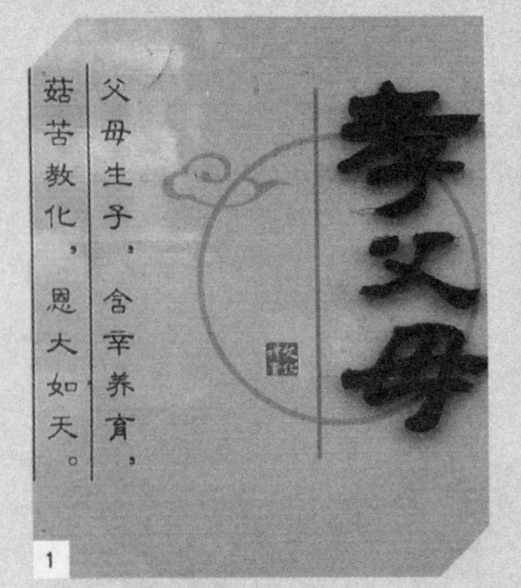

1

2

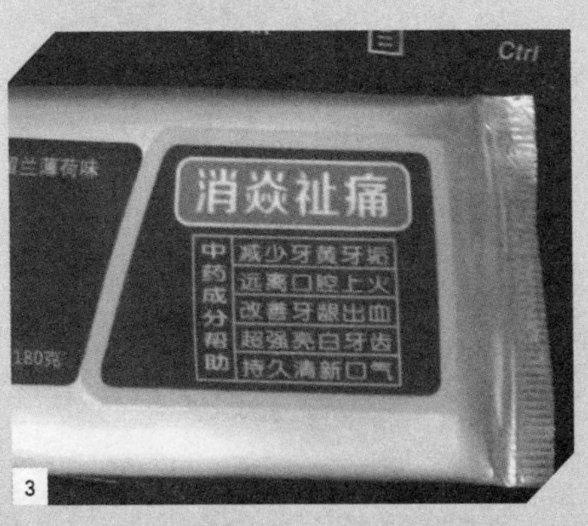

3

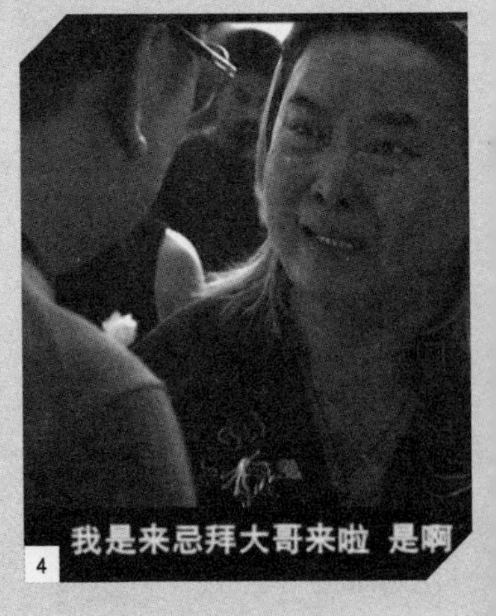

4

邮政　微店　微信公众号　电子版

ISSN 1009-2390

YAOWEN-JIAOZI

咬文嚼字®

2022.04

比萨饼

一种源自意大利、风靡全球的食品。在扁平的圆面饼上覆盖上番茄酱、奶酪以及其他配料，并由烤炉烤制而成。“比萨”，意大利语“pizza”的音译。“pizza”当作何解释呢？一说，它来源于希腊语中的“petta”（面包）或“peptos”（烧过的）；一说，它来源于拉丁语中的“pinsere”（压平），因为把面团“压平”，是制作这种食物的重要工序。

上海世纪出版集团
欢迎至邮局订阅本刊 邮发代号 4-641
国内统一连续出版物号 CN 31-1801/H
定价：6.00 元

张艺谋为冬奥会开幕式打分

杨泉松 / 文　臧田心 / 画

2022 年 2 月 4 日晚，北京冬奥会开幕式成功举行，再一次让世人见证了“中国式浪漫”。5 日，总导演张艺谋在新闻发布会上表示，“每次都有人希望我打分，有时我拍电影也是”，“作为一个创作者，我对自己其实要求很严格，通常不会给自己打出特别高的分。但我要给我们的团队，要给昨天晚上整场开幕式的呈现打 100 分。因为，一个导演背后是无数默默付出的人，有无数人的艰辛努力和创意创造，才有了昨晚的开幕式”。

咬文嚼字®

2022年4月1日出版

4
总第328期

主管：上海文艺出版总社
主办：上海文化出版社
编辑、出版：《咬文嚼字》杂志社
集团网站：http://www.shwenyi.com
E-mail：yaowenjiaozi2@163.com
官方微博：
http://weibo.com/yaowenjiaozish
电话传真：021-64330669
发行电话：021-53204165
邮购电话：021-53204211
地址：上海市闵行区号景路159弄A座3楼
邮政编码：201101
发行：上海市报刊发行局
发行范围：国内外公开
订阅处：全国各地邮局
邮发代号：4-641
ISSN 1009-2390
CN 31-1801 / H
印刷：上海中华印刷有限公司
印厂电话：021-60829062
021-60299079
定价：6.00元

“元”族词的新宠儿——“元宇宙”

◎曹志彪

近来“元宇宙”一词成了科技圈和资本圈一大热门话题，几乎火遍了全球。媒体报道，2021年5月，美国微软（Microsoft）首席执行官纳德拉表示，公司正在努力打造一个“企业元宇宙”。7月，脸书（Facebook）创始人扎克伯格公开表示，2025年前脸书公司将全面向元宇宙公司转型，并于10月将公司改名为Meta，以专注元宇宙业务。在国内，腾讯投资了号称元宇宙概念第一股的罗布乐思，字节跳动投资了元宇宙概念公司“代码乾坤”。10月15日，中国移动通信联合会元宇宙产业委员会经批准成立，这是全国首家获批的致力于推动元宇宙产业健康持续发展的行业协会。

“元宇宙”一词译自英语词metaverse。metaverse由meta和verse两部分组成。verse是universe的简写，即世界、宇宙；meta译作“元”。“元宇宙”的概念出自美国著名科幻小说家斯蒂文森1992年出版的科幻小说《雪崩》。小说中描述了一个平行于现实世界的网络世界——元宇宙（小说汉译本翻译为“超元域”，还有“元界”的译法），是下一个阶段的互联网的新形态，所有的现实世界中的人在元宇宙中都有一个网络分身，人们“戴上耳机和目镜，找到连接终端，就能够以虚拟分身的方式进入由计算机模拟、与真实世界平行的虚拟空间”。

为什么这样一个“宇宙”叫作“元”宇宙呢？这首先要从

meta 这个词缀说起。

meta 来源于希腊语，最早使用者是古希腊哲学家安德罗尼柯。他在校勘整理亚里士多德著作时，用“研究有形体的事物”和“研究没有形体的事物”作为标准，把亚里士多德的著作分成了两大类，前一类作品编在一起，起名叫 physics（物理学），后一类作品，也就是亚里士多德的哲学著作编在一起，放在 physics 的后面，起名叫 metaphysics，意思是“物理学之后”。汉语则对后者采用了日语翻译法：由于研究对象是事物的本质和抽象的理论，就根据《易传·系辞》里说的“形而上者谓之道”而把它翻译成“形而上学”。

于是 meta 就有了“在……之后”这个基本含义，并衍生出“超越的”“次级的”之类的含义。在汉语中已有多种翻译，如“超”“超元”，还有“后设”（主要在我国台湾地区）等，最普遍的译法还是“元”。

上世纪 20 年代德国数学家希尔伯特提出 metamathematics 的概念，含有“在数学研究之后”“超越数学”的意味，表示以无矛盾的理论化形式重新认识整个数学，即用来研究数学和数学哲学的数学。汉语把它译为“元数学”。此后，这类对学科研究结果和过程的再研究，即所谓的“元研究”，渗透到了更多的领域，产生了一系列新的学科，汉语都翻译成“元 ×× 学”，如元语言学、元哲学、元伦理学、元教育学等等。还诞生了一些“元”族学术术语，如元语言、元模型、元系统、元符号、元定理、元逻辑、元演算、元数据等等。

对于“元”的含义，美国学者侯世达在《哥德尔、埃舍尔、巴赫》一书中讲述的一个故事说得比较通俗。阿基里斯（又叫阿喀琉斯，希腊神话中的战神）刷一下神灯，就会出现灯神怪物，怪物说可以帮助实现他的普通愿望，如十箱啤酒、两吨黄金、环球旅行之类的愿望。阿基里斯却说“我想再要一百个愿望”，怪物说这是“元愿望”，即关于愿望的愿望，它没法帮助实现元愿望，需要拿出“元灯”，召唤“元怪物”，一层层向造物神申请然后才能实现。依照这个道理，“元 ××”大致可以理解为“关于（基于）×× 的 ××”，例如，“元语言”是用来分析和描写另一种语言的第二层次上的语言或符号体系，“元认知”是对自己的感知、记忆、思维等认知活动本身的再感知、再记忆、再思维。

那么“元”族词中的新成员“元宇宙”会是什么呢？清华大学新闻与传播学院教授沈阳认为，元宇宙是整合多种新技术而产生的新型虚实相融的互联网应用和社会形态，它基于扩展现实技术提供沉浸式体验，以及数字孪生技术生成现实世界的镜像，通过区块链技术搭建经济体系，将虚拟世界与现实世界在经济系统、社交系统、身份系统上密切融合，并且允许每个用户进行内容生产和编辑。也就是吸纳了信息技术革命、互联网革命、人工智能革命的最新成果，运用高速率通信网络、云计算、区块链、虚拟现实、增强现实、扩展现实等先进技术，构建基于现实物理世界的全息数字世界。简言之，“元宇宙”就是关于现实宇宙的一个镜像“宇宙”。

与传统的互联网空间相比，“元宇宙”具有明显特点。一是强沉浸感。人们突破时空限制，以自己虚拟的分身进入元宇宙，拥有如同真实世界一样的完整的空间感、物理规则，以及视觉、听觉、触觉、嗅觉等感觉，获得真正的沉浸式体验。二是高参与度。因为真实世界与虚拟场景融合更加紧密，实现的内容能够涵盖娱乐、生活、工作等方方面面，人们会更依赖元宇宙平台，在其中活动的时间会越来越多，介入程度会越来越深。三是永续性。元宇宙平台不会“暂停”或“结束”，而是以开源的方式运行，无限期地持续下去。

“元宇宙”构想的部分功

能，在某些领域和场景上已经有了初步应用。2021年12月9日，Meta公司宣布正式向美国和加拿大市场发布第一个元宇宙虚拟社交应用——“地平线世界”。12月10日，百度宣布发布首个国产元宇宙产品“希壤”，打造了一个跨越虚拟与现实、永久续存的多人互动空间。微软也宣布2022年将发布一款元宇宙概念的产品，通过混合现实技术把办公协作功能带入元宇宙，人们在元宇宙也能用Excel表格、PPT幻灯片进行协作办公和会议交流。展望未来，在元宇宙世界里，旅游爱好者不用走出家门也许就可以“亲自”行走在古罗马的街头，见证那里的风土人情、社会风俗；走进亚马孙雨林，不但能看到雨林中各种各样的奇特生物，甚至可以触摸到剧毒的树蛙，体会那种黏黏、滑滑的手感。学生不用走出课堂，在语文老师的引领下来到唐代的浔阳江头，倾听“嘈嘈切切错杂弹，大珠小珠落玉盘”的琵琶曲，目睹一片掩泣声中江州司马泪湿青衫；或者在历史老师带领下走进元宇宙，去旁观甚至扮演角色参与古代一个个重大历史事件……

目前，元宇宙在技术积累、内容提供、用户体验等方面都还不理想，更缺乏相应的治理规则和伦理规范，所以总体上还处在概念构建阶段。今天各大公司纷纷布局元宇宙概念，多为抢占先机的商业行为，有的还不乏炒作之嫌。对由此带来的过热现象，我们要有清楚的认识。当然，尽管相关的各种应用刚刚起步，离真正“元宇宙”的实现还有很长一段路要走，但从现有技术基础、社会需求以及将来发展趋势来看，作为让人们充满想象力的新的应用前景，还是非常值得期待的。

"封鸡"应为"风鸡"

◎王高港

2022年1月25日《新民晚报》第20版载有《趣谈"封鸡"》一文,开篇便写道:"落笔'封鸡'二字,念及其鲜美的滋味,我不禁口舌生津,有趣的往事清晰重现。"接着谈及制作"封鸡"的过程。首先,准备调料,将食盐、八角和胡椒在热锅内翻炒后碾轧成粉,接着,将调料粉均匀地擦抹到鸡腔各处及放血口和嘴巴内,"将鸡腹朝上整齐放入一个大铁桶之内,腌制大约半天时间后取出,……吊挂晾晒,把鸡头插进鸡的翅膀后用草绳把鸡捆扎起来,放到拖轮后甲板机舱上方有篷盖的阳光照不到的通风处阴干"。实际上按照上述方法制作的鸡不叫"封鸡",而叫"风鸡"。

鸡"回家献礼。这一主张立即得到了全船上
号人的"全票"通过。说干就干。被推选出来
行的船员代表,趁船停靠江北码头的机会,一

趣谈"封鸡"

杜静安

到一个集
回了五十
漂亮、正宗
鸡,每只鸡
量在四斤

因为第一次听说"封鸡",感到很新奇。猜想
家里人吃到"封鸡"一定会询问来龙去脉的
对制作"封鸡"的全过程看得格外仔细,还参

风鸡是一种鸡的腌制品,其中有个非常重要的步骤就是腌制后须放于阴凉通风处阴干。我国古代就有制作风鸡的历史,《红楼梦》第五十三回写黑山村的庄头乌进孝向贾府进的年货单子中就有:"活鸡、鸭、鹅各二百只,风鸡、鸭、鹅二百只,野鸡、兔子各二百对。""风鸡"中的"风"义为借助风力阴干,除了风鸡外,还有风鹅、风鱼等,误"风"为"封",应是音同致误。

鲁迅“以笔伐戈”？

◎新　德

2022年1月24日《益寿文摘》第6版刊登了一篇题为《以笔伐戈，鲁迅的语言有多一针见血》的文章，辑录了鲁迅先生一些犀利的传世名言。标题里的“以笔伐戈”有误。

“戈”是古代的一种兵器。伐，甲骨文字形象用戈砍人的头，义为砍杀，也有攻打、讨伐之义，如口诛笔伐。“以笔伐戈”实难说通。应改为“以笔代戈”。

以笔代戈，即用笔作为战斗的武器。鲁迅先生是我国伟大的文学家、思想家、革命家。他文笔犀利，发表的小说、散文、杂文，主题大都为抨击封建文化与封建道德，批判愚昧落后的国民性，坚持启蒙立场，是新文化运动的伟大旗手。尤其是他的杂文，论辩犀利，深刻分析了各种社会问题，表现出卓越的政治远见，被誉为“匕首”和“投枪”。“横眉冷对千夫指，俯首甘为孺子牛”是鲁迅先生一生战斗精神的自我写照。说鲁迅先生“以笔代戈”是十分妥帖的。

以笔伐戈，鲁迅的语言有多一针见血

中国人的性情是总喜欢调和折中的，譬如你说，这屋子太暗，须在这里开一个窗，大家一定不允许的。但如果你主张拆掉屋顶他们就来调和，愿意开窗了。——《三闲集·无声的中国》

我先前总以为人是有罪，所以枪毙或坐监的。现在才知道其中的许多，是先因为被人认为“可恶”，这才终于犯了罪。——《而已集·可恶罪》

中国大约太老了，社会上事无大小，都恶劣不堪，像一只黑色的染缸，无论加进甚么新东西去，都变成漆黑。可是除了再想法子来改革之外，也再没有别的路。我看一切理想家，不是怀念“过去”，就是“希望将来”，而对于“现在”这一个题目，都缴了白卷，因为谁也开不出药方。所有最好的药方，即所谓“希望将来”的就是。——《两地书·集注》

（摘自《青年博览》2021年12月 [illegible]/辑）

“人间不值得”吗

◎代宗艳

2017年初，著名脱口秀演员李诞发了一条微博，说“开心点朋友们，人间不值得”。随后引起大量网友的共鸣，微博上掀起了讨论热潮，于是“人间不值得”这个小句也就成了新的流行语。例如：

（1）有人说，自溺症不过是打着“人间不值得，所以要快乐”的旗帜，以佛系之名行“自杀”之事，用一时爽快换来无尽挫败。但也有人说，无伤大雅的时代病没啥不好，当你还有心思和生活开玩笑，就已经是个胜利者了。（《北海晚报》2019年3月11日）

（2）有句话在年轻人中间曾引发热议：人间不值得。可是，世界新新鲜鲜地在眼前敞开着，人生才刚起了个头呢，有什么不值得的呢？（《金华日报》2021年12月3日）

“人间不值得”，脱口秀演员李诞原本是要表达人世间不值得你去难过，鼓励人们生活要过得开心一点，乐观一点，洒脱一点，如例（1）。但许多人在使用时发生了语义偏移，忽略了前面那句“开心点朋友们”，转而理解为“生活如此艰难，人间不值得我来这一趟”的语义，借此来抒发自己的悲观情绪，或以此来自嘲，如例（2）。如今，“人间不值得”作为传达带有颓废、绝望、悲观等情绪和色彩的流行语被大量使用。例如：

（3）当我看到蔡澜的《人间好玩》这本书，就决定“读它”。一是这书名和正当红的李诞那一句“人间不值得”形成了鲜明的对应；再就是这本书的作者和黄霑、金庸、倪匡并称为“香港四大才子”，“在玩乐中体验人生，在平常的烟火气中感受生活的美好”是他的生活态度。(《北海日报》2021年4月18日)

(4)不知从何时起，身边的同伴总爱抱怨着：“人间不值得。”可在我看来，恰恰是这可爱美妙的人间不值得你整天郁郁寡欢、怨天尤人呢。只要你用心感受，生活中就满是快乐！(《岳阳日报》2021年5月26日)

从句法结构上看，“人间不值得”这个小句本身具有歧义，因为这里的“不值得”省略了句法宾语，我们需要根据语境来补足，以说明“不值得”的内容。比如李诞所说的“人间不值得”可以补足为“人间不值得难过”，而例(4)“人间不值得”可以补足为“人间不值得我来这一趟”。从语言表达上看，“人间不值得”具有鲜明的口语性与娱乐性特征。目前，很多人在遇到困难和挫折的时候，便会发出“人间不值得”的感叹，以此宣泄自己的消极情绪。作为社会生活的产物，“人间不值得”这一小句已经成为许多人的口头禅，带有强烈的调侃色彩。

“人间不值得”的流行，本质上是青年亚文化传播的一种新形式。当下，以“佛系”“躺平”“丧文化”等为代表的流行语层出不穷，它们都是当代青年亚文化在新媒体时代的现实写照，反映出当代部分青年人的消极状态和避世心理。他们采用看似调侃与自嘲的方式来进行自我掩饰，透露着悲观与无奈，实则是对外部压力的一种消极对抗。

海子有诗曾言“你来世间一趟，你要看看太阳”。人间到底值不值得，并不由我们哪一个人来定义，但我们能决定的是自己是否值得。莫让“人间不值得”成为逃避现实的怯懦借口，愿我们坚守自我价值，笑对“人间不值得”！

各美其美，美美与共

◎王冬雪

1990年12月，著名社会学家费孝通先生在八秩寿诞之际，就如何处理不同文化之间关系的问题总结出十六字箴言：“各美其美，美人之美，美美与共，天下大同。”

《现代汉语词典》(第7版)“美”的义项丰富，词性多样，兼具形容词、动词和名词的用法。费先生的十六字箴言中总共出现了六个“美”字，这六个“美”的词性与意义不尽相同。第一个“美”是动词，第二个“美”是名词，“各美其美”的意思是各方要创建和彰显自己(本人、本地区、本民族、本国等)的美好与长处，发挥特色优势。第三个“美”是动词，第四个“美”是名词，“美人之美”的意思是还要学习和欣赏他方(他人、他地区、他民族、他国等)的美好与长处，取人之长，补己之短。第五第六两个“美”都是名词，“美美与共”的意思是本方之美与他方之美要和谐共存，互利共享。而“天下大同”便是最终目标。

后来，人们将这十六字精炼为八个字：“各美其美，美美与共”。例如：

(1)各国应当相互尊重、彼此包容，在这个星球上各美其美，美美与共。(《人民日报》2021年3月8日)

例(1)是国务委员兼外交部长王毅，在十三届全国人大四次会议新闻发布会上谈及人类文明发展趋势时，使用“各美其美，美美与共”这八个字简明扼要地道出了人类文明具有多样性和互通性的基本特征。

“各美其美，美美与共”的使用频率日益提升，用法也日益扩大，从最初的社会学领域扩展至政治、经济、文化等多个领域。例如：

（2）科学确定不同都市圈的功能定位、发展目标和建设路径。在特定都市圈区域，统筹规划核心城市、区域中心城市、地区中心城市、微中心功能，使不同类型、不同功能的空间各美其美，美美与共。（《经济日报》2021 年 10 月 12 日）

（3）千百年来万里丝路犹如纽带，让不同民族和文明相遇交融、相互滋养，共同书写了互通有无、交流互鉴的辉煌篇章，也滋养出丰富多彩、各美其美、美美与共的非物质文化遗产。（《河北日报》2021 年 9 月 16 日）

"各美其美，美美与共" 传达了一种 "和而不同" 的哲学思想。纵观中西方哲学的发展历程，也无不渗透着这种文化内涵。

早在两千多年前，孔子在史伯和晏婴 "和同之辩" 的基础上提出："君子和而不同，小人同而不和。" 中华文化里，"和而不同" "求同存异" 乃是君子之德。西方哲学中，马克思主义哲学对矛盾的普遍性和特殊性进行了深刻探讨，英国哲学家罗素认为 "参差多态，乃是幸福的本源"。古今中外的哲学家都秉持着这样的包容哲学：世间万物生而不同，彼此尊重，方能和睦共处。

"一花独放不是春，百花齐放春满园。" 芸芸众生因独特多样而存在，因包容互鉴而发展。要坚守 "各美其美，美美与共" 的观念，让人类文明生生不息，持续繁荣发展。

微语录 · 人生

1. 只有站在足够的高度上，你才会拥有更多的选择权利，你才有可能引导生活向你所希望的方向前行。

2. 不是每个人都能成为自己想要的样子，但每个人都可以努力成为自己想要的样子。

（乔　桥 / 辑）

“新基建”助力“零工经济”

◎高丕永

说起“零工经济”，自然会想到“零工”。查汉语词典，“零工”的意思是“短工、临时的工作”，或“打短工的人、短工、做临时工作的人”。但是，现在流行的“零工经济”，并不是“零工”和“经济”两个词传统意义的简单相加。

“零工经济”是从英语借入的，原词为“gig economy”。原词里的“gig”，早先只是口语，本义是“(乐队、歌手)一次性演出，特约演出”，相当于我们的“堂会”。后来，口语“gig”引申为“(一次性)任务；(一份)活儿”。再后来，“gig”进入书面语。“gig economy”一词，于2008年全球金融危机期间出现并流行。那时，美国大量的失业人群通过临时性工作来补充收入。大约在2015年，原词经意译借入汉语。

什么是“零工经济”？简单地说，零工经济，是外卖小哥、网约车司机、民宿经营者、摄影师、网课教师、设计师、翻译工作者、自媒体写手、程序员等，以全职“网约工”或兼职的方式，利用互联网和移动技术，按需匹配，贡献自己的脑力或体力劳动的经济模式。比如：“‘零工经济’显示出强大的发展势头，全职终身雇佣制的‘铁饭碗’时代面临挑战。”(《人民日报》2015年8月21日)又如：“零工经济模式为知识型员工灵活就业提供了多种选择，员工可以同时服务于不同雇主。”(《人民日报》2017年7月5日)

2020年5月28日下午，

十三届全国人大三次会议在北京人民大会堂举行记者会，李克强总理出席并回答中外记者提问。当问到面对严峻的就业形势，政府将如何遏制失业潮，如何帮助大学生和农民工找到工作时，总理说不但要稳住现有的工作岗位，“同时还要创造更多新的就业岗位。现在新业态蓬勃发展，大概有1亿人就业。我们的零工经济也有2亿人就业”（参见《人民日报》2020年5月29日）。于是“零工经济”一词立刻“刷屏”。那么，如何更好地发展“零工经济”呢？动力之一就是加强“新基建”。

“新基建”是“新型基础设施建设”的缩略，相对于改革开放初期开始的“老基建”而言。那时的基础设施建设，指的是以“铁公机”（铁路、公路、机场）为主的基本建设。2018年底，中央经济工作会议把5G、人工智能、工业互联网、物联网定义为“新型基础设施建设”。随后，“加强新一代信息基础设施建设”写入2019年政府工作报告。2020年3月4日，中共中央政治局常务委员会召开会议强调，要加快5G网络、数据中心等新型基础设施建设进度。2020年的政府工作报告扩展了“新基建”的内涵：“加强新型基础设施建设，发展新一代信息网络，拓展5G应用，建设数据中心，增加充电桩、换电站等设施，推广新能源汽车，激发新消费需求、助力产业升级。”今后，新老基建一定会共同发展。

“新基建”的“新一代信息网络”“5G应用”“数据中心”，以及“新消费需求”等，能助力稳住现有的工作岗位，还能创造出更多新的就业岗位，也将助力我国“零工经济”的发展。

何来“折戟沉舟”

◎张铁鹰

《杂文月刊》2022年2月（上）所载《直面“父亲”》一文中有这样一段话：“可怜天下父母心！自己的儿女在飞黄腾达、炙手可热之时，他们并没有鸡犬升天，享受荣华富贵，但一朝折戟沉舟，从天上掉下来，却让他们脸面丢尽、愧见乡邻，更为自己的孩儿伤筋动骨而痛彻心扉。”其中的“折戟沉舟”系“折戟沉沙”之误。

戟（jǐ）是古代的一种兵器，折戟沉沙即折断的戟沉埋在泥沙里。语出唐代杜牧的《赤壁》：“折戟沉沙铁未销，自将磨洗认前朝。东风不与周郎便，铜雀春深锁二乔。”诗中，杜牧由一个小小的沉埋于沙中的“折戟”，想到汉末的分裂动乱，想到赤壁之战的风云人物。后来，“折戟沉沙”作为成语，用以形容失败惨重。

沉舟即沉船于水中，成语“破釜沉舟”，用以表示下定必死决心，有进无退干到底。汉语中没有“折戟沉舟”，造成这个错误的原因，应是把“折戟沉沙”和“破釜沉舟”杂糅到一块儿了。

应是“弃若敝屣”

◎吴孝成

《读书文摘》2020年第4期转载《谈圆熟与圆滑》（原载《当代工人》2019年第22期），其中写道：“长此以往，便道德沦陷，底线失守，把公理道义弃之如履。”其中的“弃之如履”说不通，应作“弃若敝屣”。

敝，破旧；屣，鞋子。弃若敝屣即像破鞋子一样把它扔掉，比喻毫不可惜。语本《孟子·尽心上》：“舜视弃天下，犹弃敝屣也。”说的是舜帝对待放弃天下，就像扔掉破烂的鞋子那样。

“履”也有鞋子的意思，“弃如敝履”也可说通；但是说成

"弃之如履",意思就成了像鞋子一样扔掉。鞋子没有坏,好好的为什么要扔掉呢?显然不通。

"勃蹊"应为"勃谿"

◎杨宏著

《三国中的女人们》(学林出版社2014年1月出版)卷首语中说:"吴大帝晚年如果不热衷于爱女大虎的巧言令色,也不至于令后庭勃蹊呢。"句中"勃蹊"错了,应改为"勃谿"。

勃谿(xī),义为吵架、争斗,多用于家庭成员之间。《庄子·外物》:"室无空虚,则妇姑勃谿。"成玄英疏:"勃谿,争斗也。"说的是如果居室里没有空隙,则婆婆媳妇就容易为鸡毛蒜皮的小事争吵。后常用"妇姑勃谿"指称婆媳争吵不和。上引句子说的是吴大帝孙权,因为过分宠信长女孙鲁班(字大虎),导致后庭失和,甚至影响了吴国的政局。这里用"勃谿"是符合文意的。

"勃谿"是联绵词,还可以写作"勃磎"。如今"勃谿"是首选词形,写成于史无征的"勃蹊"是错误的。

又见"宣誓主权"

◎曲　云

《咬文嚼字》2012年第11期《"宣誓主权"?》早已指出"宣誓主权"是错误的。2021年11月20日,《环球时报》公众号发布了一篇介绍韩日最新矛盾纠纷的文章《美国又喊来两个国家想一起对付中国,结果又尴尬了……》,其中说道:"韩国国家警察厅厅长金昌龙刚刚登上了日本认为有'领土争议'的韩国独岛(日本称之为"竹岛")宣誓主权,而这引发了日本的强烈不满。"很显然,主权是不能"宣誓"的。

宣誓,义为担任某项任务或参加某个组织时,在一定的仪式上当众说出表示决心的话。如“宣誓就职”“入党宣誓”。主权,是指一个国家在其领域内拥有的最高权力。根据这种权力,国家按照自己的意志决定对内对外政策,处理国内国际一切事务,而不受任何外来干涉。“主权”是不能也无法“宣誓”的,上文中“宣誓”应为“宣示”。

宣示,义为公开表示、宣布,如“宣示内外”。上引文想表达的是,韩国国家警察厅厅长金昌龙登上独岛,即用这一行动向全世界公开表示韩国对于独岛拥有主权:独岛属于韩国。这里用“宣示”是合适的。

莫把木匠当“石匠”

◎王宗祥

2008年第11期《咬文嚼字》就发过《名教授误说“匠石”》一文,没想到2021年3月25日《新民晚报》19版《放羊的与砍柴的》一文再次误说:“庄子寓言《徐无鬼》讲了一个石匠的故事:某人在自己的鼻尖抹上蝇子翅膀大小的一点白粉,石匠拿起斧头,‘运斤成风’,把那人鼻尖上的白粉完全削去而鼻子却不受一点伤害。挺神的。”这个故事说运斤成风的是石匠,错了,应该是匠石。

“运斤成风”的故事确实出自《庄子·徐无鬼》:“郢人垩慢其鼻端,若蝇翼,使匠石斫之。匠石运斤成风,听而斫之,尽垩而鼻不伤,郢人立不失容。”说的是“匠石”抡斧砍掉郢人鼻尖上的白灰,而没有碰伤郢人的鼻子。这里的“匠石”是名字叫石的巧匠,他是一位高明的木匠,非指石匠,后亦用“匠石”泛称能工巧匠或擅长写作的人。刘勰《文心雕龙·事类》:“夫山木为良匠所度,经书为文士所择,木美而定于斧斤,事美而制于刀笔,研思之士,无惭匠石矣。”“匠石运斤”被用来形容技艺精湛超群。

上引文说“运斤成风”的是石匠是不准确的,与《庄子》原文文意也不相符。

是“疠瘴”不是“疬瘴”

◎王梅胜

2020年第4期《中华诗词》,载有何江《咏赴鄂医护人员》诗,赞颂了广大医务工作者置生死于度外,义无反顾,勇敢逆行,打赢了这场没有硝烟的“抗疫”战斗。其中有这样一句:“何来疬瘴锁江城,庚子新春扰众生。”这里的“疬瘴”错了,应改为“疠瘴”。

疠,读lì,本义为恶疮,后也指疫病、瘟疫。瘴,读zhàng,本义即疠,后特指瘴气,即我国南方热带或亚热带山林中的湿热致病的空气,过去被认为是恶性疟疾(瘴疠)等传染病的病原。新冠肺炎是一种传染病,可视作重大瘟疫。疠、瘴二字都有传染病这个义项,与《咏赴鄂医护人员》这首诗的主题是契合的。

疬,读lì,指瘰(luǒ)疬,即淋巴腺结核,俗称疬子颈。该病属常见病。“疬”“瘴”搭配,一个结核病,一个疟疾,两种疾病皆与新冠疫情不沾边,与医护人员赴鄂抗疫无关。将“疠”误为“疬”,恐是两字音同形近所致。

胡同名误成“总部”

◎木　子

《百年颂　百名作家百年礼赞》(春风文艺出版社2021年6月出版)中有《丁玲曾有过一个愿望》一文,其中有这样一句话:“1949年6月8日丁玲从沈阳调到北京后,暂住在北京东总部22号……”这里的“东总部”应为“东总布胡同”。

东总布胡同位于北京市东城区东单北大街,是一条东西走向的街道。明代时因总捕衙门设在该胡同内,而被称为“总捕胡同”。因“捕”总让人想到逮捕、捕捉等义项,人们觉得不好听,所以后来又叫“总铺胡同”。清末宣统年间改称“总布胡同”,并将其一分为二为东总布胡同和西总布胡同。在东总布胡同东口不远处原来有一南北走向的城隍庙胡同,1947年改为北总布胡同。于是北京有了三条以“总布”命名的胡同。

东总布胡同22号院是一个有中西合璧房屋建筑的三进大院,1949年那里曾作为中国作家协会驻地,同时也是一些驻会作家的居住地,既有办公区也有居住区。东总布胡同与“总部”无干,误“东总布”为“东总部”应是“布”“部”音同致误。

“孤独求败”应是“独孤求败”

◎李信宜

2021年8月18日《成都商报》第7版刊有《酒类商标刮起“武侠风”只为“提前站位”?》一文,其中写道:“贵州茅台的此次申请被报道后,有网友调侃,‘金庸的后人同意了吗?’‘还有孤独求败吗?’”这里“孤独求败”写错了,应是“独孤求败”。

独孤求败,本是金庸武侠小说《神雕侠侣》中的一个人物,自号“剑魔”。“独孤”是他的姓氏(复姓),“求败”是名字。这位剑魔武功精湛,剑术高超,一生败尽英雄,走遍天下想找到能够打败自己的人,故取名“求败”,却始终未能如愿,令人感受到他的孤独寂寞。

受到金庸小说的影响,现在常用“独孤求败”一词形容在某方面技术、水平、造诣达到很高的境界,一般人难以企及,因而难逢敌手的情景。这种用法的“独孤求败”不但取复姓“独孤”字面义,也蕴含着人物本身的故事内涵。将“独孤”写成“孤独”,当是记忆有误。

“棉花萁”可以当燃料吗

◎浦东轩

2021年12月30日《上海老年报》第7版《蒸糕》一文说:“母亲吩咐我和兄长将堆在

草屋的几捆火力比较旺的棉花箕、豆萁和几堆树枝都搬到灶头间，备作蒸糕的燃料。”“棉花箕”是什么？当是“棉花萁”之误。

“萁”(qí)，本指豆秸、豆茎。曹植《七步诗》：“煮豆燃豆萁，豆在釜中泣。”引申泛指植物的茎秆。棉花萁就是棉花的茎秆，多用作燃料，火力比较旺。上引文句说用来当蒸糕的燃料，无疑是“棉花萁”。

“箕”(jī)，指簸箕，即用竹篾或柳条编成的用器，主要用来扬米去糠。也有畚箕，是装载垃圾的用具。没见过用棉花茎秆编制的簸箕和畚箕，更不会用它们当燃料！

“谢眺”？“谢朓”！

◎厉国轩

《文汇报》2021 年 2 月 14 日第 4 版《铜雀春深》一文说：“同江淹、谢眺、何逊、刘孝绰等人不同，荀仲举亲自到了邺城，是看到过铜雀台风光的。”其中“谢眺”是“谢朓”之误。

谢朓(464—499)，南齐著名诗人，诗作多描写自然景色，风格清俊，颇为李白所推许。后世将他与谢灵运(大谢)对举，亦称“小谢”。

古人在取字的时候，通常讲究所取之字和名在意义上有关联。朓，读音是 tiǎo，古书上指农历月底月亮在西方出现，《说文解字》：“晦而月见西方谓之朓。”谢朓，字玄晖，玄晖在古汉语中可指月光，唐代喻凫《送贾岛往金州谒姚员外》：“几夕江楼月，玄晖伴静吟。”可见，“朓”和“玄晖”在意思上是有关联的，符合古人取字的习惯。

眺，音 tiào，本义为斜视，也有从高处远望的意思，如眺望、远眺。谢朓的“朓”不可写成“眺”。

“男人负责养家，女人负责貌美如花”

◎宗守云

《生活日报》2011年3月1日有一篇文章写道：

（1）“男人负责养家，女人负责貌美如花”这句话是在报纸上看到的。觉得非常有趣。

“负责养家”，是“负责”的典型用法，在“负责”这个动词范畴中居于中心地位；“负责貌美如花”，是“负责”的超常用法，在“负责”范畴的边缘位置。从典型用法到超常用法，是“去范畴化”现象。中国社会科学院语言研究所方梅研究员说：“所谓‘去范畴化’指在一定的条件下，某一句法范畴的成员失去了该范畴部分特征的现象。”

“负责”指某一主体担负某种责任。就“负责”这个动词范畴而言，其典型用法至少包括两个特征，一是用于主体某种行为，二是需要主体付出努力。如果在一定条件下失去第一个特征，即“负责”不用于主体某种行为，而是用于主体某种状态，就会出现“去范畴化”，“负责貌美如花”即是如此。再如：

（2）不过张强还是关心地问了一下，老师到底建议娟子填哪几所学校和专业，李叔有点难为情，他说自己也说不太清。

张强笑着说，李叔，你只负责高兴就行了。（范小青《遍地痕迹》，《清明》2019年第4期）

（3）是在有了小酒窝以后，落葵才惊愕地看到了母亲的巨变。那个坚硬的女人神奇地柔软下来，蜕变成了一个真正的姥姥。像天下所有的姥姥一样，在酒窝的生命里，只负责一件事：爱与慈祥。（蒋韵《如云的秘事》，《北京文学》2021年第12期）

例（2）“高兴”和例（3）“爱与慈祥”都是主体的状态，不是主体的行为，它们成为“负责”的内容,是“负责”的去范畴化现象。

如果在一定条件下失去第二个特征,即“负责”不需要主体付出努力,也会出现“去范畴化”。例如:

(4)相比较那些观众认可的文学从业人士,到了一定年纪的我们,自然出现两种“身在现场”的与有荣焉:一种是有出场费的,比如某某,又比如某某,还比如某某某;一种是买票入场,负责观看兼鼓掌的,比如李某。(李更《自嗨》,《文学自由谈》2020年第5期)

(5)苏序就在他的讲述中认识了他的老婆。一个颇有几分姿色却华而不实,天天盘算着怎么出去勾搭别的男人的女人。苏序从头到尾没问过一个问题。她只负责听,静静地倾听。(马金莲《听众》,《北京文学》2020年第9期)

例(4)“观看兼鼓掌”和例(5)“听”都是不需要付出努力就可以完成的行为,严格说谈不上负什么责任,这也是“负责”去范畴化导致的超常用法。

去范畴化是语言中普遍存在的现象。美国语言学家菲尔墨研究了英语climb(爬)的用法,climb的典型用法包含着“向上运动”和“用手抓住所爬的东西”两个特征,如John climbed the ladder;climb可以只包含“向上运动”而不包含“用手抓住所爬的东西”,如The airplane climbed to 20000 feet;climb也可以只包含“用手抓住所爬的东西”而不包含“向上运动”,如He climbed out onto the ledge。climb的后两种用法就是去范畴化现象。

从语言系统看,句法范畴的去范畴化会导致一个语言形式承担不同的意义,这可以避免每个意义都用不同的语言形式表达,从而大大减轻了记忆的负担。从语言运用看,句法范畴的去范畴化可以提高语言效率,有时甚至可以起到提高语言表达效果的作用,像“负责”的去范畴化,有很多属于拈连修辞方式,“男人负责养家,女人负责貌美如花”就是如此。

“异形词”这个名称欠妥

◎苏培成

汉语里的一个词,用汉字写下来可以有不同的写法。例如,“笔画”也可以写作“笔划”,“保姆”也可以写作“保母”“褓姆”,“出谋划策”也可以写作“出谋画策”。汉字的这样应用应该加以规范,即从几种写法中确定一种为规范写法,淘汰其他写法。

汉字中的这种不规范现象在历史上早就存在。1973年12月,湖南长沙马王堆汉墓出土的帛书《易经》,其中六十四卦卦名的写法与通行本不同。下面列出十个卦名的不同写法。破折号前面的是通行本的写法,后面的是帛书里的写法:

乾——键;坎——赣;

震——辰;临——林;

坤——川;升——登;

革——勒;咸——钦;

中孚——中复;

大壮——泰壮。(引自朱伯崑主编《易学基础教程》,九州出版社2011年版第32页)

为了规范现代汉字中的这种现象,中国语文报刊学会聘请专家进行整理,把这种不规范的现象叫作“异形词”。在这之前,语言文字学界有人把这种现象叫作“异体词”。教育部和国家语委于2001年12月19日发布了《第一批异形词整理表》。《整理表》中选取了普通话书面语中经常使用、公众的取舍倾向比较明显的338组异形词作为第一批进行整理,给出了每组异形词的推荐使用词形。例如,在“笔画”——“笔划”中,确定“笔画”为规范形式;“保姆”——“保母”“褓姆”中确定“保姆”为规范形式;

"出谋划策"——"出谋画策"中,确定"出谋划策"为规范形式。

裘锡圭先生说:"近年来,有不少人把同一个词的各种不同书写形式称为'异体词'或'异形词'。这两个名称的含义并无不同,所以下文就只提'异体词'了。""提出异体词这个名称的用意很好,可是这个名称却并不好。我们如果不愿意把同一个词的各种书写形式称为异体词,又嫌'同一个词的不同书写形式'这种说法太啰唆的话,可以把它们称为'一词的异形'或'一词异形'。""把一词的异形称为异体词,是对语言和文字的区别缺乏明确认识的反映。这从有些人对'异体词'所作的解释,可以看得很清楚。有人说:'意义、读音完全相同,但书写形式不同,如'ànyǔ'有'按语''案语'两种不同的形体……这种同一词语的不同形体的词可以叫做异体词。'显然,他所说的'同一词语的不同形体的词'就是我们所说的'同一个词的不同书写形式'。词的不同书写形式怎么能称为不同形体的'词'呢?"(裘锡圭《文字学概要》,商务印书馆1988年版第273页)

笔者当年曾以顾问的名义参加《第一批异形词整理表》的研制,由于我对裘先生的意见没有认真学习,在研制中并没有注意"异体词"这个提法的不妥。一转眼《第一批异形词整理表》公布推行已经20多年,现在发现"异形词"这个名称依旧存在当年裘先生指出的问题,需要纠正,我深感愧疚。作为国家有关部门公布语言文字规范的标准,有错必究,不能以"约定俗成"的名义让错误继续存在。笔者写这篇短文,希望政府主管语言文字工作的部门,注意这个问题,设法早日解决这个问题。至于前面说到的《周易》卦名在古代有不同写法,这个问题早已解决,目前通行的写法就是规范的写法。我建议把"异形词"改为"异写词"。

“降虎得用重锤”？

◎龙启群

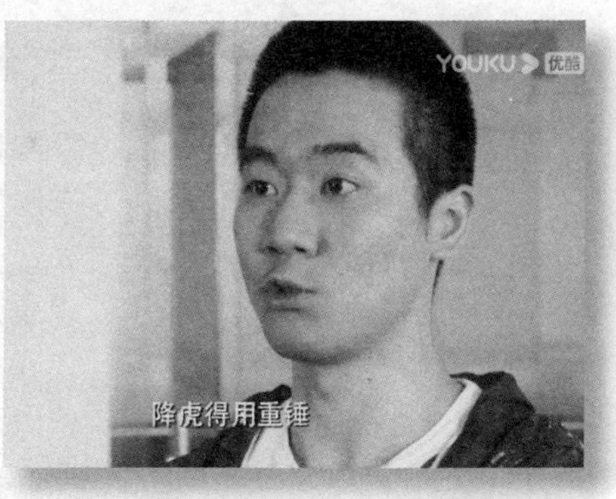

电视剧《浮尘下的枪声》第一集中，滨夕市公安局吴副局长带着公安大学毕业的高才生王铁钢去刑警队报到，见到了刑警队长高一凡，王与高有一段这样的对话：

王：您就是神探一高啊，如雷贯耳啊。听说您是能文能武，怎么样，收下我这个徒弟吧！

高：欢迎新战友！不过，我得给你提个醒，我脾气不好。

王：那有什么的啊，这俗话说：严师出高徒，降虎得用重锤！（字幕同步显示）您要是不严格地传帮带，我还得炒了您这师傅呢。

这段对话中，“降虎得用重锤”突兀得让人摸不着头脑：为什么“降虎”一定得用重锤？两者之间有什么必然联系吗？

思考良久，想起一句谚语：“响鼓用重锤。”是说如果要鼓声响亮的话，就得用锤大力地敲，意思是指采取严厉的手段来做某事，比喻严厉地鞭策。这一谚语还有一种说法则是“响鼓不用重锤敲”，是说一面上乘的鼓，不需要用大力敲就能发出很响的声音，比喻一个头脑灵光的人，有了缺点或错误，只要稍微提醒，就会立即更正缺点或错

应是『无玷圣母』

◎程　旭

电影《第一炉香》中有这样一个场景：葛薇龙到周吉婕家里吃茶，看到房间里挂有一幅画像，吉婕向薇龙介绍道："无沾圣母像，好像是我妈妈挂在这里的，没拿下来。"（字幕同步显示）这里的"无沾圣母"应是"无玷圣母"。

圣母无玷始胎是基督教关于圣母玛利亚的一个说法。据记载，耶稣是上帝的儿子，是上帝借助童贞女玛利亚的身体，通过圣灵感孕而生的。这一点对后来基督教教会（特别是天主教会）的历史、神学、礼仪都有极大的影响，由此，玛利亚被奉为无玷圣母，成为天主教的崇拜对象。

玷，读作 diàn，本义是白玉上的斑点，比喻义是人的缺点、过失，也可作动词表使有污点，如玷污。"无玷圣母"的意思是童贞圣母玛利亚受孕时没有受到原罪的玷污。

沾，读作 zhān，有浸润、接触、牵连、凭关系得到等义，如沾衣、沾水、沾带、沾光。教会称说中是没有什么"无沾圣母"的。

误。电视剧中王铁钢要拜高一凡为师，高一凡说自己"脾气不好"，言下之意是会严格要求王，所以，王铁钢说"响鼓得用重锤"，想要表达的正是自己是一面"好鼓"，需要高队长的一记"重锤"来严厉鞭策自己。

仔细听电视剧中王铁钢的台词，演员本身确实说的是"响鼓得用重锤"，但因语速较快，"响鼓"和"降虎"读音接近，所以字幕把"响鼓"误作了"降虎"。

不是“怀长城”，是“坏长城”

◎陈以鸿

央视中文国际频道2022年2月7日上午播出《中国文艺》，内容是向经典致敬，介绍了《义勇军进行曲》的创作、传播，以及成为中华人民共和国国歌的经过。在讲到作曲家聂耳遇难溺亡后，田汉悲痛万分，写下悼念聂耳的七律诗。节目里有一位朗诵家当场朗诵，字幕同步显示出相应诗句。其中“边疆次第怀长城”这句错了，“怀长城”应该是“坏长城”。

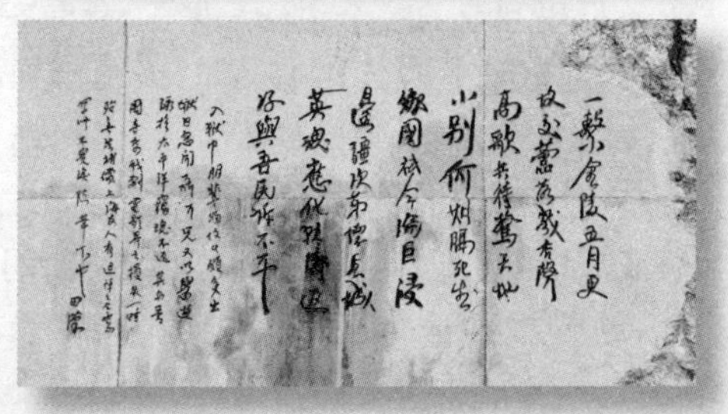

该图摄于云南昆明西山的聂耳墓，田汉这首悼念聂耳诗作的手迹被刻在了墓园里的石碑上

田汉和聂耳虽然年龄相差14岁，但是因为有着共同的音乐理想和追求而成为知己。1934年底，田汉参与创作了以抗日救亡为主题的电影剧本《风云儿女》，并在剧本原稿的最后一页，写下了

煤炱不是煤

◎李景祥

2022 年 1 月 18 日央视科教频道《百家讲坛》播出《舌尖上的历史(第二部)2 美食家孔子》,主讲老师提到了《吕氏春秋》里记载的孔子与颜回的

《义勇军进行曲》的初版歌词。不久田汉被捕入狱,聂耳得知后,主动要求承担《风云儿女》主题歌的作曲任务,并于 1935 年最终完成了歌曲的创作。但不幸的是,同年 7 月,聂耳在日本遇难溺亡了,《义勇军进行曲》也成了他和田汉的最后一次合作。听到聂耳去世的噩耗,田汉悲痛万分,流泪写下悼念聂耳的诗句:“一系金陵五月更,故交零落几吞声。高歌共待惊天地,小别何期隔死生。乡国只今沦巨浸,边疆次第坏长城。英魂应化狂涛返,好与吾民诉不平。”这首诗后来镌刻在位于昆明的聂耳墓的墓碑上。

“乡国只今沦巨浸,边疆次第坏长城”,表达的是中国受到侵略,国土沦丧,满目疮痍。“次第”是逐渐、依次、一个挨一个地,与“坏长城”搭配说不通,也不符合律诗的平仄要求。

一件事：孔子困于陈蔡，七天没有吃饭，颜回想办法弄了一点米，要做饭给孔子吃。饭快要熟的时候，孔子看见颜回抓了点饭自己先吃了，以为他不敬尊长。颜回感受到老师的不快，回答说因为刚才有“煤炱”掉到了饭上，丢掉又不好，才把脏掉的饭吃掉了。听颜回这么说，师生之间的误会也消除了。主讲老师解说：“当时已经煮饭了……而且使用煤，已经用煤来做饭了。”（字幕同步显示）《吕氏春秋》中这个故事并未讲到用煤来煮饭，主讲老师又是怎么得出这个结论的呢？

“颜回攫食”这个故事出自《吕氏春秋·任数》，颜回向孔子解释的原话是：“向者煤炱入甑中，弃食不祥，回攫而饭之。”高诱注：“煤炱，烟尘也。”煤，本义为烟灰，《玉篇·火部》：“煤，炱煤也。”炱，音 tái，义为由烟凝积成的黑灰，意思与“煤”本义相近；煤炱，即指凝聚的烟尘、烟气所积的黑灰。煤炱和现在作为燃料的“煤”不是一样东西，柴草燃烧也会产生烟尘，主讲老师因为有“煤炱”落到饭上而认为当时是用煤来煮饭，是不准确的。

用作燃料的“煤”又叫“煤炭”，是古代的植物压埋在地底下，经复杂的化学变化和高温高压而形成的黑色或黑褐色矿物。我国古人何时以煤为燃料，学界说法不一。但在明代之前，现代的煤炭一般被称为石墨、石炭，明代才开始称“煤炭”。所以主讲老师由“煤炱”关联到煤炭，在孔子那个时代是站不住脚的。况且，当时困于陈蔡的孔子师徒，好不容易弄到一点粮食，条件艰苦，能烧柴草做饭就不错了，怎么可能弄到煤来煮饭呢？

“苹果”探名

◎钱 伟

在西方世界，苹果似乎总是与各种传说和典故相联系，其文化象征意义远远超过一般水果，比如人们常说上帝有三个苹果：一个诱惑了夏娃，一个砸醒了牛顿，一个成就了乔布斯。可与之相反，中国古诗文中出现过桃、李、杏、梨、枣、橘乃至西域的葡萄、江南的梅子、岭南的荔枝，却唯独不见苹果的影子。这是为何呢？

要回答这个问题还得从苹果的身世说起。苹果虽然是国人再熟悉不过的水果，但作为“外来户”，它到中国的时间其实并不长。

古书上记载了一种类似于苹果的本土水果叫作“柰”（读作“奈”），也叫“花红”或“林檎”。称其为“林檎”可能是因为其果熟味甘能招来飞禽栖落林中。在日语中，“苹果”至今依然写作“林檎”。

柰在中国的栽培历史超过了两千年，早在西汉时期司马相如撰写的《上林赋》中就有记载。只是其口感酸溜溜、软绵绵，类似于山楂和苹果的结合，无法勾起人们的食欲。于是，柰在中国历史上长期只作为水果的配角，根本无法与桃、李、杏、梅平起平坐，因而很少有人知道这种果子是苹果家族的一员。

元代中后期，一种新奇的水果从西域被引入大都，被精心种植在皇家苑囿里，嫁接在林檎树上后长出了色泽红润的果实。该叫它什么呢？时人想到了佛经里提到的色丹且润的“频婆果”，于是就这么叫起来。后又按汉语习惯改写成了“苹婆”。这种水果与柰本属同类，但经过改良，外观、口味已与柰有较大区别。元末，朝鲜王朝流行的汉语教科书《朴通事》描写主人公在大都的筵席：水果包括八种，分别是“柑子、石榴、香水梨、樱桃、杏子、苹婆果、玉黄子、虎刺宾”。其中就提到了苹婆果。此果在当时非常稀罕，与西凉之葡萄、吴越之杨梅并称为天下名果。

明代万历年间，农学家王象晋所撰的植物学著作《群芳谱》中，第一次将苹婆果简写成“苹果”，并称其“光洁可爱玩，香闻数步”，但“味甘松，未熟者食如棉絮，过熟又沙烂不堪食”。

到了清代，苹果见于记载愈多。康熙帝对苹果有特别的喜爱，常用以赏赐臣下。康熙六十大寿，款待参与庆典的士民，宴席中就有苹果。到了乾隆年间，苹果放下了身段，价格大降，又因其还让人联想到了平安吉祥、太平盛世等吉祥词语，于是成了宴席上必备的四鲜果之首。

不过，令很多人意想不到的是，今天市场上常见的苹果，看起来很本土，实际上也并非康乾盛世时的苹果子孙，而是来自大洋彼岸旧金山的西洋果。

1871年，有位爱好园艺的美国牧师倪维思来到山东烟台。他开辟农场，引进、培植了果大瓤脆、皮红肉硬的旧金山苹果。这种苹果虽不如中国本土苹果气味清香，却产量高、易储藏，很快被当地农民接受并推广种植。到清末，随着西洋苹果的广泛种植，“苹果”之名逐渐完全取代了“苹婆果”等名称。清末民初徐珂所辑的《清稗类钞·植物类》中有“苹果”条：“……北方产果之区，首推芝罘（烟台一地名）。……以其原种之来自美国旧金山也，故称之曰金山苹果。”

由上述内容可知，在古诗文中没有苹果的影子，不是古人觉得苹果不值得吟咏，而是因为那时根本就没有苹果——既没有“苹果”这个词，也没有我们今天吃的这种脆甜可口、又大又圆的果子。

问题连连问“莲蓉”

◎王　敏

最近对“莲蓉”有点小发现，但更多的仍是问题。个中曲折，且容我慢慢道来。

一、初始之问

广式莲蓉月饼吃过多次，但“莲蓉”到底是什么？

查2016年第7版《现代汉语词典》(下文简称《现汉》)始知“莲蓉”就是莲子粉：“莲子煮熟晒干后磨成的粉，用来做糕点的馅儿：莲蓉月饼。”而“蓉”就是植物制的粉：“用某些植物的果肉或种子制成的粉状物：豆蓉｜椰蓉。”“豆蓉”就是豆子粉，“椰蓉”就是椰肉粉。

二、时间之问

令人奇怪的是，“蓉”历来是“芙蓉”的简称，或指荷花，或指木芙蓉(芙蓉花，成都别称“蓉”即从此花来)，这个“粉状物”的义项是何时产生的呢？

翻辞书查“蓉”字，“粉状物”义项有三种情况：

(一)未录。如1947年版《国语辞典》、1980年版《辞源》。

(二)录相关义项，中心义为“糕点馅儿”。如1992年版《汉语大字典》：“豆类、瓜果煮熟晒干后磨粉做的糕点馅儿，如：豆蓉；莲蓉；椰蓉。”没有历代书证用例。1997年版《汉语大词典》类似。

（三）有明确收录的时间、版本。如1996年第3版《现汉》始录，2009年第6版《辞海》始录。

原来“粉状物”是“蓉”的新义项，进入辞书不过30年！历代无书证，说明偏口语；释义有偏差，说明不稳定。这都是现代新词特点。

再查“莲蓉”，上述辞书中，仅《现汉》2005年第5版始录。

三、探源之问

《现汉》1996年收录“蓉”的新义项，2005年收录“莲蓉”词条，据此可断，“粉状物”义项不是来自“莲蓉”。那会与豆蓉、椰蓉有关吗？

1996年第3版《现汉》同时收录“粉状物”义项与“椰蓉”：“椰子的果肉晾干后制成的粉状物，用来做糕点的馅儿：椰蓉月饼。”

而1973年第1版《现汉》（试用本）即收录“豆蓉”：“1.木豆、大豆、豌豆或绿豆煮熟晒干后磨成的粉，用来做糕点的馅儿：豆蓉月饼。2.〈方〉木豆。”

《现汉》“豆蓉”“椰蓉”“莲蓉”三词条收录时间，只有“豆蓉”早于“粉状物”义项，可能是源头。

四、假设之问

假如“豆蓉”是源头，那么豆子粉——木豆、大豆、豌豆、绿豆各种豆子磨成的粉——都叫“豆蓉”，这个用法又是哪里来的呢？

《现汉》（试用本）“豆蓉”的第2个义项是“〈方〉木豆”，笔者有一个大胆想法：“豆蓉”本是方言木豆的名称，也指木豆粉，后词义引申，泛指各类豆子粉。因此，“蓉”的新义项是从方言木豆来的！

木豆，豆科，直立小灌木，产于热带和亚热带地区，中国广东、广西、台湾等地均有栽培。从木豆产地来看，“豆蓉”原本应属南方方言。

五、未竟之问

“木豆”“种子可食或制

豆腐，又可为糕点的馅”（《辞海》），此说与《现汉》“豆蓉”的释义暗合。也许，最早的豆蓉月饼就是木豆蓉馅儿的。

那么，以“豆蓉”称木豆的方言会是广东话吗？从广东也是莲蓉月饼产地看，可能性很大。

《汉语方言大词典》（中华书局，1999年版）中“蓉”释义为：“粤语。”其义项②为：“〈名〉像泥的东西：蒜蓉｜椰蓉。”

当然，关于“莲蓉”，问题远未结束。

比如，“莲蓉”进《现汉》是2005年，而莲蓉月饼号称有上百年历史，那其他资料有记载吧？一开始就用“莲蓉”吗？

再如，2005年第5版《现汉》将“椰蓉”释义中“粉状物”调整为“碎屑”，而《汉语方言大词典》释“蓉”为“像泥的东西”，那么“莲蓉”怎么解释最准确？

还有，《现汉》释“蓉”的新义项，只说（用果肉或种子）“制成”，而释“豆蓉”“椰蓉”“莲蓉”则都强调“煮熟晒干后磨（制）成”，其中的“煮熟晒干”符合如今的实际吗？

限于个人能力与水平，诸如此类的问题一直萦绕心头却无力解决。读者诸君若有答案，还请多多指点。

《“心锁”》参考答案

1. 如火纯青——炉火纯青
2. 任苒——荏苒
3. 花废——花费
4. 二十多分钟——二十分钟
5. 鹊跃——雀跃
6. 吱吱吾吾——支支吾吾
7. 委曲——委屈
8. 喊了起来。——喊了起来，
9. 孰视无睹——熟视无睹
10. 无论何时也——无论何时都

逗你玩

◎石毓智

在冯小刚执导的电影《甲方乙方》中，姚远（葛优饰）等一帮人，想出了一赚钱的点子，创办了一个公司，开展一项“好梦一日游”的业务，帮助人们实现自己无法实现的梦想。李琦饰演的是个厨子，他只恨自己生活在一个和平年代，无法成为一个宁死不屈的义士，就像《红岩》小说中所描写的江姐、许云峰那样的。葛优扮演“地下工作者”，交代李琦扮演的“厨子”一句口令，在任何情况下都不能说出去。“厨子”发誓绝守秘密，不辜负党的期望。

第一关就是美人计。李琦在庭院里晃悠，透过帘子，看到大厅里一位婀娜多姿的美女在翩翩起舞。李琦的魂一下被勾引住，掀开帘子就进来了，色迷迷地扑向那美女。美女用手轻轻一挡，笑吟吟地说：“且慢，告诉我你们地下党的口令是什么，才能跟我套近乎。”李琦已经浑身酥软，说道：“打死我也不说。”那美女一听，好嘛，你嘴还挺硬，从外边呼进来两个打手。

这两个打手把李琦五花大绑起来，带到行刑室，旁边放了一大桶灌犯人鼻子的辣椒水，前面还有在炉火上已经烧红的大烙铁。他们就拷问李琦：“说，到底地下党的口令是什么，否则就用辣椒水灌，用烙铁烧！”李琦吓得浑身发抖，嘴里还是那句：“打死我也不说。”

这两个打手一听，勃然大怒，“行，你真有骨气！”说着就拿红烙铁来烧。此时，李琦吓得哭了起来：“我说，我全说，‘打死我也不说’。”

听到这里，其中的一个打手才明白过来，原来葛优他们交代李琦的口令就是“打死我也不说”！

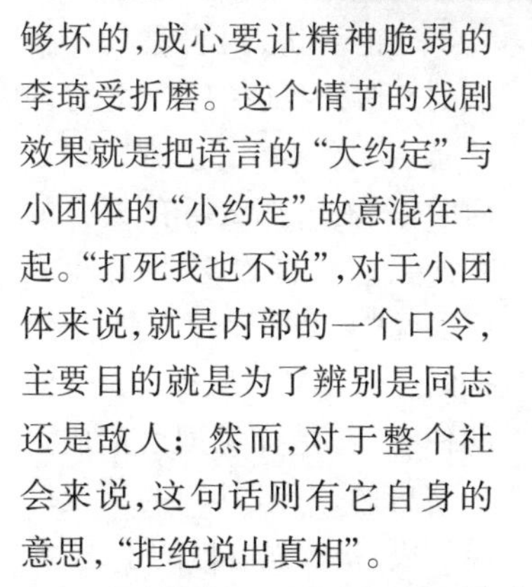

葛优这帮“地下党”也真够坏的，成心要让精神脆弱的李琦受折磨。这个情节的戏剧效果就是把语言的“大约定”与小团体的“小约定”故意混在一起。“打死我也不说”，对于小团体来说，就是内部的一个口令，主要目的就是为了辨别是同志还是敌人；然而，对于整个社会来说，这句话则有它自身的意思，“拒绝说出真相”。

无独有偶。有些小偷就是巧妙地利用整个语言的“大约定”和个别人的“小约定”来误导人，偷东西。这种小偷虽然坏，但是智商却不低。

马三立的一个相声，名字叫作《逗你玩》。说在旧社会，物资很贫乏，小偷儿什么东西都不放过。一位妇女把洗好的衣服晾在门外，让她五岁的儿子看着，自己回屋做饭去，说有人偷的话，就大声叫妈妈。

过了一会儿，就来了一个小偷，给小孩一块糖，告诉小孩：“记住，叔叔的名字叫‘逗你玩’。”小偷还问一下：“小朋友，叔叔叫什么名字？”小孩回答：“逗你玩。”小偷看小孩已经记住了他说的名字，就放心开始“收衣服”了，不慌不忙地把那一家人的衣服一件一件往袋子里装。

小偷先是拿下一条围巾。小孩喊道：“妈妈，有人拿你的围巾。”妈妈在屋里问道：“谁呀？”小孩回答：“逗你玩。”妈妈嚷道:“傻孩子,别胡闹!”

接着小偷又拿下一条裤子。小孩喊道:“妈妈,有人拿你的裤子。”妈妈在屋里问道:“谁呀?”小孩回答:“逗你玩。”妈妈嚷道:“傻孩子,别胡闹!”

结果,小偷从从容容地把所有衣服都卷巴卷巴拿走了。这个小偷的智商高吧?如果不是他选错了“职业”,一定能做出一番轰轰烈烈的事业来,起码可以开一个像《甲方乙方》里面那类的“好梦一日游”公司。

人名是出生以后父母给的,是个人约定,但是弄不好也会出麻烦的。郭达的一个小品中讲这么一件事,一个农民,姓“宋”,名“亲友”,到外边打工,以前没有坐过火车,这是第一次。火车开前2分钟,站台上的大喇叭里广播:“请送亲友的旅客赶快下车。”这位农民一听,以为是在叫自己的名字,赶快下车,结果火车走了。

虽然起名是父母的事,但是叫什么名字,有很多讲究。首先要避免一些日常的动作行为。假如一个学生叫“下课”,上课时老师一喊他的名字,可能学生就会往教室外边跑,特别是低年级的学生。

称谓也不能作为名字。假如一个小孩名字叫“爷爷”,保证没有一个人愿意用这名字叫他。你想,谁愿意做“孙子”呢!

理论上讲,语言是约定俗成的。假如我们的祖先把好闻的东西叫作“臭”,把难闻的东西叫作“香”,那么所有“臭”的东西人们都喜欢吃,同样也就应该说“某某明星很吃臭”。语言的声音符号与所指对象之间的任意性,是针对词语形成之初而言的,一旦其间的约定已经形成,就成强制性的了,不能随意改变。这是社会约定。还有小范围的个人约定。有时社会约定与个人约定之间会产生矛盾,演艺界人士经常利用这些矛盾来娱乐大众。

“檐瘤”？“思极八鹜”？

◎李可钦

夜里，躺在床上，雨敲打着屋瓦，泠泠有声，如空谷传音，人似乎是悬空的，身心放松，滴答的檐瘤声，如同钟的摆动，把夜的清寂推向了辽远，静极思动，令人思极八鹜，前尘往事，怎么会不在雨水中发芽？

这段话出自2021年11月26日《潮州日报》第7版所刊《晴空背后的雨》一文。其中有两处错误。

第一，“檐瘤”应是“檐溜”。溜有liū、liù两种读音，“檐溜”的“溜”读作liù。“檐溜”即檐沟，即屋檐下面承接雨水的横槽子，用以汇集由屋面落下的雨水，引入水斗或水落管，以免淋湿墙壁或窗子。也可指檐沟流水。南宋陆游《雪中卧病在告戏作》诗：“已矣吾何言，高枕听檐溜。”茅盾《霜叶红似二月花》第八章：“他看着窗前那瀑布似的檐溜，只是发怔。”后“檐溜”也指屋檐下的冰柱子。

“瘤”读作liú，即肿瘤。“檐瘤”说不通。

第二，“思极八鹜”应是“精骛八极”。“精骛八极”出自陆机《文赋》：“其始也，皆收视反听，耽思傍讯，精骛八极，心游万仞。”骛，读wù，从“马”，本指飞奔的马，在这里作动词用，义为纵横奔驰、飞驰的意思；八极，比喻八方极远的地方。“精骛八极”本指诗人进行艺术构思、创作时，思想可以纵横驰骋不受时空的限制。根据上引文句所要表达的意思判断，用“精骛八极”是妥帖的。

鹜，读wù，一种野鸭，属鸟纲雁形目鸭科，也指家鸭。“思极八鹜”难以索解。

应是李金发

◎秦　武

《小说选刊》2021年第11期刊有中篇小说《雪山路上的"故事咖啡馆"》，其中有这样一段文字："那时候，小姨在上大学，像许多同龄的男孩女孩那样疯狂地爱上了诗歌，她迷恋着北岛、顾城、江河、舒婷、李先发和戴望舒，迷恋埃利蒂斯、帕斯捷尔纳克和伍尔夫……"这里历数了一堆诗人，北岛、顾城、江河等，一个个都是实有其人的名人，但笔者唯独对"李先发"没有什么印象。查阅相关资料，发现这里"李先发"应为"李金发"。

李金发（fà）（1900—1976），又名李淑良，广东梅州人。1919年赴法国学习雕塑艺术。1925年回国，曾任蔡元培秘书和从事教育工作，并与留法同学创办《美育》杂志。因他通晓英、法等国文字，又懂国际礼节，后被国民政府调到外交部工作，并于1945年出任中国驻伊朗大使馆一等秘书。雕刻和诗文是李金发业余的最大爱好，曾出版诗集《微雨》《为幸福而歌》《食客与凶年》等，也曾为孙中山、蔡元培塑像。李金发早期诗作深受法国象征主义的影响，诗意朦胧，是中国早期象征诗派的代表作，为中国新诗艺术的发展进行了有益的探索和尝试。

李金发是第一个把法国象征派诗人的手法介绍到中国诗坛的，因而被称为"中国现代象征派诗歌的开山鼻祖"。提起现代诗人，文学史一般把他和戴望舒并举——小说中，也正是这样排列的，前李，后戴，只是把李金发错成了李先发。

说说『刚要(八百斤)』

◎汤青武

《当 代》2021年第3期刊发报告文学作品《一生的长征》,展现了老一辈共产党人喻杰的风范。在介绍他1970年主动回到家乡湖南岳阳平江后第一次参加村支委会议后的基本情况时,这么写道:“丽江村七个支委,要包办七个最差的生产队,公社有硬性规定,凡大队支委委员办的点,粮食产量必须亩产过‘刚要’(八百斤),工价必须达到三毛八以上。”

我们来说说其中的“亩产过‘刚要’(八百斤)”。首先要指出的是,这里的“刚要”是错误的,正确的是“纲要”。这个“纲要”,原本指的是1957年国家制定的《一九五六年到一九六七年全国农业发展纲要(草案)》。《纲要》里,包含有全国粮食产量的发展性指标,后来,大家形象地称达到指标为“过‘纲要’”或“上‘纲要’”。

其次,我们再来说说如何准确地理解括注里的“八百斤”。当年,“纲要”是毛主席领导并亲自指导制定的。1955年11月间,毛主席先后与十四个省、自治区的党委书记交换意见,共同商定并起草了《农业十七条》; 1955年12月21日,以中共中央的名义,下发“十七条”草案,征求各地意见; 1956年1月,毛主席又在与相关负责同志多次商议后,将农业十七条扩充为四十条,最后将《农业十七条》的主要精神写进《一九五六年到一九六七年全国农业发展纲要(草案)》。“纲要”中,粮食产量指标的制定,充分考虑到了地域因素,指标不是一个而是三个,分别是400斤、500斤、800斤(亩产)。即粮食亩产黄河、秦岭、白龙江以北达到400斤,黄河以南、淮河以北达到500斤,淮河、秦岭、白龙江以南达到800斤。后来,人们形象地称这

「附属」和「副署」

◎雷晓琪

《纪实》杂志2021年第10期刊有《日媒视角下的北伐战争与四一二政变》一文。文中写道:“宫地贯道也在《国民新闻》中指出,北伐军是‘共产化’的军队,是仿效苏联红军制度打造的军队。其中黄埔军校本身即实施共产主义教育,北伐军军、师、旅、团及以下各级在军事长官之外另设党代表一名,部队行动无党代表附属则命令无效。”文中“附属”一词用错了。

附属常用有两个义项。一个是依附、归属,如《后汉书·西域传·莎车》:“匈奴单于因王莽之乱,略有西域,唯莎车王延最强,不肯附属。”一个是某机构所附设或管辖的,如附属小学、附属医院等。无论哪个义项,都不符合原文文意。查阅词典,笔者认为上引文中的“附属”应改为“副署”。

署,有签名、题名之义,副署也作附署,义为正式法令或文书上有关负责人在正职人员签署之后连同签署。周恩来《中共中央给红军第四军前委的指示信·红军的组织与训练》:“党代表名称应立即废除,改为政治委员,其职务为监督军队行政事务,巩固军队政治领导,副署命令等。”上引文想表达的是北伐军部队在行动时,需要在军事长官签发命令时,党代表同时签署,命令才能生效,这里用“副署”十分妥帖。

三个指标为“上纲要,过黄河,跨长江”——在当年,农村很多地方的标语中,都曾经出现这三个短语。《一生的长征》中写到的是湖南省岳阳市平江县,“过‘纲要’”指标是800斤没错。

“张謇”误为“张骞”

◎李华山

《沈阳晚报》2021年3月27日第7版《那年我见到了费孝通》一文，讲述了回忆者1991年在北京见到费孝通先生的情景：“当费老听说我是南通人时，他向我们讲了与南通的渊源。他说，他父亲费朴初先生是前清秀才，曾留学日本，曾在张骞府上教授张府儿孙读书。”此处费老提到的有渊源的南通名人其实不是“张骞”，应该是“张謇”。

张謇（1853—1926），字季直，江苏南通人，是我国著名的实业家、教育家。曾于光绪二十年（1894）考中状元，授翰林院修撰。后来在家乡陆续创办了大生纱厂、通海垦牧公司、大达轮船公司、复新面粉公司、资生铁冶公司、淮海实业银行，并投资铁路、轮船、电厂等。办实业之外，张謇还办了通州师范学校、南通博物苑、女工传习所等，认为实业和教育是富强之大本。辛亥革命后，他先后担任过南京临时政府的实业总长、北洋政府的农商总长等职务，后因不满袁世凯恢复帝制辞职南归，1926年病逝于南通。

历史上广为人知的“张骞”是西汉人，曾两次出使西域，扩大了汉的影响，加强了中原与西域的联系和文化交流，开辟了中国通往西方的“丝绸之路”。“张謇”和“张骞”相差约两千年，由于“謇（jiǎn）”“骞（qiān）”字形和读音都比较接近，所以常有人将两人的姓名混淆。

易误用的成语举隅

◎陆永洲

成语是中国语言文字中的一朵奇葩，也是中华文化的绚烂明珠。它简短精辟，言简意赅，但在使用中，常出现问题。不揣浅陋，举两个工作中碰到的例子与大家探讨。

武汉疫情如此凶猛，老百姓的生命健康遭到严重威胁，作为医务工作者我们应该首当其冲站出来，而作为一名共产党员更应该起带头作用，报名参加援鄂医疗队是义不容辞的。

这段话中“首当其冲”用得不对。这是个常见差错，可谓老生常谈。当，义为承受、承当。冲，有辞书释义为要冲，即交通要道。语出《汉书·五行志上》：“郑当其冲，不能修德。”说的是郑国是个小国，身处晋、楚、吴三个大国之间，一旦国与国之间有矛盾，首先要遭殃的就是郑国。“郑当其冲”后作“首当其冲”，比喻最先受到攻击或遭到灾难。如巴金《家》：“高家是北门一带的首富，不免要首当其冲，所以还是早早避开的好。”

揣测句意可知，上引例句是把“首当其冲”当作“首先”使用了。

毫无疑问邓小平没有明确提出基本经济制度这个概念，但是公有制为主体，多种所有制经济共同发展的思想，却是他首先倡导的，从某种意义上也可以说，邓小平是这个基本经济制度的始作俑者。

“始作俑者”即开始用俑殉葬的人，语出《孟子·梁惠王上》：“仲尼曰：始作俑者，其无后乎！为其象人而用之也。”孔子反对用俑殉葬，说开始用俑殉葬的人，大概没有后嗣了吧！“始作俑者”后比喻某种坏事或恶劣风气的肇始人，带有非常明显的贬义色彩。

上引例句是想说邓小平是我国改革开放和现代化建设的

应是“阴丹士林蓝布”

◎沈阳仁

《发现辽宁之美》(春风文艺出版社2020年4月出版)是一本散文集,其中《深蓝之城》一文中说:“我曾经想,大连人为什么不说蓝丹士林布裤子,偏偏要说料子裤子呢?”这里的“蓝丹士林布”应该是“阴丹士林蓝布”。

“阴丹士林”是英文indanthrene的音译,是一种有机合成的染料。耐洗、耐晒,能染棉、丝、毛等纤维及纺织品,颜色有很多种,最常见的就是蓝色。用阴丹士林染的布匹自上世纪二三十年代开始在中国行销,其中蓝布最为畅销,阴丹士林蓝接近靛蓝,颜色庄重又不失明快,尤其受知识分子群体欢迎,曾经在大学校园里一统天下。汪曾祺曾在《金岳霖先生》一文中回忆当年西南联大学生时代时就说:“那时联大女生在蓝阴丹士林旗袍外面罩一件红色毛衣成了一种风气——穿蓝毛衣、黄毛衣的极少。”“阴丹士林”也用来特指用阴丹士林染成的蓝色布,简称“士林布”。沙汀《呼嚎》:“那些蓝映映的阴丹士林,以及红红绿绿的花布,是城里一批敏感的匹头商运起来倾销的。”

因而,人们提起“阴丹士林”,往往第一想到的就是蓝色,上引文句中把“阴丹士林”误作“蓝丹士林”,也许就是这个原因吧。

倡导者或者说是开创者,常见的用法是称他为“总设计师”。这里用“始作俑者”,可以说是大错特错。

社交新风

微信语音为啥惹人厌

◎徐默凡

前段时间，微信更新了收听语音时的暂停功能，改善了用户体验，但即使这样，还是有很多人表示非常讨厌接收微信语音。然而，作为一个常见的聊天方式，仍然有很多人喜欢发送语音信息。为什么有人喜欢有人讨厌呢？主要原因就在于发送者和接受者的使用立场是不同的。

对于发送者来说，语音信息的好处主要有：

（1）省时间：一条中等语速的60秒语音信息转换为文字，大概是300字，如果要逐字打出来，可能需要5分钟。

（2）省力气：说话几乎是一种本能反应，张口就来；而打字是一种后天技能，显然比说话费劲得多。从操作角度看，发语音单手持机就可以操作，而打字需要两手合作，在很多情景下操作受到限制。

（3）显情绪：日常会话中，情绪交流的比重很大，有时候甚至会超过信息交流。用打字的方式，这些情绪性内容必须通过表情符号来表达，既麻烦也不准确。而对于语音交流来说，节奏的高低变化、语气语调都可以帮助传达情绪，既方便又直观。

因此对于发送者来说，拿起手机随说随发就不失为一种高效方便的交流方式。

不过，对于接收者来说，接收语音信息的麻烦也很多：

（1）环境要求高：在安静的场所听语音容易扰民，而在嘈杂的场所又不容易听清，要找到一个收听语音信息的适宜环境并不容易。

（2）接收效率低：语音是线性的，必须从头听到尾才能理解，有时候一段语音听下来，关键的信息只有几个词。而文字是空间排列的，文字信息一眼瞥过去就能抓住重点。

（3）不容易复查：语音信息要复查一次就得重听一遍，而且你要找的信息还容易淹没在一大堆语音里，一下子找不到。而文字内容是可见的，一查即可，还可以使用搜索功能。

如果再加上有人普通话不标准，讲话啰唆重复没有条理，声音刺耳难听等等个别问题，语音信息不被接收者欢迎就很容易理解了。

发送者喜欢而接收者讨厌，如何处置两者的矛盾呢？这时候就需要交际中的礼貌原则来制衡了。礼貌原则是英国语言学家杰弗里·利奇提出的一条交际原则，内容很简单，就是要尽量选择礼貌的方式来进行交流。所谓“礼貌”，有很多种表现形式，比如尽量多赞扬对方少贬低对方，尽量多贬低自己少赞扬自己，尽量与对方保持观点一致并增加同理心等等。“礼貌原则”是一个等级很高的交际原则，为了维护礼貌原则，我们甚至可以牺牲一些信息交流的方便性和准确性，比如为了礼貌的缘故而采用一些含糊的方式批评对方，甚至违心地赞扬对方。

在本案例中，遵守礼貌原则主要表现为把麻烦留给自己，把方便留给对方。按照礼貌原则来说，语音发送者的行为是不礼貌的，因为他把方便留给了自己，把麻烦留给了对方。相对而言，文字发送者的行为则是礼貌的，因为他把麻烦留给了自己，把方便留给了对方。因此，要想不惹人讨厌，礼貌的做法就是尽量不用语音来发送信息。

不过，礼貌原则也并非交际中的最高原则，经常会因为一些特殊原因而被违背。比如信息准确传达的要求就是高于礼貌原则的，也就是说，为了能准确传信可以不讲礼貌。在发语音的人群中,有很多老人不会使用拼音输入法,手写输入速度太慢还容易出错,他们就会优先选择语音信息,这时候准确传信的要求就高于礼貌的要求,因此我们也不会责备他们。有时候因为手指受伤、时间紧迫、手机故障等特殊原因不能文字输入,我们也会不顾礼貌原则而选择语音,这也是传信高于礼貌的特殊表现。不过在这种时候,我们最好一开始就向对方说明原因,以求得对方的谅解——而这又是礼貌原则的表现了。

另外,礼貌原则也受到交际双方地位的影响,地位低对地位高要讲究礼貌,地位高对地位低就可以不太在意,而双方地位差距的大小也会和礼貌程度的高低成正比。这里有一个得体原则在起调节作用,即要尽量采取和交际双方身份对应的礼貌程度。比如学生对师长保持充分尊重是必要的,师长对学生就可以随意一点;而学生对学生也没必要毕恭毕敬,否则会显得客气过头,有点阴阳怪气。这就能解释为什么长辈、领导给自己发语音还能接受,但小辈、同事发就令人恼火了——后者因为地位差别而对礼貌有更高的要求。夫妻、情侣、好友之间互发语音却不会令人讨厌,也是这个道理:双方的亲密关系大大降低了礼貌的要求,可以不用考虑是否麻烦对方、是否打扰对方等社交礼仪问题;与此同时,语音信息的语气语调都附带了更多的个性化色彩,从而激发情感效应,便于交流一些私密的话题。

微信语音虽然惹人厌,但依然有其不可替代的应用场景,就看你怎么妥善运用了。

《火眼金睛》提示

图1,“普华章”应为“谱华章”。
图2,“手选”应为“首选”。
图3,“廖廖”应为“寥寥”。
图4,“年未”应为“年末”。

编校差错扫描(四十四)

◎王　敏

极其危险用“岌岌”

【错例】经济增长压力重重,股市指数芨芨可危。

【简析】“芨芨可危”应为“岌岌可危”。“岌”(jí)和“芨”(jī)都是形声字,声旁都是“及”,区别在形旁。“岌”从山,本义指山高的样子。《说文解字·山部》新附:“岌,山高貌。”引申指高出、超过。《尔雅·释山》:“小山岌大山,峘(huán)。”郭璞注:“岌,谓高过。”又引申指危险,“岌岌”即形容危急的样子。《汉书·韦贤传》:“弥弥其失,岌岌其国。”颜师古注:“岌岌,危动貌。”“芨”从艸,本义指堇草。《尔雅·释草》:“芨,堇(jǐn)草也。”陆德明释文:“案,《本草》:‘蒴藋(shuòzhuó),一名堇草,一名芨。’非乌头也。”蒴藋,即陆英,忍冬科,灌木状草本,全草治跌打损伤,故又称接骨草。后“芨”又指“白芨”,兰科,多年生草本,地下有指状分歧肥厚的块茎,数个相连接,故初名“白及”,又名“连及草”,后“及”加形旁写作“白芨”。其块茎含黏液质和淀粉等,可为糊料,如“白芨浆”,又可入药,止血补肺。又特指“芨芨草”,多年生草本植物,叶狭而长,花淡绿色,长在碱性土壤的草滩上,茎叶可造纸,又可编织筐、篓等。“岌岌可危”形容极其危险,与以上诸草皆无关系,写成“芨芨可危”是说不通的。

莲子磨粉制成“蓉”

【错例】莲茸月饼，是广式糕点的经典代表之一。

【简析】“莲茸”应为“莲蓉”。形声字“蓉”，从艸容声，本义指芙蓉，是荷花的别名。《说文解字·艸部》新附：“蓉，芙蓉也。”又指木芙蓉，原产中国，落叶灌木或小乔木。叶掌状，秋季开白或淡红色花，结蒴果，有毛。栽培供观赏，插条即活。俗称芙蓉花，又称木莲，或称地芙蓉，以别于荷花之称芙蓉。五代后蜀孟昶于宫苑城上遍植木芙蓉，因名成都为芙蓉城，后遂别称为“蓉城”或“蓉”。另外，“蓉”还借指用某些植物的果肉或种子制成的粉状物，如“豆蓉”“椰蓉”。形声字“茸”，从艸聪省声，本义指草初生纤细柔软的样子。《说文解字》：“茸，草茸茸貌。”王筠《说文解字句读》：“草初生之状谓之茸。”引申泛指柔软的细毛，如“茸毛”。又特指鹿茸——雄鹿初生的嫩角，含血液，带茸毛。“莲蓉”是莲子磨成的粉，用来做糕点的馅儿，没有“初生”“茸毛”之类的意思，不能写成“莲茸”。

剔除坏菜是“择（zhái）菜”

【错例】下厨乐在其中，但烦人的是买菜、摘菜、洗菜的程序。

【简析】“摘菜”应为“择菜”。“择”（zé）繁体为“擇”，形声兼会意字，从手睪（yì）声，睪兼表义，睪本义指侦察（《说文解字》：“睪，目视也。”），从用眼细看用手挑取会意，本义指选择、挑拣。《说文解字》：“择，柬（拣）选也。”如“择善而从”。“择”（zhái）是口语读音，意思不变，如“择不开”比喻摆脱不开、抽不出身，“择席”则指换了睡惯的地方睡不安稳。“摘”，形声字，从手啇（dì）声，本义指采摘（花、果、叶等）。《说文解字》："摘，拓（zhí，折取、拾取）果树实也。"如"摘桃子"。段玉裁《说文解字注》："引申之，凡他取亦曰摘。"泛指取下（高处的、戴着的、挂着的东西），如"摘星辰""摘口罩""摘灯笼"。又特指摘录文字，如"寻章摘句""摘要""文摘"。"择菜"是把蔬菜中坏烂老差不宜吃的部分剔除，留下可以吃的部分。根据生活常识，在买菜之后、洗菜之前的程序当中，合理的动作应当是去芜存菁的"择菜"，而不是采摘获取的"摘菜"。

同情之泪用手"掬"

【错例】人间悲剧让人心碎，忍不住鞠一把同情泪！

【简析】"鞠一把同情泪"应为"掬一把同情泪"。"掬"本字为"匊"（jū），本义指两手捧（散碎之物）。《说文解字》："在手曰匊。从勹（bāo，包的古字，义为裹）米。"段玉裁注曰："两手曰匊，此云'在手'，恐传写之误。"又曰："从勹米，会意，米至散，两手兜之而聚。""掬"是"匊"的加旁分化字，是形声兼会意字，从手匊声，匊兼表义，本义即撮取、捧取。《玉篇·手部》："掬，撮也。"如"掬饮山泉"。引申用于抽象事物，形容表露得明显、鲜明，仿佛可用手捧一样，如"笑容可掬"。"鞠"，形声字，从革匊声，本义指一种古代游戏踢的皮球。《说文解字》："鞠，蹋鞠也。"《史记》已有"蹋鞠"，即蹴鞠，形制是皮革做成一圆囊，用毛填充。孕妇腹部隆起似鞠，故"鞠"引申指养育，如"鞠育"。《诗经·小雅·蓼莪》"父兮生我，母兮鞠我"就是父亲生我，母亲养我。母孕怀子身形曲，故"鞠"又引申指弯曲，如"鞠躬"。"掬泪水"极言动情，属夸张之辞——泪流成河，方可双手捧起，误为"鞠泪水"是根本说不通的。

“沉浸式”阅读这篇文章吧！

◎宋楚莹

刷小视频时，你可能会看到带有“沉浸式”字样的标题，内容一般是专心致志地做标题所说的事情，不说话，没有背景音乐，没有旁白。比如“沉浸式化妆”，视频中的人物专心地对着镜子化妆，时而敲击化妆品制造声音，时而给化妆品来一个特写。再如“沉浸式吃饭”，展现了从制作美食到品尝美食的全过程。2021年全运会期间，不少网友也发布了“沉浸式观看比赛”的视频，录下了运动员比赛的全过程，传达出对运动员们的喜爱。

仿佛万事皆可“沉浸式”，不论做什么事情，前面都可以加一个“沉浸式”。你是否会好奇“沉浸式”到底是一种什么模式？“沉浸式”究竟使人沉浸了什么？

其实，传统的“沉浸式”出现在语言教学领域，是一种在国际上流行多年并有许多成功范例的语言培训方法——沉浸式教育法。这种方法始创于20世纪60年代的加拿大法语区，让外语学习者沉浸在一个相对封闭的环境中，衣食住行全方位、全时段使用所学的外语，从而阻断母语的干扰，在短时间内形成所学习外语的思维习惯，达到灵活运用该语言的目的。

在语言教学领域之外，在“沉浸式”小视频流行之前，国内已经出现了“沉浸式剧场”“沉浸式光影餐厅”“沉浸式体验馆”等娱乐场所。这一类场所运用了美国心理学家米哈伊·奇凯岑特米哈伊（M. Csikszentmihalyi）在1975年提出的“沉浸理论”（Flow

Theory)，即指人们在进行活动时完全投入情境当中，注意力专注，并且过滤掉所有不相关的知觉，即进入沉浸状态。他们力求打造在视觉、听觉上能带给参与者沉浸于其中的体验环境，比如：在沉浸式剧场中，观众席在舞台中间，演员和观众之间近乎零距离，从而使观众沉浸于话剧表演当中；而沉浸式体验馆有着酷炫的电子屏幕和背景音乐，体验者可以沉浸于屏幕所呈现的虚拟环境，享受这一环境带来的视听美感。

现在流行的"沉浸式"视频和沉浸式外语培训模式、沉浸式娱乐体验一样，都有使人沉浸于一个环境中专心致志做一件事情的特点。但现在网民们将所沉浸的环境扩大到语言环境、娱乐环境之外的其他生活情景，比如吃饭、学习、运动、化妆等等，为"沉浸式"带来了更多的应用案例，也将"沉浸式"的意义引申到更大的范围，使之大大泛化了。在沉浸式外语培训模式中，语言学习者所沉浸的是语言思维模式，沉浸式娱乐体验使人沉浸的是视觉与听觉享受，这些沉浸对象都需要刻意营造，去克服日常环境的影响，才能达到"沉浸"的目的。而现在流行的"沉浸式"视频中，吃饭、学习、运动本来就是需要心无旁骛的，为什么还要强调"沉浸式"呢？原来，现代人的生活实在太匆忙，已经很少有耐心专心致志地做一件事情，"沉浸式××"的兴起，就是对这一种浮躁风气的拨乱反正。比如吃饭，我们已经习惯于边吃饭边刷剧、边吃饭边玩游戏、边吃饭边闲聊……已经很久没有安静地吃饭了。而沉浸式吃饭，会注重制作的讲究程序、食物的丰富诱人、食客的细嚼慢咽和略带夸张的享受表情……而且，这里的"沉浸式"既可以指视频角色沉浸于吃饭的过程中，也可以指视频观众跟着沉浸下来，仿佛自己也坐在饭桌之前，享受这一顿美味佳肴。"沉浸式吃饭"所沉浸的一筷一勺一口，"沉浸式学

轻易“破防”的你我他

◎李钰暄

“破防”一词，原是游戏术语“破除防御”的简称，指在游戏中防御装备或是防御技能被攻破，失去了防守效果的现象。一般来说，武器或者技能的“破防值”越高，造成的“伤害”越大。而如今的“破防”却已经成为网络红词，“给我整破防了”这样的言论，或是“全网破防”这样的标题，早已是司空见惯，那么究竟什么是“破防”？人们又为何“破防”？

网络流行的“破防”，已经是一个引申义，用于隐喻人的心理防线被突破，也就是受到一种较强的心理冲击。起初，“破防”指的是在双方互动中，一方严重打击了对方情绪，而另一方被戳到痛处后恼羞成怒，用网络语言来描述就是“扎心了”“心态崩了”“他急了”，一方的“唇枪舌剑”让另一方“万箭穿心”。可见，此时的“破防”是因某种刺激而情绪崩溃，是一个充满了负面情绪的词语。例如，近期一位明星在直播时被弹幕中一些语带嘲讽的言论激怒，当场“破防”，气得拍桌，随后更是关掉直播。

逐渐，更多的人选择自称被“破防”了。此时的“破防”从先前的被他人的挑衅激怒，变成了自己因生活琐事而引发的情绪波动。其中一种自

习”所沉浸的一纸一笔一字，也让屏幕面前的人摆脱烦恼而沉浸于画面之中、平静之中。

希望这篇小文章，也能让此刻正在阅读的你，进入一种“沉浸式阅读”的状态。

称“破防”是对生活琐事的抱怨牢骚,用于表达自己难以承受压力或是遇到倒霉事,感到情绪波动甚至崩溃,例如“吃方便面居然没有调料包,破防了!”“今天又要加班,已经连续好几天啦,破防了。”另一种自称“破防”则是一种缓解尴尬的自嘲,以自嘲达到解嘲的目的,是一种对于尴尬之事的幽默应对。例如,女孩发朋友圈说:“破防了朋友们,男朋友说我要是再吃那么多,就穿不下S码的衣服了。”此时,“破防”所导致的结果已从“情绪崩溃”转变为“自我调侃”了。究其原因,首先是人们扩大了“破防”的定义,同时削弱了“破防”一词的强烈负面情绪;其次是因为豁达乐观慢慢成为自媒体时代的社会标签,人们开始乐于自我分享,甚至自我调侃。

再进一步发展,“破防”的语义更加泛化了,用来表示内心受到触动或是引发共鸣,从而产生了认同感。例如网友说:“破防了,我闺蜜的九年爱情长跑终于修成正果。”此“破防”就是替朋友高兴,因朋友的圆满爱情而感到无比欣慰。再如中国女子体操选手卢玉菲掉杠站起来第一句话就是“可以再翻吗”,网友集体破防,此时“破防”则是网友们对奥运选手的心疼与对其敬业精神的感动。而在观看建党百年庆祝大会和建党百年文艺演出时,一帧帧破防画面让网友动容,此时“破防”即是庆典激发强烈的民族认同感。这些用法中的“破防”已经变成了一个完完全全的正向词语,意指感人之事引发广泛的共鸣。不过,“破防”太多以后,网友也有了一些批评的声音,有人认为“破防”是“自我感动”或是“阿Q精神”,但我们仍然相信,大多数“破防”背后是自嘲的豁达,也是内心的触动。

虽说这是个网络词汇代谢迅速的时代,“破防”一词也许很快会退潮,但真实亲历过的情绪感受不会,这些感动的记忆,塑造了我们每一个人。

虎年译“虎”

◎陆建非

2022年是农历壬寅年，生肖为虎，虎年又称为“寅虎”。在新年寄语和祝辞中许多人都不约而同地运用“虎虎生威”，意思是像老虎一般有一种让人畏敬的王者气势和声威。“虎虎”描述威武雄浑或气势旺盛的模样。各国领导人和国际组织的负责人在祝贺中国寅虎新春佳节时，也免不了借“虎”贺年。

在中西文化中，虎的核心寓意大致相同，例如百兽之王、山中之王、猛兽的代表、威猛、威武、勇猛、王威、雄壮、阳刚、力量、英雄本色、吉祥、辟邪、长命百岁、生机勃勃等。有时也用于贬义，例如凶残、嗜血成性、滥杀、自私、贪婪、狂妄、暴躁、唯我独尊等。那么，最常用的“虎虎生威”如何切换成英语呢？那要看具体出现在什么语境中。

中共中央、国务院2022年1月30日上午在人民大会堂举行2022年春节团拜会。习近平总书记发表讲话，其中说道：“在中国传统文化中，虎是百兽之王，是力量、勇敢、无畏的象征。壬寅虎年，我们要以虎虎生威的雄风、生龙活虎的干劲、气吞万里如虎的精神，继续书写中国特色社会主义伟大事业的历史新篇章！”

中国国际电视台（CGTN，China Global Television Network）的英语译文为：In traditional Chinese culture, the tiger is the king of beasts and a symbol of strength, courage and fearlessness. In the Ren Yin Year of the Tiger, with all the vigor, vitality and strength of the tiger, and a spirit that can vanquish mountains and tame rivers, we will write a new chapter of socialism with Chinese characteristics.

此处并未一字一词对应翻译，而是把虎的核心要义表达出来。“虎虎生威的雄风，生龙活虎的干劲”译成 with all the vigor, vitality and strength of the tiger（以老虎一般的生机、活力和力量），而“气吞万里如虎的精神”被释译为 a spirit that can vanquish mountains and tame rivers（征服山河的精神）。

记得上一个虎年，2010 年 3 月 7 日，时任外交部部长杨洁篪在回答中外记者提问时有一句结语：“今年确实是我的本命年，我也在这里祝我们的祖国，祝中国同世界各国的友好互利合作关系如虎添翼、蒸蒸日上。”

现场译员是这样翻译的：As you said, indeed, I was born in the year of the tiger. I hope that our great motherland and our friendship and mutually beneficial cooperation with other countries will forge ahead with the vigor and vitality of the tiger.

译员没有直接表达出“如虎添翼”的字面意思，因为 flying tiger（飞翔的老虎）一类的说法可能在外国人听来会莫名其妙，而是意译为“forge ahead with the vigor and vitality of the tiger”，字面意思就是“带着老虎的精力和神威奋勇前进”，与“虎虎生威”意思相近。

还有一个带虎的成语值得一提，即“骑虎难下”，英语中有类似的表达 Have a tiger by the tail（抓住老虎的尾巴）。这个短语可用来形容被牵涉到某项重大同时又有风险的事情中。

英语中有一谚语：The child of a tiger is a tiger（老虎的孩子就是老虎），看上去和中国的成语“虎父无犬子”很相像，其实是海地的一句谚语。

Where there are no tigers, a wildcat is very self-important（在没有老虎的地方，野猫就非常

自大)的意思与中文俗语“山中无老虎,猴子称大王”的寓意基本一致,英文原句是由韩国的谚语翻译而来。中文里称大王的是猴子,韩国谚语中则是野猫,喻体变了,寓意相同。

这类情况在“虎毒不食子”的英语转译中同样如此,中文里的“虎”在英语谚语中变成了“狗”: Dog doesn't eat dog(狗不吃狗)。当然,通过意译也可表达清楚,例如: Even a vicious tiger will not eat its cubs.(即便再凶残的老虎也不会吃自己的幼崽。)或者: No one is capable of hurting his own children.(没有人会伤害自己的小孩。)

1973年2月17日晚上毛泽东会见基辛格。基辛格说:“主席发明了一个英文词。”毛泽东爽快地承认:“是的,我发明了一个英文词——Paper Tiger。”基辛格马上对号入座:“纸老虎。对了,那是指我们。”随后双方大笑。

这个著名的词例来自延安时代。1946年8月6日,毛泽东在窑洞前一个小石桌旁会见了美国女记者斯特朗。他谈笑风生,纵论天下。毛泽东把身子向后一仰,开怀地得出结论,“美国反动派是……”他停顿了一下,显然是在找合适的词,“纸老虎。”但英语中没有相对应的词,译员只好将它译成了“scarecrow(稻草人)”。毛泽东让翻译停下来,要斯特朗解释“scarecrow”是什么意思。斯特朗回答说,那是用稻草扎成的人形,农民把它竖到田里来吓唬乌鸦。毛泽东立即表示这样译不好,不是他的本意。他说,纸老虎并不是吓唬乌鸦的死东西,它是用来吓唬孩子的。看起来像一只凶猛的野兽,但实际上是纸糊的,一旦受潮会发软,一阵大雨就把它冲掉。于是,由“纸(paper)”和“老虎(tiger)”临时组合为一个英语中没有的复合词,形容外强中干。后来随着毛泽东的著名论断在全世界广泛流传,paper-tiger成为一个被接受的英语新词语。

说文解字

忆著名文字学家王元鹿教授

◎刘志基

元鹿兄离开已经大半年了，一直想写点什么，但提起笔来又觉得格外艰难，因为我们四十年的交往有太多值得记下来的东西，真的不知如何选择。最后决定索性不选了，信手记下脑海中最先浮现的几个场景。

一、日语课上的初识

我们是77级的大学同学，却不是一个班。77级华东师大中文系招生挺多的，大概有一百七八十个，所以不是同班，同学之间一般并不熟悉。我与元鹿兄的第一次近距离交往，是在日语课上。

77级的外语分班，采用了一种很务实的方法：中学学英语的进英语班，学俄语的进俄语班，但是还有一些中学恰逢“文革”高潮的几届学生，既不能算学过英语，更不可能算学过俄语，于是就进日语班。我是中学72届（本来应该是71届，因“停课闹革命”延迟毕业时间，遂改为72届），自然毫无争议地进入日语班。有一次，日语课堂里出现了一个生面孔，那便是英语班来旁听的元鹿兄。因为恰好隔着走道坐我边上，便有了第一次对话，于是发现我们似乎还有些缘分：首先是住得很近，我家住天平路衡山路口，元鹿兄住衡山路宛平路口，步行只有5分钟。其次我们还是南模中学的校友，但他是66届高中，我进校时他已毕业离校，所以中学里并无交集。另外还谈了些啥，现在已经记不住了，但是课堂上元鹿兄的表现，却令我至今难忘。记得日语老师提了一个挺难的问题，日语班各位（当然也包括我）个个面面相觑，不知如何回答。没想到第一次来旁听的元鹿兄主动作答，答的是啥，当然我是没懂，只听老师说："你说的这个，我们还没教呢。"这一次，我初识的不仅是元鹿兄的外语能力，更领教了他的博学以及好学。后来，他因为写哲理诗、参加青年古文字学会等业绩，在中文系77级中日渐受到同学们的关注，也进一步提升了他在我心目中的学长地位。

二、帮元鹿兄抄书

读过元鹿兄的第一本书《甲骨文与纳西东巴文比较研究》的人都知道，那是一本手抄后照相排印书。而那本书的主要抄写者便是我。

这本书是元鹿兄的硕士论文，经过评审筛选，获得了资助出版的机会。出版社看了满纸古文字（而且是两种）的稿子后认为只能是手抄后照相排版。因为在"文革"中有抄大字报的积累，我的书法被元鹿兄认定为不错，于是成为他求助者之一。当时确定的是三位抄手：元鹿兄的父亲、历史系的同学姚平和我。而最后抄得最多的是我，整本书的一大半都是我的手迹。之所以如此，一个重要原因，是我发自内心地感到，这是一个很好的专业学习的机会，因此抄写效率颇高。

抄书被认为是最有效的一种读书方式，抄写的过程，是先读一句记熟，再逐字背着写在纸上，的确是没有比这更深入精细的读解方法了。在这一过程中，我读懂了元鹿兄的学术，也领略了书中俯拾皆是的胜义。这虽然是元鹿兄的第一本书，但是至今我还是认为，这是一部极富思辨灵性和学术个性的论著，是文字学论著中海派学术的典范之作。在我初入文字学专业之门的阶段，抄书这件事，与其说是我帮元鹿兄，不如说是元鹿兄在帮我。虽然我后来做了与元鹿兄有所不同的专业方向，但是努力追求个性与灵性，是我从元鹿兄那里学到的东西。如果说我后来写的一些东西还能看看，真心地说，与元鹿兄对我的影响不无关系。

三、两地书

硕士毕业以后，我有幸留校成了元鹿兄的同事。但是不久以后，元鹿兄争取到了去美国做访问学者的机会，于是，我们的交往只能以书信的形式继续了。

那还是前数字网络时代，通常情况是，人出了国就不比在国内时悠闲，是不太有时间写信的。但是元鹿兄好像是个例外，来信颇勤，而且频率与时俱进。最初大约每月可以见到一封，后来变成隔周一封，甚至有时一周一封，以至我当时觉得回信成为一种负担（真是罪过！）。而信的内容也是有所变化的：起先较多谈的是人类文化学，这应该是他做访问学者的研究课题。后来则变成什么都写，记得还有对我的钢笔字与毛笔字水平反差颇大的批评和分析。而且信纸也越来越厚，会写到四五页，以元鹿兄那种小小的行楷字，密密麻麻布满信纸，至少有五六千字吧。再往后，就谈及自己的文字学专业发展在美国难有合适的学术环境的问题，说起如果要想继续做学术，只能考虑转专业。还有一次来信，他询问目前华东师大中文系的教师待遇变化问题，我告诉他，现在工资已经提升了，他回来应该有300来块。他回信说：我后面大概就得靠这300来块度过后半生了。

不久，元鹿兄真的回来了。对于为什么做这一选择，元鹿兄后来只是淡淡地说，要在美国混下去很容易，而且物质生活会比在国内优越很多，但是，要为此放弃自己的专业，无法接受。

四、子夜电话

那是一个寒冷的晚上，因为家人手术，那天我整日在医院，将近晚上12点才回到家里。刚刚躺上床，就接到了元鹿兄从医院打来的电话，根据他含糊不清的话语,我确认他是要我马上去他住的医院。

十二点半的大雨瓢泼之夜,已经打不到车了,只好穿上雨衣骑了一个多小时自行车赶到曹杨路上的老年医院。但是去到以后,虽经百般努力,最终还是没有弄清元鹿兄究竟为什么叫我。反复交流中,可以确定的只有一点,就是元鹿兄背部有一处痒,而手脚不便的他无法止痒。于是我就帮他好好地抓挠了一番,直到他安然睡去。

人的离去,其实并不是发生于一个时间点,而是一个慢慢的过程。其实早在"古稀"之岁退休之前的几年,元鹿兄的身体已经有了不好的状态。记得有一次研究生答辩日,忙了一整天后打车送元鹿兄回家,但他却记不得回家的路了。之后又发生了脑梗,导致了语言的障碍和行动的障碍。而如果没有这些,他一定是可以取得更大学术成就的。

令人唏嘘的是,即便是在这样的状态中,元鹿兄依然全身心地坚持他的教学与研究。临近退休的那几年,他和我同上一门名为"汉语文字演变与中国文化传承"的课,拄着拐杖,并由学生搀扶着走在去往教室的路上的他,成为校园里一道令人瞩目的风景,很多老师都跟我说起,并一同感叹。退休前不久的一天,他特地打电话告诉我(那时还没有语言障碍):"今天我上完了今生最后一堂课……"语气中带着哽咽。即便是在已经退休的情况下,元鹿兄依然努力做项目,竟然还成功竞标了上海市"冷门绝学"重大课题。

人无完人,元鹿兄当然也是。元鹿兄嗜烟,且好高脂肪食品(名言是"高脂肪才有高智商"),却不喜健身。我曾反复劝诫,但是效果不佳。戒烟是戒过几次的,但是每次戒烟的结果却是吸烟量更大。说到底,表面看去理性而谨慎的元鹿兄,骨子里却是非常率性的人,绝不忍受自己不愿意忍受的事。实话实说，这是他过早进入带病状态的重要原因。记得是在退休后不久，元鹿兄便有了语言障碍：无数次接到他的电话或是给他打去电话，双方都说了无数话，但是最终我还是没明白他究竟想表达什么意思。后来元鹿兄入院，每次去看他也都同样地无法用语言交流，就像前面说到的那个晚上一样，就这样眼看着病床上痛苦的他，又不知怎么帮他，实在是令人崩溃的，每去一次，会几天缓不过劲来。于是就不大敢去了。后来发生了疫情，医院不让进了，我好像也找到了个不去的借口……

写到这里，突然觉得以上最后这段是不是应该隐去？但思索再三，还是决定留下。我想元鹿兄如果在天有灵，也一定会希望我把真实写出来，给还在的朋友们一个借鉴；同时，我也想对在元鹿兄最后几年中与他有交集的朋友们，特别是他的学生们说：如果这一时期的元鹿兄有什么事做得让你不太高兴了，请一定谅解，因为他那时已经是病人了，请记住他平日的好。

差不多就在元鹿兄走的时间，华东师大发布了"量子思维宣言"，全校都沉浸在量子研究的热情里。我不懂量子，但是听说在量子的世界里，人的灵魂是永生的：人类死亡之后的灵魂会以量子的力量形式展现出来，而这种灵魂力量在人类所处的宇宙维度之下是无法认识的。我真心希望这是真的，这样，我和元鹿兄的交往还有机会继续下去。

元鹿兄灵前：

博闻师长出入纵横笑谈里桃李天下，

逸趣书生玩转中西悠游中著作等身。

弟志基敬挽

『心锁』

（文中有十处差错，你能找出来吗？答案在本期找）

◎梁北夕 设计

向你挑战

有一个锁匠，修锁技艺如火纯青，从来没有遇到过他不能修的锁。他也是个正直守信的人，深受当地民众敬重。

时光任苒，锁匠渐渐老去。为了不让技艺失传，他收了两个勤快好学的年轻人当徒弟。一身的技艺，必须一代一代地传授下去。先辈传下来的规矩是：绝学只传一人。该传给谁呢？老锁匠决定对他们进行一次考试。

老锁匠给两个徒弟一人一个保险柜，说谁打开用的时间短，谁就是胜利者。结果，大徒弟用了十分钟就打开了；二徒弟却足足花废了二十多分钟。大徒弟不禁欢欣鹊跃，觉得自己会成为师父独门绝技的继承人。

然而，老锁匠并没有宣布胜负，而是问大徒弟："告诉我保险柜里有什么？"一听这话，大徒弟立刻双眼放光，兴奋地回答："师父，里面全是钱，百元大钞有十张。"

"你的保险柜里有什么？"老锁匠又转过身来问二徒弟。二徒弟顿时满脸通红，好一会儿，他才吱吱吾吾地回答："师父，我不知道里面有什么。不是比赛开锁吗？我只打开了锁，里面的东西我没有看。"

"好极了，孩子。"老锁匠赞许地拍了拍二徒弟的肩膀，并郑重地宣布，二徒弟为他的接班人。

"凭什么？"大徒弟委曲地喊了起来。"明明是我先打开保险柜嘛！"

老锁匠慢慢说道："开锁必须做到心中只有锁而无他物，尤其对钱财要孰视无睹。这是老一辈传下的规矩！如果让一个眼里有钱的人，易如反掌地打开保险柜，难道不是害人害他自己吗？这是修锁人的一把心锁，无论何时也不能打开。"

是“入住”还是“入驻”？

胡昕

近日，笔者在一家饭店无意间瞥见了一个广告牌，其上“已入住本店”五个大字特别醒目。这个“入住”用得妥当吗？

住，本指人在某处停留。引申指人在外暂住，多指过夜。如：我在宾馆住了一夜。也指某人把家安在某处，长期留于此地。如：他住在北京。

驻，本指马停立。也指军队在某地安营扎寨。如：部队驻扎在村东的一个大院里。引申指某机构为履行公务设立于某地。如：驻沪办事处。现在，某公司在某处开店营业，也说“驻”。如：华为入驻上海南京路。

住，关联的是个人或家庭；驻，关联的是军队、机构或公司。广告牌意在告诉大众，外卖公司已进入该饭店开展外卖服务。显然，使用“入驻”比“入住”妥当。

火眼金睛

图中差错知多少？

王忠美 闫克家 龙启群 顾银乔 提供

（答案在本期找）

1

2

3

4

微信公众号

邮政

微店

电子版

ISSN 1009-2390

9 771009 239227 04

YAOWEN-JIAOZI

咬文嚼字®

2022.05

驴打滚

北京、天津等地传统风味小吃。其得名与制作方法有关。以熟黄米面夹馅制成长卷，还要在熟黄豆粉中滚一下，形似驴在泥地上撒欢打滚沾满黄土，故名“驴打滚”。

上海世纪出版集团

欢迎至邮局订阅本刊 邮发代号 4-641

国内统一连续出版物号 CN 31-1801/H

定价：6.00 元

雾里看花

“车让人”是什么意思

刘利

经过苏州万寿宫附近的一条马路，看到车道上有“车让人”三个字，对向车道上也有同样三字，可见不是一时笔误。那么，“车让人”是什么意思呢？猜猜看，答案见本期。

“加油！加油！”

杨泉松 / 文　臧田心 / 画

3 月 4 日晚，北京冬残奥会开幕，视障运动员李端登上主火炬台。他几次尝试将火炬嵌入主火炬台，但都因为角度不对而未能完成。“加油！加油！”在现场观众热情的鼓励声中，李端又尝试了几次，终于把火炬稳稳嵌入主火炬台内。

咬文嚼字®

2022年5月1日出版

5
总第329期

主管：上海文艺出版总社
主办：上海文化出版社
编辑、出版：《咬文嚼字》杂志社
集团网站：http://www.shwenyi.com
E-mail：yaowenjiaozi2@163.com
官方微博：
http://weibo.com/yaowenjiaozish
电话传真：021-64330669
发行电话：021-53204165
邮购电话：021-53204211
地址：上海市闵行区号景路159弄A座3楼
邮政编码：201101
发行：上海市报刊发行局
发行范围：国内外公开
订阅处：全国各地邮局
邮发代号：4-641
ISSN 1009-2390
CN 31-1801/H
印刷：上海中华印刷有限公司
印厂电话：021-60829062
021-60299079
定价：6.00元

编者按

今年3月以来，我国新冠疫情出现反复，波及多个省区市，其中，吉林、上海防控形势严峻复杂，持续牵动人心。为防控疫情，广大医护人员、志愿者身着白色隔离服，坚守在抗疫第一线，人们亲切地称他们为“大白”。2019年底新冠疫情暴发，2020年初本刊开设《前线观察》栏目，关注抗疫中的语言现象，彰显抗疫中的中国精神。本期《前线观察》刊发两篇文章，从不同角度谈“大白”。感谢英勇奋战的抗疫英雄！

“大白”，你辛苦了！

◎刘明奇

近日，上海疫情形势严峻，在这场与时间和病毒赛跑的全员核酸检测大考中，有一群身着白色隔离防护服、投身核酸检测一线的医务人员及志愿者，日夜驻守在检测点，守护着我们城市的健康防线，人们亲切地称他们为“大白”。例如：

（1）“大白”们奔赴各自岗位，扫码贴标签、现场采样、样本送检……一切工作有条不紊，他们不惧危险、不舍昼夜地奔走在疫情防控最前线，争分夺秒与病毒做斗争。（《新民晚报社区版》2022年3月30日）

其实，这种用法早就用开了。如：

（2）在通化市民的微信朋友圈里，身穿防护服、配送生活物资的工作人员被居家隔离的

市民亲切地称为“大白”。(《人民日报》2021年1月29日)

(3)工作从每天早上8点开始。进病房之前,准备过程像一个庄重而烦冗的仪式:换上工作服,进入缓冲间……穿一层隔离服,戴护目镜、手套,套上两层鞋套,戴上双层头套;穿过第三个缓冲间。20多分钟后,李光穿戴完毕,化身“大白”踏进病房。(《光明日报》2020年2月19日)

“大白”本是迪士尼动画片《超能陆战队》中的机器人健康顾问。人们之所以将“身着白色隔离防护服的医务人员”与动画人物“大白”相关联,是因为两者在外在形象、内在品格、社会身份上具有一定的相似性。

首先,两者的外在形象相似。动画片中的大白,是一个由气体填充的,软乎乎、胖嘟嘟的大型呆萌机器人护理,是家喻户晓的“治愈系暖男”,这与身穿宽大而蓬松的白色隔离防护服,戴着防护面罩、防护口罩的医务人员在外形上是极其相似的。

其次,两者的内在品格相似。动画片中作为健康护理的大白,踏实能干、舍己为人,对待主人温柔体贴、关怀备至。面对来势汹汹的病毒,我们的医务人员不惧风险、不分昼夜地穿梭在城区乡镇,驻守在检测点。对待工作,他们一丝不苟、慎之又慎;对待老人和幼童,他们耐心指导、小心取样。这些可爱的品质,会让人们自然而然地将两者联系到一起。

最后,在外形和品格相似的基础上,此“大白”与彼“大白”在社会身份上也具有相似之处。在动画片中,大白的身份是一名“健康顾问”,时刻守护着主人的身心健康,这与我们医务人员的社会责任“守护每一位居民的健康”不谋而合。因此,在社会身份上,坚守在抗疫一线的医务人员与守护主人健康的机器人护理,也顺理成章地联系了起来。

为了战胜快速蔓延的病

战“疫”先锋“大白”

◎朱庆祥

2019年底新冠疫情暴发，至今两年多了，病毒变异、疫情反复，人民群众的生命和健康受到了严重的威胁。全国人民在党的领导下，紧密团结，积极投入到史无前例的抗疫斗争中来，战“疫”必胜。

语言是社会生活的一部分，焦点词语是对社会生活焦点的反映，是广大人民群众心声的表白。在战“疫”过程中，涌现出大量可歌可泣的人物和事件，也产生了不少反映社会生活的积极抗疫词语，比如“逆行者”“动态清零”等。而今，备受瞩目的则是冲锋在战“疫”一

……

毒，加入核酸检测队伍的志愿者越来越多，“大白”一词除了用来指称“身着白色隔离防护服的医务人员”，还用来指称身穿白色隔离防护服的志愿者。例如：

（4）4月4日，有市民在社交平台上晒出一张核酸筛查人员与志愿者的合影，最右的“大白”衣服上写着彭于晏，不少网友将其认成演员彭于晏。（澎湃新闻2022年4月4日）

例句中的“大白”指的就是参加核酸筛查的“志愿者”。

疫情汹涌，突如其来，打乱了我们踏青赏花的计划，但在疫情中挺身而出的“大白”，却成为这个春天最亮丽的风景。“大白”，你辛苦了！让我们齐心抗疫，挺过这个“倒春寒”。待疫情消散，我们共赏庭前花开花落，静观天上云卷云舒。

线、守护在我们身边、无数可爱可敬的无名英雄——“大白”!

“大白”在哪里?哪里有疫情哪里就有大白!身边随时随地可见,小区内、街道边、马路口,烈日下、风雨中、深夜里。

“大白”是谁?大白是医护人员,大白是人民警察和解放军战士,大白是志愿者,大白是本地人也是外地人,大白就是身边普通的你我他。只要披上白色铠甲,就不分彼此,肩负共同的责任,抗击疫情,守护家园,无私奉献,救死扶伤,他们有一个共同的名称——“大白”!

“大白”本是动画片《超能陆战队》中机器人的名称。为何用“大白”称呼身着白色防护服的战“疫”先锋?不妨从构词角度来做一番分析。

“大白”中的“白”最典型的就是指“白衣天使”“白衣战士”,《现代汉语词典》(第7版)对两个词语的解释是:

【白衣天使】对医护人员(多指护士)的美称,因为他们身穿白色工作服,从事救死扶伤的神圣事业,所以称作白衣天使。

【白衣战士】指医护人员。因为他们身穿白色工作服,救死扶伤,跟疾病做斗争,所以称作白衣战士。

生活中的隐喻和转喻无处不在,转喻主要就是指用典型相关特征代替某事物,类似传统修辞学中所说的“借代”。无论是用“白”来代替“白衣天使”“白衣战士”,还是用“白”代替穿白色防护服的抗疫人员,都属于转喻。“大白”范畴的典型成员就是医护人员,进而外延扩大而内涵缩小,包括穿上白色防护服的一切抗疫人员。所以,“大白”有特定的外延和内涵,和“白衣天使”或者“白衣战士”这些称呼语并不能完全画等号。

“大白”中“大”也有讲究。汉语中“大”和“小”是一组反义词语,但“大”和“小”都是多义词,二者的多个义项之间并不构成整齐对应的反义词语关系。不少情况下，有“大”并没有对应的“小”，有“小”也没有对应的“大”，二者具有不对称性。“大”有一个重要的用法是构成敬辞，比如“大白”就凸显了“敬”的特征。考察其对应关系，存在两种情况。

一是存在敬辞“大 ×”，并没有对应的“小 ×”。例如：

大作——* 小作

大驾——* 小驾

大义——* 小义

大德——* 小德

尊姓大名——* 尊姓小名

大公无私——* 小公无私

二是存在敬辞“大 ×”，也存在对应的“小 ×”，但是“小 ×”减少了敬意。例如：

大爱——小爱

大我——小我

大厨——小厨

大人物——小人物

大节——小节

大气——小气

大将——小将

大丈夫——小丈夫

上面是整体倾向规律，并不绝对。“大 ×”作敬辞并非现代汉语才有，中华民族自古就有用“大 ×”作敬辞的用法。孔子推崇“大道”，说：“大道之行也，天下为公，选贤与能，讲信修睦。”（《礼记·礼运》）荀子推崇“大儒”，说：“通则一天下，穷则独立贵名，天不能死，地不能埋，桀跖之世不能污，非大儒莫之能立，仲尼、子弓是也。”（《荀子·儒效》）汉语是古今一脉相承的，“大白”这个称呼语是对中华优秀传统文化的继承发展和凝炼。

七十年前，作家魏巍在《人民日报》发表了报告文学《谁是最可爱的人》，歌颂了志愿军的爱国奉献精神，影响深远。今天“大白”继承了这种爱国奉献精神，是我们最可爱的人。

致敬“大白”！

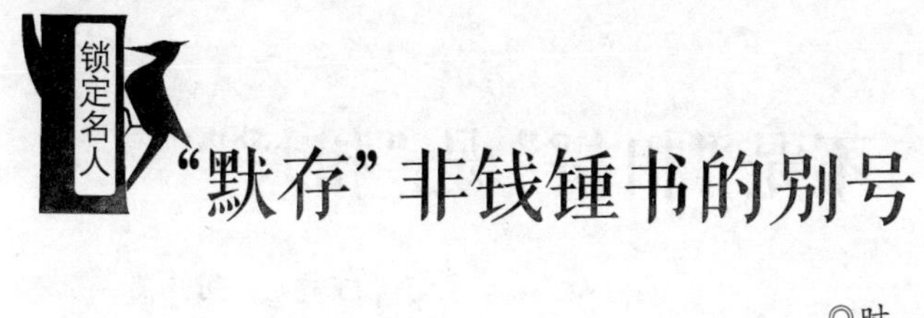

“默存”非钱锺书的别号

◎时　未

著名翻译家杨宪益先生的散文集《去日苦多》(青岛出版社2009年出版)中《回忆钱锺书兄》一文写道:“一个好读书做学问的知识分子,一生正直淡泊,与世无争,像他给自己起的别号‘默存’那样,只求在沉默中生存……”其中“别号‘默存’”有误,“默存”并非钱锺书先生自己起的别号,而是他的字。

关于钱锺书先生的名与字,钱锺书的夫人杨绛在《将饮茶·记钱锺书与〈围城〉》中有详尽的记述:

锺书周岁“抓周”,抓了一本书,因此取名“锺书”。他出世那天,恰有人送来一部《常州先哲丛书》,伯父已为他取名“仰先”,字“哲良”。可是周岁有了“锺书”这个学名,“仰先”就成为小名,叫作“阿先”。……伯父去世后,他父亲因锺书爱胡说乱道,为他改字“默存”,叫他少说话的意思。

由此可知,“默存”是钱锺书的字,而非别号。以前男子成人,不便直呼其名,会另取一个与本名含义有关的别名,称之为字,以表其德,故也称“表字”。钱先生的伯父为他取的名“仰先”和字“哲良”之间就存在意义上的关联。而改字“默存”,则反映了父亲对钱先生的期许。

“别号”又称“号”,是名和字以外另取的名字。钱锺书自号“槐聚”,他正式出版的一部诗集《槐聚诗存》即以此号名之,与友人酬答唱和也往往于落款处钤一“槐聚”朱文方印;论者著书撰文,亦常以此相称。另外,钱锺书还有个笔名“中书

不是“相捋”是“相埒”

◎丁建川　司庆燕

王晓磊先生（笔名六神磊磊）的《六神磊磊读唐诗》（北京十月文艺出版社2017年出版）中有《李商隐的小宇宙》一文，其中写道：“五言七言、古诗律诗、长篇短篇，乃至四六骈文，他（李商隐）的水平都是顶级的。他的七绝几乎可以和李白、王昌龄相捋，长篇五言古诗的造诣甚至在韩愈之上。”其中“相捋”应为“相埒”。

“捋”本义是采、以手沿物摘取。《诗经·周南·芣苢》：“采采芣苢，薄言捋之。”毛传：“捋，取也。”现在，读lǚ时，表示用手指顺着抹过去，使物体顺溜或干净，如捋胡子。读luō时，表示用手握物向一端滑动，如捋袖子。

埒，音liè，书面语词，可表示同等之义，如“富埒王室”的意思是与王室同样富有。“相埒”即“相等”。《梁书·文学传上·何逊》：“时有会稽虞骞，工为五言诗，名与逊相埒。”意思是，会稽的虞骞擅长五言诗，名声与何逊相同。“埒”还可指矮墙、田埂等。

从上述引文来看，作者是在夸赞李商隐的写诗水平很高，还特意强调李商隐的七绝与李白、王昌龄具有同样的水准，故此处应用“相埒”。用“相捋”说不通。

……

君”。三十多年前柯灵曾写过一篇题为《促膝闲话中书君》的文章，一时传诵士林。遗憾的是当年在某刊物发表时，“中书君”被错改作“锺书君”了，含义完全变了。

历久弥新之“站位”

◎高丕永

如今，“站位”一词很多见。比如：“站位高、定位准，发展才能又快又稳。”（《人民日报》2021年7月7日）又如：“提高思想站位，强化深学百年党史的政治自觉”（小标题，《光明日报》2021年4月19日）。如何理解这个“站位”呢？《汉语大词典》《现代汉语词典》等工具书里找不到答案。网上确实有一些解释，但大多数都有片面性。所以，有必要较全面地考察一下“站位”一词的演变情况。

汉语的“站位”，二百多年前就已经有了。约成书于清代乾隆至嘉庆年间的白话神怪小说《锋剑春秋》第二十回《南极大破诛仙阵　海潮怒授攒天箭》里，“站位”一共出现了四次，均用作不及物动词，指“进入战斗等所要求的位置”。比如：“王禅便催鹿到金砂坑南方站位。此时四位仙长，俱已来齐，单待掌教祖师到来破阵。”

到了现代，常见的“站位”有两个。一个用作名词，指“（公共交通等）停靠的站点”。比如：“周六起公交调整1683处站位名称”（标题，《北京日报》2021年2月1日）。此外，气象、海洋等监测站点也可称为“站位”。如：“本航次共完成了30个站位的水文、化学、生物等调查……”（《光明日报》2019年8月1日）

另一个“站位”，有时像在《锋剑春秋》里一样，也用作不及物动词，意义不变，如今报刊上也能见到。比如：“靠前站位 安徽医保筑实防疫保障线”

（标题，《健康报》2020年5月11日）。不过，这个“站位”主要用作名词，指“战斗、比赛等活动所要求的位置（以及身姿等）”，在军事、体育报刊里比较多见。比如：“‘后浪’骑兵奔向站位”（标题，《解放军生活》2021年第5期）。又如：“准备接发时的站位在靠中心位置”（小标题，《羽毛球》2021年第3期）。

大约从二十世纪九十年代起，第二个“站位”又可以用来喻指“态度、立场”。比如：“高站位开发宏观信息的基本要求，就是信息员要超越自我，换位思考。”（《秘书之友》1992年第9期）例句里的“高站位”，指“有远见的态度、立场”。那时，比喻义的“站位”用得并不多。

2013年1月5日，习近平总书记《关于坚持和发展中国特色社会主义的几个问题》的讲话，用到了比喻义的“站位”：“有了坚定的理想信念，站位就高了，眼界就宽了，心胸就开阔了，就能坚持正确政治方向……自觉抵御各种腐朽思想的侵略，永葆共产党人政治本色。”之后，习总书记又先后二十多次在重要讲话和文章里用到了该词，因而比喻义的“站位”迅速流行起来。同时，还出现了一批“××站位”的词语。其中，“政治站位”最多见。比如：“做好新形势下文艺评论工作要不断提高政治站位，加强理论武装；要心怀‘国之大者’，主动担当作为；要积极履职尽责，彰显新风正气；要强化党建引领，加强自身建设。”（《光明日报》2021年3月26日）

比喻义的“站位”，一般用作名词，但有时也用作动词并带处所宾语，指“坚守……的态度、立场”。比如：“我们自觉站位全局、心怀‘国之大者’、坚决扛起使命，加快建设黄河流域生态保护和高质量发展先行区，努力走出一条生产发展、生活富裕、生态良好的绿色发展之路，让绿色成为先行区最鲜明的底色。”（《人民日报》2021年3月7日）

从“上头”到“下头”

◎王冬雪

“上头”是汉语常用词。一是用作方位词，读作 shàngtou，相当于“上面”“上边”。二是用作动词，读作 shàngtóu，现在多用以指喝酒后引起头晕、头疼。如：

（1）绍兴是黄酒故乡，然而，和许多酒种一样，黄酒也存在“上头”和“深醉”等问题。（《浙江日报》2020年9月16日）

（2）他一个劲地劝着：“您看，这种酒简直跟牛奶一样，我能一点不费劲地喝上十杯，十二杯。它会像糖似的化掉，既不伤胃，又不上头，在舌尖上就蒸发掉了。没有比这个对身体更有益处的了。”（《文摘报》2016 年 11 月 5 日）

近期，“上头”的动词用法产生了新的意义，用来表达因某人或某事而极度兴奋、激动的感觉。例如：

（3）张伟丽表示上一场对阵罗斯时，受外界的影响有点大，总感觉外界是在推着自己，整个人很兴奋，有点上头。（《北京青年报》2021 年 11 月 4 日）

（4）《山海情》尤其让很多观众追剧“上头”，张嘉益、黄轩、热依扎等一众明星出场，“个个灰头土脸，但是一秒入戏”，对人物细节的刻画和对时代背景的描摹，成了《山海情》出圈的关键。（《北京日报》2021 年 1 月 21 日）

“上头”新义是由基本义引申而来的。饮酒时，身体受到酒精的刺激，血液流通速度加快，头部颅内压增高，机体一直处于亢奋的状态，因此会出现面部发红、头晕目眩等症状。喝酒引发的感觉和因某人某事而精神激奋的感觉相类似，都是受到刺激从而导致头昏、兴奋、容易冲动不理智等表现。基于情绪上的相似点，“上头”新义诞生了，由生理层面转移到心理层面。

“上头”一词既形象又生动，在网络媒体和纸质媒体中迅速走红了，于是“上头”的用法也在日渐扩大，由动词的用法衍生出形容词的用法来。其一，“上头”在句中可受“很”“太”“有点”等程度副词修饰，比如：“有些让人特别‘上头’，也有些让人尴尬得‘脚趾抠地’。”“最近几年，这些文博类纪录片让许多年轻观众‘很上头’。”其二，“上头”可修饰名词性成分，构成“上头×”格式，比如“上头电视剧”“上头姐妹”。

“上头”的爆火又促使了“下头”新义的产生。“下头”与“上头”用法一致，意义相反，指的是兴致和热情被某人或某事破坏。例如：

（5）下头的是玲娜贝儿还是迪士尼（标题，《北京商报》2021年12月14日）

（6）一个靠着消费者“入坑”赚钱的公司，一旦让消费者“下头”，那么很难再吸引他们回来，这带给公司的损失是不可估量的。（《北京青年报》2021年9月13日）

“下头”的流行源于“上头”的流行，实际上这是一种“相因生义”的词义演变现象：一个词受一个相关词的意义影响，从而产生新的意义。“相因生义”与修辞中的“仿拟”不同，“仿拟”是仿照原有的语言表达形式，临时创造出新的语言形式。比如“让广大群众宅在家里‘有聊’”，这个“有聊”就是模仿已有的词“无聊”，在语境中临时创造出与“无聊”意义相反的仿词。而“下头”的语言形式照旧，只是演化出新的意义，所以不属于“仿拟”。如今，“下头”跟“上头”一样，也广受年轻人欢迎，已被普遍使用，成了新的流行语。

漫话“绝绝子”

◎代宗艳

层出不穷的流行语为我们的语言生活增添了新内容，近来，“绝绝子”一词进入大众视野，广泛出现于网络和纸媒中。例如：

（1）从“绝绝子”到“yyds”，近来的一些网络流行语似乎正在打破圈层，在日常生活中越来越常见，使用起来很“百搭”。（《承德晚报》2021年8月30日）

（2）最近，“互联网热梗”掀起了网友和学界新一轮的讨论，如果不用yyds、绝绝子，真的就没办法正常交流了吗？（《香城都市报》2021年9月7日）

通常，如果想表达某事物很好很棒，会发出“哇，太棒了”“好极了”“绝了”等感叹。而现在流行着的“绝绝子”常作为形容词，来表达对某人或某事物的夸赞，常用格式为“评价主体+绝绝子”，比如“某事物+绝绝子”即表示这个事物非常有吸引力。例如：

（3）气质绝绝子！初夏的陇东村，超治愈！（标题，《缙云报》2021年6月15日）

（4）隔壁那家酒馆新推出的桂花酒绝绝子……没有人可以拒绝它。（《北京晚报》2021年11月10日）

从语义特征来看，“绝绝子”与“绝”所表达的含义大致相同。从“绝”到“绝了”再到“绝绝子”，字数在增加，而表达的含义似乎并没有什么显著不同。相比“绝”，“绝了”在助词“了”的帮助下语势更为强烈。而“绝绝子”这种语言组合形式并不符合现代汉语的构词习惯。就汉语而言，三音节词很常见，比如“排排坐，吃果果”等，用“子”作为词缀的双音节词也常见，比如“帽子”“旗子”等，而双音节叠词再加词缀“子”的用法几乎不存在。

那么，“绝绝子”一词是如何形成的呢？从语源上看，“绝绝子”最早借鉴了日本的取名方式。日本女性的名字常以“子”结尾，比如“青木裕子”“浅田真子”，这里的“子”并没有实际的意义，仅充当结尾语素。2020年，综艺节目《乘风破浪的姐姐》大热，粉丝为节目中的姐姐们都取了昵称，以宁静为例，她被粉丝称为“静静子”。在汉语中，对小孩子或是女性，常常会使用叠字词来称呼，如“豆豆”“苗苗”，这样的称呼，会拉近彼此的距离。在其他一些选秀节目中，有些选手十分优秀，粉丝们就会大喊“绝绝子”，自此，“绝绝子”一词流行开来。由于网民们纷纷效仿，又出现了“无语子”“不错子”等一系列“××子”式的网红热词，“子”成为一种较为新潮的结尾语素。例如：

（5）“yyds（永远的神）、绝绝子、无语子……”你见过这些网络热词吗？（《今晚报》2021年7月23日）

（6）“新发展阶段，奥利给”“新阶段，心向往”“新阶段不错子”“太可了，新发展阶段”“新发展阶段，冲鸭”……人们纷纷为已经到来的新发展阶段点赞，对美好未来寄予无限憧憬和期盼。（《光明日报》2021年7月12日）

“绝绝子”表示“绝了”，“无语子”表示很无奈，“不错子”表示很不错。“绝绝子”的流行，一方面得益于网络社交平台和大众传播模式为其提供传播渠道，另一方面是由于网民们热衷于使用新奇的语言表达方式。面对“绝绝子”的走红，人们褒贬不一。有网友认为“绝绝子”无法传达语言之美，也有网友表示只要分场合使用就无可厚非。古往今来，大凡有生命力的语言表达方式总会存活下来。“绝绝子”这个新造词是一闪而过还是保留下来，自有时间来考验，来裁定。

杨振宁靠什么得诺奖

◎曾秋华

2022年3月3日晚，央视综合频道播出了《感动中国2021年度人物颁奖盛典》。节目在介绍感动中国2021年度人物杨振宁先生时说：“1956年他和李政道提出的宇宙不守恒定律颠覆性地震惊了世界，并在1957年斩获诺贝尔物理学奖。”其中的“宇宙不守恒定律”为“宇称不守恒定律”之误。

宇称（chēng）是表征微观粒子运动特性的一个物理量。微观粒子，包括小分子、原子和各种粒子。要说清“宇称不守恒定律”，就必须先说说“宇称守恒定律”。所谓宇称守恒定律，就是关于微观粒子体系的运动或变化规律具有左右对称性的定律，即微观粒子体系在发生某种变化过程（如核反应、粒子的产生和衰变等）前的总宇称必须等于变化过程后的总宇称。在很长时间内，物理学家都认为宇称守恒定律在各种相互作用和物理过程中普遍成立。1956年，中国物理学

是“壮词”不是“状词”

◎汤青武

CCTV4中文国际频道播出的纪录片《年的味道》第2集中，介绍了浙江的“九华立春祭”。村里适龄孩童踊跃参加祭典选拔，其中有一个孩子表演诗词朗诵：“《破阵子·为陈同甫赋壮词以寄之》，宋辛弃疾……”同步显示的字幕将“壮词”误为了“状词”。

状，有样子、情况、陈述等义，如状态、状况、不可名状。

家李政道（1962年加入美国国籍）和杨振宁（1964年加入美国国籍，后于2015年放弃美国国籍，恢复中国国籍）从理论上指出：在弱相互作用的领域内，宇称并不守恒，宇称守恒定律并不普遍适用。这一理论就是人们所说的“宇称不守恒定律”。1957年，美籍华裔女物理学家吴健雄通过实验成功地验证了李政道、杨振宁提出的理论。

目前，世界上还不存在“宇宙不守恒定律”。

“状”也是一种文体，指向上级陈述意见或事实的文书。状词，就是诉讼的呈文。清代李渔《凰求凤·假病》：“还说那状词里面又告了两个妇人，不日来提，也要带他同去。”而壮，则有强壮、雄壮等义。壮词，即豪壮、雄壮之词。

《破阵子·为陈同甫赋壮词以寄之》是南宋著名爱国词人辛弃疾的代表作。辛弃疾的家乡历城（今山东济南）被金兵占领，二十一岁时，他参加了抗金起义。起义失败回归南宋后，他极力主张收复中原，却遭到投降派的排斥与打击。该词作于作者失意闲居信州（治在今江西上饶）之时。宋孝宗淳熙十五年（1188）冬天，辛弃疾与同为爱国词人的陈亮（字同甫）在铅山会见，陈同甫离去后，辛弃疾赋《破阵子》以寄之。词云：

醉里挑灯看剑，梦回吹角连营。八百里分麾下炙，五十弦翻塞外声。沙场秋点兵。

马作的卢飞快，弓如霹雳弦惊。了却君王天下事，赢得生前身后名。可怜白发生！

全词通过对早年抗金部队的阵容和豪壮气概以及自己沙场生涯的追忆，表达了杀敌报国、收复失地的理想，抒发了壮志难酬、英雄迟暮的悲愤心情。这首词当然是“壮词”，而非“状词”。字幕中误“壮”为“状”，应是两者音同形近所致。

微语录·生活

不要把自己当成可怜的落难者，遇见人就絮叨自己的不幸。生活里的酸甜苦辣，都是自己在尝；人生中的漫漫长路，都是自己在走。你所经历的任何事情，在别人眼里都只是些供闲谈的故事。

（蔡　玫/辑）

“一朝君子一朝臣”？

◎高良槐

电视连续剧《人世间》第46集中，彭副总想把唐向阳拉进波来日化。唐向阳说：“波来日化属于你们集团，而你们集团现在又没了老总。”彭副总劝道：“这不还有我吗？我是公司的副总。”唐向阳说：“彭总啊，一朝君子一朝臣。”（字幕同步显示）“一朝君子一朝臣”有误，应为“一朝天子一朝臣”。

“君子”在西周、春秋时本是对贵族的统称，与“小人”（被统治者）相对，强调地位之高。而后“君子”一词被赋予了道德的含义，指有德之人，“小人”则成为“无德者”的称谓。历代儒客文人以君子之道作为行为规范自勉。汉语中并无“一朝君子一朝臣”之说。

天子，即帝王。古代认为君权神授，故称帝王为“天子”。臣，即臣子、官员。“一朝天子一朝臣”的意思是，帝王更换了，下面的臣子也随之更换。喻指当权者变动，下属也相应变动。

唐向阳意思是说，如果另一个人上台，就会另换一班人马，意指人事变动不可预期，拒绝去波来日化。这里用“一朝天子一朝臣”是贴切的。

何来“身怀三甲”

◎杨宏著

青岛出版社 2013 年 12 月出版的小说《夜雪清歌》第 18 章写道:“那时,她已经由赫连奚赐婚给了高逸庭。她身怀三甲,每日都要挺着大肚子去给大夫人请安。”“身怀三甲”说法有误,应为“身怀六甲”。

我国古代用十天干(甲、乙、丙等)和十二地支(子、丑、寅等)相配为甲子、乙丑、丙寅等,来表示年、月、日等的次序。人们认为,其中甲子日、甲寅日、甲辰日、甲午日、甲申日、甲戌日这六个带有“甲”字的日子是“上帝造物之日,不可杀生”,并认为女性在这时受孕的概率比平时高。故以“身怀六甲”说女性怀有身孕。《初刻拍案惊奇》卷三三:“成婚未久,果然身怀六甲,方及周年,生下一子。”

“三甲”则与科举有关。从北宋起,殿试后进士分一甲、二甲、三甲三等,合称三甲。“三甲”与怀孕无关,“身怀三甲”之说闻所未闻。

“奔丧”不宜对晚辈

◎龙启群

长篇小说《天局》(作家出版社 2021 年出版)中,在干校劳动的植物学家唐元浩自杀,因为他的儿子去东北农村插队落户,“到田里锄地,被一头疯牛顶穿了肚子,肠子流了一地,很惨!唐老师本来该回去奔丧,但实在无法面对残酷的现实,在干校告别了自己的人生……”“奔丧”用词不当。

“奔丧”的“丧”音 sāng。《礼记》有《奔丧》篇,孔颖达疏:“案郑《目录》云,名曰《奔丧》者,以其居他国,闻丧奔归之礼。”古代凡闻君、亲、尊长之丧,从外地赶往吊唁或料理丧事均称“奔丧”(《汉语大词典》)。后“奔丧”专指奔亲丧,如《明史·刘宗周传》:“母卒于家。宗周奔丧,为垩室中门外,日哭泣其中。”郭沫若《残春》:“他因为死了父亲,要回去奔丧。”《现代汉语词典》释“奔丧”为:从外地急忙赶回去料理长辈亲属的丧事。可见,“奔丧”一般是指料理长辈亲属的丧事。

唐老师为死去的儿子“奔丧”,此说不妥,或可改为“处理后事”之类。

错用“不吝”

◎肖　静

《读书》2019年第9期《西南腹地的构建——从茶马古道与西南官话说起》一文中写道:“我的专业并非语言学,只是对于作为精神故乡的方言与乡邦地缘之间的关系有些好奇,不吝浅陋做些探索。”此处,“不吝”用错了。

“不吝”,即不吝惜。“不吝”用于说话者请读者或听者对自己的观点等提出意见,含敬意,是常用的客套话。如毛泽东《苏联利益和人类利益的一致》:“我现在提出我对于上述各问题的一些基本观点,是否有当,希望读者不吝赐教。”上述引文中的“不吝浅陋做些探索”说不通。此处可改为“不揣”。“不揣”是谦辞,义为不自量。不揣浅陋,即不顾及自己的识见短浅粗疏。上述文章说语言学并非自己所长,只是出于兴趣发表看法,正是自谦之意,使用“不揣浅陋”是合适的。

“惮悟”?“禅悟”!

◎张铁鹰

2022年2月17日《烟台日报》第11版《生命的轨迹》一文写道:“生命,一个多么动人心弦的字眼,这不仅仅是摆在我面前的两个组合在一起的汉字和那些枯燥呆板的来自字典里的解释,我更注重的是身心的感受和刻骨铭心的惮悟。”其中“惮悟”乃“禅悟”之误。

“禅悟”的“禅”,音chán,是梵语“禅那”的简称,意译为静虑、思维修、弃恶，后泛指与佛教有关的事物。如“禅理”即佛学的义理。“悟”义为理解、领会。“禅悟”的意思就是理解、领会禅理。

惮，音 dàn，义为怕、畏惧，如成语“肆无忌惮”。“惮悟”说不通。恐怕是因为“禅”与“惮”形似，且“惮”与“悟”偏旁相同，这才把“禅悟”误为了“惮悟”。

检察院无“院长”

◎毛纬武

2021 年 11 月 11 日《余杭晨报》第 1 版刊有《为建设共同富裕示范先行区提供坚实的法治保障》一文，其中有这样一句话：“区检察院院长陈娟通报全区公益诉讼情况。”这里的“检察院院长”明显错了，应是“检察院检察长”。

检察院是全世界各国普遍设立的国家机关，行使国家的检察权。我国宪法规定：“中华人民共和国人民检察院是国家的法律监督机关。”我国设立最高人民检察院、地方各级人民检察院和军事检察院等专门人民检察院。《中华人民共和国人民检察院组织法》第三十五条：“人民检察院的检察人员由检察长、副检察长、检察委员会委员和检察员等人员组成。”检察长是检察机关的主要领导人，全面领导检察院工作，管理检察院行政事务。我国检察院不设“院长”这一职位。

“鸬鹚”误作“鸬鸶”

◎李横山

2022 年 2 月 22 日《潮州日报》第 7 版刊有《爱鸟护鸟古今同》一文，其中写道：

> 杜甫最喜欢观赏的首推鸬鸶。他对鸬鸶甚至有一日不见如隔三秋的情感：“门外鸬鸶久不来，沙头忽见眼相猜。”

其中“鸬鸶”应是“鸬鹚”。

鸬鹚，读作 lúcí，水鸟，羽毛黑色，有绿、蓝、紫色光泽。能游泳，善于捕鱼，下喉有小囊，捕得鱼后，鱼就置于囊内。通称鱼鹰，又名水老鸦、墨鸦。鸬鹚被渔人驯化，用于捕鱼。上述引文中的诗句出自杜甫《三绝句》，其中写的便是“鸬鹚”。

鹭鸶，读作 lùsī，又称白鹭，羽毛洁白，脚高颈长嘴尖，夏季头顶处生纯白色长毛，常栖息在沼泽地区，以蛙、鱼和其他水生动物为食。自然界中并无叫“鸬鸶”的动物。

应为“频仍”

◎杨卫列

“在战乱凭仍、信息传播不发达的古代，文化传播与传承意义上好的案例，其核心魔力往往是相通的，即与俗世非但不是隔离的，其于俗世之道、俗人之心，恰为之提供了更加有效的说明。”上述文字出自《散文》杂志 2022 年第 2 期卷首语。其中“凭仍”应作“频仍”。

频，意思是屡次、接连。“仍”可表一再、频繁。如《晋书 · 惠帝纪》：“祸乱滔天，奸逆仍起。”频仍，同义复词，表示的是连续不断，多用于坏的方面。如秦观《边防中》：“怨祸构连，饥馑频仍。”

凭，表示依靠、证据等。“凭仍”难以索解。“频仍”误作“凭仍”，应是音近致误。

“黄泉”“碧落”，谁上谁下

◎屠林明

2022 年第 2 期《博爱》杂志刊有《上穷黄泉下碧落》一文。读此文方知，文章题目出自文中人物画家任重父亲的话语：“白居易的《长恨歌》有一句‘上穷黄泉下碧落’，意思是找遍九天之上寻遍九地之下。我希望你明白，做艺术只有阶段，没有止境，一定要勤奋执着一辈子。”白居易的《长恨歌》中有“上穷黄泉下碧落”？应该是“上穷碧落下黄泉”啊！

“碧落”是道教语，“碧”为

青绿色,“碧落”指的是天空、青天。道教中东方第一天为始青天,有碧霞遍满,所以称之为“碧落”。黄泉,即地下的泉水,借指人死后埋葬的地方,也指阴间。白居易《长恨歌》写的是唐明皇和杨贵妃之事,“上穷碧落下黄泉,两处茫茫皆不见”是说,杨贵妃死后有道士为唐明皇的思念之情所感动,寻找杨贵妃的魂魄,但他找遍天上和地下,都没有找到。

标题和文章中的“上穷黄泉下碧落”,颠倒了“黄泉”和“碧落”的位置,实在说不通。

走+小≠赵

◎厉国轩

上海电视台都市频道 2021 年 9 月 16 日播出《X 诊所》,一位男嘉宾自我介绍时说:“我姓赵,走小赵……”(字幕同步显示)其中“走小赵”错了,应是“走肖赵”。

汉语中有许多同音字、近音字,在口头交际时为免混淆,人们经常会用“拆字法”,如弓长张、木子李、口天吴、古月胡等。那位男嘉宾说自己的姓是“走肖赵”,意在与“兆”“肇”等同音的姓区别开来。

“赵”繁体字为“趙”,从走,肖声,因此称它“走肖赵”。“赵”字多用作古代国名、姓氏,如战国七雄之一的赵国。一般认为,“赵”字的本义是疾行。《广雅·释言》:“赵,及也。”王念孙疏证:“《穆天子传》:‘天子北征赵行。’郭璞注云:‘赵,犹超腾也。’超腾亦谓疾行。”

“走”“小”组合,成不了“赵”。可能是“小”与“肖”音近,故而“走肖赵”误成了“走小赵”。

应是“连枷”

◎晋　相

“荞麦已熟,连秆割下,扎成捆,背到禾场铺平晒干。打荞时人们用翻转的‘连夹’(一种农具)对着荞子梢头拍击,那些三角形的黑色硬壳籽粒便纷纷落下。”这段话出自2021年12月24日《中国老年报》第8版《拾忆荞麦》一文，其中的“连夹”错了，应是“连枷”。

连枷，或写为“连耞”，一种手工脱粒的农具，由一根长柄和一个拍板组成。拍板一般由一组平排的三四根粗细相同的木板、竹条等组成，拍板与长柄组合后，上下挥动长柄，拍板就会转动，可以拍打铺在场院上的谷穗、豆荚等，进行脱粒。笔者在农村时就用过这种农具。打场前先把收割回来堆垛在场院边上的那些高粱之穗割下，再均匀地铺在场上，接着十几个人一齐挥动连枷开打。那场面使我想起“新筑场泥镜面平，家家打稻趁霜晴。笑歌声里轻雷动，一夜连枷响到明”的诗句。

“连枷”的“枷”字，《释名·释用器》释义：“加也，加杖于柄头以挝（zhuā，敲打）穗而出其谷也。”

连夹，即连襟，是姐妹丈夫之间的互相称呼或者合称。“连枷”与“连夹”，不可混为一谈。

“三魂”误为“七魂”

◎孔　昭

重庆出版社2018年3月出版的《爱如夏花》一书说：“只是（老太太）回去后，像换了一个人，不言不语不吃不喝，神情木讷，手里不停地抚摸着那件叠好的红色嫁衣，仿佛七魂六魄皆已随着吴大爷而走……”（第70页）其中的“七魂六魄”有误。

道家认为魂是能离开人体而存在的精神，魄是依附于形体而存在的精神。人有“三魂七魄”，三魂分别为爽灵、胎元、幽精，七魄分别为尸狗、伏矢、雀阴、吞贼、非毒、除秽、臭肺。古人认为人一死，除了一魄守其尸骨，其余六魄皆会消散，所以，后又有“三魂六魄”之说。如《金瓶梅词话》第二回：“干娘端的智赛隋何，机强陆贾。不瞒干娘说，不知怎的，吃他那日叉帘子时见了一面，恰似收了我三魂六魄的一般，日夜只是放他不下。”

上述引文中“七魂”当是“三魂”之误，“七魂六魄”应改为“三魂七魄”或“三魂六魄”。

江南“草头”指“南苜蓿”

◎盛祖杰

2022年3月15日《中国电视报》副刊《世间风物》刊载有《春分食俗》一文，其中写道：“在江苏地区，吃春菜更有讲究，一定要吃‘七头一脑’。所谓‘七头一脑’分别为：香椿头、苜萑（草头）、枸札头、豌豆头、野蒜头、马兰头、荠菜头、菊花脑。”其中“枸札头”应为“枸杞头”（即枸杞的嫩叶），这也许是一时笔误，且不多说。就说括注为“草头”的“苜萑”，应为“南苜蓿”。

蓿，音xù。“苜蓿”是一种豆科草本植物，是苜蓿属植物的通称。“苜蓿”是外来词，曾使用牧宿、目宿、木粟等不同词形，一般认为此名源自古大宛语buksuk的音译。苜蓿是在汉代从西域引入的。《史记·大宛列传》：“马嗜苜蓿，汉使取其实来，于是天子始种苜蓿……”南苜蓿是苜蓿属植物，叶子为三片圆形小叶组成的复叶。可作饲料或肥料，也可食用。现在有部分方言区俗称之为“草头”。

“萑”读huán，是芦类植物。又读zhuī，药草名，即“益母草”。古今典籍中，均未见有把“苜蓿”写成“苜萑”的用例。

“一江三岛”何处寻

◎国[illegible]轩

《上海老年报》2022年1月13日第7版刊有《也说大中华橡胶厂》一文，其中写道：“（大中华橡胶厂）后又于1955年为解放一江三岛的解放军战士生产武装泅渡时用的救生气囊。”1955年解放的是“一江山岛”，而非“一江三岛”。

一江山岛位于浙江省东部，台州湾外东海中，属于台州市。面积1.21平方千米，主要由南一江山岛、北一江山岛两个岛屿组成，两岛之间有一条宽150米的水道相隔，一江隔两山，故名。

一江山岛以“一江山岛战役”闻名，这一战役中国人民解放军首次采用海、陆、空三军协同作战战术。1954年11月1日发起争夺制海权、制空权作战。1955年1月18日发起登陆作战，仅用不到一天时间（18日上午8时—19日凌晨2时），一举攻克一江山岛，并迫使盘踞在大陈岛等岛屿的国民党军队仓皇撤退。至此，浙东沿海岛屿全部解放。为纪念中国人民解放军解放该岛所进行的英勇战斗，一江山岛曾改名为英雄岛；1984年又改回一江山岛。

应是“以人为镜，可以明得失”

◎宋桂奇

《演讲与口才》（成人版）2021年第20期《不贪功》说道：

古语云：“以人为镜，可以正衣冠。”真希望那些偷占他人成果的欺世盗名者，能从欧阳修此举中照出自己的丑陋来。

这个“古语云”错了，应是“以人为镜，可以明得失”。

据《贞观政要·任贤》记载，直言敢谏的魏征病逝后，唐太宗非常难过，他对侍臣说：“夫以铜为镜，可以正衣冠；以古为镜，可以知兴替；以人为镜，可以明得失。朕常保此三镜，以防己过。今魏征殂逝，遂亡一镜矣！”意思是：以铜做镜子，可以端正自己的衣冠；以历史为镜子，可以知道兴衰交替；以人为镜子，可以知道自己行为的正确与错误。我常保有这三面镜子，以防止自己出现过错，现在魏征去世，我失去了一面镜子！

前引文字中的“以人为镜，可以正衣冠”显属“以铜为镜，可以正衣冠”和“以人为镜，可以明得失”二语杂糅。文中想表达的是，希望偷占他人成果者以欧阳修为镜，看到自己行为中的问题。因此，改为“以人为镜，可以明得失”才妥当。

“比真的还真”，是假的

◎宗守云

先看两个例子：

（1）这姓蔡的有些门道，这假烟也是有配方的，包装就更不用说了，比真的还真，烧了实在是太可惜了。（李佩甫《羊的门》）

（2）假娃娃比真的还真。上周，澳大利亚昆士兰州的警察，为了营救一个锁在汽车里的婴儿，疯狂地砸碎了车窗。可让他们吃惊的是，这个看上去快不省人事的“婴儿”，其实是个非常逼真的玩具娃娃。（《都市快报》2008年7月17日）

例（1）（2）“比真的还真”的事物都是假的，例（1）是假烟，例（2）是假娃娃。

“比真的还真”是比较结构，比较结构由比较主体、比较对象、比较结果构成，比如“油条比馒头好吃”，“油条”是比较主体，“馒头”是比较对象，“好吃”是比较结果。一般情况下，比较主体和比较结果具有述谓关系，“油条比馒头好吃”，“油条”和“好吃”是述谓关系，意思是“油条好吃”。但在“比真的还真”结构中，比较主体和比较结果没有述谓关系，例（1）不是“假烟是真的”，例（2）不是“假娃娃是真的”；相反，比较主体和比较结果的反面具有述谓关系，例（1）是“假烟是假的”，例（2）是“假娃娃是假的”。

“比真的还真”是假的，这首先和比较对象有关。有的比较对象没有反面对象存在，比如“油条比馒头好吃”，“馒头”没有反面对象；有的比较对象有反面对象存在，比如“有时候一个好的职业顾问甚至会比好的猎头公司更吸引人才”，“好的猎头公司”有反面对象“差的猎头公司”。对后者而言，比较对象和反面对象具有反义关系，它们往往包含着反义词。

反义词有两种，一种是没有中间状态的、非此即彼的反义词,是绝对反义词,像“真—假”“生—死”“有—无”“对—错”“合法—非法”等;另一种是有中间状态的、可非此非彼的反义词,是相对反义词,像“大—小”“高—低”“黑—白”“胖—瘦”“忙—闲”“漂亮—丑陋”等。

如果比较对象和反面对象包含绝对反义词,意味着比较主体和比较对象的反面具有述谓性,例如:

(3)人一旦化成骨头,就不会再变老,也许比活着的人还要年轻。(张小娴《情人无泪》)

(4)七棵树,不过七担柴。“少是少了点儿,总比没有的强。”(茹志鹃《剪辑错了的故事》)

例(3)比较对象是“活着的人”,那么比较主体一定是死人;例(4)比较对象是“没有的”,那么比较主体一定是有的。“比真的还真”也是如此,比较对象是真的,比较主体一定是假的。

如果比较对象和反面对象包含相对反义词,比较主体和比较对象的反面就不一定具有述谓关系,例如:

(5)这个小行星一炸两个,一块大的没撞上来,偏过去了。一块小的还是撞上来了,这块小的,从电影画面里面看,这块小的比大的要小得多。(赵君亮《寻找“丢失”的行星》)

(6)它们像令人毛骨悚然的青蛙,体形比最大的象还大。(《福尔摩斯探案集》中译本)

例(5)比较对象是“大的”,比较主体是小的,比较主体和比较对象的反面有述谓性;例(6)比较对象是“最大的象”,比较主体是大的,比较主体和比较对象的反面没有述谓性。

“比真的还真”是假的,也和比较结果有关。实际上,比较结果“真”不是真正的形容词“真”,而是比况性的“真”,即“像真的”,“像真的”一般情况下就意味着不是真的,比较主体不是真的,当然是假的。正因为如此,有的句子直接说成“比真的还像真的”:

(7)“与时俱进”的山寨社会组织:比真的还像真的。(《中国新闻周刊》2021年2月27日)

十字街头

成都，你的博物馆有三处错！

◎刘骐珲

笔者在游览位于四川成都的几家博物馆时，发现了几处文字错误，在此不揣固陋，试作辨析纠正。

一、“癸酋”应为“癸酉”

四川博物院，在介绍近代篆刻家李尹桑的印章作品《蜀客》时，其展板文字写道：

边款：“癸酋长至前二日，刻为大千先生永用。李尹桑”。

其中“癸酋”有误。从边款文字看，这方印章是赠予张大千先生的，刻章的具体时间是“癸酋长至前二日”。“长至前二日”是刻章的日期，指夏至前二日。因夏至白昼最长，故夏至又称为“长至”。“长至”前的“癸酋”应为“癸酉”，指的应是年份。“癸”为天干的第十位，“酉”音 yǒu，是地支的第十位。展板上所写的“1933 年”正与农历癸酉年基本对应。

“酋”可指部落的首领，如酋长，也泛指首领，与年份无关。混淆“酉”与“酋”，乃形近致误。

蜀客
1933年
青田石
李尹桑作
边款：“癸酋长至前二日，刻为大千先生永用。李尹桑”。

印章《蜀客》展板

二、不是“胡秋戏妻”

新都博物馆中，有展板介绍汉代画像砖表现的历史典故，其中举例有“胡秋戏妻”。

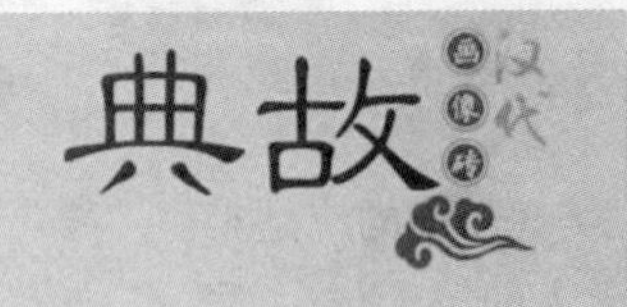

巴蜀地区的画像砖，还有一类以历史典故为表现内容，如：“楚子问鼎”、“胡秋戏妻”等。这些画像砖从一个侧面反映出了汉代盛行的“独尊儒术”的思想。

汉代画像砖典故介绍展板

此处的“胡秋”是“秋胡”之误。“秋胡戏妻”的故事最早记载于西汉刘向《列女传·节义传》，题为《鲁秋洁妇》。内容大致是：鲁国人秋胡的妻子素重贞洁，秋胡与她成婚五日后便远赴陈国做官，过了五年才归家。途中遇见一位美丽妇人正在采桑，内心喜悦，便欲赠送金钱调戏她，却受到妇人斥责。秋胡回到家中，得知方才挑逗的是自己妻子，妻子怨恨丈夫薄情寡义，于是投河而死。后来用“秋胡”泛指爱情不专一的男子。李白有诗《陌上桑》云：“使君且不顾，况复论秋胡。”像使君那样的她都不看，更何况花心如秋胡的呢。“秋胡戏妻”的故事流传甚广：敦煌经卷中残存有唐代的《秋胡变文》；元代戏曲作家石君宝据此故事创作出杂剧《鲁大夫秋胡戏妻》；京剧《桑园会》(又名《马蹄金》)也是改编自这个故事，是马派代表剧目之一。

展板把“秋胡”前后颠倒成了“胡秋”，显然是错误的。

三、汉代没有“越西郡”

同样位于成都的郫都区博物馆中有《郫都区汉代大事年表》，其中第三点写道：“汉初，巴蜀地区沿袭秦朝郡县制，设立巴郡、蜀郡，公元前201年，设广汉郡……公元前117年设越西郡……”然而，汉代并没有“越西郡”，正确的应是“越嶲郡”。

《郫都区汉代大事年表》

西汉时期，汉武帝为了开发西南夷并加强统治，广泛设立郡县来管辖该区域。越嶲（xī）郡设立于汉武帝元鼎六年（即公元前111年，展板上错写成“公元前117年”），其辖境相当于今云南丽江市及绥江县间金沙江以东、以西地区。《后汉书·西南夷列传》：“邛都夷者，武帝所开，以为邛都县……后复反叛。元鼎六年，汉兵自越嶲水伐之，以为越嶲郡。”李贤注：“嶲水源出今嶲州邛部县西南嶲山下。前书地理志曰，言其越嶲水以置郡，故名焉。”就是说越嶲郡是因越过嶲水设郡县，故而得名。“越嶲”之名由此诞生，并为后世所沿用。今四川省越西县原名为越嶲县，因为“嶲”是生僻字，不利于大众识记，1959年“越嶲县”更名为“越西县”（“嶲”音同“西”），自此才出现“越西”的写法。

汉代并没有“越西郡”，把现代地名强加于古代，显得不伦不类。

《“车讧人”是什么意思》解疑

“讧”音zhǐ，意思是揭发他人阴私，《集韵·上止》：“讧，讦也。”“讧”用在这里说不通。这个“讧”是“让”字之误；“车讧人”即“车让人”，提示车辆避让行人。

社区群聊倡议

◎徐默凡

因为新冠疫情，很多居民小区进入封闭管理状态。微信群聊成为社区联络的首选通信工具，为社区管理者下发通知，居民朋友交流信息、团购物资等提供了极大的便利。但是，遍地开花的微信群也出现了不少问题，比如大量无效信息霸屏，负面信息超载引发焦虑，甚至还有天天吵架的极端情况出现。

为了能引导文明、高效的网络交流方式，我们特此提出社区群聊的5条倡议：

一、区分功能，不发无关信息

每个社区可以分别建立几个群，区分不同群聊功能，以便明确交流目的，提高交流效率。比如通知群，专门负责上传下达；团购群，专门解决民生问题；邻里互助群，互通有无互相帮助……想聊天八卦的可以专门建立八卦群，只要不造谣传谣，聊点轻松的也有助于心理健康。而一旦区分群聊功能以后，就不要在群里发送不相干信息，以免扰民。

二、实名备注，预防闲杂人员

进群以后，可以使用“群昵称”这个功能修改自己在群里面的名字，一般可以使用门牌号码，以便管理员和群友识别。此外，实名制也可以杜绝骗子，预防广告商、促销人员等无关人员进群，提高了群聊安全性。

三、辨别信源，杜绝盲目分享

有些热心居民经常在大群里分享各种信息，但一定要注意信息来源。一些个人账号的文章和视频、转发的聊天内容、朋友圈截图都是道听途说，还有一些是故意混淆视听来骗取流量的，这些都不要轻易转发。即使是正规渠道的或者是正能量的信息，也没必要在大群里占据公共资源，可以在亲朋好友的小群内分享或者在自己的朋友圈里发布。

四、提倡文明，控制负面情绪

封闭期间，心情烦躁在所难免，但是社区群聊仍然是一个公共社交场所，参与者还是要注意控制自己的情绪，尽量文明交流，不要无端发泄。我们所说的“文明”，不仅包括不说脏话粗话，更重要的是尽量客观地反映问题，不要让情绪宣泄代替理智诉求。举例来说，有话直说，不要冷嘲热讽；使用陈述句，不要使用反问句；使用友善的表情符号表明语气，避免生硬的态度；等等。

五、完整表达，排除阅读障碍

不管是咨询，还是求助，有事情就一口气说完，不要分开来发送。有的人喜欢把一句话分成几段来发，有的人喜欢先确认再说具体事情（比如要先问“群主在吗？”），但这都属于私聊的习惯，不应该带到群聊里来。私聊时是点对点的，一句句说有助于缩短反馈时间，有了误会也容易澄清；而在群聊中，分开说很容易被别人的发言打断，缺少上下文语境也容易被断章取义。所以我们不妨把要传递的信息编辑好，然后一次发送，这样做也便于别人引用和转发，便于问题的解决。

总之，希望大家用好社区群聊工具，为早日战胜疫情同舟共济，齐心协力！

《火眼金睛》提示

图1，“毛雪旺”应为“毛血旺”。

图2，“肩肘炎”应为“肩周炎”。

图3，“甑选”应为“甄选”。

图4，“睦名而来”应为“慕名而来”。

莫将“刘郎”误“桃花”

◎李可钦

2020年5月12日《闽南日报》第10版刊有文章《任性的刘禹锡》，其中说道：“特别是十四年后再次被皇帝召回长安时，在这个只要稍许低头便可改善自己困顿境地的机会面前，他又一次来到玄都观，看着枯死的桃树和满地的野葵燕麦，再一次吟唱道：‘百亩中庭半是苔，桃花净尽菜花开。种花道士归何处，前度刘郎今又来。’这在今天看来，简直就是任性。皇帝不高兴了，权臣不高兴了，他们不愿意被讽刺为菜花，于是刘郎这朵桃花就又被遣送他乡。”文中所引用的诗为刘禹锡的《再游玄都观》，“中庭”应为“庭中”，“种花”应为“种桃”。此外，理解也有误，诗中“桃花”并非指刘禹锡。

《再游玄都观》诗下有作者自序：

余贞元二十一年为屯田员外郎，时此观未有花木。是岁，出牧连州，寻贬朗州司马。居十年，召至京师，人人皆言有道士手植仙桃，满观如红霞，遂有前篇以志一时之事。旋又出牧，于今十有四年，复为主客郎中。重游玄都，荡然无复一树，唯兔葵燕麦动摇于春风耳。因再题二十八字，以俟后游。时大和二年三月。

唐贞元二十一年（805），太子李诵（唐顺宗）即位，即位后重用王叔文等人进行改革，意图加强中央集权，反对藩镇割据，反对宦官专权。刘禹锡等人参与了这次革新运动。可惜，革新遭到守旧势力的阻挠，不到半年便以失败告终。当年八月顺宗被迫让位，并改元“永贞”，故此

元帅林中无元帅

◎李景祥

《感受辽宁之好》(春风文艺出版社 2020 年 4 月出版)中《浑河帖》一文,写抚顺市大伙房水库北岸之元帅林:“这里有张作霖的陵墓……1928 年张作霖在皇姑屯被日本人谋害后,张氏家族派出了众多风水先生……选中此地……1931 年秋,正当元帅林粗具规模时,爆发了‘九一八’事变,张作霖遗

次革新史称“永贞革新”。刘禹锡等人被贬到外地做官。元和十年(815),在外做了十年官的刘禹锡回到长安后,有感于人们在玄都观看花盛事,写了一首《元和十年自朗州至京戏赠看花诸君子》:“紫陌红尘拂面来,无人不道看花回。玄都观里桃千树,尽是刘郎去后栽。”此诗语含讥讽,“桃花”“桃树”暗指打击革新派而上位的朝廷新贵,“刘郎”指诗人自己。因这首讽刺诗,诗人再度被贬。

又过十四年,刘禹锡回到京城,任主客郎中,再次去游玄都观,原来茂盛的桃树不复存在,只看到菜花在风中摇摆,想到朝廷人事变迁,当初权贵已大多不在,忆起往事,触景生情,便写下《再游玄都观》这首诗。诗中仍然以“桃花”暗喻当初的新贵,“菜花”是指取代之前新贵的另一批当权者,“种桃道士”指打击当初革新运动的当权者,“刘郎”则仍然指刘禹锡自己。

故上引文字中说“桃花”是指刘禹锡是错误的,“桃花”指的是打压革新派而上位的朝廷新贵。

骸未及运来，便在锦州的驿马坊草草地安葬了。所以这里只是个衣冠冢。”实际上，元帅林中无元帅，也并不是张作霖的衣冠冢。

1924年第二次直奉战争胜利后，张作霖成了北洋军阀中的第一人。1926年7月，广东革命政府发动北伐，国民革命军步步胜利。1927年6月张作霖在北京成立安国军政府，任陆海军大元帅，自称“代表中华民国行使统治权”，成了北洋军阀政府最后一个“国家元首”。1928年6月3日晚，张作霖乘专列返奉。6月4日清晨，张作霖所乘列车驶至皇姑屯车站附近时，发生了大爆炸，张作霖受重伤，4小时后死去。张作霖的灵柩安放在帅府等待下葬。1929年5月抚顺元帅林开工建设。1931年“九一八”后日本人占领我东北，元帅林停工。日本人把张作霖的灵柩移至沈阳城外的珠林寺暂厝，并以此要挟张学良，如张学良妥协，日方就代为安葬张作霖入元帅林，遭到张学良的拒绝。这一放就是六年。

为了能安葬张作霖，张作霖的部下找上张景惠。张景惠是张作霖的老部下，还是结义兄弟，“九一八”后投敌，当上了伪满洲国的国务总理。1937年6月张景惠以“协和会”的名义办了一场“慰灵祭”，然后将张作霖灵柩运到锦州的驿马坊村西的张家坟茔地，埋葬了张作霖。这是张作霖发迹之初所购的风水宝地。现在锦州的凌海市石山镇驿马坊村西之张作霖墓园里有两座坟墓，一为张作霖之母王太夫人的，一为张作霖及其妻赵氏（张学良之母）的合葬之墓。

衣冠冢是指没有尸骨，只埋着死者的衣冠的坟墓。抚顺元帅林里并没有张作霖的衣冠冢，只是个没完工的空坟。日本侵略者不许张作霖葬在元帅林，而要把他葬到远离沈阳的偏僻之处。幸亏他年轻时买了驿马坊西之地，不然就不知要被埋葬到哪里去了。

“九九消寒图”从什么时候开始画

◎李钱排

“在江南，有一种旧俗，自小寒大寒起，闺房里的女子要画一种很雅的图画，画的是素梅一枝，梅花瓣共计八十一，每天染一瓣，都染完以后，则九九寒冬已尽，春天到来。”这段话出自2022年1月25日《潮州日报》第7版所刊文章《天寒春渐近》。这里说到的旧俗就是画“九九消寒图”（简称“消寒图”“九九图”）。小寒在公历1月5、6或7日，大寒在公历1月20或21日，“九九消寒图”并不是从小寒、大寒开始画的。

九九是我国古代节令。古代将冬至（或夏至）起的九个九天共八十一天，称为“九九”。有冬九九和夏九九，通常指冬九九。冬至（公历12月21、22或23日）后的这段时间是一年中最寒冷的时期，地面热量散失最多。三九前后天气最为寒冷，三九后天气逐渐变暖，九九结束则意味着春耕季节到来。“九九”源于黄河流域，后传播至全国。

九九寒冬一般很少有农事活动，也难以出门，古代人为了打发时光、计算这段日子，就想出制图计日的方式，用画梅、填影格字、画圆圈等形式来记时。最雅致的当然是画梅花，一般是画一株有八十一瓣的梅花，冬至起每天依次一瓣，画完八十一瓣春天也就到来了。明代《帝京景物略·春场》载：“日冬至画素梅一枝，为瓣八十有一，日染一瓣，瓣尽而九九出，则春深矣，曰九九消寒图。”填字的，如《清稗类钞·时令类》载：“宣宗御制词，有‘亭前垂柳，珍重待春风（繁体字風为九画）’二句，句各九言，言

怕老婆不称“耙耳朵”

◎文昌聿

《杂文月刊》2022年3月（上）刊有《贤良妻劝得转恶丈夫》一文，说的是贤妻劝夫改邪归正的故事。文章道：“这个王藻，是耙耳朵，蛮爱老婆……”这里的“耙耳朵”应为“粑耳朵”。

粑，音pā。在四川方言中表示软，如粑柿子。还可表示缺乏力气，如干起活来粑得很。表示软弱，如这些话粑了点。“粑耳朵”在四川方言中指怕老婆的人。李劼人《暴风雨前》（1961年10月作家出版社出版）第二部分：“伍平是粑耳朵！平日打三个擒五个，啥都不怕，歪得象（像）一只老虎，如今武松进门，就皈依佛法了。”书下原注为：“粑字也是新创的字……用途甚广泛，有软柔意思……粑耳朵是怕老婆的代名词。”

耙，读bà时，是碎土、平地的农具，耙可把耕过的地里的大土块弄碎弄平，有钉齿耙和圆盘耙。读pá时，是把柴草、谷物等聚拢和散开或平整土地的农具，有长柄，一端有铁齿、木齿或竹齿。“耙耳朵”也确有此物，在闽南语中是指掏耳朵用的工具。

“粑”是方言字，电脑一般打不出，容易出错。2006年“春晚”有一方言小品《粑耳朵》，当时便错成了《耙耳朵》。

各九画，其后双钩之，装潢成幅，曰九九销寒图……自冬至始，日填一画，凡八十一日而毕事。”“九九消寒图”并非江南独有的旧俗，它流行于全国各地，现存较早的一幅消寒图就是明代弘治元年（1488）陕西刻印的《九九消寒之图》。

谁称“中医”为“东医”

◎木 子

2021年7月27日《北京晚报》第26—27版刊有《从俗谚中了解老北京》一文，其中说：“众所周知，利用中草药治病是日本人从我国学去的，他们将中医称为‘东医’……”此说有误，称使用中草药治病的医生为“东医”者，并非日本。

中医药学在公元五世纪时就传到了日本，到了他们的江户时期，研究我国张仲景的古方派成为医药学界的主流，他们以用草药治病为主，兼及针灸、按摩等。对这种从中国学到的医药学，他们称为“汉方医学”或“东洋医学”，以《伤寒杂病论》《金匮要略》等中医典籍为经典。今天，日本人看病用药虽然以西医西药为主，但也还要用到“汉方医”“汉方药”。日本的“汉方医药”界，没有自称“东医”的。

生活在朝鲜半岛上的医生将中医称为“东医”，如公元十七世纪朝鲜出版的一部综合性医药书《东医宝鉴》，由许浚等人摘录我国《伤寒论》《素问》等医学典籍编纂而成，书名中就用了“东医”二字，书中说：“王节斋有言曰：东垣北医也，罗谦甫传其法以闻于江浙。丹溪南医也，刘宗厚世其学以鸣于陕西……我国僻在东方……则我国之医，亦可谓之东医也。”还有一部上世纪初年出版的《东医寿世保元》，书名中也用到“东医”。越南也将中医称为东医，但越南的“东医”是与“西医”相对而言的，主要指使用草药的医疗方式。

陈冠韩戴

◎刘曰建

2022年2月14日《人民日报海外版》第12版所刊《背起行囊去桂林》一文开头说："'江作青罗带，山如碧玉篸，愿做桂林人，不愿做神仙。'韩愈歌咏桂林的诗句令人神往，如今我终于得以启程，背起行囊去桂林。""愿做桂林人，不愿做神仙"并非韩愈的诗句。

"江作青罗带，山如碧玉篸"出自韩愈诗歌《送桂州严大夫同用南字》："苍苍森八桂，兹地在湘南。江作青罗带，山如碧玉篸。户多输翠羽，家自种黄甘。远胜登仙去，飞鸾不暇骖。"此诗为韩愈送友人严谟赴桂州任职所作。篸，音zān，同簪；玉篸即玉簪子。"青罗带"是指青色的丝织衣带。这两句是用女性的饰品、衣服来喻指山河之美。

"愿做(作)桂林人，不愿做(作)神仙"是陈毅元帅的诗句，出自《游桂林》一诗。1963年2月，陈毅元帅陪同柬埔寨西哈努克亲王游桂林。佳山丽水、奇石幽岩，令元帅诗兴大发，写下了《游桂林》："水作青罗带，山如碧玉簪。洞穴幽且深，处处呈奇观。桂林此三绝，足供一生看。……愿作桂林人，不愿作神仙。西哈努克亲王为我言，曾游世界诸名胜，无一可与桂林相比肩。……""水作青罗带，山如碧玉簪"，正是化用了韩愈的"江作青罗带，山如碧玉篸"。

两位诗人赞美桂林的诗句都好，但穿越一千多年时空，把它们捏合在一起，还冠以韩愈之名，就不应该了。

汉语的基因

◎石毓智

我们看周围的人，谁跟谁长得都不一样，即使双胞胎也有细微的差别。如果跟日本人或者韩国人比，马上会发现汉人有共同的特点。跟欧洲或者非洲人相比，共同点就更明显了。汉人的个头、肤色、眉宇之间的神态，都有自己的特点，而这些都是由民族的基因决定的。

汉语为什么是这个样子，而不是别的样子，也是由汉语的基因决定的。那么什么是汉语的基因呢？

多年前的一个中秋节，中央电视台举办了一场文化晚会。有一位诗人朗诵了一首激情澎湃的诗歌，主题是：汉字是中华文化的基因。这只是诗人的想象，经不起推敲。基因是一种深层的生理特征，不大容易改变，也很难移植。汉字只是汉语的书写系统，是外在的东西。汉字的形体几经改变，从篆书到隶书到楷体，而且还有繁简两套，甚至还被移植到周边的其他民族的语言中去。越南和韩国在历史上长期借用汉字作为他们的书写系统，后来都改成了其他书写系统。日本现在还在使用着汉字。如果说汉字是中华文化的基因的话，那是不是说越南和韩国的文化基因一度曾是中华文化，然后经过转基因工程，变成了其他的基因？现在越南文字采用拉丁字母，能不能说越南的文化基因变成了欧洲的？显然，把汉字看成中华文化的基因是不合理的。

汉字既不是中华文化的基因，也不是汉语的基因。汉语的基因从两方面看：一是概念化方式，二是基本语序。它们一起决定了汉语的整体面貌。

什么叫概念化方式？简单地说，一个民族如何认识世界，如何把认识世界的成果用词语包装下来。换句话说，一个词语包含着什么样的信息。在这一点上，各个民族差别很大，结果导致不同语言拥有不同的语义系统，而不同的语义系统又决定着它的语法面貌或者一个语言的整体特点。

比如，汉语动词的能量作用的方向是双向的，既可以从主语到宾语，又可以从宾语到主语。"小明吹蜡烛"，行为"吹"的能量是从左到右；而"小明吹电扇"则是从右到左。很多语言的动词都跟汉语的不一样，同一行为，能量作用的方向不同，它们要么用不同的动词表达，要么改变动词的形式来区别方向。汉民族这种概括动作行为的方式对汉语产生了深远的影响。

第一，汉语的动词数目大大简化。不论是"借出"还是"借入"，汉语就是一个"借"，英语则是"借出"用"lend"，"借入"用"borrow"。

第二，影响汉语的语法形式。汉语语法的一大特点是，不论是主动句还是被动句，汉语的动词不变形。在主动句中，动作的能量作用方向是从左到右，比如"麦迪撞了一下姚明"；被动句的方向正好相反，是从右到左，比如"姚明被撞了一下"。中国有句"飞鸟尽，良弓藏；狡兔死，走狗烹"，其中的行为"藏"和"烹"，作用的对象都是其前面的主语，但是动词始终还是那个动词。这搁英语中，可麻烦了，动词前要加上一个判断词 be，动词自身还要变形，采用过去分词。

第三，制约语言的发展方向。比如汉语的"见"，既可以表示主体以视线接触某物，又可以表示暴露于光线之下，比如"雨雪瀌瀌(biāo，雨雪盛貌)，见晛曰消"(《诗经·小雅·角弓》)，就是说雪被阳光照耀就会融化掉。这个意思就有了被动的含义，使得“见”在先秦就发展成了被动的标记，比如“年四十而见恶焉，其终也已”(《论语·阳货》)。汉语“吃”的能量作用方向也是双向的。比如“他吃苹果”，是“他”用嘴发力影响苹果，然而“他吃了一棍子”则是他被动地承受棍子的打击力。结果在汉语中，“吃”也变成了被动标记，比如“后来便吃杀了”(《水浒传》)。这种用法在元明时期相当普遍，后来不知什么原因就不见了。

根据对世界上500余种语言的调查，只有汉语的“见”和“吃”的概念发展成了被动标记。这种独特的现象是由汉语动词的概念化方式决定的。

另一个方面就是句子的基本语序。不论哪种语言，句子的三个主要成分不外乎主语、动词和宾语。如果自由排列组合这三个成分的话，逻辑上讲，有6种可能，但是最常见的是汉语、英语这种“主—动—宾”和日语、藏语那种“主—宾—动”，其他的顺序非常少见，有些根本就没有。一种语言采用什么样的语序，对该种语言具有深远的影响。采用“主—动—宾”语序的语言，会给这种语言带来一系列的特点。主要包括以下几点：

第一，这种语言会充分利用各种语序的变化来表达丰富复杂的意义。主语和宾语就是最主要的两种成分，每种语言都要采用一定的手段来加以区别。像日语这种语言，一般是加上个小尾巴，标示两者的身份。为什么？因为它们俩都挤在动词前面，如果一方不出现，或者因其他原因换了位置，那么就搞不清楚谁是谁了。然而像汉语这种语言，站在动词前就是主语，站在动词后就是宾语，不用什么标记，一目了然。比如“老王喊老李”和“老李喊老王”，意思截然相反。不仅如此，这种语言还会全方位地利用语序来表达各种各样的语法意义。“来客人”中的“客人”可以是随便哪一个,而“客人来了”的“客人”,则是说话者事先邀请的那一个。词语一旦进入句子,就不再是词典中的抽象意义,往往被赋予某种特定的含义。

第二,这种语言的虚词不仅丰富,而且地位重要,各种重要的语法意义都要用它们来表达。“被”表示被动,“把”表示处置,“他被小偷捆住了”和“他把小偷捆住了”,说的是两件完全不同的事。

第三,语法发展的方向不一样了。古英语的基本语序为“主—宾—动”,那时候的英语语法可啰唆了,词语进入句子,要带上各种各样的尾巴才行。后来英语变成了“主—动—宾”,这些尾巴就逐渐丢失,出现了一批以短语表达的语法标记,比如表示祈使用“let’s(let us)”,表示将来用“be going to”。汉语则历来都是如此,总是把一些意义实实在在的词语发展成语法标记,或者把几个经常一起出现的词固定下来而成为一种格式。

一种语言有什么,没有什么,能发展出什么,不能发展出什么,它的“基因”已经决定了。语言的基因主要表现在两个方面:一是该民族如何用词语把认识外在世界的结果包装下来,也就是说,一个民族在认识世界之初已经在很大程度上决定了其语言的面貌。二是基本语序,一种语言一旦采用了某种语序,也就在很大程度上决定了系统地采用哪一类的语法手段。

微语录·人生

你可能对自己不满意;但你是否知道,有人在梦想着成为你?你可能觉得自己很苦;但你也许不知道,这是由于,你看到的一切都不是你梦中的风景。

(乔　桥/辑)

“蓬蒿人”是什么人

◎胡文炜

唐代天宝元年(742),天才诗人李白42岁时,终于接到唐玄宗召他入京的诏书。为此,他写下了那首著名的《南陵别儿童入京》,诗中最后两句是:“仰天大笑出门去,我辈岂是蓬蒿人。”

“蓬蒿人”是什么人?《中国诗词大会》第一季第9期给出三项选择:A.俗语骂人的话;B.贫居之人,所居荒野之处多蓬蒿;C.攀龙附凤的人。公布的答案是B,即李白自称不是贫居之人。笔者认为这个解释并不切合原意,把“蓬蒿人”解释为“贫居之人”,似乎仅仅强调与“富”相对的“贫”,这不是李白的志向与追求。“蓬蒿人”应该指“平庸浅陋的人”。

蓬蒿,即蓬草和蒿草,亦泛指草丛、草莽。可借指荒野偏僻之处。如汉桓宽《盐铁论·通有》:“山居泽处,蓬蒿埆(qiāoquè,瘠薄),财物流通,有以均之。”在庄子《逍遥游》中有这样一段:

有鸟焉,其名为鹏,背若太(泰)山,翼若垂天之云,抟扶摇羊角而上者九万里,绝云气,负青天,然后图南,且适南冥也。斥鴳(yàn)笑之曰:“彼且奚适也?我腾跃而上,不过数仞而下,翱翔蓬蒿之间,此亦飞之至也,而彼且奚适也?”

“斥鴳”是一种小雀,它讥笑能飞上九万里高的鹏鸟,说它要飞到哪里去呢,我一跳就飞起来,不过几丈高就落下,在蓬蒿之间翱翔,这也是极好的飞行,认为生活在蓬蒿之间也很快乐。后“斥鴳”被借指平庸凡俗、目光短浅的人。

李白认为自己不是安居于蓬蒿间的小雀,而是一飞冲天的

“脱颖而出”释义商榷

◎陈晓云

《汉语大词典》“脱颖而出”的释义为：“比喻有才能者的才能终能显露出来。”（第六卷第1302页）笔者以为这一释义值得商榷。

《汉语大词典》强调“脱颖而出”“显露出来”的是“有才能者的才能”，中心语为“才能”，而其书证并非如此。该条目书证有四：

《孽海花》第十三回：“且说潘尚书本是名流宗匠，文学斗山，这日得了总裁之命，夹袋中许多人物，可以脱颖而出，欢喜自不待言。”

老舍《四世同堂》七：“说不定哪一天他就会脱颖而出，变成个英雄。”

孙华炳《重赏之下》二：“朱金宝有如囊中之锥，就要脱颖而出了。”

《解放日报》1985.6.26：“人才的成长需要机会，人才的脱颖而出更需要机会。”

其中“脱颖而出”的，《孽海花》是“夹袋中许多人物”，《四世同堂》是“他”，《重赏之下》是“朱金宝”，《解放日报》是“人才”，都是有才能的人，而不是才能。

可见，《汉语大词典》“脱颖而出”的释义和书证不相符合。

笔者认为《汉语大词典》应调整“脱颖而出”的释义，同时补充其本义。建议改为：“颖，物之尖端。锥尖透过布囊显露出来，比喻有才能的人终能显露出来。”

鸿鹄。他27岁时在《代寿山答孟少府移文书》中就说自己要“奋其智能，愿为辅弼，使寰区大定，海县清一”。还写有《大鹏赋》，以大鹏自比，寄托自己的远大志向，其中有：“于是乎大鹏许之，欣然相随，此二禽已登于寥廓，而斥鹖之辈空见笑于藩篱。”

所以“仰天大笑出门去，我辈岂是蓬蒿人”的“蓬蒿人”理解为“如同甘居于蓬蒿之间的斥鹖一般的人”才更为合适。

编校差错扫描（四十五）

◎王　敏

内在高贵称“矜贵”

【错例】曾经小小少年，如今风度翩翩，真是帅气衿贵的小王子！

【简析】“衿贵”应为“矜贵”。“矜”是形声字，有异体字“矝”。《说文解字》小篆字形为“从矛今声”的“矜”，段玉裁则据汉碑字形，改“今声”为“令声”。而《字源》认为，“矜”“从令，非隶书之增笔，当为二字声近，故从今声从令声皆可”。如今，规范字形为“矜”，本义指长矛的柄，读音为qín。《说文解字》：“矜，矛柄也。”西汉扬雄《方言》：“矛，其柄谓之矜。”东汉刘熙《释名·释兵》：“矛，冒（盖蒙）也，刃下冒矜也。下头曰镈（柄下端圆锥形金属套），镈入地也。”非常特殊的是，由于异体字“矝”“字从令声，令声古音在真部，故古假矜为怜”（段玉裁注）。因此，“矜”另假借指怜悯，读音为jīn。如《尚书》：“天矜于民，民之所欲，天必从之。”引申指谨慎、庄重。如《尚书》：“不矜细行，终累大德。”“矜持”即庄重自持。再引申指自大、自负，如“骄矜”“矜夸”。“衿”也是形声字，从衣今声，本义指古代衣服的交领。《方言》：“衿谓之交。”《颜氏家训·书证》：“古者斜领下连于衿，故谓领为衿。”特指古代读书人穿的衣服，如《诗经·子衿》：“青青子衿，悠悠我心。”毛传：“青衿，青领也，学子之所服。”“青衿”因此在古时又泛指读书人。“矜贵”本指自夸尊贵，出自《列子·杨朱》：“不逆命，何羡寿；不矜贵，何羡名。”后泛指尊贵、高贵，强调的是内在的心理状态，与外在的服饰无关，不能写成“衿贵”。

“砥柱”变迁名未改

【错例】延安革命圣地，抗战中流抵柱。

【简析】“抵柱”应为“砥柱”。“砥”本字为“厎”，形声字，其形旁为厂（hǎn，山石之崖岩），加上修饰笔画变成“石”，就成了今天的规范字“砥”，本义指质地很细的磨刀石。《说文解字》：“厎，柔石也。……砥，厎或从石。”段玉裁注：“柔石，石之精细者。郑注禹贡曰：厉，摩刀刃石也。精者曰砥。”“砥”与粗磨刀石“砺”合称“砥砺”，泛指磨刀石，也指磨炼、锻炼。“抵”也是形声字，从手，本义指挤、推。《说文解字》：“抵，挤也。”段玉裁注：“排而相歫（拒）也。”《广雅》：“抵，推也。”如“排抵”即“排挤”。引申特指（用角）抵、触，如“以角抵人”，也写作牴、觝。《说文解字》：“牴，触也。”《玉篇》“牴”：“或作觝。”由互相抵触，引申指抵偿，如“抵罪”“抵债”。再引申泛指相当，如“一个抵俩”。由排挤又引申指抵挡、抗拒，如“抵制”“抵赖”。再引申指消除，如“抵消”。另外引申指至、到达，如“抵达”。“砥柱”最早见于战国时楚国宋玉《高唐赋》，本是山名，又称“厎柱山”“三门山”，在今天的河南省三门峡市。北魏郦道元《水经注·河水四》载：“砥柱，山名也。昔禹治洪水，山陵当水者凿之，故破山以通河，河水分流，包山而过，山见水中若柱然，故曰砥柱也。三穿既决，水流疏分，指状表目，亦谓之三门矣。”当年大禹治水，把挡住水流的砥柱山凿开以疏通河流，河水被岩柱分为三股急流，河上像有三个大门，北为“人门”，中为“神门”，南为“鬼门”，于是砥柱山也叫三门山，三门峡因此得名。三门峡长约66千米，落差约95米，水力资源丰富。1957年三门峡水利枢纽开工建设，三门峡地貌彻底改变，传说中大禹开凿的三门山被水电站覆盖，现在所谓的“砥柱”只是大坝东边一个出水数米的小岛，较之有三个大门的“砥柱山”，此岛只能称“砥柱石”，而千百年来汹涌澎湃的激流也就此风平浪静。砥柱山阻遏激流，形成天险，曾是舟船运输的大碍，然而，大约从宋代开始“砥柱”却喻指能负重任、支危局的人或力量，常组合成“中流砥柱”。历史的长河改变了“砥柱”的含义和用法，但其词形一直稳固，不能写成“抵柱”。误“砥”为“抵”，大概是两者形近义混所致。

“壸奥”精微无关“壶”

【错例】回头看，治国理政的壶奥，在最初就已经呈现。

【简析】“壶奥”应为“壸奥”。“壸”读kǔn，小篆作，本义指宫中道路。《说文解字》认为是会意字：“畵，宫中道。从囗（wéi，古围字），象宫垣，道，上之形。”段玉裁注曰：“从囗，象宫垣也。余象道。按上当是从束省。从束者，内言不出于阃（kǔn，门槛）之意与。”《玉篇》收异体字“壼”，入橐（gǔn，束、捆）部，清代朱骏声《说文通训定声》谓其“橐省声”，是形声字。如今“畵”“壼”均废，“壸”为规范字。“壸”引申指内宫，又指妇女居住的内室，如“壸闱”。再引申指妇女，如“壸则”即妇女行为准则。“壶”甲骨文作、，象形字，象酒壶之形，上盖下足中圆腹，有的有耳，本义即葫芦形酒壶。后泛指各种壶，如“茶壶”“漏壶”。壸谓宫巷，奥谓室隅，“壸奥”比喻事理的奥秘精微。“壸”生僻且造字理据隐晦，常误读为“壶”，“壸奥”因此误为“壶奥”。

纯路人与“纯××”

◎程　源

“纯”字的字义是“不含杂质”“纯粹”“单纯”，例如“纯净水”是指人工过滤、杀菌后不含杂质的饮用水，“纯真”指没有被世俗污染过的、纯粹真挚的品格。

“纯路人”指“纯粹的过路人”，表示事情与自己无关，其中的“纯”用的便是纯粹之义。“纯路人”一词最早在游戏玩家中流行，后来从游戏圈蔓延开去，渐渐在网络上成为流行“梗”：网友们在发表评论时如果以“纯路人”三个字开头，就是表明自己客观公正的立场，以此求取更多的赞同。

刚开始，以“纯路人”开头进行发言的人的确是纯粹的“吃瓜群众”；但后来，“纯路人”一词由于具有标榜发言者客观公正的便利性而被滥用，更多的时候标榜自己是“纯路人”的网友反而并非纯粹的路人，而更可能是不客观不公正的人，他们有特定的主观倾向，与所谈论的人或事有情感或利益关联，甚至妄图引导舆论。例如粉丝圈中，有些粉丝想要维护自己的偶像时，总会以“纯路人”开头，想以此获得网友信任，使别人相信自己接下来对偶像的描述和夸赞出于公正之心。例如：“纯路人，我认为×××演技吊打内娱明星。”“纯路人，感觉×××真的好帅啊！”除此之外，“纯路人”还与“有一说一，确实”结合在一起，形成了标榜客观公正的“固定句式”。

这种“把戏”用多了以后，网友们开始心照不宣地将“纯路人”理解为“情感或利益关联方”，并由此演化出了多种调侃句式，例如粉丝大方表明自己的“粉丝”身份，表达对偶像的喜爱：“纯粉丝，我觉得这个男明星是内娱最帅，不接受反驳。”也有黑粉不满粉丝尬吹，直接大胆地对明星进行嘲讽，如：“纯黑粉，他刚刚是在学鸭子叫吗？”

“纯路人”是“纯”与名词“路人”的搭配，与“纯路人”结构相似的词语还有很多，如“纯爷们”“纯干货”“纯素颜”“纯小白”等等。这些用法都是在强调“纯”后所接名词的纯粹性。“纯”这个字也可以和形容词搭配，表明性质的单纯性，如“纯好奇”“纯无聊”等等。较为特别的是，有时候“纯”字后面的词语本身已经带有了“纯粹”的含义，却依然使用“纯 ××”的说法。比如，“素颜”一词本已指不施脂粉、完全没有化妆，但由于存在许多化了妆却谎称自己没化妆，以此来彰显“天生丽质”的“伪素颜妆”，真正的素颜也就被加上了“纯”字，用“纯素颜”的说法来强调其真实性。“纯路人”也是一个凸显纯粹的强调用法，“路人”一词本就表明与“粉丝”或“黑粉”等有着明确立场倾向的人不同，是没有特定主观倾向的单纯个人，本身已蕴含了“客观”的含义，但由于此前网络上假装“路人”的情况太多，所以在“路人”之前加上一个“纯”字，来强化这种“‘纯粹’的‘客观’属性”。但是也不难发现，“纯路人”用着用着也贬值了，变得不那么纯粹了。

从“纯 ××”这一结构的语义流变中我们可以看出，词语往往会受到社会环境和人际交往的影响，其意义会不断更新。而网络语言因其传播便捷，意义就更为多变。这一个个简单的方块字中，滚动着历史的隆隆车轮，也奔涌着今日的滚滚浪涛。

家长圈“鸡娃”黑话

◎李雨畅

“鸡娃”火了。打开电视，家庭教育剧《小舍得》中，几个小升初家庭在焦虑中“鸡娃”；拿起手机，“鸡娃”的父母们都在传授经验，一篇篇爆款文章纷纷刷屏……“鸡娃”到底指什么？

“鸡娃”一词是“给娃打鸡血”的变序型缩略，也是“打鸡血式带娃”的缩略。两种生成路径共同反映了“鸡娃”的内涵，即父母用极度亢奋的教育方式激励孩子不断地学习，完成超量、超难度的学业任务，由此来超越同龄人。就目前来看，“鸡娃”主要用作动词，为述宾结构，“鸡”突破原有的名词“家禽”之义，变为动词性语素，义为“打鸡血”，例如“这个妈妈决定从今天起开始‘鸡娃’”。同时，“鸡娃”也可以用作名词，指在打鸡血般的教育方式中成长的孩子，例如“‘90后’第一代鸡娃已经长大了”。

微信、QQ中的“鸡娃”交流群和各大网络论坛上的“鸡娃”小组是家长们交流“鸡娃”经验的场所。在家长圈的交流中还存在着大量“鸡娃”黑话，让我们一一分析。

“牛娃”是指某一方面异常突出或全方面优秀的娃。在家长圈中，通常将“牛娃”谐音为“牛蛙”。养出“牛蛙”是“鸡娃”家长的育儿目标。“牛蛙”们有着远超同龄人的知识技能，是类似“别人家孩子”的神话般存在。例如因超强简历而走红网络的5岁魔都男孩，他精美的个人简历让网友们直呼其优秀程度已不输名牌大学生。

牛娃的成才方式多种多样。“天牛”是“天生牛娃”的缩略构词，指天才小孩。“人工牛”是“人工牛娃”的缩略，指那些依靠后天培养，用勤奋取胜的优秀小孩。“奥牛”和“英牛”分别是“奥数牛娃”和“英语牛娃”的缩略，分别指奥数很厉害和英语很厉害的小孩。“奥英混合牛”是在“奥牛”和“英牛”的基础上类推而生，指奥数和英语都很厉害的小孩。

然而牛娃毕竟是少数，平凡才是众生常态。“普娃”就是“普通娃”的缩略，指天资平凡、能力不突出的孩子。另外，“青蛙”也被家长们赋予了“普通小孩”之意。在部分望子成龙、望女成凤的家长看来，自家的“普娃”和人家的“牛娃”虽然都是娃，但从学习成绩上看，二者就像“青蛙”和“牛蛙”一样，简直不是一个物种。由此进一步类推，蛙的幼体“小蝌蚪”也被赋予未参加过辅导班的小孩的含义。

教育内卷的焦虑下，“青蛙”家长也不甘落后，但要想把自己的孩子变成“牛蛙”，就必须鸡娃。家长圈内，鸡娃方式也是各不相同，层出不穷的。“素鸡”是“素质教育鸡娃”的缩略，着重培养才艺，如钢琴、滑冰、马术等。“荤鸡”，由“素鸡”反义类推而来，主攻学科成绩，重点学习语数英等应试内容。“家鸡”是“家长鸡娃”的缩略，指父母不让娃参加课外机构，亲自辅导。

奉行“鸡娃”的家长集中在北京、上海等大城市，且大多是接受过高等教育的“80后”“90后”，他们或多或少享受、见证了高学历的优势，十分重视子女教育。学历竞争压力使家长们深陷教育忧虑，加之网络的“牛娃”宣传和“鸡娃”公众号推波助澜，“内卷”被带入低龄儿童的教育中，“鸡娃”也越来越疯狂。

然而“鸡娃”的实质是不符合儿童成长普遍规律的超前教育。一旦“抢跑”带来的领先优势逐渐丧失，“鸡娃”家长们又该何去何从？“鸡娃”违背儿童成长普遍规律，为强迫孩子学习压抑他们爱玩的天性，家长变身“虎妈”“狼爸”势必

网络标题中的夸张格式

◎张赫原

在现实中，日常生活往往是平淡无奇的，然而在网络世界，似乎每时每刻都有大事发生，句句惊叹，处处“震惊”，如：

《周末泡汤了！更刺激的是“五一”天气竟……》

《××人必看！身体发出这些警报，别不当一回事！》

看到这些标题，不知你是否有熟悉之感，然而每次满怀好奇地点进去后，却又往往只能发出“嗨！就这呀！”的感叹——大都文不对题，小题大做。它们或是极致夸张、危言耸听；或是故弄玄虚，欲语还休；或是滥用道德绑架，强迫读者做出选择……如此种种，无不体现出当今自媒体新闻标题的夸张化倾向与不择手段提高阅读量的“良苦用心”。

除了这些常见的耸人听闻的格式外，网络新闻还产生了不少专门用来表示极度夸张义的高频用语，我们搜集一些供大家鉴别。

“不忍直视/无法直视”：这类词可以说是最早在自媒体新闻标题中兴起的夸张用语，指那些不能用平常眼光看待或无法正视的事或物，如《震惊！×国不雅视频，让人无法直视》。

“神展开/神转折”“毁三观”“炸裂”：这些词语的夸张体现在词义之中，其构成语素往往就带有极致特征，如“神”“毁”“炸”等。在这些极致夸张词的加持之下，稍有起

影响儿童心理健康，还可能导致亲子关系的紧张。成绩从来不是衡量人生成功与否的唯一标准，教育的目的不是一纸光鲜的文凭、一份耀眼的简历，重视子女教育不一定要通过“鸡娃”，快乐教育也不等于放弃学习。“鸡娃”当道，各位家长应当保持冷静，铭记教育的初心，不要迷失在功利和盲从之中。

伏就是“神转折”，一个表情就可以“演技炸裂”，一经上映立刻“口碑爆棚”……此类用法的泛滥，颇有大惊小怪之嫌。

“大 ×”：最早的格式为“我大 ×”，其中“×”为名词，表示对“×”的认同和赞赏，是归属感的体现，起积极评价作用。例如《我大闵行这次被国务院点名表扬了！未来感觉要上天》。近来开始出现“大”后加形容词的用法，如“大震惊”“大无语”等，用来表示极端的情感，后被新闻媒体滥用，如《大震惊！一张照片引发的泄密事件》。

“美哭了”：这类词结构简单，理解起来也十分容易，最常见的用法就是为各种各样的原因而“哭”。它虽然是一个较为老套的表达方式，却仍然活跃于各大新闻媒体的标题中，如《美哭了！太空第一视角看日出日落》。“× 哭了”的生命力如此之强，或许也是因为它结构简单、意义直白，在标题中以最少的字数表达最夸张的情感。

“杀疯了”：最早来自电子竞技圈，游戏中选手表现神勇，连续击杀对手，就可以叫“杀疯了”。随着该词的流行，其使用场景也不断增加，并常见于热搜标题。如端午晚会中，河南卫视的水下中国舞《祈》在网络走红，登上了微博热搜，标题就是《河南卫视杀疯了》。可见，虽然“杀疯了”从词义上看颇为暴力可怖，但实际上却是极致性的积极评价，表示对比较对象的绝对“碾轧”。

综上所述，标题中的夸张表达主要是通过夸张句式和夸张词语来实现的。如果夸张的要素过多，会让人不明所以，但这也正反映了网络标题的一大特征，即往往不传递有效内容，而是注重渲染一种夸张的氛围，目的在于吸引读者，至于与文章内容的匹配度，并不重要——毕竟阅读量赚到了。然而这种夸张表达的滥用，会造成读者的审美疲劳，甚至是逆反心理。因此新闻作者们还是应多在内容上下功夫，力求把读者“美哭了”，而不是“大无语”。

东语西渐

"赶考"用英语怎么表达

◎陆建非

"赶考"本指前往应试。旧时多指赶赴科举考试。此义的"赶考"二字,译成英语并不难。"科举"一般被译作"Chinese imperial examinations",参加科举考试的"赶考"就是"go on a journey to take the imperial examinations"(踏上参加科举的行程),有时仅提及关键词"the imperial examinations",如:"I remember when Mr. Pu had a lot of beard, and was also busy with the imperial examinations."(想当年蒲先生胡子都一大把了,还忙着去赶考。)

1949年3月23日,毛泽东率领中央机关离开西柏坡,向北平进发。临上车,毛泽东对周恩来说:"今天是进京的日子,进京赶考去。"周恩来笑着说:"我们应当都能考试及格,不要退回来。"毛泽东说:"退回来就失败了。我们决不当李自成,我们都希望考个好成绩。"习近平总书记曾几次考察西柏坡。他指出,"我们面临的挑战和问题依然严峻复杂,党面临的'赶考'远未结束"。"赶考"一词开始流行,屡见报刊媒体。作为流行语的"赶考",其翻译方式与旧时的"赶考"有所不同。

中国日报网(China Daily Website)在2021年7月1日刊载了习近平在庆祝中国共产党成立100周年大会上的讲话双语版,其中有一段话,中文版是:"过去一百年,中国共产党向人民、向历史交出了一份优异的答卷。现在,中国共产党团结带领中国人民又踏上了实现第二个百年奋斗目标新的赶考之路。"英语版则翻译为：“Over the past century, the Communist Party of China has secured extraordinary historical achievements on behalf of the people. Today, it is rallying and leading the Chinese people on a new journey toward realizing the second centenary goal.” 其中，“新的赶考之路”对应“on a new journey（旅程、历程）”。

2021年3月11日，新华社有一篇题为《中国政府批准了社会主义现代化建设的重要蓝图，开启了新的赶考征程》的社评，其相应的英语版标题则为“China embarks on new journey toward socialist modernization as key blueprint approved”（重要蓝图被批准，中国开启一段新的面向社会主义现代化的旅程）。“embark”的意思是开始做、着手，“开启了新的赶考征程”对应“embarks on new journey”。

2022年3月5日，新华社的一则报道中有这样一句话：“五是全面从严治党是党永葆生机活力、走好新的赶考之路的必由之路。”其对应英文版翻译为：“Fifth, exercising full and rigorous self-governance of the Party is the path we must take to maintain the Party's vigor and vitality and ensure its success on the new journey.”其中以“ensure its success on the new journey”对译“走好新的赶考之路”，“ensure”义为确保、保证，“on the new journey”则对应“新的赶考之路”。

从以上几例可见，媒体在刊载双语版的中央文件、领导人讲话或相关文章时，“赶考”很少使用“examination”（考试）一词来对译。这是因为作为流行语的“赶考”使用的并不是其本义，在媒体或政府文件中多表其引申义，所以媒体在报道时更多地将“赶考”翻译为“on a/the journey”或“embark on a new journey”。

“射”的文化史

◎刘志基

陈寅恪先生说过:“凡解释一字,即是作一部文化史。”此言不虚。下面以“射”字为例,说说其中的文化演变。

一、橡皮子弹

“射”是最早出现的一批合体字之一,甲骨文构形甚多:

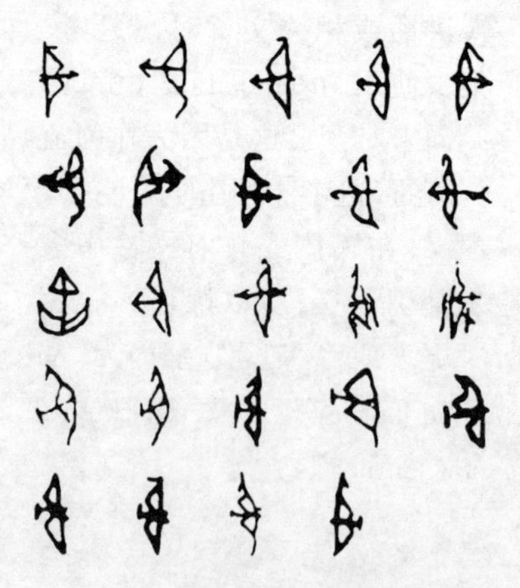

均为箭在弓上之形象,少数字形还有持弓射箭的两手,也可以分析为从“矢”从“弓”,带两手者为从“矢”从“弓”从“廾”。值得注意的是最下面两行的“射”,字形中“矢”的箭头不是尖锐的而是平的。根据甲骨文字形的高度象形特点,可以认为,这种平箭头的“射”字的造字,在当时是有客观现实的依据的。殷人为什么要制作平头的箭呢?这不能不令我们想起今天的橡皮子弹,它只对目标的表面产生伤害,而不会穿透目标本身,因而杀伤力较小。有学者调查了殷商“橡皮子弹”的作用,发现它射获的猎物主要有豕、鹿、麋、兕等四种,其中相当多数的辞例中有擒获的“擒”字:

1. 射(射) 斐鹿,畢(擒)。(合集28348)

2. 弜射( )麩鹿，弗毕（擒）。（合集 28343）

3. 弜射( )又豕。弗毕（擒）。（合集 28366）

4. 王其射( )又豕，湄日亡戋。毕（擒）。大吉。（合集 28305）

以上第 1 辞是说“射妻地的鹿而擒获”，第 2 辞是说“不射麩地的鹿而不能擒获”，第 3 辞是说“不射猪，不能擒获”，第 4 辞是说“王射猪，整日无灾，擒获猎物，非常吉利”。从这些被射动物的种类来看，使用平头镞射猎的目的主要是为了生擒捕猎对象。

二、立身之法

相对甲骨文，今天的“射”显然变了味，“弓”和“矢”的组合变成了“身”和“寸”的组合。这种写法的“射”，见于《说文》的篆文：。对于中的“身”，《说文》的解释是“弓弩发于身而中于远”，而对于这个“寸”，《说文》的解释是：“法度也，亦手也。”乍一看，这个解说好像有点不着调，究竟是“法度”还是“手”呢？然而仔细推敲，就会发现其实这个解说很全面。从字形的演变关系上看，其实来自西周金文“射”的字形：

——

很显然，中的“身”是由左边的演变来的，中的“寸”，则是由右边的（又）演变来的。而（又）所描摹的，就是人的手，因此，“亦手也”的解释，源于字形的历史演变。那么为什么又说是“法度”呢？源自当时关于“射”的文化概念。段玉裁的《说文解字注》对此的解释是“说从寸之意：射必依法度，故从寸”。要说清楚这个“寸”的意思，首先要明白，“寸”作为一个汉字的表义偏旁，是可以表“法度”义的。且看《说文》对两个从“寸”字的说解：“寺，廷也。有法度者也。从寸之声。”“寺”是官府，故有法度。“将，帅也。从寸，酱省声。”《说文解字注》：“必有法度而后可以主之、先之。故从寸。”

据《仪礼·乡射礼》和《大射仪》以及西周金文中义盉盖等器铭所记载，射礼是一种带有比赛性质的射箭礼仪活动，有着一套严格的法度规范。而这种"法度"又被泛化至人的一般行为道德的层面。《汉书·艺文志·诸子略》："选士大射，是以上贤。"这是说通过"大射"礼来选拔贤能。《礼记·射义》有着更多记载："是故古者天子以射选诸侯、卿、大夫、士。射者，男子之事也，因而饰之以礼乐也。""以立德行者，莫若射，故圣王务焉。""故曰射者，射为诸侯也。是以诸侯君臣尽志于射以习礼乐。夫君臣习礼乐而以流亡者，未之有也。"由此可见，"射"又被列为上古教育内容"六艺"之一是非常符合逻辑的。而"射"之"法度"内涵则可概括如下：人的德行之体现、一种重要的教育内容、人才选拔的重要方式。

三、"矢"短"弓"长

有人曾经炒作汉字发展史上一起文字"乌龙"事件："射"字寸身，应该为"矮"；"矮"字委（义为"抛弃"）矢，应该为"射"。以上所说"射"的造字意图，可证此说至少一半是胡扯。而另外一半，也是瞎掰，因为说者无视古人射具的文化。

从"矢"之字，往往具有长度有限的意义，比如"短""矬""矲""矲""矪"等等，查一下字典，便会发现它们的义符都是"矢"。"矮"当然也是如此。《说文》："矮，短人也。从矢委声。""矢"为什么可表长度有限？《说文》："短，有所长短，以矢为正。从矢豆声。"对此说解，徐灏《段注笺》做了进一步说明："古者弓长六尺，箭干长三尺，故度长以弓，度短以矢。"大意就是，弓箭在古人生活中，除了射以外，还被拿来当尺用。弓长六尺，所以用以度量长的东西；箭长三尺，所以被用来度量短的东西。由此可以明白"矢"为什么会有长度有限的意义，进而出现在"矮"字中了。

关于"弓"的尺度作用，可以看一看"彊"字，它的西周金文作：彊。铭文中通常用作"万寿无疆"之"疆"。罗振玉说："此从弓从畕，从弓，古者以弓纪步，畕，象二田相比，界画之义已明。"(《增订殷墟书契考释》)这是说"弓"可以被人们用来度量田地的长度，所以"彊"其实就是"疆"的初文。

四、言出如矢

不难发现，"矢"也不仅表示长度有限。且看如下几字。

《说文》曰："知，词也。从口从矢。"学者认为，《说文》解释"知"的"词"应该依照《玉篇》改为"识"，则"从口从矢"就是用口陈述的意思。

《说文》："矣，语已词也。从矢以声。""矣(㠯)"的上部偏旁，本是"以"字篆文(㠯)写法。所谓"语已词"，就是今日所谓句末语气词，可见其中的"矢"也是表示语言表达的。"矢"之所以可以表示说话，《说文》在另一个从"矢"的字下做了解释："矤，况也，词也。从矢，引省声。从矢，取词之所之如矢也。"这个"矤"，就是后来的"矧(shěn)"，是表示"况且"的虚词，而"取词之所之如矢也"，用现在的大白话来说，就是说话就和射箭一样，一言既出驷马难追，即如开弓没有回头箭。

《"命运"》参考答案

1. 萦饶——萦绕
2. 风尘扑扑——风尘仆仆
3. 恰谈——洽谈
4. 2 千多人—— 2000 多人
5. 八、九年——八九年
6. ……等等。—— ……
7. 讷闷——纳闷
8. 提壶灌顶——醍醐灌顶
9. 篡住——攥住
10. 转动着我的拳头说道：——
转动着我的拳头说道，

“命 运”

（文中有十处差错，你能找出来吗？答案在本期找）

◎林 辰 设计

“到底有没有命运？”多年来，这个问题一直在我的脑海中萦饶着。

一天，在大街上偶遇了大学时的一位老同学。他风尘扑扑，说是刚从外地恰谈业务回来。许久未见，他也不着急回家，和我找了家店，坐下聊了起来。毕业时，我们都一穷二白，家里也不能提供什么帮助。如今我还是个普通职员，而他管理着一家2千多人的大公司。聊着聊着，我们说到了“命运”，我随口问道：“你相信这个世界上有命运吗？”

“有！”他脱口而出。

这让我大吃一惊！在大学时，他从不像部分人那样在考试前“求神拜佛”，更是从未谈论过什么“命运”。“你变了，大学的时候，你是班上最‘唯物’的，八、九年不见，你怎么变了？”我问道。

“我没变，我还是原来的我；但是我现在确实相信命运。”他微笑着说。

说着他抓起我的手，指着手上的纹路，跟我说起了生命线、事业线……等等。我正在讷闷，他突然用力，把我的手握成了一个拳头。

“你看，不管是哪条线，现在都在你手心里。”他对我说。听到这句话，我有提壶灌顶之感！是呀，这些事业线、生命线、爱情线之类，全都握在我自己的手心里！“你看，有一小部分，你还没有篡住，”他转动着我的拳头说道：“它们就是我们生命当中那些无法左右的事，而奋斗，就是把这部分尽最大努力把握住。”

“弄堂”怎么读

徐晓佳

近日，我在杭州弄堂里餐馆吃饭。餐馆招牌“弄堂里”字形不完整，从用字规范看，不能提倡这么用。这一点暂且不去深究，就说招牌下面标注的汉语拼音“NONGTANGLI”，此处NONGTANG拼错了。

弄，有两读。读nòng，有用手把玩、做、设法取得、玩弄等义，如弄潮儿、装神弄鬼等。读lòng时，古时指宫中别道。如《南齐书 · 郁林王纪》：“帝竟无一言。出西弄，杀之。”现在主要指小巷，“弄堂”即巷子。可见，“弄堂”的“弄”应该读lòng，而非nòng。

“弄堂里”是店名，其中的“弄”是否有特殊含义？该店2014年发过一篇文章，其中写道：“夏天的黄昏在弄堂里玩的(得)再疯，都会随着妈妈的一声悠长呼唤——‘吃饭啦’而结束游戏……弄堂里，墙门里，那是儿时记忆最深处的天地，妈妈的味道也伴随着整个童年时光印刻在记忆中的匣子里……妈妈的味道，弄堂里知道。”显然“弄堂里”的“弄堂”指的就是巷子。既然如此，“弄堂”就应拼作LONGTANG，而非NONGTANG。

火眼金睛

图中差错知多少？

启　乐　尚景友　杨昌俊　李良辉　提供

（答案在本期找）

小炒黄牛肉15元 毛雪旺12元
肉片烧面筋3元 番茄炒蛋3元 酸辣

1

2

3

睦名而来 记忆犹新

为了感谢新老顾客对门店的光顾，餐厅为大家准备了丰富的活动，期待您的到来！

4

微信公众号

邮　政

淘　宝

微　店

电子版

ISSN 1009-2390

05
9 771009 239227

YAOWEN-JIAOZI

咬文嚼字®

2022.06

粽

用箬叶或苇叶裹糯米做成的多角形食品。古代有些地区用黍米包，因而也称角黍。《本草纲目》：“尖角，如棕榈叶心之形，故曰粽。”李时珍认为，粽子的尖角如“棕榈叶心”的形状，故称“粽”。

上海世纪出版集团
欢迎至邮局订阅本刊 邮发代号 4-641
国内统一连续出版物号 CN 31-1801/H
定价：6.00 元

雾里看花

“妈生感”是啥“感”

胡晓斌

照片所示，是位于某公交车车身上的一则广告。“双眼皮”无需解释，“妈生感”是什么意思？“‘妈生感’双眼皮”是啥“双眼皮”？猜猜看，答案本期找。

摘星星的妈妈

杨泉松 / 文　臧田心 / 画

2022 年 4 月 16 日 9 时 56 分，神舟十三号载人飞船返回舱成功着陆。在走出舱门的一刻，航天员王亚平说："此刻，我们已经回到了我们祖国的怀抱，真的是很开心、很开心，给大家报个平安。同时，我想对我的女儿说：摘星星的妈妈回来了。"

咬文嚼字®

2022年6月1日出版

6
总第330期

主管：上海文艺出版总社
主办：上海文化出版社
编辑、出版：《咬文嚼字》杂志社
集团网站：http://www.shwenyi.com
E-mail：yaowenjiaozi2@163.com
官方微博：
http://weibo.com/yaowenjiaozish
电话传真：021-64330669
发行电话：021-53204165
邮购电话：021-53204211
地址：上海市闵行区号景路159弄A座3楼
邮政编码：201101
发行：上海市报刊发行局
发行范围：国内外公开
订阅处：全国各地邮局
邮发代号：4-641
ISSN 1009-2390
CN 31-1801/H
印刷：上海中华印刷有限公司
印厂电话：021-60829062
021-60299079
定价：6.00元

“动态清零”和“社会面清零”

◎高丕永

现代汉语的“清零”是借词,原词是英语的“zero clearing, reset”等,起初只是电子学术语,指“将计算机等电子设备上存储的数据清除至零的状态(原始状态),复位,归零,置零”。如今,“清零”常用于泛指。比如:“截至3月21日,呼和浩特实现高风险地区‘清零’,中风险地区仅剩一个,3月12日之前确诊的427名患者均已治愈出院。”(《人民日报》2022年3月23日)这个泛指的“清零”又构成了“动态清零”“社会面清零”等短语。请看下面的例句:

(1)3月17日,习近平总书记主持召开中央政治局常务委员会会议,强调“要始终坚持人民至上、生命至上,坚持科学精准、动态清零,尽快遏制疫情扩散蔓延势头”,进一步为疫情防控工作指明方向。(《人民日报》2022年3月31日)

(2)近日,习近平总书记在海南考察时再次强调要坚持科学精准、动态清零,为我们进一步从严从实抓好疫情防控工作指明了努力方向、提供了重要遵循。(《人民日报》2022年4月16日)

(3)坚持防控总策略总方针不动摇　确保实现社会面清零(标题,《人民日报》2022年3月26日)

(4)齐心协力,尽快实现社会面清零的目标(标题,《人民日报》2022年4月12日)

“动态清零”,十余年前就出现在媒体上,指“问题的发生和解决是在不断变化的,强调的是发现一个解决一个(的长效机制)”。比如:“今年,新疆民生投入将超过1400亿元,包括完成农村安居富民工程30万户、建设各类保障性住房34万套、‘零就业’家庭24小时动态清零、信访积案化解等。”(《人民日报》2011年4月4日)又如:“义务教育阶段建档立卡贫困家庭辍学学生实现动态清零。”(习近平《在全国脱贫攻坚总结表彰大会上的讲话》,2021年2月25日)

2020年以来,例(1)(2)里用于抗疫的“动态清零”高频出现。这个“动态清零”,是我国抗疫总方针的简称,特指“在遵循‘外防输入、内防反弹’防控策略的前提下,出现本土新冠病例时,采取有效的综合性防控措施,‘发现一起、扑灭一起’,快速、精准切断疫情传播链,既不让新冠病毒在疫情所在地流行,也防止病毒从疫区外溢扩散到其他区域”。2021年底至2022年4月,习总书记已至少有6次在重要场合阐述了抗疫“动态清零”的重要意义。

抗疫“动态清零”不强调“零感染”,强调的是在较短时间内扑灭发生的每一起疫情,强调的是例(3)(4)里用到的“社会面清零”。“社会面清零”,2020年初出现,2022年起成为高频词,指“发生本土新冠疫情后,通过综合防控,使得社会面上自由活动的人群中没有感染者,所有新增确诊病例或无症状感染者都是在隔离管控场所或闭环管理场所内发现的,社区传播的风险得到有效控制”。

2022年3月,出现了“社会面动态清零”,所指与“社会面清零”基本相同,因为“社会面清零也是动态清零,疫情社区传播风险依然存在,为了实现全域动态清零,仍然需要坚持落实各项防控措施”。比如:“严格落实防控措施　尽快实现社会面动态清零　奥密克戎变异株疫苗研发取得积极进展”(标题,《人民日报》2022年3月20日)。有时,“社会面动态清零”写为“社会面‘动态清零’”。

“于归”莫作“迂归”

◎鲁智勇

有一次应邀去参加一个宴会，看到大厅的一块迎宾板上赫然写着“×府迂归”，我不禁慨叹——“迂归”谬矣，应作“于归”。

于归，义为出嫁，语出《诗经·周南·桃夭》：“桃之夭夭，灼灼其华。之子于归，宜其室家。”毛传：“于，往也。”朱熹集传：“妇人谓嫁曰归。”这几句诗说的是，桃花开得灿烂，色彩艳丽，这个姑娘就要出嫁了，夫家美满又和顺。后世把女子出嫁称作“于归”。郭沫若《棠棣之花》：“我记得你还有一位令姐，怕已经于归了吧？”

所谓“于归宴”，不同地区可能有不一样的说法，一般是指女子出嫁时由女方家长宴请亲朋。在广东一些地区，婚宴上出现“××联婚”的字眼，表示新人一起置办酒席宴请双方宾客，这意味着只办一场。也有由男女方家长各办一场的习俗，男方办的婚宴称“×府迎亲”，用的是男方家族的姓氏，女方的婚宴则称“×府于归”，冠的姓氏则是女方家族的。

迂，义为曲折、绕远，后也用来形容言行或见解陈旧，不合时宜。“迂归”同喜宴没有什么关系，“于归”不可写作“迂归”。

又见“不辍”成“不缀”

◎王　冰

最近，成都博物馆举办了“富贵长春——中国传统财富文化展”，为大众梳理、展出了各路财神，非常有趣。不过有一处展板的文字介绍却出现了一个常见文字差错，又把“不辍”误写成了“不缀”。

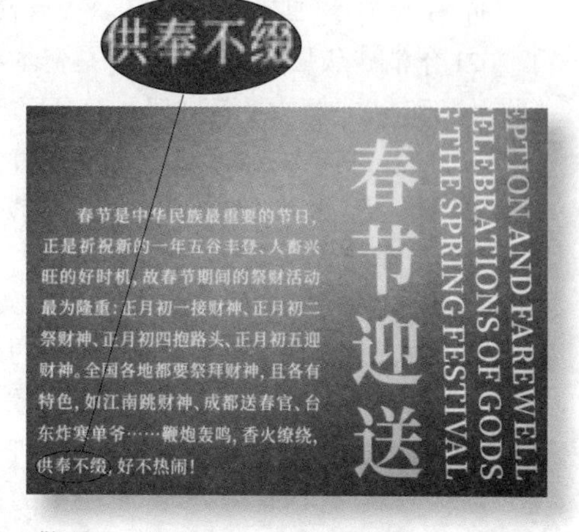

这块展板介绍的是春节迎送财神的习俗，其中有这样一句话：“鞭炮轰鸣，香火缭绕，供奉不缀，好不热闹！”此处“供奉不缀”应为“供奉不辍”。

辍，音 chuò，本指车队行列间断又连接起来，引申有中断、停止之义，后也可指废去、舍弃、让出。不辍，即不止、不绝、连续不断。“弦歌不辍”指弹琴唱歌声音不断，也用以指称教学活动一直没有间断；“笔耕不辍”指从未停止写作。展板上想说的是春节期间，民间各地迎送财神的活动丰富，丰厚的供奉会延续比较长的时间，这里用“不辍”是贴切的。

缀，音 zhuì，本义是缝合，后引申为连接、辑录、装饰等义。“不缀”不符合文意。误“辍”为“缀”应是两字形近所致。

“平替”热潮的到来

◎王冬雪

近日,《消费日报》公布了2021年消费领域五大热词,“平替”和“攒钱”“国潮”“理性”“断舍离”共同入选。

“平替”是“平价替代”的简称,指选择购买货真价实的平价商品,去替代昂贵的、徒有其名的奢侈品。例如:

(1)在抖音平台,一些以“学生党、贫民窟女孩,大牌平替”为标签的美容仪推荐视频播放量和点赞量均已过万。(《北京商报》2021年10月11日)

部分互联网平台上,崇尚“拜金主义”“物质主义”的言论甚嚣尘上,大肆渲染“唯有追求大牌、名牌,才能带来幸福感”的错误观点。不少消费者信以为真,物欲不断膨胀,深陷“消费主义”的泥沼。殊不知,所谓“大牌高人一等”的价值观,都是资本利用互联网营销手段而布下的“消费陷阱”。

如今,消费者们日渐脱离资本的裹挟,愈发注重产品的质量和性能,而品牌倒逐渐被淡化了,因此,“平替”开始映入人们的眼帘。“平替”和大牌的使用效果类似,但价格往往只有大牌的一半,消费者可以花更少的钱,获得同等体验,性价比极高。于是,社会上掀起了一股“平替”热潮。

语言是社会生活的一面镜子,“平替”“刚需”这些网络新词的诞生,说明人们的消费方式正在悄然发生变化。从一味推崇“高奢”品牌,到热衷寻找“平替”,消费行为的转变也反映了消费观念的进步。过去,人们受虚荣、炫耀、攀比心理的影响，追求名牌带来的自我满足，盲目消费，冲动消费。更有甚者，有些消费者不惜借贷购买大牌，陷入“精致穷”的怪圈。现在，更多年轻人回归理性、科学的消费观念，以俭代奢，适度消费，将商品品质作为购买的首要因素。

“平替”热潮逐渐席卷日常生活的各个领域，“平替”一词也在使用过程中逐步泛化。其一，“平替”的应用领域拓展，已从消费领域扩展到娱乐领域、体育领域、医学领域等等。例如：

（2）特殊时期，在宿舍里找到外出娱乐活动的“平替”，既是对自己的健康负责，又是对社会的安全负责。（《中国青年报》2021年6月12日）

（3）虽然后来引进了哲科和邓弗里斯作为替代者，但能否发挥“平替”的作用要打上大大的问号。（《中国青年报》2021年8月20日）

（4）打造人体器官“平替”，功能兼容仍是难题。（《科技日报》2021年1月28日）

其二，“平替”的句法功能扩大。起初，“平替”语义不自足，多和其他名词组合成短语，如“保时捷平替”“护肤品平替”“零食平替”。现在，“平替”可在句中独立使用，还可衍生出一些与之相关的语言形式。例如：

（5）本土品牌的高端化是趋势，从“平替”到“高赞”，这个趋势如果被我们抓住，就是我们跨越发展的机会。（《经济参考报》2021年8月28日）

例（5）中的“高赞”并不是一个固定词语，而是说话人在“平替”的语义基础上，临时创造出了一个和它意义相对的语言形式。

“平替”并非仅靠低价吸引消费者，而是高品质和高性价比的消费需求带来的现象，这也是社会文化不断发展的结果。另外，消费者需明辨“平替”和假冒伪劣商品之间的区别，谨防商家打着“平替”的噱头出售伪劣产品。

再次出道的『回锅肉』

◎刘明奇

回锅肉本是一道经典的川菜，所谓“回锅”，就是再次烹饪的意思。近年来，随着网络上“饭圈文化”的盛行，“回锅肉”一词在本义“再次烹饪的肉肴”的基础上引申出了“再次出道的艺人”的意义。例如：

（1）多次参加综艺选秀的选手，往往被网友们戏谑地称为“回锅肉”，多少带上点不屑的语气。近日，易烊千玺在男团综艺《少年之名》中却明说“我挺讨厌‘回锅肉’这个词”，随即登上了微博热搜，引发广泛的讨论。为何选秀新人出道时，常常反复“回锅”？（《北京日报》2020年7月1日）

最近几年，歌唱类真人秀节目都有一种让艺人“回锅”重造的趋势，于是出现了“再次出道”的“回锅肉”。具体有两种不同的情况。

第一种“回锅肉”是指艺人第一次出道没有成功，回炉重造，然后再次出道，以求让自己成为家喻户晓的偶像。比如，通过某些唱跳类综艺节目再次出道而红透半边天的一些艺人。例如：

（2）《创造营2019》的选手里，“回锅肉”练习生也比比皆是，有人统计至少在20人以上。（《北京日报》2019年4月9日）

第二种“回锅肉”是指曾经红极一时的明星又跑到综艺节目来亮相，让自己重新获得流量。例如，2020年播出的备受观众期待的《歌手2020》就邀请了多位老歌手重返舞台，通过这一综艺，再次博得观众的眼球。例如：

（3）《歌手2020》有了全新的赛制，首发阵容让人既惊喜又失落，因为首发阵容中有四位歌手是大家口中所说的“回锅肉”。（《常熟日报》2020年1

月6日）

“回锅肉”指称“再次出道的艺人”，是隐喻作用的结果，“回锅肉”是“再次烹饪的肉肴”，和“再次出道的艺人”在重复方面具有相似性，因此用“回锅肉”可以来喻指这一类人。这一隐喻符合人们的认知，形象生动。例如：

（4）更何况坊间又流传着那么多“回锅肉”成功出炉的励志故事。其实“回锅肉”也好，“小鲜肉”也罢，最后拼的就是特色、才气还有运气。（《中国青年报》2014年7月22日）

另一方面，用“肉”来指称“人”的现象越来越多，逐渐形成了“××肉”式指人新词语，如“老腊肉”“老鲜肉”“小嫩肉”“五花肉”“回锅肉”等。值得注意的是，这些“肉”的情况有所不同。像“小鲜肉”“老腊肉”“老鲜肉”“小嫩肉”等，属于当代新造词；而“回锅肉”和“五花肉”等，属于旧词新用，是在已有词语的基础上产生出新的意义。

随着使用范围的不断扩大，“回锅肉”一词不再限于指称参加二次选秀的艺人，还可以泛指再次参加某种活动、比赛或考试的人，或需要经过二次加工的事物。但这些用法主要出现在新浪微博等新媒体中，在报纸杂志等传统媒体尚未见到。例如：

（5）“回锅肉”放在学习问题上，我觉得和高考复读，考研二战三战差不多性质。一直都挺佩服这些人的，有自己清晰的目标，也有直面失败豁得出去的勇气。（新浪微博）

（6）虽然由戚薇、金瀚主演的电视剧《没有秘密的你》翻拍自韩剧《当你沉睡时》，但是这道“回锅肉”还是蛮香的。（新浪微博）

例（5）中的“回锅肉”指的是“再次参加考试的人”；例（6）中的“回锅肉”是指由韩剧《当你沉睡时》经过二次加工改编而成的热播国产剧《没有秘密的你》。

“回锅肉”新词义的产生不

“深耕”进行时

◎代宗艳

“深耕”一词早已有之，主要应用于农事领域。在一块田地要播种、插秧之前，须先犁田，把田地深层的土壤翻上来，浅层的土壤覆下去，这便是“深耕”的过程。深耕具有翻土、松土、混土、碎土的作用，通过深耕能达到增产的目的。因此，深耕是广大农民群众必须重视的农事活动。例如：

（1）今年是河南省商水县三年一次的深耕土地之年。商水县成立了土地深耕秸秆还田大会战指挥协调中心，出台相关土地深耕补贴政策，调动农民深耕土地的积极性。（《中国县域经济报》2020年10月19日）

近年来，“深耕”在意义和用法上都出现了变化。从语义上看，“深耕”引申出精心谋划、精心操作、花大气力经营等意义。从用法上看，“深耕”的适用范围由农事领域扩展至政治、经济、文化、新媒体等多种领域。例如：

（2）始于10月中旬的美国上市公司三季度财报季目前正处于最为繁忙的时段，中国市场继续成为美国多家大型跨国

仅弥补了词语空缺，体现了语言的经济原则，也反映了社会的需要。由于综艺节目中这类艺人非常多见，需要用特定的符号指称，于是“回锅肉”被赋予新义，并从综艺领域逐渐延伸到其他领域。可以预见，随着这一词语的不断翻新使用，“回锅肉”的比喻义将出现在越来越多的新语境之中。

公司业绩的亮点，高管普遍表示将继续加大在中国市场的投入，深耕中国市场成为更多美国公司的愿望。(《揭阳日报》2021年11月1日)

(3)第十四届中国国际漫画节开幕式暨第18届中国动漫金龙奖颁奖大会9月28日在广州举行。动画电影《姜子牙》获丰收，动漫创作深耕传统文化成为趋势。(《宜兴日报》2021年10月1日)

(4)11月1日，南京市玄武区所有初中校的教学校长、教学主任、各学科教研组组长、一线骨干老师齐聚南京理工大学附属中学，以"深耕作业研究、优化教学管理、提升育人质量"为主题的玄武区教学常规月现场会干货满满，研究课展示、汇报分享、交流研讨……(《南京晨报》2021年11月2日)

例(2)"深耕"应用于经济领域，其对象是中国市场，"深耕"指继续加大投入力度、精心谋划、深度开拓；例(3)"深耕"用于动漫领域中，其对象为传统文化，"深耕"有加大投入、深度融入的意义；例(4)"深耕"运用于教学领域，其对象为作业研究，"深耕"具有精心谋划、精心操作的语义特征。

"深耕"新意义和新用法的出现与语言中的隐喻认知机制有关。隐喻是基于两个相关认知范畴之间的"相似性"，用一个概念来指称另一个概念的认知方式。"深耕"的本义隐含"深度耕作"的含义，经由隐喻机制操作，"深耕"由表示较为具体的农业耕作方式发展为表示较为抽象的精心谋划、精心操作等内容。"深耕"在原有形式上被赋予新意义和新用法，词义外延扩大，使用范围延伸，搭配词语增多，表现出浓厚的时代色彩，正可谓"深耕正在进行时"。

语言是社会文化生活的一面镜子，社会需求是"深耕"一词语义演化与用法扩展的重要动因。探索、深耕、突破，推动了中国不断前进的步伐，只有各行各业的亿万中国人精心"深耕"，中国才能不断进步。

“煺毛”和“褪毛”

◎杨西仑

2022年第4期《读者》上刊有《团圆饭》一文，其中写母亲给女儿洗澡，因为木桶里的水有点烫，女儿跳来跳去、大呼小叫。“路人经过，在门边伸进头探一下，母亲笑说：‘在褪猪毛哩。’”这里的“褪猪毛”应为“煺猪毛”。

“煺”音tuì，指把已经宰杀的猪、鸡等用滚水烫后去掉毛。如煺毛、煺猪。“褪”是个多音字，读tuì时，指颜色、痕迹等变淡或消失，引申有脱落、剥落之义。张天翼《移行·温柔制造者》：“这会客室可不大高明，中间那张大菜桌子全褪了漆。”读tùn时，义为脱去衣装。如《红楼梦》第二十四回：“宝玉坐在床沿上，褪了鞋。”后也指枯萎、凋谢。

“煺毛”和“褪毛”都有脱毛的意思，但是两者脱落的方式有区别。“褪毛”一般指动物因季节转换、生理变化等原因而自然脱毛；“煺毛”则是经过滚水烫后，通过外力的作用而脱毛。上文中，“母亲”因为洗澡水有点烫而生出调侃，用“煺猪毛”才合适。

“朝不累夕”应为“朝不谋夕”

◎杨宏著

《三国中的女人们》（学林出版社2014年1月出版）第32页上有段文字这样说道：“曹操闻之大喜，派专使迎接。尹夫人本已是无枝可依的小鸟，朝不累夕，难得有司空大人垂青，将她这枝残花收房，既富贵又荣华，可过旧日奢侈生活，正是何乐而不为呢。”句中“朝不累夕”不妥，宜改为“朝不谋夕”。

“朝不谋夕”是个成语，语出《左传·昭公元年》：“老夫罪戾是惧，焉能恤远？吾侪偷食，朝不谋夕，何其长也？”杨伯峻注：“言早尚不能为夕计谋，何能念及长远庇民。”该成语的意思是，早晨不能预先为晚上打算，形容形势危急或情况窘迫，只能顾及眼前难作长久之计。亦作“朝不虑夕”“朝不图夕”“朝不保夕”等。上引文句说的是，尹夫人丈夫早逝，家道零落后与儿子相依为命，日子得过且过。用“朝不谋夕”来形容尹夫人的生活境况是十分贴切的。

汉语中没有“朝不累夕”，“朝不累夕”也难以说通。

误用“高屋建瓴”

◎宁继忠

王统照是著名的新文学小说家。1926年，王母病逝，回乡奔丧的王统照辞去在京的教师职业，来到青岛，次年购下这片山坡，建起了十分简单但却高屋建瓴的房子。

这段文字出于2022年4月22日《作家文摘》第9版《寻访青岛文脉》一文，其中成语“高屋建瓴”系误用。

高屋建瓴，语本司马迁《史记·高祖本纪》：“地势便利，其以下并于诸侯，譬犹居高屋之上建瓴水也。”瓴，义为盛水的瓶子；建，这里通“瀽”，义为倾倒、泼水。高屋建瓴，即在高屋顶上把瓶子里的水倾倒出来，比喻居高临下的形势。在现代汉语中也可形容对事物把握全面。

汉语成语是经过长期使用、锤炼而约定俗成的特定短语，有稳固的结构形式和特定内涵。“高屋建瓴”中的“建”非建筑之义，“瓴”也并非指瓦片，用它来形容房屋是不合适的。上引文字显然犯了望文生义的错误。

“窠巢”不是“窠臼”

◎杨昌俊

2022年1月28日《渭南日报》第7版刊有《家乡》一文，其中写道：“数千年来，家乡的风土人情在这里传承、延展，凝成每一个离家赤子解不开的心结，构成我赖以遮风挡雨的窠臼。”这句话中的“窠臼”用错了，不妨改为“窠巢”。

窠，读kē，本义为筑在地洞里的鸟窝。《说文》：“窠，空也。穴中曰窠，树上曰巢。”鸟窝在穴中的叫窠，在树上的叫巢。窠后来也泛指其他动物的巢穴。窠巢，义为动物栖身之所，后也喻指房屋、家庭。清代李渔《凰求凤·堕计》：“你们两个，还该商量做事，为甚么窠巢里面倒先反起来？”

窠臼，本指门臼，即门墩（旧式门下方托住门扇的墩子）上承受门扇转轴的臼形小坑。后比喻旧有的现成格式、老套子。如成语“不落窠臼”，即比喻（文章、艺术作品等）不落俗套，有独创风格。窠臼还能用来比喻地狱、牢笼。

上引文句想表达的意思是，乡愁是精神慰藉，是心灵的安定之所。把精神家园说成是“窠臼”，无论是用本义还是喻指，都是不合适的。用“窠巢”勉强可通。

“哀容”“哀荣”莫混淆

◎肖遥生

2022年1月13日《天津日报》第12版所载《江门大开》一文中有这样一段话：“司徒美棠87岁时突发脑溢血，在北京谢世。国务院总理周恩来亲自主持公祭大会，灵前摆放着毛泽东、朱德、刘少奇等国家首脑送的花圈，可谓倍极哀容，一生功德圆满。”首先要指出的是，“司徒美棠”写作“司徒美堂”才规范，他是著名的爱国华侨领袖，抗战时期曾多次发动美洲华侨捐款支援祖国抗战，这且不细究。另外，这段话中的“哀容”用得不妥，用“哀荣”才对。

哀荣，语出《论语·子张》：“其生也荣，其死也哀，如之何其可及也？”何晏集解：“故能生则荣显，死则哀痛。”后指生前死后皆蒙受荣宠。后来，“哀荣”也可特指死后的荣誉，即哀悼、殡葬等仪式隆重。《隶释·汉广汉属国侯李翊碑》：“终而有礼，哀荣兼殊。”哀容，古时指致哀之声从容，也有说是致哀时稍有容饰。后也形容悲伤的容色。

“哀荣”和“哀容”虽然读音相同，但有形、义之差，意思是不一样的。上文说司徒美堂的公祭大会规格很高，仪式十分隆重，用“哀荣”才符合文意。

肘子≠猪蹄

◎李　澜

《红楼梦与中医》（湖北科学技术出版社2016年出版）讲到《红楼梦》第十六回中，凤姐吩咐平儿拿炖得酥烂的“火腿炖肘子”给贾琏的乳母赵嬷嬷加菜，书中对这道菜做了这样的解释：“猪肘子，又名猪蹄，为通乳佳品。”还配了一幅红烧猪蹄的图片。肘子真是猪蹄吗？

肘子，指上下臂相接处弯曲的部分，用作食物指猪腿的上部。肘子在我国是一种广受欢迎的食材，“东坡肘子”就是四川的一道名菜。而猪蹄是猪的脚部（蹄）和小腿，又称猪脚、猪手。显然，肘子和猪蹄不是猪的同一部分。

为何肘子会被误当作猪蹄呢？笔者猜想可能和肘子在一些地方被称作“蹄髈”有关。蹄髈和猪蹄仅一字之差，若平常对食材不了解就容易混淆。

“山奠子”？“三奠子”！

◎李可钦

2021年8月4日《彭城晚报》05版刊有《簪花人在诗边》一文，其中这样说道：“还有词牌，我连听都没听说过。山奠子、宴清都，还霜天晓月。你听听，这是正常人填的词吗？”词牌中并无“山奠子”，应是“三奠子”之误。

“三奠子”词牌最早见于元好问的作品集，因而也被认为是元好问所创，双调六十七字，前后段各九句，四平韵。词牌得名有多种说法：一说与古代的祭礼有关。古代行祭酒礼时，摆放酒杯、酌酒、酹酒等礼仪要反复三次，“三奠”即是三次摆放祭礼酒杯，或泛指整套祭酒礼仪。“三奠子”的本义或许为歌咏祭礼中三奠的曲子。另有一说，清朝编定的《钦定词谱》对此词牌有注解：“崔令钦《教坊记》有《奠璧子》小曲，此或因奠酒、奠声、奠璧为三奠，取以名词也。”

古今并无“山奠子”这个词牌名。

“月高风黑的夜晚”？

◎江城子

2022年3月25日《渭南日报》第11版刊有《面纱》一文，文中有这样一段话：“还有些同事称我为蒙面大侠、楼兰姑娘等。提起前者，大多是受影视剧的影响：在月高风黑的夜晚，一群身着黑色衣服、脸蒙黑色面纱的人们，正以一种迅雷不及掩耳之势扶危济困、救济苍生……”文中的“月高风黑”，应写为“月黑风高”。

月黑，指没有月光的黑夜；风高，指风大。月黑风高，即没有月光风势又大的夜晚。语出元代元怀《拊掌录》：“欧阳公与人行令，各作诗两句，须犯徒以上罪者……一云：‘月黑杀人夜，风高放火天。’”后用以比喻险恶的环境。杨朔《秋风萧瑟》：“遇上月黑风高的晚上，飞砂走石，满地乱滚，长城就在咬牙切齿骂人了。”

古今经典文献中没有“月高风黑”的说法，其语义搭配也缺乏比喻险恶环境的理据。

“莜面”不是“筱面”

◎朱永胜

2022年3月1日《天津日报》第12版刊载有《崇礼散记》一文，文中在谈到崇礼民间小吃时说：“至于说筱面，若是加上土豆丝蒸，山西人称‘筱面丸子’，当地人叫‘山药鱼儿’。它是崇礼地区寻常百姓家都会做的主食之一。”这里的“筱面”错了，应是“莜面”。

“莜”音 yóu，指莜麦，俗称“油麦”。一年生草本植物，外观似燕麦，成熟后籽粒会自裂脱壳，因而也叫“裸燕麦”。中国西北、华北、东北等地均栽培莜麦。其籽实磨成粉后可食用，莜面即使用莜麦加工磨制而成的面粉。上引文字所说的崇礼小吃，正是用莜面做的。

“筱”音 xiǎo，指细竹子、小竹子。陆游《过大蓬岭度绳桥至杜秀才山庄》：“柳空丛筱出，松偃翠萝蒙。”引申可表示小的意思，多用于人名。竹子是没办法磨成面粉的，“筱面”难以索解。

“天庭饱满，地阔方圆”？

◎常　隽

我该为我的农民父亲写一些必要的文字了，因为我骨子流的就是农民的血，脾气也染上了庄稼的性格，我站在父亲的姓氏里，像一株玉米一样在垄间承受阳光雨露，天庭饱满，地阔方圆。

上述文字出自2022年3月28日《湛江晚报》第20版《有一株乡间的玉米叫父亲》一文。文中用深情的笔墨表达了对父亲的怀念和敬意；美中不足的是，“地阔方圆”错了，应为“地阁方圆”。

“天庭饱满，地阁方圆”是我国古代的相法术语。“天庭”，可指两眉之间，也可指前额中央。“地阁”，指人的下颌，亦作“地格”。所谓“天庭饱满”，是说额头丰满；“地阁方圆”，是说下巴底部平整，整体线条圆润。古时形容一个人长得周正、有福相，常说“天庭饱满，地阁方圆”。郭澄清《大刀记》：“你天庭饱满，地阁方圆，耳大有轮，眼大有神，必有大富大贵。”

“地阔方圆”是讲不通的。

星星还是那颗星星，星星不像那颗星星

◎宗守云

电视剧《篱笆、女人和狗》中有一首脍炙人口的主题歌《篱笆墙的影子》，歌词是：

(1)星星还是那颗星星哟，月亮还是那个月亮，

山也还是那座山哟，梁也还是那道梁。

碾子是碾子缸是缸哟，爹是爹来娘是娘，

麻油灯啊还吱吱地响，点的还是那么丁点亮。

哦，哦，只有那篱笆墙影子咋那么长，

只有那篱笆墙影子咋那么长，

还有那看家狗叫的叫的叫的叫的咋就这么狂。

星星咋不像那颗星星哟，月亮也不像那个月亮，

河也不是那条河哟，房也不是那座房。

骡子下了个小马驹哟，乌鸡变成彩凤凰，

麻油灯啊断了油，山村的夜晚咋就这么亮。

哦，哦，只有那篱笆墙影子还那么长，

只有那篱笆墙影子还那么长，

在那墙上边爬满了爬满了豆角秧。

例(1)分上下两段，运用同异对比的修辞方式反映了事物的性质特征。对比是把两个事物或一个事物的不同方面放在一起陈说的修辞方式，同异对比是对比中的一个特殊类别，如果放在一起陈说的两项是一同一异，就是同异对比。例(1)

上下两段是对比的两项，上一段主要写事物的“同”，用“×还是/是×”等形式表现；下一段主要述事物的“异”，用“×不像/不是×”等形式表现。同异对比，反映了事物既具有恒定性一面，也具有变异性一面的性质特征。像“星星还是那颗星星”和“星星不像那颗星星”，前者是星星的恒定性一面，即任何情况下那颗特定的星星都是不变的，后者是星星的变异性一面，即某种情况下那颗特定的星星并不像通常的那个样子。这正像一个特定的人，从出生到死亡，这个特定的人都是恒定的，但在不同时期、不同场合、不同视角下，这个特定的人又表现出某种变异性。例如：

（2）总之，对父亲来说，高松的出生是条分水岭，这条分水岭的一边，是一个忠于家庭、严于律己的男人，另一边，则是一个放浪形骸的赌棍。（卫鸦《小镇球王》，《鸭绿江》2019年第1期）

（3）日常生活中，老娄是个寡言的人。当然，课堂上除外。据说老娄在课堂上神采飞扬，妙语连珠，能迷倒一片女生。那应该是另外一个老娄。（付秀莹《纸船》，《湘江文艺》2022年第1期）

例（2）高松的父亲和例（3）老娄始终是他们自己，但在不同时期、不同场合下又表现出不同的变异情形。

对比包括两种：一是两体对比，即把不同的事物放在一起陈说的对比；一是一体两面对比，即把同一个事物的两个不同方面放在一起陈说的对比。同异对比也不例外，例如：

（4）崔啊，对不起啊，你大妈已经不是你六年前那大妈了，你大爷永远是你大爷。（小品《说事儿》）

（5）我记得当时的所有话题，都和文学有关，那时候文学是多么辉煌的一件事。转眼间，三十年过去，文学还是文学，文学已不是文学。（叶兆言

《白天不懂夜的黑》,《人民文学》2014 年第 7 期)

例(4)是两体同异对比,把“你大妈”和“你大爷”放在一起陈说,强调“你大妈”之异,突出“你大爷”之同; 例(5)是一体两面同异对比,把文学的不同方面放在一起陈说,从文学的艺术性质看,文学还是文学,这是“同”,从文学的社会热度看,文学不是以前那样的文学,这是“异”。

同异对比有深厚的认知基础。就两体同异对比而言,世界上万事万物都既有联系,又有差异,正如王希杰在《修辞学新论》中所说:“从物理世界来看,一方面万物皆异,另一方面万物皆同。古希腊哲学家们早已指出,世界上没有两片相同的树叶——万物皆异。科学家爱因斯坦认为,世界上没有什么两样事物是没有相同之处的,风马牛毫不相干的事物和现象之间常常存在着某些惊人的相似之处。”就一体两面同异对比而言,同一事物既具有本质上的恒定性,又具有认识上的变异性,也正如王希杰在《修辞学通论》中所说:“物理世界中的同一个对象,是具有多种侧面的。”

《微弱的光》参考答案

1. 抹黑——摸黑
2. 柒黑——漆黑
3. 报刊杂志——报纸杂志
4. 拌倒——绊倒
5. 手足无错——手足无措
6. 煊目——炫目
7. 忘自菲薄——妄自菲薄
8. 出奇不意——出其不意
9. 跳漕——跳槽
10. 展露头角——崭露头角

复姓“澹台”如何读

◎李景祥

2022 年 1 月 27 日，央视科教频道《百家讲坛》播讲《舌尖上的历史（第二部）》第 11 集，介绍明末文学家张岱的掌故。主讲老师说张岱曾经讲过一个故事——有个小和尚坐船，听到周围的一些读书人在高谈阔论，听着听着觉得有点不对劲：“小和尚问，澹台灭明是一个人还是两个人？澹台灭明是谁？是孔子的弟子，这肯定是一个人。但是这个读书人说，俩人。”在讲述过程中，主讲老师把“澹台”的“澹”都读成了 dàn，其实这里读 tán 才对。

“澹”是个多音字。“澹台”是一个复姓，其中“澹”读作 tán。澹台灭明是孔子的弟子，在《论语·雍也》《史记·仲尼弟子列传》中均有关于他的记载。他复姓澹台，名灭明，字子羽。此人相貌不佳，但品行端正，是孔门七十二贤之一。孔子曾因为他貌恶而以为其才薄，知其本性优点后说：“以貌取人，失之子羽。”苏州的澹台湖亦是取自“澹台灭明”之姓。

澹还有一个常用读音是

“召公”应读“Shào 公”

◎刘骐珲

电影《建党伟业》有一段讲辛亥革命爆发后，青年毛泽东参加了起义新军，有人向他请教：“啥是共和？”他解释道：“《史记》记载，周厉王之乱，召公、周公二相行政，号曰‘共和’，就是国家大事大家商量着来的意思。”演员把“召公”错读作“zhāo 公”，正确读音应为“Shào 公”。

“召”一读 zhào，本义为呼唤、召唤，东汉著名文学家王逸云：“以手曰招，以言曰召。”即说“招”是“打手势叫人来”，而“召”的意思是“用言语叫人来”。“召”引申有“招致”“邀请”“召集”等义。

“召”另一读音是 Shào，古通“邵”，是古邑名，在今陕西省岐山县西南。“召（邵）”曾是周文王之子姬奭（Jī Shì）的封邑，因姬奭“食邑于召（邵）”，故“谓之召公（邵公）”。姬奭辅佐周武王灭商后，因功受封于燕地，

---

dàn，本形容水波起伏的样子，引申有摇动、触动之义，后也有恬淡寡欲、安静、安定、颜色味道清淡等义。在 1955 年公布的《第一批异体字整理表》中，“澹”曾作为“淡”的异体字被淘汰。到了 1988 年公布的《现代汉语通用字表》中，“澹”又恢复成了规范汉字。不过，除了用于姓氏，“澹”如今的大部分义项都与“淡”重合，过去常用“澹泊”“澹然”，现在则推荐使用“淡泊”“淡然”了。主讲老师把“澹台”读成“dàn 台”，应该就是受了“澹”一字多音的干扰。

建立臣属于周王室的诸侯国燕国，同时继续辅佐周王室。姬奭治政深受百姓拥护，他曾在甘棠树下处理政事，从侯伯到庶民都各得其所。姬奭死后，百姓怀念他的德政，对甘棠树亦爱护有加而不予砍伐，《诗经》之《甘棠》一篇就是称颂此事的。后世用“甘棠遗爱”来称颂贤官廉吏的美政。召公姬奭的部分子孙用封邑“召(邵)”为氏，所以“召”在作姓氏时也读作“Shào”。召公姬奭的谥号是“康”，故后人也称他为“召康公”，召康公的次子世袭“召公”爵位，一直留在周王室管理国家政事。

《建党伟业》中提到的“周召共和”，发生在周厉王在位期间。周厉王暴虐成性，贪图财货，亲近小人，对民实行“专利”政策，垄断山泽物产，又派巫师四处监视，国都中的人稍有怨言就会被杀掉，因此“国人莫敢言，道路以目”。召穆公(召康公的后代)劝谏厉王“防民之口，甚于防川”，恳求厉王不要堵塞百姓的言路，厉王置之不理。厉王的暴政最终引发“国人暴动”，厉王被迫离开都城逃奔到彘(Zhì，今山西霍州)。周厉王逃跑之后，政权由大臣周定公(周公旦的后代)和召穆公共同执掌，史称“共和”。“周召共和”发生的这一年即为“共和元年”(前841)。

“召”没有zhāo这个读音。

“一个时期”有多长

◎陈昌来 周文豪

学林

“一个”大约是最常用的数量词了，“一个NP（名词短语）”这样的数量名组合，表达的数量也最容易理解不过了。但在时间表达中常看到或者听到“一个时期以来……”“最近一个时期……”“经过一个时期的努力……”“每一个时期……”“一个时期有一个时期的……”“任何一个时期……”“前一个时期……”“这一个时期……”等说法，“一”还可以省略，说成“前个时期”“某个时期”“这/那个时期”等。“时期”受表示确量的个体数量结构“一个”修饰，形式上看起来跟“一个小时”“一个上午”“一个月”一样，都是表时间量（时段）的数量名短语，但“一个小时”等表示的是具体的时间量，而“一个时期”表示的时量范围却模糊不清，不具体、不固定。那么，“一个时期”到底有多长呢？

先看“时期”本身的意义。《现代汉语词典》第7版对“时期”的解释是“一段时间（多指具有某种特征的）：抗战时期|社会主义建设时期”。《新华词典》“时期”是指“某一段时间：战争时期|和平时期|社会主义时期”。《现代汉语大词典》“时期”是“发展过程中的一段时间”。从词典的解释看，“时期”是指“一段时间”，本身时间长短就是不确定的，因而词典例证中多在“时期”前加上限定性词语，构成“×时期”，×成为时间长短的参照，如“抗战时期”“上古时期”“五四时期”“文艺复兴时期”“少年时期”等。“时期”在实际使用中，也用于“苦难时期”“成熟时期”“动荡的时期”“艰难的时期”等参照不明确的用法。由此可见，表示“一段时间”的“时期”确实是一个长短模糊的时间量。

既然“时期”是表示一段时

间长短模糊的时间量,那么当它和表示确定数量的“一个”组合时,“一个时期”到底有多长呢?或者说模糊时间量“时期”为何能受确定数量“一个”修饰?

“一个时期”在实际使用中,有的其前后有时间量的参照点,可以通过参照点来确定“一个时期”的大致长短。如:

(1)在无产阶级革命时期和刚刚取得政权的一个时期,这个提法是正确的。

(2)在布鲁塞尔的3年,是马克思思想最活跃的一个时期,也是他取得重大理论成果的时期。

(3)几个朋友聚在一起议论报纸,大家有个一致看法:这一个时期报纸上长文章偏多了。

(4)这是八十年代初我获得人民文学出版社出版的《避雨的豹》之后第一个印象。那一个时期我刚刚尝试为儿童写作,凭个人兴趣所至,笔下涉及的全是动物。

(5)系统部署了当前和今后一个时期需集中全市之力做好的六项重点工作,筑牢了全面加强党的建设的根本保证,这是广安未来五年及更长远一个时期的行动纲领,影响深远、意义重大。

例(1)—(5)中的“一个时期”是有参照的,可以大致确定“一个时期”所指的时间长度和时间位置。如例(1)中的“一个时期”以现实事件为参照,其时间长度大致可以从现实事件发生、延续的时间推断出来;例(2)中的“一个时期”与上文“在布鲁塞尔的3年”对应同现,二者表达的是同一个事件持续的时间,时间量是明确的;例(3)(4)中的“一个时期”与“这/那”组合后表示特指,可以指距说话时间最近的一段时间,也可以与上文同现的表示时间的词语形成复指关系;例(5)中的“一个时期”以说话时间为参照,可以确定时间的位置,但时间的长度需要结合语境因素理解。

不过,多数情况下,“一个

时期”前后难以找到时间参照点。如：

(6)历史发展是连续性和阶段性的统一，一个时期有一个时期的历史使命和任务，一代人有一代人的历史担当和责任。

(7)我不相信我一直努力我的状态还回不来，我们的目标是奥运会，我也会把每一个时期做好。

(8)相应地，这也就提出了对于坚持开拓创新的新要求。一方面，我们比历史上任何一个时期都更需要总结与把握开拓创新的规律。

(9)深层次来说，表明经过一个时期的努力，我省小麦生产整体水平上了个台阶。

(10)一个时期以来，中共党史学科在高校呈现萎缩和边缘化趋势，亟须改变。

(11)在某个时期内，个体对某种刺激特别敏感，过了这个时期，同样的刺激则影响很小或没有影响。

例(6)—(8)中的“一个时期”本身没有确定而具体的所指，又含有表示变量的语用含义，因此无法确定其准确的时间位置和时间长度。例(9)(10)中的“一个时期”在上下文中都没有对应的事件和时间词语作为参照，也不能表示具体的时间长度，但时间位置可以根据语境推导出来。例(11)中的“某个时期”是不定的一段时间，而“这个时期”与“某个时期”是对应的。

可见，“一个时期”本身并不能表示具体的时间长度和时间位置，它必须和指示代词“这/那”、方位词、“以来”等词语组合在一起形成一个时间结构才能确定时间位置，如果语境中有具体确切的事件和时间表达作为参照，那么它的时间长度和时间位置大概可以被确定。

“时期”本不该个体化为“一个时期”，“一个时期”虽然长短不定，但并不影响语言使用者对其中时间长短的理解，人们其实并不关心“一个时期”到底有多长，这大概就是汉语的魅力吧。

试说“野马”

◎缪煜清

庄子《逍遥游》“野马也，尘埃也，生物之以息相吹也”中“野马”二字所指何物，历来多有争论。有认为是水汽的，有认为是热气的，有认为是尘埃的，还有认为是海市蜃楼的。笔者以为，这几种观点其实并不矛盾。“野马”表示热空气、水汽或尘埃所形成的影影绰绰、游荡飞舞的样子。在高温下的水面、路面或者沙漠上，空气受热不均引起空气密度变化，看起来就是晃动、流动的样子，在特定条件下有时甚至会形成海市蜃楼。而悬浮在地表或空中的水汽、尘埃是一种微小的颗粒，称之为气溶胶，在光线照射下，模糊晃动。由于光在颗粒表面的散射，有时还会形成清晰的光路——丁达尔现象。

觉得“野马”指尘埃的，认为“马”字通“塺（méi）”，正好表示尘土之义。清代孙星衍对《一切经音义》中“野马”校正：“或问：‘游气何以谓之野马？’答云：‘马，特塺字假音耳。野塺，言野尘也。’”

另有观点认为“马”字可能通“沫”。“沫”者，水泡也，液体形成的细泡。“野”字可能有两层含义，一是野外、旷野、远处，二是无拘无束、自由飘荡的样子。“野马”意思是飘散流动、晃晃悠悠、影影绰绰、似动非动的水泡、水汽，可以指旷野远处水面、沼泽等表面的雾气，也可指太阳照射在荒漠表面引起的热气对流以及沙漠戈壁中远处的海市蜃楼。也有观点认为“野马”说的是水汽蒸腾或热气影绰，状如野马奔腾或者是野马奔腾时形成的飞扬尘土。钟泰

《庄子发微》中就有类似的阐释:“‘野马’者,泽地游气,晓起野望可以见之,形如群马骤驰,故曰野马。野马、尘埃,皆气机之鼓荡,前后移徙,上下不停,故曰‘以息相吹’。”笔者认为这段文字的解释颇为准确:远处旷野的热气涌动,就像流水一般,又如万马奔腾、起伏不定,所以“野马”有水汽、热气之义。

“野马也,尘埃也,生物之以息相吹也”,是说这些水汽啊、热气啊、尘埃啊,是大地生长万物的气息吹动引起的。这里的“生物”并非我们现在所说的学科意义上的生物,而是天地化生万物之义。古代中国认为大地也会呼吸,就像人肺或者风箱。春天地气上升,天气下降,天地交合,品物流形。天气上腾,地气下降,则闭塞成冬。这种气息的流动或升降也会形成风。《礼记》有“前有尘埃,则载鸣鸢”,孔颖达疏:“鸢,今时鸱也。鸱鸣则风生,风生则尘埃起。”可见尘埃意味着风起。大鹏就是乘风扶摇而升空的。司马彪云:“野马,春月泽中游气也。”成玄英云:“青春之时,阳气发动,遥望数泽,犹如奔马,故谓之野马。”这些都是说春季阳气发动,引起了水汽升腾。

有趣的是,汉译佛经中“野马”一词也大量出现。《增一阿含经》:“色如聚沫,受如浮泡,想如野马,行如芭蕉,识为幻法。”这里聚沫、浮泡、野马三者并列,结合后面的芭蕉空心、幻法无常,可以看出三者都和虚幻、短暂有关,或者相同,或者相似。《道行般若经》:“野马本无所从来,去亦无所至,佛亦如是;梦中人本无所从来,去亦无所至,佛亦如是。”这里把野马和梦比对,无所从来,亦无所至,可见“野马”也是一种虚幻如梦之物。竺法护译《佛说如来兴显经》:“菩萨晓世一切所有悉为慌惚,犹如野马,人遥睹之如江河流而有波起,达士了之炎气无水。”说的是远处旷野中热气涌动,就像江河流水一般,所以常人会误以为有水,这也明确了“野马”与水汽、热气，还有海市蜃楼的紧密关联。《大智度论》：“一切诸行如幻，欺诳小儿，属因缘，不自在、不久住。是故说诸菩萨知诸法如幻、如炎者；炎以日光风动尘故，旷野中见如野马，无智人初见，谓之为水。”直接说明因为炎日引起热气升腾或者微细颗粒的飘散，状如“野马”，旅人误以为是水汽的蒸腾，以为下面有水。

《佛光大辞典》对“野马”一词有这样的解释：“梵语 marici，译作阳焰、焰（炎），全称野马泉，乃现于沙漠或旷野中的一种自然林泉幻象。即热气之游丝或尘埃现于远方时，其幻影如真实之树林、泉水，然趋近之，则又消灭。故知野马为假象，并无实体。以此比喻诸法之无自性，如幻影之不能久住。”笔者以为，也有可能是在佛经翻译的时候，根据梵语发音，将 marici 翻译为“马”。根据一般观点，庄子《逍遥游》的年代早于佛经进入中国的时间，那么，佛经翻译时可能还借鉴了《逍遥游》中“野马”的概念。在梵语中，marici 有光线、光粒、海市蜃楼等含义，又可译作远处旷野由于热气或尘埃而形成的阳焰或阳炎。Marici 还是佛教中隐身和消灾的保护神摩利支天（Marīcīdevī），义为光或者阳焰，显然这种旷野中隐隐约约、虚幻可见的阳焰或者海市蜃楼正好对应了摩利支天的隐身功能，而隐身又能起到很好的保护作用。

而唐代韩偓《安贫》“窗里日光飞野马，案头筠管长蒲卢”中的“野马”，就显然指的是尘埃了。用科学的语言来说，阳光透过窗户照射到室内空气中悬浮的尘埃——也就是气溶胶，由于光在微小颗粒的表面散射而形成了一种丁达尔现象的光学效应。辛弃疾《水龙吟》“回头落日，苍茫万里，尘埃野马”，刘克庄《贺新郎》“千古惟传吹帽汉，大将军，野马尘埃也”，这些诗句中的“野马”说的都是尘埃。

“一叶蔽目，不见三秋”？

◎龙启群

电视剧《如歌的岁月》第22集中，为如何处置江东厂的事，董事长顾天豪与妻子秋卉产生了巨大的分歧。顾天豪对前来解决问题的副市长柳吴月说：“她好长时间不在集团工作了，其观点是一叶蔽目，不见三秋。”（字幕同步显示）“一叶蔽目，不见三秋”令人费解。

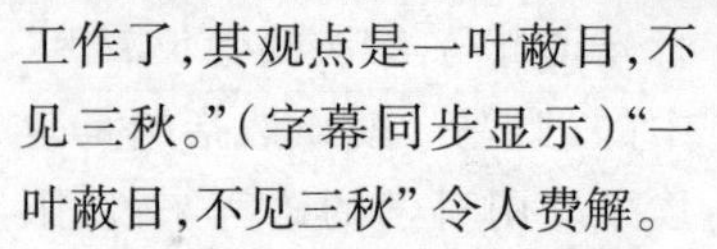

三秋，在汉语中主要有这么几个义项：秋收、秋耕、秋播的合称；秋季的三个月（农历七月称孟秋，八月称仲秋，九月称季秋），也可指秋季的第三个月，即农历九月；三年。可见，“三秋”表达的是时间概念。“一叶蔽目”就看不到这些时间了吗？显然是说不通的。

联系电视剧的剧情，这里应该用“一叶蔽目，不见泰山”。此语出自《鹖冠子·天则》：“夫耳之主听，目之主明。一叶蔽目，不见太山；两豆塞耳，不闻雷霆。”意思是说眼睛被一片叶子遮住，连高大的泰山都看不见；两粒小豆子塞住耳朵，连轰鸣的响雷声也听不到。后以之比喻为眼前局部或暂时的现象所迷惑，看不到全局和整体。电视剧中顾天豪想要说的应该就是这个意思。

汉语中还有“一日三秋”的说法，语出《诗经·王风·采

此“栓”非彼“闩”

◎王 娟 王建群

《新世界》第5集中，金缨晚饭后离开，她嘱咐刀美兰：“姐，我走了，你赶紧把门 shuān 上啊！”此处字幕用的是“栓”字，错了！应该用“闩”。

“闩”有两个义项。一是指门关上后，插在门内使门推不开的木棍或铁棍，如“门闩”“上了闩”。二是插上门闩。如刘鹗《老残游记》第五回：“此地有酒，你闩了大门，可以来喝一杯吧。”

“栓”本义是木钉子，后用来指称器物上可以开关的机件，如枪栓、消火栓。也泛称像塞子一样的东西，如栓剂、血栓。

可见，“栓”一般当名词用，而“闩”既可作名词，也可作动词。在表示插在门上的横木时，可用“门闩”，也可用“门栓”；但表示把门关上插上横木这个动作时，只能用“闩”。电视剧中金缨提醒刀美兰晚上一人在家要把门“shuān”住，这里的“shuān”无疑是一个动词，只能写成“闩”。

葛》：“彼采萧兮，一日不见，如三秋兮。”后以“一日三秋”形容对人的思念殷切。

《如歌的岁月》把“一叶蔽目”与“一日三秋”这两个典故杂糅在一起了。

对上汇报莫用“秉”

◎横山居士

电视剧《医圣》第33集中，洛阳发生了严重的瘟疫，太医令周亢玩忽职守，在皇帝巡视疫区时，还把疫情迟迟得不到有效控制的责任推给了张仲景。

皇上：什么？天天有病人死亡？好你个太医令，你要钱给钱要人给人，你提的什么条件朕都答应，怎么还天天死人？

周亢：陛下容秉，微臣负责的疫区，病人已大部痊愈，天天死人的是张仲景负责的疫区。

在这段对话中，字幕显示的“容秉”错了，应是“容禀”。

禀，读bǐng，是个会意字。原作“稟”，上面是粮仓（亩），下面是谷物（禾），古时指官府赐人以谷。后有赋予、给与之义，引申指领受、承受。还可指下对上报告。《三国演义》第七十二回：“夏侯惇入帐，禀请夜间口号。”“容”有让、允许之义，“容禀”即允许（我向您）汇报。电视剧中太医令向皇帝汇报情况，用“容禀”是准确的。

秉，也读作bǐng，会意字。在甲骨文中，“秉”象一只手握着一把禾，本义是稻禾一把。如《诗经·小雅·大田》：“彼有遗秉，此有滞穗。”也有拿着、执持之义，如秉烛夜游。后又引申为执掌、主持，如秉公执法。

古汉语中，“秉”在“承受”

又见“渊源”配“流长”

◎高良槐

《咬文嚼字》曾多次谈过“渊源流长”是错误的，电影《罗汉风云》中又见此差错。长泽一郎对手下田中说：“中华武术博大精深，传承更是渊源流长，很值得我们学习。”（字幕同步显示）字幕上的“渊源流长”不对，应为“源远流长”。

源远流长是个成语，意思是河流的源头很远，水流很长。语本唐代白居易《海州刺史裴君夫人李氏墓志铭》：“夫源远者流长，根深者枝茂。”常比喻历史悠久，根底深厚。秦牧《艺海拾贝·茅台、花雕瓶子》：“茅台和花雕瓶子的这种模样儿，讲起来是源远流长了。”

渊源，指水的源头，比喻事物的本源。后引申有关系、联系之义。郭沫若《洪波曲》：“他和立群，可又算得别有渊源了。”

影片中，长泽一郎想表达的是中国武术历史悠久，有深厚的文化积淀，用“源远流长”恰如其分。“渊源流长”说不通。

这个义项上有与“禀”通假的现象。但是在“向上报告”这个义项上，只能用“禀”不能用“秉”，如“启禀”“禀告”“禀明”等。同样，表示向上汇报的“容禀”不能写成“容秉”。

朋友圈该晒些什么

◎徐默凡

微信朋友圈已经成为当代人展现自我魅力、打造个人形象的一个重要平台，工作、学习、娱乐，情趣、爱好、特长，喜悦、愤怒、哀伤……林林总总、点点滴滴都可以出现在每天的状态中，成为大家共享的对象。但是在晒朋友圈的时候，你是不是经常犹豫不决到底要不要发？是不是发了没到半小时想想不妥又删了？是不是小心翼翼地设置分组然后三天可见？到底哪些内容该晒，哪些内容不该晒，相信很多人都有过类似烦恼，那么让我们来简单分析一下。

朋友圈朋友圈，顾名思义，你的预设读者就是“朋友”。不管加的是领导还是长辈，邻居还是同事，老师还是同学，在浏览你的朋友圈时，他们的共同身份就是你的朋友。如果你不把他当朋友，完全可以使用“仅聊天”功能，不向他开放朋友圈。有了这样的基本认识，我们就可以把握发圈的分寸了。

多发点自嘲的内容。自己的囧事、丑照，只要无伤大雅，尽可多发，用自己的不开心让别人开心一下，也就值得了。自嘲的人敢于直面自己的困窘，其实是最自信的，也会最有朋友缘。

多发点积极的内容。我们每个人的生活虽然普通但也充满了小确幸，把点滴的快乐传播出去，会带来更多的正面反馈。悲伤和愤怒不是不能发，但是要有节制，动辄破口大骂和歇斯底里，不仅坏了读者的心情，也拉低了你的素质。等负面情绪沉淀一下、反思一下再发出来，哀而不伤、怒而克制也是一种打动人心的积极力量。

多发点新鲜的内容。一次独特的旅行，分享美景和美食；一个精致的妆容，展现个性和魅力；一首好听的歌曲，传递情趣和感悟；一本睿智的著作，介绍体会和心得……这些鲜活的生活比起毫无特色地转发十万加的流行文章，相信更受朋友们的欢迎。

和工作相关的内容不要发。朋友圈的写作和阅读，理论上应该都在休闲时间展示休闲生活和休闲心情，工作应该抛在一边了。也恳请领导们不要把管理的手伸得太长，去要求发什么公司的统一文案，除了让大家难堪并不会有什么广告效应。

和隐私相关的内容不要发。虽然是朋友，但依然亲疏不一，要有自我保护的意识。身份证、银行卡的号码不要泄露，车票、机票、酒店预订信息也不要忘记打马赛克，骗子是无孔不入的，网络人肉也不识好歹。没有征得对方的同意，不要发别人的照片。合影中的丑照、囧照，也要慎发，因为你不在乎，别人可能会很在乎。

自我炫耀的内容不要发。奢侈品、豪车、豪宅这些只会惹人眼红，带不来尊敬。和名人的合影、天价消费的账单，只能吸引轻浮的点赞，不会有真诚的欣赏。用尽心机的凡尔赛也很容易被识破，只会引来一些冷嘲热讽。

朋友圈是你的虚拟舞台，台下的观众都是你的朋友。是盛装出演还是本色登场，是炫出个性还是秀出风采，全看你的选择。只要能让朋友们心有所获，尽兴而归，就是一场成功的演出。

《“妈生感”是啥“感”》解疑

这是一家美容院所做的广告，宣传该院双眼皮美容整形业务。所谓“妈生感”是想说，经过该美容院整形的双眼皮十分自然，就像天生的，没有明显后天人为的痕迹。把此称作“妈生感”，也许是相关人等的“创意”；然而，难以让人看懂的“创意”，并非真正的“创意”！

编校差错扫描(四十六)

◎王 敏

“誊写”误读成“誊写”

【错例】作文写完,要誊写清楚再上交。

【简析】“誉写”应为“誊写”。“誊”,音 téng,繁体字为“謄”,形声字,从言朕声,如今规范字形为“誊”,仍是形声字,从言,朕省声,本义指照原稿抄写清楚,动词。《说文解字》:“誊,迻(移)书也。”段玉裁注曰:“今人犹谓誊写。”《元史·选举志》:“誊录试卷,每行移文字,皆用竹书。”“誊”字含义非常稳定,“誊清”“誊正”等词语中用的都是“誊”的本义。“誉”,音 yù,繁体字为“譽”,形声字,从言與声,现以简化的“誉”为规范字,本义指称赞,动词。《说文解字》:“誉,称也。”如“称誉”“赞誉”“毁誉参半”。也作名词,指好名声、美名,如“信誉”“荣誉”“誉满天下”。“誊”“誉”形近,“誉”常见而“誊”生僻,“誊写”常被误读而误写为“誉写”,其实“誉写”是根本说不通的。

“拣”指挑选源自“柬”

【错例】如果有时间,买东西都会挑挑捡捡吧?

【简析】“挑挑捡捡”应为“挑挑拣拣”。“拣”繁体字为

“揀”，其本字为“柬”（jiǎn）。“柬”是会意字，从束从八，“束”表示一捆竹木简牍，“八”（变形为两点）表示分别，相合为“柬”，意思是在一捆竹木简牍中挑选，其本义指选择。《说文解字》：“柬，分别简（选）之也。”如《荀子·修身》：“安燕而血气不惰，柬理（选择合理）也。”“柬”所捆束者简也，故又用作“简”，名词，表示信札、名片、帖子的总称。如“请柬”“柬帖”。由于后来“柬”字专作名词，表示选择的动词就加上提手旁写作“揀”。因此，“揀”是“柬”的加旁分化字，是形声兼会意字，从手柬声，柬兼表义，本义即选择、挑选。《广雅》：“揀，择也。”如今“揀”字简化，以“拣”为规范字。如“挑肥拣瘦”。“捡”繁体字为“撿”，形声字，从手僉（qiān）声，本义指拱手，读音为 liǎn。如今“僉”规范为“佥”，有相同偏旁的字类推简化。《说文解字》：“捡，拱也。”段玉裁注：“凡斂手宜作此字（捡）。”《说文解字》释“拱”曰：“斂手也。”段注认为，“捡”（liǎn）与“拱”可互训，不必第三者“斂”插足。其实“捡”（liǎn）—“拱”—“斂”三者连环释义，恰好为解决“佥”的本义问题提供了线索。《说文解字》：“僉，皆也。从亼（jí）从吅（xuān）从从。”不少学者认为，“皆”不应是“僉”的本义，因为表示范围的副词应从某种实词意义引申而来。有人认为，“僉”是会意字，从亼从覝（kūn），亼同“集”，覝同“昆”，义为同。因此“佥”是“斂”的本字，本义指收取、聚合（有相同特征的事物），后“佥”假借指皆、咸，遂加形旁“攴”（pū，表示治事，变形为“攵”）以示区别。因此，“斂”是“佥”的加旁分化字。有人据此认为，“捡”（liǎn）从手从佥会意，双手合放在一起，即拱手。拱手表示敬意，是因为双手合围表示的是收束之意。故“斂手”既指拱手，也指收手。由收手，“捡”引申指约束，读 jiǎn。《集韵》：“捡，束也。”再引申为现代常用义，泛指拾取,如“捡破烂”“捡漏”。“拣”与“捡”都是形声字,都从手,都有读音 jiǎn,含义都与手的动作有关,而且字形、含义的演变都比较复杂,因此旧时有以“捡”通“拣”的用例。但是,“拣”“捡”构字理据有别,如今用字规范化,表示选择应用“拣”不用“捡”。“挑拣”就是“挑选”,“挑挑拣拣”就是“挑挑选选”,写成“挑挑捡捡”是不符合用字规范的。

“黄粱”米饭非木“梁”

【错例】食堂天花板上装饰着不少古诗名句,其中有“夜雨剪春韭,新炊间黄梁”。

【简析】“黄梁”应为“黄粱”。“梁”,金文或作[illegible],形声字,从水,刅(chuāng,古“创”字)声,本义指跨水之桥。《说文解字》小篆作[illegible],释为:“水桥也。从木从水,刅声。”增加形旁木,表材质。另收古文[illegible],会意字,从水,从二木,一横画表示交接处,以连接树木横架于水上会意。段玉裁注曰:“水阔者必木与木相接。”也指筑于水中捕鱼的鱼堰,即“鱼梁”。由凌空跨越,引申指房梁,如“栋梁”。桥多带拱,故又引申指物体中间隆起的部分,如“鼻梁”“脊梁”“山梁”。又特指器物上便于手提的弓形部分,如“提梁”“茶壶梁”。另指承重、支撑的水平构件,如“门梁”“车梁”。“粱”,形声字,从米,梁省声,本义指粟,俗称“谷子”,去壳后称“小米”。《说文解字》:“粱,米名也。”“粱”古时指品种优良的谷子,由此引申泛指细粮或精美的食物,如“粱米”即精米,“粱饭”即精细的米饭。“夜雨剪春韭,新炊间黄粱”是杜甫《赠卫八处士》诗中的名句,动人心弦的是主人待客的殷殷深情。“新炊间黄粱”意思是刚烧好的新鲜米饭掺上了香喷喷的黄小米,“黄粱”指的是黄小米,写成“黄梁”显然是错误的。

四川哪来“西定”

◎晋　相

2022年1月10日《沈阳日报》第10版《学古人和伟人读书治学之道》中这样说道：“1917年夏，毛泽东阅读《民报》，看到两个学生徒步旅行全国，一直行到打箭炉（今四川西定）的报道时，深受其鼓舞，并偕同窗好友萧子升游历湖南。通过这次游学，毛泽东深入了解到了民间疾苦，学到了许多书本上、书斋中学不到的知识。”此处说打箭炉是今“西定”错了，应为“康定”。

打箭炉是个旧地名，为今四川甘孜藏族自治州的康定市。相传三国时期诸葛亮南征时，命部将郭达在此地造炉打箭，因而留下了“打箭炉”之名。不过这只是传说，事实上是因为此地为达、折二水的汇流之处，藏语谓汇流为“渚”，故称“达折渚”，外地人听其音不解其义，音讹附会为“打箭炉”。清雍正七年（1729）清廷在此处设打箭炉厅，管理从此处往西的各个土司，所辖之境相当于今四川甘孜藏族自治州以及西藏芒康山以东。1904年升为直隶厅，1911年改为康定府。1913年改府治为县。“康定”这一地名就一直流传了下来。

文章之所以误“康定”为“西定”，可能是受到了曾经有过的西康省的影响。1914年，以康定为中心曾成立川边特别区，1928年改为西康省，先设西康建省委员会，1939年将原属四川省的雅安、西昌等县划入，正式建西康省。1950年当时的政务院将西康省金沙江以西改设昌都地区。1955年撤销西康省，金沙江以东地区划归四川，

“绰厉奋发”讲不通

◎杨亚东

2022年3月6日《广西日报》第15版刊登有《弘扬工匠精神，建设更美壮乡》一文，其中这样写道：“全力推动建设壮美广西‘1+1+4+3+N’目标任务体系落细落实，任重而道远，需要我们每一个人继续艰苦努力、绰厉奋发。”句中的“绰厉奋发”错了，应改为“踔厉奋发”。

“踔”读chuō，本义是践踏、踩，也指腾起、跳跃，后又引申出逾越、跨越、超越等义。“踔厉”义为精神振奋。成语“踔厉奋发”，也作“踔厉风发”，出自韩愈《柳子厚墓志铭》：“议论证据今古，出入经史百子，踔厉风发，率常屈其座人。”用以形容柳宗元生前雄辩恣肆、议论纵横、气势高昂。后该词也用来形容人精神振奋、斗志昂扬。孙中山《中国革命史·革命之运动》：“其慷慨助饷，多为华侨；热心宣传，多为学界；冲锋破敌，则在军队与会党，踔厉奋发，各尽所能，有此成功。”上引文句讲的是要为了完成各项目标任务、建成更加壮美的广西而勇毅前行、不懈奋斗，用“踔厉奋发”显然是符合这一语境的。

“绰”读chuò，本义是宽裕、舒缓，如绰绰有余。引申有体态柔美、隐隐约约、端正、搅乱等义。“绰厉奋发”实难索解，误“踔”为“绰”应是两字形音皆近所致。

……………………………………………………

1956年将金沙江以西的昌都地区划归西藏。康定曾是原西康省省会所在地，但从未有过“西定”之称。

鲁僖公何以谓之“僖”

◎吴伟伟

“芹”最早可见于《诗经·鲁颂·泮水》中的“思乐泮水，薄采其芹”。这首诗是说春秋时期鲁禧公凯旋后，人们为他庆功时唱道：“泮水岸边真欢乐呀真欢乐，快来采收水芹咯！”

这是2022年3月20日《北京青年报》第8版《在那春天里，古人与野菜们的爱恨情仇》中的一段话，其中的“鲁禧公”错了，应该写为“鲁僖公”。

鲁僖（xī）公，姬姓，名申，鲁庄公之子，是春秋时期鲁国的第十八任君主。“僖”是他的谥号。“僖”一作“釐”。春秋时期，与鲁僖公同谥的国君还有周僖王、齐僖公、曹僖公、许僖公和郑僖公等。

我们都知道，在春秋时期，贵族去世后有可能得到朝廷给予的谥号。谥号包含着褒贬，作为对他一生品行或功过的评价。那么，鲁僖公何以谓之“僖”？

根据历代古籍中对谥法的解读，“僖”大概有这些说法：小心畏忌曰僖，质渊受谏曰僖，有罚（一作伐）而还曰僖，刚克为僖，有过曰僖，慈惠爱亲曰僖，小心恭慎曰僖，乐闻善言曰僖，恭慎无过曰僖。可见，“僖”作为谥号，既有表示褒义的刚强、慈爱、恭敬和谨慎之义，又有表示贬义的怯懦、过失之义——总体上看，是一个偏中性、褒大于贬、以肯定和颂扬为主的评价。对照鲁僖公一生的功过，大致可以认为“名”“实”相符。

鲁僖公继位前，鲁国的政局持续动荡。其父鲁庄公去世后，鲁庄公同父异母的弟弟庆父，先后杀害继任国君公子般（或作斑）和鲁闵公，使鲁国出现了“庆父不死，鲁难未已”的混乱局面。荒淫无道的庆父最终众叛亲离，逃到莒国。在叔父季友的拥立下，原本没有资格担任国君的鲁僖公得以继位。年幼的鲁僖公一方面依仗叔父季友等势力的支持，拨乱反正，稳定政局；一方面培养和扶植新的势力与之制衡，努力提高国君地位。在鲁僖公十六年，随着季友和公孙兹相继去世，鲁僖公终于将鲁国国政牢牢掌控在自己手中。

与此同时，鲁僖公运用灵活善变的外交手段，在大国间游刃有余，为鲁国争取最大的政治利益。在齐桓公称霸期间，鲁僖公奉行与齐和睦的外交策略；在齐桓公死后，鲁僖公利用中原无霸主的局面，趁机大举进攻邾国，使鲁国国土得到扩大，国力得到增强。

鲁僖公在位三十三年，以其敏锐的政治眼光和高超的治国才能，为当时国人和后世鲁公所标榜。《诗经·鲁颂》的四篇——《駉》《有駜》《泮水》和《閟宫》都是鲁人为颂扬僖公而作。《鲁颂·駉》小序说得更明确：“僖公能遵伯禽之法，俭以足用，宽以爱民，务农重谷，牧于坰野，鲁人尊之。”

而鲁僖公的“过失”，主要是指在晋、楚两强争霸过程中表现出的险恶算计。《左传·僖公二十八年》记载，城濮之战前夕，齐、晋、宋结盟，楚、卫、鲁结盟。在晋军攻卫时，鲁僖公曾派公子买帮助卫成公戍守卫国。后来，鲁僖公见晋军势大，卫成公逃亡，而楚国迟迟不救。为了自保，鲁僖公便杀死公子买以讨好晋国；又对楚国扯了个谎，说公子买驻守还没到期就想回国，因此被杀了。鲁僖公在侍奉大国的过程中审时度势，见风使舵，并在战后获得了较多的政治利益，确实表现出作为小国的智慧，但是可怜的公子买无端做了替罪羊，这也成为鲁僖公被人指摘和诟病的重要缘由。

“禧”义为吉祥、幸福，如恭贺新禧。“禧”一般不用作帝王的谥号。

“四大贤母”没有陶渊明的母亲

◎王右磊

河南文艺出版社 2021 年 12 月出版有《范仲淹十讲》一书，该书第 165 页述及范仲淹去世后，欧阳修受托为范公撰写一篇碑文，但彼时欧阳修的母亲去世不久，写作状态不佳，碑文撰写进展大受影响。此处说欧阳修母郑氏贤惠能干，为“中国古代四大贤母之一”时，作页下注：“其他三人是孟轲的母亲、陶渊明的母亲、岳飞的母亲。”注释中存在一处错误。

“四大贤母”是人们对中国古代四位伟大母亲的合称，这一称谓并无具体文献出处可考，所列母亲皆在史书笔记中留下事迹，民间传颂甚广。她们分别是孟子的母亲仉（Zhǎng）氏、陶侃的母亲湛氏、欧阳修的母亲郑氏、岳飞的母亲姚氏。“孟母三迁”“岳母刺字”的故事人们十分熟悉，欧阳修母亲“画荻教子”的故事也流传颇广。但是《范仲淹十讲》在对“四大贤母”的注释中把陶侃的母亲误成了陶渊明的母亲。

陶渊明是东晋著名诗人，而陶侃则是陶渊明的曾祖，为东晋名将。陶侃的母亲湛氏是一位深明大义、善良贤淑的母亲，《晋书·陶侃传》《晋书·列女传》《世说新语·贤媛》载其“截发延宾”“封坛退鲊”等教子故事。正是由于母亲湛氏对陶侃的良好教育，出身寒微的陶侃才终成一代名将。为了彰显伟大的母教，后世遂将湛氏列入“四大贤母”之中。

至于陶渊明的母亲，历史上并没有多少详细的文字记载。我们只知道陶渊明的母亲是孟氏，为东晋名士孟嘉的女

“卮酒”误为“厄酒”

◎居容人

2022年3月30日《浙江工人日报》第3版《春吃河豚正当时》一文写道：“鲁迅和日本朋友坪井吃过河豚，写下‘岁暮何堪再惆怅，且持厄酒食河豚’的感慨。”作者引用鲁迅诗文有误，其中的“厄酒”应为“卮酒”。

卮，读作zhī，是古代的一种盛酒器皿，上口下底大小相同，形体高低、直径大小没有定规，一般有环形耳，为小型饮器，最大的是斗卮。作为古代常用的饮酒器，卮自春秋战国以来，长期广泛应用，大约到魏晋以后趋于衰落。“卮酒”与“杯酒”同义。《史记·项羽本纪》：“壮士，赐之卮酒。”

厄，读作è，义为灾难、困苦，如厄境、厄运。作动词，表示被困、受苦，如《孔子家语》：“孔子厄于陈蔡，从者七日不食。”后引申可指险要之地。但无论哪个义项，“厄酒”都说不通。

鲁迅先生1932年创作《无题二首》，其中的第一首是赠日本友人的：“故乡黯黯锁玄云，遥夜迢迢隔上春。岁暮何堪再惆怅，且持卮酒食河豚。”上文引用时误“卮”为“厄”，当是两字形近所致。

儿。能培养出陶渊明这样“不为五斗米折腰”的大诗人，必定也是一位优秀母亲；但她并不在传统的“四大贤母”之列。

庄子没说过“临渊羡鱼”

◎厉国轩

躺平派鼻祖庄子说过“知其不可为而安之若命,德之至也”。但他也说过“临渊羡鱼不如退而结网”,他只是提倡顺势而为,不拧巴自己,如果风足够大,也不介意做一只在风口上起飞的猪。

这是2022年1月29日《上海老年报》第5版所载《名著里的躺平高手》中的一段文字,旨在论述高级的躺平并不是混吃等死。“临渊羡鱼不如退而结网”这句话是庄子说的吗？非也。

“知其不可为而安之若命,德之至也”一语确系庄子所说,但与原文略有出入。《庄子·内篇·人间世》云:“知其不可奈何而安之若命,德之至也。”意思是说,知道世事艰难、人生不幸、无可奈何但能安于处境、顺其自然,是道德修养的最高境界。这是庄子处人和自处的人生态度,也是庄子为人处世的哲学观点。

而“临渊羡鱼不如退而结网”却非庄子所说。《淮南子·说林训》有云:“临河而羡鱼,不如归家织网。”本意是说,与其站在河边心里想着要得到水里肥美的鱼儿,不如赶快回去织起网来捕捉它,比喻空有愿望而无实际行动,是无法达成目的的。后“临河羡鱼”演化成“临渊羡鱼”。《汉书·董仲舒传》:“古人有言曰:‘临渊羡鱼,不如退而结网。’”上引文句将此语安到庄子头上,实属张冠李戴!

“赋”不宜“填”

◎李信宜

2021年3月4日《彭城晚报》05版刊有文章《访梅随感》，其中有这样一段话：“回来的路上，我在想，我们这帮伙伴……有的照顾孙子传帮带，有的市场竞争显身手，有的吟诗填赋搞创作，有的引颈高歌展歌喉，有的游山玩水走四方，正所谓趣舍万殊，静躁不同，追求各异。”这里“吟诗填赋”说法欠妥。

填，本义为充塞，即把空缺的地方塞满或补满，如填坑、填土。引申可指按一定格式写入文字或数字，如填格、填写。赋，是一种文体，讲究铺陈辞藻，借描写事物而寄托情志，兼有诗歌和散文性质，在汉朝十分盛行，是汉朝文学的代表，故有“汉赋”之说。赋没有严格的格式，可自由发挥，也无固定格式可依，因而把创作赋称为“填赋”是不合适的。创作诗和赋，常并称为“吟诗作赋”，如今“吟诗作赋”也泛指文学创作行为。

如果一定要用“填”，可用“填词”。在我国的古代文体中，“词”是诗歌的一种。最初的词，都是配合音乐来歌唱，有的按词制调，有的依调填词，曲调的名称即词牌。后来主要是依调填词，且大多数词都已不再配乐歌唱，所以各个调名只作为文字、音韵结构的定式。一首词有多少句，每句的字数、平仄一般由词牌决定。因此依据词牌创作词可称“填词”。

另外，上引文中“引颈”也用得不妥。“引颈”虽然有伸长脖子之义，但是多用于形容动物。用在人身上指被杀，或指思慕的样子。这里想表示大声唱歌，不如改用“引吭”。

语法化石

◎石毓智

语言就像一棵千年古树一样，把它锯开，可以看到千年之前的年轮，去年刚长成的年轮，现在正在生长的年轮。今天的语言，就是不同历史阶段的发展在一个平面上的投影。语言也像自然界一样，有些动植物已经灭绝了，但是以化石的形态保存到今天。我们可以通过化石来追忆它当年的蓬勃生机。

语法规律也有多种多样的形态。有些是现在正活跃着的规律，作用范围广，适用面大，支配着我们遣词造句。有一些才刚刚萌芽，只适用于个别词句，不能随便类推，必须像学习词汇那样，把它们记住。有一些是历史上某一阶段曾经活跃的规律，由于某种原因，这些规律已经退出了历史舞台，然而它们还保留在极个别的词语身上。

汉语的量词一般都可以重叠，表示某一特定范围内的“每一个”。比如，“个个都是好样的”，“张张都画得不错”，“本本都签了名”。这是一条语法规律，不用一个个记，遇到量词就可以自由类推。因此，词典也不用注明量词的这些用法。

但是，普通名词却没有这种重叠表遍指的用法，比如不能说“书书”“灯灯”“树树”等。然而也有特例，比如“人”和“事”，它们是普通名词，不是量词，却可以重叠表示“每一个”。比如咱们可以说“人人都知道这件事”，“事事他都记在心里”。因为这不是规律，而是个别的现象，所以词典把“人人”“事事”作为一个词条来注释。下面是现实语言中的用例。

大除夕晚上人人看春晚。（相声《众神含冤》）

人人有这么个心理。（相声《买鸡子儿》）

人人都是推销员了。（相声《如此推销》）

在家事事好，出外事事难。（相声《东游记》）

我事事都比你高。（相声《红眼病》）

其实，“人人”和“事事”是古代语法规律在现代汉语中的化石现象。“人人”在2 300年之前就出现了，请看《孟子·离娄上》的例子：“人人亲其亲，长其长，而天下平。”“事事”至少在1 500年之前也已经出现了，请看《世说新语·文学》的例子：“此是屋下架屋耳，事事拟学，而不免俭狭。”在一千多年之前，汉语中有一条比较活跃的语法规律，很多单音节的名词都可以重叠，表示某一特定范围的每一个成员。这条规律一直存在到宋元时期，尔后就被量词重叠所淘汰。下面是中古汉语里普通名词重叠表遍指的一些例子。

树树秋声，山山寒色。（庾信《周谯国公夫人步陆孤氏墓志铭》）

如金作器，器器皆金。如镜现影，影影皆镜。（佛经《禅源诸诠集》）

留连向暮归，树树风蝉声。（白居易《秋游原上》）

院院墙匝悬幡，房房尽铺毡褥。（《敦煌变文集·降魔变文》）

推而论之，物物皆然。（《朱子语类》卷一）

到了后来，上述例子中的名词“树”“山”“器”“影”“院”“房”“物”等自身都不再允许采用重叠式表达遍指，而要用相应的量词重叠来表达，诸如“座座（青山）”“棵棵（大树）”“件件（器皿）”“个个（影子）”“座座（院落）”“间间（房屋）”“件件（物品）”等。

中古时期量词尚不发达，在多数情况下，数词还是直接修饰名词，比如“七人常集于竹林之下”(《世说新语·任诞》)。然而，随着量词的逐渐发展，数词和名词之间就必须由量词连接，后来都习惯说“七个人”了。名词重叠的语法规律也发生了“金蝉脱壳”，规律还在，但适用的对象变了，由原来的名词变成了量词。一般的名词就不再能重叠表示“每一个”了。

然而就像人类社会一样，词语中间也有特权阶级。这个特权是由它的使用频率和范围决定的。“人”是社会的主体，人活动的结果就是“事”，因为这两个概念与我们的生活最为密切，它们的使用频率在所有名词中属于最高的那几个。经常说的词语，它们就容易把古老的特征保留下来。你想，每天都在用“人人”“事事”，不管这个世界怎么变，它们总是会出现的。那些少用的名词就会随波逐流，时过境迁，总是接受新王朝的统治，总是受新法律的制约。如果把频率低的词看成“良民”，那么频率高的词就是“刁民”。

高频率的词在每一种语言都一样，都是要大牌，搞特权，属于刁民那一类。比如英语中的代词系统最为复杂，有主格和宾格之分，比如 I—me，he—him，she—her，they—them。在所有的动词中间，相当于汉语“是”的 be 的变化最复杂，随着人称、时态和单复数的变化而有各种各样的形态变化，如 be，am, are, is, was, were 等。学习英语，这些都是刺头，难学难记。那么，人们是否想过，英语中为什么会有这种现象呢？其实，它们都是古英语中的语法规律在现代英语中的化石。

当代语言中的化石现象，也有很高的观赏价值，让我们欣赏一种语言的沧桑之美。

《火眼金睛》提示

图 1，“圣子”应为“蛏子”。

图 2，“碳”应为“炭”。

图 3，“切匆”应为“切勿”。

图 4，“剁陷”应为“剁馅”。

谁是你的“家人们”

◎陈子涵

当你打开社交软件准备分享自己生活之时，是否会因为不知道如何称呼互联网背后的众多网友而感到迟疑苦恼？此时，“家人们”三字便可帮你解决这个问题。

在《现代汉语词典》中，“家人”的释义为“一家的人”，只有当对方是和自己具有血亲关系的直系亲属时，我们才能如此称呼他们。而现在，当我们在网络上喊出“家人们”时，并不要求对方与自己具有任何血缘关系，更无论性别、辈分、年龄，只要彼此之间具有善意，似乎“四海之内皆家人”。

实际上，“家人们”的称谓一开始是被网络主播们用来称呼其粉丝们的。在他们看来，这样的称呼能够拉近与粉丝们的距离，方便自己获得打赏或者推销商品。经过网络的层层传播，“家人们”逐渐广泛使用于有着共同爱好、追求、经历的人群中。相同的志趣让他们认为彼此之间的关系非常紧密，互称“家人”便是建构这种团体认同感与凝聚力的极好方式。“家人们，我忍了一晚上没哭，听到这首歌我真忍不住了！”喜欢同一偶像的粉丝可以和“家人们”分享自己的喜怒悲欢；“家人们，画横线的这个概念怎么理解呀？”考试党遇到难题也愿意向“家人们”求助……

到了最近，“家人们”在网络交际中的使用更加普遍。“家人们，我破防了，今天中午切辣椒，辣到手了。”“家人们我最近染了个头，但是一直过敏，这种东西是有什么身体因素限制吗？”只要你关注说者所分享的内容，那么在说者口中，你便已经与他“亲似家人”了。

这样看来，我们的“亲戚”似乎一下子多了许多，实际上，这种用亲属称谓替代社会称谓的文化习惯，很早就存在于汉语之中了。想一下，当你遇见一个辈分比你高的男性时，你会不会顺口称他为“叔叔”呢？你的生活中也一定有其实没有亲属关系的“阿姨”“大哥”“大爷”们。这种亲属称谓泛化的现象，与我们民族对人伦亲情的重视有关：当我们以亲属称谓称呼对方时，彼此之间的关系便被拉近了，交往中也添了几分亲切感。

亲属称谓的泛化进入网络语言之中也并非仅“家人们”一例，“小姐姐”一词也是其中典型。随着社会的发展变化，“小姐”一词容易使人产生带有负面色彩的联想，而“女士”太过生疏，“美女”流于轻佻，对年轻女性的称谓语便出现了空白。“小姐姐”一词的出现，恰好弥补了对这类女性无词可称呼的尴尬，它并不需要对方年纪真的比自己大，只要符合了“年轻”“女性”的特征，便可被如此称之。而后，“小哥哥”的称谓也对应出现。“姐姐”“哥哥”二词的使用，能够通过对亲属关系的泛化给人带来亲密感；而前缀加“小”字，也使称谓更加轻松俏皮，同时避免了将对方叫老的风险。

将目光移回“家人们”，我们可以发现，相较于“大叔”“阿姨”“小姐姐”，“家人们”有着更广泛的指称性，它对听者的身份特征几乎没有任何规定，只要求一种情感上的联系，正好与互联网传播广、交际对象往往是群体而非个人的特点相契合。无论网线另一端的人是男是女、年长年少，以“家人”称之，都不会引起尴尬。同时，“家人”比叔、伯、姨等，在血缘上更加亲密，在长幼、男女的尊卑区分上又有所淡化，人与人之间的界限感便进一步消失，交流更加轻松自然。

语言是反映社会生活的一

狗言狗语知多少

◎卢怡彤

生活中狗是人们忠实的伙伴，但在网络用语中，网友常借狗流浪可怜的形象表示自己狼狈的状态，如累成狗、虐成狗。也常用狗进行自嘲，如单身狗、考研狗、加班狗。在最近出现的奶狗、舔狗、扔狗等流行语中，狗又有了新的含义。

“奶狗”本指刚出生的狗，非常可爱而且亲人，网友便用“奶狗”一词称呼那些外表英俊可爱，生活中温柔体贴、听话黏人的男友类型。而同样作为黏人型男友，“舔狗”的处境却凄凉许多。“舔狗”中的狗并不是舔的宾语，“舔狗”是一个偏正结构，“舔”指出了狗“爱舔人”的习性。宠物狗经常会通过舔人的方式表达对主人的喜爱，网友们便借“舔狗”一词来指代卑微的追求者，他们为了获得对方好感而毫无底线地抛弃个人尊严，有时候对方已经明确拒绝但仍顽固地纠缠。

为了凸显“舔狗”的卑微，兴起了所谓的“舔狗文学”。舔狗文学通常以“宝”或“臭宝”开头，相较于土味情话增加了

面镜子，从“家人们”这一称谓可以看到：一方面，我们民族对于人伦亲情的重视依然有所传承；而另一方面，当代青年对长幼尊卑、父系母系的认同逐渐被消磨。在互联网交际场中，人们更加青睐开放亲切、轻松自在的交际方式，“家人们”的小小称呼，或许会为网络社交增添一抹亮色。

简短的叙事情节，如："宝，今天拌水泥，老板说我拌的水泥太稀了，他不知道的是我没有多放水，只是拌水泥时很想你，眼泪掉了进去。"作为一种示爱方式，舔狗文学是说话者自降身份甚至放弃尊严来展现的，舔狗们不但能"苦中作乐"，更具有"无私奉献"的精神："今天我问你出来玩吗？你说滚，我想你是怕我走路太累才叫我滚的吧？更爱你了，宝。"又比如："听说你交新女朋友了，那我以后买两份，她吃葱花和香菜吗？"

除了"舔狗"一词，狗的形象还活跃于各式各样的表情包中。如有一只狗被网民叫作"旺柴"，它通常被用来表示所说之话只是一种反语讽刺，不可当真。如在考试中因为低级失误考砸了以后，用"旺柴"自嘲说"我可真行""我真厉害"。还有一只裹在卷心菜里的绿色小狗，它叫菜汪，常用来自嘲水平很差。收到"菜汪"倒尚可理解，可如果你收到这样的表情——图中人物表情愤怒，将一只或多只狗扔向你，你该怎么办？

莫慌，这一表情动图便是"扔狗"。作为流行语的"扔狗"源自流行游戏《传说之下》中的台词。在游戏中选择"和解"模式后，就会出现"对方不想和你说话"或者"对方不理你并向你扔了××"这样的台词，后者被扔的物品中就有狗，后来被制作成"扔狗"表情大受欢迎。对方发这一表情的真正目的并不是扔条狗给你，而是借"扔"这一动作传达不满及愤怒的情绪，所以当你收到这样的表情，不妨想想自己的言行是否不当。在"扔狗"这个短语中，"狗"的实际意义发生了虚化。

总体来看，网络用语中与狗有关的流行语多为名词或动词，在流行语中狗的实际意义被虚化，常围绕流落街头、卑微、弱小的文化意义而产生隐喻用法，其情感意义虽多为贬义，但有时也会展现出萌的一面。

从“瑞思拜”“骚凹瑞”看网络特殊音译

◎高宇珊

“我真的瑞思拜”“骚凹瑞，小丑竟是我自己”……对近期网络流行语不太熟悉的人，乍一听“瑞思拜”“骚凹瑞”，可能如坠云里雾里，不知对方之所云。那么，“瑞思拜”“骚凹瑞”到底是什么意思呢？

“瑞思拜”是英语 respect 的音译，表示惊叹、佩服。它源自说唱选秀节目，因其在说唱中的频繁出现和本身的幽默有趣，从综艺节目中流行开来，渐渐进入大众话语体系，例如：“这张设计图的构思，是我要学习的，瑞思拜！”

“骚凹瑞”是英语 sorry 的音译，是“抱歉”的意思。在具体使用中，它常带有调侃意味，如：“他说香菜十分美味，骚凹瑞，我 get 不了。”

像“瑞思拜”“骚凹瑞”这样音译自英语的网络流行语，体现了一种特殊的引进外来词的方法，即对已有汉语意译的外语词再次进行特殊音译，从而产生一种搞笑滑稽的语用效果。这是网络语言中一种普遍存在的现象，类似的词还有“趴体（party）”“奶思（nice）”“北鼻（baby）”“抓马（drama）”“歪瑞古德（very good）”等。历年来的网络流行语，也有不少是通过这种方式构造的，如“嗨皮（happy）”“茶包（trouble）”“三克油（thank you）”“伐木累（family）”“狗带（go die）”“亦可赛艇（exciting）”等等。这类特殊音译的网络词语不仅有英语词，还有日语词、韩语词等其他外语词，如“纳尼（日语なに，网友用它来表示好

奇、疑问或愤怒)”“欧巴(韩语오빠,女性对略年长男性的称呼)”等。

作为一种外来词,“瑞思拜”“骚凹瑞”等词具有音译词的一般特点,它们连音带义都吸收自外语词。在音译的过程中,服从于汉语的语音规则,都是用汉语中已有的读音去模拟外语词的发音,用读音相同或相近的汉字来直接译写外语词。但是,作为已经有了意译词以后的一种网络特殊翻译,“瑞思拜”“骚凹瑞”等词也有自己的特殊之处,它们的“个性”主要表现为:引入一些和原来外语词义不相关的特殊语素,带来一些有趣的联想,造成意义反差,从而产生搞笑的效果。比如,将sorry音译成“骚凹瑞”,将baby译成“北鼻”,将very good译成“歪瑞古德”,是一些与原义“抱歉”“婴儿”“非常好”毫不相关的、无逻辑甚至很古怪的语素组合,给人以一种滑稽幽默的感受。一些网络音译词则有一定的字面意义,如“茶包(trouble)”“亦可赛艇(exciting)”等,由于汉字不仅表音而且表意,我们总会探求记录外语词读音的文字组合本身的意义,而这些文字组合的意义却和外语词的意义毫不相关,而且常常荒谬滑稽。如“伐木累(family)”,字面意义是砍伐木头很累,和原义“家”带有的温馨意义形成了意义反差。再如“抓马(drama)”,让人联想到奋力抓捕一匹奔马的滑稽画面。这些有滑稽字面意义的网络音译词,因其幽默色彩而受到网友们的欢迎,得到广泛使用。

每年的网络流行语大舞台上,都会活跃着一些由这类网络特殊音译产生的“谐音梗”,它们风趣幽默,让网络语言环境变得活泼,也让笔者对网友们丰富的想象力和创造力由衷地“瑞思拜”!

“压茬”怎么切换成英语

◎陆建非

最近有一个词语频现在抗疫现场——“压茬”。如何将其译成合适的英语,使外国人也听得懂?

3月28日上海发布《以黄浦江为界分区分批实施核酸筛查》的公告,其中这样说道:“第二批,4月1日3时起,按照压茬推进的原则,对浦西地区实施封控,开展核酸筛查,4月5日3时解封。”当天的《中国日报》(*China Daily*)主办的21英语网推送了该公告英语译文,这段话译成:

The second batch of testing, for people in Puxi, the west side of the river, will be carried out from Friday morning at 3 a.m. to the following Tuesday morning.

这段英语译文避开了“压茬推进”这一较为复杂的说法,而用了carry out(实施,贯彻,落实)这个通俗易懂的动词词组。

“压茬”是地地道道的陕西方言,与农业劳作方法有关。为了多收获一点粮食,不让耕地闲着,农民往往在同一块地上刚收完一茬农作物紧接着种下一茬,严格把握农时,一环紧扣一环,不让农活儿空着,这就是“压茬”。

“压茬”最早以一个特殊词语出现在全国人民面前,是在五年前的十九大报告中。报告谈及全面深化改革取得重大突破时,用“改革全面发力、多点突破、纵深推进,着力增强改革系统性、整体性、协同性,压茬拓展改革广度和深度”一段文字予以表述,一度引起人们关注。新华社刊发十九大报告双语版,此段文字译为:

We have taken moves across the board, achieved breakthroughs in many areas, and made further progress in reform. We have pursued reform in a more systematic, holistic, and coordinated way, increasing its coverage and depth.

这里的英语也没有直译“压茬(拓展)”的原意,而是用了 increase(增强,提升)这个简明扼要的动词来表达相关语义。

笔者认为,用“压茬”的方法去做某一件事情或完成某一项任务,它的核心要义就是“步步为营,层层推进”,达到“无缝对接”的效果。根据具体语境,可采取不同的翻译方式,但不必刻意直译“压茬”的本义,只要使用合适的动词或动词词组,恰当表示“推进、推动、贯彻、实施、完成”等语义即可,如 advance(推动,促进)、implement(贯彻)、push forward(推进)、push on(推进)、carry out(实施)、make progress(取得进展)、give impetus to(推动)等等。若要加强语气,可以添加形容词或副词。

2020 年 5 月 22 日,受国务院委托,国家发改委提请十三届全国人大三次会议审议《关于 2019 年国民经济和社会发展计划执行情况与 2020 年国民经济和社会发展计划草案的报告》,其中“三是压茬推进乡村振兴战略,巩固脱贫成效”这句,新华社的英语译文为:

We will make solid progress with regard to the rural revitalization strategy and consolidate progress in poverty alleviation.

此处译文加了 solid(牢固的,稳健的),make solid progress 表达了“压茬推进”的意思。

《中国日报》官网(chinadaily.com.cn)曾有一个双语报道,中文标题为《压茬实施应对气候变化国家方案》,英语译成“Fully Carry Out China’s National Climate Change Program”,此处加了副词 fully(充分地,完全地,全面地),“Fully Carry Out”就是“全面实施”的意思。

说文解字

“外”字与传统“内外”观

◎刘志基

“外”字的发生，有过一番不同寻常的经历。甲骨文里并没有真正的“外”字，表示“外”的就是“卜”字。比如，《史记·殷本纪》中提到的殷商先王“外丙”“外壬”，在卜辞中就写作“卜丙”“卜壬”。“外”为何写作“卜”呢？这和殷商时代的占卜文化有关。

甲骨文是殷人占卜的文字，占卜首先要做的就是形成卜兆，也就是在占卜材料龟甲或牛肩胛骨的背面钻凿，再用火烤灼钻凿部位，这样就会在正面形成甲骨爆裂，出现卜兆（凿痕形成兆干，钻痕形成兆枝），这样，殷王等占卜者就可以根据卜兆的形态来判断吉凶。然而，卜兆的营造是有规律的，陈梦家先生曾有这样的描述：“龟甲以中缝或中脊为标准，无论腹甲或背甲，左甲或右甲兆向一律向中缝或中脊；胛骨的兆向一律向有脊骨（骨臼切口）的一边。”“卜”字就是卜兆的形象描摹，甚至其读音都在描摹“卜兆”爆裂的声音。因此，根据卜兆的这种规律，甲骨文“卜”字的写法也有较严格的规律，陈梦家先生说：“凡属于此兆的卜辞，若兆是向左的，则卜辞中‘卜’字的横枝亦刻向左，反之向右。”具体来说，就是在左甲和胛骨左版上的占卜的“卜”字作“𠀁”形，在右甲和胛骨右版上的占卜的“卜”字作“丨”形。也就是左右两边的“卜”字兆枝都是朝内的。查验大部分的甲骨文，可以发现，这个规律确实存在。基于这一规律，不难发现，“外”的表达方式，就是把“卜”字反一个向：在腹甲左半和胛骨左版上的“外”字作“丬”形，在腹甲右半和胛骨右版上的“外”字作“ㄧ〈”形，总之都跟同侧的“卜”字方向刚好相反，也就是朝外。仅举一例(见图1)。

图1是《花园庄东地甲骨》236片的一个局部，其中有四个“卜”字(矩形框出者)。靠上部中缝右侧的那个“卜”就是唯一的兆枝朝外者，所在的辞例如下：

壬：血于室卜。

此辞中的“卜”，其写法正是违背上文所言“卜”字规律者，它与同侧的另外两个“卜”的朝向正相反：兆枝背向中缝。再看卜辞的意思，“壬”表示时间，“血”祭名，“室”是祭祀场所，很显然，“卜”字理解为它一般表示的“占卜”意义是无法读通该辞的，而读为“外”，辞意豁然开朗。然而，血祭于“室”外这样的表达，在卜辞中是很另类的，通常的卜辞只说进行某种祭祀于“室”，如：

乙酉卜，兄，[貞]翌丁亥使其彭告[于]南室(合集24940)

☐寅卜，犬，[貞]……其仨……丁三十[告]南室(合集24941)

貞彭匚于血室亡拇。(合集24943)

……使彭告血室。十月(合集24944)

貞叀多子饗于室。(合集

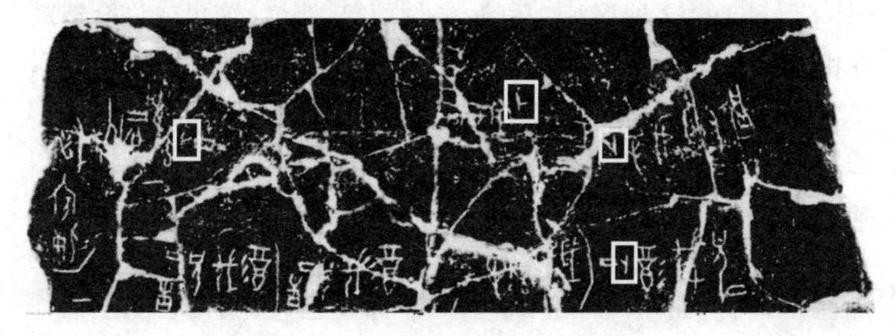

图1

27647）

子卜……于南室……酚匚（合集13557）

貞翌辛未其㞢于血室三大宰。九月。（合集13562）

庚辰卜，大，貞來丁亥其柰丁于大室，溺丁西饗。（合集23340）

这样的辞例，有五六十例，不烦一一呈现。而相形之下，祭祀于"室"外的表达就少多了。语言是思维的外化，卜辞的此种表达习惯，意味着殷人言及"室"，关注点只在其内，而很少想到其外。或许也就是因为这种对于"外"的忽略，使得"外"字没有得到正儿八经造字的待遇，而是用一个"卜"来变通表达。由于"卜"跟"卜（外）"最初的这种区别，后来在甲骨刻辞上已经逐渐不太严格，而且这种区别脱离了具体的甲骨就很难体现出来，所以在西周金文中，因为"外"的古音与"月"近，人们又在"卜"上加注了声符"月"，终于正式分化出"外"字。

"外"字发展经历中体现的重内轻外的观念，与小国寡民式封闭性社会现实是互为表里的。《吕氏春秋·用民》有云："当禹之时，天下万国，至于汤而三千余国。""国"之所以能够多如牛毛，是因为那时被称为"国"的不过是一个个自我封控的小村落，即老子所谓"小国寡民，鸡犬之声相闻而民至老死不相往来"之"国"，一国之中，一声鸡鸣狗吠，相邻国中的耳朵都能听得清清楚楚。为什么近在咫尺却互不往来？这自然是与生存方式的自给自足而不需要构筑"人类命运共同体"相联系的。就甲骨卜辞来看，涉及对外交流的内容，只是与"人方""召方"之类的外部方国打仗而已，当然，这也或许会造就当时人们对"外"的抵触情绪，避之而唯恐不及，语言表达中能不提及就尽量忽略。

值得注意的是，对"外"的忽略，直至今天依然在我们的语言表达中留存着。有学者研究过这样一个问题："我在教室等人”这句话的意思，完全等同“我在教室里等人”，却绝不等于“我在教室外等人”。同样的句式结构，为什么会有如此语义差异？研究者通过查检《现代汉语频率词典》获得了答案：现代汉语表达中，“……里”和“……外”的频率数之比是6474∶836。也就是说，现代人言及行为处所，关注点同样是其内部，而忽略外部。说“我在教室等人”，绝大多数人的理解就是“我在教室的里面等人”，因此可以忽略那个“里”字。而如果这一表达的地点涉及教室之外，就需要特意用“外”字标明。很显然，这与甲骨卜辞的语言习惯似乎还是一脉相承的。这说明现代中国人的底层语言思维，依然还是重内轻外的。

注重内部的思维，固然有值得肯定的一面：做好自己的事，不管别人说三道四，这是有助于成事的。但是，片面地重内轻外，却也会坏事。此次上海疫情，全国各地纷纷援手，令人感佩，这也足以证明外部因素的重要性。但是，主旋律中也有杂音：周边某些地区，重金悬赏举报“潜入”的上海人倒也罢了，毕竟有着力保自己一方安然无恙的合理意图；高速公路服务区不让上海人如厕，就有点不讲人道了；而封锁道路，阻断交通，擅自设卡，却是有碍于全国抗疫大局的。三年疫情中，此类情况时见披露，一些地方，只想着自己关起门来内部清零，似乎外部世界真能就此被关在门外，种种举措堪称无脑。当今时代，内外早已是无法切断的“人类命运共同体”，内部清零如果无法阻断外部输入，那清零只能是循环往复的动态过程，除非我们再回到小国寡民的自我封闭时代去。

微弱的光

（文中有十处差错，你能找出来吗？答案在本期找）

◎梁北夕　设计

道尔就职于一家大公司，勤勤恳恳，却一直没能得到赏识，屡屡与升职失之交臂。他很想离开这家公司，但又怕离开后找不到更好的工作。

一天晚上，道尔正在翻阅资料，他要为第二天早晨的会议做准备。小区忽然停电了，不巧，手电筒在前两天大扫除时被随手放到了地下室。会议资料必须看完，道尔不得不一路抹黑去地下室找手电筒。

地下室柒黑一片，到处都是随意堆放的杂物。道尔一进门就踢到了一个金属罐子，走两步又被一堆过期的报刊杂志拌倒，黑暗中响起一阵零乱又刺耳的声响。在这样一个又黑又乱的地方，找一个小小的手电筒，实属不易，道尔感到十分沮丧。正当手足无错的时候，他的手无意中碰到了一张音乐贺卡。顿时，贺卡响起一阵音乐声，道尔打开贺卡，贺卡上的小灯管发出了白色的亮光。地下室非常暗，音乐贺卡上原本微弱的光却显得格外煊目。借助这点微光，道尔终于找到了手电筒。

回到房间，道尔不禁心想：“贺卡这么微弱的光都能在关键的时候派上用场，自己又为何这么忘自菲薄，缺乏勇气呢？”道尔终于做出了一个出奇不意的决定：从大公司辞职。

跳漕后，道尔找了一家规模不大却很有活力的小企业。没过多久，他便在一个重要项目中展露头角，很快被提升为项目部主任。短短两年，他就升至项目经理。

看图说话

“运筹帷幄”能省作“帷幄”吗

王殿雷

这张照片拍摄于一个楼盘工地，金光闪闪的广告词非常醒目：政务板块，帷幄城市发展脉络。笔者想说的是，“帷幄”能这样用吗？

“帷幄”本指室内悬挂的帐幕、帷幔。因天子居处必设帷幄，故也用以指称帝王。后借指天子近侧、朝廷、天子决策之所，或将帅的军帐等。“帷幄城市发展脉络”啥意思？显然莫名其妙，无法理解。

有成语“运筹帷幄”，语出《史记·高祖本纪》：“夫运筹策帷帐之中，决胜于千里之外。”是刘邦称赞张良的话，张良在军帐中谋划部署，能够决定千里之外战场上的胜利。后以“运筹帷幄”称在后方拟定作战策略。引申指筹划、指挥。

上述楼盘广告似乎是想说：楼盘处于县政府、县规划博物馆、县委党校等附近的“政务板块”；此处对城市的发展规划，发挥着“运筹帷幄”的作用。然而，“运筹帷幄”能省作“帷幄”吗？不能！历代文献中，从未见到如此用例；辞书中也没有收录相关用法。

另外，广告语下小字部分的“环伺”也用得不妥。“环伺”义为环顾窥伺，含贬义色彩，如群狼环伺。说周边政府单位“环伺”广而告之的楼盘，实在大谬。

图中差错知多少？

余 华 李可钦 屠林明 龚铭玥 提供

（答案在本期找）

1

2

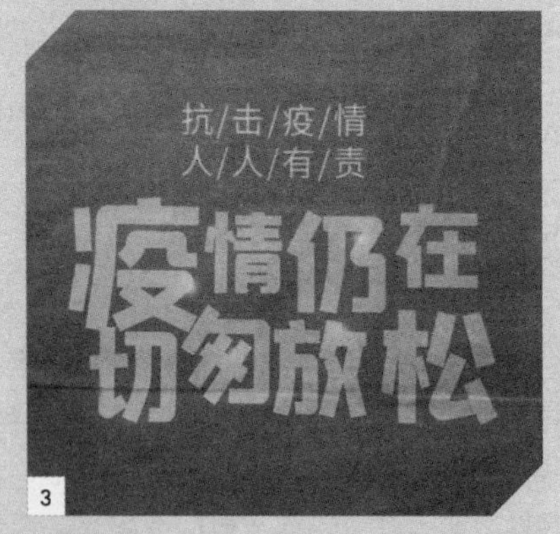

3

4

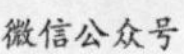
微信公众号

邮 政

淘 宝

微 店

电子版

ISSN 1009-2390

06
9 771009 239227

YAOWEN-JIAOZI

2022.07

曲奇

英语“cookie”的音译，一种西式小甜饼。“cookie”源自荷兰语“koekje”，意思是小的糕点。粤语中，“曲奇”和“cookie”发音相近。

上海世纪出版集团

欢迎至邮局订阅本刊 邮发代号 4-641

国内统一连续出版物号 CN 31-1801/H

定价：6.00 元

雾里看花

“咸鸡脾饭”是什么饭

谢海华

笔者去一家餐厅吃饭，菜单上有一道“咸鸡脾饭”。是以鸡的脾脏为主料吗？没见过，也没有吃过啊。菜单图片上也未见脾。“咸鸡脾饭”到底是什么饭？猜猜看，答案本期找。

总设计师谈“爱国”

康　泰／文　臧田心／画

“神十四”发射升空前，神舟飞船首任总设计师、中国工程院院士戚发轫接受了央视记者的采访。在谈到“我们为什么要爱国”“我们应该如何爱国”时，戚院士说：“爱国是很高尚的，但是并不是高不可攀的，我们每个人都能做到……你能把你的精力，把你的学问，把你的时间献给国家，献给事业，献给岗位，就是爱国。”

咬文嚼字®

2022年7月1日出版

7
总第331期

主管：上海文艺出版总社
主办：上海文化出版社
编辑、出版：《咬文嚼字》杂志社
集团网站：http://www.shwenyi.com
E-mail：yaowenjiaozi2@163.com
官方微博：
http://weibo.com/yaowenjiaozish
电话传真：021-64330669
发行电话：021-53204165
邮购电话：021-53204211
地址：上海市闵行区号景路159弄A座3楼
邮政编码：201101
发行：上海市报刊发行局
发行范围：国内外公开
订阅处：全国各地邮局
邮发代号：4-641
ISSN 1009-2390
CN 31-1801 / H
印刷：上海中华印刷有限公司
印厂电话：021-60829062
021-60299079
定价：6.00元

深化改革须“压茬”

◎高丕永

“压茬”一词,《汉语大词典》《现代汉语词典》里没有收录,但《汉语方言大词典》(中华书局)和《简明东北方言词典》(辽宁人民出版社)里有,且两本词典的释义大致相同,指“有威信”。比如:“他父亲笑嘻嘻地对高明楼说:‘全凭你了! 要不是你压茬,那一天早上肯定要出事呀! ’”(路遥《人生》)可是,这个释义解释不了当下媒体上常见的“压茬”。请看下面的例句:

(1)在全面建设社会主义现代化国家、实现第二个百年奋斗目标进程中,共同富裕要分阶段、分步骤压茬推进。(《人民日报》2022年3月14日)

(2)“巩固住再往前走”传递的就是夯实脱贫基石的基础上,一步接一步,稳扎稳打、压茬推进乡村振兴。(《新华每日电讯》2022年4月13日)

(3)从制度建设着眼,明确阶段性目标要求,压茬推进统一市场建设。(《光明日报》2022年4月11日)

(4)压茬干接棒跑,大力弘扬脱贫攻坚精神(标题,《文汇报》2021年2月26日)

那么,以上例句里的“压茬”是什么意思呢? 这要从用于农作物种植的“压茬”说起。自古以来,农民为了不让地闲着,往往在同一块地上刚收完一茬农作物紧接着种下一茬。这一种植方式,北方俗称“压茬”,其中的“压”形容两茬衔接必须要有紧迫性和协调性,因为“压茬”需要牢牢把握农时,合理安排抢收抢种之间的衔接，熟悉前后茬农作物生长的特点等。

改革开放初期，用于农作物种植的“压茬”开始用于比喻。比如，山东某地针对那时有些果农在承包期最后一年减少投入、懒于管理等的短期行为，想出了对策：在原承包户承包期的最后一年，提前确定新承包户，并在原承包户经营权、收益权不变的前提下，赋予候任承包人参与果园管理的权利。就这样，有效实现了两茬承包的“压茬”。这种创新的承包方式，果农们驾轻就熟称之为“压茬承包”。（参见《经营与管理》1989年第8期）不过，2014年前，媒体上的“压茬”，大多数指的还是农作物的“压茬”。

2014年至2016年，比喻义的“压茬”在媒体上的使用量增长很快。2014年1月下旬，中共中央办公厅印发《关于开展第二批党的群众路线教育实践活动的指导意见》，明确规定要“采取统一部署、梯次展开、压茬进行的办法”来开展第二批教育实践活动。（参见《人民日报》2014年1月24日）2016年1月上旬，中央军委主席习近平在视察第13集团军时指出：“要做好下一阶段改革的相关准备工作，使改革梯次接续、前后衔接、压茬进行、有序推进。”（参见《人民日报》2016年1月8日）至此，“压茬”的比喻义也明确固定了下来，指“把握时机，统筹协调，环环相扣，层层压实”。

2017年10月18日，习近平总书记在党的第十九次全国代表大会上做报告，谈及全面深化改革取得的重大突破时，说到了“压茬拓展改革广度和深度”。起初，有些南方读者，特别是没有务农经历的，会问什么是“压茬”。经过简单的解释，大家发现：这个比喻义的“压茬”确实生动简洁表达了深化改革所需要的精神，所以如今使用更多、更广了。比喻义的“压茬”，还有一些常见的组合，最常见的是例（1）（2）（3）里的“压茬推进”。

“突破感染”和“突破病例”

◎南　园

名词性短语“突破感染”，直译自英语短语“breakthrough infection”而来，指“病原体（引起疾病的病毒、细菌等）突破了疫苗防线，导致业已完成疫苗接种的人感染了疫苗本该预防的疾病”。比如：“奥密克戎毒株具有中和抗体抗性，这可以解释两个问题：一是，在南非等最初出现此变异毒株的国家，病例从新增到回落的时间比前几波要短；二是，随着疫苗接种率提高，轻症或无症状感染病例比例上升，其中还会有突破感染的情况。”（《中国青年报》2022年4月14日）

“突破感染”，有时写为看上去更像名词性短语的“突破性感染”。比如：“香港大学病毒学专家金冬雁对经济观察报表示，在香港99.9%的感染者没有症状或仅有轻微症状，‘由于八成人口已接种两剂疫苗而九成已接种一剂，其中三分之一更已接种三针，大多数感染都是突破性感染，大量中和抗体在3—5天内出现，症状轻上加轻’。”（《经济观察报》2022年4月4日）又如：“感染新冠肺炎病毒后的长期症状已有记录，然而它们与突破性感染（完成疫苗接种超过14天后接种者的新冠病毒检测结果呈阳性，BTI）关联至今尚不明确。”（《科技日报》2022年5月31日）

“突破病例”，直译英语的“breakthrough case”而来，指“突破感染的病例”。比如：“原来我们所说的接种疫苗实现群体免疫的概念，在奥密克戎出现以后，因为突破病例的发生使得群体免疫的概念受到挑战。”(《环球时报》2022年2月9日)“突破病例”十多年前预防医学专业报刊上就已经常见。比如:“1998—2007年大连市水痘突破病例资料分析”(标题,《预防医学论坛》2009年第8期)。

有时,“突破病例”也会写为更像名词性短语的“突破性病例”。比如:“无锡2017—2018年儿童水痘疫情中突破性病例分析”(标题,《中国学校卫生》2020年第8期)。又如:“南非政府新冠肺炎委员会主席舒布也指出,南非有大量的奥密克戎突破性病例,完全接种疫苗的人也被感染,但是到目前为止,病症都很温和。”(《百科知识》2022年第2期)

在医药编译文章里,还出现了“突破性+疾病名称”的组合。如:“我国近年来文献报道,非白假丝酵母菌感染所占比例已经超过了白假丝酵母菌感染,这也是导致突破性假丝酵母菌血症病例增多的主要因素。”(《中国感染控制杂志》2019年第12期)而其中,最常见的是“突破性水痘”(其英语原词为“breakthrough varicella”),指“完成疫苗接种后感染的水痘”。比如:“突破性水痘及预防”(标题,《中华儿科杂志》2021年第1期)。

如今,新冠变异株肆虐,会不会出现“突破性新冠”这样的说法呢?有待继续跟踪观察。

微语录·价值

生命的价值,在于自己看得起自己。人生的意义,在于把自己的起点当成起点,然后从这里出发,去努力去拼搏,去开创属于自己的风景。

(乔　桥/辑)

十字街头

骰子就是色子，骰子不读色子

◎夏维周

某地有一家烧烤店，其店名为“金骰子”，店面的招牌上方还有一行“JIN SHAI ZI BBQ”。其中，“BBQ”是英语“barbecue”的缩写，意思是烧烤。“JIN SHAI ZI”明显对应“金骰子”，然而“骰子”并不读 shǎizi。

骰子，一般是正方体，六面分别刻有一、二、三、四、五、六点，用来游戏或赌博。传说是三国时期的曹植所发明，因是以投掷所得结果判定胜负，所以本称作“投子”。“投子”本以木制、竹制为多，后多用兽骨制作，于是也写作“骰子”。骰，从骨，殳（shū）声，读作 tóu。“骰”本来是“股”的异体字。《玉篇·骨部》：“骰，或股字，胫本也。”被借来指称投子。“骰子”读作 tóuzi，而不读 shǎizi。

骰子

读作“shǎizi”的应是“色子”。色子，是骰子的俗称。因为骰子所投出点数的颜色也常作为判定胜负的依据，所以也叫色子。骰子的“一”“四”点一般涂以红色，其余涂黑色。清赵翼《陔余丛考》引《言鲭》说，本来唐代时骰子只有点数“一”是红色，有次唐明皇和杨贵妃玩，只有投出“四”才能反败为胜，骰子旋转许久，最终为“四”，唐明皇大悦，让高力士赐“四”红色，所以点数“一”“四”皆涂以红色。

该店名为“金骰子”，应与

应是『上颌窦炎』

◎居容人

某店铺宣传其销售的产品可以治疗鼻炎、鼻窦炎，在其门店的玻璃上贴出了“慢性鼻窦炎”“额窦炎”“筛窦炎”“蝶窦炎”以及“上额窦炎”等病症名称。其中的“上额窦炎”应为“上颌窦炎”。

颌，音 hé，指构成口腔上下部的骨头和肌肉组织，上部称上颌。而额，即额头，指人体眉毛以上头发以下的部分。

上颌窦炎是鼻窦炎的一种。鼻窦，又称鼻旁窦，是鼻腔周围含气空腔，“窦”是孔、洞的意思。鼻窦共有额窦、筛窦、蝶窦和上颌窦四对，都与鼻腔相通，配合鼻腔进行呼吸，并协助发音。上颌窦是鼻窦中最大的窦，位于上颌骨内。额窦位于额骨骨弓深部。蝶窦和筛窦，则分别位于蝶骨体内和上筛骨迷路内。鼻窦炎即上颌窦、筛窦、额窦和蝶窦黏膜炎症的统称，分急性和慢性，多是由感冒而引起的，有流脓涕、鼻塞、头昏等症状。

鼻窦中并没有“上额窦”，鼻窦炎中也没有“上额窦炎”。误“上颌窦炎”为“上额窦炎”，显然是因形近音似，搞混了“额”“颌”二字。

其招牌菜有关。该店的招牌下方有其招牌菜“碳烤骰子肉”（“碳烤”是“炭烤”之误，“炭烤”是以炭火进行烧烤，“碳”是化学元素），“骰子肉”指形状像骰子、切成小方块的肉。

层出不穷的“赛道”

◎王冬雪

“赛道”，本义指跑步、赛车、滑冰等比赛的专用通道。2022年北京冬奥会举办之际，不少新闻报道中都出现了“赛道”字样，请看：

（1）经过两周紧张工作，昨晚，位于石景山区的首钢滑雪大跳台起跳台搭建完毕，赛道塑形工作基本完成。（《北京日报》2022年1月16日）

（2）走进国家游泳中心“冰立方”，在科技感满满的比赛大厅中，映入眼帘的是4条高颜值的冰壶赛道，而东侧竖起的一面LED大屏幕令人眼前一亮。（《科技日报》2022年2月18日）

“赛道”本义用于体育领域，是行业词语，在日常生活中使用频率不高，至今未被《现代汉语词典》收录。

近几年，“赛道”由体育领域扩展延伸到其他领域，使用面不断扩大，进而成为网络流行语。网络平台上频繁出现“能源赛道”“区块链赛道”“网络安全赛道”等表达形式，“赛道”意义和用法都发生了极大变化。

2015年，互联网浪潮席卷世界，互联网成了大众创业、万众创新的新工具。于是，传统企业依靠“互联网+”的手段转型，进行产业改造、升级。与此同时，各式各样的新兴互联网行业、公司，如雨后春笋般涌现。这些与互联网相关的行业被称为“赛道”。

当今世界，信息技术的发展日新月异，人工智能、区块链、云计算、大数据和物联网等新一代数字技术与经济交汇融合，“数字经济”又踏浪而来。各行各业朝着“信息化”“数字化”“智能化”方向发展，并开启了新一轮革新。随着“数字经济”的发展而出现的一系列行业，也被称为“赛道”。例如：

（3）2022数字中国创新大赛继续采取多赛道并行的组织形式，结合当下新一代信息技术发展的热点和业界关注的焦点，设置了数字党建、数字城市设计、大数据、数字医疗、数字低碳、鲲鹏、区块链、网络安全、“电竞+”、青少年AI机器人等十大赛道。（《福建日报》2022年2月22日）

如今，“赛道”的语义进一步泛化，从专指互联网或“数字经济”的相关行业，到泛指所有行业，例如：

（4）街头巷尾的小吃店不仅圈住了年轻人的脚步，资本也对其青睐有加。近日，网红连锁炸串品牌夸父炸串和喜姐炸串分别获得大额融资。资本不断入局小吃赛道，也让市场竞争变得更加激烈起来。（《中国商报》2021年11月17日）

（5）近年来，安利发力大健康赛道，全球资源和投入将更多向中国市场倾斜，目前安利广州工厂产值占安利全球供应链总产值的40%，生产的产品除满足中国市场需求外，还出口到全球40多个国家或地区。（《湄洲日报》2021年3月24日）

例（4）“赛道”用于餐饮行业，例（5）“赛道”用于保健行业。

此外，“赛道”还进一步衍生出“新赛道”“子赛道”“细分赛道”等语言形式，例如：

（6）竞速数字经济新赛道，抢攻经济发展新高地，这是实现高质量发展的必由之路，更是扛起使命担当的必然要求。（《新华日报》2022年5月26日）

（7）辣是一个被更多消费者共同接受的口味，也可能是目前能够看到的一个餐饮行业“公约数”，因此火锅、川菜是中国最大的两个餐饮子赛道。（《新闻晨报》2021年11月29日）

（8）丘栋荣坚守的塑料软包装龙头永新股份，明星基金经理一致加仓的背后，一定程度上也反映了基金经理关注的

一帆风顺话『开挂』

◎李昕颐

“开挂”最初是游戏用语。“挂”指的是外挂,即“利用自己的电脑技术专门针对一个或多个网络游戏,通过改变网络游戏软件的部分程序制作而成的作弊程序”。开挂,指在游戏中利用外挂程序,非法取得游戏实力、游戏成果。如:

(1)同样形成现象级的,是游戏中用于作弊的外挂泛滥,此游戏官微发布,截至日前,该游戏处罚的开挂作弊账号数量已达到了70万个。(《光明日报》2017年11月28日)

(2)“微信自动抢红包”帮用户“开挂” 软件开发者被法院认定为不正当竞争(标题,《民主与法制时报》2021年7月30日)

“开挂”能使玩家在游戏中畅通无阻、超常发挥,游戏进程顺利,取得佳绩。从游戏领域引申至文艺领域中,“开挂”往往指小说、影视作品等虚构的文艺作品中主角仿佛开挂一般,一切顺利,取得非同寻常的成就。如:

(3)比如,在第4集《面哥的烦恼》中,通过做梦的方式让

方向正逐步从行业龙头转向细分赛道“隐形冠军”。(《金融投资报》2022年2月26日)

时代在发展,科技在进步,产品创新、行业变革已成为社会发展的必然趋势,因此,“赛道”作为新兴行业的代名词,正处于层出不穷的发展态势中。从语言发展看,“赛道”从体育领域走向其他领域,是行业语的泛化情形,类似的情形像“黄牌”“滑坡”“生态”“反差”等,它们分别由体育领域、地理领域、生物领域、摄影领域扩展延伸到其他领域,这是语言中常见的现象。

主人公回到少年，运用超前的知识和见解一路“buff加持”，体验了一回“开挂”人生，阐明了只有走高质量发展之路才能长久的道理。(《光明日报》2021年6月15日)

(4)《人世间》中，周家小儿子周秉昆是全剧的核心人物……作为一个糙老爷们，他有着最深沉的浪漫，等了郑娟一年又一年。他一路遭受着各种挫折，却没有像很多男主角一样，拥有一个“开挂”的人生。(《天津日报》2022年3月1日)

之后，“开挂”的使用进一步泛化，可以用以形容现实中的人及其经历。在此语境中，“开挂”指工作、学习等异常顺利，并取得成就，如同开了挂一般。如：

(5)李帮旭的创业路一路开挂，从选址、建场到买猪仔等，一切都很顺利。(《武隆日报》2021年1月11日)

(6)在“经营目标不变、任务底线不破、合同订单不少”的大目标下，17所第二事业部系统联调攻坚小组以“明知山有虎，偏向虎山行”的勇气，让4天“开挂”完成产品系统联调工作成为常态。(《南国都市报》2021年2月1日)

例(5)“开挂”是指李帮旭创业过程顺利，例(6)“开挂”指的则是顺利完成产品系统联调工作，完成了几乎不可能完成的任务。在这一语境下，“开挂”的“作弊”意义逐渐脱落，“异常顺利”和“取得非同寻常的成就”的语义凸显。

当出现在补语位置时，“开挂”可表达程度之高。如：

(7)仙女裙通过轻盈纯色、梦幻渐变与层次蛋糕等元素来展现浪漫本色，每一条都让你日常穿搭增添魅力，让你美到开挂。(《湛江日报》2019年5月24日)

无论在网络媒体还是在纸质媒体中“开挂”都有相当高的热度，反映了人们普遍的对人生顺利的渴望。“开挂”一词也逐渐走进现代汉语词汇系统，成为现代汉语词汇中的一员。

如何辨认“打码”的“码”

◎东　湖

如今,媒体上经常出现“打码”一词。如果没有明确的上下文,受众往往不能明白其中“码”的具体所指。请看下面的例句:

(1)电池“早产”为哪般——是打码失误还是行业潜规则(标题,《中国消费者报》2020年5月7日)

(2)现代高科技技术验证码识别,引起不法分子利用和搭建打码平台。他们快速训练识别验证码,从而造成很多种验证码被破解……(《电脑编程技巧与维护》2021年第5期)

(3)企业打码、卡口扫码、小区亮码……通过收集人员健康、出行等大数据,实现精准防疫。(《人民日报》2020年3月17日)

例(1)的“码”是指“商品上生产日期、有效期等的文字信息标识符”,“打码”指“在商品上标注信息标识符”。例(2)的“码”是指“验证码”(用户注册或登录手机软件、网站时,系统随机给出并要求用户准确识别的信息标识符,常见的有字符型图片验证码、图形验证码、手机短信验证码),这个“打码”指“为了获利,非法识别验证码”。例(3)的“码”又是另一种码——“二维码”(表达一组信息的图形标识符),这个“打码”指“生成二维码”。疫情暴发以来,“码”经常特指“健康码、行程码等与抗疫有关的二维码”,“打码”特指“企业根据用户的健康状况、出行路线等信息动态生成健康码、行程码等”。

以上例句里三个“打码”的

"码",具体所指各不相同,但本质上还是一码事,都是"信息标识符"。然而,还有不少"打码"用例里的"码",与"信息标识符"绝对不是一码事。请看下面的例句:

(4)流调"打码"文明"加码"(标题,《泉州晚报》2021年2月1日)

(5)画面显示,民警的面部用红色五角星打码,嫌疑人的面部用黑色圆形打码,一时引起众多网友围观。(《人民日报海外版》2016年7月4日)

(6)必要时,我在推送中都做了隐私处理,比如漫画打码、隐去姓名等。(《光明日报》2021年3月9日)

例(4)(5)(6)里"打码"的"码",是网络用语"打马"里"马"的谐音字,这个"马"是"马赛克"的缩略。"马赛克",是英语"mosaic"的音译,本义指"一种可镶砌成多种图案的常用于浴室、厨房等装修的小型瓷砖"。因为对图像、文字敏感部分做模糊处理后看上去很像镶砌好的马赛克,进行这种模糊处理就叫作"打马赛克"(网络上缩略为"打马",又通过谐音写为"打码")。所以,例(4)里的"流调'打码'"指"对流行病学调查所得信息的个人隐私部分做模糊处理";例(5)(6)里的"打码"指"用另一幅图像覆盖原图像的敏感部分"。这种花式模糊处理,效果如同打马赛克,因此也称之为"打码"。

近三四年来,还出现了"码住"的说法,其中的"码"是网络用语"马住"里"马"的谐音字。"马住"的"马"是"马克"的缩略形式。"马克"是英语动词"mark"的音译,指"标注记号"。"码住"的意思是"浏览客户端、微信订阅号等的信息时,在有趣或重要的内容上标注'收藏'记号以便以后寻找"。比如:"重磅!中共中央印发《中国共产党党员教育管理工作条例》码住学习"(标题,新华社微博2019年5月22日)。又如:"码住历史　数说海南"(标题,《海南日报》2020年11月9日)。

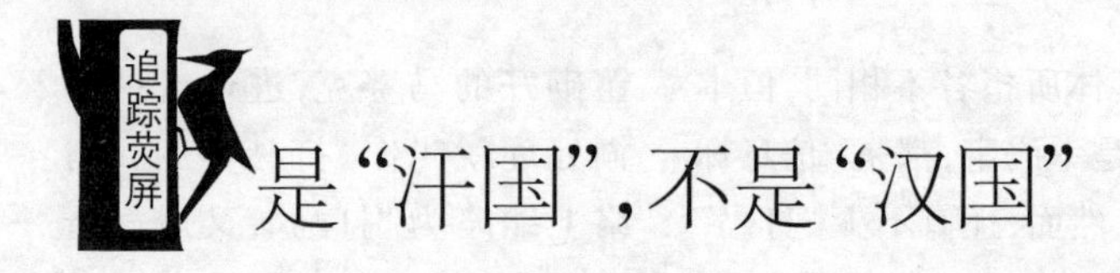

是“汗国”，不是“汉国”

◎汤青武

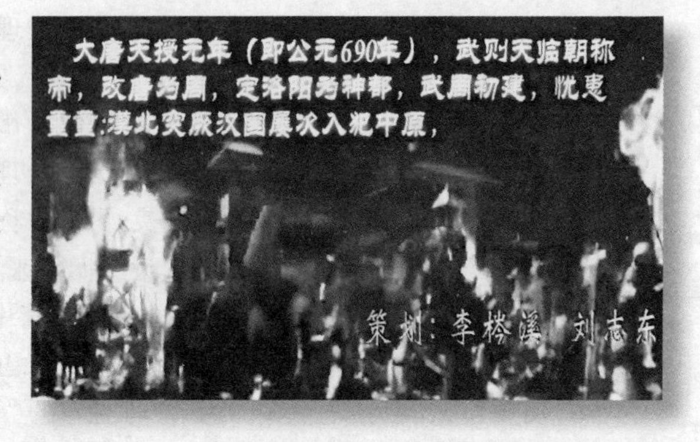

国产电影《凤凰天火》片头字幕介绍道：“大唐天授元年（即公元690年），武则天临朝称帝，改唐为周，定洛阳为神都，武周初建，忧患重重：漠北突厥汉国屡次入犯中原……”此处“突厥汉国”应是“突厥汗国”。

汉国，指汉朝，亦可指其他汉族王朝。《凤凰天火》字幕中的“汉国”前有“突厥”二字，显见不是汉族王朝。

汗，是多音字。读hàn，即汗液。读hán，可汗（kèhán）的简称，是古代鲜卑、突厥、蒙古等族对其统治者的称号。汗国，指由可汗统治的国家，如成吉思汗第三子窝阔台建立了窝阔台汗国。突厥本为游牧部落，公元6世纪兴起于金山（今阿尔泰山），546年首领土门击败铁勒，收其众五万余落（户）。552年于今鄂尔浑河流域建立突厥汗国。后分裂为东突厥和西突厥。历史上，曾对东魏、西魏、北齐、北周、隋、唐（包括武周）等朝造成威胁。“突厥汗国”不可写作“突厥汉国”。

错写了“罔”字

◎盛祖杰

电视剧《运河风流》中，黄子荣的县知事办公室墙上挂有一幅字，这幅字在剧中多次出现，写的是《论语·为政》中的名言“学而不思则罔，思而不学则殆”。然而，其中将“罔”字误写作了“閄”。

“罔”古同“网(網)”，《说文·网部》：“网，庖牺所结绳以渔。从冂，下象网交文……罔，网或从亡。”“网”的甲骨文象网形(网)。后该字在篆书中分化出三个字形网、罔、網，罔是在网的基础上加声符“亡”，網则又加了表义符号“糸”。三个字形的楷书分别写作网、罔、網，“網”后又简化为“网”。由上述演变过程可知，“罔”中的“冈”实为“网”的变形。

“罔”可表示没有，如成语“置若罔闻”。还可表示欺骗、诬陷、无知等义。《为政》中的“学而不思则罔”，朱熹注为：“不求诸心，故昏而无得。”王力《古代汉语》将“罔”字解释为：“指罔然无所得。”

电视剧中将“罔”字的“冈”写作“門”，与其造字理据不符，历代的书法作品中也未见有这样的写法，无疑是错误的。

羊膜里面是“羊水”

◎汤　姆

央视电影频道2021年11月3日晚播放法国喜剧片《吾儿唐吉》，片头妻子把熟睡着的丈夫叫醒，对他说：“氧水好像破了，我们得去医院。”（字幕同步显示）“氧水”显然是“羊水”之误。

羊水，亦名孤浆、胞浆等，是羊膜中的液体。羊膜是人与其他哺乳类动物以及爬行类、鸟类动物在胚胎发育过程中形成的薄膜，囊状，最初在羊胎中发现，故名羊膜。胎儿悬浮羊水之中，羊水可以起到保护胎儿的作用。如在怀孕过程中，羊膜破裂，羊水就会流出。如果是足月，意味着即将分娩。妻子急着叫醒丈夫说“我们得去医院”，显然说的是羊膜破了，情况紧急。

氧，是化学元素，并没有什么会危及胎儿安全的“氧水”。

《火眼金睛》提示

图1，“蹲守”应为“遵守”。

图2，“为有晴香来”应为“为有暗香来”。

图3，“劲道萱软”应为“筋道暄软”。

图4，“户藉室”应为“户籍室”。

又见“一旦”误为“一但”

◎秦　武

“一旦”常被误作“一但”，《咬文嚼字》曾刊文说过。央视电影频道2022年3月14日播出影片《刑侦队》，其中又出现了“一但”。诈骗犯吴金水的手下入境昆明，在研判案情后，公安局领导说道：“我综合一下你们的意见，密切关注这五个人的动向，一但发现吴金水入境，我们统一收网。”（字幕同步显示）此处“一但”应为“一旦”。

一旦，可表示一天之间，形容时间很短，如毁于一旦。“一旦”也可指不确定的时间，表示有一天，如：政商之间一旦“亲密”过了头，则可能产生违法乱纪现象。上述电影中，吴金水尚未入境，领导说如有一天发现吴金水入境，那么就统一收网。显然电影中此处应该使用“一旦”。

“但”可用以表示转折，也可表示仅仅、只，如“但凡”义为凡是、只要是。“一但”是说不通的。

“磅”“镑”有别

◎禾　宝

2022年4月21日《环球时报》第9版《探访中东最古老旧书市》一文如此写道：“这里的书价人人可以承受得起，它们的起价通常才5埃磅（1元人民币约合2.9埃磅）……”这个“磅”应为“镑”。

磅，读pāng，用作拟声词。《玉篇·石部》：“磅，石声也。”指石块坠落的声音，后泛指各类响声。又读páng，如“磅礴”形容气势盛大，宽广无垠。又用作英语pound的音译，读bàng，是英制质量单位，1磅约合0.4536千克。引申可指磅秤或指用磅秤称轻重，如张天翼《儿女们》：“现在做了磅行李的，说是拿一件件箱子网篮到洋秤上去称。”

镑，读pāng时，意思是削切。读bàng时，也是英语pound的音译词，但表示的是货币单位。通常在“镑”前冠以国名简称，以示区别，如英镑、埃镑。“磅”与“镑”的英文词形相同，译成汉字后两字含义不同，不能通用。

“天洪贵胄”？“天潢贵胄”！

◎杨宏著

珠海出版社2011年5月出版的《楚留香传奇》中有这样一段文字：

黄鲁直道：“不错，越是平常的东西，有些人却越是觉得珍贵，这只怕也就是那些天洪贵胄们的悲哀，因为他们虽然享尽人间的荣华富贵，但一些平常人都能享受的乐趣，他们反而永远也享受不到。”

其中，“天洪贵胄”应为“天潢贵胄”。

潢，读huáng，可表示积水池。“天潢贵胄”中的“天潢”指的是皇族、宗室的子孙。为何以“天潢”指皇室？一说“天潢”即天池，皇族分支，如同导源自天池。也有说“天潢”是主河渠的天潢星的简称。“贵胄”是地位高贵者的后代。“天潢贵胄”指皇族宗室的子孙。如清代昭梿《啸亭杂录·禄相公》：“夫以天潢贵胄，而不学无术至此，安可以当调羹重任也？”

洪，即大水，如洪水。“天洪”与“贵胄”没啥关系。

坟墓是“茔”不是“莹”

◎李玉伟

《长安碎影：秦汉文化史札记》（上海人民出版社 2021 年 8 月出版）第 69 页在讲秦东陵时，引用了张在明主编的《中国文物地图集·陕西分册》（西安地图出版社 1998 年 12 月出版）中的一句话：“一说（秦东陵“一号陵园”）为秦昭襄王与唐太后（秦孝文王之母，秦孝文王继位后追尊为太后）同莹异穴的陵园（参见《考古与文物》1987 年 4 期）。”此处“同莹异穴”有误，应该是“同茔异穴”。查《中国文物地图集·陕西分册》，其中写的就是“同茔异穴”。

茔，读 yíng，《说文解字》释为“墓也”，指人死后的埋葬地，与坟、墓同义。如《汉书·张安世传》：“赐茔杜东，将作穿复土，起冢祠堂。”“同茔异穴”是中国古代的墓葬形制之一，指两人埋葬在同一坟墓中，但不在同一墓穴中。

莹，也读 yíng，《说文解字》释为“玉色”，可指光洁似玉的美石、珠玉的光彩等。汉语中没有“同莹异穴”的说法。上述文字误“茔”为“莹”，应是形近音同所致。

孙敬悬梁闭户

◎横山居士

汉朝孙信这哥们，走的是“上层路线”，有点玩命意思。把绳子一头拴在梁上，下边这头就跟自己头发“结盟”。每当眼皮打架，瞌睡来临，头一低，绳子就会发生力学作用……赶走睡意。

上述文字出自2020年2月21日《潮州日报》第7版文章《古人吃墨》。"孙信"错了，应是"孙敬"。

孙敬是"悬梁刺股"典故中"悬梁"的主人公。北宋《太平御览》卷三六三引《汉书》："孙敬，字文宝，好学，晨夕不休。及至眠睡疲寝，以绳系头悬屋梁，后为当世大儒。"孙敬是汉朝人，学习十分刻苦，从早到晚不停地学习。晚上学习时间长了，疲倦到直打瞌睡，他于是找一根绳子，一头绑在头发上，另一头绑在房梁上，当疲惫打盹时，头一低，绳子就会牵拉头发使得头皮痛，马上清醒过来，继续读书。孙敬此人读书极为刻苦，除了"悬梁"外，还有"闭户"之说。唐代李翰《蒙求》卷上："匡衡凿壁，孙敬闭户。"徐子光引《楚国先贤传》注曰："孙敬字文宝，常闭户读书，睡则以绳系头，悬之梁上。尝入市，市人见之皆曰：'闭户先生来也。'"可见孙敬读书之刻苦。

"浩封"？"诰封"！

◎肖遥生

2022年1月11日《清远日报》第7版《清六品官蒋世鸾》一文写道："蒋世鸾为政廉洁，得到百姓拥护，也得到上司的青睐，连连升任，而且他及夫人彭氏均受到皇帝浩封……此事在蒋世鸾墓碑中有记载。"这里的"浩封"应为"诰封"。

诰，读gào，本义为告诉，指上告下，引申出警诫、诫勉之义，也指古代的一种告诫、劝勉性的文章，《尚书》中有《仲虺(huǐ)之诰》《洛诰》。隋唐以后，帝王对臣子授官、封赠的命令也称为诰，如"诰命"即皇帝任命或封赠的文书。"诰封"是明清时期皇帝对五品以上官员及其先代和妻室授予封典。六品以下称"敕封"。

浩，读hào，本义为水势盛大的样子，引申出广大、众多、辽阔之义，多用来形容气势、规模、数量、场面等特别大。如“浩荡”形容水势浩大的样子，也可形容声势、场面等壮阔的样子；“浩然之气”形容正大、刚直的精神气概。

“诰”与“浩”，两者音、义皆不同，把“诰封”写成“浩封”，当是形近致误。

“弛道”应为“驰道”

◎盛永兴

2022年5月21日《江城晚报》第5版《古代的快递业究竟有多快》一文说：“唐朝快递员们走的道路，是秦汉时期继承下来的‘弛道’……”其中“弛道”应为“驰道”。

驰，从马，本义是驱赶马匹快跑。“驰道”本是古代供君王行驶车马的道路。后也泛指供车马驰行的大道。有关秦汉时期的驰道，《史记·秦始皇本纪》记载：“二十七年……治驰道。”《汉书·贾山传》：“（秦）为驰道于天下，东穷燕齐，南极吴楚，江湖之上，濒海之观毕至。道广五十步，三丈而树。”这是古代大规模道路建设的重大工程。

弛，从弓，本义是放松弓弦，后引申指解除、放松、松弛等。古代没有“弛道”，只有“驰道”。

何来“孺子百家”

◎汤　飞

“一直羡慕中文系的同学，孺子百家诗词歌赋，在博大精深的文化里晕染了这么久，人生的背景一定是一块绚丽多彩、古韵古风的布。”这段话出自2022年5月8日《济宁日报》第4版《再读一遍〈归园田居〉》一文。“孺子百家”应为“诸子百家”之误。

孺，音rú，有幼小、幼儿之义，如妇孺。还可表示亲近、亲慕之义，如孺慕。“孺子”指幼儿、儿童，古代也称天子、诸侯、世卿的继承人为孺子。孺子有时也用作蔑称，犹小子、竖子。“孺子百家”之说闻所未闻。

“诸子百家”是先秦至汉初各个学派的总称。“诸子”指各派的代表人物，如儒家的孔子、道家的老子、法家的韩非子等。“百家”指各学派。上述文章将“孺子百家”改为“诸子百家”才说得通。

早夭称“夭殇”

◎杨顺仪

台湾学者李一冰著有《苏东坡传》（江苏文艺出版社 2013 年 3 月出版），其下册第十三章“别海南”一段写道：

元符三年庚辰正月初九，哲宗皇帝崩逝，年只二十五岁。上年九月，刘妃生子茂，遂得正位中宫，被立为后。但这皇子生后两三月间即告夭觞。越年，帝崩。

其中的“夭觞”应为“夭殇”之误。

殇（shāng），意思是未至成年而死，引申指未成年而死的人，也可指非正常死亡及战死者，如国殇。夭，义为短命、早死，如夭折。“夭殇”同义复合，即早死、夭折。

觞（shāng），从角，本指盛满酒的杯，亦泛指酒器，如流觞曲水、行觞。上述引文说的是皇子夭折，与酒器无关，应是“夭殇”。

利川已非“县”，石柱不属“川”

◎毛纬武

“水杉的原产地也在中国，在湖北省利川县、四川省石柱县和湖南省龙山县相邻的地区，目前已成功引种至全球范围内约 80 个国家和地区。”这段话出自 2022 年 4 月 18 日《每日商报》第 8 版《植物有国界吗？》一文。然而，句中的“湖北省利川县”“四川省石柱县”都是几十年前的老皇历了。

“湖北省利川县”应为“湖北省利川市”。利川市地处湖北省西南，是恩施土家族苗族自治州面积最大、人口最多的县级市。雍正十三年（1735）以施南、忠孝、忠路、建南、沙溪等五土司以及上下支罗和原恩施县之都亭里地为利川县。因清江横贯全境，平川广袤，物产丰富，为有利之川，故名。1986年5月，国务院批复同意利川撤县建市。

“四川省石柱县”应为“重庆市石柱土家族自治县”。石柱土家族自治县位于重庆东部，东接湖北省利川市。唐代分浦州之武宁县西界地置南宾县，为石柱建县之始。南宋，置石砫安抚司。石砫取辖内石潼、砫蒲二关首字得名。后建置多有变化。民国时改为石砫县。1959年，改石砫县为石柱县。1984年，成立石柱土家族自治县，隶四川省涪陵地区，后改隶四川省黔江地区。1997年，重庆设立为中央直辖市，石柱土家族自治县随黔江地区改隶重庆。2000年7月，直隶重庆直辖市。

“茶圣”陆羽不是宋朝人

◎陈福季

2021年7月9日《解放日报》第13版刊有采访《走进中国，读懂中国》，其中被采访者提到与来华留学生的一次对话：

他（詹姆士）来燕京学堂不久，我和他喝茶聊天，他说：中国有这么多茶，龙井茶、普洱茶，还有宋朝的“茶圣”陆羽，但在国际市场上，为什么中国茶竞争不过立顿红茶呢？他提出这样的问题，我觉得特别有意思。

其中有误，“茶圣”陆羽不是宋朝人，是唐朝人。

陆羽（733—约804），一名疾，是唐代竟陵（今湖北省天门）人。《新唐书》有《陆羽传》，其中说：“羽嗜茶，著经三篇，言茶之原之法之具尤备，天下益知饮茶矣。”说的正是陆羽所著《茶经》三卷。《茶经》对茶的起源、生产、用具等都有详细讲解，后世尊陆羽为“茶圣”。上述文章中“宋朝的‘茶圣’陆羽”出自来华留学生之口，留学生可能对中国的历史文化不甚了解，搞错了陆羽所在朝代，但文章应该加注或更正，以免以讹传讹。

误读“三年清知府，十万雪花银”

◎文昌聿

《杂文月刊》2022年4月（上）刊有《新官上任“换三声”》一文，文章这样说道：“封建统治时期，有句话叫‘三年清知府，十万雪花银’，说的是初为官者，一开始都想做清官，但清了三年之后，会被官场腐败同化，熬不住也就大捞特捞了。”文章认为“三年清知府，十万雪花银”是做官的前三年都想做清官，三年之后才熬不住大捞特捞，这是误解了“三年清知府，十万雪花银”。

“三年清知府，十万雪花银”是民间俗语，一般用来讽刺做官发财的官场现实。说的是哪怕清廉的知府，三年也会进账十万两银子。知府一级官员不同历史时期俸银不尽相同，但都达不到三年十万两白银，这十万两白银指做“清知府”的三年贪污所得。

“养怡”不是“养饴”

◎邵晓东

新世界出版社2016年2月出版的《毛泽东与林彪》一书中提到毛泽东赠林彪一首曹操的《龟虽寿》，引用全诗时有一句：“养饴之福，可得永年。”其中“养饴”应是“养怡”。

饴，读yí，指饴糖，是用米和麦芽等为原料制成的糖，主要成分是麦芽糖、葡萄糖和糊精。后泛指甘美的食物。成语有甘之如饴、含饴弄孙等。

怡则是指和乐、愉快，成语有心旷神怡、怡然自得等。养怡，即保持身心和乐。曹操的《龟虽寿》中写的正是“养怡”。“养怡之福，可得永年”，指保持身心和乐，可以延年益寿。“养怡”保养的是身心，不可写作“养饴”。

“芦酒”是用“芦秆”喝的酒

◎周　振

2022年第8期《南方文摘》第6版《古代吸管杯长什么样》一文说：“在我国，最早的吸管出现在芦酒里，‘所谓芦酒，以芦为筒，吸而饮之。今之咂酒也’。芦酒的命名就是因为它独特的饮用方式：用芦柑插在酒桶里喝的酒。”其中“芦柑”为“芦秆”之误。

芦秆即芦苇的茎秆。芦苇是多年水生或湿生的草本植物，高2米上下。芦秆有节，可编席、造纸。每节芦秆像管子一样，是空心的。

咂酒是彝、藏、土家、羌等族传统饮用的酒。咂，即用嘴吸。饮用时，用细竹或粽叶茎等插入酒罐中吸吮，所以称咂酒。芦酒是咂酒的一种。明朝杨慎《艺林伐山·芦酒》：“芦酒，以芦为筒，吸而饮之。今之咂酒也。”方以智《通雅·饮食》：“芦酒，咂嘛酒也。谓置芦植管于中而群饮也。”王世贞在其《酒品前后二十绝》诗序中对饮用芦酒的情景有更细致有趣的记载：“连糟置瓮中，中插一芦管，使客递吸之，浅则加水，至酒尽，满瓮皆水也，味不能佳，然往往令客至醉，盖眩于新奇耳。”从上述描述中可知，芦酒是因用芦秆作管吸酒饮而得名。芦酒在唐诗中就已出现，杜甫《送从弟亚赴河西判官》诗云：“黄羊饫不膻，芦酒多还醉。”

而芦柑是常见的水果。别名椪柑、蜜桶柑等。原产印度，自古便传入我国。芦柑果实硕大，颜色橙黄鲜艳，皮松易剥，肉质脆嫩。“用芦柑插在酒桶里”云云，显然不通。

“芦柑”“芦秆”音近，当是致误之因。

“男妇女主任”和“离婚典礼”

◎宗守云

一般情况下，妇女主任应该由女性担任，只有特殊情况下才有“男妇女主任”。比如赵本山主演的电影《男妇女主任》中，青年农民刘一本在媳妇不肯当妇女主任的情况下，代替媳妇当妇女主任，成了“男妇女主任”。再比如：

电影《男妇女主任》

(1)今年54岁的李宗升是山东省日照市莒县城阳街道西关社区前西关街村的妇女主任，是该社区历史上唯一的一名男妇女主任。据村干部介绍，李宗升为人随和，人缘好，责任心又强，又有耐心，群众基础较好，因为没有合适的女性人选，所以他就被推选为男妇女主任。(《衢州晚报》2017年3月8日)

在一般社会认知中，结婚是喜事，需要举行仪式，因而有结婚典礼；离婚是不幸的，离婚双方一般只是在民政局办理离婚手续，并不举行离婚典礼。但在特殊情况下，也有举行离婚典礼的情形，比如在电影《非

诚勿扰2》中,孙红雷饰演的李香山与姚晨饰演的芒果,就举办了一场特殊的"离婚典礼"。在日本,离婚典礼比较多见:

(2)在日本,大张旗鼓搞"离婚典礼"的人越来越多。"离婚典礼"的价格便宜,大致分为5.5万日元(约合4500元人民币)、10万日元、20万日元。只花5.5万日元,可把会场安排在浅草的"离婚屋"。花10万日元,可在饭店或屋型船举办典礼。花20万日元,能享受与结婚典礼相同的服务。(《都市晨报》2012年8月21日)

这是日本文化的产物。在汉文化语境中,离婚典礼是罕见现象,只在特殊情况下存在。例如:

(3)"你等一下。"王德吾把曹莉莉准备签字的手摁下去。

"干吗啊?你现在就要反悔了?"

"不,我是觉得为了把这个婚离成,光重复这些流程还不够。"

"那你还要怎样?"

"这没有仪式感。"

"离个婚你要什么仪式感?难不成还要给你办个离婚典礼?"

王德吾一巴掌拍上大腿:"你说得不错。这次离婚咱们就办个离婚典礼!把当年参加我们婚礼的那些人再全部请回来。"

"你这是什么意思?"

"这你还不明白?"王德吾盯着曹莉莉,悠悠道,"让当初那些见证过我们爱情的人,再来见证一下我们爱情的破裂。让所有人都知道,咱俩彻底玩完了!"(大头马《离婚恩典》,《中国作家》2020年第10期)

例(3)随着情节的推进,王德吾和曹莉莉最终还是举行了离婚典礼。

"男妇女主任"和"离婚典礼"都是超常搭配现象。妇女主任一般是女性,和"男"搭配,是超常的;"结婚典礼"是一般现象,语言上是常规搭配,"离婚典礼"是特殊现象,语言上是超常搭配。这些超常搭配是由于现实中的特殊状况造成的，是物理世界的特殊状况导致了语言上的超常搭配，类似的情况还有“下蛋的公鸡、白色的乌鸦、方形西瓜”等等。

超常搭配也可能是心理世界的特殊性造成的。在文艺创作中，作家的特殊心理状态往往通过语言的超常搭配反映出来。例如：

（4）我带着千里奔波的饥渴，带着漫长岁月久久思慕的饥渴，读着浪花，读着波光，读着迷蒙的烟涛，读着从天外滚滚而来的蓝色的文字，发出雷一样响声的白色的标点。（刘再复《读沧海》）

（5）单是周围的短短的泥墙根一带，就有无限趣味。油蛉在这里低唱，蟋蟀们在这里弹琴。（鲁迅《从百草园到三味书屋》）

例（4）的“读着浪花，读着波光，读着迷蒙的烟涛，读着从天外滚滚而来的蓝色的文字”是超常搭配，作者把浪花、波光等描写为可以阅读的事物。例（5）的“油蛉在这里低唱，蟋蟀们在这里弹琴”是超常搭配，作者把油蛉、蟋蟀描写为可以唱歌弹琴的人。这些都表现了作者的特殊心理状态。

跟常规搭配相比，超常搭配显得新颖奇异，容易引起听者和读者的注意，可以满足人的好奇求异心理。而好奇求异，又是新信息获取的主要目的之一，人作为信息的动物，需要不断获取新信息，从而满足自身的心理需求。

微语录·价值

你选择什么，你就会遇到什么，你也会成就什么。没有对错之分，没有优劣之分。人生的价值，不在于你的选择，而在于你是否为选择负了责。

（蔡　玫 / 辑）

哪来“紫合车”

◎邱银峰

莫言长篇小说《红树林》（浙江文艺出版社2017年出版）中有这样一段话：“你看到瓶子里盛着一些颗粒状的东西。她说，中医还是有些宝贝的，完全不信是不对的。紫合车，你听听这名字多么美，既神秘又庄重，让人联想到紫玉雕成的古玩……”（第340页）其中的“紫合车”是“紫河车”之误。

紫河车，中药名，也称人胞、混沌衣等，是经过加工干燥后的健康人的胎盘。中医认为它可以补元气，治身体虚弱、虚劳、喘咳等症。《本草纲目》中有“紫河车”，其中引《丹书》解释“紫河车”的含义：“天地之先，阴阳之祖，乾坤之橐籥（tuóyuè，类似今天的风箱），铅汞之匡廓，胚胎将兆，九九数足，我则乘而载之，故谓之河车。”“河车”是道家术语。婴儿降世，其胎衣如同其所乘之“车”，故借道家术语“河车”而名之。《本草释名考订》（中国中医药出版社2013年出版）解释道：“车为载物之具，行于地而转于陆。胎盘荷运胎儿，如车载物，浮载于水中，故名河车。其色紫，因称紫河车。”

不少中医药辞书中收录有“紫河车”，如《中药大辞典》（人民卫生出版社）、《国家药典中药实用手册》（江苏科学技术出版社）、《中医内科常用中药》（中国中医药出版社）等等。而无论是在古代文献还是在现代医籍中，都未见载有“紫合车”之名。

盛服与包袱

◎王云峰

贾平凹新书、长篇笔记小说《秦岭记》(人民文学出版社2022年5月出版)讲述秦岭的故事。其中第一个故事写秦岭里有条倒流河,倒流河沿岸夜镇人黑顺跟随和尚修行。书中第5页这样写道:

两人逆行,曾多少次,路上有背袝荷担顺河而下的人,都是嫌上游苦寒,要往山下安家。

其中的“背袝”有误,当为“背袱”。

袝,音 fù。《集韵》:“袝,盛服。”可指华丽的装束。根据文意,倒流河上游苦寒,上游的人要顺流而下另找他处安家,他们是不大可能背着“华丽的装束”搬家的。“袝”还有一义,表示衣服整齐的样子。《字汇》:“袝,衣齐貌。”此义下的“背袝”更说不通。

袱,音 fú,可指包头巾,如周立波《桐花没有开》:“在回家的路上,张三爹走在头挽白袱子的人的后面,大骂年轻人。”“白袱子”即白色的包头巾。也指包裹衣物用的布单。如“包袱”,可指用布包起来的包,引申可比喻某种负担,如“思想包袱”。相声、快书等曲艺中的笑料也称“包袱”。“背袱荷担”即背着包袱挑着担子,与上引文章的文意相符。

误“袱”为“袝”,应是音近形似所致。

网络表情是对真实表情的模拟吗

◎徐默凡

在口语交际中，情感交流主要依靠表情、身姿、动作等体态语来完成。而在网络交际中，交际者身处异地，体态语无法观察，于是发展出网络表情符号来进行补充。照此看来，表情符号是对现实生活中真实表情的模拟，弥补了网络语言情感交流手段不足的缺陷。

然而，网络表情符号的作用不止于此。我们发现，随着表情包文化的发展，网络表情发展出了体态语所没有的功能。

首先，有些网络表情把真实表情明确化、符号化了。在真实的人际交流中，表情本身是变化多样的。同样是微笑，有人笑不露齿，有人抿嘴一笑，有人仅仅是嘴角上扬。其语义指向也是含混的，既可以表示赞同、默许、欣慰，也可以表示嘲讽、不屑、无奈……真实表情的能指是一种人体器官的本能反应，没有像语言符号一样经历约定俗成的过程；而所指是一种情绪或者情感，很难逻辑性地精确把握，甚至是只可意会不可言传的。然而，在网络表情中，能指表现为千人一面的图像，每个人发出的“😃”都是一样的；在使用中，其所指也慢慢固定下来，指向一个确凿无疑的情感状态，比如“😃”就是表示“高兴”。在这个意义上，网络表情已经脱离了本能反应，成了一种约定俗成的符号现象。

其次，有些网络表情模拟了特别的体态语，使之能够普遍应用。这些体态语虽然在口语交流中真实存在，但其实很难控制，很难广泛使用。例如因为窘迫、尴尬而额角流汗的表情是可能发生的，但生活中这样的情绪反应其实是很少见的。不过，在网络语言中，表示“大汗”的“”却随处可见。再如使用频率很高的笑哭“”，在真实情境中也是很难做出来的。这时候，网络表情把自然流露的情感状态变成了一种自主选择的交际策略，可以随心所欲地加以控制和使用。

最后，网络表情还创造了一些实际交际中并不存在的体态语，以此来表达一种特定的情绪意义。比如“”这个网络表情，用来表示事不关己高高挂起的态度，这在现实中就是不存在的，没有人会在旁观看热闹的时候真的掏出一片西瓜来吃。而这个“”主要表达戏谑嘲讽的态度，有时直接用作反语的标记，这种表情也完全不可能在真实交际中发生。这也就是说，我们在口语交际中反而不能够简单明确地表达旁观、嘲讽的态度，而要通过语气、语调、表情、身姿等手段来综合实现，而且还不一定能够表明态度。在这方面，网络交际借助网络表情反而更加便利，更加直观准确。

由此看来，网络表情并不完全是对真实表情的模拟，两者的差异也带来了网络时代表达情感的变化。人类真实的表情据说有几千种之多，使用者根据生物本能在下意识地使用它们、理解它们。到了网络年代，虽然丰富的网络表情提供了诸多选择，但日常使用的其实只有几十种。为了弥补丰富程度、细腻程度的不足，我们开始夸张化地使用网络表情，动不动就是五六个表情连用，“浮夸”成为网络交际的一种集体风格。与此同时，情绪的真实流露也变成了交际策略，网络交际中表情符号的选择虽谈不上深思熟虑，却也经过了一定的利益权衡和得失考量，“表情”慢慢变成了可以控制的逻辑反应。这种种变化，是网络表情广泛使用后的必然结果，是耶非耶，还留待我们好好思考。

“彭泽”不是“澎湖”

◎杨昌俊

2022年5月1日《济宁日报》第4版《感悟劳动》写道：“有人日夜归故里，有人日夜赶考场，东晋诗人陶渊明曾一度做过澎湖县令。但不久他就打道回府，回家种地——劳动去了。”陶渊明辞官“不为五斗米折腰”之事众所周知，但他那时做的是“澎湖县令”吗？

著名诗人、辞赋家陶渊明，生活在晋与刘宋易代之际，是浔阳柴桑（今江西九江西南）人。陶渊明先后做过江州祭酒、镇军参军等一些小官，彭泽令是陶渊明官场生涯中担任的最后一个官。义熙元年（405）八月，他出任彭泽令，十一月他绝意仕途，归隐田园。名赋《归去来兮辞》正作于归田之初，其序中说因“于时风波未静（指军阀混战），心惮远役，彭泽去家百里，公田之利，足以为酒”，于是谋求了彭泽令的职位，然因“质性自然，非矫厉所得”，最终任职八十余天后决意辞官。后来也用“陶彭泽”“彭泽令”借指陶渊明。彭泽，在江西省北部。西汉时置县，因县西有彭蠡泽（按旧释即今鄱阳湖）而得名。

澎湖，既是县名，也是海湾名、岛名。澎湖，位于台湾海峡中，因港外海涛澎湃、港内水静如湖而得名。宋、元以来，澎湖便成为我国海防要区。明末曾被西班牙、荷兰入侵。郑成功收复台湾后设澎湖安抚司，清雍正五年（1727）设澎湖厅，1945年抗日战争胜利后设澎湖县。澎湖县辖境包括整个澎湖列岛（由64个岛屿组成，主要岛屿有澎湖本岛、渔翁岛和白沙岛）。陶渊明从未做过“澎湖县令”！

博士岂能位列九卿

◎王右磊

近读《趣谈中国史》(中国法制出版社2020年8月出版),该书第189页在述及东汉初年“瘦羊博士”甄宇故事时,对“博士”这一古代学官名称解释说:“博士虽然位列九卿,但地位不高,每年的俸禄只有六百石,和县令的待遇差不多。”此处的博士位列九卿之说应为误说。

卿,高级官员的名称。秦汉通常将分掌中央主要政务的九寺长官合称为九卿。秦代以奉常(掌宗庙礼仪)、郎中令(掌宫殿门户)、卫尉(掌宫门卫屯兵)、太仆(掌皇帝车马)、廷尉(掌司法)、典客(掌诸侯来朝等事)、宗正(管理皇族事务)、治粟内史(掌租税赋役)、少府(掌山海池泽,供养国君)为九卿。汉代沿袭秦置,名称有所改动,分别为太常、光禄勋、卫尉、太仆、廷尉、大鸿胪、宗正、司农、少府。以后各代多设有九卿,但官职名称和职责有所不同。

而据《汉书·百官公卿表》“奉常”条下“又博士及诸陵县皆属焉”可知,博士为奉常的属官。秦汉时期的博士,类似于学术顾问官,是研究、传授其专门之学问之人,同时博士也会参与政事讨论及出外巡行视察。诚如上述引文所说,博士的待遇较低,“秩比六百石,员多至数十人”。上司奉常为九卿之一,作为下属的博士又岂能僭越官阶位列九卿?

是谁的养子

◎李先虎

《欧阳修传》（人民文学出版社 2019 年出版）第 265 页这样写道：

公元 926 年，邺都（今河北临漳西）发生兵变，李存勗派养子李嗣源前往镇压，不料李嗣源反被部下推为皇帝，联合邺都乱兵，向京城洛阳进军……

“李存勗派养子李嗣源前往镇压”，李嗣源是李存勗的“养子”吗？错了，李嗣源是后唐太祖李克用的养子。

李克用（856—908）是唐末沙陀部人。广明二年（881）李克用率沙陀军镇压黄巢。中和三年（883）被命为河东节度使，之后长期割据一方。908 年，李克用病死。923 年，其子李存勗（xù）建立后唐，尊李克用为太祖武皇帝。

李存勗即后唐庄宗，是后唐的开国皇帝。建立后唐后，他灭后梁，尽取河南、山东等地，定都于洛阳。但后期沉溺于享乐，重用伶人和宦官，杀害功臣，导致上下离心。926 年兵变被杀。

李存勗被杀后，李嗣源入洛阳即位为帝。李嗣源即后唐明宗，为后唐的第二任皇帝。《新五代史·唐本纪第六》对李嗣源是这样记载的：“明宗圣德和武钦孝皇帝，世本夷狄，无姓氏。父霓，为雁门部将，生子邈佶烈，以骑射事太祖，为人质厚寡言，执事恭谨，太祖养以为子，赐名嗣源。”这段文字明确交代了李嗣源的身份。李嗣源是夷狄（沙陀族）人，因“质厚寡言，执事恭谨”而被太祖李克用收为养子。

李嗣源是太祖李克用的养子，与李存勗是同一辈的。

“翟昙”应是“瞿昙”

◎徐宗棠

2022年2月24日《北京晚报》专栏《墨缘》介绍书法家林散之，刊有林散之草书作品《病院杂诗》中的《聊斋二首》（第25版），其作品下方的释文中有这样一句：“前身应是病翟昙，文字荒唐实耐看。”从草书文字及原诗诗意来看，此处的“翟昙”应是“瞿昙”。

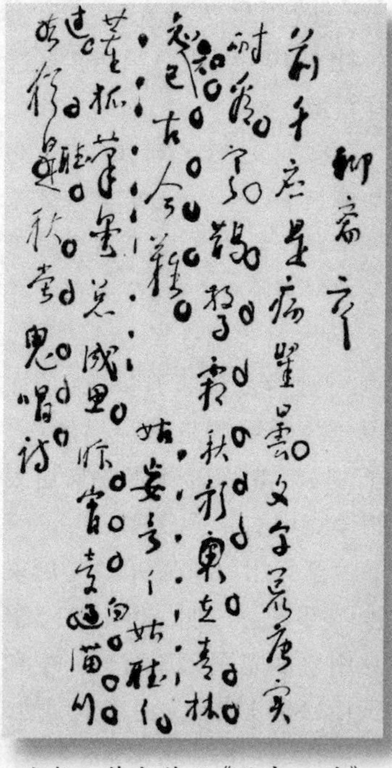

“瞿（qú）昙”是梵语音译词，也译作乔答摩。佛教创始人释迦牟尼，本来是古天竺迦毗罗城净饭王子，姓瞿昙。所以常用“瞿昙”作为佛的代称，后来也以“瞿昙”指和尚。如清代方文《水月庵同盛伯含宿兼呈退谷师》：“湖上相逢如梦寐，风前一笑两瞿昙。”

林散之草书作品《聊斋二首》

林散之的草书作品题为《聊斋二首》，而《聊斋志异》的作者蒲松龄曾在《聊斋自志》中提及“病瘠瞿昙”：“松悬弧时，先大人梦一病瘠瞿昙，偏袒入室，药膏如钱，圆粘乳际，

“危楼”何解

◎王殿雷

李白的《夜宿山寺》：“危楼高百尺，手可摘星辰。不敢高声语，恐惊天上人。”全诗无一生僻字，却字字惊人，堪称“平中见奇”的绝世佳作。

2019年9月23日《蚌埠日报》第5版刊有《绵阳纪行》一文，其中这样说道：“在登楼摘星园内，以郭沫若集字命名的‘太白楼’，即‘手可摘星辰’的‘危楼’（如今当然没有危险）。”其中说“太白楼”就是“手可摘星辰”的“危楼”，并且特别括注“如今当然没有危险”，言下之意，“危楼高百尺”的“危楼”即“危险的楼”，如此注释无疑错了。

“危”有不安全、损害之义，如危在旦夕、危害等。但“危”也有高、陡之义。如“危冠”就是“高高的帽子”。又如李白《蜀道难》：“危乎高哉！蜀道之难，难于上青天。”“危乎高哉”，极言山之高。“危楼高百尺”的“危楼”正是高楼。

“危楼高百尺”的“危楼”并非危险的楼，如果百尺高楼真有倒塌的危险，谁还愿意登楼，哪里还有“手可摘星辰”的浪漫？

痦而松生，果符墨志。”蒲松龄出生时，他的父亲曾梦到一个“病瘠瞿昙”，穿着袈裟，袒露右肩，进了房间，胸前贴着像钱一样大小的药膏。梦醒后蒲松龄出生，胸前有一块黑痣。且蒲松龄自小多病，门庭冷落，靠笔耕谋生，如和尚乞讨一般清贫，蒲松龄怀疑那个病和尚真的是他的前生。诗中的“前身应是病瞿昙”讲的应该正是此事。

翟，读dí，表示长尾的野鸡，也用作指古代乐舞所执的雉羽及用雉羽装饰的衣服、车子等器物。还可读zhái，作姓。汉语中并无“翟昙”，“病翟昙”更让人不知所云。

书名自谦称“坚瓠”

◎李景祥

2022年2月27日《北京晚报》第14版《画糖画》写道：“清代《竖瓠补集》一书中，说明朝每到新年祭祀神灵时‘熔就糖’，将糖印铸成各种动物及人物形象作为祭品，得名‘糖丞相’。”这里所提到的《竖瓠补集》应该是《坚瓠补集》。

清人褚人获撰有笔记《坚瓠集》六十六卷。褚人获，字学稼，号石农，长洲（今江苏苏州）人。其《坚瓠集》包括《坚瓠甲集》至《坚瓠癸集》共十集，每集四卷，以及《坚瓠续集》四卷、《坚瓠广集》六卷、《坚瓠补集》六卷、《坚瓠秘集》六卷、《坚瓠余集》四卷。《坚瓠集》是作者经数十年采撷、编撰而成，既记天文地理、经史子集，又录风俗志怪、里巷杂说、逸闻琐事，尤详于明代之事，约成书于清康熙三十年（1691）至康熙四十二年（1703）之间。上述引文中提到的“糖丞相”出自《坚瓠补集》的卷一。

“坚瓠”的“瓠”读作hú，指葫芦。坚瓠，即坚硬的实心葫芦，不能剖开用于盛物装酒，比喻无用之物。语本《韩非子·外储说左上》，宋人屈穀去见齐人田仲，要献出一个坚硬得像石头、厚实得没有空隙的大葫芦，田仲说：“葫芦的可贵之处在于能用来装东西，不能剖开装东西，不能剖开斟酒，就毫无用处。”褚人获把他几十年里用心血撰成的书以“坚瓠”作为书名，是用这无用之物来比喻此书，以此自谦其书不实用。

竖瓠，或可解为竖直的葫芦。但世上并没有《竖瓠补集》一书。

“荒徼”误成“荒缴”

◎江城子

《生活·创造》2021年第12期《守望天涯》一文写道："数百年前，行走海南那可是一条不归路。这个南国岛屿，曾被称为‘南服荒缴’‘越郡外境’。"其中"南服荒缴"有误，应为"南服荒徼"。

古代王畿以外地区分为五服，以五百里为一区划，由近及远分为侯服、甸服、绥服、要服、荒服。所以南方地区也被称作"南服"。徼，多音字。读jiào时，有边界、边塞之义，如"徼人"即边民，"徼塞"即边塞。也有巡逻、巡查之义，如"徼守"即巡逻守卫。也指巡卒。读yāo时，同"邀"。读jiǎo，通"侥"。荒徼，指荒远的边域。唐代杨衡《送人流雷州》："不知荒徼外，何处有人家？"

海南岛位于广东省南面，琼州海峡使其与大陆相隔，四面环海。因地处偏僻，先秦以前正史上并无明确记载。明代的《正德琼台志》称，海南岛在唐虞三代为"南服荒徼"，在秦代则为"南越郡外境"（上述引文中漏"南"字）。西汉元封元年（前110），汉武帝平定南越后，在海南岛上设珠崖（治今海口市琼山区）、儋耳（治今儋州）二郡（见《汉书·地理志下》）。"珠崖""儋耳"是海南岛最早的两个行政地名。

缴，也是个多音字。读jiǎo时，义为交纳、交付，也指迫使交出，如缴械。读zhuó时，指系在箭上的丝绳，射鸟用。"徼"与"缴"，音近形似，"荒徼"因此误成了"荒缴"。

误引《诗经》一例

◎禄　和

2022年《当代》第3期刊有小说《纵我不往》，其中有一段情节是香奈喜在图书馆等待让她"怦然心动"的季尧出现，虽然她手拿一本《红楼梦学刊》，却看不进去，总往门口张望。小说写道：

"静女其姝，俟我于城隅，爰而不见，搔首踟蹰。"香奈喜觉得自己和《诗经》里的那个女人差不多。"不，你比那个女人厉害多了，因为'俟我于城隅'也是你，'搔首踟蹰'也是你，你又扮小生，又扮小旦，一个人完成了生旦两个角色。"后来——那已经后到他们结婚了……季尧乐不可支地拿她开玩笑。

此处引用了《诗经·邶风·静女》中的诗句，然而《诗经》中的原句是"爱而不见"，而非"爰而不见"。

"爱而不见"中的"爱"通"薆"。薆，音ài，有隐蔽之义，如《楚辞·离骚》："何琼佩之偃蹇兮，众薆然而蔽之。"大意是：为什么玉佩如此盛美，人们却遮蔽了它（的光芒）？"薆"也可表示草木茂盛的样子。《静女》诗中"爱"取隐藏、遮掩之义，"爱而不见，搔首踟蹰"描述的是姑娘（静女）故意躲起来让人来找，让情郎挠头回顾徘徊不去。

爰，音yuán，可表示何处、这里、于是等义，还可作姓。《诗经·小雅·四月》"乱离瘼矣，爰其适归？"中的"爰"是"何处"的意思。《硕鼠》"乐土乐土，爰得我所"中的"爰"则表示"于是"。上述引文将《静女》中的"爱而不见"写作"爰而不见"，应是形近致误。

用“整活”整个活

◎吴佩瑶

“网友真会整活！”“起床，开始整活！”不知不觉，“整活”这个词已经渗透进我们的生活，而且应用的范围非常广泛。那么，它又是如何诞生并发生一系列演变的呢？

“整活”最早被直播平台上的东北主播作为开场白使用，通常表示主播要开始表演独特的才艺了。“整”是东北方言中常见的动词，因其用法宽泛，甚至被戏称“万物皆可整”，比如“整人”“整方案”“整事儿”“整几个菜”等等。“活”则有“绝活”的意味，指绝技、一般人办不到的事情。而事实上，主播们的“整活”通常是以低俗、夸张的表演引得观众发笑，这就使得这个词又有了哗众取宠的意思。东北方言的幽默风格再加上“整活”带来的感官刺激，使得这一词迅速流行起来。

随着时间的推移，“整活”不再仅限于低俗、谄媚的献艺，去除了哗众取宠的意味，只要内容能够超出大众预期、引起震惊，达到强烈的戏谑效果，都可称为“整活”。“整活”者的范围也从底层主播大大拓展了，谁都可以成为“整活”主体。比如“‘国家队’整活，演奏交响乐版的《射雕英雄传》主题曲，台下观众‘呼，哈’应和”，向来青睐高雅艺术的中国交响乐团竟然演奏了流行歌曲，台下的观众也一反沉默，发出了“呼，哈”的吼声，处处透露出不可思议，又处处使人获得精神上的愉悦感。

同时，“整活”又由“超出

预期”而引申出“干一项大事”的意义。比如“暑假最后一天开始整活,一天写完作业”“明天整活,从青铜连胜上王者”等等。在第一个语境中,“整活”指在短短一天时间内写完作业这项庞大的任务,又因“暑假最后一天”而使得这项任务迫切、紧急。第二个语境中,游戏玩家从最低段位“青铜”升到最高段位“王者”本就不易达到,而“连胜”的限定则使得这项任务难上加难。在上述语境中,“整活”更像是一种“明知不可为而为之”的宣言或激励自己的话语,同时又因为目标与能力的差距较大而具有戏谑意味。

“整活”范围的扩大是因为语素“整”“活”本身都具有模糊性,“万物皆是活”“万物皆可整”,这样的组合使得“整活”可以代指很多动作。而“整活”一词的口语化表达,又预示着轻松、非正式的场合。在这样的双重作用下,“整活”自然会成为应用范围广泛的网络用语。

随着“整活”的广泛传播,它的语体色彩也发生分歧,逐渐发展为具有褒义色彩的“整好活”、具有贬义色彩的“整烂活”。“整好活”继承了原先“整活”的正面戏谑效果,指“整活”超出了大众的预期,并获得肯定。比如“官方终于调整了机制,使得玩法更合理了,整了个好活”,对于这样的举动,大众往往回应“好活当赏”。相比于“整好活”,“整烂活”的语体色彩则由正面的戏谑转向表示不满与反感,比如某漫画因令人大失所望的结尾而引发争议,其作者被观众怒斥“拆官配、写死主角,简直是在整烂活”。

纵观“整活”这一网络用语的流行过程,可以看出现今社会大众的生活态度:所有的参与者都可以尽情参与“整活”,打破人与人之间的等级差别。原本高高在上的群体可以俯就大众的审美趣味,而底层群众亦可以展现自己的价值。但同时也要警惕,“整活”并不代表无下限地博取他人的眼球,否则会成为遭人唾弃的“烂活”。

今天的你“整活”了吗？是否把别人整乐了？有没有因为让别人获得欢乐而感到满足呢？如果正准备“整个活”的话，切记要“整个好活”！

“普信”——跑偏的自信

◎潘雨薇

“男人为什么明明看起来那么普通，却可以那么自信？”

2020年8月，脱口秀演员杨笠在脱口秀表演中的一句“那么普通，却可以那么自信”引发网络热议，“普信男”一词应运而生。

“普信男”是“普通且自信的男性”的缩写形式，特指那些样貌、收入、言谈、素养都很普通，但对自己的判定虚高，而对异性的要求特别高，有着迷之自信的男性。他们常常通过批判对方的不足，以彰显自己的优越感，整体呈现出一种跑偏的自信。该词一出，许多女性网友找到了共鸣，她们在互联网上晒出了自己遇到的“普信男”的经典语录，其中最常见的话术有：

“丫头，哥给你个机会让你得到我。”

“看到我照片了吧？怎么还是无动于衷呢？”

“头像是我，不满意？”

“你们女人就是口是心非。”

“头像是我，不满意？”这句话被认为是普信男最经典的一句话，表面上来看是说话者对于自我魅力的肯定，实际上是“普信男”最典型的特征：对自身外貌的不自知和盲目的自信。

而“你们女人就是口是心非”等话语则是自以为猜透了对方的心思，不顾对方的拒绝和反驳，这是“普信男”的另一个特征。他们往往想要控制他人的想法，使得对话朝着自己主观设想的方向进行，但归根到底仍然是盲目自信，过度以自我为中心的表现。

在“普信男”流行之后，“普信女”随之诞生。同样是“普通又自信”的缩写形式，“普信女”也对自己的外表太过自信，对异性的要求过于苛刻，幻想着自己被所有异性喜欢。以下为“普信女”的经典语录：

“你在克制对我的喜欢是吧？”

“那个男生老是在看我，是不是想要我电话？”

“别装了，偷看我那么多次，你就是喜欢我吧！”

“你们不要为了我吵架了，我没有那个意思啦。”

这些话说明“普信女”在社交关系中将自己看得过分重要，从而产生很强的表现欲，并因此产生误会。而“普信女”对于异性不合常理的高要求往往包括学历、家庭环境、经济条件等多个方面，我们可以用以下“普信女”的择偶标准作为一个例子：

1. 男生全日制研究生学历，硕士学位985或海外top1院校毕业，谢绝MBA/EMBA学位。

2. 男方父母限本科及以上学历，若学历不够请勿打扰。

3. 上海全款无贷商品房一套起步（限本人名下）。

4. 英语口语流利，六级分数600分以上，不符条件请勿搭讪，谢谢。

“普信”一词脱离性别话题之后，“普通却自信”的使用范围也开始逐渐扩大。一方面，它延续之前的用法，是对盲目自信且对他人要求极高的一类人的吐槽。另一方面，也有人用来进行自我调侃和自我定义，认为作为一个“普通却自信”的人挺好。例如：

“每次写论文和答辩的时候，我总是那么普通，却又那么自信。”

由此，不免使人思考一个问题：普通和自信有什么对立的地方吗？在对“普通却自信”进行探究之后，我们可以发现“普却信”其实并不等于普通人不能自信，而是明明很普通却表现得过于自信甚至自负。回看之前的“普信”语录，普通并不是什么过错，但身为一个普通人的自信应该建立在充分自知的基础之上，而“普信”人群被批判的原因也正是在于这类人的自信是在没有认清自己的前提下发生的，所谓的“普信”实际上是一种跑偏的自信，这种自信大多是通过攻击他人、抬高自己来实现的。

例如，格力电器公司董事长董明珠网络曝光率很高，经常有人在网络上对其外形以及私生活进行攻击，认为她“是个气质一般的老阿姨”“言语狂妄”“家庭生活不够圆满”等等。这些留言者便被吐槽为“普却信”，其实我们并不知道他们本身是普通还是优秀，但是他们面对别人，以居高临下的态度进行无端的贬低和评价，这就是“普信”的典型表现了。

盲目自信的人和真正自信的人是完全不同的两类人。对于个体而言，当我们拥有正确的自我意识和自我判断时，才能获得较高的价值体验，成为真正自信的人。不管是“普信男”还是“普信女”，愿我们都能正确地面对和接受自己的优缺点，客观地看待自己，成为一个即使普通也真正自信的人。

《“咸鸡脾饭”是什么饭》解疑

“脾”，读 pí 时，指脾脏。除该义外，“脾”还可通“髀”，读 bì，义为大腿。如《庄子·在宥》：“鸿蒙方将拊脾雀跃而游。”意思是，鸿蒙拍击大腿像小雀一样跳跃游乐。在粤语中，鸡腿常被称作“鸡髀”，也有人写作“鸡脾”。原来，菜单上的“咸鸡脾饭”就是咸鸡腿饭。

音节数目的表达功能

◎石毓智

汉语的音节数目有意思，数目不同，蕴含不同的意义，这突出表现在姓名的称谓上。用不好，就会造成误解，甚至带来麻烦。

我在武汉工作期间遇到这么一件事。有一年春节，我的一位男同事收到一张贺年卡，落名为“敏”。不巧，这张贺年卡被他太太先看见了，他太太起了疑心，就问：“这个‘敏’是谁？”这位同事学界的交往多，一时也想不起来是谁，嘀咕道：“这是哪个‘敏’呢？”太太更来气了：“啊，你还不止一个‘敏’！你一年到头出去开会，就是为了会这些‘敏’吧？”搞得一家人大年三十的饺子也没有吃好，春节过得别别扭扭。春节过后才搞清楚，原来是一个名字中带“敏”的上海男同行寄来的贺年卡。他为了图省事，弄得人家一家人都没有过好春节。

问题出在两个方面：一是“敏”是一个中性词语，男女名字都常用；二是单音节的称呼过于亲昵，只有很亲密的人之间才可以这样用，最常见的是恋人之间。

我有一位同乡朋友叫“许涛”，他告诉我他刚到美国读书时，感觉特别良好，因为班里的女同学都管他叫“涛”。他也纳闷，自己怎么一来美国就这么受欢迎呢？在国内也没有什么人对他感兴趣呀。不过，他很快就认识到，自作多情了，因为美国同学根本就意识不到汉语的音节数目还能表示亲昵度。以单音节命名的中国学生，都会遇到类似的困惑。假如一个女研究生叫“张静”，她的美国男导师一定会叫她“静”。不仅她自己听起来不自在，让别人听起来还可能误认为他们之间有暧昧关系呢。

上个世纪80年代后出生的一代人，很多人的名字是单音节的，这样不仅造成了大量的同名同姓现象，也在交际中制造了麻烦。我问“许涛”，假如一个中国的男同事管你叫“涛”，你什么感受？他的回答可能很有代表意义：“那我会出一身的鸡皮疙瘩，太肉麻了！”

是不是单音节的称呼一定让人感到亲昵？也不是的。这只限于名。叫姓则显得非常不礼貌，甚至让人觉得粗鲁。咱们中国人的姓在前，名在后。英美人跟咱们的习惯恰好相反，是名在前，姓在后。在美国，不论是同学之间，还是老师和学生之间，都是直接称名。很多中国学生入乡随俗，在中国叫“陈小二”，到了美国就叫“小二陈”，这样美国人就不会搞错，直接称他为“小二”。我这个人有点儿固执，不仅行不更名，坐不改姓，顺序也不变。所以就有一些美国同学叫我“石”。每次在校园里听到这样的称呼，都是一心的恼火，脚步都不想慢下来就走开，想找我帮忙，我也会找个借口推辞掉。但是，冷静下来想一想，这显然不能怨人家的，他们既没有汉语的耳朵，也感受不到单双音节在姓名称呼上的那种亲疏差别。

我在斯坦福的博士毕业证书上是“Shi, Yuzhi”，而不是“Yuzhi Shi”。书面语有标点，按照英语的书写习惯，姓在前就加一个逗号，这样别人就不会误解了。博士毕业时，斯坦福大学征询我们的意见，如何在毕业证书上打印名字，学生有自由选择权。我有三个选择：“Shi Yuzhi”，这个虽完全保留汉语习惯，但是容易被西方人误解；“Yuzhi Shi”，这是英语的习惯，但是给我一种更名改姓的感觉，不好；“Shi, Yuzhi”，两边都照顾到了，英美人觉得清楚，中国人看了顺眼。

单音节的名过于亲昵，是在汉语发展史上逐渐形成的。古汉语的情况并不是如此。请看《论语》中的一段对话。

子贡问："师与商也孰贤？"子曰："师也过，商也不及。"曰："然则师愈与？"子曰："过犹不及。"(《论语·先进》)

"师"是子张的名，"商"是子夏的名。现代汉语如果这样称呼，就听起来不自然了，但是这在两汉以前都是非常普遍的现象。

就拿我的名字来说，如果有人直呼"石毓智"，那就听起来很不客气。如果有人叫"毓智"，不远不近，正好。如果有人叫"毓"，那就过于亲昵了。在称呼名姓上，音节数目是有含义的。从这个角度讲，一个音节的姓，两个音节的名，这种起名方式最为合理。

把名字的语音形式轻化、弱化，用以表示亲昵，不少语言都是如此。大家都知道，微软公司创始人是比尔·盖茨，英语就是Bill Gates。我2010年到2011年在斯坦福大学访学期间，跟一位来自国内的朋友在校园里散步。斯坦福大学的计算机系傲立群雄，一直是全美第一。我们来到计算机系的"William Gates"大楼。我就跟这位朋友说："来，咱们在世界上最富有的人捐款的大楼前合张影。"这位朋友马上纠正："你看清楚了没有？这个人是William Gates，而微软的总裁是Bill Gates，两个不是一个人。"其实，Bill是William的昵称，日常交际中用Bill，正式场合还得用William。英语中的这些称谓方式相当普遍，比如James的昵称是Jim，Thomas的为Tom，Robert的是Bob，Michael的为Mike，Anthony的为Tony，等等。跟汉语不同的是，英语的昵称不限于朋友，熟识的人之间都可以这样称呼，学生称老师也是如此。

汉语的音节数目有特定的含义，而且在交际中相当常见，不注意就会闹笑话，出问题，甚至导致家庭的不和，所以不能掉以轻心。

应是“一气呵(hē)成”

◎崔子荣

2022年4月浙江卫视《王牌对王牌》第七季第八期中,北京电影学院表演学院王教授布置了一道情景考题,演员金靖第一个表演。金靖表演结束后,王教授点评:“金靖的表演很有时尚感,她设计得很好,可以说奇思妙想,演得节奏感也很好,而且一气呵成,非常有喜剧感。”王教授将“一气呵成”的“呵”读为了hā,错了,应为hē。

呵,本指大声斥责,《玉篇·口部》:“呵,责也。”如“呵斥”“诮呵”,其中的“呵”均为斥责之义。由斥责,又引申出呼喊之义,又引申可指笑声,如今常叠用作“呵呵”。“呵”还有呼气的意思,如“呵气”“呵手”,又如《关尹子·二柱》:“呵之即温,吹之即凉。”表示以上义项时,“呵”均读作hē。

“呵”也可读同“啊”,用作叹词和语气助词。如郭小川《春暖花开》:“呵,春天来了!春天的主人,不负春光好。”其中的“呵”为叹词,读ā。又如《西游记》第十三回:“母亲呵,他是唐王驾下差往西天见佛求

“笑渐不闻声渐悄”的“悄”怎么读

◎李可钦

春天的美，美在有情，这情里既有“寻春须是先春早，看花莫待花枝老”的酣畅之喜，也有“人在天涯，春在天涯”的浪漫洒脱……既有“有情芍药含春泪”的脉脉深情，又有“笑渐不闻声渐悄，多情却被无情恼”的怅然幽情……

这段话出自央视综合频道在2022年4月23日晚播出的

经者。”其中的“呵”是语助词，表示停顿，提示注意下面要说的话，读为轻声 a。

“一气呵成”字面意义即一口气完成，本来是指诗文的气势畅达，一次便写成，后来用来比喻整个工作没有间断，迅速完成。其中的“呵”是呼气的意思，应读为 hē。

王教授将“一气呵成”读作“一气 hā 成”，可能是将“一气呵成”误为“一气哈成”了。“哈”也有呼气的意思，比如“打哈欠”“哈了一口气”。但“一气呵成”是成语，不可随意改动。

《经典咏流传》第五季第三期的开场白，主持人撒贝宁将“笑渐不闻声渐悄”的“悄”读成qiāo，这值得商榷。

“笑渐不闻声渐悄”一句出自苏轼的《蝶恋花·春景》，全词如下：

花褪残红青杏小。燕子飞时，绿水人家绕。枝上柳绵吹又少。天涯何处无芳草。

墙里秋千墙外道。墙外行人，墙里佳人笑。笑渐不闻声渐悄。多情却被无情恼。

“悄”字可表示忧愁、忧伤的样子，如苏轼《后赤壁赋》：“予亦悄然而悲，肃然而恐。”也可表示没有声音或声音很低，如白居易《琵琶行》：“东船西舫悄无言。”《蝶恋花·春景》一词中的“笑渐不闻声渐悄”意思是佳人的笑声渐渐听不到了，四周渐渐没有了声音。其中的“悄”字表示的是静寂无声之义。

苏轼所填的词牌为《蝶恋花》。《蝶恋花》为双调，六十字，上下片各用四仄韵。有两种变体，一种变体韵脚不变，上下片仍各为四仄韵。另一种变体为前段五句两叶韵、两仄韵，后段五句四仄韵。《春景》韵脚依次是：小、绕、少、草、道、笑、悄、恼。细看“悄”字以外的韵脚，都属仄声字。从词牌押韵的角度来说，“悄”也应是仄声字。

“悄”字在《广韵》中为“亲小切，上小，清”，是上声字，仄声。古代的上声字大多数变为了今天的第三声。1985年12月发布的《普通话异读词审音表》审订了“悄”的普通话读音。普通话中的“悄”有两个读音。读qiāo时，主要用于叠声词“悄悄”。读qiǎo时，《审音表》举“悄默声儿的”为例。现代汉语中常用的词语，如“悄声”“悄寂”等都读作qiǎo。“笑渐不闻声渐悄”的“悄”并未叠用，应该读qiǎo。

不论从古诗词押韵，还是现代汉语的规范角度来看，“笑渐不闻声渐悄”的“悄”都应该读作qiǎo。

编校差错扫描(四十七)

◎王　敏

"吮"嘬口吸"允"点头

【**错例**】尝试几次之后，宝宝就学会吸允乳汁了。

【**简析**】"吸允"应为"吸吮"。"允"，音yǔn，甲骨文为，象形字，从人。有学者认为，象人头顶有标志之形，其本义不详；也有人认为，象人点头表示信服之形，其本义为"信"。《字源》认为："信，为确实之义。甲骨文允字习见，皆用为确实之义……允字用为'确实'之义是商周时代已经通行的词义，而且是最早的词义。""允"金文为，形体上部向"目"(yǐ，"以"的异体字)讹变，战国文字上部讹变更明显。其下部"人"后讹为"儿"，小篆字形是形声字，"从儿目声"(《说文解字》)。隶变后，"目"又讹为"厶"，如今楷化，以"允"为规范字形。"允"字古今形体变化大，其构字理据与本义理解说法不一，但一般认为其本义即诚信，如《说文解字》："允，信也。"《尔雅》："允，信也；允，诚也。"由此引申指公平、得当。《玉篇》："允，当也。"如"平允""公允""允当"。又引申作动词，表示答应、许可，如"允许""应允""允诺"。"吮"，音shǔn，形声字，从口允声，本义指聚缩嘴唇吸、嘬(zuō)吸。《说文解字》："吮，欶(shuò)也。""欶，吮也。"二字互训转注，特指聚唇含吸。如"吮乳""磨牙吮血""吮痈舐痔"。"吸吮"即"吮吸”，就是含着吸。“吸”与“允”含义相去甚远，无法搭配成词，大概是“吮”误读成“允”才错成“吸允”的吧。

“氙”气发光“疝”病痛

【错例】据说，安装疝气大灯是当今车灯的流行趋势。

【简析】“疝气大灯”应为“氙气大灯”。“氙”，音 xiān，形声字，从气山声，化学用字，本义指一种稀有气体元素，符号Xe，原子序数54。这种气体无色无臭，惰性，能吸收X射线，100升空气中约含氙0.0087毫升。它具有极高的发光强度，能用来填充光电管、闪光灯、氙气高压灯。“疝”，音 shàn，形声字，从疒（nè）山声，本义指腹痛。《说文解字》：“疝，腹痛也。”后泛指体腔内容物向外突出的病症，亦指生殖器部位或腹部剧烈疼痛兼有二便不通的病症。《素问·长刺节论》：“病在少（小）腹，腹痛不得大小便，病名曰疝。”如今“疝气”通常指腹股沟部的疝。因小肠通过腹股沟区的腹壁肌肉弱点坠入阴囊内而引起，症状是腹股沟凸起或阴囊肿大，时有剧痛。也称小肠串气。与普通汽车前照灯相比，氙气大灯寿命长，能耗低，更重要的是，其光照范围、光照强度更大，显著提高了驾驶的安全性和舒适性。“氙”“疝”字形接近而音义迥异，“疝气大灯”显然是错误的。

心神不定称“惴惴”

【错例】为什么越是忙忙叨叨，越是揣揣不安？

【简析】“揣揣不安”应为“惴惴不安”。“惴”，音 zhuì，形声字，从心耑声，本义指忧愁恐惧，形容词。《说文解字》：“惴，忧惧也。”如“惴恐”即恐惧，“惴悸”即惊惧，“惴栗”即恐惧发抖。“揣”，音chuǎi，形声字，从手耑声，本义指度量高，动词。《方言》：“度高曰揣。”如《左传·昭公三十二年》：“士弥牟营成周，计丈数，揣高卑，度厚薄，仞沟洫。”杜预注：“度高曰揣。”“度深曰仞。”由此引申泛指度量、衡量。《说文解字》：“揣，量也。”段玉裁注：“量者，称轻重也。”如《晋书·愍怀太子传》：“使人屠酤（gū，卖酒），手揣斤两，轻重不差。”进而引申指估量、忖度，如“揣度”“揣测”。“揣”又读chuāi，意思是怀藏、往里塞，如“怀揣尖刀”。“惴惴”指又愁又怕貌，如《诗经·小雅·小宛》：“惴惴小心，如临于谷。”“惴惴不安”形容因担忧或害怕而心神不定的样子。“揣”是动词，无论读chuǎi还是chuāi，“揣揣不安”都是说不通的。

“甑”是蒸器“甄”是挑

【错例】怎样甑选合适的员工（标题）

【简析】“甑选”应为“甄选”。“甄”，音zhēn，形声字，从瓦垔（yīn）声，本义指制作陶器。《说文解字》：“甄，匋（陶）也。”段玉裁注：“匋者，作瓦器也。”作名词指制作陶器所用的转轮。《后汉书·郅恽传》：“甄陶品类。”李贤注：“甄也者，陶人旋转之轮也。言天地造化品物，如陶匠之成众品者也。”由此引申指化育、造就。如《后汉书·班固传下》：“孕虞育夏，甄殷陶周。”选拔、挑选是后起义，如“甄别”“甄拔”。“甑”，音zèng，形声字，从瓦曾声，本义指蒸食炊器，其底有孔，放在鬲（lì）上蒸食物。古用陶制，也有以青铜制的。《说文解字》：“甑，甗（yǎn）也。”如今的“甑子”指蒸饭用的木制桶状物。“甄选”即挑选，与蒸食炊器无关，误成“甑选”语义不通。

从英译视角准确理解“社会面清零”

◎陆建非

什么叫“社会面清零”？“社会面清零”是一种疫情防控状态，是指发生本土新冠疫情后，实现社会面不出现阳性感染者，疫情社区传播风险得到有效控制。这里的“社会面”是相对于隔离管控区和闭环管理场所而言的。

在对外宣传和交流中，“社会面清零”怎么切换成外国人听得懂的语言呢？在阅读外媒报道过程中，我们发现国外记者的理解未必精准，常将“社会面”理解为“社会层面”，因此英语的切换时常出现较大偏差。例如英国广播公司（BBC）在4月9日的报道中说：

In the north-eastern Jilin City, officials there said that the city had reached “Social Zero Covid” after 33 days of lockdown.（在东北部的吉林市，当地官员表示，该市在封锁33天后已进入社会面清零状态。）

记者把“社会面清零”简单地译成“Social Zero Covid”（即“社会零新冠病例”），没有任何解释性的说明，其中“social”的含义不甚明了。

美联社（Associated Press）在4月9日的报道中提及4月5日孙春兰副总理在上海调研指导疫情防控工作时的一句指示：“更快速度更大力度推进，为社会面清零提供有力支撑。”美联社的译文是这样的：

We need to move forward faster and harder to provide strong support for the elimination of cases in society.

“elimination”义为消除、除去。“社会面清零”对应“the

elimination of cases in society"(直译即"对社会上的新冠病例的消除")。显而易见,这一译法把"社会面清零"的范畴扩大了,"in society"的说法过于泛化。

相较而言,中国媒体的理解和翻译就相当到位和清晰。例如,吉林省吉林市在4月8日实现社会面清零。中国日报网(China Daily)4月8日对此做了报道,报道的标题为"Jilin City Hits Zero-COVID Status at the Community Level(吉林市新冠疫情防控达到社区清零水准)"。此处的"community"抓住了"社会面清零"概念的核心含义,即"阻断社区传播"。具体说来,"community"指的就是居住小区、街镇、自然村或单位、公共场所等。

又如4月8日新华社也刊发了一篇英语报道,题为:"Northeast China's Jilin City Halts Community Transmission of COVID-19"(中国东北部的吉林市阻断了新冠病毒的社区传播)。其中,将"社会面清零"译作"halt community transmission of COVID-19"(阻断新冠社区传播),"halt"义为中断,"community transmission"意思是社区传播。该文说:"Jilin City, northeast China's Jilin Province, on Friday announced that it has cut off all COVID-19 transmission chains in communities, based on the results of its latest citywide nucleic acid testing."(位于中国东北部吉林省的吉林市周五宣布,根据全市最新核酸检测结果,全市已切断了新冠病毒在所有社区的传播链。)其中以"cut off all COVID-19 transmission chains in communities"(切断了新冠病毒在所有社区的传播链)对应"社会面清零","cut off"即切断,"transmission chains"即传播链。

"社会面清零"后,新病例一般出现在封控场所(locked-down area)之内。所以,"社会面清零"也可翻作"zero-COVID cases outside the locked-down area",即封控区以外零新冠病例。

赵国究竟亡于何时

◎胡锦珠

《秦灭六国示意图》局部

高一阶段，部编人教版高中语文教材必修下册选入了宋朝文学家苏洵的《六国论》，教材对“李牧连却之”的“李牧”这样注释：

赵国大将，曾几次打退秦军。前229年，秦将王翦攻赵，李牧率兵抵抗，赵王中了秦的反间计，杀李牧。第二年，王翦破赵军，虏赵王，灭赵国。下文的“邯郸为郡”即指秦灭赵，把赵国都城邯郸一带改为秦的邯郸郡。

这个注释显然认为：赵国在公元前228年灭亡。

可是在高二阶段，部编人教版高中语文教材选择性必修中册在《过秦论》一文里配了张《秦灭六国示意图》，图片中提到赵国灭亡的时间——“公元前228年破邯郸，赵公子嘉迁至代”，“公元前222年灭赵”，此说显然认为赵国是在公元前222年灭亡的。

对于赵国灭亡的时间，两本教材说法不一。

历史记载，战国七雄之一赵国，其开国君主赵烈侯为晋大夫赵衰的后代，与魏、韩三家分晋。前403年被周威烈王承认为诸侯。建都晋阳，后迁都邯郸。邯郸于前228年被秦军攻破。赵国的大夫们逃到代，共同拥立赵嘉。前222年，秦军攻灭赵代王嘉。

《六国论》里显然把赵都城被攻破、赵王被俘虏作为赵国灭亡的依据。而《过秦论》的配图则把“赵公子嘉迁至代”作为赵国的延续，秦军攻灭赵代王嘉作为赵国灭亡的标志。

那么，赵国究竟灭亡于什么时候呢？这是史学家研究的课题。一个国家灭亡的标志是什么，究竟何时灭亡，我们中学语文教师不敢贸然置喙。但作为编写教材的各路专家应该有所取舍，统一认识，不能互相矛盾，不仅应该在部编人教版语文教材里保持一致，最好也与其他相关的教材——比如历史教材——保持一致。

人教版高一历史必修一《历史》第一单元第2课“秦朝中央集权制度的形成”里有段文字提及秦灭六国的顺序：

秦国经过商鞅变法，政治、经济、军事实力日益强大，先后灭掉韩、赵、魏、楚、燕、齐六国。

韩国于前230年为秦国所灭，魏国于前225年被灭，可见历史课本认为赵国是于前228年灭亡的，也即认同《六国论》中的说法。

语文教材包罗万象，涉及面广，难免个别地方会有考虑不周的情况。但作为教材，要自成系统，相关叙述应该前后一致；同时，还要兼顾其他学科，比如历史，要做到结论一致，不能互相否定。对于赵国灭亡的时间，不能“公说公有理，婆说婆有理”，否则，广大中学语文教师就面临“神仙打架，百姓遭殃”的尴尬，不好向学生解释。

由新出战国楚简看“扁”的转型

◎刘志基

《说文解字·册部》:“扁,署也。从户、册。户册者,署门户之文也。”“从户、册”的构形,小篆表达得很清晰:

什么叫“署也”? 王筠《说文句读》:“题署也。”与“从户、册”的构形分析结合起来看,“扁”就是把“户”作为“册”,在其上题署文字。在门户上题字这种人类文化活动,居然造就“扁”字的构形意图,表明这种文化具有非常强大的影响力。门户,作为人们居所的出入口,自古以来便得到人们的特殊关注和对待。其中很重要的一点便是以门户作为居住者身份地位或贤才善行的标志。这种情况,只需要对一些涉及“门”“户”的字词稍加分析,便可一目了然。

“阅”有“观看”义,故可与“览”复合成词,而它却是一个从“门”、“兑”声的形声字,也就是说,“门”是“阅”唯一的表意符号。门有什么可看(阅)的呢? “阅”字古义中一个义项大有启发意义。《玉篇·门部》:“在左曰阀,在右曰阅。”这个“阅”,指的是古代官宦人家立在门右的一种柱子,柱子上记述着门内居住者的功名地位。显然,在等级森严的古代社会,这个“阅”是最需要观览的:自己的阅要让别人看,否则或许会让别人看低了自己；别人的阅更须仔细看清，否则便不知该用何种态度去与对方交往。因此，“阅”就有了其“观看”意义发生的必然性。与此相类，和“阅”左右相对的“阀”也有了“功绩”“门第”之类意义。

当然，“阀”“阅”之所以可以表示人的功名等第，根源于它依附于门，故“门”便有更充分的理由表明人的功名等第：“门第”“门次”，指人身份地位的高低贵贱，而其字面意义分明是“门的等第”“门的等次”。由此可见，人的等级总是要显现在门上的，于是，“门面”一词表示“体面”，“门表”一词表示“名声”，“门著”则表示权贵人家。

“门”的这种意义的发生，是有上古时代社会现实的依据的。按照先秦文献的记载，人们居室建筑的门户是因居者身份地位的不同而有形制差异的，就拿宗庙之门来说，天子五门——皋、库、雉、应、路；诸侯三门——库、雉、路；大夫二门——大、中。（参见孙诒让《周礼正义》）门户的此种象征意义，甚至可以将这种建筑附件从建筑中分离出来，成为独立的建筑形式，那便是古代社会中寻常可见的功德牌坊——它们尽管并不与居室相连接，却也要造成门户的形态。

很显然，“扁”的上述意义与其后来的通行意义似乎很不搭界，它究竟是怎么转型的呢？新出的战国楚简中出现了更早的“扁”字，提供了值得注意的线索。

清华简十《四告》16简：“𣎆卲（昭）𡘍（祷）𢓊（任）”。“𣎆”字被学者认为是新蔡简（零115、22）“𦣻”，即从“首”从“册”的“扁”之变体，上部从“自”，乃“首”之讹。两字原形如下：

这个新见的“扁(𩠐)”的会意偏旁之所以是“首”而不是“户”,是在强调“扁”之册题于门堂之额首。这就更加精准定位了门户上题署的位置。

“扁”既然用以彰显荣耀,就需要附着于门户中最为醒目的地方,这正是“𩠐”所强调的。后来的成语有“光耀门楣”,也正表明这个意思。

门额之上这个“册”形状不免特殊:在下须有一定高度的通道以便人出入;在上则有屋檐覆盖。根据居住的适度需要,屋檐高出门楣的距离不会太大,故门额上的“册”也便不得不形成横宽竖窄的扁状。相对于正常的“册”,这种“扁”不免畸形,于是不断刺激着文字使用者的神经,激发出“扁”的“横宽竖窄”的形状意义。由于“扁”的这种文字书写形式蔚然成风,后又出现了“匾”这种扁形题字横牌。然而,“匾”这个词,最初也是径直由“扁”字来记(洪迈《容斋随笔》卷八:“遂粉刷一扁,妄标曰‘通应庙’”),“匚”是后来才加上的。匾虽然不必挂在门楣之上,但却总是保持着门楣之上横宽竖窄的形状。这种束缚当然来自自夸,作者固然自喜,但在观者眼中,一般则不免是要被看扁了的。

《真正的勇敢》参考答案

1. 招聘启示——招聘启事
2. 参予——参与
3. 伯钟之间——伯仲之间
4. 面漏难色——面露难色
5. 怂勇——怂恿
6. 腊像——蜡像
7. 费话——废话
8. 即然——既然
9. 这分——这份
10. 肓目——盲目

真正的勇敢

（文中有十处差错，你能找出来吗？答案在本期找）

◎林 辰 设计

公司想要招一名销售经理。发出招聘启示后，有三四十人参予了面试。经过两轮面试，最终三人留下。三位的学历、能力都在伯钟之间，人事部门一时难以做出判断，便决定请总经理亲自加试一场。

第一位面试。总经理让他去隔壁拿一串钥匙。他走到门前，发现锁着，无法进去。面试者回头看着总经理，面漏难色。总经理提示他：“我们需要有勇气的员工，为了证明你的勇敢，撞开它吧！”面试者一鼓劲儿撞开了门，拿到了钥匙。

第二位面试。总经理让他把一杯污水泼到正站在房间角落里的“清洁工”身上。看面试者犹豫，总经理怂勇他：“快泼吧，为了证明你的勇敢！”结果面试者把污水泼了“清洁工”一身。总经理解释道：“那是一个腊像。”

第三位面试。总经理让他去打一下正坐在一旁的员工。面试者低声说：“这样不好！”总经理催促他：“为了证明你的勇敢，快打！”“但这样做是不对的！”面试者的声音提高了一些。“别费话，让你打就打！”总经理板起脸，语气不容置疑。“不能这样做！”面试者直视着总经理的眼睛吼。“让你做什么就做什么！”总经理也吼。“即然这样，我不要这分工作了，再见！”面试者转身就走。

“等等！”总经理快步上前握住他的手，说，“你被录用了！”

不分对错，盲目听从错误的指令，这并不是有勇气的体现；而坚持真理，勇于与错误对抗，才是真正的勇敢！

看图说话

“馅饼”“陷阱”莫相混

张震东

日前，笔者在某小区围墙上看到一幅反诈骗公益广告，写有“陷阱不会天上掉，骗子偏爱贪财人”的宣传语。仔细想想，问题来了，常说的不是天上不会掉“馅饼”吗？

陷阱，本指诱捕猎物用的坑，比喻使人受骗上当的圈套。如今各种骗术花样繁多，一不小心就会着了道，以“陷阱不会天上掉”作为反诈骗的宣传语，完全起不到反诈骗的警示作用，令人摸不着头脑。广告显然是混淆了“陷阱”与“馅饼”。

俗语“天上掉馅饼”，指馅饼自己从天上掉下来，比喻不费吹灰之力而得到好处或坐享其成。也作“天上掉馍馍”“天上掉肉包子”等。上述广告中的“陷阱”改为“馅饼”就对了，“馅饼不会天上掉”就是提醒人们警惕不劳而获的错误想法，以免上当。

图中差错知多少？

郝晶磊 张仙权 杨昌俊 龙启群 提供

（答案在本期找）

校园所有区域不能抽烟，为了您和家人的健康请自觉蹲守，谢谢配合！

1

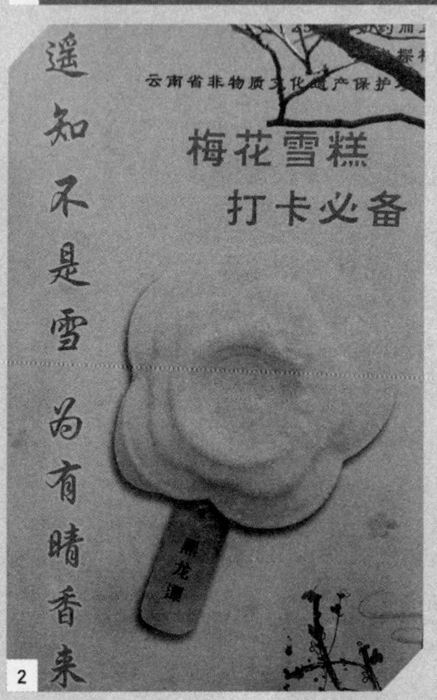

2

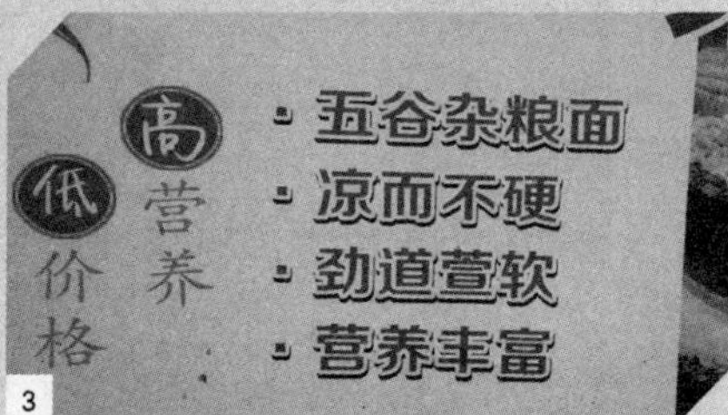

3

4

微信公众号

邮 政

淘 宝

微 店

电子版

ISSN 1009-2390

9 771009 239227 07

YAOWEN-JIAOZI

咬文嚼字®

2022.08

蛋挞

西式点心，用鸡蛋、糖、奶油等制成，呈小碟状。主要原料是鸡蛋，故曰“蛋”。“挞”为英语“tart”的音译。英语中，馅料露在外面的馅饼称“tart”，馅料密封在内的称“pie”（中文音译成“派”）。蛋挞的馅外露，故曰“tart”。

上海世纪出版集团
欢迎至邮局订阅本刊 邮发代号 4-641
国内统一连续出版物号 CN 31-1801/H
定价：6.00 元

广角镜

学习强国开设"每日咬文嚼字"专题

2022年7月5日，"每日咬文嚼字"专题在学习强国平台上线。"每日咬文嚼字"专题每天推送一篇《咬文嚼字》的文章，大致分为三类：一为新词新语，二为辨字析词，三为纠错指谬。专题文章受到了读者的欢迎。

"每日咬文嚼字"可在学习强国首页搜索查找，也可在手机端首页推荐栏和"文化－中华文字"栏中找到。

“所有荣誉都不是给我个人的”

袁　棠 / 文　臧田心 / 画

李延年，1928 年出生，1945 年入伍，参加过解放战争、抗美援朝战争、边境防卫作战中的大小战斗 20 多次，立功若干次。2019 年 9 月 17 日，国家主席习近平签署主席令，授予李延年“共和国勋章”。李延年感慨地说：“所有荣誉都不是给我个人的，而是国家对所有烈士的褒奖。”

咬文嚼字®

2022年8月1日出版

8

总第332期

主管：上海文艺出版总社
主办：上海文化出版社
编辑、出版：《咬文嚼字》杂志社
集团网站：http://www.shwenyi.com
E-mail：yaowenjiaozi2@163.com
官方微博：
http://weibo.com/yaowenjiaozish
电话传真：021-64330669
发行电话：021-53204165
邮购电话：021-53204211
地址：上海市闵行区号景路159弄A座3楼
邮政编码：201101
发行：上海市报刊发行局
发行范围：国内外公开
订阅处：全国各地邮局
邮发代号：4-641
ISSN 1009-2390
CN 31-1801 / H
印刷：上海中华印刷有限公司
印厂电话：021-60829062
021-60299079
定价：6.00元

大数据里的“时空伴随”

◎高丕永

两年多来,我国坚持“外防输入、内防反弹”总策略和“动态清零”总方针,越来越多地借助高科技力量,做到科学精准防控。2021年下半年,在阻击潜伏期更短、传播力更强的德尔塔变异毒株的过程中,在运用机器学习、大数据算法、数据可视化等整合起来的高科技手段时,新造了“时空伴随”和“时空伴随者”这两个词。请看下面的例句:

(1)如果真有“时空伴随”情况或有相关疑问,及时报告并主动进行核酸检测。这是对自己负责,也是对社会负责。(《北京日报》2021年11月19日)

(2)成都市疫情防控指挥中心称,“绿码”变“黄码”,您可能是时空伴随者,有时空伴随风险。(《都市快报》2021年11月7日)

(3)时空伴随需要综合时间维度和空间维度,所以目前主要依靠的是电信运营商的移动电话基站信号数据。(《重庆科技报》2021年11月18日)

(4)时空伴随者不是一个医学概念,没有明确的定义,是以大数据为基础,但是不能滥用。不能因为跟楼下N层的人有过时空伴随,就成了风险人群。我们的流行病学调查,还是要在还原轨迹基础上作出判断,科学精准排摸和分析。(《中国新闻周刊》2021年第46期)

以上例句里的抗疫新词“时空伴随”,其词义不可能是“时间和空间(时空)”和“陪伴

（伴随）”的简单相加。那么，“时空伴随”指什么呢？2022年3月25日下午，在国务院召开的联防联控机制新闻发布会上，中国疾控中心流行病学首席专家吴尊友这样回答记者有关的提问：“时空伴随”，一般是指在过去的14天内与新冠确诊患者在同一个时间和同一空间内有过交集。有过这种交集的，可能被认定为时空伴随者。我们发现“时空伴随者”的主要目的，是最大限度地把有可能感染的人及时找出来，这样使得我们的整个防控工作提前提早，把我们的防控窗口前移。

在这次新闻发布会上，吴尊友还说：“‘时空伴随’，还叫做‘时空交集’。……对已经确定的‘时空伴随者’或‘时空交集者’，还需要进一步对他的风险进行研判，主要看他交集的方式、距离和可能存在的风险。如果已经确定了不是密切接触者，也不是次密切接触者，就不具有感染的风险。”除了用得比较少的“时空交集”，“时空伴随”的同义词还有同样用得比较少的“时空重合”“时空交叉”等。比如：“在许多地方发布的信息中，时空伴随、时空交叉、时空重合都统一作为一个名词进行解释，但各地发布的定义内容却不太统一。”（《广州日报》2021年11月6日）

“时空”和“伴随”这两个词，新冠疫情暴发前一般不会连缀成“时空伴随”使用。然而，用于防控疫情后，“时空伴随”还产生了比喻义“虽然见不到面，但仍可以有交集、交流等”。比如：“那些写作总会让你体验到，人在任何地方、任何处境下，都可与古人呼应的、那种奇妙的‘时空伴随’……”（《解放日报》2022年6月12日）

“叨窃”的“叨”不读dāo

◎夏斯斯

《风起陇西》第1集中，诸葛亮首次北伐，马谡怠于布防失了街亭，致使蜀军铩羽而归。回到成都，诸葛亮引咎上疏，自请降职三级，向蜀主刘禅进言说：“臣本庸才，叨窃非据，亲秉旄钺，以励三军……”（原文显示于屏幕左侧，屏幕下方字幕则显示对应的白话释文）此处，演员将“叨窃”读成了“dāo窃”。

“叨”是个多音字。在表示话多之时，读dāo，如叨念、叨唠。“叨”还同“饕”，意思是贪婪，读tāo，如贪叨、叨冒。后来引申为对承受他人恩惠表示感谢的谦辞，类似于“忝”。比如叨光，即沾光，多用于因受到好处而表达谢意；叨扰，即打扰，是谢人款待的客套用语；在受人宴请时，可以说“叨陪末座”，客气地表达沾光陪侍之义。这些“叨”都读tāo。

“臣本庸才，叨窃非据”这段话出自《三国演义》，其实是对《三国志·蜀书·诸葛亮传》里记载的诸葛亮所写的《街亭

“擢”该读什么

◎李可钦

电视剧《医圣》第36集中，张汤极力向皇帝推荐刘炽担任郎中令，皇帝说：“好，既然张大人力荐，朕就准了，就给这个刘炽一个机会，封刘炽为郎中令，等他建立功勋之后，朕会亲自考虑对他再行擢升。”演员将“擢”读成yào，错了。

擢，读音为zhuó，形声字，从手翟声。本义为抽引、拉拔，如擢发难数（拔下全部头发，难以数清，形容罪行多到数不清）；引申有选拔、提拔、提升、撤去等义。擢升，即提升、提拔。如《旧唐书·马周传》：“自古郡守、县令，皆妙选贤德，欲有擢升宰相，必先试以临人。”电视剧中，皇帝想表达的就是提拔的意思。

“擢”和“耀”，两字的声旁都为“翟”，而“耀”字更加常用，剧中演员依“耀”类推，所以才会把“擢”字错读成了yào。

自贬疏》略做了改动，原文是“臣以弱才，叨窃非据”，意思是臣凭借着浅薄的才能，窃居着不该占据的高位。“叨窃”谓才力不胜任而据有其位，用在此处为诸葛亮的自谦之语，既对此前受到刘禅的信任、担任北伐主帅而心存感谢，又因为街亭之失而心怀愧疚。

“叨”只有在表示没完没了地说话时才读dāo，而“叨窃”与这层意思毫不搭界。

温暖人心的“治愈”

◎刘明奇

先看两个例子：

（1）宫崎骏电影《崖上的波妞》很治愈——网友看完点映感慨：小时候只觉得好看，长大后再看泪流满面（标题，《扬子晚报》2020年12月25日）

（2）感觉自己病了，病得还不轻。朋友说，去大自然中走走吧，大自然有天然的治愈功能。（《舟山日报》2022年3月31日）

例（1）（2）“治愈”都是“心灵上得到抚慰”的意思，这和传统意义的“治愈”不同：传统意义的“治愈”是“经过治疗恢复健康”，其对象是身体或精神的某些疾病；而当前流行的“治愈”，其对象是心灵或心理的某些创伤。

现在流行的“治愈”源自日语“癒し（iyashi）”一词。上世纪九十年代，日本的泡沫经济轰然坍塌，自然灾害接踵而至，使日本国民陷入一种身心俱疲的绝望之中。“治愈”一词逐渐由原本的宗教或医学层面治疗病痛的概念，引申指心理创伤的恢复、压力的排解和疲劳的消除等方面。

“治愈”借用到汉语以后，有动词和形容词两种用法。“治愈”带宾语，是动词用法，意义是“抚慰”。例如：

（3）一路成长，我们要经历各种各样的事情，要抵抗孤独、失落、失去，只有调整，才能治愈自己。（《邯郸晚报》2021年4月13日）

（4）对常先生来说，医院在他最需要帮助的时候伸出援手，不仅治疗了他身体的疾病，更治愈了他的心灵。（《柳州日报》2022年3月9日）

“治愈”可以被“很、太、非

常、特别”等程度副词修饰，是形容词用法，意义是“得到抚慰的、温暖人心的”。例如：

（5）影片上映果然没让观众失望，有哭有笑有感动很治愈。（《半岛都市报》2019年11月30日）

（6）网友们表示，看着象群午睡实在是太可爱，太治愈了！（《南方都市报》2021年6月21日）

“治愈”的流行，是日源流行语在青少年群体中盛行的大背景下出现的。大量新鲜出炉、反映新生事物和新概念的日源词，如“正太”“热血”“苦手”“民宿”等，由于可以满足年轻人对于语言求新求变的心理，能够更贴切地表达他们的生活状态和心理情绪，因而较容易进入汉语。

当前流行的“治愈”和传统意义的“治愈”表面上有联系，但语源上并不相同，两者是同音词，不是多义词。传统意义的“治愈”指身体或精神上的疾病经治疗而恢复健康，属于动结式短语，就像“打倒、吃饱、看见、骂哭”等，由“动作+结果”组成，这类动结式词语很难发展出形容词用法。当前流行的“治愈”指心理上的创伤得到抚慰、压力得到释放，它在句中可以充当谓语，有形容词的用法。

表面有联系、语源不相同的同音词在汉语中并不多见，但也有一定数量的存在。如“站”，“站立”的“站”和“车站”的“站”表面上有联系，但语源不同，前者是汉语自源的，后者是从蒙古语借用来的。再如“酷”，“酷热”的“酷”和“酷毙”的“酷”表面上有联系，语源也不同，前者是汉语自源的，后者借自英语的cool。“治愈”的出现，给汉语这一类同音词增添了新成员。如今生活节奏快，处在激荡的旋涡中，人多少都积累了些许压力。我们需要心灵慰藉、人文关怀，以抚平情绪、排解压力、积蓄力量。在这样的社会需要下，“治愈”必将在汉语词汇系统中稳固存在下来，成为温暖人心的力量。

“国风国潮”正流行

◎李昕颐

近年来，在民族文化复兴的背景下，“国风国潮”成为当下的流行元素。具体表现为，荧幕上开始流行“国风国潮”类歌舞、综艺节目，时尚界流行“国风国潮”穿搭，各领域产品只要打上“国风国潮”的标签，就容易大卖。

“国风”一词，最早出现在《诗经》中，是《诗经》的一部分，主要描写民间的世俗生活。而今“国风”被赋予了新的内涵，指建立在中国传统文化基础上，蕴含大量中国元素的艺术风格和生活方式。例如：

（1）转身至新天地时尚中庭，流动的斑驳花影构成一座“新运花市”，徜徉其中邂逅插花、扇面装饰画等限定体验，既是国风艺术美学享受，又可体验浓浓年味。（《天水晚报》2021年2月22日）

（2）国风节目的再度出圈让越来越多的人爱上了中华优秀传统文化、看到了舞蹈艺术之美，观众的审美水平也在视听享受中得到了提高。（《安庆日报·岳西周刊》2022年2月23日）

例（1）“国风艺术美学”即中国传统审美下的艺术美学；例（2）“国风节目”指表演中国古典舞蹈的综艺节目。

“国潮”一词是随着中国风文创产品的流行而出现的。“国潮”即中国潮流，指建立在中国传统文化基础上，兼具中国元素与现代风格的潮流、风格、设计等。例如：

（3）青年演员八日在长沙表演“国潮”京剧，将传统京剧与流行音乐相结合，用全新的方式传承和推广传统文化。（《澳门日报》2020年8月9日）

（4）国风服饰、国潮海报……许多品牌因“国潮”之名，散发出盎然生机，在消费市场上激荡起了一股新潮流、新风尚。（《东方烟草报》2019年

12月22日）

例（3）"国潮"京剧即传统京剧与流行音乐相结合的新潮京剧；例（4）"国潮海报"即兼具中国元素和现代设计风格的海报。

"国风"和"国潮"也存在差异，"国风"侧重表现纯粹的中国风格，"国潮"侧重表现中国元素与现代风格的结合。例如：

（5）在综艺节目"国风美少年"掀起的国风热潮下，古琴也有回暖之势。（《武进日报》2019年4月11日）

（6）这版哪吒和之前的《哪吒之魔童降世》世界观和影像风格完全不同，影片把时代背景放在封神之战3000年后的现代都市，画风走"国潮"路线。（《北京日报》2021年1月14日）

例（5）"国风美少年"指将中国传统文化融入歌、舞、奏、演等表演形式的年轻人；例（6）"国潮"路线指影片画风走现代气息与中国元素结合的潮流路线。

"国风""国潮"在使用中又发展出指代的用法。例如：

（7）今年的跨年晚会整体上出现了一个明显的转变，即"流量明星"少了，国风、国潮、艺术家等多了。（《中国教育报》2022年1月11日）

（8）事实上，荧屏上的国风国潮能够蔚为大观，离不开全社会显著提升的文化自信。（《文汇报》2021年4月9日）

例（7）"国风、国潮"指代跨年晚会上具有中国传统特色的节目，例（8）"国风国潮"指代荧屏上表现中国传统文化并具有中国元素的影视节目。

"国风""国潮"的流行原因主要有以下两个方面。一是文化自信的回归。在传统文化复兴的背景下，有着强烈中国风格的"国风""国潮"，符合当下国人的审美心理，因此得到人们的重视与喜爱。二是和现代汉语双音节词占优势有关。"国风""国潮"由两个音节构成，实际上是"中国风""中国潮"的双音化，两个音节比三个音节更容易在现代汉语词汇系统中稳固存在，因而有利于“国风”“国潮”的传播和流行。

“国风”“国潮”来自传统，面向未来，以传统文化为基调不断开拓创新，因而在社会生活中焕发着勃勃生机。

“加鸡腿”，更有活力

◎胡　颖

“加鸡腿”，本义是在正常的餐食中额外加上鸡腿。例如：

（1）2000名环卫工的环卫节：服务全运会，中午加鸡腿（标题，《济南时报》2009年10月27日）

例（1）是文章标题，根据文章内容，在全运村担任保洁任务的胡师傅每天早晨4点就要进入全运村，晚上11点才能出村，一天三顿都是工作人员送的盒饭，只有吃饭的时候才能坐在路边休息一会儿，其余时间都要在道路上清扫、捡拾垃圾，胡师傅说：“今天过环卫节，所长说给我们加餐，中午每人一个鸡腿！”这里的“加鸡腿”就是本义用法。

“加鸡腿”是一种“增加利益”的行为，当增加的利益从鸡腿扩大到其他，“加鸡腿”的词义就出现引申，引申义为“增加利益”。例如：

（2）快递小哥“加鸡腿”，寄东西要涨价吗？（标题，《南方都市报》2017年5月18日）

（3）给民营中小企业“加鸡腿”（标题，《国际商报》2017年6月22日）

例（2）（3）都是文章标题。根据正文内容可知：例（2）给快递小哥“加鸡腿”就是上调派费，也就是给快递小哥增加利益；例（3）给民营中小企业

“加鸡腿”就是国家给民营中小企业实质性关注和支持，也是增加利益。因此，例（2）（3）“加鸡腿”都表示“增加利益”。

“加鸡腿”不仅有“增加利益”的意义，还包含有“赞赏”的意义，如果说前者是物质上的提升和支持，那么后者就是精神上的鼓舞和激励。例如：

（4）除了星爸和萌娃的表现，大家对节目的剪辑和后期也疯狂顶赞，特别是后期制作的很多可爱的动画，比如给嗯哼头上加的小辫子，就毫无违和感，笑翻了很多人，网友都喊着要给工作人员“加鸡腿”。（《都市快报》2017年10月5日）

（5）“父亲心病拔除，多亏了医护人员细心照顾，求给他们‘加鸡腿’……”近日，苏州九龙医院收到了一封有趣的手写信，原来这是一位东北患者为感谢医护人员体贴救治，口述让女儿写来的感谢信。（《现代快报》2020年11月16日）

（6）系在门上的黑狗硬是挣脱绳索，跳河追上被水卷走的男童，叼住衣服往回游了十几米，直到有人救援。孩子安然无恙，而黑狗脖子勒出淤痕，身上伤痕累累。网友感叹：加鸡腿！（《南方日报》2017年3月27日）

例（4）—例（6）“加鸡腿”都不是“增加利益”，而是网友或患者家属的请求或感叹，“加鸡腿”意思和“点赞”“打call”基本相同，都表示“赞赏”。

“加鸡腿”之所以能够广泛传播，一方面是因为“加鸡腿”在日常生活中的常见性，在食堂、餐馆等餐饮场所，相比以其他食物作为奖励，“加鸡腿”操作更为实在、直接、便捷。另一方面是因为“加鸡腿”作为三音节动宾惯用语具有能产性，就像“打秋风、打太极、打圆场、开夜车、扣帽子、戴高帽、抱佛脚、唱反调、撑门面、出洋相、兜圈子”等，可以生动形象地体现说话人想要表达的含义。“加鸡腿”，从字面意义到“增加利益”和“赞赏”，说明“加鸡腿”具有旺盛的生命力。

“权利而利益”?

◎周　振

2021 年 1 月 18 日《报刊文摘》第 3 版刊登了一篇关于“法治”的短文,其中指出:当今人们对法治的理解往往产生错位,“比如我们经常讲要保护消费者利益……保护员工利益等等,这些观念都是错的”,并进一步说明了法治的本质以及实现的方法,“法治的本质是保护权利”,“我们应该做的是,让每个人的权利得到保护”。文章观点明确,思路清晰,但标题《法治该保护权利而利益》存在问题。

而,用作连词,其后一般是动词、形容词或词组、分句,可表示语义承接、转折或因果关系等等。如少而精、取而代之、心有余而力不足、为正义而战等等。上述文章的标题“法治该保护权利而利益”中,“而”后面所跟的是名词,不符合“而”的一般用法。按照文章的内容,法治的本质是保护人们的权利,而不是保护人们的利益,显然应把“而”改为“而不是”或“而非”。

“目”如何“龇”

◎重　阳

2022 年 2 月 25 日《益寿文摘》第 10 版《漆园小记》一文说:“三句不对头,龇目以对,举拳相待。”句中“龇目以对”让人摸不着头脑。

“龇”音 zī,义为张开嘴露出牙齿,如龇牙咧嘴,形容凶狠貌或疼痛难忍貌,或是不愉快的样子。“龇”从齿,字义与“牙”有关,“目”者,眼睛也,“目”如何“龇”?结合上下文,把“龇目”改为“瞋目”庶几可通。

“瞋”音 chēn,瞋目,义为睁大眼睛、瞪着眼睛,通常表示愤怒。如《史记 · 项羽本纪》:“哙遂入,披帷西向立,瞋目视项王,头发上指,目眦尽裂。”瞋目以对，即愤怒地瞪大眼睛对峙着，与上引文句想表达的意思是相符的。

“驱蚊”怎能作“趋蚊”

◎雷晓琪

2022年第3期《小说选刊》刊载作家程青的中篇小说《月色朦胧》，文中这样写道：“他告诉秦益心大半夜打电话到前台，让他们送电蚊香，等了快一个钟头服务员才送到。可能是蚊香片过期了，或者是房间太大，并不管用，他只能为女儿手动趋蚊，折腾得一夜没怎么睡。”此处让人费解，赶蚊子能用“趋”吗？应该是“驱”吧。

趋，本义是快步走，后引申有奔赴、趋向、依附、迎合等义。如趋避（快走躲开），趋势（事物发展的动向），趋附（义为迎合依附）等。“趋蚊”是迎向蚊子。这显然不会是上引文句的意思。

驱，本义为鞭马前进。《诗经·唐风·山有枢》：“子有车马，弗驰弗驱。”孔颖达疏：“走马谓之驰，策马谓之驱。”引申有奔驰、驾驭、驱赶等义。把蚊子赶走，正是“驱蚊”。

何来“孟诹月”

◎厉国轩

2022年6月21日《上海老年报》第7版登有《廉政为民两杨翰》一文，其中一段文字说：“现柳子庙正大门有幅石刻楹联可佐证：‘山水来归，黄蕉丹荔；春秋报事，福我寿民。同治甲子孟诹月永州守督亢杨翰书。’”这句话中，除了楹联的量词“幅”应为“副”，其中“孟诹月”也应改成“孟陬月”。

“陬”读作zōu，一义为农历正月的别称。《尔雅·释天》：“正月为陬。”如屈原《离骚》：“摄提贞于孟陬兮，惟庚寅吾以降。”王逸注：“正月为陬。”孟，有列首位的、居长的意思，四季中每季的第一个月为“孟”，正月又称为“孟春月”，也称“孟陬”。

“诹”与“陬”同音，义为询问、在一起商量事情。《说文》：“诹，聚谋也。”“孟诹月”说不通。

上引文句提到的楹联，位于永州零陵古城柳子庙的正门，系清代同治三年（1864）时任永州知府的杨翰主持维修柳子庙时，集韩愈《柳州罗池庙碑》附作《迎享送神诗》（即《荔子碑》）中字句撰成，落款时间确为“同治甲子孟陬月”。

挂满“直幅贺彰”？

◎居容人

2021年8月28日《湛江日报》A4版所刊《仙来村里的年轻人》中有这样一段文字：“在仙来小学的操场上，五颜六色的彩带飞扬，热烈而庄重。两侧的教学楼，整齐地挂满了近年考上各类学校学子的直幅贺彰，须仰视才能看得完全。”其中的“贺彰”，显然是“贺幛”之误。

幛，读作zhàng，即幛子，一种题上词句的整幅绸布，用作庆贺或者吊唁的礼物，有寿幛、挽幛等。贺幛，顾名思义，指祝贺道喜时赠送的有贺词的丝绸幛子。“直幅贺幛”即直挂的长条形有贺词的幛子。

彰，读作zhāng，义为文采美盛鲜明，后有明显、显著、清楚等义。如“欲盖弥彰”，形容想要掩盖坏事的真相，反而暴露得更加明显。用作动词时，有表明、显示、传扬等义。“直幅贺彰”难以索解。

踏遍潇湘无“阮凌”

◎毛纬武

2022年5月10日《富阳日报》第3版所刊《富阳最后一位远征军老兵徐有根迎来百岁大寿》一文中有这样一句话：“1940年9月，绍兴的防务由192师接防，第十预备师开赴湖南阮凌。”句中的“阮凌”错了，应为“沅陵”。

沅（yuán）陵位于湖南省西北部，沅水中游，今隶属于湖南省怀化市。因北枕沅水、南傍高大土阜（古称高大土阜为“陵”）而得名。沅陵历史悠久，据出土文物证实，新石器时期，境内已有先民渔猎农耕、繁衍生息。汉高祖五年（前202），置沅陵县。沅陵曾是湘西地区政治、经济、文化中心。

湖南只有“沅陵”，而没有“阮凌”。

秋阳“皋皋”？

◎裴 伟

2020年10月14日《扬子晚报》B3版《秋天里寻找老上海腔调》一文描绘了上海秋日的美丽景色，其中有这样一句：“秋阳皋皋，落叶如金。上海的秋天实在太美，不与她同行实在是一种辜负。”这里的“秋阳皋皋”错了，应该是“秋阳杲杲”。

杲，音gǎo，是个会意字，日在木上，表示太阳升起天色大亮之义，本义为明亮。杲杲，形容太阳很明亮的样子。《诗经·卫风·伯兮》：“其雨其雨，杲杲出日。”茅盾《雾》：“既然没有杲杲的太阳，便宁愿有疾风大雨。”秋日的太阳明亮，阳光照射在落叶上像金子一样闪闪发光，“秋阳杲杲”符合文意。

皋，音gāo，“皋皋”义为愚顽貌。《诗经·大雅·召旻》：“皋皋訿訿，曾不知其玷。”毛传：“皋皋，顽不知道也。”后也有说“皋皋”义为欺诳。无论哪个义项，“秋阳皋皋”都是说不通的。

“心仪”与“心怡”

◎偶 见

中央电视台科教频道播放的纪录片《孔子》，客观地呈现了孔子的生命历程、思想体系及其对后世的影响。其中有一段记录当代考生高考前在北京国子监祈求至圣先师孔子保佑的镜头。一男孩祈求道:“孔圣人,愿你能保佑我考到我心 yí 的学府。”字幕把“心 yí”打成了“心怡”。错了,应为“心仪”。

仪,有向往之义;心仪,即内心倾向。《汉书·外戚传上·孝宣许皇后》:“公卿议更立皇后,皆心仪霍将军女。”颜师古注引晋灼曰:“仪,向也。”后多指心中向往、仰慕。纪录片中的那个男生,希望能够考上自己向往已久的大学,用“心仪”是合适的。

怡,义为和悦、快乐、喜悦,如怡人(使人舒适、愉快),心旷神怡(心境开旷,精神愉悦)等。心怡,可解释为内心喜悦。根据纪录片的语境判断,用这个词是不妥的。

不是“自首”,是“白首”

◎胡礼湘

明朝士大夫丁自申在《读书右箴》中劝诫后人:“心读书而一,神读书而清,疑读书而辨,虑读书而莹,饥读书而饱,困读书而醒,愠读书而喜,愤读书而平,噫,余自首未闻道兮,唯读书毕此生。”

这段话摘录于 2017 年 8 月 23 日《中华读书报》20 版《闲来不妨读点书》一文,其中“自首”错了,应是“白首”。

白首,犹白发,指老年,王勃《滕王阁序》:“老当益壮,宁移白首之心;穷且益坚,不坠青云之志。”后也用“白首”称男女相爱誓愿白头偕老。

自首,义为(犯法的人)自行向司法机关或有关部门交代自己的罪行,如“投案自首”。

丁自申是想说,他到了年老了还没领悟大道,所以读书学习是一辈子的事情。可见,理应是“白首”,“自首”说不通。

千百惠起诉千百惠

◎宗守云

微信公众号“南方都市报”2022年4月29日发布了一篇推文，标题是《千百惠起诉千百惠》，推文说道：

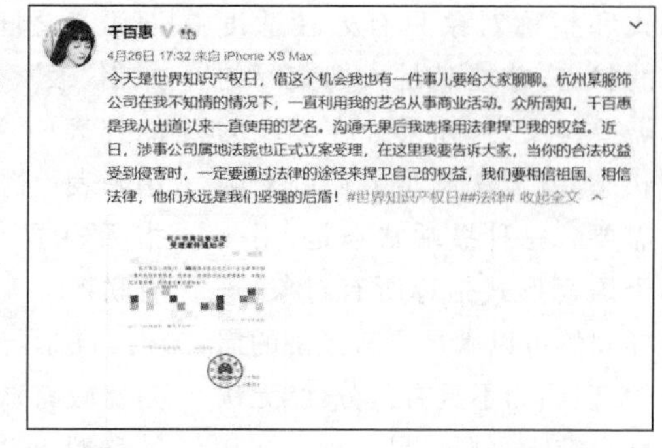

4月26日，女歌手千百惠通过微博晒出了杭州铁路运输法院受理案件通知书，自称已正式起诉杭州服装品牌千百惠，表示将会通过法律途径捍卫自己的合法权益

(1)4月28日，南都记者从台湾歌手千百惠经纪公司获悉，千百惠近日将杭州千百惠服饰有限公司告上法庭，称该公司在其不知情的情况下，长期使用其艺名“千百惠”从事商业活动。目前，当地法院已正式立案受理。千百惠就该事件回应南都记者称，“很多朋友都在跟我说以为‘千百惠服饰’是我的品牌，为了不让大家混淆，所以我选择起诉。之前有给这个公司发函过，但对方一直未予以理会”。

在“千百惠起诉千百惠”中，起诉的主体“千百惠”是台湾歌手，起诉的对象“千百惠”是杭州千百惠服饰有限公司，起诉主体和起诉对象语言形式相同，指称对象不同，这是“同形异指”现象,这种“同形异指”现象又出现在同一句子中,是“同形异指,同句共现”,这是一种比较特殊的语言现象。

同形异指是语言中常见的现象。在语言系统中,语言形式和指称对象只有处在适度的状态,才能满足人们交际的需要;反之,如果处在极端的状态,就无法满足人们的交际需要。一种极端状态是,用一个语言形式指称所有对象,这样固然可以满足语言经济的需要,但因为不具有区分性,无法满足交际需要;另一种极端状态是,每个指称对象都用不同的语言形式,这样不具有经济性,也无法满足交际需要。而同形异指既具有区分性,又具有经济性,在语境的作用下,可以用有限的语言形式指称并区分不同的对象,这样可以满足交际的需要,因此,同形异指是语言系统中的常态现象,也是各种语言中都普遍存在着的现象。同形异指主要有两种:一是多义词,即语义之间有联系的同一个词,比如“手足”,既可以用来指称举动(“手足无措”),又可以用来比喻弟兄(“手足之情”),两个“手足”语义上有联系;一是同形同音词,即几个形式和语音都相同而语义之间没有联系的词,比如“仪表”,既可以用来描述人的外表(“仪表堂堂”),又可以用来表示物理仪器(“仪表性能指标”),两个“仪表”语义上没有联系。

同形异指在同句中共现,是比较特殊的语言现象。这种特殊性有时是由于社会性巧合导致的,说话人故意利用这一巧合来安排句子,使同形异指的内容共现于同一句子。例如:

(2)二十年后,已经成为法官的陈责我,将要主审小贩陈责我故意杀人案。(王十月《人罪》,《江南》2014年第5期)

(3)李洋洋娶了李洋洋,这个充气拱门火了!(光明网2022年4月30日)

例(2)源于一个极其偶然、

特殊的事件，“法官陈责我”在舅舅陈庚银的帮助下，在高考后冒名顶替了“小贩陈责我”，二十年后，同名的“陈责我”，一个是法官，一个是犯罪嫌疑人，两人共现于同一语境。例（3）两个“李洋洋”是重名，重名并不少见，但重名的人成为夫妻却是极其少见的现象。例（2）（3）说话人都是利用特殊的巧合事件来造句的，让同形异指的内容共同出现在同一句话中。

“同形异指，同句共现”有时是由于关联性命名导致的，同形异指的对象在命名上有关联，说话人把关联性命名的两个对象放在同一个句子中陈述。例如：

（4）不过鸡胸从来不服杨修，两人只要在一起就吵，唇枪舌剑、刀光剑影，鸡胸虽然因为“鸡胸”有时会口吐白沫，一时闭住气，喘不上气来，却从不服气。（宁肯《汤因比奏鸣曲》，《大家》2014年第4期）

（5）满崽自始至终没吭一句，目不转睛地盯着那条满崽，仿佛眼睛里能伸出一只钩子，将它牢牢钩住。（黄咏梅《病鱼》，《人民文学》2015年第12期）

例（4）“鸡胸”分别是一个人的绰号和一种畸形体形，其绰号就是从其畸形体形而来。例（5）“满崽”分别是一个人和一条鱼的名字：作为人，“满崽”是作品主人公父亲的同事的儿子；作为鱼，“满崽”是作品主人公的父亲基于鱼和人的相似性给自家养的鱼所取的名字。例（4）（5）说话人都是利用关联性命名使不同的指称对象共现于同一句子。

“同形异指，同句共现”是一种超常的表达形式，虽然不很常见，但具有很强的修辞意味，可以满足人们求新求异的心理需求，这正是其价值所在。

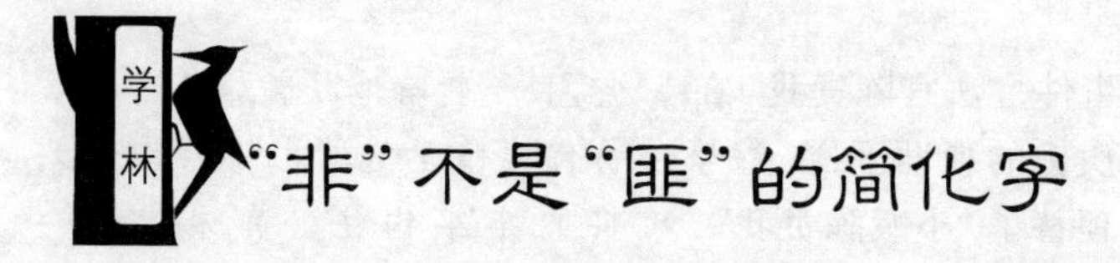

“非”不是“匪”的简化字

◎苏培成

“匪夷所思”“夙夜匪懈”的“匪”，和“痛改前非”“答非所问”的“非”意思差不多，有人就认为“非”是“匪”的简化字。这种认识对吗？我们的这篇小文就来讨论这个问题。

我们先从“非”字谈起。从古文字字形看，甲骨文、金文的“非”就是“飛”，但这两个字的字义在《说文》里并不相同。“飛”指飞翔。《说文·飛部》：“飛，鸟翥（zhù，向上飞）也，象形。”例如，《诗经·大雅·旱麓》：“鸢飛戾（lì，至）天。”“非”指违背。《说文·非部》：“非，违也。从飛下翅，取其相背。”（大意是：“非”的本义是违背。由飛字下部表示翅的部分构成，取两翅相背的意义。）“非”是会意字。例如，《左传·昭公二十八年》：“夫有尤物，足以移人，苟非德义，则必有祸。”（尤物：特别漂亮的女人。苟非德义：如果违背了德义。）《韩非子·功名》：“非天时，虽十尧不能冬生一穗。”（非天时：违背天时。）上述用例里的“非”并不表示“不、不是”。

根据《说文》，“匪”字本指竹器。《说文·匚部》：“匪，器。似竹筐。从匚，非声。《逸周书》曰：‘实玄黄于匪。’”（实玄黄于匪：把黑色的、黄色的束帛装满在竹筐里。）“匪”假借为“不、不是”。《诗经·大雅·烝民》：“夙夜匪解，以事一人。”（夙夜匪懈：从早到晚，勤奋不懈。）《诗经·齐风·鸡鸣》：“匪鸡则鸣，苍蝇之声。”《周易》里的“匪”字表示“不、不是”。《周易·屯·六二》：“匪寇，婚媾。”（不是来抢劫，是来就婚。）《周易·蒙》:“匪我求童蒙,童蒙求我。”(不是我求蒙昧的童子,是蒙昧的童子来求我。)

汉字根据常用趋简的规律,表示违背的“非”字,逐渐虚化成为“不、不是”,取代了“匪”。《周易·涣·六四》:“涣有丘,匪夷所思。”(散流到丘陵,不是平常所能想的。)《汉书·陈余传》:“陈王非必立六国后。”颜师古注:“非,不也。”韩愈《师说》:“人非生而知之者,孰能无惑?”

这样一来,“非”和“匪”变为用法相同的一组字。“非”笔画简单,逐渐代替了“匪”。于是,有人就以为“匪”和“非”是一组繁简字,“非”是“匪”的简化字,这种看法没有根据。“匪”和“非”是不同来源的字,由于文字的演变,恰巧字义相同。这不是繁简字,《简化字总表》里没有这一组字。后来,“非”取代了“匪”,“匪”不再用来表示“不、不是”。到了古代白话文里面,“匪”就用来表示盗匪、匪寇。司空图《复安南碑》:“匪徒封离授首,三十六之种落迎降。”魏源《道光洋艘征抚记》:“先后延烧大小匪艇十有一,擒获汉奸十有三。”

《论语·颜渊》:“非礼勿视,非礼勿听,非礼勿言,非礼勿动。”这个“非”是什么意思?根据《说文》,在周秦时期,“非”表示违背。“非礼勿视”的意思是违背礼的事情不要看。到了中古,《广韵·微韵》:“非,不是也。”“非礼勿视”的意思是不合乎礼的事情不要看。

从上所述得知,“非”的本义是违背,后来虚化为“不、不是”,违背的意思就改用“违”字。《说文》:“违,离也。”本义是分离。《诗经·邶风·谷风》:“行道迟迟,中心有违。”毛传:“违,离也。”后来引申为违背。《孟子·梁惠王》:“不违农时,谷不可胜食也。”

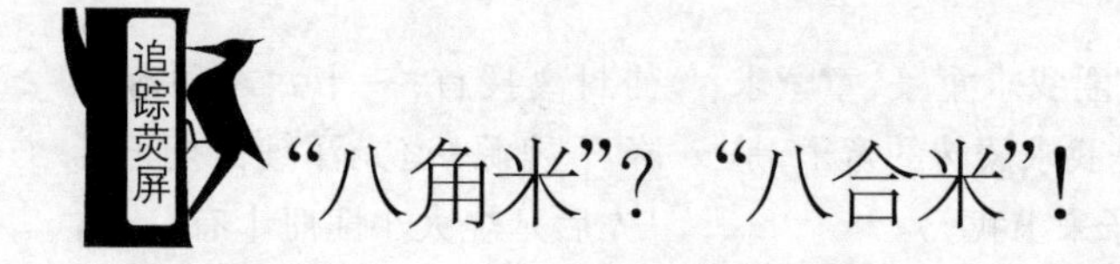

“八角米”？“八合米”！

◎禾　宝

电视剧《一代洪商》第31集中，罗积善嘲讽杨同昌福浅命薄时说：“老天爷是公平的，命里八角米，走遍天下也满不了一升啊！”（字幕同步显示）其中“八角米”应为“八合米”。

“八合米”中的“合”读作gě，是古时的容量单位。一合等于今市制一升的十分之一。《汉书·律历志》：“量者，龠、合、升、斗、斛也，所以量多少也……十合为升，十升为斗，十斗为斛。”也指旧时量粮食的器具，容量为一合，木或竹制，方形或圆筒形。

“命里只有八合米，走遍天下不满升”是一句俗语，意思是人的福分是命里注定的，该有多少就只有多少，无法改变，无论怎么折腾也不会多得。如黎汝清《叶秋红》：“为人应当安分守己，俗话说：‘命里只有八合米，跑遍天下不满升。’穷富这是命里注定的！”合和升都是容量单位，用“八合”和“一升”对举的俗语，在各地有多种近似的说法，如“命定应该八合米，走遍天下不满升”“命中只有八合米，行走天下不满升”等。电视

“郤克”不可作“郄克”

◎刘骐珲

2011年11月27日央视《百家讲坛》曾播出《王立群读〈史记〉——秦始皇》第十三集《韩氏初兴》，其中王立群教授讲到了晋国卿大夫郤克出使齐国这一历史事件。然而，字幕中却把“郤克”错成了“郄克”。

“郤”读作xì，本义是古地名，是晋国大夫叔虎的封地，在今山西沁水下游一带。在春秋时期，晋献公征伐翟人，叔虎

剧中，罗积善用这句俗语暗讽杨同昌没有孙子，只能哄着别人的孙子叫爷爷，是符合语境的。

“角”用作量词，通常指从整体划分成的角形东西，也是我国货币的辅助单位。在古代，“角”是酒器，《礼记·礼器》：“宗庙之祭……尊者举觯（zhì），卑者举角。”郑玄注：“三升曰觯，四升曰角。”“角”古时也用作酒的计量单位，《水浒传》第十一回：“林冲道：‘先取两角酒来。’酒保将个桶儿打两角酒，将来放在桌上。”古往今来，未见以“角”计量粮食，“八角米”的说法，无据可证。

身先士卒，带领晋军攻破翟人军营，取得胜利，事后晋献公把"郤邑"封给了他。叔虎是晋国公族，姬姓，名豹字叔虎，因封地在"郤"，故以"郤"为氏，叔虎也称"郤豹"。

王立群教授在节目中提到的晋国卿大夫郤克是郤豹的曾孙。《史记·晋世家》记载，晋景公八年（前592），晋景公派遣郤克出使齐国，同时出使齐国的还有鲁国和卫国的使臣，郤克是个驼背，鲁国的使臣是跛足，卫国的使臣是独眼。到了齐国的国君齐顷公会见三国使臣的时候，齐顷公故意把负责导引晋、鲁、卫三国使臣的侍从也安排成驼背、跛足和独眼，藏在楼上的齐顷公母亲看到这一幕忍不住哈哈大笑起来。郤克感到备受侮辱，立誓要向齐国复仇。归国后，郤克向晋景公请求攻打齐国，晋景公了解缘由后，认为个人的恩怨并不能作为国家出兵的正当理由，因而拒绝了郤克的请求。直到公元前589年，晋景公决定讨伐齐国，郤克挂帅出征，大败齐军，甚至还差点生擒齐顷公。这一战不但提升了晋国的政治地位，也让郤克报了当年出使时被齐顷公侮辱的仇。

"郤"除了作地名和姓氏，还可假借为"隙"，指空隙、隔阂，如《史记·项羽本纪》中"今者有小人之言，令将军与臣有郤"。引申有小恙、不舒适的意思，如《战国策·赵策》中"玉体有所郤"。

"卻"读作què，是"却"的异体字。"卻"与"郤"二字虽然形近，但读音与意义完全不同。郤克的姓氏，有着明确的历史渊源，因而绝不可以写作"卻克"。

“恋战”“恋栈”大不同

◎龙启群

《人大主任》第16集中，市委书记叶文芳找齐恒寿谈话，隐约透露出让他退位休息的意思。对此，齐恒寿郑重表示：“对于人大主任这个位置，我无心 liànzhàn，我也不想在这个位置上挺下去，但是我必须把我任期内的事情做完。”此处字幕把“liànzhàn”打成“恋战”。恋战，义是为获得战果，舍不得退出战斗。齐主任想表达的并不是不想战斗的意思，“恋战”从何说起？他想说的应是“无心恋栈”。

恋栈，语出裴松之所注的《三国志》，《三国志·魏书·曹爽传》：“乃通宣王奏事。”裴松之注引晋干宝《晋书》：“桓范出赴爽，宣王谓蒋济曰：‘智囊往矣。’济曰：‘范则智矣，驽马恋栈豆，爽必不能用也。’”说的是，曹爽没有主见，又贪恋禄位，不会采用桓范的计策，轻易上交兵权。栈，指马棚或马棚的食料。马贪恋马棚的食料，舍不得离开马棚，遂以“恋栈”比喻做官的人贪恋禄位，舍不得离开自己的职位。

电视剧中，齐恒寿想表达的是自己不贪恋权力职位，一心只想做些实事，用“无心恋栈”是妥当的。

身份悬殊如『云泥』

◎徐 蕾

热播电视剧《梦华录》第14集中，赵盼儿对三娘坦承自己对顾千帆的心意：“一个欧阳旭，他中了进士，就能立马嫌弃我贱籍从良，你说顾千帆，他贵为……能不知道我们之间有如鸿泥？”其中“鸿泥”当改为“云泥”。

“鸿泥”也作“鸿爪”，语出苏轼《和子由渑池怀旧》：“人生到处知何似，应似飞鸿踏雪泥。泥上偶然留指爪，鸿飞那复计东西。”本指鸿鸟在雪泥上留下的爪印，后比喻往事的痕迹。

“云泥”语出《后汉书·逸民传·矫慎》：“（吴苍）遗书以观其志曰：‘仲彦足下，勤处隐约，虽乘云行泥，栖宿不同，每有西风，何尝不叹！’”云在天，泥在地，后因之以“云泥”比喻地位高低悬殊，相去甚远。唐代钱起《离居夜雨，奉寄李京兆》：“寂寞想章台，始叹云泥隔。”后亦用“云”尊称他人，用“泥”谦称自己。

剧中赵盼儿出身官宦世家，因父获罪，很小的时候就受牵连没入贱籍。脱籍从良后，先遭遇欧阳旭的变心，后认识了顾千帆。两人虽然在相互帮助中暗生情愫，但因有前车之鉴，赵盼儿感到两人身份悬殊，自然心生惶恐。说两人之间有如“云泥”恰如其分，而“鸿泥”与语境不符。

说“石榴”

◎钱　伟

石榴是一种奇异的浆果，其花火红艳丽，其果饱满圆润，其籽晶莹剔透。春华而秋实，石榴吻合国人喜欢大红喜庆、祈求丰产丰收的心理愿望，从而被赋予了红红火火、繁荣昌盛、和睦和谐、幸福美满等象征意义。早在西晋时，文学家潘岳就曾作《安石榴赋》，赞其曰：“安石榴者，天下之奇树，九州之名果。”

石榴

尽管石榴在我国种植历史悠久，它却是水果中的外来户。石榴原产于中亚，西汉时经丝绸之路传入中国，早期叫“安石榴”。西晋张华的《博物志》载：“汉张骞出使西域，得涂林安石国榴种以归，故名安石榴。”唐代元稹亦有诗云：“何年安石国，万里贡榴花。迢递河源道，因依汉使槎。”

关于“安石”，有两种解释。一种是安石榴中的“安石”分别指丝绸之路上的安国和石国（今乌兹别克斯坦的古城布哈拉和塔什干），另一种解释来自瑞典著名汉学家高本汉。他认为古汉语的"息"与"石"二字发音互通，故安石即安息，中国古代典籍中说的安息人，即指雅利安人。古代安息人来华时，多以"安"为姓氏。"安石"表示石榴的来源地。

关于"榴"，东汉许慎的《说文解字》未收录该字，但稍晚的张衡在《南都赋》中使用了它。由于《南都赋》作于汉顺帝时期，故可推断大约在此时古人造出了"榴"字。此字以"木"部明确石榴之所属，表意十分清晰。明代李时珍在《本草纲目》中从医学角度对"榴"的字义进行了耐人寻味的解释："榴者，瘤也。丹实垂垂如赘瘤也。"

由此可知，"安石榴"意为"安国与石国的榴"或"安息国的榴"。后来为了遵循汉语造词规律而省去"安"字，变为双音节词"石榴"，沿用至今。

石榴自"夷壤"而来，在漫长的迁徙和进化过程中，逐渐适应中国的地理环境、人文精神，形成了优良品种，衍生出丰富的文化内涵。

由于果实内"千房同膜、千子如一"的特点，石榴自古就是多子多福的象征，常与桃、佛手并称为三大吉祥果——桃象征长寿；"佛"谐音"福"，佛手象征多福；石榴象征多子。或称"三多福"，是吉祥图案的代表。石榴花盛开于农历五月，传统上将此月雅称为"榴月"。石榴花最常见的颜色是明艳活泼的暖红色，《燕京五月歌》："石榴花发街欲焚，蟠枝屈朵皆崩云。千门万户买不尽，剩与女儿染红裙。"描绘的就是五月石榴花竞相盛开的热烈画面。古时年轻女子爱穿"石榴裙"，这种裙子是如石榴花一般鲜亮的红色，往往使穿着它的女子俏丽动人，无怪乎武则天最有名的诗句也有石榴裙的身影："不信比来长下泪，开箱验取石榴裙。""石榴裙"亦泛指妇女的裙子。因"榴花红似火，火红似朱砂"，传说中朱砂能驱邪纳祥，故民间有"榴花攘瘟剪五毒"之谓。

说“润笔”

◎傅惠钧

2021年初夏，我在温州大学参加硕士学位论文答辩，顺便做了一次学术讲座。次日，主持人叶建军教授便发来这次讲座的报道。报道把两个多小时的讲座内容要言不烦地做了介绍，深见语言功力。建军教授告诉我说，这是他的一个一年级的研究生写的。我有些惊讶，微信回复道：“哈哈，想来是建军润笔了。”

发完之后，转念一想，“润笔”一词，会不会引起误解，因为“润笔”的基本意思是“给做诗文书画的人的报酬”（义项①），而我这里是用来表达“修改润色”之义。当然，在我的语感里，这样使用自然是没有问题的。因工作研究的需要，恰在思考修辞与词汇互动方面的问题，便想梳理一下思路。

重检《汉语大词典》《辞源》《近代汉语词典》《近代汉语大词典》《现代汉语词典》等，无一例外，“润笔”大意都是“给做诗文书画的人的报酬”，均无其他方面的释义。

尽管“润笔”的事实要出现得更早，但“润笔”一词的出处，一般工具书都认为是唐代成书的《隋书·郑译传》：

上令内史令李德林立作诏书，高颎戏谓译曰：“笔干。”译答曰：“出为方岳，杖策言归，不得一钱，何以润笔。”上大笑。

唐宋翰苑官草制除官公文，例奉润笔物，后泛指付给做诗文书画之人的报酬。宋洪迈《容斋续笔》谓文字润笔“作文受谢，自晋、宋以来有之，至唐始盛”。例如唐殷文圭《贻李南平》诗：“润笔已曾经奏谢，更飞章句问张华。”《宋史·王禹偁传》:“初,禹偁尝草《李继迁制》,送马五十匹为润笔,禹偁却之。”李汝珍《镜花缘》第二十九回:“饭罢,捧出谢仪一千两;外银百两,求赐原方,以为润笔之费。”

然考察文献语料,“润笔”一词除了这一基本用法外,还有另外三种用法也较常见:

其一是“使笔润湿”(义项②)。例如:

往往考者方据案咿唔,研墨润笔,忽鼓吹聒耳,龙门洞开,则红案出矣,乃皆踉跄不终卷而出。(徐珂《清稗类钞》)

古人写作前常以口润笔,兼行构思。(陆侃如、牟世金《文心雕龙译注》)

终于,他研墨润笔,在原先的那阕词后空白处,题上自己的心情。(琼瑶《鬼丈夫》)

其二是指“书法绘画中以‘湿润’为特征的一种笔法”(义项③)。例如:

“墨分五彩”。这墨是黑的,怎么可以五彩?五彩就是“渴润浓淡白”。“渴笔”就是枯笔,“润笔”就是滋润的,“浓墨”“淡墨”还有“白”,这个“白”就是写好了一张字留下的白,它是一个艺术的白。(金开诚《书法艺术的理解与观赏》)

书法从颜楷入手,以二王为基调,碑法作补充,广搜博取,渐成以涩笔求遒劲,慢笔求灵动,润笔求隽秀的个人艺术风格。(《人民日报海外版》2005年8月5日)

例子中的“润笔”都是指书画艺术中的一种特有笔法。

其三是“修改润色”(义项④)。例如:

后来,我又不断向海外版投稿,一篇篇拙文经过编辑的匠心斧正、润笔,陆陆续续刊发在报纸上。(《人民日报海外版》2005年9月2日)

林纾根本不懂外文,他的译作是根据别人的口述写成,遇到他认为原作字句意犹未尽的地方,往往根据自己作文标准和“古文义法”为原作者润笔甚至改写。(《读书》)

林文杰说明来意,老人笑笑说:这种合作很有意义。便在左中部画了寿石和几株灵芝,并慎重地题了"八十四叟张爰大千写灵芝寿石",盖好印章后说:"最好请关先生补一枝墨梅。"后来关山月在香港完成了这幅合作画的最后润笔。(《作家文摘》)

1961年,邓小平同志又以他特有的伟大气魄为这宏伟诗章润笔增辉,亲自选址建起我国第一座大型的车轮轮箍厂,从此结束了我国长期依赖外国进口火车轮箍的历史。(《人民日报》1994年8月15日)

例子中的"润笔"都是"修改润色"之义,末例是在这一意义上的比喻用法,所谓"宏伟诗章"是指当年的马鞍山市和马鞍山钢铁公司的建设。

我们从修辞与词汇互动的视角来探讨一下,这四个不同的意义产生的过程。

先看义项①的生成。由《隋书·郑译传》可知,"润笔"用来指称"给做诗文书画的人的报酬"源自具体情境中的修辞。在这一特定语境中,高颎对郑译说"笔干",语带诙谐,意在打趣;而郑译借题发挥,"笔干"就需要"润笔",而"不得一钱,何以润笔"?幽默的话语中暗含索要报酬之意。不过,这是特定情境中的修辞,"润笔"是临时组合的一个短语。当人们借此掌故以"润笔"来指称"给做诗文书画的人的报酬"时,这一符号便形成了转指,进而在人们的反复使用中,转指用法就发生了词汇化,成了汉语中的基本用法。从唐宋至元明,这一用法一直占主导。

义项②"使笔润湿"的意义最初是组合意义,或者说是短语的意义,郑译的用法就是。"润笔"词汇化之后,其原域意义却较少见用,至明清以后义项②才渐渐多起来。语言中有时一个寻常的词语,借助修辞,衍生出新的意义,通常会两个意义同时使用开来,比如"秋波",既可指"秋天的水波",也可指"美女清澈明亮的眼睛";但有时原域意义却未必能使用开来，比如“题目”，其原域义，“题”是额头，“目”是眼睛，但这个意义却没有使用开来，只有其隐喻意义“标题、篇目”“试题”“主题”等被使用开来。“润笔”属于前者，但两种意义的使用不是并行的，其原域意义反而是后来使用开来的。义项②的词化与义项①的固化使用不无关系，随着频率的增加，义项②也随之逐渐固化。

义项③是在义项②的基础上衍生的。其动因仍然是修辞驱动。原域义“使笔润湿”在书法绘画中作为方法的专门化应用，便产生出特指书法绘画的一种技巧之义。这一用法出现在“使笔润湿”之后，发生在近现代汉语交替时期，在书法绘画领域使用得较为普遍。这一词义的变化，同时伴随着结构的变化。这一意义的“润笔”是偏正结构，因而具备了名词性的功能，与“枯笔”相对应。

义项④“修改润色”义的生成，与“润”义的衍生不无关系。“润”的最初意义是“滋润、使湿润”，后来衍生出“修改、加工”义，《论语》中的“东里子产润色之”，就是用的后一意义。“润笔”的义项④是受这一意义的影响而生成的，由于文字的“修改、加工”需要借助“笔”这个工具，这一用法的出现也就显得十分自然、顺理成章了。其出现，使“润色”增加了一个同义形式。它们在理性意义上是一致的，但在色彩上却有区别。用“润笔”更突出笔的作用，给人以形象的联想。同义形式可以互补使用。

基于以上分析，我们建议，权威辞书在修订时增加相关义项的释义。

《火眼金睛》提示

图1，“生命不惜”应为“生命不息”。

图2，“不可思意”应为“不可思议”。

图3，“长身不老”应为“长生不老”。

图4，“肋力”应为“助力”。

谈谈“克绍箕裘”

◎任绥海

我们常用“克绍箕裘”表示一个人能继承祖业。这个成语语本《礼记·学记》:“良冶之子,必学为裘;良弓之子,必学为箕。”这句话乍看有些古怪。冶,义为冶炼、熔铸也,是和炼矿、锻造金属器具等有关的工作;裘,本义是皮衣。问题是,一个好的冶工,他的孩子为什么一定会学习“为裘”——加工制作皮衣呢?

唐代大文人孔颖达的注疏说:“积世善冶之家,其子弟见其父兄世业锢铸金铁,使之柔(糅)合以补治破器,皆令全好,故此子弟仍能学为袍裘,补续兽皮,片片相合,以至完全也……”他的意思是,冶铸与裁缝有相似点:都是修修补补,只不过一个用铁皮,一个用兽皮而已,所以冶工也让他的孩子学习“为裘”之术。笔者认为他对“克绍箕裘”的解释非常牵强,不足采信。

一个好的冶工,他的孩子为什么一定会学习加工制作皮衣?古时的冶铸工作尚未有今天这般细分,广义的冶铸工作涉及采矿、运矿、选矿、炼矿、锻打、铸造、修补,其中的修补又占多大比重呢?这种说法根本没有说服力。笔者认为,冶铸与裁缝的相关之处,绝对不在于修补的相似性上,而在于冶铸工作在很大程度上需要皮具的辅助。也就是说,它们之间不是因为有什么相似点,而是直接相关联!

在冶铸的工作流程中,许多环节都需要防护。挖掘需要护手,运输需要护肩背,冶炼锻打需要护体,这些护具一般都是皮制的。更为重要的是,古人烧火冶炼时，为了让炉火烧得更旺，需要使用一种鼓风吹火的设备——橐籥（tuóyuè，即现在所谓的“风箱”）。老子《道德经》第五章：“天地不仁，以万物为刍狗；圣人不仁，以百姓为刍狗。天地之间，其犹橐籥乎？虚而不屈，动而愈出。多闻数穷，不若守中。”《淮南子·本经训》中也有这样的记载：“鼓橐吹埵（duǒ，风箱上出风的铁管），以销铜铁。”这种鼓风设备一般也都是用皮革做的。冶铸工作，几乎全程都离不开裘皮，冶工必须跟裘皮打好交道。这样解释，“良冶之子，必学为裘”才是合情合理的。想做好冶铸工作的人，必须同时学会“为裘”之术。

另外，孔颖达对“良弓之子，必学为箕”的解释也难以让人信服：“善为弓之家，使干角挠屈调和成其弓，故其子弟亦睹其父兄世业，仍学取柳和软挠之成箕也。”他认为，弓匠能把木头制成弓，所以他的孩子会照他的样子学着用柳条编造簸箕。同样，这两者之间确实有相似之处，但同样存在关联性不强的问题，牵强附会。这里的“箕”并非指簸箕，而是指一种木头，这种木头是制作箭袋的材料。《国语·郑语》：“檿（yǎn，一种桑树）弧（木弓）箕服，实亡周国。”韦昭注：“箕，木名，服，矢房也。”箭袋和弓有着密切的关联，做弓的人也要学习做箭袋。就算制弓的匠人不同时做箭袋，至少必须考虑自己的弓与箭袋配合的问题。

微语录·人生

1. 人生就是一场正能量与负能量的较量！相同的起跑线，拥有正能量的人，还未开始就赢得了胜利！

2. 不到退无可退之时，你永远不会知道自己有多强大。

（刘　芳/辑）

你会发红包吗

◎徐默凡

社交软件中的虚拟红包功能，为我们的交际生活平添了不少乐趣，也填补了一个交际手段的空白。比如，中国人讲究礼尚往来，别人帮了你的忙，不回报过意不去，但是又不至于登门道谢，怎么办？比如，你没有时间去挑选礼物回馈，或者有限的预算也匹配不了优质的礼物，怎么办？比如，购买了明码标价的商业服务之后，又想奖励对方额外的付出，怎么办？比如，爷爷奶奶想给异地的孙子孙女发一点考试成绩优异的奖励，怎么办？……以往的这些尴尬情景会给人留下不大不小的遗憾，但是现在的虚拟社交给我们提供了一个很好的选择，这就是：发一个红包。

虚拟红包给我们带来了很多便利，然而有些不恰当的发红包行为却会让人觉得不快，这是什么原因呢？让我们先来看看“红包”的属性。《现代汉语词典》释为“包着钱的红纸包儿，用于馈赠或奖励等”，“红包”其实质仍是“金钱”，包上“红纸”只是国人羞于言钱的一层遮掩。而在日常用语中，“送红包”也已经成为一个惯用语，其目的并不限于“馈赠和奖励”，更倾向于“贿赂”或者“收买”。虽然网络红包中的金钱是虚拟的，红纸也是虚拟的，但并没有改变红包的实质，所以一不留神，发红包就会带上金钱交易的铜臭味，让对方觉得受到了轻视甚至侮辱。

鉴于此，网上发红包就要坚持“馈赠”或者“奖励”的导向，避免“贿赂”或者“收买”的嫌疑。从事项上说，重要或者轻微的事情不应该发红包，前者会有所怠慢，后者则显得过于轻佻。从时间上来说，红包主要表示事后的感谢而不应是事先的利诱。从额度上来说，发红包主要是一种礼仪行为，数额不宜过大，可以遵从民俗心理，取一些吉利数字，如8元、18元、66元。从关系上来说，长者对少者、领导对下属、受益者对服务方等发红包是适宜的，反之则不妥。

不管怎么样，红包里装的毕竟是钱，对于耻于言利的中国人来说，发、收双方都会有一些心理障碍：对发出者来说，难免有收买人心、金钱交易的愧疚；对于接受者来说，则会感觉“拿人手短”，甚至还有被轻看的屈辱感。为了改善心理感受，我们建议发红包时最好附加一段话语来缓和气氛。这段话语内容可以随情景的不同而变化，但最好遵守三个原则：一是明确用意，就是要说明发红包的原因，比如“感谢你雨天送货”“奖励你今天业绩第一”，这样可以减轻接受者的心理负担。二是等值替换，可以在话语中根据数额把红包替换为相应的礼品，如果是8元可以说“给你买个冷饮”，18元可以说“请你喝杯奶茶”，66元可以说“你自己挑一本喜欢的书”……经过这样的替换，金钱就变成了感谢的礼物，使双方能更加心安理得。三是轻松表达，小小红包不要一本正经当作等价交换，而是一种人际润滑的社交游戏，所以语言表达要尽量轻松一点：多用点语气词，加一个俏皮的表情包，或者开一个无伤大雅的玩笑。

这样看来，网上的红包和西方的小费有异曲同工之妙，但又发展出了一些“中国特色”。把红包功能用对用好，需要我们多多体察民俗心理，并且提升语言技巧，千万不要好心办了错事。

应是“鲈脍莼羹”

◎杨昌俊

2022年6月11日《团结报》第6版刊有《在古籍中寻味》一文，其中写道：“中国的文人由赞赏而推崇‘东坡肉’，把菊花丛中持蟹对饮，看作是最迷人的风雅之举，把歌咏本乡的‘鲈脍纯羹’视为最富有诗情画意。”其中的“鲈脍纯羹”，应为“鲈脍莼羹”。

“鲈脍莼羹”是个成语，也作“莼羹鲈脍”，源自魏晋名士张翰。张翰，字季鹰，吴郡吴县人，有清才，善属文。被齐王司马冏辟为大司马东曹掾，很长一段时间都在洛阳生活。后觉官场诸事繁杂，难以施展抱负，对时局颇为失望。《晋书·张翰传》云：“翰因见秋风起，乃思吴中菰菜、莼羹、鲈鱼脍，曰：‘人生贵得适志，何能羁宦数千里以要名爵乎！’遂命驾而归。”莼羹，即莼菜做的羹；鲈，即鲈鱼，脍，细切的鱼肉。莼菜和鲈鱼都是吴中产物，张翰在北方的秋风中思念家乡的茭白、莼菜、鲈鱼，无心官场，遂辞官回乡。后以“莼羹鲈脍”比喻思乡赋归的心情。辛弃疾《沁园春·带湖新居将成》：“意倦须还，身闲贵早，岂为莼羹鲈脍哉。”亦可用“莼鲈之思”“思鲈”等表示类似意思。

“纯”，本义是蚕丝。《汉书·王褒传》：“夫荷旃（zhān）被毳（cuì）者，难与道纯绵之丽密。”颜师古注：“纯，丝也。”因其成分单一、不含杂质，引申出纯正、单纯、精致、熟练等义。把“鲈脍莼羹”误成“鲈脍纯羹”，一字之差，既少了美味，又失了语源。行文用字，不可不慎。

误引白诗说湖笔

◎刘曰建

2022年5月27日《北京晚报》第16版刊有《文渊阁湖笔店》一文，讲到了湖笔精细的制作工艺。在介绍湖笔中的羊毫笔时说："每根毛都带有毛尖，摸起来像绸缎，这也是检验羊毛笔优劣的关键，湖笔的特点就是这部分做得精细。白居易以'千万毛中拣一毫'和'毫虽轻，功甚重'来形容它。"白居易的诗引得不妥。

"千万毛中拣一毫"和"毫虽轻，功甚重"这两句诗均出自白居易《紫毫笔》："紫毫笔，尖如锥兮利如刀。江南石上有老兔，吃竹饮泉生紫毫。宣城之人采为笔，千万毛中拣一毫。毫虽轻，功甚重。管勒工名充岁贡，君兮臣兮勿轻用……"其中"老兔""紫毫""宣城"清楚地表明了这首诗的描写对象是紫毫宣笔，而不是羊毫湖笔。

宣笔产于安徽泾县，泾县旧时属宣州，因而得名"宣笔"。宣笔以选料严格、精工细作著称。紫毫笔是宣笔中最具代表性的一种。据考证，古时宣州制作上乘的紫毫笔所用兔毛，必须出自秋天捕获的成年雄性毛兔，而且只能选其脊背上一小撮黑色弹性极强的毛，可谓取之不易。因而，白居易在诗中说小小的一支笔"毫虽轻，功甚重"，以物言情，希望君王大臣在使用这笔时明白背后的分量，提笔三思，切勿滥用。

湖笔产自浙江湖州的善琏镇，和宣笔一样都是我国有代表性的名笔。然而，两者的流行年代和代表品种有所不同。宣笔盛行于唐宋，以紫毫笔和鼠须笔最为闻名；湖笔于元代兴起，以羊毫笔最具代表性。

白诗描述的对象十分明确，是紫毫宣笔。上引文句想表达羊毫湖笔选料精细，这与白居易诗句无关。

别扭的“落叶生根”

◎汤青武

2022年3月24日《南方周末》所刊《在美华人拿起枪》一文中有这样的叙述：“一代代华人移民在美国落叶生根，他们遗传了祖辈吃苦耐劳、勤俭节约的品质，迅速积累起财富，也被称为美国‘模范少数族裔’。”句中的“落叶生根”让人感觉别扭。

到了秋天，大部分落叶植物的叶子开始枯黄、卷曲，从树上落下，慢慢腐蚀发酵，分解成腐殖质，增强土壤的肥力，让植物第二年更好地生长，这是一种常见的自然现象。因而落叶在文学艺术作品中常被拿来比喻衰败、飘零，也可以比喻人生的归宿与终结。无论本义还是象征义、比喻义，“落叶”与“生根”都是南辕北辙，不在一个方向上。

有一个成语“叶落归根”，也可作“落叶归根”。飘落的枯叶，掉在树木根部，比喻事物有一定的归宿。多指客居他乡的人，终要回到本乡。刘绍棠《瓜棚柳巷》：“树高千丈，叶落归根。柳梢青一走三十年，带着一个十三四岁的女儿柳叶眉，从关外重返运河滩。”但这显然不能用来形容华人移民到美国的情况。如果是形容在美华人临老归国，倒是合适的。

还有一个成语叫“落地生根”，可比喻长期安家落户。如1969年12月18日《人民日报》：“他们纷纷表示，要在农村落地生根，干一辈子革命。”这个义项正符合上引文句所说：离开祖国，来到美国后，长期生活在美国，或加入美籍。

所谓“落叶生根”，可能是杂糅了“叶落归根”和“落地生根”而造成的。

令人费解的“仓轂无亏”

◎江城子

2022年6月5日《丽江日报》第2版刊有《刘慥与李因培的故事》一文，提及清代李因培初被弹劾，终被赐自尽的缘由，这样写道：“当时李因培（时任湖南巡抚）上报的通省仓轂无亏，鉴于下属的颜面和政绩的影响，他示意布政使赫升额，让他命贵阳知州张宏燧代冯其拓偿还亏欠的库帑，由于数额不足，无法还此亏欠，锡尔达仍上疏弹劾。”此处，“仓轂无亏”的说法让人费解。查阅资料，始知其为“仓谷（穀）无亏”之误。

仓，本义是盛放谷物的构筑物，即粮仓。“穀”读作gǔ，是稻谷、高粱、玉米、谷子等粮食作物的通称，有时特指稻谷。现“穀”简化为“谷”。在古代，谷与穀是两个不同的字，现在也是两个不同的姓。“穀”还有“俸禄”“善”“好”等义，现依然保留原本的字形“穀”，不写作“谷”。

仓谷，顾名思义，指仓库里的粮食。我国历朝历代都十分重视粮食安全，严防仓粮亏空。古代亏空仓粮多由地方官贪污或挪用粮款所致。清代雍正年间规定，如州县官亏空仓谷，侵盗入己者，千石以下，照监守自盗律拟斩，准徒五年，千石以上，拟斩监候秋后处决，不准赦免。

“轂”也读作gǔ，本义是车轮中心穿轴、连接辐条的部位。后也指代车轮，泛指车子。“仓轂无亏”说不通。把“仓谷”误作“仓轂”，应是“轂”跟“谷”的繁体字形“穀”音同形近所致。

不是"东道国",是"驻在国"

◎盛祖杰

2022年6月8日《环球时报》第5版刊有《美使馆庆祝普希金诞辰写错名字》一文,其中说道:"美国(驻俄罗斯)大使馆工作人员甚至不知道普希金的名字。他们在东道国工作,应该知道这位伟大的俄罗斯诗人的名字。"这段话中的"东道国"应为"驻在国"。

"东道国"一词演变自"东道主"。《左传·僖公三十年》记载有"东道主"的故事。春秋时,晋国和秦国合兵围郑,郑文公派大夫烛之武去见秦穆公,要求秦国停止攻击郑国,说:"若舍郑以为东道主,行李之往来,共其乏困,君亦无所害。"意思是,如果秦国退兵,郑国今后可以作为秦国东路上的居停主人,招待往来的秦国使者,为他们提供便利。郑在秦东,愿接待秦国出使东方的使节,故自称"东道主"。后泛指招待或宴客的主人。而"东道国",指负责组织、安排国际性会议、赛事等在本国举行的国家。"东道国"显然不合上引文句的语境。

大使馆、外交人员居留的国家称"驻在国"。夏衍《从〈忠臣藏〉想起黄遵宪》:"最近重读《人境庐诗草》,最使我感动的,是他驻外时候对驻在国的历史、经济、文化都作了深入的调查研究。"当今世界,派驻国外工作的不仅有外交人员,还有媒体记者、企业员工、部队官兵等。"驻在国"一词在有关新闻报道中十分常见,如"中资企业机构和人员的主体安全责任在驻在国政府""驻外美军又成新冠传染源,驻在国苦不堪言"等。

误用“皇考”

◎陈洪茂　陈　敏

2021年8月26日《今晚报》第10版所刊《没烧成的“宋火”》一文中讲了这样一段掌故：太学博士陈莹中以宋神宗给《资治通鉴》起名并写有序言为由，阻止蔡卞及其党徒林自烧毁《资治通鉴》印版。但“搬出宋神宗，蔡卞们还是想烧，理由是：‘亦神宗少年之文也。’神宗那时不懂事，乱写的，不算”。这么大领导，其序言不算数？太学博士可不同意：“皇考就是皇考，分年少与年老？‘圣人之学，得于天性，有始有卒，岂有少长之异乎？’”这下，把林某给吓着了，“不复敢议毁矣”。其中“皇考”用得不妥。

“考”有年龄大、高寿之义。亦可指称去世的父亲，《礼记·曲礼下》：“生曰父，曰母，曰妻，死曰考，曰妣，曰嫔。”也可指活着的父亲，孔颖达疏《周易·蛊》“干父之蛊，意承考也”时说：“对文，父没称考，若散而言之，生亦称考。”“皇考”主要有三个义项：一是古代对已故曾祖的尊称；二是父祖的通称；三是对亡父的尊称。在这里“皇”并非指帝王君主，而是指辉煌、壮美、崇高、伟大等，表示对先人的尊敬。元代，“皇考”改称“显考”，清代徐乾学《读礼通考》：“古人于祖、考及妣之上，皆加一皇字，建（有说作“逮”）元大德朝，始诏改皇为显，以士庶不得称皇也，不知皇之取义，美也，大也，初非取君字之义。”

“皇考”是对先代或亡亲的美称，大臣不能称已故的皇帝为“皇考”。根据前后语境，改为“皇帝就是皇帝”为妥。

于谦原名『于忠肃』？

◎胡才顺

2022年6月5日《都市快报》第8版载有《乌龟潭畔于谦祠——你认识这位杭州人尊奉的“梦神”吗?》一文,文中“天才少年”一部分介绍了于谦的生平,这样写道:“于谦,原名于忠肃,字廷益,号节庵,出生在杭州府钱塘县太平里(今杭州市上城区祠堂弄42号)。”这里出现一个文化知识的错误,“忠肃”并非于谦的原名,而是他的谥号。

于谦是明代著名的军事家、政治家。据《明史·于谦传》记载:“于谦,字廷益,钱塘人。生七岁,有僧奇之曰:‘他日救时宰相也。’举永乐十九年进士。宣德初,授御史。”这段话清楚地交代“谦”是名,“廷益”是字。《尚书·大禹谟》云:“满招损,谦受益,时乃天道。”可见,“谦”和“益”之间存在因果关系,反映出古人“名”与“字”都有着一定的关联。

“土木堡之变”后明英宗朱祁镇被俘,于谦拥立郕王朱祁钰为帝,力排南迁之议,调集军队,在北京城外击退瓦剌大军,保住了京师的安全,稳定了大明王朝。景泰八年(1457),英宗发动夺门之变,夺回帝位,大将石亨等诬陷于谦谋立襄王之子,致使其含冤遇害。于谦为人刚直,为官清正,生活也很简朴,遇害籍没时家无余资。明宪宗时,于谦沉冤得雪,被复官赐祭。明孝宗弘治二年(1489),追谥“肃愍”,赐在墓旁建祠堂,题为“旌功”。明神宗时,改谥“忠肃”。

谥号是古人死后依其生前行迹而为之所立的称号。“肃愍”正反映于谦“在国遭忧”;“忠肃”充分肯定于谦的历史功绩,对其生前所做的贡献和高尚品格予以褒奖。史书也赞其“忠心义烈,与日月争光”。

古人说话的艺术(一)

◎石毓智

古代中国，在相当长的一个历史时期内，一直追求语言唯美。语言唯美具有强大的精神力量，不管在什么紧张的环境，尴尬的场合，困难的时刻，重要的关头，这种语言形式可以起到超乎人们想象的效果。

让我们先看一下中国最伟大的思想兵团——孔子一行周游列国的一幕情景。

孔子在陈国、蔡国工作了几年，后来得到楚昭王的聘书，他们一行决定前往。陈国和蔡国的大夫商议说："孔子是一位有才德的贤人，他所指责讽刺的都切中诸侯的弊病。如今长久地呆在我们这两个国家之间，大夫们的施政、所作所为都不合仲尼的意思。楚国是个大国，却来聘用孔子。如果孔子在楚国被重用，那么我们陈蔡两国掌权的大夫们就危险了。"于是，他们就派了一些服劳役的人把孔子围困在野外。

孔子和他的弟子无法行动，粮食也断绝了。跟从的弟子饿倒了，站都站不起来。然而，孔子还在不停地给大家讲学，朗诵诗歌，歌唱弹琴。都到什么时候了，孔子不是跟大家商议如何突破重围，而还相信这种诗歌音乐的精神力量！

子路先忍不住了，带着怒气来见孔子，孔子把他硬压回去了。但是事情并没有解决，子贡干脆按捺不住，火了。孔子看到局势有些失控，就决定安抚一下大家，找几个班干部来谈心。他们几个就是子路、子贡和颜回。

在这么危急的时刻，一般人的反应应该是情绪紧张，直奔主题，哪还顾得上语言形式的美呢？可是孔子的伟大，或者说不凡之处在于，他还能引经据典，这样起到了特有的效果，不仅大大缓解了紧张气氛，而且也安抚了大家的不满情绪。

孔子见这三个弟子，开始都是引用《诗经》上的两句话：“匪兕匪虎，率彼旷野。”用现在的话来说，就是“不是犀牛，也不是老虎，然而却徘徊在旷野上”。即使现在，我们也能嗅出这句话的幽默感。

接着孔子才切入主题，问每个人：“难道是我的学说有什么不对吗？我们为什么落到这步田地呢？”

你想，有了孔子这两句开场白，子路还好意思怒气冲冲吗？子贡还好意思发火吗？大家在这种气氛之下，都可以心平气和地讨论问题。

孔子时代要引经据典，远远没有今天的选择那么多，主要就是《诗经》一本书。《诗经》是古人心灵的歌声，是天籁，充分体现了汉语的韵律美。

引经据典，在孔子的教育活动中扮演着重要的角色。要对老师的思想进行概括，也有水平高下之分，其中一点就是能否用《诗经》语言进行总结。这一点子贡做得最出色。

子贡问曰：“贫而无谄，富而无骄，何如？”子曰：“可也。未若贫而乐、富而好礼者也。”子贡曰：“《诗》云：‘如切如磋，如琢如磨’，其斯之谓与？”子曰：“赐也，始可与言《诗》已矣！告诸往而知来者。”（《论语·学而》）

只要子贡一开口，人们就不会觉得乏味，总是那么才思敏捷，文采飞扬。子贡显然事先对贫和富有了自己的思考，因贫穷而阿谀奉承，因富贵而骄傲自大，这是穷人和富人最容易犯的毛病。但是，没有这些毛病，只能算是合格的穷人和富人，不能算是高尚的穷人和富人，他们只是对社会无害，但不能对社会有益。孔子的境界显然就高一些，贫而乐道，富而好礼，这才是对社会有益的。至此，不少弟子要被孔子的高见所折服，说几句恭维的话，谈话就此打住。然而，此时子贡展现出不凡的学养，用《诗经》上的两句贴切地概括了老师的精神：像加工骨牙玉石一样，先切坯子，再雕琢、磨光。《论语》中除了孔子以外，子夏和曾子也引用过《诗经》的语句，然而他们都是事先想好的，能即兴引用《诗经》并且用得如此贴切，只有子贡一个人。孔子不禁感叹道："阿赐呀，从今以后我可以跟你讨论《诗经》了。告诉你已知的事情，你能推知未知的事情。"这大概是孔子对学生的最高评价之一。

因为《诗经》在日常语言交际中扮演这么重要的角色，所以孔子就特别重视对《诗经》的学习。这一点可以从他对自己的独苗孔鲤的要求上看出来。

陈亢问于伯鱼曰："子亦有异闻乎？"对曰："未也。尝独立，鲤趋而过庭。曰：'学《诗》乎？'对曰：'未也。''不学《诗》，无以言。'鲤退而学《诗》……"(《论语·季氏》)

陈亢的好奇心很重，想知道孔子这位文化名人对自己的儿子开过什么小灶。孔鲤回答说，啥也没有，只是一次看见老爸独自一个人站在院子当间，想小碎步快速躲开，不巧被老爸发现。孔子劈头就是一句："学《诗经》了吗？"孔鲤回答说："还没有。"孔子说："不学《诗经》就没办法说话。"孔鲤乖乖地回去开始背"关关雎鸠"了。

现在人可能不大容易理解孔子这句话："不学《诗》，无以言。"怎么不学《诗经》就没办法说话了？因为在那时候的人看来，说话并不简单，不是把意思表达清楚就行了，还要讲究文化内涵，还要具备审美价值。

在那时的人看来，说话不能直来直去，否则就被看作没教养。"不能直来直去"并不等于拐弯抹角，那时人的讲话还是非常坦诚的。说话要有文化，要讲究形式美，不仅能增加交际的愉悦感，而且也有利于人际关系的和谐。当然，这也增加了说话的难度。你要把话说好，平时就得努力学习，背诵古代典籍。这确实是一个民族文明程度的表现。可惜这个优良的传统正渐渐被人们淡忘。

编校差错扫描(四十八)

◎王　敏

芸芸众生称“苍生”

【错例】国旗半垂，举国志哀。仓生泣血，山河同悲。

【简析】“仓生”应为“苍生”。“仓”繁体为“倉”，今据草书形体简化为“仓”，其甲骨文作，金文作，象形字，象粮仓之形，上为顶盖，下为仓体，中为进出的门，本义即粮仓。《说文解字》：“仓，谷藏也。”段玉裁注：“谷藏者，谓谷所藏之处也。”“仓”由此引申泛指储藏物品的地方，如“仓库”“货仓”。“苍”，形声字，从艸仓声，本义指草的颜色。《说文解字》：“苍，草色也。”“苍”在上古指深蓝色，如“苍天”，由此借指天空，如“上苍”“苍穹”，天空无边无际，“苍苍”因此可指苍茫、空阔辽远，如“天苍苍，野茫茫”。后常指深绿色，如“苍翠”“苍苔”“松柏苍苍”。又指灰白色，多用于表示头发斑白，如“白发苍苍”。由草的颜色引申指丛生的草，如“蒹葭苍苍”。再引申指众多的人，如“苍民”即百姓。在古汉语中，“仓”可通“舱”指船舱，也可通“苍”指青色，还可通“沧”指水青绿色。“舱”“苍”“沧”都是“仓”的加旁字，在现代汉语中都不再与“仓”通假。另，《说文解字》释“仓”还有一句很有意思的话：“仓黄取而藏之，故谓之仓。”这是说“仓”之所以叫“仓”，不仅与谷藏之处有关，而且与藏谷这一行为动作的特点——“仓黄”有关。段玉裁认为此处“仓黄”用字不确，正确的写法当作“苍黄”：“苍黄者，匆遽（jù，急）之意。刈获（yìhuò，收割）贵速也。”段玉裁注“故谓之仓”：“苍仓叠韵。”这是明确指出：“仓黄取而藏之，故谓之仓”分析的是“仓”的读音，而不是“仓”的字形；“仓”表示匆忙急迫的义项，是假借“仓黄”而来的。其实，指匆忙慌张的“仓黄”是个联绵词，除了“苍黄”，还有“仓皇”“仓惶”“仓徨”“仓遑”等多种写法，如今以“仓皇”为首选词形。因此，尽管古汉语表示匆忙急迫时“仓”“苍”二字可通假，但现代汉语已明确以“仓”为规范，如“仓促”“仓遽”“仓迫”等。“苍生”本指草木丛生之处，如今常泛指百姓、芸芸众生，其含义与粮仓、颜色、匆忙急迫均无关，不能写成“仓生”。

虫蛀牙坏是“龋（qǔ）齿”

【**错例**】龉齿就是蛀牙、虫牙，是一种细菌性的疾病。

【**简析**】“龉齿”应为“龋齿”。“龋”音qǔ，本字作禹，一般认为是形声字，从牙禹声，本义指牙虫蛀而残缺。《说文解字》：“禹，齿蠹（dù，蛀蚀）也。”“龋，禹或从齿。”如今规范化，以“龋”为正体。也有学者认为“龋”是会意字，因为“禹，虫也。故文从禹”（清桂馥《说文解字义证》）。从齿从禹（虫）会意，即指齿中有虫。《字源》则认为“禹（龋）”为形声兼会意字。“龉”音yǔ，形声字，从齿吾声，本义指上下牙齿对不上。《说文解字》：“龉，齿不相值也。”《集韵》：“龉，齿一前一却。”“龉”常用作“龃（jǔ）龉”。“龃龉”是叠韵联绵词，义为牙齿上下对不上，比喻引申用作抽象意，指意见不相切合，彼此抵触。“龋齿”是一种牙病，多因口腔不洁引起，牙齿釉质被破坏,形成空洞,症状是牙龈肿胀、疼痛等。患有这种病的牙叫“龋齿”,跟上下是否对齐无关,不能写成“龉齿”。大概是“龋”误读成“禹”,才把“龋齿”错成“龉齿”的吧。

“缉”麻成绳“车和辑”

【错例】警察千里辑凶,逃犯归案服法。

【简析】“辑凶”应为“缉凶”。形声字“缉”(jī)与“辑”(jí)声旁均为“咠”(qì,从口从耳会意,本义指耳语),区别在形旁。“缉”从糸,本义指把麻析成缕状而搓捻成绳或线。《说文解字》:“缉,绩也。”段玉裁注:“凡麻枲(xǐ,即麻),先分其茎与皮……析其皮如丝而撚(niǎn,揉搓)之,而剿(yè,接续)之,而续之,而后为缕,是曰绩,亦曰缉,亦累言缉绩。”“缉绩”犹纺织。如今,“缉”的常用义是搜捕、捉拿,这是后起义,最早见于《水浒全传》第四回:“昨日有三四个做公的来邻舍街坊打听得紧,只怕要来村里缉捕恩人。”另如“缉拿”“缉私”。“辑”从车,本义指组合众多部件而成整车。《说文解字》:“辑,车和辑也。”张舜徽《说文解字约注》:“辑之言合也,谓合众材所聚,必和调而后能用,故许君以‘车和辑’训辑。”又云:“车聚众材谓之辑,犹群鸟在木上谓集,语原同耳。”因此,“辑”又引申用作“集”,指聚集,特指聚集材料编(书刊等),如“辑录”“剪辑”。也指整套书籍的各个部分,如“丛书共十辑”。由聚集引申指和睦,如《国语·周语》:“和协辑睦,于是乎兴。”古汉语中表示聚集、和睦等意思,“辑”与“缉”可通假,但如今二者不再混用。比如“编辑”是规范词形,不作“编缉”。而在搜捕、捉拿的义项上,“缉”并不与“辑”通假。“缉凶”指的是缉拿凶犯,写成“辑凶”是错误的。

“大数据杀熟”——算法的歧途

◎巩成林

不知道你有没有这样的经历：与朋友相约出去旅游，各自在手机上订相同一家酒店，却发现同样类型的房间价格却不一样，自己作为老客户反而贵出不少。这就是经典的“大数据杀熟”的案例。

我们常说，中国社会是一种熟人社会。按理，越熟悉的人信任感越强，自然合作方便。但如果商家利用老客户的这种信任感牟利，就是传统意义上所谓的“杀熟”。那什么是“大数据杀熟”呢？简单来说，就是从传统“杀熟”升级而来，结合大数据的推荐算法，从而产生的互联网思维下的营销套路、消费陷阱。当今，在互联网上可以购物、打车、订票、订餐、订酒店，大部分人早已习惯了各种线上消费行为，不经意间就留下了自己丰富的个人信息。厂商利用其所拥有的海量数据，分析用户的消费偏好、消费意愿、消费能力等，“个性化”提高相关产品价格，以此获得更高利润。常见的“大数据杀熟”不仅可以根据你的消费记录调整商品价格，更能凭借你的搜索内容、地理位置等分析判断你的消费意愿和消费水平。

“杀”，本义是指杀戮，使人或动物失去生命。而在“杀熟”这个词中，“杀”的血腥气明显没有那么重，更多表现的是“欺骗”的含义，与“宰客”中的“宰”类似。但是因为“熟”，被欺骗的人就更感觉不公平，用“杀”字恰恰可以反映对商家的不满和谴责。“熟”在现代用语中一般作为形容词，而在这里用作名词，表示“熟人”“熟客”。

"杀"和"熟"的陌生化组合,让二者多多少少改变了本来的意思,使人耳目一新,印象深刻。

"大数据"作为IT行业的术语,给人们的第一感觉就是先进科学,其搭配的词往往都是对大众有益的,比如"大数据预测""大数据医疗"。但是依附上"杀熟","大数据"似乎就带上了贬义的色彩。事实上,"大数据"本身不含褒贬,"大数据杀熟"也并非"大数据"在贪图钱财,只是被居心不良的人所利用,无奈地成为了助纣为虐的工具。

有观点认为最早的"大数据杀熟"可以追溯到2000年,当年有位亚马逊老用户发现一张碟片对其报价26.24美元,而删除本地使用数据后竟然仅需22.74美元。一经爆料,指责如潮,亚马逊CEO贝索斯为此道歉,称这只是一个"试验"。而"大数据杀熟"一词在2018年3月进入中国大众视野后,迅速被推上舆论的风口浪尖。一时间不少网络在线消费服务平台被指"杀熟"问题多,尤其是一些知名在线旅游、网约车平台。各路网友纷纷爆料自己被"杀熟"的经历,口诛笔伐,控诉不良企业和商家。实际上,这个词背后所反映的现象或许已经存在多年,但作为老用户,往往使用频率高,产生了一定的依赖感,加之其高度的隐蔽性和复杂性,就少有人怀疑。近年来,随着监管部门出台了相关规定,特别是十三届全国人大常委会第三十次会议上表决通过的《中华人民共和国个人信息保护法》,明确禁止此类行为后,"大数据杀熟"相关话题的热度又大幅上升,从中亦可见热点事件对于流行语扩散的强大助推作用。

大数据算法本应是为了人们更高质量的生活而设计的,企业和商家利用高新技术追求盈利本无可非议,但凡事必须有个底线。以诚信为本,才能名利双收。相信"大数据杀熟"这种乱象经过长期治理,最终能成为过去,也希望不久的将来,这个词语从我们的视野中消失,不再流行。

“秀”出自己

◎马修齐

现如今，无论是发弹幕还是评论，“太秀了”“秀啊”之类的感叹屡见不鲜。这个“秀”是啥意思呢？应该说，“秀”的使用历史在网络流行语中可以算相当悠久，自出现以来经历了一系列含义的拓宽，直到现在依然很有生命力。

“秀”在传统语境下大多表达的是一种“高雅的赞美”，如“木秀于林，风必摧之”中，“秀”表达的就是“超出、高出”之意；“千岩竞秀，万壑争流”中，“秀”表达的是“美丽”之意。由这两种含义，还衍生出“优异”之意。不难看出，“秀”在传统语境中一直是一个纯粹的褒义词。

“秀”在网络上的流传也经历了漫长的演变过程。其初始用法大多出自英文单词show的谐音，意为“展示”，如“脱口秀”“中国达人秀”。由此引申开来的常见口号“秀出你的风采”，也取此义。因其精准简练而不失俏皮洋气的风格，“秀”也风靡一时。还有一种用法则稍有一丝贬义色彩，即取单词show的谐音而使用释义“炫耀”，如“秀恩爱”一词，多少流露出评价者对这一行为的不满。但无论是“展示”还是“炫耀”，含义仍然绕不开“秀”（show）的本义：只有被认为“好”且“突出”的东西才会被用于“展示”或者“炫耀”。因此这一用法可以说是由词义与谐音恰到好处地契合而衍生出的产物，也可算是较为早期的互联网流行语。

随着时间的推移，“秀”的用法逐渐从动词转向了形容词，渗透到了多种评论发言情境中，用来表达说话者半是佩服半是调侃的态度。如直播中的“带秀”形容节目十分精彩好看；游戏主播的“天秀”形容操作很厉害；“你太秀了”既可以形容对方的言行很厉害，也可以描述这是一种过分的炫耀，含有“玩笑开过头了”的批评含义。可以发现，如今在互联网空间被广泛使用的“秀”，一方面与其本义及引申义“超出、超过”“美丽”等一脉相承，另一方面，也与其在互联网场域被第一次转化时的贬义用法密切相关。两者相结合，“秀”演化出一种强大的网络新义——炫耀性地展示超强技能。这种网络含义甚至影响到了传统带有“秀”的组合，比如在网络语境中“优秀”表示的是“因优而秀”，“造化钟神秀”也失去了对“大自然鬼斧神工”的感叹之意，而只注重一个表示过分炫耀的“秀”字。“秀”真的使自己在语言组合中也“秀”出来了。

比较日常用法和网络用法，希望我们不要在网络上“太秀了”，还是在日常生活中脚踏实地，努力成为一个“优秀”的人吧。

《把自己的容器做大一些》参考答案

1. 怨天忧人——怨天尤人
2. 报怨——抱怨
3. 喝下去，”——喝下去。”
4. 恑异——诧异
5. 哏了一小口——抿了一小口
6. 绉着眉——皱着眉
7. 并且——但
8. 一如继往——一如既往
9. 半份——半分
10. 醒醐灌顶——醍醐灌顶

蹲——网上守候新形态

◎王梓茜

在当下社交平台上，有一个很有传染力的字——“蹲”，点开热帖的评论区，整整齐齐一列的“蹲”字，实在让人无法忽视。让我们来一起看看网友们到底在“蹲”什么。

“蹲”本来是一个极具生活化气息的动作，两腿如坐，双臀不着地，后来也用来比喻“呆着或闲居”。然而在网络的娱乐氛围中，用“蹲”来表现等待获得某些信息，动作色彩强烈，但过程艰辛又狼狈，是网上常见的搞怪、诙谐的表达方式。

经过分析，网络上大致可分为三种“蹲”法。

蹲法一：求知型。在分享照片的博主评论区里“蹲”器材型号，在分享家装的博主评论区里“蹲”各种家居品牌，在分享日常生活的博主评论区“蹲”文章中出现的咖啡店……这样的“蹲”法最为常见，是简单的问答模式，也常常会引来博主本人一一解释，或者有其他了解的网友会帮助你解答。简明、扼要是求知型“蹲”法的特点，网友们见到这些疑问，必定知无不答，答无不尽。

蹲法二：后续型。这种蹲法常见于作品正在连载中的画手或者作家的评论区。此时的“蹲”是一种关注和肯定的表现，表示“我已经看完了，期待后续进一步更新内容”。在创作者看来，这种“蹲”也是一种激励和敦促。或者是一些博主喜欢随时分享发生在身边有趣的真人真事，广受网友喜爱和关注。这个时候在评论区逢帖必“蹲”的网友,等于是用发帖行动在告知大数据自己的阅读喜好,希望将来可以继续在主页上被自动推送相关内容。

蹲法三:全网求助型。这类网友抛弃了在相关评论区内发帖的传统等待模式,而是自己直接发文,标题模板一般为“全网蹲 × ×”。这往往是面向广大网友的求助帖,求助的内容无法归类,丰富多样:有偶然见到一个电影截图,“全网蹲电影名字”;有地铁里遇见一本书,只拍到封面,发到网上“全网蹲书名”;有生活中遇见尴尬的事情,发到网上,希望“蹲”一个解决方案……令人印象深刻的是,在 2021 年 10 月 1 日的天安门广场升旗仪式上,有一个女孩与一群相互不认识的人热情自拍,但是当时没有来得及互相分享照片。随后她将照片发到网上,“蹲”照片中二三十位一起拍照的陌生人,竟然在短时间内全部凑齐。故事很感人,而所有协助发帖的网友们也一起“蹲”到了这个 2021 国庆特别故事的完美结局。

至于为何要“蹲”,我们有一些粗浅的分析。在网络的陌生环境中,这些网友的交际胆量变大了,一些生活中不甚方便或难以开口去主动问询的事情,在非面对面交流的互联网上,询问和求助变得更加简单了。从网络的传播来看,一个人“蹲”下了,只要有一位好心的网友回复了其等待的内容,那么随后有同样需求的网友就无须再花费时间询问。这是一种网上独有的互动,打破了日常生活中一问一答一得的方式,转变为一问一答多得或一问多答多得的独特互联网体验,真正让网络生活变得互联和共享。

网络生活中,遇见好奇的地方,不妨多“蹲”多收获。

“鸡娃”的翻译

◎陆建非

“鸡娃”是近年中文网络上的热词，看上去像个名词，其实它是动宾结构，指老爸老妈给娃“打鸡血”，不停地安排他们去读书、补课、培训、测试、比赛，持续亢奋，不懈努力。对于这样一个在中文语境中都需要拐个弯来理解的词，英语该如何翻译呢？

2021年7月30日《纽约时报》在一篇介绍中国政府推行减负政策、限制教培的文章中有这么一段话：

Much of the competition comes from a culture of parenting known colloquially in China as “chicken parenting”, which refers to the obsessive involvement of parents in their children's lives and education. The term “jiwa” or “chicken baby” has trended on Chinese social media in recent days.（大部分竞争来自中国俗称“养鸡”的育儿文化，指的是父母过分介入孩子的生活和教育。“鸡娃”一词最近在中国社交媒体上走红。）

这段话把“打鸡血”翻译成“chicken parenting”（养鸡教育），似乎差得有点远；而把“鸡娃”译成“chicken baby”，更让人啼笑皆非。chicken英语中意思是鸡、鸡肉，也指胆小、怯懦的人，“chicken baby”和打了鸡血的“鸡娃”实在是大相径庭。直接音译成“jiwa”固然简单，但是在词的理解上又给非中文语境的人增加了难度。

当然，也可以用释义的方式意译“鸡娃”。此词的本质就是“逼着孩子变优秀”，可译为push kids to be the best，或者

push kids to do better,或者 push kids to succeed。还可在 kids 之前加上 fired-up,这个单词的意思是“兴奋的,亢奋的,激情燃烧的”,或者加上 psyched-up ,义为“精神上准备好的”。这样翻译,和“打鸡血”的意思就比较接近了。

其实,在西方也并非如我们印象中那样全是崇尚自由育儿的家长,过度参与孩子教育的家长大有人在,这类家长在英语中被称为“helicopter parents”,即“直升机父母”,说的是这些家长就像直升机一样,不管孩子需不需要,一直在头上盘旋,关注他们的每一个举动,并随时准备对孩子的行为进行干预。这也让人从不同角度感受到了天下父母共同的焦虑。中国日报网(China Daily)上可以找到将“鸡娃”与“直升机式育儿”对应的语例:“For those struggling between jiwa and foxi — the terms for parenting models, respectively equivalent to western concepts of ‘helicopter and free-range’ parenting styles — the documentary series Marvelous Moms is like a mirror that will help Chinese parents examine their own confusion and stress.”〔对于那些在“鸡娃”和“佛系”(分别相当于西方的“直升机式”和“自由放养式”)育儿模式之间挣扎的人来说,纪录片《了不起的妈妈》就像一面镜子,帮助中国父母审视自己面对的困惑和压力。〕

微语录·人生

每个人都有不同的际遇,是否能捕获成功,成功到来得是早还是晚,每个人都不一样。但有两样东西,大家都是一样的。一是努力,二是格局。不要羡慕别人有多走运,不要嫉妒别人有多成功。平时不努力,格局太小,就算上苍眷顾,你也会与它擦肩而过。

(乔　桥/辑)

回望古文字中的几种上古发型

◎刘志基

疫情数月，不能理发，镜中的“头势”日渐奇特，于是想起古文字中相关字形，择其若干记录于次。

一、若

“若”，甲骨文象人跪坐着用双手理顺头发之形：

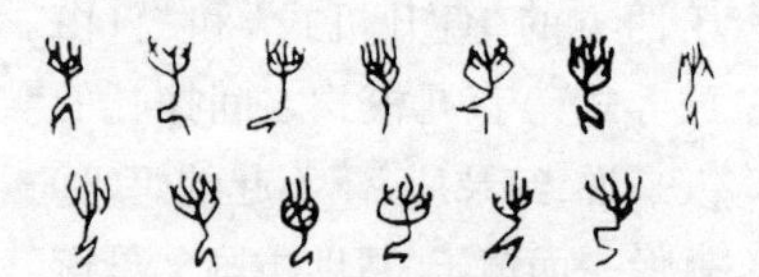

此字在甲骨文中常见，出现约 1 300 次，基本只见于人祈于神的占卜语境，罗振玉释曰：“象人举手跽足巽顺之状，故若训顺。”所谓“巽顺”，就是顺从，是个动词。具体细分，又有两种情况：一种是以“神”为主语，即神顺遂殷王等占卜者希冀予以保佑。也可以殷王等占卜者为主语，这时“若”表被动。

神灵保佑，顺了占卜者的心意，这在甲骨文卜辞中的重要性无可置疑，这样一个关键字为什么要用一个跪坐着用双手理顺头发的人形来表达？其中的奥秘，目前尚没有确实的证据来具体阐释，但是发式在当时人们心目中具有某种特殊的意义是可以肯定的。

双手顺发的跪坐人形这个字符不但自身常用，而且在古文字中还充当偏旁，比如殷周金文中的“匿”( )，西周金文的“腊”( )，东周金文的“都”( )等，都以“若”为声符。这也表明“ ”在汉字系统中本来是具有重要地位的字符。另外，“若”字本身又可添加“口”旁作“□”，从毛公鼎□□并用来看，增“口”的作用是重见字书写避复。

不过，这个姿态优美、图画性颇强的“□”，对于文字的书写是个考验，因此到秦代文字中便被写字人改造成两个更容易书写的偏旁的组合：□（睡虎地秦简），“艸”代替了原来上举的两手，“右”代替了举手顺发人的身形。这个字形的出现，让许慎晃了眼，于是在《说文解字》里，便有了两个“若”字，一是“艸”部的□，训为“择菜也”，另一是“叒”部的□，并列举其籀文□，训为“……若木也”。很显然，许慎的“□”是源自“□”，而“□”特别是“□”是源自“□”。方便书写的“□”“□”既然产生，不便书写的“□”便被放弃了。自此以后，汉字构形系统中再无“□”。

二、髦（máo）

《诗经》有“髧（dàn，头发下垂的样子）彼两髦”的句子，其中的“髦”即指束发前的少年秀发在前额下垂的一种发式。这个“髦”字，亦见于甲骨文：

□ □ □ □ □ □

这个字象人长发下垂状，或许因为其形体很美吧，过去曾被人们释为“美”。当然，释“美”是错误的，因为甲骨文中真正的“美”字上部都从“羊”作□□，与此不同。

甲骨文中的“髦”，是当时一个重要方国“危方”首领的私名。这个首领为什么叫“髦”？是不是与他有一头秀美发式有关？虽然我们尚无证据论断，但可能性是存在的。

“髦”的这个表意初文在古文字中也可以充当偏旁，如金文“敄”字：

□ □ □

此字一般被隶定为“敄”，以往也多被认为从“矛”声，也有学者认为“字本象以手持棍打击戴羊角帽的人，会欺侮之意”，其实都是不对的。□的左半，下皆从“人”，上象人披发之形，与□□的差别，只是下部的侧视的人形（“人”）换成正视的人形（“大”），“人”“大”两个偏旁在古文字中属于同类，经常可以替换，所以的左半亦当即“髦”之本字。令人遗憾的是，这个象形的“髦”也未能传承下来，整字被从“髟”“毛”声的形声字所替代。作为偏旁，因读音和构形都有几分相似，后来就被“矛”替换了。战国中山王鼎“敄”作“”，左旁的上部已与“矛”无异，算是演化的一个转折点。此后，汉字构形系统中也再没有单纯表意的“髦”了。

三、髟（biāo）

“髟”作为一个汉字部首，所辖字都与人头发胡须相关，比如繁体“鬚”“髮”二字，皆以“髟”为义符。而“髟”字本身，则是个会意字，从“长”从“彡”。“彡”作为表义偏旁，多表美饰之义，故《说文》训释“髟”字曰“长发猋猋”，也就是长发飘飘的意思。而甲骨文有独体的“髟”字：

象人长发飘然状。该字在甲骨文中是风的名称，《甲骨文合集》14294：“南方曰因风曰髟。”说的是南方风叫作“髟”。这个名称与先秦佚名诗“飘风自南”的“飘风”可以对读。就读音而论，“髟”“飘”音近；从构形上看，甲骨文“髟”正是风吹长发飘飘的形象。古代所谓“飘风”是指持续时间较短暂但风力甚大的风。这正是夏季南风的特点，而甲骨文的字形，正是从人的视角生动描摹了这种无形的空气运动自然现象，而头发在这种表达中发挥了关键作用。这也从侧面表现殷商人对秀发的审美嗜尚。

甲骨文中这个单纯表意的“髟”也是可以充当偏旁的，如“髭”，从“髟”从“帚”：

然而这个表意的“髟”也没有在汉字系统中传承多久。甲骨文以外，在殷商金文中用作族名，作（父乙莫觚），西周金文作（史墙盘），最终出现于战国楚简：“”（《郭店楚墓竹简》之《成之闻之》22 简)。此后就完全被从"长"从"彡"的"髟"所替代了。

四、总

《诗经·甫田》:"婉兮娈兮,总角丱(guàn)兮。"所谓"总角",就是古代未成年的少年把头发扎成髻的一种发式。而这种发式,最近也在早期古文字构形中发现。而发现的过程颇为曲折。西周金文中,有个位于"司"前表示"掌管"类意义的"䵼"字,原形作[illegible]等。因其左旁与甲骨文中原被释为"疌"的"[illegible]"形近,故"䵼"过去多被释为"兼"字,表示"兼管"。然而新出土材料中"䵼"被发现了一个新字形"䆫",这个字的右旁加注了一个声符"悤",这就表明"䵼"的读音当与"悤"近,而"䵼"当读为"总","䵼司"即"总司",义为统领管理。随着这新释读的成立,"总角"之总的表意初文也被发现了,那就是"䵼"的左旁,即甲骨文原来所谓"疌"以及几个殷商金文族名字形:

[illegible]

然而在后来的汉字构形演变中,这个表意的"总"旁被常见表意偏旁"纟"所取代,演变为新的形声字"总",此种字形已见于战国楚简:[illegible](上博九《举治王天下·文王访之于尚父举治》)。至此,表意初文在这个字的演变序列中消失。

汉字是迄今还活着的人类最古老文字。几千年过去了,汉字青春长葆的原因无疑是它越来越成熟了,不断优化着其记录汉语的功能,构形单位的以简易替繁复便是"优化"的基本手段。以上诸字的消逝,皆是其例。然而在进步中,似乎也有失落,有许多美好、生动、真实的历史图景也在"优化"中消失。以上发式表意字的逝去,冰山一角而已。因此,如何把这种非物质文化遗产保留下来,发扬光大,服务于今日中国的文化建设,也应是当下汉字研究的一个重要课题吧。

把自己的容器做大一些

（文中有十处差错，你能找出来吗？答案在本期找）

◎梁北夕　设计

有一个小和尚，最近的日子有些不走运，接二连三地遭遇不如意的事情。小和尚忍不住怨天忧人，对自己职责范围内的事，也渐渐轻慢了起来。

徒弟无休无止的报怨，引起了老和尚的警觉。

这天，老和尚命小和尚去取一碗清水和一把盐来。小和尚不知其意，但还是遵照师嘱，把水和盐拿了来。

“把盐放进碗里搅一搅，喝下去，”老和尚对小和尚说。

小和尚照做，侘异地看着师父，犹豫地呡了一小口，立刻吐了出来，连连摇头：“又苦又澀，喝不下去。”

老和尚又吩咐道：“再去取一坛子清水和一把盐来，把它们混在一起，再尝尝。”

这次，小和尚没有立刻把水吐出来，而是绉着眉把它咽了下去，说：“还是咸，并且可以忍受。”

老和尚微微一笑，让徒弟带上盐和自己一起来到一口井边。小和尚照着老和尚吩咐，把一把盐撒进井水里，然后又尝了尝井水的味道。井水一如继往地清冽甘甜，味道没受半份影响。

老和尚拍拍小和尚的肩膀，说：“你最近遇到的那些事情，就像那把盐，想要让它不影响心情，你就得努力把自己的容器做大一些，让它像一口井，而不是一个碗。”

老和尚的话犹如醒醐灌顶，点醒了浑浑噩噩的小和尚。

看图说话

“至汾酒而观致”？

王炎尧

近日，看中央电视台新闻综合频道《新闻联播》，节目开始前有一条“青花汾酒”广告，广告词这样说道：“中国诗词，至唐宋而天籁；白酒酿造，至汾酒而观致。”（字幕同步显示）“观致”让人摸不着头脑，应该是“观止”吧！

观止，语出《左传 · 襄公二十九年》。吴国公子季札去鲁国访问，请求观赏周王室的音乐舞蹈，在看到《韶箾》这支舞的时候，不禁感叹：“观止矣！若有他乐，吾不敢请已。”意思是说，这个作品已经好到了极致，看到这里可以不看了！如果还有其他的舞乐，我不敢再请求观赏。后以“观止”称赞所见事物好到极点。如清代辑录成书的《古文观止》，精选先秦至明末诸家美文二百二十二篇，书名的意思就是，读了这些好文章，别的文章就用不着去读了。

上述汾酒广告想说的是：中国诗词至唐宋而成为天籁，发展到了顶峰；白酒的酿造，到青花汾酒达到了极致。“观止”用在此处能起到广告想要的夸张效果，“观致”则说不通。

火眼金睛

图中差错知多少？

李润森 龙启群 张仙权 杨昌俊 提供

（答案在本期找）

1

2

3

4

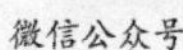
微信公众号

邮　政

淘　宝

微　店

电子版

ISSN 1009-2390

YAOWEN-JIAOZI

咬文嚼字®

2022.09

小笼馒头

江浙点心，是一种用小笼屉蒸的小包子，吴语称包子为馒头，故名小笼馒头。小笼馒头皮薄馅多且汤汁足，吃时一般先咬一小洞吮吸汤汁，再将整只入口品味。

醋

上海世纪出版集团
欢迎至邮局订阅本刊 邮发代号 4-641
国内统一连续出版物号 CN 31-1801/H
定价：6.00 元

“你退后，让我来”

石　安/文　臧田心/画

2018年10月11日，陆军某扫雷排爆大队四队战士杜富国在扫雷行动中发现一枚加重手榴弹。他立即让战友退后，独自上前排查……“轰”的一声巨响，手榴弹突然爆炸。生死瞬间，他扑向战友一侧，挡住爆炸冲击波和弹片，用身体护住战友，自己却永远失去了双眼和双手。后来在谈到相关话题时，杜富国表示：“如果再给我一次选择的机会，我仍会对战友说，‘你退后，让我来’！”今年7月27日，杜富国获颁“八一勋章”，这是中国军人所能获得的最高荣誉。

2022年9月1日出版

9
总第333期

主管：上海文艺出版总社
主办：上海文化出版社
编辑、出版：《咬文嚼字》杂志社
集团网站：http://www.shwenyi.com
E-mail：yaowenjiaozi2@163.com
官方微博：
http://weibo.com/yaowenjiaozish
电话传真：021-64330669
发行电话：021-53204165
邮购电话：021-53204211
地址：上海市闵行区号景路159弄A座3楼
邮政编码：201101
发行：上海市报刊发行局
发行范围：国内外公开
订阅处：全国各地邮局
邮发代号：4-641
ISSN 1009-2390
CN 31-1801 / H
印刷：上海中华印刷有限公司
印厂电话：021-60829062
021-60299079
定价：6.00元

前线观察

我们的“团长”我们的“团”

◎高丕永

本文标题化用了电视剧《我的团长我的团》的剧名，不过此“团长”非彼“团长”，此“团”非彼“团”。

2022年春季，上海这座超大型城市的疫情防控期间，保供压力前所未有。我们密切关注着小区里“团长”的动态，因为他们会给我们“团”来品种多样的生活物资。媒体上也活跃着他们的“身影”。请看下面的例句：

（1）通力合作——政府、市场与“团长”拧成一股绳（小标题，《人民日报》2022年5月24日）

（2）居委干部当“团长”，不会操作智能手机的老人也能放心团（标题，新华网2022年4月18日）

（3）【上海战疫录】蔬菜团长、水果团长……因为感动而“热血开团”（标题，中国新闻网2022年4月16日）

（4）近日，一张截屏令很多上海“团长”“团友”担心……（《解放日报》2022年4月13日）

显然，以上例句里的“团长”不可能指军队编制单位之一团的长官，也不可能指那些以某某团为名的单位或团体的负责人（如“话剧团团长”），而应该是指团购的发起人、组织者。

“团购”一词，指集合消费者力量，提高向批发商或零售商议价能力的采购方式，新旧世纪交替之际已经出现在媒体上。比如：“厂商在销售时还需顾及节庆中的诸多因素，如排名、自身主题活动的效应，因此对销售的限制也比较小,容易做成批发或团购业务。”(《上海商业》1998年第12期)又如:“上海成立家庭装潢建材团购集团”(标题,《中国建设报》2001年5月31日)。那时的团购,大多数由商家或企业发起,由个人发起的比较少。发起团购的个人,一般称为“团购发起人(组织者)”。

此后,互联网的快速发展大大增强了人们交流的便捷性,众多团购网站应运而生,个人发起的团购也蓬勃发展起来,出现了“团购”的缩略形式“团”。这个“团”,可以单独用作动词。比如:“‘我团我主张’旅游团购悄然成势”(标题,《经理日报》2005年11月9日)。“团”也可以构成词语,常见的有“开团(发起一次团购)”。比如:“此外,每次团购完成,论坛还会组织网友对团长进行投票。若普遍反映信誉不佳,那么这个组团者以后将会被禁止开团。”(《中国花卉报》2008年10月7日)

常见的还有“团友(参加团购的人)”。比如:“‘嫁给我吧’大型婚庆团购27日举行 6大惊喜让团友乐翻天”(标题,《城市商报》2009年12月10日)。“团友”,有时又称“团员”。比如:“小区团购用的‘接龙’,让‘团长’们能第一时间将‘团员’们的需求统计完成;共享文档,可以多人协同,随时增改,动态反映服务需求,一目了然。”(《解放日报》2022年6月22日)

当然,媒体上最常见的是“团长(发起团购的人)”。比如:“除了省钱,省时和省力也是显而易见的好处。当过好几次‘团长’的胡先生称得上是谈判专家、砍价高手了。”(《科技日报》2006年12月3日)又如例(1)(2)(3)(4)。

可见,团购的“团长”“团”“开团”等词语,十六七年前已开始使用,但到2022年上半年一下子成了上海的全民流行语。什么原因呢?根本原因只有一个:表达需要是语言发展的最强大动力。

金庸先生误写"龌龊"

◎刘冬青

金庸、倪匡、黄霑和蔡澜四人，素有"香港四大才子"之名。2017年6月，蔡澜《我决定活得有趣》（北京时代华文书局）出版，该书请了金庸作序，倪匡作跋。金庸的序《蔡澜是一个真正潇洒的人》写道：

我小时候读《世说新语》，对于其中所记魏晋名流的潇洒言行，不由得暗暗佩服，后来才感到他们矫揉造作。几年前用功细读魏晋正史，方知何曾、王衍、王戎、潘岳等等这大批风流名士、乌衣子弟，其实猥琐龌蹉得很，政治生涯和实际生活之卑鄙下流，与他们的漂亮谈吐适成对照。

这里的"龌蹉"应该是"龌龊"。

龌龊，读作wòchuò，可表示不干净，如周而复《上海的早晨》："不管什么衣服穿到他身上总不像样，也不大合身，不等两天，不是龌龊了，就是扯破了。"也可引申用来形容人品质恶劣，如卑鄙龌龊。还可形容气量狭小，拘于小节。《文选·张衡〈西京赋〉》："独俭啬以龌龊。"薛综注："《汉书》注曰：龌龊，小节也。"金庸序言是说那些"风流名士、乌衣子弟"的政治生涯和实际生活中人品低劣、卑鄙下流，那正应是"龌龊"。

蹉，音cuō，可表示差误、（从某地）通过等意义。如"蹉跌"指失足跌倒，"蹉跎"指光阴白白地过去。"蹉"与人品、行为处事的风格无关。金庸先生的序言中之所以混淆二者，估计和"蹉""龊"两字读音相近有关。

敢问梁先生：谁是“杜放翁”

◎王　荣

梁晓声新作《中文桃李》由作家出版社于2022年3月出版。书中第388页对杜敬甫的会客室做了一番这样的描写：

正墙上挂着杜放翁的绣像，几与真人等高。其上还绣着那几句感动了一个世纪又一个世纪的中国人的诗：“安得广厦千万间，大庇天下寒士俱欢颜，吾庐独破受冻死亦足！”如果没有那几句诗，估计没谁知道是杜甫的绣像。

从这段文字看来，书中所说的“杜放翁”就是指唐代诗人“杜甫”。但是杜甫几时成了杜放翁呢？

杜甫（712—770），字子美，自号少陵野老，是唐代伟大的现实主义诗人，与李白合称“李杜”。书中所提到的“安得广厦千万间，大庇天下寒士俱欢颜”“吾庐独破受冻死亦足”出自杜甫的《茅屋为秋风所破歌》，中间还遗漏了“风雨不动安如山！呜呼！何时眼前突兀见此屋”。杜甫在中国古典诗歌中的影响非常深远，被后人称为“诗圣”，他的诗被称为“诗史”。后世称杜甫为杜拾遗、杜工部，也称他杜少陵、杜草堂，未见有人称他为杜放翁的。

宋代诗人陆游的号是放翁。陆游（1125—1210），字务观，是南宋诗人。陆游考中进士后，因主张恢复中原，屡遭主和派排斥。后在王炎、范成大的幕中担任军职。据《宋史·陆游传》，陆游因与范成大“以文字交，不拘礼法”，被人讥为“颓放”，索性自号为“放翁”。

如何“抢天呼地”

◎时　未

2022年5月24日《钟山》杂志公众号刊发作家迟子建的《文学的“求经之路”》，该文曾发表于2017年3月17日《文学报》第19—20版。文章比较全面地回顾了作者文学创作之路，其中写道：“一个常和我一起玩的女孩，因为一针命就没了，她的母亲哭得是抢天呼地，让我感觉特别恐怖……”其中的“抢天呼地”讲不通，查《文学报》原文，此处也是“抢天呼地”。“抢天呼地”应是“呼天抢地”之误。

“抢地”较早见于《战国策·魏策四》中的《秦王使人谓安陵君》（即《唐雎不辱使命》）：“布衣之怒，亦免冠徒跣（xiǎn），以头抢地尔。”“抢”为多音字，在这里读作qiāng，意思是触、撞、碰。“呼天抢地”意思就是向天呼喊、用头撞地，形容极度悲痛，与“呼天叩地”“触地号天”等同义。

“地”可“呼”，“天”如何“抢”呢？“抢”读qiāng时，除了触、撞、碰外，还有推、搡的意思，如《警世通言·李谪仙醉草吓蛮书》：“臣因学浅，被太师批卷不中，高太尉将臣推抢出门。”其中“推抢”即推搡。还可表示逆、顶、挡，如“抢风”意思是顶风、逆风。“抢”还有创伤、代替等义。读qiǎng时，则有抢夺、抢先等义。“抢天呼地”中的“抢”无论是取哪个义项都于理不通。

另外，查辞书时，发现上海交通大学出版社1999年出版的《汉英大辞典》中收录有“抢天呼地”，但其对应的英语翻译中写的是“strike one’s head on

“相厮相守”辨

◎邹享昌

近读梁衡先生《武夷山——我的读后感》(北京联合出版公司2018年4月出版的《带伤的重阳木》书中之一篇),其中有如下一段话:

在世间一切自然美的形式中,怕只有山才是这样的磅礴逶迤,怕只有水才是这样的尽情尽性,怕也只有武夷山水才会这样的相间相错、相环相绕、相厮相守地美在一起,美得难解难分……

其中的“相厮相守”显然是从“厮守”一词脱胎而来的,但颇可推敲。

“厮”有男性仆役、对人的蔑称、互相等诸项义。如“厮役”即奴仆,“厮儿”即小子,“厮打”即相互打。“厮守”一词中,“厮”修饰“守”,表示相互,“厮守”即相互守候、守护。如巴金《家》二六:“自然她满心希望他来拯救她,让她永远和他厮守在一起。”“厮”“守”并非并列关系,二者不可以组合成并列结构“相厮相守”。

翻阅辞书,“厮”在古代汉语中还可通“斯”,表示分开。但文中说的是武夷山水“美在一起”“美得难解难分”,显然也不是分开之义。由此看来,文中的“相厮相守”是难以说通的,或可改作“相依相守”“相依相偎”等。

the ground to call on Heaven”。“strike one’s head on the ground”即头撞地,“to call on Heaven”即向天空呼喊,意思就是“抢地呼天”。可见,该词典以“抢天呼地”为词目是不妥当的。

“天花板”的两个比喻义

◎东　湖

汉语固有的“天花板”，本来只是指“室内的顶棚”，词义等同于英语“ceiling”的本义。然而，“ceiling”常用于比喻义，指“最高限度、最大限量、最高限额、上限”等。汉语借入了“ceiling”的比喻义，不过仍旧写为“天花板”，上世纪60年代已有了不少用例。比如：“我们赞扬这种不断顶破‘天花板’的精神。”（《人民日报》1965年10月30日）又如：“顶破‘天花板’才能上青天”（标题，《人民日报》1966年1月28日）。

21世纪初，汉语借入了英语固定短语“glass ceiling”，写为“玻璃天花板”。比如：“长期以来，英国存在着国际上所说的‘玻璃天花板’，即由于性别和种族差异，妇女和非白人的职业选择和职务晋升被一层玻璃挡着，可望而不可及。”（《人民日报》2002年6月21日）此后，汉语又借入了英语固定短语“bamboo ceiling”，写为“竹子天花板”，专指“亚裔遭遇的玻璃天花板”。比如：“‘竹子天花板’：亚裔在美国遭遇职场隐形歧视”（标题，《发现》2016年第9期）。

2020年以后，外来的比喻义“天花板”，淡化了词义中的“限度、限量”，强化了“最高、最大”，从而衍生出了第二个比喻义，指“最高点、最大量”等。比如：“苍茫质朴的大地上，那些身影坚韧而挺拔——首部以港人视角展开的扶贫纪录节目《无穷之路》拿下近乎‘天花板’的超高分好评”（标题，《文汇报》2021年9月30日）。又如：“一段时间以来，美西方自

信地认为，美西方制度已经成为人类制度文明的天花板。"（《光明日报》2021年12月16日）

"天花板"这两个不同的比喻义，如何辨别呢？在"天花板"作宾语的动宾结构中，可根据动词词义来区分：与"面临、遭遇、打破、突破"等动词连用的，基本上是第一个比喻义的"天花板"。比如："17岁的自由式滑雪女将谷爱凌——不断突破'天花板'"（标题，《人民日报》2021年3月25日）。与"达到、触摸、提升、抬升"等动词连用的，往往是第二个比喻义的"天花板"。比如："要抬升市场的天花板，还需要加深对消费者的了解。"（《光明日报》2022年1月17日）

另外，第二个比喻义的"天花板"，常用来指"某方面实力最强的人"。比如："博导去削萝卜了！网友：帮厨界天花板——疫情期间，这个学校的老师组团为学生洗菜送餐"（标题，《燕赵都市报》2021年11月12日）。又如："广场舞界的'天花板'来了——缓解疫情封闭压力，大工博士研究生带头跳起广场舞"（标题，《半岛晨报》2021年11月17日）。

比较多见的搭配是"颜值天花板"。比如："颜值天花板形容某人颜值非常高，几乎不能被超越。"（《文萃报（周五版）》2021年第9期）"颜值天花板"也能形容物的高颜值。比如："夏天颜值天花板再度营业　紫薇花在公园和道路先后上线"（标题，《长江日报》2021年9月26日）。更为多见的搭配是"社交天花板"。比如："何谓'社交天花板'？与'社交恐惧症'相反，它主要形容在社交中毫不胆怯、游刃有余的人。"（《人民日报海外版》2021年9月17日）在国家语言资源监测与研究中心、商务印书馆、光明网等联合主办的"汉语盘点2021"活动中，"社交天花板"曾被列为年度推荐流行语。

总之，"天花板"两个比喻义的实际运用情况相当复杂，必须参照上下文仔细辨别。

打通“最后100米”

◎张钰涵

上海疫情最严重的时候，居民生活物资保供出现了困难。2022年4月6日上海疫情防控工作新闻发布会介绍说：“我们正会同各区，组织各街镇和超市卖场、电商平台等对接，推广建立区级集采集配、街道领运分拨、居委社区直送到点的三级联动保供体系，将生活物资通过集配集送等方式送到社区群众手中，努力打通生活物资配送‘最后100米’。”生活物资配送在“最后100米”受到了阻碍，需要打通。那么为什么称之为“最后100米”呢？

“最后100米”，其字面意义是“剩余的100米”。如：

（1）这对中国选手起航速度不错，并保持着稳定的桨频……进入最后100米冲刺时，中国组合已把第二位甩出近一条艇的身位。最终，中国组合轻松摘金。（《光明日报》2021年8月8日）

越是快要到达终点的时候，越是要坚持到底，避免功亏一篑，“行百里者半九十”就是这一生活经验的反映。英语中有“last mile”的表述，指行程中的最后一段里程，引申比喻完成一件事的最后阶段需要解决的困难问题。“last mile”被翻译为“最后一英里”。汉语根据“最后一英里”仿造出了“最后一公里”的说法，《咬文嚼字》2019年第12期《跑好两个“一公里”》曾做过详细介绍。“最后100米”由“最后一公里”的说法发展而来，与“最后一公里”相比，“最后100米”距离更短，表义更显豁，含义更丰富。

“最后100米”可指物理空

间的具体问题。例如：

（2）然而，在快递行业持续数年业务增长的数字背后，还隐藏着快递行业“最后100米”末端配送问题的痛点。有专家指出，快递网点安家难、快递车辆行路难以及快递智能柜推广难等问题仍然制约着快递业的发展。（《法制日报》2017年4月18日）

（3）近日，为帮助上海长海路街道浣纱小区解决疫情期间的物资配送难题，上海理工大学菜鸟驿站安排两台无人快递车进驻小区，帮助居民打通物资配送到家门口的“最后100米”。（《盐城晚报》2022年4月27日）

例（2）的“最后100米”指快递行业末端配送问题，例（3）的“最后100米”指小区物资配送到家门口的难题，两者指的都是实实在在的具体问题，其障碍需要投入人力、物力才能打通。

“最后100米”也可指社会治理与服务中存在的抽象问题。例如：

（4）昆明市坚持党建引领，以居民区党建为具体抓手，打通基层治理及服务群众的“最后100米”。（《昆明日报》2022年4月14日）

基层治理及服务群众的“最后100米”显然不是具体的物理问题，而是抽象的社会问题，需要更多的社会资源才能打通。

“最后100米”还由最后阶段的关键难题引申指解决最后难题的关键。例如：

（5）城市治理是一个新课题，用党建引领基层社会治理，既要创新敢为，又要脚踏实地；既要顶层设计，又要落地生根。从渭城区抗击疫情实践中，我们可以看到，这些网格员、“红管家”，就是那走向群众的“最后一百米”。（《咸阳日报》2022年1月23日）

例（5）“最后一百米”转喻“负责最后100米的人”。

“最后100米”中的“100米”是个确定的数量，但表达的却是不确定的或具体或抽象的问题。这一现象在语言中并不

『人畜无害』保平安

◎李昕颐

“人畜”指人和牲畜。“人畜无害”，最初出现在“对人畜无害”的短语中，常用于农业、工业等领域，指的是对人和牲畜没有害处。如：“同时，也可以找出对药物敏感的基因，然后有针对性地开发对人畜无害、对环境无污染的生物农药，从而开创防虫治虫科研和应用上的新局面。”（《农民日报》2003年12月10日）又如：“光触媒在反应中产生的自由基移动范围仅一纳米（nm），反应时间短至一纳秒（ns），实验证明对人畜无害，亦无任何副作用，而且二氧化钛本身化学稳定性非常高。”（《北京科技报》2004年4月21日）后来，“人畜无害”开始频繁单独使用。如：

（1）生物农药是利用天敌的生物活体或其代谢产物对害虫、病菌、杂草、线虫、鼠类等有害生物进行防治的环境友好型药剂，与化学农药相比，其最大的特点是，人畜无害，对生态环境影响小。（《中国经济时报》2013年5月10日）

（2）她用幽默风趣的语言阐释道，“聪明”的病毒应该是友好的，只有“人畜无害”的病毒才能“人丁兴旺”。（《南方日报》2020年8月24日）

例（1）和例（2）中的“人畜无害”分别指生物农药和病

罕见，如“名山三百，支川三千，小者无数”（《庄子·天下》）中的“三百、三千”，“公输盘九设攻城之机变，子墨子九距之”（《墨子·公输》）中的“九”，都是以确定数值表达不确定的数量。最后的障碍被清除，最后的困难被克服，一件事情才算完成，前期的努力才不白费，善作善成，生活和社会才能更加美好，这正是“打通最后100米”的价值所在。

毒对人和牲畜没有害处，由此，进一步引申出“没有攻击性，具有安全性”的意思。如：

（3）最好还是不要在车内放这些小动物的玩具了；如果实在要放，记者推荐Hello Kitty，因为猫不在十二生肖之内，人畜无害，安全得很呢！（《当代汽车报》2008年2月27日）

（4）在“要想成功，必先发疯”的高三岁月，以撕书为情绪纾解出口，释放经年累月的压力，总比压抑或爆发更健康有益。说白了，这是最人畜无害的一场仪式，宣告着禁锢岁月的解放，宣示着应试教育的荒诞，宣泄着青春荷尔蒙的热量。（《西安日报》2015年6月2日）

例（3）中“人畜无害”与“安全得很”一同出现。例（4）中的“人畜无害”可直接替换为“安全”，两者互为表里。

不少“人畜无害”肉眼可见，常用来说明人、动植物等对象的外表给人安全的感觉。如：

（5）雷佳音作为东北人，李路对他的《白鹿原》《长安十二时辰》很是欣赏，他认为雷佳音的长相很符合周秉昆，一副人畜无害的样子。（《承德晚报》2022年3月3日）

（6）虽然说幼虎尚小，看似人畜无害，其实是一种错觉。（《南都晨报》2021年9月22日）

也有对象“人畜无害”，却并非可视之物，其意义侧重“心理上给人适宜感”。如：

（7）虽然碰到过各种奇怪的事情，但女儿给自己起名，而且起的是这么一个雅俗共赏、人畜无害的名字，我还是有点高兴：这是不是表示她的自我意识开始觉醒了？（《安徽商报》2020年5月30日）

（8）跟我自作主张的婚事相比，小雨不过施了一个人畜无害的小计谋，严格意义上来说还不算是先斩后奏。（张翎《疫狐纪》，《北京文学》2022年第5期）

无论看得见还是看不见，安全感满满的“人畜无害”适应了社会的需求，人民群众喜闻乐见，在多领域都得到了广泛应用。

如何念“獬豸”

◎陈关春

上海全面恢复生产生活秩序后，为了防止新冠疫情反弹，核酸检测仍在有序进行。浦江镇为鼓励大家参与核酸检测，特制作了核酸已采凭证。端详手中的卡片，见其中一面上印有图像，标明是“獬豸”，并注音为“xiāzā”。但“獬豸”并不读作 xiāzā。

獬豸，读作 xièzhì，古代传说中的独角神兽之名。能辨是非，见人争斗，便用角顶非正义的一方。“獬”还可读作 jiě，指强横貌；读作 hǎ，用在“獬犽狗”（即哈巴狗）中。“豸”单用时，可表示兽脊隆起伸长的样子，也有无脚的虫等意思。未见“豸”有 zā 的读音。

笔者在网上检索时，看到东方网有一篇报道，其中对浦江镇的这一核酸已采凭证做了介绍，并说道：

“獬豸”（xiè zhì）源于中国古代神话传说中的神兽，它象征着勇猛公正、聪明智慧。在沪语中，“獬豸”读作“xiā zā”；在浦江本地话中，“xiā zā”又叫作“骱（jiá）”，是指聪明、厉害、好的意思。本地老百姓称一个孩子聪

读准“沌（zhuàn）口”

◎杨民权

2021年8月3日央视新闻频道播出《朝闻天下》，在报道湖北疫情时主持人这样说道：“武汉经开区在对淮安某旅游团重点区域驻留人员排查中，发现沌口街一工地外来务工人员唐某，曾于7月27号在荆州高铁站候车时，与淮安某旅游团的活动轨迹存在交集。”主持人把“沌口”之“沌”误读为dùn，正确的读法是zhuàn。

“沌”可以读dùn，主要用于“混沌”“沌沌”等词。“混沌”指古代传说中远古时期宇宙开辟之前模糊一团的状态，也指糊里糊涂、无知无识。“沌沌”是愚昧无知的样子。《老子》：“我愚人之心也哉，沌沌兮！”

“沌”也可以读zhuàn，是水名，在湖北。沌口，在武汉汉阳区西南，此地名源于沌水。郦道元《水经注》：“沌水上承沌阳县之太白湖，东南流为沌水，径沌阳县南，注于江，谓之沌口。”即该地居于沌水入长江之口，故名。新闻报道中的沌口街，隶属于武汉经济技术开发区，东临长江及东荆河沌口段。主持人大概是不了解“沌水”之名，把“沌口”读成了“dùn口”。

明，也往往会说：“迪个小囡xiāzā来”或者“迪个小囡真是jiá”。

原来卡片上的“xiāzā”是上海话发音。笔者以为，既然是方言发音，就应该在卡片上注明，不然就会误导大众，以为“獬豸”在普通话中也读作“xiāzā”。凭证虽不大，文字也不多，仍应写规范字，注规范音。读者诸君以为然否？

“酬祚”？“酬酢”！

◎国　轩

2022年3月23日《上海老年报》第7版刊有《席锡蕃是甚等样人？》一文，其中这样写道：“他在‘十里洋场’数家外商银行当过买办，交游广泛，与哈同或多或少有商务往来，或酬祚交谊。”何来“酬祚”？应是“酬酢”。

酬酢，读作chóuzuò。筵席宴请中，主人向客人敬酒曰酬，客人回敬主人曰酢，“酬酢”泛指交际应酬。如茅盾《官舱里》：“然而既经外交式地开始了酬酢，那么交际的客套，也不会马上就止。”

祚，音zuò。本指福。如李密《陈情表》：“门衰祚薄，晚有儿息。”亦指赐福。如《国语·周语下》：“皇天嘉之，祚以天下。”

上述引文中讲的是交谊往来，应用“酬酢”。误“酢”为“祚”，乃形似音同所致。

“苍穹”不是中草药

◎高良槐

2022年7月21日《福建日报》第1版刊有《莆田涵江多元赋能乡村振兴》一文，开头写道：“金色稻浪，‘丰’景正好。近日，笔者在莆田涵江区庄边镇千亩水稻和中草药材轮作示范基地看到，村民们正忙着收割早稻，紧接着就要种上中草药——苍穹。”其中“苍穹”明显有误。

穹（qióng），是物体中间隆起四周下垂的样子，引申指天空。苍穹，即苍天，指天空，并不是中草药。根据当地其他媒体报道，该镇接下来要轮种的其实是川芎。

川芎（xiōng），即芎䓖（qióng），多年生草本植物，全草有香气，根状茎可入药，可以活血、调经、祛风、止痛。以产于四川者为佳，故又名川芎。据传说，“川芎”之名与从“苍穹”降落的仙鹤有关，但这种草药并不叫“苍穹”。

怎么个“寅吃牟粮”

◎周平果

2022年6月1日《报刊文摘》第6版《达利欧的历史周期论》一文写道:“其二则是全民弥漫着‘打肿脸充胖子’而不自知的错觉。国民和国家已经不再富裕,而国民仍然认为自己很富裕,寅吃牟粮,透支消费,这是美国经济最大的特点。”其中“寅吃牟粮”应为“寅吃卯粮”。

“寅(yín)”“卯(mǎo)”是我国古代农历干支纪年所用的“地支”顺序中的两个排位,“寅”排第三位,“卯”为第四位。寅吃卯粮(也作“寅支卯粮”),意思是寅年吃(支用)了卯年的粮食,即前一年用了后一年的粮食。形容入不敷出,预先挪用了本该以后使用的钱财,经济陷入了困境。如茅盾《清明前后》二幕:“天天忙着躲债,天天忙着东拼西凑,寅吃卯粮;二姨妈的嫁衣也当了,房子也卖了。”

牟,读móu时,表示谋取,如:牟利。也作姓。读mù时,用于地名,如:牟平(在山东省)。“卯”“牟”音近,可能是致误之因。

春分者,非阴阳“相伴”也

◎李可钦

2022年3月22日《潮州日报》第7版《春分水未分》有这样一段话:

董仲舒在《春秋繁露》里写道:“春分者,阴阳相伴也,故昼夜均而寒暑平。”春分日,春季平分,昼夜等长,阴阳平衡……

这里的引用文字有误,“相伴”应为“相半”。

相半,意思是各半、相等。春分这一天,太阳直射点在赤道上,全球昼夜几乎平分。传统上,昼属阳,夜属阴,此时阴阳各半,故是“阴阳相半”。查《春秋繁露》,其中也正是“相半”。相伴,意思是陪伴、伴随,“阴阳相伴”算不上是春分这一天的特点。

“缁衣”岂是淡蓝色

◎杨昌俊

2022年6月2日《内蒙古日报》第9版所刊文章《一阕苍茫的旋律》讴歌了阴山的盛名与风景，其中写道：“晨光暮色，它（指阴山）舒展波涛般的山线，织就一件淡蓝的缁衣，为自己的阔大增色……”此处“淡蓝的缁衣”有误。

缁，读zī，本义为黑色，引申有染黑之义。《论语·阳货》：“不曰白乎？涅（义为染黑）而不缁。”大意是，洁白的东西，是染也染不黑的。

缁衣，本指古代用黑色帛制成的朝服，泛指黑色的衣服。如《列子·说符》：“天雨，解素衣，衣缁衣而反。”其中“素衣”指白衣，“缁衣”即黑衣。后因僧尼穿缁衣，也代指僧衣。如郭沫若《孔雀胆》第四幕：“桥上走出一位以黑纱蒙面的僧人，身着缁衣，手敲金钟，口念‘南无阿弥陀佛’。”进一步引申，“缁衣”可指僧人、佛教。如明代陈汝元《金莲记·诟奸》：“丞相是当朝黄阁，小尼是出世缁衣。”其中的“缁衣”就指僧人。

“淡蓝的缁衣”就是“淡蓝色的黑衣”，这种说法显然是不成立的。

“逗哏”就是“主说”

◎秦　武

“他们掐架就像说相声一样，一个主说，一个逗哏。”这句话出自《小说选刊》2022年第3期《长寿密码》一文，是用说相声比喻父母吵架的样子。此处讲法有误，“逗哏”就是相声中的“主说”。

按表演形式，相声可分为单口、对口、群口三种。在二人表演的对口相声或二人以上的群口相声表演中，角色有逗哏、捧哏之分。哏，音gén，意思是有趣、滑稽，或指有趣、滑稽的动作。逗哏负责叙述故事情节，不断说出笑料，是通常意义上的“主角”，一般又称作“甲”。捧哏则在行动和语言上密切配合逗哏演员，起到铺垫、衬托等作用，常与观众互动，提高观众兴趣，一般又称作“乙”。捧哏是通常意义上的“配角”。

所以，对口相声中，“逗哏”就是主角，就是“主说”，而小说中似乎将“逗哏”理解为相声表演中的配角了。如将文中“逗哏”改为“捧哏”就准确了。

“何尝”“何其”要分清

◎横山居士

2022年7月16日《广州日报》第7版《你究竟有几个好朋友》一文写道：“你究竟有几个好朋友？好朋友之间，常来常往，互驻心扉……每个人的心底，这样的朋友有一小群，即便是三五个，何其不是人生一大幸事？”这里的“何其”应改为“何尝”。

何其，意思是怎么那样、为什么那样，如《诗经·邶风·旄丘》：“何其久也？必有以也。”意思是为何等待那么久，其中必定有原因。用于感叹句中，“何其”表示程度深，相当于多么。如：“何其糊涂”即多么糊涂，“何其相似”即多么相似。上引文字中，“何其”不论是理解成“为何那样”，还是理解成“多么”，都讲不通。

何尝，即何曾，用在反问句中表示未曾、没有或并非。如曹雪芹《红楼梦》第六十七回：“姐姐说的何尝不是。我也是这么想着呢。”“何尝不是”等同于“是”。上述引文中改用“何尝”，可表达出“(有好朋友)是人生一大幸事”之意，这样是符合文意的。

误读“丧服”

◎叶　青　陈艳娥

电视连续剧《大浪淘沙》第38集里，大汉奸陈公博的妻子为他约了裁缝制作吉服，为下个月的就职典礼做准备。此时汪精卫病死不久，陈说：“才脱下丧服，就要穿上吉服了。……我的就职典礼不宜搞得太喧嚣……”剧中把“丧”读成了“sàng”，这是值得商榷的。

“丧”是一个多音字，既读sàng，又读sāng。读sàng时，有丢掉、丢失之义，如丧尽天良、丧权辱国。也表示情绪低落、失意，如沮丧、颓丧。读sāng时，指与人死亡有关的各种事情，如丧事、丧钟。“丧服”是指为哀悼死者而穿的服装，旧时用本色的粗布或麻布做成。“丧服”还可以指服丧或服丧的期限，如巴金《秋》：“他们说再过几个月我的丧服就满了。”

陈公博所说的“丧服”与“吉服”相对，指服装。其中的“丧”不能读作sàng，应该读作sāng。

“水墨画中的皱染”?

◎石　雨

《花城》杂志公众号2022年3月31日刊发贾平凹《抚仙湖里的鱼》，文中写道：“我环顾着海的周边，午后的霞光和水汽使群山虚化成水墨画中的皱染，惟独尖山就在屋后，真实明显，它无基无序，拔地而起，阴影铺满了全部的渔村。”其中“皱染”有误。该文曾载于该杂志2001年第2期，查杂志原文，写的也是“皱染”。“皱染”应是“皴染”。

皴，读cūn，一是指皮肤受冻或受风吹而干裂，二是指皮肤上积存的泥垢和脱落的表皮，三是指中国画中的一种技法。“皴染”专指中国画基本技法“勾、皴、擦、染、点”中的“皴法”和“渲染”。“皴染”即作画时先勾出轮廓，再用淡干墨侧笔于画面反复边皴（涂抹、涂擦）边染（用水墨或淡彩涂染），或皴完加染。上述引文想表达的是，在水汽和霞光的笼罩下，群山的轮廓在光影烘托下影影绰绰，如同水墨画，用“皴染”恰如其分。

皱，读zhòu，泛指物体表面的褶纹，如皱纹、皱褶、皱裂、防皱、皱巴巴等等。汉语中并无“皱染”一说。误“皴”为“皱”应是两字形近所致。

有此一说

这“雨水”不是那“雨水”

◎吕永进

普通名词“雨水”和二十四节气之一“雨水”，权威汉语工具书均认为其读音相同。如《现代汉语词典》：

【雨水】yǔshuǐ 名 ①由降雨而来的水：雨水调和。｜雨水足，庄稼长得好。②二十四节气之一，在2月18、19或20日。

一个读音，两个义项，《现代汉语词典》显然认为“雨水”是一词多义。然而，在笔者方言里，两个“雨水”却有读音差异。在莱州方言中，“雨水”一读“yūsuī”，一读“yùsuī”。为何如此？了解个中蹊跷，需从二十四节气之一的“雨水”的词义入手。

《礼记·月令》：“（仲春三月）始雨水，桃始华。”郑玄注：“汉始以雨水为二月节。”“始雨水”，就是“开始降雨”。表示节气的“雨水”，显然是动词性结构，其词义就是“降雨”。其动词性体现在“雨”字上。

“雨”作动词用，读“yù”，其义为“下、降落”。《说文解字》：“雨，水从云下也，一象天，冂（jiōng）象云，水霝（líng，水滴零落）其间也。”古文献中“雨”用作动词，表示“降落”的例子并不鲜见。如《诗经》名句“北风其凉，雨雪其雱（pāng，雪盛的样子）”，“雨雪”即“降雪、下雪”。又如《淮南子·本经训》：“昔者仓颉作书，而天雨粟，鬼夜哭。”是说仓颉造出汉字时，上天降粟米，鬼神夜里号哭。下雨也可以说成“雨雨”，如《莱州府志·祥异》（乾隆版）：“十七年四月初一日，胶州雨黄雨，沾衣尽黄。”而“水”特指“雨”，在古汉语里并不少见。如《格物粗谈·天时》：“立夏、夏至日晕，主水。”是说立夏和夏至日如果出现日晕，这预示着雨水多。

着眼于二十四节气名称内部系统，也可知道“雨水”的“雨”是动词。二十四节气是古代根据太阳在黄道上的位置所划分的。《史记·太史公自序》：“夫阴阳四时、八位、十二度、二十四节各有教令。”二十四节气对农耕步骤具有重要的提示作用，节气名不少是由动词或形容词为核心组成的述语性词语。如“惊蛰”表示蛰伏过冬的动物惊起活动，“小满”指“物至于此小得盈满”，“芒种”指“有芒之种谷可稼种”，“霜降”指“露结为霜”。由此可推知，“雨水”应该是动词性结构，其词性来源于动词“雨”。

既然作为二十四节气之一的“雨水”的“雨”是动词，那么按照读音传统，“雨”是应该读yù的。

当然，语言中习惯成自然的现象时有所见，是否要把二十四节气之一的“雨水”的读音予以更改，还需要更多的讨论，因为这涉及“雨”作动词的读音在现代汉语中到底如何科学统一的问题。我们常说的“雨花石”“雨花台”，皆源于佛教“雨花”的典故。相传梁武帝时云光法师在雨花台讲经，感动诸天雨花，花坠为石，故称。显然，“雨花”本就是“降花”，“雨”当读去声，而现在“雨花台”“雨花石”中却通读为上声。于是，有的辞书专作说明：“雨，今读yǔ。”作为二十四节气的“雨水”是否也可做这样的处理？大家可讨论。

微语录·智慧

花开最艳时，说明它快要凋落；明月正圆时，说明它即将亏缺。如果站到了山的顶峰，看到的路，无不往山下延伸。花开花落，月圆月缺，山顶山下，都是大自然的景观。

（康　宁／辑）

“我司”=“我公司”？

◎张国功

今年夏天，某国企员工在朋友圈发布不当言论，引发社会热议。其所在单位江西省国有资本运营控股集团有限公司发布《关于对我司员工周劼朋友圈言论核查情况的通报》予以说明。按通报的意思，“我司”即“我公司”，这一用法值得商榷。

司，本表示掌管、主持，如：司仪。可指官吏，也指官署、政府机构。现在，司是中央机关部以下一级的行政部门，如水利部规划计划司、外交部礼宾司等。“我司”通常用作司级行政单位之自称。如果把“公司”省作“司”，把“我公司”也省作“我司”，无疑会与司级行政机构的自称“我司”产生混淆。语言规约单位应该具有明确的边界，作为其区别性特征，如果同一单位形式具有明显不同的指称，无疑是不可取的。

作为经济实体的“公司”，清代魏源《海国图志·筹海篇四》有这样一段介绍：“西洋互市广东者十余国，皆散商无公司，惟英吉利有之。公司者，数十商錾资营运，出则通力合作，归则计本均分，其局大而联。”说明“公司”一词，其本义即共同管理、共同经营。其中的“司”为动词，表示掌管、主持之义。既然“公司”之“司”，是动词，那么将其缩略为“司”，将“我公司”减缩为“我司”，于语法也是值得斟酌的。

当下不少企业习惯性地将“我公司”简称为“我司”。流行之下，大众也许不计较其中细微差别。久而久之，也许会习以为常。然而，着眼于语言的系统结构，笔者不推荐使用。

“箕煎豆泣”应为“萁煎豆泣”

◎杨宏著

中山大学出版社2012年11月出版，2019年修订的梁羽生小说《广陵剑》，第三十回的标题是《箕煎豆泣情何忍　凤泊鸾飘各自伤》。“箕煎”实为误用，应为“萁煎”。

> **第三十回　箕煎豆泣情何忍**
> **凤泊鸾飘各自伤**
>
> 楚青云住在郊区，是西山脚下一个比较偏僻的山村。丐帮的北京总舵恰好也正在西山。众人出城之时，已经商量定妥，由丐帮弟子照料大部分受伤的人，暂时在丐帮的总舵养伤。金刀寨主这方面的朋友，除了沈匡、周复二人之外，也到丐帮总舵居住。丐帮帮主陆昆仑和其他的人都住在楚家。

萁，音qí，即豆秆，可以用作燃料。南朝宋刘义庆《世说新语·文学》记载，三国魏文帝曹丕曾令其弟曹植在七步内作诗，作不成诗就处以重刑。曹植作诗曰：“煮豆持作羹，漉菽以为汁。萁在釜下燃，豆在釜中泣。本是同根生，相煎何太急！”诗以“萁”“豆”比喻兄弟，“萁”“豆”本是同根生，以萁燃豆泣比喻兄弟相残。所谓的“萁煎豆泣”显然典出于此。

箕，音jī。作名词，可指簸箕（扬米去糠的器具）、畚箕（清除垃圾的簸箕）等。作动词，有伸开两腿，坐状如簸箕状的意思。一般不会用“箕”做燃料去煎煮食物，“箕”与“豆泣”也没有关系。

在网上另找到不少版本的《广陵剑》，有上世纪香港出版的繁体字本，也有本世纪初出版的简体字本，此处大都作“箕煎豆泣”。看来，此误由来已久。

『误诊是高级学问』?

◎周 振

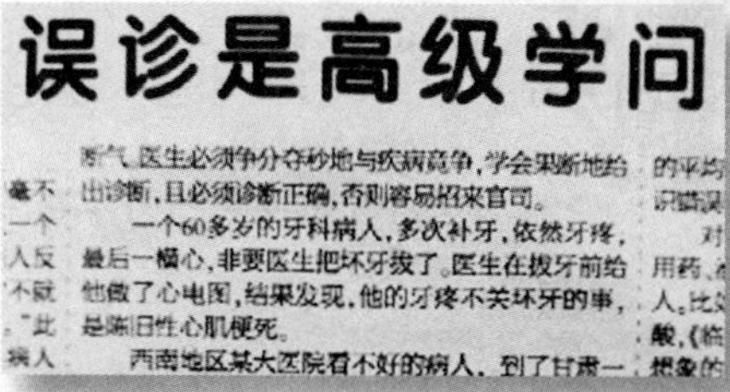

误诊是高级学问

断气,医生必须争分夺秒地与疾病竞争,学会果断地给出诊断,且必须诊断正确,否则容易招来官司。

一个60多岁的牙科病人,多次补牙,依然牙疼,最后一横心,非要医生把坏牙拔了。医生在拔牙前给他做了心电图,结果发现,他的牙疼不关坏牙的事,是陈旧性心肌梗死。

西南地区某大医院看不好的病人,到了甘肃一

2022年2月9日《报刊文摘》第8版载有一篇关于我国医学界误诊误治问题的文章,着重介绍了误诊在医疗工作中的表现及其影响,也有医疗工作者对误诊问题的一些思考。然而这篇文章以《误诊是高级学问》为题,是值得商榷的。

误诊,指医生临床对疾病诊断错误,也指因耽误了时间导致的诊治延迟。误诊是医疗工作中客观存在的现象,后果严重的会造成医患关系不和谐,甚至引发官司,轻微的也会增加病人的痛苦和经济负担,降低医生的声誉。学问,通常指知识、学识,也指研究客观事物规律而形成的系统知识。胡适《清代学者的治学方法》七:“凡成一种科学的学问,必有一个系统,决不是一些零碎堆砌的知识。”上述文章以《误诊是高级学问》为题,不免让人误以为是说,误诊是高难的知识或一门系统知识,是需要去学习、掌握的内容。这明显是不符常理的。

其实,上述文章的主旨是提倡和呼吁医学界重视对误诊问题的研究,把这种研究建成医疗科学的一门学科。把研究误诊作为一门学科,可称为“误诊学”。我国在上世纪八九十年代已经开始了对误诊问题的系统研究,逐步建立了误诊学。这方面的专著有《误诊学》《误诊学概论》《中医误诊学》《误诊病例分析汇编》等等。上述《报刊文摘》所载文章的题目改为《误诊学是高级学问》,这样才符合逻辑,才具有科学性。

“鸡、鸭、鹅、鱼”中的异类

◎宗守云

网上流传一份语文试卷，有题目要求找出两组词语中的不同类事物，一组是“轿车、消防车、火车、救护车”，一组是“鸡、鸭、鹅、鱼”。学生选出的异类分别是“轿车”和“鸡”，因为不符合标准答案，分数全被扣除，家长表示不服，在试卷上写道：

王老师您好：我和孩子沟通过了，我觉得根据题意，孩子答的没问题。第一小题，他说，轿车可以自家买，其他三种自家不可以买；第二小题，他说，鱼、鹅、鸭都会游泳，只有鸡不会游泳。

按照标准答案，异类应该分别选择“火车”和“鱼”。“火车”是在铁路上行驶的陆地交通工具，其他都是在路面上行驶的陆地交通工具；“鱼”生活在水里，是鱼类动物，其他都生活在陆地，是家禽类动物。而学生的答案也是有道理的。这实际上涉及最佳分类和可能分类问题。标准答案是根据最佳分类的原则选择异类的，这种选择不但符合科学分类的标准，也符合一般大众的认知。学生的答案是根据可能分类的原则选择异类的，这种选择当然是有道理的，说得通的，但显然不是最佳的选择。如果按照可能分类的原则选择异类，那么，任何一项都有被选择的可能，除了标准答案和学生的答案外，其他也可以作为异类被选择出来作为答案：消防车专门用于消防救援，其他三种不是专门用于消防救援；救护车专门用于救助病人，其他三种不是专门用于救助病人；等等。因此，按照可能分类的原则选择异类，是多样的，开放的，甚至是无限的。

最佳分类是符合科学标准或一般认知的分类，具有系统性和稳定性。比如，生物分为动物、植物和微生物，动物分为脊椎动物和无脊椎动物，脊椎动物分为两栖动物、爬行动物、哺乳动物等，这是生物学的分类，是符合科学标准的分类。再比如，厨具分为储藏用具、洗涤用具、调理用具、烹调用具和进餐用具，储藏用具分为食品储藏和器物用品储藏两种，食品储藏又分为冷藏和非冷储藏两种，这是厨房用具的分类，是符合一般认知的分类。

可能分类是符合特定用途或特定文化的分类，具有开放性和多变性。乔治·莱考夫在《女人、火与危险事物：范畴显示的心智》(李葆嘉等译)中说："实际上，世界各地不同人群对事物分类的种种方式，不仅使普通西方人莫名其妙，而且也难倒了西方语言学家和人类学家。"书中提到迪尔巴尔语的分类情形，在该语言中，男人、袋鼠、负鼠、蝙蝠、大多数蛇、大多数鱼、有些鸟、大多数虫子、月亮、风暴、彩虹、有些矛等属于"巴依"范畴，女人、袋狸、狗、鸭嘴兽、针鼹、有些蛇、有些鱼、大多数鸟、萤火虫、蝎子、蟋蟀、毛毛虫、任何与水或火联系的东西、太阳和星星、盾牌、有些矛、有些树等属于"巴朗"范畴，所有可吃的果实以及结这些果实的植物、块茎、蕨类、蜂蜜、香烟、酒、蛋糕等属于"巴兰"范畴，身体的各部分、肉类、蜜蜂、风、番薯条、有些矛、大多数树、草地、泥土、石头、响声、语言等属于"巴拉"范畴。这种分类只适用于特定文化，是可能分类，相比而言比较容易发生变化，正如书中所说的那样："在年轻人的简单系统阶段，迪尔巴尔语的传统系统几乎全被打破，只有第一、第二类的中心例子仍然幸存，第三类已经消失殆尽。"

回到本文开头的题目，命题人显然是希望学生选出最佳分类的异类，而学生选出的是可能分类的异类，这就是矛盾的根源。至于怎样解决这一矛盾，我们还是留给语文教学专家吧。

如何礼貌地屏蔽别人

◎徐默凡

随着微信应用的日益普及,有一对矛盾逐渐暴露出来:一方面这是一个非常重要的社交工具,应用于诸多公开领域;另一方面又是一个个性展示的舞台,用于发布私密化的朋友圈。两者的受众有冲突,如何有效区分?

微信本身提供了一个“朋友权限”功能,可以将一个联系人设置为“仅聊天”状态,从而将他屏蔽在朋友圈之外,以保护自己的个人隐私。然而这仅是一个技术解决方案,并没有摆脱人际的困境。将心比心,加了一个朋友后兴冲冲地打开他的朋友圈,却发现一条冷冰冰的横线(屏蔽你的朋友圈会显示一条长横线),感觉总不会太好吧?原因很简单,这条横线意味着对方并没有将你当作可以分享生活的友伴,而仅仅是一个需要进行事务性交往的对象。特别是你向对方开放了朋友圈,而对方屏蔽你的时候,更会有一种“真心被辜负”的难受。

所以,在互加好友的时候,就必须要慎重考虑是否开放朋友圈了。如果是你主动要求加对方的,一般而言应该开放,因为你发出了一个交友的申请,就应该表现自己的诚意。如果你预期将要发展的是一段长久的关系,那么也应该开放。反之,如果是被动或者临时性的交往,那完全可以不开放,对这些区别双方都应该理解。

那么,需要互加微信交流但又不想开放朋友圈,我们该如何礼貌地屏蔽别人呢?我觉得最佳策略就是实话实说。直接告诉对方自己将不开放朋友圈,比对方自己去发现被屏蔽反而要礼貌一些,因为你可以直言不讳地告诉对方原因,避免他去猜测你的动机,从而节约交际成本。实话实说的语言形式需要针对不同的对象调整,我们可以举几个例子:

对公务关系:对不起!我的朋友圈屏蔽你了。我经常发一些私密的内容,不方便开放。

对师长:我每天会发很多朋友圈,因为怕打搅您,所以不开放了。

对新结识者:我暂时对你关闭朋友圈了,我们还不太熟,抱歉!

你把自己的真实想法坦诚地说出来,相信对方也一定能谅解的吧。如果他不能理解,那就应该是他的问题了。偏执地一定要参观你的朋友圈的人,甚至因此对你动气的人,是没有界限感的,拉黑他也没什么失礼的。

另外,还有一种变化的情况,原来屏蔽的现在想开放了,原来开放的现在想屏蔽了,如何处置?比较理想的当然是从屏蔽变成开放,这是你们友谊进展的标志,相信双方都是喜闻乐见的,所以不用多解释。而从开放变为屏蔽,则最好要慎重。如果有特别的原因,比如吵架、分手,那还好理解。如果没有很明显的原因,突然从开放变为屏蔽,那么就会让对方产生猜疑,严重影响今后的交往。一会儿屏蔽一会儿开放一会儿又屏蔽,就更不妥当了,就像小朋友闹别扭,只会显示你的不成熟。所以,如果实在不想和对方再有交往,那就索性拉黑吧,眼不见心不烦,也许并没有那么多的复杂关系需要你半遮半掩地去费心维护。

当然,微信还有一个分组的功能,可以向对方屏蔽部分朋友圈状态,但这是另外一个话题了。维护分组功能需要更多时间精力,一旦分组情况泄露,又会引发更多的不快和纷扰——更多的功能无疑也是需要承担更多成本和风险的。

“往者不可鉴”？“往者不可谏”！

◎陈文奎

今年6月开播的电视连续剧《数风流人物》第40集中，李达在北平与分别已有22年之久的毛泽东相见。毛泽东送别李达时，李达说到自己早年脱离党组织一事，毛泽东说：“早年你离开了党组织，在政治上摔了一跤，是个很大的损失，不过往者不可jiàn，来者犹可追，党是了解你的，一个人只要为人民做了好事，人民是不会忘记的，党也不会忘记的……”“往者不可jiàn”字幕显示为“往者不可鉴”，这里的“鉴”应为“谏”。

“往者不可谏，来者犹可追”出自《论语·微子》：“楚狂接舆歌而过孔子曰：‘凤兮，凤兮！何德之衰？往者不可谏，来者犹可追。’”谏，意思是挽回；追，补救之意。这段话大意是，楚国狂人接舆唱着歌从孔子的车旁经过，他唱道：“凤呀！凤呀！为什么你的德行竟如此衰败？以往的错误已经不可挽回，未来的事情还来得及补救。”狂人接舆用“往者不可谏，来者犹可追”劝谏孔子避乱隐去，后来

应该称“候补党员”

◎盛祖杰

电视剧《霞光》讲述了1945年至1949年间以女主角高大霞为主的众多人物的革命故事。第42集中，傅家庄代表党组织对高大霞说：“高大霞同志，组织对你的调查正式结束了……你这几年的表现组织都看在眼里，组织认为你完全具备了一名优秀共产党员的条件，现在正式批准你为中国共产党预备党员。”（字幕同步显示）此时的高大霞应是“候补党员”，而非“预备党员”。

1921年，中国共产党第一次全国代表大会通过了《中国共产党第一个纲领》，其中第五条写道，“接收新党员的手续如

多用这两句作为鼓励之辞，劝诫人们应抓住以后的时光，奋发努力，而不要沉浸在对过去的追悔之中。剧中，毛泽东以此来劝告为早年脱党一事而自责不已的李达，是十分恰当的。

鉴，有借鉴之义。据此，“往者不可鉴”的意思应是以往的事情不可借鉴，这明显于情理不通。

下：候补党员必须接受其所在地的委员会的考察，考察期限至少为两个月”。1923年党的三大通过《中国共产党第一次修正章程》，第一次规定了新党员候补期，其中以“候补党员”称呼尚在候补期的党员：“党员入党时，须有正式入党半年以上之党员二人之介绍，经小组会议之通过，地方委员会之审查，区委员会之批准，始得为本党候补党员。”1945年，党的七大通过了《中国共产党党章》，同样称新党员为“候补党员”，如：“候补党员候补期的作用，是使候补人接受初步的党的教育，并在工作中保证党的组织考察候补人的政治品质。”到了1956年，党的八大通过了《中国共产党章程》，其中有：“申请入党的人，必须有正式党员二人介绍，经过支部大会的通过和上一级党的委员会的批准，并且经过一年的预备期，才能转为正式党员。”“在预备党员预备期间，党的组织应当向预备党员进行初步的党的教育，并且对于预备党员的政治品质进行考察。”用“预备期”取代“候补期”，用“预备党员”替代了“候补党员”。“预备党员”的说法延续至今。

电视剧此集所讲的是1949年中华人民共和国即将成立时的故事，依据七大党章，高大霞应是“候补党员”。

《希望之光》参考答案

1. 厄运——厄运
2. 闪灼其词——闪烁其词
3. 真象——真相
4. 淼茫——渺茫
5. 病泱泱——病殃殃
6. 抠瞜——眍瞜
7. 怠尽——殆尽
8. 忧心仲仲——忧心忡忡
9. 叮着——盯着
10. 诩诩如生——栩栩如生

骗人是"诓"不是"框"

◎汤青武

敢拿石头框咱

2022年6月23日央视电影频道播出电影《烽火天龙山》。日本人为对付刘黑子，以运送"军火"为饵设伏夹击，幸好有八路军经过，解救了刘黑子。发现"军火"原来是整箱石头后，刘黑子的"二当家"怒斥两个被俘的"二鬼子"："他奶奶的，你们两个鳖孙，敢拿石头 kuāng 咱。"字幕将"kuāng"写作"框"，其实应是"诓"。

框，音 kuàng，从木。用作名词，指嵌在墙上为安装门窗用的架子，如门框。或可指镶在器物周围起约束、支撑或保护作用的东西，如眼镜框。也可用在"框框"中，表示事物固定的格式、传统做法等。作动词用，则有在文字或图片的周围加上线条、约束限制等义项，如框定。说"二鬼子"用石头"框"刘黑子等，是讲不通的。

诓，音 kuāng，从言，指用谎言骗人、哄，如诓骗、诓财。日本人用石头假装军火，就是诓骗、诱骗刘黑子等上当，用"诓"才是准确的。"框"作动词时旧读 kuāng，如果不知道新旧读的变化，那"诓"与"框"，音同又形近，稍不留意，就会相混出错。

是“轻品”，还是“青品”？

◎赵志峰

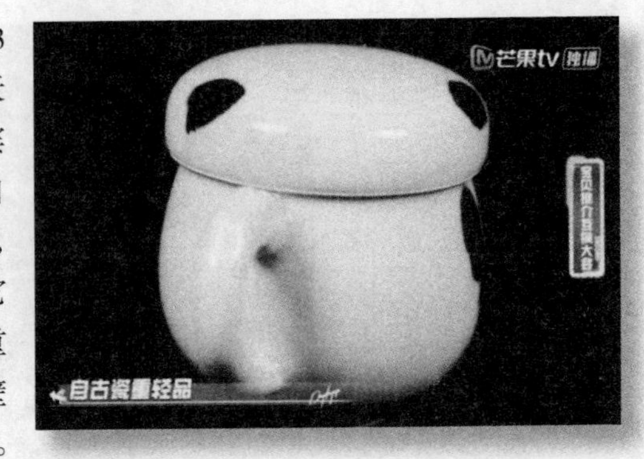

2022年7月3日晚湖南卫视《天天向上》节目中，嘉宾马未都先生在介绍自己带来的陶瓷杯时，有这样一段话：“它曾是一个领域中最重要的颜色，占据半壁江山，说的就是青色。古人就有定义：自古瓷重 qīng 品……它（陶瓷杯）上面有一些褐斑的装饰，这个褐斑有个专业的术语，叫飞青。”字幕将“qīng 品”写作“轻品”，错了。根据马先生的介绍，此处应为“青品”。

“自古瓷重青品”应是化用自“自古陶重青品”。清人蓝浦《景德镇陶录》转引《爱日堂抄》曰：“自古陶重青品，晋曰缥瓷，唐曰千峰翠色，柴周曰雨过天青，吴越曰秘色……”“青品”即在坯体上施青釉烧制而成的陶瓷。“自古陶重青品”的大意是，自古以来人们就看重施青釉烧制而成的陶瓷。另外，节目中马先生提到的“飞青”也可作为佐证。“飞青”是日本陶瓷界对我国唐代越窑、元明时的龙泉点彩青瓷的称呼，点彩青瓷即有褐色斑点的青瓷。

“轻品”或可指较轻的陶瓷产品，但此处显然不是“轻品”，而是“青品”。

魏灭吴？

◎宁继忠

《人间烟火：掩埋在历史里的日常与人生》(中信出版集团2021年4月出版)第74页说道：

后来，韦曜得罪了孙皓，最终被灌醉，收监下狱杀害。韦曜下狱是在公元273年，六年之后，魏灭吴，孙皓的"霸王宴"终于结束。

其中"六年后，魏灭吴"的说法有误。历史上灭吴的是晋而不是魏，"六年后"也应改为"七年后"。

书中讲的是三国时期的历史。东汉末年，军阀四起。220年曹丕代汉称帝，国号"魏"，定都洛阳，由于皇室姓曹，后世史家多称为曹魏。221年刘备称帝，定都成都，国号"汉"，史称蜀汉。229年孙权称帝，国号"吴"，史称东吴。魏、蜀、吴形成三国鼎立的格局。曹魏在263年(景元四年)灭了蜀汉，但终其一朝未能灭吴，灭吴的是晋。

晋是曹魏权臣司马炎篡魏而建立的政权。司马炎于266年初代魏称帝，定都洛阳，史称西晋。

晋咸宁五年(279)十一月，晋武帝司马炎经过长期的战争准备后，发兵二十余万，水陆并进，直捣建业。次年(280)三月，晋国大军进入建业。吴主孙皓反绑双手、拉着棺木，前往投降，东吴政权宣告灭亡。这次战争宣告了自东汉末年开始的近百年战乱和三国鼎立纷争局面的终结，晋从而成为中国历史上又一个大一统王朝。

可见，灭东吴的是"晋"而非"魏"。晋灭吴发生在公元280年，即公元273年的七年后，而非"六年后"。

中央红军长征出发地不是井冈山

◎史宗义

2021年第10期《文史天地》刊有《中央红军凭什么能避免石达开历史重演》一文，文章写道："1935年5月，中央红军在离开井冈山革命根据地近8个月之后，一路长征，不断突破国民党军队的围追堵截，来到大渡河边的安顺场，准备从这里渡河进入川西北，以创建苏区。"中央红军长征的出发地不是井冈山。

井冈山革命根据地，位于湖南、江西两省边界罗霄山脉中段，是中国共产党第一个农村革命根据地。1927年10月毛泽东率领湘赣边界秋收起义的工农革命军到达井冈山地区，开展创建革命根据地的斗争。1928年4月，朱德、陈毅率领南昌起义保留下来的部分部队到达井冈山，与毛泽东领导的工农革命军会师，合编为工农革命军第四军。同年5月25日，中共中央发出通告，各地的工农革命军一律改称红军。此后，毛泽东、朱德、陈毅等领导的工农革命军第四军改称工农红军第四军，简称红四军。1929年1月，毛泽东、朱德、陈毅率红四军主力离开井冈山，出击赣南、闽西，后来创建了以瑞金为中心的革命根据地。这块根据地被称为中央革命根据地或中央苏区，根据地红军主力红一方面军曾受中革军委直接指挥，曾称中央红军。

1933年下半年，由于王明"左"倾教条主义的错误领导，第五次反"围剿"没有取得胜利，红军主力被迫于1934年10月离开以瑞金为中心的中央苏区，开始了艰苦卓绝的长征。

『祓禊』误为『袚褉』

◎方必成

《人生与伴侣：国学版》2020年第5期载有《古诗词中的上巳节》一文，该文开头写道：

上巳节，又称“元巳”，本为农历三月上旬的第一个巳日。……每逢此时，男女老幼纷纷走出户外，聚集于流动的水边，或祭祀或沐浴……这种礼仪称为“褉”或“袚褉”。

上述引文中的“褉”应为“禊”，“袚褉”应为“祓禊”。

“祓”“禊”均从示，说明二字与祭祀、鬼神等有关。祓，读作fú，意思是为除灾去邪而举行仪式，引申表示扫除、解除，如“祓瑕”即除去缺点。禊，音xì，是古代上巳时在水滨洗濯以祓除不祥、清去宿垢的一种祭祀仪式，也称“祓禊”。上巳在汉代以前为农历三月上旬巳日，魏晋以后定在农历三月初三。《后汉书·礼仪志上》载有：“是月上巳，官民皆洁于东流水上，曰洗濯祓除去宿垢疢（chèn，热病）为大洁。”也有延至秋季举行的，汉代刘桢《鲁都赋》：“及其素秋二七，天汉指隅，民胥祓禊，国于水嬉。”

“袚”“褉”均从衣，与衣服有关。袚，音bō，《说文》释义“蛮夷衣（少数民族衣服）”，“一曰蔽膝（围于衣服前面的大巾）”。褉，音xiè，用于“褉襦（rú）”，指短袄。“袚”在古代有通“祓”的用例，但现在不应再以“袚”代“祓”。

1935年5月25日，中央红军成功强渡大渡河。上述文章标题中讲“避免石达开历史重演”，是因为太平天国将领石达开曾在大渡河强渡失败，兵败被俘。红军成功强渡大渡河，彻底粉碎了蒋介石“让朱、毛做第二个石达开”的企图。

“疏瀹”何以成“疏沦”

◎杨亚东

2020年1月15日光明网刊发文章《博观约取　文质彬彬》，该文原载《天津日报》2020年1月6日第11版。文章中有这样一段话：

当然，作为一部研究型专著，典雅性、严谨性也必不可少。对于中国古典诗词中的术语，不仅需要简明扼要地表述，也需要严谨精深地解读。如《文心雕龙·神思》中言：“陶钧文思，贵在虚静，疏沦五藏，澡雪精神。”……

其中“疏沦”写法有误，应当改为“疏瀹”。

“瀹”读yuè，从水龠（yuè）声。《说文解字》：“瀹，渍也。”可知其本义指浸渍。又有煮的意思，如“瀹茶”“瀹茗”都表示煮茶、烹茶。亦可表疏浚水道以使水流通畅之义，如《孟子·滕文公上》：“禹疏九河，瀹济漯而注诸海。”引申泛指引导使之畅通，如“疏瀹”即疏浚、疏通。上述引文中的句子出自《文心雕龙·神思》，书中写的也是“疏瀹”，此句的意思是：要酝酿、展开写作构思，最好处于恬适而清净的心境和环境中，疏通内心世界，使之畅通无阻，清洗头脑心灵，使之净化清爽。

沦，繁体作“淪”，读lún，从水仑声。本义为微波，如沦漪。后引申出没落义，如沉沦。另有丧亡义，如白居易《因梦有悟》诗：“交友沦殁尽，悠悠劳梦思。”

上述引文之所以出现错误，大概是因为“沦”的繁体字“淪”和“瀹”字十分相似，于是误将“瀹”认作“淪”，进而对应简化作“沦”。但“疏沦”实难索解，汉语中也没有“疏沦”。

古人说话的艺术(二)

◎石毓智

《世说新语》记载这么一段故事,东汉大经学家郑玄不仅自己的学问大,而且要求自家的丫鬟也得读书。有一天郑玄让一个婢女去做一件事情,结果让他很不满意,说要揍她一顿。结果那婢女还要在那里辩解,郑玄更生气了,让人把她拖到泥地里。过了一会儿被另一婢女看到,就问:"胡为乎泥中?"此婢答道:"薄言往诉,逢彼之怒。"原文如下:

郑玄家奴婢皆读书。尝使一婢。不称旨,将挞之。方自陈说,玄怒,使人曳著泥中。须臾,复有一婢来,问曰:"胡为乎泥中?"答曰:"薄言往诉,逢彼之怒。"

两个婢女的一问一答,可不同凡响,都是有出处的。"胡为乎泥中"来自《诗经·邶风·式微》,"薄言往诉,逢彼之怒"出自《诗经·邶风·柏舟》。

大家可以设想一下,如果把此情此景用平白直叙的语言来描述,会有什么样的效果。一个婢女问:"喂,你大热天的,一个人站在泥塘里干什么?"另一个答道:"郑玄不知在哪里受了气,我去跟他说事,他把一口恶气撒在我身上。"那么,这幕情景早就淹没在历史的长河中了。这两位婢女虽然没有留下名姓,但是她们的聪慧一直影响到今天。

南北朝时期,人们开始重视语言的韵律美。那时人们对作诗的韵律重视程度,可以从范晔在牢狱中给自己的几个甥侄的信中看出:

性别宫商,识清浊,斯自然也。观古今文人,多不全了此处;纵有会此者,不必从根本中

来。言之皆有实证,非为空谈。(《狱中与诸甥侄书》)

一个人在牢狱之中仍不忘记教育自己的后代学好作诗的韵律格式,由此可见这种教育在当时深入人心之程度。下面一段描写的是当时诗歌走入平民化的盛况。

后魏《文苑·序》云:"……及肃宗御历,文雅大盛,学者如牛毛,成者如麟角。孔子曰:'才难,不其然乎!'"从此之后,才子比肩,声韵抑扬,文情婉丽,洛阳之下,吟讽成群。……动合宫商,韵谐金石者,盖以千数,海内莫之比也。郁哉焕乎,于斯为盛!乃瓮牖绳枢之士,绮襦纨袴之童,习俗已久,渐以成性。假使对宾谈论,听讼断决,运笔吐辞,皆莫之犯。(空海《文镜秘府论》)

这种风气几乎影响到了一般的日常语言表达,包括接待客人,就连"听讼断决"这种最容易让人情绪失去控制的事情,也要讲究语言的韵律之美。说话懂不懂韵律,成了衡量一个人教育水准的标准之一。这种广泛的群众实践,大大推动了诗歌韵律规则的形成。

一旦有了明确的诗歌韵律规则,人们对一部作品的评价就不再是模糊的感觉,而是一种明确的形式评判标准。这种情况可以从刘义庆《世说新语·文学》的一段记载中看出:

孙兴公作《天台赋》成,以示范荣期,云:"卿试掷地,要作金石声。"范曰:"恐子之金石,非宫商中声。"然每至佳句,辄云:"应是我辈语。"

现在提倡语言美,可比孔子那个时代选择多得多。那时候只有一部《诗经》,现在则是浩如烟海的古代典籍。光就唐诗而言,那就不知道有多少美好的诗句。假如社会形成这么一种风气——文化人见面,先要说句唐诗,然后再开始交谈,重要的场合,先背句古人诗文,再陈述自己的理由,我想那样气氛一定缓和很多。

现在社会,如果恢复一点儿古人语言美的传统,不知可以避免多少社会矛盾!

“你好，我是64330669……”(68)

◎姚博士

“拉胯”“拉垮”还是“拉跨”？

问：最近发现说某人或某事水平较低为“拉胯”，如“演技拉胯”“成绩拉胯”等，也有写作“拉垮”或“拉跨”的。请问，究竟哪一种写法是正确的？

——浙江　姚家文

答：这三种写法报纸上确实都有出现，如：

（1）这场“拉胯”的执法行动本身受到有关部门调查。(《环球时报》2022年5月30日)

（2）此外，充满南粤风情的布景、配乐，独树一帜的画风以及毫不拉垮的动画制作技术等，同样受到了观众的广泛好评。(《北京商报》2021年12月21日)

（3）节奏拉跨、武戏孱弱等问题，让《雪中悍刀行》陷入了不小的争议声中。(《文汇报》2021年12月22日)

“拉胯”“拉垮”“拉跨”词形不同，但在以上例句中都用于形容某人干活不得力、做事没水平或某事物水平较低。从形义统一的角度考虑，我们推荐使用“拉胯”。

在东北方言和北京话中，都有“拉胯”一词。胯，读作kuà，指腰的两侧和两腿之间的部分。“拉”则与“拉后腿”的“拉”意思一样，表示的是牵制、牵累。“拉胯”的字面意义即牵制、牵累了胯部，指的是走路时腿脚沉重、不听使唤。如：走这么几步路，你就累拉胯了。也用于比喻精神、体力支撑不住。如：没等过招儿，他就拉了胯，什么都招了。不少辞书收录“拉胯”一词，如中华书局《汉语方言大词典》、语文出版社《现代北京口语词典》。如今流行的“拉胯”应是从此方言词中发展而来，由腿脚不利索、无法发挥能力，引申出水平较低的含义。如：“‘老乡把标杆立在这里、立在前头，我可不能拉胯、丢脸！’他的身材瘦小，心中的目标却在这一刻‘升’得老高。”(《解放军报》2022年5月30日)又如：“晋升速度快，工资不‘拉胯’，所以选择了管培生。”(《工人日报》2021年9月27日)

垮，音kuǎ，指倒塌，如冲垮堤坝，也表示崩溃、溃败，如垮台。从字面上来看，“拉垮”就是拉动使之倒塌。如：“众多偶像剧里，永远就是那一两个顶级配音演员在谈恋爱。而年轻演员的台词功力也因此得不到锻炼提高，一旦使用真声，就会拉垮整部剧。”其中的“拉垮”表示演员的真声会拉低整部剧的水平，导致整部剧的口碑崩塌。从词义和用法来看，“拉垮”主要是作动词，副词“很”“十分”“较为”“极其”等不能用以修饰“拉垮”，“拉垮”后一般也需要跟被“拉垮”的对象。“拉垮”与最近流行的形容词性的“拉胯”，在语义和用法上都存在不同。

再来说说“拉跨”。跨，音kuà，作动词，表示抬起一只脚向前或左右迈步，如：跨进大门。也指骑，如：跨在马上。引申指超越一定的数量、时间、地区等，如：跨区合作。不论“跨”取哪一个义项，都与水平较低、做事不得力无关。“拉跨”讲不通。

“重磅”莫作“重镑”

问：不少媒体报道既用“重磅消息”“重磅上线”，又用“重镑更新”“重镑来袭”。请问，两种写法都对吗？如果不对，哪一种才是正确写法？

——福建　李慧娥

答：应为“重磅”。

汉语中本就有“镑”“磅”二字。镑，读为 pāng，本指切削，也指铲子。如欧阳修《归田录》卷下：“诸药中犀最难捣，必先镑屑，乃入众药中捣之。”“镑屑”即将犀切削成屑。徐光启《农政全书》卷二一：“刬：俗又名镑。”“刬”同“铲”。磅，读为 pāng，是拟声词，形容水声、关门声、物体折断的声音等。读为 páng，主要用于“磅礴”。

后来“镑”“磅”均被用来作为英语“pound”的音译字，“pound”既是货币单位，又是重量单位。作为货币单位的“pound”被译作“镑”，如英镑、埃及镑等，此时“镑”读 bàng。作为重量单位的“pound”被译作“磅”，此时“磅”也读 bàng。1 磅约合 0.4536 千克。引申有磅秤、用磅秤称重等意思。

从两字的字义不难发现，“重”与“镑”搭配使用，或可指比较重的铲子，但显然无法用于形容消息等。“重磅”才是正确的词形。“重磅”字面上表示的就是分量重，如“重磅皮”在工业上指超过一定重量的牛皮。“重磅”从实指的“分量重”引申，常用来形容消息、行为等的分量重、力量大，如“重磅消息”“重磅来袭”。“重磅”还常与“炸弹”连用，如王朔《枉然不供》中的句子：“让李建平先得意去吧，一旦证据充足，我就要在他头上投下一颗重磅炸弹，一颗无法回避、威力无比的炸弹。”与“重磅”相同，“重磅炸弹”用的也是比喻义，比喻有分量、有威力的事物。

《火眼金睛》提示

图 1，“弦扬”应为“弘扬”。

图 2，“娇揉造作”应为“矫揉造作”。

图 3，“危机”应为“危及”。

图 4，“专亨”应为“专享”。

澳门的英译是“Macau”吗

◎袁林新

乘过飞机的朋友都知道，在我国许多机场的“国际/港、澳、台出发”或“国际/港、澳、台到达”等指示牌上有英语、日语、韩语译文，其中“澳门”对应的英文单词是“Macau”。可打开澳门特别行政区政府的官方网站英文版，“澳门”对应的英文单词是Macao。都是“澳门”，一个是Macau，一个是Macao，究竟是怎么回事，究竟以哪个为准呢？

澳门，在珠江口西岸，古代称“蠔镜”“濠镜澳”等。“澳门”之名最早见于1564年庞尚鹏的奏稿《陈末议以保海隅万世治安疏》：“广州南有香山县，地当濒海，由雍麦至濠镜澳，计一日之程。有山对峙如台，曰南北

某机场国际/港、澳、台到达指示牌

中華人民共和國澳門特別行政區政府入口網站
Government Portal of Macao Special Administrative Region of the People's Republic of China

澳门特别行政区政府的官方网站截图

台，即澳门也。”

“Macau”是澳门的葡萄牙语名称。其来源有多种说法。一说来自妈阁。1553年葡萄牙人以晾晒水浸货物为由，获当地官员准许在澳门半岛上岸暂住，通商贸易。据说当时葡萄牙人从妈阁庙附近登陆，向当地人询问这里的地名，因在妈阁庙旁，当地人便回答妈阁，“Macau”之名来自“妈阁”。也有人说“Macau”对应的汉字是“妈港”。根据相关研究，早期外语文献中存在着“Macao”“Macau”和“Maguao”等多种不同写法。19世纪初期，因葡萄牙语正字法的出现，葡语中逐渐以“Macau”为正词称澳门。而英语中则使用“Macao”的词形。

我国《关于改用汉语拼音方案拼写中国人名地名作为罗马字母拼写法的实施说明》（1978年）规定：“香港和澳门两地名，在罗马字母外文版和汉语拼音字母版的地图上，可用汉语拼音字母拼写法，括注惯用拼法……在对外文件和其他书刊中，视情况也可以只用惯用拼法。”去年9月修订通过，今年5月开始执行的《地名管理条例》中有这样一条：“地名的罗马字母拼写以《汉语拼音方案》作为统一规范，按照国务院地名行政主管部门会同国务院有关部门制定的规则拼写。”“澳门”按汉语拼音拼写法为“Aomen”，如在英语语境中出现，可使用英语拼法，即“Macao”，而不应使用葡萄牙语的“Macau”。

顺便说一下，常用的“澳门特别行政区”的英文是“Macao Special Administrative Region”，“澳门回归”的英文是“Macao's return to the motherland”，“港珠澳大桥”的英文是“Hong Kong–Zhuhai–Macao Bridge”。

征稿启事

本栏目针对街头巷尾、旅游景点等公共场所，以及商品包装、菜单等上的外语翻译，辨析翻译中存在的问题。欢迎读者投稿！来稿请附照片，并注明《译海寻真》栏目。

编校差错扫描(四十九)

◎王 敏

“赡”指供养亦指足

【错例】该著作所用材料丰富完备,堪称“详瞻”。

【简析】“详瞻”应为“详赡”。“赡”(shàn)与“瞻”(zhān)读音不同,但都是“詹”的加旁字,音义都与“詹”有关。“詹”是会意兼形声字,本义指话多至极。《说文解字》:“詹,多言也。从言,从八,从产(yán)。”徐铉注:“产,高也;八,分也,多故可分也。”产兼表声,段玉裁注:“(从产,)此当做产声。……产与檐同字同音。詹,产声。”如“大言炎炎,小言詹詹”(《庄子·齐物论》)。此义项后加形符讠写成“谵”,《玉篇·言部》:“谵,之阎切,多言也。”詹谵为古今字。因产即檐,所以詹有高到极点的意思,引申指至、到达。如《诗经·小雅·采绿》:“五日为期,六日不詹。”毛传:“詹,至也。”因有高义,詹引申指仰望。如《诗经·鲁颂·閟宫》:“泰山岩岩,鲁邦所詹。”朱熹集传:“詹,与瞻同。”此义项后加形符目写成“瞻”,如“高瞻远瞩”。从上往下看亦称“瞻”,如《说文解字》:“瞻,临视也。”后引申泛指看、望,如“马首是瞻”。因有多义,詹引申指供养、供给。如《史记·孝景本纪》:“长信詹事为长信少府。”裴骃集解:“《汉书·百官表》曰:‘詹事,秦官,掌皇后太子家。’应劭曰:‘詹,省也,给也。’”此义项后加形符贝写成“赡”,《说文解字》新附:“赡,给也。”如“赡养”“赡家”。还因有多义,詹另引申指足够,读dàn。如《吕氏春秋·适音》:“夫音亦有适……太小则志嫌,以嫌听小,则耳不充,不充则不詹,不詹则窕。”高诱注:“詹,足也。詹读如‘澹然无为’之澹。”此义项后也加形符贝写成“赡”,如“赡足”“丰赡”。需要注意的是,表示供养、满足的意思,一开始是假借“澹”字的。如《荀子·王制》:“物不能澹则必争。”杨倞注:“澹,读为赡。”又《汉书·食货志上》:“(秦)竭天下之资财以奉其政,犹未足以澹其欲也。”颜师古注:“澹,古赡字也。赡,给也。”假借字“澹”完成从氵旁到贝旁的转变,大致发生在魏晋之间。据清郑珍《说文新附考》:“至晋右将军郑烈碑始见从贝之赡,殆制于魏晋间。”“谵”“瞻”“赡”均为形声兼会意字,而“詹”现在的常见用法只是用作姓氏了。古代典籍中“瞻”“赡”在供养、富足义项上可通假,但如今二者不能混用。就像“赡养”不能写成“瞻养”一样,表示详细丰富的“详赡”也不能写成“详瞻”。

“胁”指挟制“协”合力

【错例】要依法进行催收,严禁暴力催收、协迫催收等非法行为。

【简析】“协迫”应为“胁迫”。“协”繁体字“協”,“劦”为其本字,乃会意字,甲骨文作[illegible],象三耒(lěi,古代耕地翻土的农具)并用,会合力同耕之意,也作[illegible],给三耒加上口,以突出同声合力,小篆作[illegible],隶变楷化后作“劦”,本义即合力。《说文解字》:“劦,同力也。从三力。”“協”是“劦”的加旁分化字,也是会意字,从十从劦会众人合力之意,如今简化,规范作“协”,本义即共同合作。《说文解字》:“协,众之同和也。”如“同心协力”“协商”。进而指辅助、帮助,如“协助”“协理”。又引申指和谐、和睦。《左传·僖公二十二年》:“吾兄弟之不协,焉能怨诸侯之不睦?”再引申指调整、调和,如“协调”“妥协”。“胁”繁体字“脅”,形声字,从月(肉)劦声,本义指身躯两侧自腋下至腰上的部分。《说文解字》:“胁,两膀也。”“两膀”即“两胁”,指两臂所夹的部分。腋下为肋骨所在,故“胁”亦指肋骨。《左传·僖公二十三年》:“曹共公闻其骈胁,欲观其裸。”孔颖达疏:“胁是腋下之名,其骨谓之肋。”腋下有骨之处正是人体挟持物件之部位,因此“胁”引申出挟制、逼迫之义,如“裹胁”“威胁”。古汉语中有以“协”通“胁”的用例,但现代汉语中“协”“胁”已分工明确。“胁迫”指威胁强迫,与同心协力毫无关系,不能写成“协迫”。

名词用“栓”动词“拴”

【错例】没有人愿意被脐带栓一辈子(标题)

【简析】“被栓一辈子”应为“被拴一辈子”。形声字“栓”和“拴”,区别在形符。“栓”从木,名词,本义指木钉。《广雅·释器》:“栓,钉也。”《玉篇·木部》:“栓,木钉也。”后引申指称器物上可以开关的机件,如唐代皮日休《蓝田关铭》:“千岩作锁,万嶂为栓。”其中的“栓”即“门栓”。“栓”可特指塞子,如“瓶栓”。又泛指像塞子的东西,如“活栓”“栓剂”。“拴”从手,动词,本义指拣,音quán。《广韵·仙韵》:“拴,拣也。”此义用例罕见,常见的是后起义系、捆绑,音shuān,如元代马致远《荐福碑》:“我去这柳阴之下歇息,咱下的这马来拴在这树上。”后比喻抽象联系,如“朋友的心拴在一起”。动词才有被动态,“被栓”显然是“被拴”的误写。

“纸片人”是什么人

◎段卓坤

在互联网上，你总会看到很多“炫女儿”“炫儿子”“炫男友”的言论，别急着羡慕，他们谈论的很有可能只是“纸片人”。你或许在跟朋友聊天时听到过类似于“纸片人审美”的吐槽，那么到底什么才是“纸片人”呢？

顾名思义，“纸片人”可以分为两个部分：一个是“纸片”；另一个是“人”。“纸片”指的是其所处空间，也就是以纸片为代表的二维空间；而“人”在这里并不能理解为生物学意义上的自然人，而是一个文化上的存在形式，由于这种存在形式是根据自然人的特点创造出来的，因此也被称为“人”。简而言之，“纸片人”是一个处于二维空间、与自然人高度相似的存在。

“纸片人”一词最早来源于养成游戏，为了吸引玩家，游戏里的人物都有着华丽的外表和惹人喜爱的性格，导致玩家们纷纷“领养”，高呼要“抱走纸片人”。由于“纸片人”一词的生动形象性，它迅速成为了所有二次元人物的代名词。随着互联网和计算机技术的不断发展，现代人接触游戏、动漫等二次元产物的途径越来越多样，频率越来越频繁，“纸片人”已经成为了很多人生活中不可缺少的一部分，也有越来越多的人将自己在现实中缺失的情感寄托到了这些“纸片人”身上，也就出现了文章开头将“纸片人”当作自己亲人、恋人的情况。随着这种情绪的不断增长，当下很多不婚主义者对外宣称自己是“纸性恋”，也就是与纸片人“谈恋爱”。除了对于纸片人的喜爱之外，在“纸片人”身上获得快乐和满足感的代价不断降低也是重要的原因，毕竟谁不喜欢永远不会跟你吵架的恋人或者是永远不会与你顶嘴的孩子呢？

“纸片人”虽好，毕竟只活在虚拟空间里，如果把“纸片人”作为自己全部的精神寄托，最终难免会陷入一片空虚，所以还是希望大家能在忙碌的生活中找到更多的兴趣和爱好，收获各种各样的快乐与幸福。

除以上这种解释外，因“纸片”还拥有轻薄的特点，所以“纸片人”还被用来指身材瘦弱、身形单薄的人。这类人在外貌上会给人一种柔弱而易于控制的感觉，且多数是女生，因此“纸片人”也变成了部分男性对女性的一种审美模式。但从现代医学的角度来看，“纸片人审美”其实是一种不健康的审美。然而当下仍然有不少女生追求这样的身形，甚至“纸片人”正悄然成为当下审美的主流。比如之前火遍全网的A4腰、漫画腿、锁骨放硬币等等，宣扬的都是一种“纸片人”审美——也许只有“瘦成一道闪电”，或者一阵风就能吹走才是美的。实际上，这种审美除了增加很多女生的容貌焦虑、身材焦虑外，没有任何的积极作用，毕竟以健康为代价的审美标准不是好的审美标准，而外貌也不应该与幸福感有直接的因果关系。

“纸片人”还有一些用法，主要是取决于“纸片”特点的多样性。比如“纸片”拥有扁平的特点，因此在谈论“纸片人”的含义时，会有网友打趣说所谓“纸片人”即被社会拍扁、被生活压垮的人。虽然这种说法没有成为解释“纸片人”的流行说法，但也是高竞争压力下社会心理的一种体现。

“空耳”是空空的耳朵吗

◎陈贝宁

“空耳”一词流行已久，但就字面来说令人费解，是指空空的耳朵吗？当然不是。

先举个空耳的例子来解释一下。日本动画《火影忍者》有一句台词“痛を感じろ”，意思是“感受痛苦吧”，而这句话的读音和汉语“一袋米能扛几楼”非常相近，就产生了“一袋米能扛几楼”这个“空耳”。我们可以从这个例子来认识空耳。

首先，空耳是一种谐音现象，“痛を感じろ”和“一袋米能扛几楼”之间是语音相似的关系。其次，空耳创作的是符合目标语言语法规则的句子，但是意思和原文无关。“一袋米能扛几楼”是符合汉语规则的，但意思和原文“感受痛苦吧”毫无关联。因此，“空耳”现象在产生之初也被称为“爆笑谐音梗”。

“空耳”是一个外来词，源自日语，名词。在日语中该词汉字写法与中文相同，训读为“そらみみ”(soramimi)，就构词法来说属于偏正式。“空”在日语中是“无实质内容，不符合事实”的意思，“耳”指的是“听辨能力”。“空耳”在没有成为流行词之前，本义是“幻听”，即“听到了并没有的声音”，后来引申为对歌词和台词进行谐音性的再创造。空耳现象主要出现在影视作品的弹幕区以及音乐软件评论区。

比较典型的空耳是基于外语台词或者歌词创作的，通过巧合性或者语境的差异产生幽默感。利用巧合的空耳，如日本动画《在下坂本，有何贵干》主题曲，其中有一句“华丽にステップ茨の road（荆棘道路华丽舞动）”，被听成了“可惜你帅不过坂本大佬”。虽然空耳的含义和原句完全不相干，但是恰巧和动漫的主题契合了。利用语境差异的，如日本动画《鬼灭之刃》主题曲，其中有一句日语原文是“僕を連れて、進め（带上我前进吧）”，变成了空耳“不过我，煮了袋，素素面”，其余歌词都是热血战斗的内容，而到了这一句却莫名和食物相关，由此产生了搞笑的效果。

在汉语内部也可以进行空耳创作。第一类是利用汉语中的谐音，如周杰伦歌词“故事的小黄花，出生的那年就飘着”，其空耳是“故事的小黄瓜，出生的那年就泡着”。利用的原理是“花”和“瓜”、“飘”和“泡”发音相近。还有李荣浩《李白》中的“要是能重来，我要选李白”，其空耳是“钥匙能冲奶，我要学李白”。其实，日常生活中也有这样听岔音的好玩例子，比如把“我想去烫头”听成“我想去看猴”。第二类是利用汉语方言的不同语音对应。汉语许多方言和普通话之间差距较大，比较有代表性的是粤语歌词，如歌曲《光辉岁月》中的“仿佛带点唏嘘”，“唏嘘”变成空耳就是“黑灰”。

“空耳”从“幻听”的本义引申为“对歌词和台词进行谐音再创造”后，还产生了一些相关的用法。比如“空耳十级”，用来形容空耳创作的读音和原句发音相似度很高。“被空耳毁掉的歌曲”，这类歌曲通常整首都能够进行空耳创作，“毁掉”在这里用来吸引眼球并且表达无可奈何的心情。还有“空耳造成的社死现场”“生活中的空耳经历”等，用来指生活中的“误听”现象，只要是因谐音而搞笑的词句，都可以称为“空耳”。

由此可见，“空耳”可不是“空空的耳朵”这么简单，其背后有音义辗转相生的复杂内涵，通过空耳现象也能促进对于其他语言和方言的了解。

“干饭”与“干饭人”

◎吴思燕

近年来“干饭”一词风靡网络：

“下课了，干饭去！”

“干饭人！干饭魂！”

“干啥啥不行，干饭第一名。”

提到“干饭”，不少人可能会联想到“吃干（gān）饭”，“吃干饭”指的是只吃饭不干事，多用来形容无能无用的人。然而上面几句的“干”不读gān，“干饭”不是名词，并不指干的米饭，而是动词，意思是“吃饭”。

“干饭”表示吃饭，出自西南官话，是一个带有地域特色的方言用语。这里的“干”读gàn，是泛义动词，与“做”类似，具有替代其他实义动词的功能。泛义动词“干”有时可等同于“从事”“当”“工作”等，如“我是干会计的”“他干过厂长”“干活”等。有时也可以根据语境推导出“干”所替代的动词，“干饭”的“干”就是“吃”。

“干饭”一词的流行离不开其特殊的表达效果，而其表达效果源于“干”的读音及“干饭”的方言色彩。

“干饭”的“干”念去声，调型属于全降调。比起念阴平声的“吃”，去声的“干”显得更有气势，更能体现出人们对“吃饭”的热情，带有“一口气吃完”的豪爽感，而这种豪气干云的气势正是这个词语走红网络的重要原因。同时，“干饭”在使用中含有地域色彩，“干饭”对于方言区外的网民来说是比较陌生的，所以当网络上出现“干饭了，干饭了”“干饭去”等话语时，这一新奇的搭配迅速吸引了网友们的目光。

“干饭”的流行也催生了“干饭人”这一表达，如：“干饭人，干饭魂，干饭人干饭得用盆！”“××人”往往用于指某种身份或某种职业的人，如工人、军人、电影人等等。但“干饭人”并不代表从事某一职业的人，而仅指吃饭的人，这类人对吃饭充满热情，拥有豪迈的吃饭方式。“干饭人”表达的是人们对于吃饭的重视，但往往用来自嘲。“干啥啥不行，干饭第一名”这句，很好地展现了“干饭人”的自嘲精神。在快节奏工作的时代，无论从事什么职业的人，无论具有什么身份的人，都可以在吃饭时调侃自己“摇身一变干饭人”。

“干饭”和“干饭人”不仅活跃于网络空间，也进入了主流媒体的视野。2021年4月3日，人民网发布了一篇文章《“干饭人”的底气，都是TA给的！》，高度赞扬了我国粮食产业的迅猛发展，正是粮食产业的发展给了广大“干饭人”底气。近期，不少纸质媒体也用上了“干饭”和“干饭人”的表达，如《干饭人 这份夏季饮食安全提示请收下》（《中国消费者报》2022年5月12日）、《5G干饭人 广阔就业前景等你来》（《科技日报》2022年1月24日），又如《城市烟火气在复苏，“干饭”的快乐回来了》（《新华日报》2022年7月25日）。“民以食为天”，“干饭”和“干饭人”的新颖表达引起了大众的共鸣。

微语录·人生

弟子问大师：人的奇怪之处是什么？大师答道：小时候，他们急于成长；长大后，他们又哀叹失去了童年！年轻时，他们以健康换取金钱；年老时，他们又想用金钱恢复健康。既不活在当下，也不活在未来，他们活在当下和未来交织的矛盾中。

（刘　芳／辑）

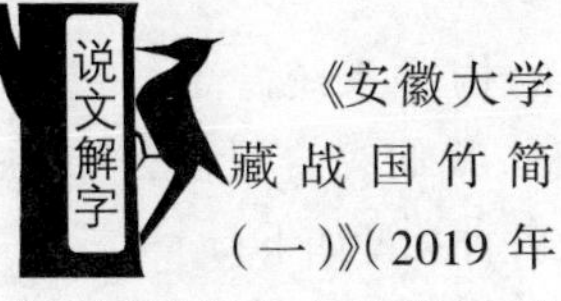

《安大简》《诗经》新读（上）

◎刘志基

《安徽大学藏战国竹简（一）》（2019 年版）是最新公布的《诗经》出土战国版本。经学界几年释读，发现其中颇有一些不同于传世《诗经》的内容，为今天的《诗经》诵读增添了新的文化滋养。兹略作整理，分述如次。

一、“窈窕”与“细腰”

“窈窕淑女，君子好逑”之“窈窕”二字，《安大简》作：

[illegible] [illegible]

“[illegible]”即“要”字，象人两手叉腰，也就是“腰”字初文。“[illegible]”即“翟”字。整理者根据语境判断，认为此字通假为“嬥”。

“嬥”字有“美”义，《广雅·释诂》：“嬥，好也。”或“挺直而美好”，《说文·女部》：“嬥，直好皃。”或直接训为“细腰”。桂馥《说文解字义证》（中华书局1987 年）：“直好皃者，《广雅》：‘嬥嬥，好貌。’《广韵》引《声类》：‘嬥，细腰貌。’”

由此可见，传世本《诗经》之“窈窕”，在其出土战国版本中对应的“要（腰）翟（嬥）”就是细腰的意思。

“细腰”的嗜尚，先秦传世文献不乏记载，如《墨子》《战国策》都有“楚王好细腰”的记载，《资治通鉴》更有“楚王好细腰，宫中多饿死”的记载。而出土战国文献中的“细腰”记载，此前未见，因此《安大简》《诗经》中“细腰”具有补缺意义，使得“细腰”文化史具有了王国维所说的“双重证据”。

《墨子·兼爱中》：“昔者楚灵王好士细腰，故灵王之臣皆以一饭为节，胁息然后带，扶墙然后起。”有人曾经据此认为，先秦的“细腰”只是对男子的审美要求，与女子无关。很显然，《安大简》“细腰”证明事实并非如此，“细腰”是普遍的先秦嗜尚，无分男女。

二、梅子落地和梅挂篱上

《国风·召南·摽有梅》是一位待嫁女子的诗,诗分三章,逐章递进,表达待嫁之迫切心情,关于“摽有梅”之“摽”,毛传:“摽,落也。”这是目前得到广泛认同的解释。“摽”另有“掷”“抛”之释,影响稍次。

《安大简》对应“摽有梅”之“摽”用了这样一个字:

对于此字,学者有几种解释,或认为上部从“艸”下部从两“又”可隶定为“茿”,而其下部所从两“又”是左右并列的,可以看作“友”。如此,简文“茿”即“芨”。而这个“芨”和《字汇补·艹部》“芨,音友。草名”之“芨”又只是个同形字,其实是“囿”字异体。“囿有梅”,即囿中有梅,是指果园中有梅。

另一种解释则认为此字“艹”下从两“力”,即“荔”字,在简文中当读为“篱”,“篱有梅”则可理解为梅子探出篱笆墙。

评估两种解释的得失,有必要观察一下楚简“又”和“力”的构形系统。楚简“又”之形体,我们综合目前公布的楚简,各种类型如下:

“力”的楚简各种构形作:

很显然,的“艸”下乃两“力”,故“荔”之释更加靠谱。

“摽有梅”的传统解释,是以梅子黄熟纷纷坠落来喻女子待嫁之意,颇为伤感。而“篱有梅”,则有“一枝红杏出墙来”的意境,更具“忧而不怨”的诗意。

三、白马腿与千里马

《秦风·小戎》:“文茵畅毂,驾我骐馵。”一般认为,这是一首妻子怀念征夫的诗。秦师出征,家人送行,诗句为征人之妻描述丈夫出征时的壮观场面:夫君在有纹饰坐垫、长车毂的战车之上,驾着马儿奔驰而去。而所驾之马“骐馵”,毛传:“骐,骐文也。左足白曰馵。”孔颖达疏:“色之青黑者名为綦。马名为骐,知其色作綦文。”如此可知,“骐馵”就是青黑色而左腿白色的马。对应“驾我骐驔”，《安大简》作“加亓駈”，很显然，传世本“驾”被写作“加”，“骐”被写作“駈”。这两个字的替换，都发生于具有通用关系的字之间，不足为奇。值得关注的是对应“驔”字的简文原形作：

整理者认为：此字左边是“马”右边是“及”，应当是“馺”。而古音“馺”“驔”二字远隔，难以相通。因此“馺”读为音近的“骥”。然而，有的学者不同意此说，以楚文字“及”“殳”混讹为理由，认为该字右边并不是“及”，而是“殳”，而从“殳”得声，古音就与“驔”相近，可以通读。

以上争议的关键，在于“及”与“殳”的楚简文字构形关系，不妨稍作一点分析。综合统计楚简文字中的“及”，作如下诸形：

显然，这些字形与的右旁写法完全一致。“殳”在楚简中没有作为整字出现，我们只能观察其作为偏旁的形体。“殳”旁之形大致可以分为两类。一类是学者所谓“像手持旌旗之形”（赵平安《说“役”》）者，作：

（役）（设）（设）

（设）（设）（设）（疫）

另一类则为更为常见的上“几”下“又”形的：

（散）（斁）（毂）（豉）

（鼓）（败）（鼓）（鍛）

（毅）（厩）（敓）（敢）

（杸）（毁）（般）（𣪘）

很显然，的右旁与以上两种“殳”形都不类。当然，“及”“殳”混同现象并非完全没有，只是罕见，如：

（杸）

从概率上说，字从“殳”的可能性太小，因而认定其从马从殳，有以偏概全的嫌疑。“骥”是一种能日行千里的良马，用于战士出征的语境是非常合适的。更何况，“骐骥”在古文献中是一个表示千里马的固定组合，所以“驾我骐骥”的释读应该是更加合理的。

希望之光

（文中有十处差错，你能找出来吗？答案在本期找）

◎林　辰　设计

这年秋天，她得了重病，朋友前来照顾。医生告诉朋友，她只有十分之一的生存希望。没想到才这么年轻，厄运就降临到了她的头上。

朋友闪灼其词，不想让她知道真象；但她还是知道了，自己好起来的希望十分淼茫。病泱泱地躺在床上，她眼睛抠瞜，身体日渐单薄，像一阵风就能吹走一样。

房间的窗户正对着一堵墙，墙上爬满常春藤。随着常春藤的叶子变黄、凋落，她的身体状况越来越差。她感觉自己的生命正在消失怠尽，跟朋友说："叶子落完的时候，就是我生命的尽头。"朋友无论怎么加油、鼓劲，都无法让她重新燃起生命的希望。大家无不忧心仲仲。一位老画家知道这件事后，决心用自己的办法来拯救她。

又一个夜里，窗外的雨夹着雪花不停地落下。她极度虚弱疲劳，几乎用尽全身的气力对朋友说，拉开窗帘，看看常春藤的叶子是不是掉完了。"没有，还有一片叶子没有掉。"朋友惊讶道。她慢慢地爬起，叮着那片叶子。

时间一天一天地过去，她每天都让朋友拉开窗帘。出乎意料的是，那片叶子稳稳地长在枯藤上，并闪耀着绿绿的光。她喃喃道："这也许是天意。"她的眼里闪现出亮光。她默默地下定决心，要像那片叶子一样，永不凋落！奇迹终于出现，她挺过来了，战胜了病魔。

那片为她带来希望的绿叶，是老画家特意创作的。老画家趁人不注意，把那片诩诩如生的绿叶挂到了她窗前的枯藤上。

“遵纪咎礼”？

马兆家

笔者曾路过浙江省慈溪市新城河畔，看到一条公益宣传语，“遵纪咎礼”字样特别醒目。什么意思？

咎，音 jiù，《说文解字》：“灾也。从人从各。”“各”为“格”的本字，意思是来到；“咎”指“上天对人的罪过所降下的灾祸”（李学勤《字源》）。“咎”还可表示过失、罪过之义，也可表示责备，还有憎恨、厌恶等意义。似乎无论是哪个义项，都无法解释宣传语中的“遵纪咎礼”。

上网搜寻发现，不少标语中都有这个“咎”字，且都无法解释，如“讲文咎，树新风”“弘扬文咎礼仪风范”等等。多年前就有网友指出：这些标语中的“咎”本来应该是“明”字。为何这些个“明”都不约而同地误为“咎”了呢？原因是，大伙儿都使用了某款毛笔行书字体，在这款字体中，“明”字被错误地显示为“咎”。

笔者找到该字体的官方网站，其中对这一错误有说明：第一版显示“简体‘明’字错误”，“在 2011 年时已经更正该错误，请各用户注意甄别”。

天哪，居然是电脑字体惹的祸！看来“遵纪咎礼”即“遵纪明礼”，这就说得通了。匪夷所思的是，明明显示的和自己输入的不是同一个字，相关人员为啥还让它堂而皇之地“登台亮相”呢？另外，负责汉字信息化的技术行业，加强语文规范意识，也迫在眉睫！

图中差错知多少？

郭宝龙 盛祖杰 张震东 吴盼盼 提供

（答案在本期找）

微信公众号

邮　政

淘　宝

微　店

电子版

ISSN 1009-2390

9 771009 239227 09

YAOWEN-JIAOZI

咬文嚼字®

2022.10

马蹄糕

两广、福建等地区流行的传统甜点。用荸荠或者地瓜等食材的粉拌上糖水蒸制而成。颜色呈茶黄，半透明状，软滑香甜。荸荠在粤语、闽语里别称“马蹄”，故名。

上海世纪出版集团
欢迎至邮局订阅本刊 邮发代号 4-641
国内统一连续出版物号 CN 31-1801/H
定价：6.00 元

雾里看花

胆大的药店

刘振修

这张照片拍摄于河北省某县的一个小乡镇。“按摩”好理解，“拿环”“收小孩”不禁让人脊背一凉。育龄妇女有可能“上环”，“拿环”难道是把此“环”拿下？“收小孩”是买儿童吗？药店胆子好大啊！到底是什么意思？答案在本期找。

人民教师的杰出代表

石　安/文　臧田心/画

“有人问我，为什么做这些，其中有我对这片土地的感恩和感情，更多的则是一名共产党员的初心和使命。”在代表“七一勋章”获得者发言时，云南丽江华坪女子高级中学书记、校长张桂梅如此说道。几十年来，张桂梅坚守在大山里的讲台上，即使患有数种疾病也从未退缩。为了筹钱办一所免费的女子高中，张桂梅曾被人误当成骗子，甚至还有人放狗咬她。可是，她始终如一，依旧坚守，在社会各界的帮助下，心愿得以实现。2021 年 6 月 29 日，张桂梅被授予“七一勋章”。

咬文嚼字®
2022年10月1日出版
10
总第334期

主管：上海文艺出版总社
主办：上海文化出版社
编辑、出版：《咬文嚼字》杂志社
集团网站：http://www.shwenyi.com
E-mail：yaowenjiaozi2@163.com
官方微博：
http://weibo.com/yaowenjiaozish
电话传真：021-64330669
发行电话：021-53204165
邮购电话：021-53204211
地址：上海市闵行区号景路159弄A座3楼
邮政编码：201101
发行：上海市报刊发行局
发行范围：国内外公开
订阅处：全国各地邮局
邮发代号：4-641
ISSN 1009-2390
CN 31-1801 / H
印刷：上海中华印刷有限公司
印厂电话：021-60829062
021-60299079
定价：6.00元

防疫中的新“手势”

◎曹志彪

今年3月份，根据上海新冠疫情防控要求，我所住小区正实施封闭管理。有一天，收到居委工作人员在小区住户微信群发来的一条通知，大意是请所有居民按照上级防控部门要求，配合开展居家隔离、核酸筛查和抗原检测等，“从紧落实防控手势”。初一看到“手势”二字，感觉这种用法有点陌生，以为是居委工作人员输入错了，估计是“手段、措施”之误。不料接下来陆续收到的居委关于疫情防控的通知里，又多次看到了“手势”一词。于是，上网去查，结果发现确有这种用法，其中不少出现在官方报纸上。例如：

（1）各区主要负责同志要亲自抓、负总责，自始至终抓好统筹协调，全力压紧压实各级责任，严格按照规定手势标准操作，不折不扣做到应检尽检。（《新民晚报》2022年3月28日）

（2）“三区”都要明确防控措施和手势，防范区也要强化社会面管控，减少人员流动，非必要不外出，将防止人员聚集的各方面措施落实到位。（《文汇报》2022年4月13日）

从上面句子来看，这个新的“手势”解释为“手段、措施”似乎也大致说得通。去翻《现代汉语词典》找依据，却发现只有“表示意思时用手（有时连同身体别的部分）所做的姿势”这一个解释。再查《辞海》《汉语大词典》，倒是还有另一个解释：“弹琴的手法。”这个解释似乎与“手段、措施”可以联系起来。“手势”，顾名思义就是指手部的动作、姿势，最初也许只是

指弹琴时手的弹奏动作,但到后来扩大了使用范围,用来指各种手部的动作和手法了。例如:

(3)次及玉麟,初上竿时,手势尚速;未至一半,手势即慢;再上数尺,便愈迟慢。(夏敬渠《野叟曝言》)

(4)汪小姐缓颊,动作明显迟钝,手势硬,但与苏安碰了杯,叮一声,一口倒下去。(金宇澄《繁花》)

词义范围扩大是词义演变的重要途径之一。上面两例"手势"分别表示用手爬竹竿、碰杯这样的动作,比仅指弹琴的手法在范围上显然宽泛了很多。

"手势"除了所指范围有所扩大之外,词义还有所抽象和虚化,由指手的具体动作手法,引申到完成综合性工作、项目的办法和措施。"手"在其中被隐形了。例如:

(5)这些方面,又需要一些创新的办法和改革的智慧。换言之,是需要一点灵活的手势。(上观网2015年9月15日)

(6)这种眼光瞄向长远、手势务求实际的导向,正是当前上海在处理发展问题时需要秉持的。(上观网2019年7月11日)

当前疫情防控中的新"手势",通常用于疫情防控主管部门自上而下统筹部署疫情防控的规范规程,对基层有落实和执行的要求,带有"指挥、指令"的意味。这一点与"手势"一词最常用的义项"表示意思时用手所做的姿势"似乎也能关联起来。我们知道,手势还被叫作"手势语",像有声语言那样可以用来表情达意、沟通交流。它一般情况下能帮助人们表达思想、交流情感,而在一些特定场合可以用于发出指令,进行指挥。比较典型的有交响乐演奏或大合唱表演时音乐指挥家所做的手势,道路交通中交警用来指挥车辆和行人通行的手势,等等。这类专门化的手势,带有很强的指令性,目的是使受众听令而动,遵规而行,令行禁止。手势被视为无声的语言,如果借用奥斯汀的言语行为理论来解释,那么这类手势的“言外行为”就是向对象发出指示、指令,“言后行为”则是对象按照指令采取行动。这样,“手势”自然被赋予了“发出指令、进行指挥”的意思。

“手势”的新含义大概可以从两个方面去理解：一是从“手势”发出者角度来说,指确定的规范、发出的指令和提出的要求；二是从“手势”的接受者角度来说,则是按照指挥和要求具体落实执行的措施。以上看似两面,实为一体。因此,这个新“手势”就是指要求遵照执行的一系列工作规范和措施手段。

我们还注意到,目前这种“手势”新用法主要是在上海当地的媒体上出现,有比较明显的地域性特点,这应该是受到了方言的影响。查阅能找到的几部方言词典,都找不到直接的依据。但是,语言事实似乎能够说明这种地域性的存在。上海这次疫情防控期间,防控“手势”在当地媒体大量使用,而差不多前后出现比较严重疫情的吉林、北京等地的媒体,在同样的语境下却不见使用“手势”一词。另外,从词义源流来看,“手势”从“弹琴的手法”泛化到指“从事其他活动的手法”,这种用例在以往的具有吴方言或者上海方言特色的作品中比较常见,如上文例句所涉及的清代作品《野叟曝言》、当代作品《繁花》,作者都来自吴语区(包括上海),写作语言也被视为具有较明显的吴方言特色。

面对今年这波疫情,上海开展全面阻击战,“手势”一词的新用法频频出现在上海官媒,表明它已经在通用语言的舞台上亮了相,至于是否会最终站稳脚跟,还有待观察。

何来“住毖”

◎陈　鑫

电视剧《大长垣》(又名《厨王》)第1集的开头，大总管对众厨师说：“都给我听好了，老佛爷回銮，zhùbì开封，是你们河南人的造化，做个饭还不快点，磨磨蹭蹭的。”此处的字幕将“zhùbì”打成了“住毖”，错了，正确的是“驻跸”。

驻，从马，主声。本义为马立止，指车驾停立。后泛指停留。跸，《说文解字》：“止行也。”指古代帝王出行时，禁止行人以清道。《周礼·天官·阍人》：“大祭祀、丧纪之事，设门燎，跸宫门庙门。”也指帝王的车驾或行幸之处。驻跸，指帝王出行，途中停留暂住。《旧唐书·文苑传下·李巨川》：“俄而李茂贞犯京师，天子驻跸于华。”电视剧中，慈禧在河南开封停留，随行内官命众厨师抓紧时间备宴小心伺候，用“驻跸”是合适的。

毖，音bì，本义为谨慎，如惩前毖后(从以前的错误或失败中吸取教训，以后小心，不再重犯)。后也有告诫、劳苦等义。“住毖”难以索解。

『休整』与『修整』

◎张 林

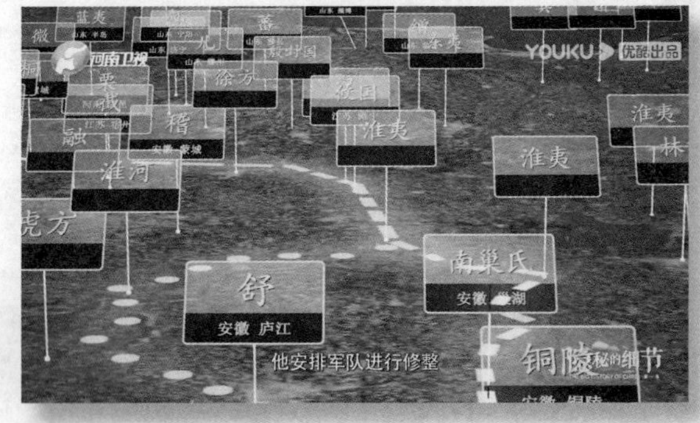

河南卫视《隐秘的细节》第一季第10集，讲到了帝辛纣王为了打击“金道锡行”东线沿路的东夷部落发动东征，在当地归顺部落的配合下，殷商联军取得了多场战斗的胜利。此时旁白说：“帝辛纣王巡视完前线，犒赏了勇毅的将士，他安排军队进行xiū整，自己则带着卫队，先行返回了殷都。”字幕把“xiū整”打成“修整”，错了，应该为“休整”。

休整，休息整顿的意思，往往指军队或队伍长时间作战，利用作战间隙进行休息调整。例如杨朔《百花山》：“那时是一九四八年春天，石家庄解放后，部队经过一番休整，沿着恒山山脉北出长城，向原察哈尔一带进军。”

修整，本指修饰容貌，后也指修理、整治，如冰心《寄小读者》：“这城五十年前还是荒野，如今竟修整得美好异常。”也可用来形容齐整、严谨，或言行端正谨慎、不违礼法。

休整，往往是指人进行休息调整，以达到振奋精神、恢复体能的目的；修整，往往是指通过对某种器物、制度等进行修理、整治，以达到恢复功能、更加美观等目的。帝辛纣王带领部队征讨东夷部落取得胜利后，当是安排部队进行“休整”，而不是“修整”。

“××侧”词语漫谈

◎高丕永

2015年11月10日，习近平总书记主持召开中央财经领导小组第十一次会议时提出了“供给侧改革”。由此，“供给侧”一下子成了高频词，并跻身《咬文嚼字》编辑部评选出的2016年十大流行语。六七年来，随着各行各业供给侧改革的深入，其他的“××侧”词语也相继热了起来。

“供给侧”指“商品或劳务的供给一方（方面）”。然而，《汉语大词典》《现代汉语词典》等权威工具书的“侧”条目里，均没有“一方、方面”的义项。实际上，“供给侧”是借词，原词是日语的“供給側”。早在中国明代之前，日语就从汉语借去了“側”。到了明代早期，日语的“側”增添了指“一方、方面”的新义项。上世纪七八十年代，日语用从汉语借去的“供給”和新义的“側”，意译西方经济学供应学派的“supply side”。

汉语还从日语借来了与“供给侧”相对的“需求侧”，指“商品或劳务的需求一方（方面）”。日语的“需要側”，意译与“supply side”相对的“demand side”而来。日语的“需要”，相当于汉语的“需求”，所以汉语转写为“需求侧”。比如：“供给侧管理和需求侧管理是调控宏观经济的两个基本手段。”（《人民日报》2021年1月20日）

从日语借来的“××侧”词语，还有“消费侧”，原词是日语的“消費側”，在侧重表达需求侧里的消费环节时使用。比如：“从供给侧看，农业生产、加工、流通环节需进一步畅通。从消费侧看，巨大的农村消费

需求是我国特有经济优势。”（《人民日报》2021年3月10日）

“××侧”词语里的借词“供给侧”“需求侧”“消费侧”，都是上世纪八九十年代借来的。顺带指出，最早借来的另一个词是上世纪二三十年代同样来自日语的“侧面”。借词“侧面”，指“构成总体的某一个方面”，如今已成为汉语“侧面”的义项之一，收入《汉语大词典》。比如：“事实上，稳就业也从一个侧面反映出我国经济增长的强大韧性。”（《人民日报》2021年3月1日）

有时，汉语还用与“供给侧”词义相同的“供应侧”。比如：“企业因为需求侧变化的倒逼，在供应侧不断改进生产工艺、完善产品和服务质量。”（《人民日报》2016年3月4日）有时，这两个同义词混搭使用。比如：“打好需求与供给两侧‘组合拳’得到与会嘉宾的广泛认同。美国哥伦比亚大学教授、2001年诺贝尔经济学奖获得者约瑟夫·斯蒂格利茨就提醒，‘需求结构合理的话，可以对供应侧产生积极影响’。”（《人民日报》2016年3月22日）

汉语仿造的“××侧”词语，还有侧重表述供给侧里相关环节时用的“销售侧”“生产侧”等。比如：“新一轮输配电价改革试点启动——发电侧和销售侧电价有望市场化”（标题，《人民日报》2014年11月6日）。“发电侧”指“电力生产企业一方”。又如：“工业互联网里的C2M（从消费者到制造商），可以实时把消费者需求传递给生产侧——数字基础设施不仅赋能供给侧与需求侧，还使供需两侧形成双螺旋的持续互动，从而大幅提升全要素的经济效率。”（《人民日报》2020年4月28日）

“××侧”系列词语里，使用最多的是“供给侧”“需求侧”。有时，这两个词合并缩略为“供需侧”。比如：“整合供需侧愿望，宁波市文化馆就此成了协调员。”（《人民日报》2018年1月4日）

“上车”就是“买房”

◎王冬雪

“买房”和“上车”都是述宾短语，本义分别是“购买房子”和“登上车子”，原是两件毫不相关的事情。但是，近些年的新闻报道频频将“买房”和“上车”联系在一起，如：“买房开始亏钱了，有的地方房价一度腰斩，还要上车吗？”这里“上车”就是“买房”。“买房”和“上车”之间为何能画上等号呢？

房子是人们居住和生活的地方，也是一个家庭的承载。自古以来，“房子”就和“家庭”紧紧联系在一起。从字形上看，“家”的部首是“宀”，表示与房屋有关。对许多年轻人来说，组建家庭的前提是拥有一套房子，从而有一处安身立命的地方。为了达到买房的目的，无数年轻人辛苦工作、努力打拼。然而，在住房需求不断向上攀升的同时，房价也在持续走高。一部分人观察到房价波动上升的趋势，趁房价暴涨前先下手买房。对他们来说，房子的位置、大小、格局都是次要的考虑因素，能先买到一套房子才是最重要的，这样“抢占先机”的意图也正符合“先上车原则”。

如果将中国经济发展比喻成一列正在快速行进的列车，各个大中小城市就像列车的一节节车厢，那么“买房”就相当于“买票上车”。不管是商务座、一等座，还是二等座，哪怕是站票，也一定要先买票上车。只有搭上这趟经济发展的列车，才能赶上经济前进的步伐，否则就会被远远抛下。

因此，对于部分自住型需求的刚需购房者来说，主要诉求是先保证能买一套，再去考虑其他因素。请看：

（1）在买房者的眼中，自己早买房的行为就像提前“上车”，一日千里；那些晚买房的群体则慨叹自己没有“上车”，而被落下很远。（《今晚报》2021年3月23日）

起初，“上车”在句中必须与“买房”共现，才能表达“购买房子”的意义。如今，由于“买房”如同“上车”的比喻通俗易懂，“先上车原则”也日渐深入人心，“上车”实现语义自足，能独立表达“买房”的意义。例如：

（2）面对低门槛“上车”的诱惑，在小金口某工厂上班的小陈很心动，但是考虑到剩余首付的还款和月供问题，他还是没有出手。（《惠州日报》2022年4月29日）

（3）当时这附近楼盘不多，且那一年武汉房价涨势凶猛，我们就想着先“上车”。（《国际金融报》2022年3月21日）

买房需求大致分为两类，一是自住，二是投资，于是“上车”一词也逐渐与其他经济行为挂钩，其使用范围也从房地产行业逐渐扩展至金融行业，“购买股票”“投资智能汽车”等都可被称作“上车”，例如：

（4）股市连涨，踏空后如何“上车”（标题，《长沙晚报》2020年7月10日）

（5）缺钱缺技术，别强行“上车”（标题，《科技日报》2021年4月20日）

住房是民生之要，关乎千家万户的幸福，“住有所居”“安居乐业”是每一个家庭朴素的期盼。国家多次出台、调整楼市调控政策，各地分别采取降低首付比例、调整公积金政策、发放购房补贴等多种措施，着力支持刚性和改善性住房需求，力图满足人民群众“买房上车”“居者有其屋”的美好生活需要。请看：

（6）贷款额度提高，首付比例降低，改善住宅需求，家庭“上车”更轻松。（《南宁晚报》2022年3月22日）

“上车”一词的流行，正是这种美好愿望的反映。但愿人人都能“上车”，生活更加幸福美满。

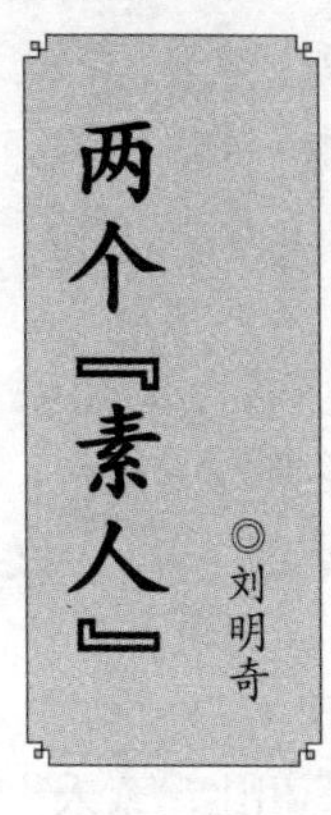

两个『素人』

◎刘明奇

有两个意义不同的"素人",一是"平常的人"(《现代汉语大词典》,上海辞书出版社2009年),一是"外行人"(《汉语外来语词典》,商务印书馆1990年)。例如:

(1)"素人",即平民、平常人、朴素的人。最近,有一个"素人"火了,他就是84岁的四川大学退休教授张继莹,他用朴素的语言圈粉无数。(《生活晨报》2017年5月9日)

(2)但有些人不一样,比如洁尘的老公,一个从来没有作过画的媒体工作者,某一天,突然想作画,然后就画出了一幅名为《一家三口》的油画,然后,就成了一个素人画家。素人,就是指没有经过专业训练的业余级别人士。当投入大量热情和专注之后,久而久之,相对就变得专业了。(《广州日报》2019年1月16日)

例(1)"素人"是"平常的人",例(2)"素人"是"外行人"。

"素人"用来指"平常的人",在清代就已经出现,在现代也有用例。例如:

(3)今夫子骑箕天上,素人埋骨青山。抚今思昔,能不慨然,辄书数言,不胜车过腹痛之感。(姚元之《竹叶亭杂记》)

(4)至于梦中的"苦乐",则照我素人的见解,毕竟是"梦中的"苦乐,不必斤斤计较的。(朱自清《说梦》)

例(3)是清代用例,例(4)是现代用例。

"素人"用来指"外行人",是在现代出现的,例如:

(5)作绍介文字,颇不易为,一者因为我虽爱版画,却究竟无根本智识,不过一个"素人",在信中发表个人意见不要紧,倘一公开,深恐贻误大局。(鲁迅《致李桦》)

"素人"用来指"平常的人",是汉语自源的意义,"素"本来就有"平常"的意思,"素人"表示"平常的人",是理所当然的。“素人”用来指“外行人”，是日源意义，“素人”源自日语“しろうと(sirouto)”。“素人”在平安时代被称为“白人”，是指外表涂了一层白色却没有什么本领的艺妓。“素”在日语里除了有“真实、实事求是”的意思外，还包含有对非专业人士的轻视的意思，因此，“素人”一词就发展出“外行人”的意思。

“素人”虽然在现代甚至清代就有使用，但真正流行却是近些年的事情。近些年，日源流行语在汉语中大量出现，这一方面是由于年轻一代对日本流行文化的接受和喜爱，另一方面是由于互联网技术的飞速发展，这就导致了日源词在汉语中的流行和传播。“素人”的流行，不仅激活了现代甚至清代就已经出现的两种用法，而且在某种程度上又向着“合流”的方向延伸，即“素人”在特定语境下，既有“平常的人”的意义，又有“外行人”的意义，这在和“明星”对立的情况下非常明显。例如：

(6)深圳素人演员把伯格曼《婚姻场景》搬上舞台，成功挑战高难度大师剧作(标题，《深圳晚报》2022年1月9日)

(7)按照节目嘉宾的类型，可以分为明星真人秀与素人真人秀。(《中国电影报》2022年1月5日)

例(6)(7)“素人”既有“平常的人”的意义，又有“外行人”的意义。跟“明星”相比，“素人”在社会地位上是平常人，在职业领域内是外行人，这可以看作是两个“素人”的“合流”现象。

随着自媒体的流行，普通民众也可以通过网络等途径向外发布他们自主创作的作品。这些或新颖、或有趣、或引人共鸣的视频内容，可以获得较高的点击量，从而吸引大量的粉丝关注。这些拥有自媒体的普通民众，都自称或被称为“素人”。相比于那些签约公司、塑造人设、受过专业训练的明星而言，他们是平常人，他们是外行人，但他们出现在屏幕上反而更能让观众感觉真实，这正是“素人”流行的动力所在。

篆刻怎能“揍刀”

◎晋　相

2022年7月22日《辽宁日报》第8版刊有《桂轮开子夜　萤火照空时》一文，向读者介绍了历代名家关于夏日的艺术创作。在介绍赵立新的篆刻作品《大暑》时这样说道：“篆刻《大暑》，由数次入展全国篆刻大展的篆刻家赵立新创作。其取巴林冻石，在大雨过后兴来揍刀。”篆刻怎么还要“揍刀”？“揍”应为“奏”。

奏，有进、行之义。奏刀，语本《庄子·养生主》：“庖丁为文惠君解牛，手之所触，肩之所倚，足之所履，膝之所踦，砉（xū）然向然，奏刀騞（huō）然，莫不中音。”庖丁宰牛的技术高超，进刀的时候声音很有节奏，能合上音律。“奏刀”即进刀，运刀。苏轼《十二琴铭·天球》：“有蔚者桐，僵于下阳之庭；奏刀而玉质，成器而金声。”后“奏刀”也可用来比喻下笔作文。如清代钱谦益《〈玉剑尊闻〉序》：“世之君子，有志国史者，师慎可之意而善用之，无惮筑舍，无轻奏刀。”

介绍《大暑》的那段文字想说的是，篆刻家赵立新在大雨过后来了兴致，运刀刻字，在此用“奏刀”还是准确的。

没有“枥风沐雨”

◎李景祥

记忆中杂乱无序、光线不足的环境已经全然消失，取而代之的是光彩照人的都市霓虹，食物扑面而来的香气与人来人往的欢声笑语回荡在这座枥风沐雨的城市里，不觉感受到家乡的热忱。

这是《辽沈晚报》2022年7月24日08版《又回沈阳》一文中的一段描写。其中“枥风沐雨”错了，应是“栉风沐雨”。

“栉风沐雨”是个成语，语出《庄子·天下》：“沐甚雨，栉疾风。”栉（zhì），梳子、篦子一类物品的总称，用作动词可指梳头；沐，洗头发。栉风沐雨，即风梳头发，雨水洗头，形容奔波劳碌，不避风雨。如《三国演义》第六十一回："栉风沐雨三十余年，扫荡群凶，与百姓除害，使汉室复存。"

《又回沈阳》想说的是沈阳这座城市经历过很多风雨和动荡，这用"栉风沐雨"虽不是最妥帖，但是作为一种修辞，也能勉强说通。

枥，读lì，义为马槽。"枥风沐雨"难以索解。

《罗冲扫北》？《罗通扫北》！

◎刘冬青

2021年第10期《文史博览》刊有《罗师傅，你还演影子戏吗？》一文，其中说："我们小孩子好热闹，尽管有些看不懂，也喜欢跟在大人们的屁股后面。大人们看戏，我们在一旁玩乐。《薛仁贵征西》《罗冲扫北》《穆桂英挂帅》《岳飞传》等等，这些故事家喻户晓，老少皆知。"其中《罗冲扫北》当为《罗通扫北》。

《罗通扫北》是清代长篇小说《说唐后传》上半部《说唐小英雄传》的俗称。故事主要讲述，唐太宗李世民命秦琼挂帅，御驾亲征"北番"，却被敌军困于木阳城内。程咬金突围回去搬兵救驾，罗成之子罗通在小教场比武夺魁，挂帅出征，解了太宗被围之困，扫北得胜。

《罗通扫北》的故事在民间流传甚广，多次被改编成戏曲、影视剧作品。传奇作品中并无《罗冲扫北》。

"见贤则思齐，闻过则惮改"？

◎胡礼湘

对于道德保健，前人有几个妙方，今人可善加利用。一曰"反省法"——吾日三省吾身。人要沐浴洗涤，心也要时不时地清洁一番,见贤则思齐,闻过则惮改。

这是《杂文选刊》2022年第1期《道德保健》中的一段话。其中“见贤则思齐,闻过则惮改”让人看得一头雾水。“见贤则思齐”容易理解,意思是见到有才德的人就想向他看齐。惮,即畏惧、害怕;“闻过则惮改”只能理解成,听到别人指出自己的过错就害怕改正。这两个短语怎能衔接得起来?应是“闻过勿惮改”吧?

“见贤则思齐”“闻过勿惮改”都是借用了《论语》中的句子。前者出自《论语·里仁》:“见贤思齐焉,见不贤而内自省也。”后者则出自《论语·学而》:“君子不重则不威,学则不固。主忠信,无友不如己者。过则勿惮改。”说的是君子要持重,做人要诚实守信,有了过错就不要怕改正。

前引文想表达的是人可以通过每日自省进行自我的道德保健,向有才德的人多学习,闻过则喜,不怕改正。这里用“闻过勿惮改”是符合语境的。

“江南澳热的夏天”?

◎江城子

2022年7月7日的《淮南日报》第3版刊有《苏式绿豆汤,唤醒一个夏天的灵魂》一文,其中写道:“冰凉透爽的汤水入喉,Q弹的绿豆一嚼,散落碗里的冬瓜糖、葡萄干、蜜枣,偶尔被勺起入口,甜中透酸,层次感极为丰富,足以慰藉江南澳热的夏天。”句中“澳热”不知所云,应该是“燠热”之误。

燠,读作yù,本义为热,温暖。《诗经·唐风·无衣》:“岂曰无衣?六兮。不如子之衣,安且燠兮。”大意是说,难道说我没有衣裳穿?挑了一件又一件,但都不如你亲手做的,既合身又温暖。“燠日”指温暖的太阳,“燠沐”义为温暖湿润。“燠热”即闷热、炎热。《周书·王褒传》:“江南燠热,橘柚冬青;渭北沍(hù,寒气凝结)寒,杨榆晚叶。”后“燠热”也可用来形容心情郁闷。

澳，读作 ào，义为江海边弯曲可以停船的地方，多用于地名。《宋史·河渠志六》：“镇江府傍临大江，无港澳以容舟楫。”也特指澳门。还可指澳大利亚联邦或者大洋洲（旧称澳洲）。

把“燠热”误写成“澳热”，想来是把“燠”读半边音了。

应是“杖国之年”

◎沈阳仁

2022年7月25日《沈阳日报》第7版刊有一篇题为《72岁商国华再出新作〈国家砝码〉讴歌英雄城市的英雄人》的报道，其中说：“以写工业题材著称的国家一级作家商国华，在杖围之年的今天，又一次奉献出自己的长篇报告文学《国家砝码》，用生动的笔墨讲述沈阳工人阶级为国解难，为国争光的感人故事。”说商国华是“杖围之年”错了，应是“杖国之年”。

杖国，语出《礼记·王制》：“五十杖于家，六十杖于乡，七十杖于国，八十杖于朝，九十者，天子欲有问焉，则就其室，以珍从。”说的是古代的一种尊老礼制，所谓“七十杖于国”，是说七十岁可拄杖行于国都。后以“杖国”为七十岁的代称。同理，“杖家”“杖乡”“杖朝”可分别指五十岁、六十岁和八十岁。唐代上官仪《代刘幽州请致仕表》：“杖国之年斯及，夜行之惧载深。”

上引文章标题中说到商国华是72岁，因此称他的岁数是“杖国之年”是合适的。汉语中没有“杖围之年”的说法。

“挞伐”不宜作“鞑伐”

◎钟　益

2022年7月27日《中华读书报》第14版《鲁迅与陈寅恪——“民族魂”与“学人魂”》

一文中这样说道:“鲁迅对吴宓主编的《学衡》大张鞑伐,而对陈寅恪在《学衡》上发表过《与妹书》《王观堂先生挽辞》《与刘叔雅教授论国文考试题》的‘古董’文章却很难得地一言不发。”其中的“鞑伐”有错,当为“挞伐”。

挞,读 tà,本指用鞭子、棍子等打人,引申为攻打、拍打。也可形容疾速的样子。如《诗经·商颂·殷武》:“挞彼殷武,奋伐荆楚。”毛传:“挞,疾意也。”挞伐,原指迅速攻伐,后以挞为打击,伐为攻伐,合为征讨、讨伐之义。如清代魏源《圣武记》卷一:“故草昧经营,北征南讨,日不暇给,皆禁旅与驻防迭供挞伐。”后也泛指声讨。秦牧《长街灯语·发扬社会主义民主和繁荣革命文学艺术》:“草菅人命的事件,在报纸上不时公开出来,大张挞伐。”

鞑,读 dá,即鞑靼。本是古代汉族对北方各游牧民族的统称,后特指蒙古族。明代指东蒙古人,住在今内蒙古和蒙古国东部。古汉语中,“鞑”可通“挞”,表用鞭棍等打人之义,但如今两字在使用上已经有了明确的区分,“鞑”亦不再保留 tà 这个读音。因而,“挞伐”不宜再写作“鞑伐”。

“要方”非“药方”

◎刘曰建

2022 年 8 月 13 日《北京晚报》第 14 版所刊《“散步”絮语》一文中说:“古圣先贤十分重视饭后的运动,唐代医药学家孙思邈在《备急千金药方》中说……”这里的《备急千金药方》应为《备急千金要方》。

《备急千金要方》是唐代医药学家孙思邈的重要论著,一称《千金要方》,约成于公元 652 年,孙思邈认为“人命至重,有贵千金”,故书名冠以“千金”。该书比较系统地总结了唐以前的医学成就,广收前代名家方书及民间验方,叙述妇、儿、内、外各科疾病的诊断、预防与主治方药、食物营养、针灸等，内容丰富而重要。孙思邈后又另有论著《千金翼方》，为《千金要方》的续编，选录了一大批《千金要方》未收录的方剂，对内、外各科病症的诊治也在《千金要方》的基础上有所增补。“翼”有辅助之义，故称“翼方”。两者合称《千金方》。

“要方”是重要、必要、扼要的方法、诀窍、验方，是广义处方；“药方”则是中药的君臣佐使配伍，是狭义处方。孙思邈原著名称即为“要方”，不能随意更改。

体弱多病当为“气羸”

◎徐　蕾

2022 年 7 月 27 日《中华读书报》第 15 版《风靡宋初的苏合郁金酒》一文中提到了宋真宗赏赐臣子药酒的事：

王文正太尉气赢多病，真宗面赐药酒一注瓶，令空腹饮之，可以和气血，辟外邪。文正饮之，大觉安健，因对称谢。上曰：“此苏合香酒也。每一斗酒以苏合香丸一两同煮，极能调五脏，却腹中诸疾。每冒寒夙兴，则饮一杯。”因各出数榼（kē）赐近臣，自此臣庶之家皆仿为之，苏合香丸盛行于时。

这段话中的“气赢”错了，应当为“气羸”。

羸，读作 léi，本义为瘦弱，还有疲困、衰弱、贫困、卑下等义。“气羸”，指体质衰弱。如陆游《大热》：“气羸不给喘，流汗沾衣巾。”上引文字所讲故事，引自沈括的《梦溪笔谈》。说的是，北宋名臣王旦体虚多病，真宗赐其药酒缓解病痛。用“气羸”是恰当的。

赢，读作 yíng，义为有余，做买卖获得利益。《左传·昭公元年》：“贾而欲赢，而恶嚣乎？”也指利润。又引申有超过、多出、伸长、负担等义。现常作“胜”解，与“输”相对。“赢”与“羸”字形相近，要防止因此而误用。

“朋友的朋友的朋友”

◎宗守云

作家莫小米在散文《朋友的朋友的朋友》(《同学少年》2011年第3期)中写道:

(1)我的朋友的朋友的朋友,恰是他的朋友的朋友的朋友。我们一伙人,包括我和他,那时常在一起聚会、郊游、说理想、谈抱负,我们觉得大家都非常融洽,我们都是牢不可破、密不可分的好朋友。

例(1)“朋友的朋友的朋友”是一个反映句法结构递归性的用例。所谓句法结构的递归性,就是句法结构可以层层嵌套、重复使用的性质。“朋友的朋友”是定中结构,“朋友的朋友的朋友”是定中结构嵌套定中结构,即“(朋友的朋友)的朋友”,这是定中结构规则的重复使用,反映了句法结构的递归性质。

句法结构的递归性贯穿在句法结构的各种类别,比如定中结构,“老师的老师的老师的老师的老师……”。再比如联合结构,“张三和李四和王五和赵六和侯七和马八……”。有些著名的语法学家给出了一些句法结构递归性的有趣用例:

(2)这事儿我现在脑子里一点印象也没有了。(主谓结构递归性用例,吕叔湘用例)

(3)我知道小李知道小张知道小王不知道这件事。(述宾结构递归性用例,陆俭明用例)

(4)我认为张三同意李四支持王五派遣赵六调查自己的问题。(述宾结构和兼语结构递归性用例,刘丹青用例)

递归性是句法结构的基本性质。在一种语言中,词典的词汇是有限的,语法的规则是有限的，但用有限的词典词汇和有限的语法规则造出来的句子却是无限的，主要原因就在于句法结构的规则可以层层嵌套，重复使用。因此，理论上说，一个句子可以是无限的，“朋友的朋友的朋友……”可以一直说下去，而不违反语法规则。但实际上，由于认知、发音等方面的限制，一个句子不可能是无限的，即使像例（3）（4）这样可接受的句子，在日常语言中也是极其少见的。

一般认为，句法结构的递归性在人类语言中是普遍存在的。但美国语言学家丹尼尔·埃弗里特对皮拉罕语的调查证明，句法结构的递归性在有的语言中并不存在。丹尼尔·埃弗里特在《别睡，这里有蛇》中写道：“许多语言不仅有这样的简单句，还有把一个句子或短语放在另一个句子中的复合句。计算机科学家、语言学家、心理学家和哲学家称这种俄罗斯套娃式的特点为‘递归性’。目前语言学、语言哲学、人类学、心理学等在讨论这个问题时，纷纷陷入一场关于皮拉罕语语法对理解人类及其语言的潜在意义的辩论。对于这些看法，我收集的证据渐渐支持我后来对于皮拉罕语句子结构所持有的两种观点。第一个观点是，皮拉罕语的句子缺乏递归；第二个观点是，递归并不那么重要。很显然，你在一种语言中对递归性的看法不一定就适用于另一种语言。”

尽管如此，在有递归性的语言中，句法结构的递归性对语言运用而言有重要价值。

首先，句法结构的递归性反映了客观世界循环往复、生生不息的性质。维多利亚·弗罗姆金、罗伯特·罗德曼在《语言导论》（沈家煊等译）中引用乔纳桑·斯威夫特的《论诗·狂想诗》，说明递归性的这种特质：

（5）大跳蚤身上
　　中跳蚤在咬
　　中跳蚤身上
　　小跳蚤在跳
　　同构递归如循环

天道无始无终点

其次，句法结构的递归性可以满足语言的创造需求。说话人通过重复使用句法结构规则，可以创造出精密的长句，从而使表义更加细致准确。正如维多利亚·弗罗姆金、罗伯特·罗德曼在《语言导论》中所说："这种生成长而又长的句子的能力使得这些句子可以如说话者所希望的那样富于变化性、描写性和创造性。"例如：

(6) 没有人知道，那个在家里被宠成了小公主的孩子，那个在学校里总是赢得奖状的学生，那个总是轻而易举考高分、总在舞台上演主角、总爱与男生打打闹闹、与女生嘻嘻哈哈、看上去像百灵鸟一样单纯活泼的孩子，她实际上，已经病入膏肓，无可救药。（盛琼《像植物一样活》，《大家》2011年第4期）

例(6)用并列性嵌套的方式形成递归性语句，反映了文学语言的描写性和创造性。

再次，句法结构的递归性可以激发语言的游戏功能。特别是小句的嵌套和重复使用，可以作为语言游戏的材料和手段。比如，"从前有座山，山上有座庙，庙里有个老和尚，老和尚给小和尚讲故事，从前有座山……"；再比如，"老鼠怕猫，猫怕狗，狗怕主人，主人怕皇帝，皇帝怕天，天怕云，云怕风，风怕墙，墙怕老鼠，老鼠怕猫……"。

《需要》参考答案

1. 经不住——禁不住
2. 滑动——划动
3. 摒住呼吸——屏住呼吸
4. 拖着你——托着你
5. 千均一发——千钧一发
6. 报怨——抱怨
7. 撒了——洒了
8. 手足无错——手足无措
9. 掬躬——鞠躬
10. 回顾——环顾

谈谈抗疫宣传中引号的用与不用

◎陈福康

全国抗击新冠疫病已有数年,我从一开始就观察到在很多报刊、电视台等媒体上凡是用“战疫”“抗疫”等词时,必在疫字上加个引号。奇怪的是,在“防疫”“疫情”等词的疫字上,却又不加引号。特别是在那些中央级大报的大字标题和公益广告上,“战‘疫’”“抗‘疫’”等字样非常醒目,看了令人感到极为别扭。后来这种情形好像减少了一点,但远未绝迹。作为一个语文工作者,我实在不懂这是什么道理。

众所周知,使用引号通常是在以下几种场合:一、表示引用、借用;二、表示特定称谓;三、表示有特殊含义;四、表示突出和强调;五、表示讽刺、嘲笑和不承认。不知“战‘疫’”“抗‘疫’”究竟属于哪种场合?思来想去似乎哪一种都沾不上边。

有朋友说,用“战‘疫’”这种写法,是为了避免与“战役”相混淆。其实这毫无必要。如果真是为了这个,那么引号也应该是加在“战疫”两个字上,而不能只加在“疫”一个字上啊。同样,如果“抗‘疫’”这种写法是为了避免与“抗议”混淆,那么,与“防疫”同音的也有“防溢”“防抑”“防意”等等,为何不也写成“防‘疫’”呢?

我在报上还曾看到有将支援疫区的志愿者的“一言一行”写成“‘疫’言‘疫’行”的,有将外语院校师生在抗疫现场为外国人做翻译工作写成“翻‘疫’”的,那都是一种不知所云的病态趣味。我们应该像对待病毒一样,坚决反对这种胡言乱语和胡乱标点。

其实，“战疫”“抗疫”这样的词，即使是新创之词，也是完全符合汉语造词规则的，中国人谁都懂，根本不必加什么引号。更何况这些词甚至还可能早已有之。例如“战疫”，我看到明初宋濂《淮安侯华君神道碑铭》中有这样的文句：“已而以其第高旷，灾害屡生，复役战疫之士，创划之民，唯新室是图，奢丽过制特甚。”（按：此据《四库全书》所收明人贺复征编《文章辨体汇选》，明正德本《宋学士文集》则作“战疲”；但前面既云“灾害屡生”，作“战疫”也通。）可见“战疫”一词应该早已有之，意思和我们现在是一样的。

有意思的是，现在还出现一个相反的情况，就是古已有之的词被今人新用、借用甚至乱用，那才是非常有必要加个引号的，然而却又偏偏不加。例如“复阳”一词，我国自古就有，沿用至今，意思就是阳气来复，恢复生机。这完全是良好的吉祥的褒义词。语源来自最古老的《易经》，为“震下坤上”之象。《周易正义》《左传正义》等古书中都说：复，反也，还也。阴气侵阳，阳失其位，至此始还，反起于初，故谓之“复阳”。历代大儒如朱熹等人，对“复阳”一词的解释都是“其阳既往而复反”，“一阳来复，乃天运之自然”。因此，如果现在某些人一定要在西医的“恢复阳性”的意思上借用此词，则应该加上一个引号，否则就必然引起误解。这个词我们中国人已经用了几千年了，而且，儒、释、道诸家，都是这样用的。现在如不加引号地乱用或新用，实在是有点对传统中华文化的不尊重！

而在我们的传统中华医学中，“复阳”更是一个最常用的词。例如，在这次战疫中焕发巨大光彩的中医著名典籍《伤寒论》，阐论的就是“退阴复阳”“散寒复阳”“温经复阳”的道理。而且，依据中医学家的理论，新冠病毒即属于阴，属于寒，所以需要的就正是复阳啊！

不断提高公文写作中的识错纠错能力

◎王永鉴

在机关、单位从事文字工作的同志可能都有这样的认识和体会：文章是写出来的，更是改出来的。起草公文或其他文书时，一气呵成、一挥而就，不加修改、不作完善，这种情况比较少见。

俄罗斯作家列夫·托尔斯泰说过："必须永远抛弃那种认为写作可以不必修改的想法，改三遍、四遍，这还不够。"他的小说中，《战争与和平》前后修改了7次，《安娜·卡列尼娜》前后修改了12次，《复活》前后修改了20次。正是由于反复修改，这些小说才成为世界名著，拥有大量读者。

公文或其他文书的拟写注重修改，这与文学作品是一样的。特别是公文，它是服务领导决策、促进工作实施的一个载体，是开展公共管理、办理公务事项的重要工具。其地位和作用，决定了它的质量要求很高，标准尺度很严，不能有任何差错和瑕疵。否则，"差之毫厘，谬以千里"，影响的是实际效果，伤害的是机关、单位形象。

那么，特别是在一些涉及中医的文章里，如果非得在现在某些人的用法的意思上用到此词，则更必须加上引号。

《庄子·齐物论》云："近死之心，莫使复阳也。"晋人郭象注："阳，谓生也。"复阳从来就是起死回生的意思。如果在谈论抗疫的文章中，不在这个词上加个引号而乱用，岂非太容易令人产生"莫使复阳"的误解？

因此,一篇公文或其他文书起草后,只要时间允许,就要自觉进行修改,及时识错纠错,确保万无一失。

作家艾芜指出:“写作还有一个过程,就是修改过程。修改时,把作品当成不是自己的,从别人的角度上去吹毛求疵,冷静地修改。”这既讲了修改的必要性,也讲了修改的方法,对我们也很有启发。就是说,修改文稿时,要换位思考,为读者着想;要全心投入,字斟句酌、反复推敲。这方面,要有精益求精的态度。

常言道,字与字组合成词,词与词串联成句,句与句契合成文。从语言文字角度来看,修改一篇文稿,重点还是字、词、句。

就字而言,文字要正确,防止错别字。

以下四例就有错别字:

(1)双方可根据实际情况,修订本协议或定立补充协议。

(2)诚挚邀请您届时拔冗前来出席经济论坛,并发表演讲。

(3)虽然这次疫情对吸引外商投资造成了一定冲击,但总体来讲,本市仍然受到外商亲睐,实到外资继续增加。

(4)今后,市旧区改造领导小组组成人员如有变动,有其所在单位接任领导自然替补。

在(1)中,“定立”的“定”,应该是“订”。“订立”是指双方或几方把商定事项用书面形式确定下来,如“订立补充协议”,但不能写成“定立补充协议”。

在(2)中,“拨冗”的“拨”,应该是“拨”。“冗”有一义项,是繁忙的事务。“拨冗”指拨开、推开繁忙的事务,抽出时间,属敬辞。没有“拔冗”这个词。

在(3)中,“亲睐”的“亲”,应该是“青”。“青睐”的“青”,是指黑眼珠,“睐”是看。“青睐”是说用正眼相看,表示喜爱或重视。

在(4)中,“有其”的“有”,应该是“由”。“由”有一义项,是“归”“归属”,引出某人去做什么,“由其所在单位接任领导自然替补”中的“由”就是这个意思。显然,“有其所在单位接任领导自然替补”中的“有”,是“由”的误用。

就词而言,用词要精准、贴切。

下列语例中的个别用词不够准确:

(1)截止5月底,上半年十项重点工作已全部完成。

(2)本轮疫情,影响了企业发展,但经过艰苦奋斗、加倍努力,我们一定能够度过难关,走出困境。

(3)修订完善科技兴农专项资金管理办法,将原先十个子专项整合为科技创新、技术推广、现代农业产业技术体系三个方向,更好地聚焦支持高水平农业科技发展。

在(1)中,“截止”是指到一定期限停止,“截至”是指截止到某个时候。因此,“截止5月底”应该改为“截至5月底”。

在(2)中,“度过难关”应该是“渡过难关”。“渡”有一义项,是由这一岸到那一岸,如渡河、渡江、渡海等,“渡”的对象一般是有形的。“难关”的“关”,本意为关口、关隘,也是有形的,故用“渡过难关”才准确。

在(3)中,“整合为科技创新、技术推广、现代农业产业技术体系三个方向”,这里用“三个方向”不确切,宜用“三个方面”。

就句而言,句子要通顺、简洁。

以下四个句子就存在毛病:

(1)有关方面将为银行在本地开展各类综合金融业务、产品和服务创新、体制机制创新等创造良好环境和政策支持。

(2)要举一反三,把别人的错误总结完善提高,形成常态化长效机制。

(3)相关材料的报送,起草部门和单位可通过“地方立法信息系统”报送相关材料。

(4)有关部门要配齐配强工作力量,加强业务指导工作,做好业务系统改造对接、审批监管、专业技术支撑等配套工作,为企业开展工作提供便捷服务。

在(1)中，“创造良好环境和政策支持”说不通，应该改为“提供政策支持，创造良好环境”。

在(2)中，“把别人的错误总结完善提高”也说不通。应该改为“将别人的错误加以总结，提出防范措施”。

在(3)中，“相关材料的报送”和“报送相关材料”属同语重复。或将此句开头“相关材料的报送”删去，或将此句改为：相关材料，起草部门和单位可通过“地方立法信息系统”报送。

在(4)中，“工作”反复出现，不简洁，可以将“配齐配强工作力量”“加强业务指导工作”中的“工作”删去，“为企业开展工作提供便捷服务”中的“开展工作”删去。此句改为：有关部门要配齐配强力量，加强业务指导，做好业务系统改造对接、审批监管、专业技术支撑等配套工作，为企业提供便捷服务。

提高识错纠错的能力，需要加强学习和实践，夯实语言文字功底。同时，需要讲求细心，要逐字逐句地打磨；需要讲求耐心，要不厌其烦，不辞劳苦，不怕“返工”；需要讲求虚心，一篇文稿拟就，还要经过审核、签发、复核等环节，在这些环节可能还会对文稿做进一步修改，作为起草人，要关注修改了什么地方，为什么要这样修改，从而取人之长，补己之短，以利不断进步。

微语录·父亲

一个女孩违背父亲的心愿结婚，离婚，最终父女反目成仇。母亲对女儿说，你爸常常出去散步，你趁这个空当回家。于是女孩常刻意在父亲不在的时候回家。一日下雨，父女俩在社区偶然相遇，回避不及，父亲尴尬道：以后回家别躲躲藏藏，害得我下大雨都得出来！

（乔　桥/辑）

“浑脱”不宜作“混脱”

◎刘骐珲

近日，成都博物馆举办了“云想衣裳——丝绸之路服饰文化特展”，展览通过解读丝绸之路沿线服饰文化的发展与变迁，彰显了中国古代“衣冠文物之盛”的艺术成就。然而，在一个介绍盛唐时期女子首服的展板中出现了一处文字错误——“混脱帽”。正确的应是“浑脱帽”。

“浑脱”原指北方民族中流行用整张剥下的动物皮制成的革囊或皮袋，可用以盛装水浆饮料，吹气后也可作为渡河的浮囊。明初学者叶子奇所著的《草木子·杂俎》中记载：“北人杀小牛，自脊上开一孔，遂（一作逐）旋取去内头骨肉，外皮皆完，揉软，用以盛乳酪酒湩（dòng），谓之浑脱。”这里所言的“浑脱”，就是一种以整张动物皮制作而成的用以盛放乳酪、酒湩（奶酒）等饮料的容器。宋代苏辙《请户部复三司诸案札子》：“访闻河北道顷岁为羊浑脱，动以千计。浑脱之用，必军行乏水，过渡无船，然后须之。”此处的“羊浑脱”是指用整块羊皮制作的盛水容器，或用以渡河的浮囊，这种古老的渡河工具，现在依然存在于黄河中上游地区，当地人将若干个浑脱相接成为一个整体，称之为“羊皮筏子”。

“浑脱帽”是指用小动物的整张皮革制成的囊形的帽子，形状类似的用其他材料（如锦缎）制作的仿制品也可称为“浑脱帽”。据说，最初是由唐代赵国公长孙无忌发明，因而也称“赵公浑脱”。《朝野佥载》记载：“赵公长孙无忌以乌羊毛为浑脱毡帽，天下慕之，其帽为‘赵公浑脱’。”

“浑脱”也可指戴浑脱帽的

人所表演的一种舞蹈。唐代著名舞蹈家公孙大娘即擅长此舞。杜甫年幼时曾目睹过公孙大娘的表演，他在《观公孙大娘弟子舞剑器行》序中写道："开元五载，余尚童稚，记于郾城观公孙氏舞'剑器''浑脱'，浏漓顿挫，独出冠时。"序中提到的"剑器"与"浑脱"都属于健舞，健舞是唐代教坊乐舞的一类，其舞姿刚劲有力，配乐多用繁弦急管，与软舞的风格迥然不同。唐代著名书法家张旭曾数度见公孙大娘表演健舞，"自此草书长进，豪荡感激"。然而，李白对张旭的这种行为不以为然，他在写给怀素的《草书歌行》中言道："张颠老死不足数，我师此义不师古。古来万事贵天生，何必要公孙大娘浑脱舞？"李白认为书法创作要靠人的天分，不需要外物引导，何必要像张颠（张旭醉后往往有癫狂之态，"癫"旧作"颠"，故人称张颠）一样，观看公孙大娘浑脱舞后才有所长进呢？

"浑脱"引申有浑然天成、无人工雕琢痕迹的意思。清代阮元《小沧浪笔谈·论诗绝句》："'轻尘系马处，落月有鸟啼'，可谓自然浑脱者矣。"这是评价"轻尘系马处，落月有鸟啼"这句诗清新不俗，未加修饰，自然而成。

可见，"浑脱"是在漫长的历史过程中形成的比较固定的词形。汉语中，并未有"混脱"的说法。

混脱帽

混脱帽属胡帽的一种，多以较厚的锦缎制成，顶部略成尖状，帽身织有花纹，有的还会镶嵌各种珠宝。

陕西省西安市唐韦顼墓出土仕女石刻线图

此图摄于成都博物馆

“蓬宿区”还是“篷宿区”?

◎孟凡玲

在公园健步走，发现跑道一侧赫然立着一块标志牌，“应急蓬宿区”十分醒目。绕跑道一圈后，又发现不同方位也立着同样的标志牌。显然，“蓬宿区”中的“蓬”错了，应是“篷”。

蓬，是个形声字，从艸(草)，逢声，本指一种草名。《说文解字》：“蓬，蒿也。”蓬草干枯后，草球遇风飞旋，也叫飞蓬。引申有蓬松、散乱、旺盛之义。也可作量词，用于枝叶茂盛的花草或浓密的头发，如一蓬乱发。

篷，也是个形声字，从竹，逢声，本指张盖在车船等上面用以遮蔽日光、风、雨的设备，通常用竹篾、苇席、帆布等做成。如船篷、篷车、帐篷。后“篷”也可指称船帆或船只。

“应急篷宿区”，就是在地震、火灾或其他紧急情况下，于公园、广场等空旷之处，搭建帐篷以临时遮蔽风雨保障生命安全的区域。“篷宿”即搭帐篷宿营。标志牌上对应的英文“Tents”，就是帐篷的意思。古汉语中，“蓬”也可通“篷”，但是，如今两者已有明确的分工，不能混为一谈。

“腌菜”莫作“淹菜”

◎程　旭

国家博物馆有个“中国古代饮食文化展”，展品“云纹方形漆豆”的介绍文字写道：“豆为盛放淹菜、肉酱等调料的器皿。”这里的“淹菜”应是“腌菜”。

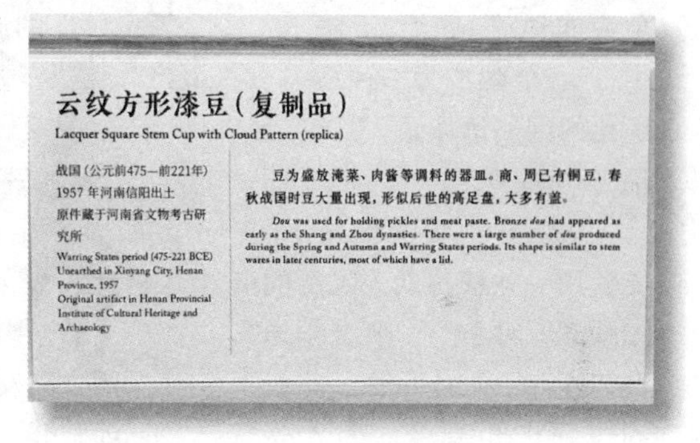

淹和腌的读音都是yān。“淹”从水，奄声，本义为浸泡、漫过，如水淹、淹没。引申指汗液等浸渍皮肤使感到痛或痒，如腋下被汗淹得难受。还有深广、渊博、长久、迟延等义，如淹博、淹留等。

腌，从肉，奄声，本义为用盐浸渍食物，是保存肉和菜的一种传统方法，如腌肉、腌菜、腌腊等。现指把鱼、肉、蛋、蔬菜、果品等加上盐、糖、酱、酒等放置一段时间使之入味。博物馆中展示的漆器“豆”，盛放的应该是腌制过的菜。

在古汉语中，“淹”的确做过“腌”的通假字，如“煎鱼切肝，羊淹鸡寒”（《盐铁论·散不足》），“残花不可重簪带，淹菜那能再入畦”（《元刊杂剧三十种·马丹阳三度任风子》）。《说文解字》：“腌，渍肉也。”段玉裁注曰：“今淹渍字当作此。”如今“淹”和“腌”有了明确的区分，所以，“腌菜”不宜再写成“淹菜”。

社交新风

慎用『拟儿体』

◎徐默凡

在网络语言中，我们经常发现一些“拟儿”现象，就是成年人说话时模仿使用幼儿的词语和腔调。这种现象遍布语音、词汇、语法中，已经俨然成为一种系统化的网络语体了，不妨称为“拟儿体”。

从语音上看，“拟儿体”主要使用一些模仿幼儿发音的谐音词语。小孩子“咿呀学语”，口齿不清，会因为发音动作不到位而产生音变。大人故意模仿就造出许多谐音词，如声调不准带来的“警察蜀黍（叔叔）”，声母不分带来的“小脑斧（小老虎）”，平翘舌混用带来的“孩纸（孩子）”。

从词汇上看，大量使用叠音词是“拟儿体”的主要特征。汉语中本来就有很多叠音词，如“星星”“爹爹”“红彤彤”“甜丝丝”等，但儿童语言的特点是把本来不叠音的也都用成了叠音，如把“睡觉”说成“睡觉觉”，把“漂亮”说成“漂漂”。大人学这种腔调，万物皆可“叠”以后，“奶声奶气”的味道就扑面而来了。

从语法上看，“拟儿体”有一种模仿“电报句”的流行句式。最早用法是“富婆，饿饿，饭饭”（富婆，我饿了，请我吃饭吧），后来该格式大流行，比如大学生经常说“老师，菜菜，捞捞”（老师，我很菜，让我及格吧）。“电报句”是幼儿在一岁半到两岁间发生的语言现象，他们已经掌握了不少实词，但还不会用虚词连缀成句，于是就拿两三个实词断续使用，好像打电报一样。如幼儿说“哥哥，糖糖，吃”，意思可能是“哥哥把糖都吃了”。另外，大量使用口语语气词“哒”“惹”“呐”“嘛”“啦”，也是成人模仿幼儿说话的一种常见语法手段。

从语用上看，比较突出的是用普通名词来代替人称代词。人称代词主要有“你”“我”“他／她／它”，成年人都会根据语境需要流利使用。而幼儿的自我意识没有形成，他搞不清“我、你”会随着说话人和听话人的不同而变化所指对象，所以要较晚才会使用人称代词，在这之前都会使用一般的指人名词。比如小孩子会说“妈妈抱抱宝宝”，而成年人应该说“你抱抱我”。在“拟儿”用法里，成年人也会放弃人称代词用名字来自称，或者用“人家”来自指，甚至直接自呼为“宝宝”，如“西西饿了嘛”“人家饿了嘛”“宝宝饿了嘛”，其实都是一个叫“西西”的姑娘在说“我饿了”。

如果我们把这些要素合在一起制作一段极端的“拟儿体”话语，大概是这样子的：哥哥酱紫说人家好好讨厌哦！宝宝不是存心的啦！呜呜呜，人家已经哭了，要亲亲，抱抱，举高高。

“拟儿体”的流行有多种原因，其用法至少包含以下三种：第一种是有些人确实没有摆脱儿童时期的语言习惯，成年了还和小孩子一样说话。第二种是模仿小孩子说话，多见于年轻女性向亲密之人发嗲，目的是显示可爱以求取怜惜。第三种则是在一些特殊场合模仿第二种人说话，造成一张“反差萌”，搞笑之余嘲讽利用发嗲获取不当利益的做法。

语言和思维密不可分，语言形式的选择追根究底是一种思维方式的选择。第一种人在用小孩子方式说话的时候，往往也在用小孩子的方式思考问题，因此言行举止都会显得很幼稚；要想变得成熟有担当，可以先从改变说话方式做起。如果说第一种人是“真萌”，第二种人就是“卖萌”。“卖”字传神地说明了“萌”态之后隐藏着换取利益的企图，如果是私密关系当然有添情趣，但公众场合则让人感觉不适，甚至不堪。所以不管是有意还是无意，第二种“拟儿体”还是少用为妙。第三种人的使用心理主要是搞笑，偶尔开开玩笑无伤大雅，但是如果总是有针对性地恶心别人，则也有失宽容和得体。

总之，“拟儿体”价值不大，慎用为好。

费解的“布衣衩裙”

◎杨昌俊

2021年5月10日《人民日报海外版》第12版所刊《卡西比西村杏花开》一文中，有一段关于杏花的描写：“杏花是布衣衩裙，是乡间最寻常的风景，开得烂漫、汹涌，成霞成片的，远远地看着普通，细看又不失颜色，天然不饰雕琢。”其中的“布衣衩裙”让人费解，仔细思考，似可改成“荆钗布裙”。

钗，音chāi，是古代妇女别在发髻上的一种首饰，一般用金、银或者玉制成，由两股簪子合成。荆钗布裙，即用荆枝为钗，以粗布为裙，形容妇女装束寒素、简朴，亦可用来指称贫家妇女。沈复《浮生六记》：“况锦衣玉食者，未必能安于荆钗布裙也。”也作“钗荆裙布”。《红楼梦》第五十七回：“因薛姨妈看见邢岫烟生得端雅稳重，且家道贫寒，是个钗荆裙布的女儿，便欲说给薛蟠为妻。”上引文字，是想说杏花虽是乡间最为常见的平凡植物，但是有独特的天然之气，美得清新自然。用“荆钗布裙”作比，还是通顺的。

“衩”是多音字。读chǎ时，指裤衩，即短裤；读chà时，指衣裙下端开口处。“衩裙”难以说通。汉语中倒有“钗裙”一词，本指妇女的首饰和衣裙，后也借指妇女。“布衣”可借指平民。查阅汉语经典文献，虽未见“布衣钗裙”的用例，但勉强可解为“作为平民的妇女”。但“布衣衩裙”无法索解。

“孖剌报馆”？“孖刺报馆”！

◎张　孟

《出版专业基础·中级》(2020年版)第三章第六节讲到近代报纸出版活动时,这样写道:“1865年左右由香港孖刺报馆主办和印行的《中外新报》是中国人主办的第一份近代报纸……”(第156页)其中“孖刺报馆”当是“孖剌报馆”的误写。

孖剌报馆是1857年由英国商人莫罗(Yorick J.Murrow)和美国商人茹达(George M.Ryden)创办的。后莫罗收购了该报的全部股票,该报完全为其所有。因当地人当时根据粤语将“Murrow”译为“孖剌(mālà)”,故得名。报馆创办的《孖剌报》(*Hong Kong Daily Press*),是香港最早的英文报纸,也是外国人在中国创办的第一份日报。后增印中文版《香港船头货价纸》。

《香港船头货价纸》1857年11月3日在香港创刊,由孖剌报馆创办出版。该报每周二、周四、周六出版,以小型版双面印刷,每期一大张,打破书本方式的近代中国报刊形态。主要读者对象是香港商家。采取派报制,每期除两三则“新闻”外,余者则为各种商船往来消息、通告、广告等。19世纪60年代,该报改称《香港中外新报》继续出版,仍以报道商业行情为主,增设多个新栏目。

“孖剌”是由粤语而来的音译词,“孖刺”(mācì)就对应不上了。

"聚茧作囊"?"忍贪读书"?

◎李可钦

"凿壁偷光,聚茧作囊;忍贪读书,车胤匡衡。"古人在如此艰苦的条件下,仍然想办法读书……

这段文字出自2022年4月23日《潮州日报》第3版所刊《读书,人生的一盏明灯》一文。其中有两处错误:"聚茧"应是"聚萤","忍贪"应是"忍贫"。

"聚萤作囊"化用自"囊萤"的典故。"囊萤"即用袋子装萤火虫,其主人公是东晋的车胤。《晋书·车胤传》:"胤恭勤不倦,博学多通。家贫不常得油,夏月则练囊盛数十萤火以照书,以夜继日焉。"说的是,车胤非常勤奋读书,小时候因家里贫困,常常没有钱买灯油点灯,就无法在夜里读书。他在夏天晚上,就捉许多萤火虫,把它们装进纱囊里,这样就可以借助众多萤火虫的亮光来夜以继日地读书。后以"囊萤"为勤苦攻读之典。

"凿壁偷光",说的是西汉匡衡的故事。匡衡也非常好学,小时候家中贫困,但他隔壁的人家却很富有,夜里灯火通明,于是他把墙壁凿开一个小洞,利用透过来的一束亮光在夜里读书。

"凿壁偷光,聚萤作囊;忍贫读书,车胤匡衡"出自元代许名奎《劝忍百箴》中的《好学之忍》,其中列举了八位古人勤奋读书的典型事例,劝说大家要努力学习。"忍贫"即是忍受贫困,车胤和匡衡都是在家境贫困的情况下依然发奋读书的代表,说他们"忍贫读书"是符合事实的,"忍贪"说不通。

茧,某些昆虫的幼虫在变成蛹之前吐丝做成的壳,通常

应是“心旌摇荡”

◎居容人

2022年8月19日《四川工人日报》04版刊有《一条“有颜值”的公路》一文，其中写道：“那时，我觉得浪漫就是兜风，于是我骑着车，女朋友坐后面把我揽着，一路心襟摇荡，小鹿乱撞。”其中的“心襟摇荡”不妥，应为“心旌摇荡”。

“旌”，读作jīng，古代指一种旗帜，旗杆顶上缀有牦牛尾和彩色羽毛作为装饰，用以指挥或开道。后泛指各种旗帜。用作动词时，义为表彰、表扬，如“旌表”。心旌，语出《战国策·楚策一》：“寡人卧不安席，食不甘味，心摇摇如悬旌，而无所终薄。”指心情像旗子一样飘忽不定，比喻不平静的心神。郑振铎《桂公塘》：“心旌飘飘荡荡的，不知置身于何所。”亦可指称神思、心神。王安石《次韵宋中散》之一：“风流今见佳公子，投老心旌一片降。”

“襟”，读作jīn，古代指衣服的交领处。《尔雅·释器》：“衣眦谓之襟。”郭璞注：“交领。”即衣服胸前的部分。引申指胸怀，如“襟怀坦白”。姐妹丈夫间互称“连襟”，省作“襟”。“心襟”一词，与“抱负”同义。如宋代范仲淹《与朱氏书》：“苟有心襟，待之非晚。”

上引文字说的是，因为追求浪漫情调而骑车带着女友兜风，“心旌”难以平静合情合理。而这与“心襟”无涉。

是白色或黄色的，如蚕茧。“聚茧作囊”显然说不通。误“萤”为“茧”、误“贫”为“贪”，应是形近所致。

编校差错扫描（五十）

◎王　敏

细流轻柔似“罗縠”

【错例】明代袁宏道《文漪堂记》这样描写“水”：“细则为罗彀，旋则为虎眼。”

【简析】“罗彀”应为“罗縠”。“彀”是“壳”的繁体字，原本写作“殼”，其本字为“㱿”。“㱿”音què，甲骨文作[illegible]或[illegible]，左右结构，一边为殳（shū，象手持长柄、一端有棱的器具，本义指一种古兵器），一边为青（què，帱帐之象，本义指帱帐），是形声兼会意字，从殳青声，青兼表意，以手持槌击打“青”形乐器会意，本义指敲击。《说文解字》：“㱿，从上击下也。”凡可敲击发声之物，多内空而外有硬皮，“㱿”因此引申指坚硬的外皮。《说文解字》：“㱿……一曰素（空）也。”《玉篇》：“㱿，物皮空。”《广韵》：“㱿，皮甲。”后来，此义加“几”（有人认为象贝壳之形）写成了“殼”，俗体减笔写成“彀”，如今简化以“壳”为规范字。而作了偏旁的“㱿”则变形为“㱿”，如“穀”“縠”“觳”等。“縠”音hú，形声字，从糸㱿声，本义指绉纱一类的丝织品。《说文解字》：“縠，细缚也。”如“雾縠”即薄雾般的轻纱。“縠”引申喻指水面波纹。如苏轼《临江仙·夜饮东坡醒复醉》词：“夜阑风静縠纹平。”“细则为罗縠”意思是细小的水流就像轻柔的薄纱，“罗縠”是一种疏细的丝织品，“罗彀”显然是因为“彀”“縠”形近造成的误写。

“嬖”指宠幸“憵朴”急

【错例】骊姬倚仗晋献公的宠幸，勾结东关憵五和大夫梁五，替自己的儿子夺取君位。

【简析】“东关憵五”应为“东关嬖五”。“嬖”音bì，形声字，从女辟声，本义指宠幸、宠爱。《说文解字》：“嬖，便(pián)嬖，爱也。”《玉篇》：“《春秋传》曰：‘贱而获幸曰嬖。’”如《史记·周本纪》：“幽王嬖爱褒姒。”“嬖”又指宠妾。《广韵》：“嬖，妾也。”引申泛指受宠爱的人。如“便嬖”本指君主左右能说会道、善于迎合的宠臣，泛指在身边供使唤的人或帮闲者，进而指邪佞之臣。“憵”音pī，也是形声字，从心辟声。“憵”字不单用，组词为“憵朴”，义为急速。《方言》：“憵朴，猝也。”王念孙《广雅疏证》：“今俗语状声响之急速者曰憵朴，是其义也。”朱起凤《辞通》认为“憵朴”是联绵词，与“薜暴”同音通假。“东关嬖五”是春秋时晋国人，复姓东关，单名五，名中加“嬖”是因受晋献公宠爱。大夫梁五也是“嬖人”，他们在为骊姬的儿子奚齐夺取君位时朋比为奸，晋人称为“二五耦”。“嬖”，是东关五的身份标签，错成“憵”是说不通的。

喻指起源用“滥觞”

【错例】古典诗词中的咏物词滥殇于唐，宋人继之。

【简析】“滥殇”应为“滥觞”。“觞”繁体字为“觴”，形声字，从角，𥎦(谓矢伤也)省声，本义指盛满酒的酒杯。《说文解字》：“觞，觯(zhì)。实曰觞，虚曰觯。”觯是古代饮酒器，用兽角、青铜等质料制成，通行形状为圆腹侈口，圈足有盖，盛行于殷代和西周初期。“实曰觞，虚曰觯”，意为盛满酒的叫觞，未盛酒的叫觶。如《韩非子·十过》:“平公提觞而起为师旷寿。”“觞”也泛指酒杯。《礼记·礼器》:“尊者举觶,卑者举角。”郑玄注:“凡觞,一升曰爵,二升曰觚,三升曰觶,四升曰角,五升曰散。”引申作动词,指向人敬酒或自饮,如“觞咏”即饮酒赋诗。“殇”繁体为“殤”,形声字,从歹(歺,è,剔肉后残骨),傷(“伤”繁体)省声,本义指未至二十岁成年而死。《说文解字》:“殇,不成人也。人年十九至十六死,为长殇;十五至十二死,为中殇;十一至八岁死,为下殇。”如“殇折”。又特指战死者,如“国殇”即指为国牺牲者。“滥觞”本指江河发源处水很小,仅可浮起酒杯,引申比喻事物的起源、发端。误为“滥殇”,岂非把起点变成了终点?

“番”本兽足“藩”篱笆

【错例】春秋时期楚国数度征伐随国,使之沦为番属国。

【简析】“番属国”应为“藩属国”。“番”是合体象形字,下“田”象野兽脚掌,上“釆”(biàn)象兽掌指爪,本义指兽足。《说文解字》:“番,兽足谓之番。”此义后加“足”写作“蹯”,音fán。野兽行进,依次留下足印,“番”由此引申指轮换、更替,音fān,如“轮番”。再引申作量词,表示次、回、遍,如“三番五次”“几番周折”“翻了一番”,又表示种、样,如“一番天地”。由兽足,“番”旧时还引申作蔑称,指外国或外族,如“番邦”。“藩”是形声字,从艸潘声,本义指篱笆。《广雅》:“藩,篱也。”引申指屏障、护卫。《说文解字》:“藩,屏也。”封建时代诸侯国被视为保卫中央的屏障,故称“藩”。唐朝“藩镇”之名,用意也在屏藩。“藩属”泛指属地、属国,“藩属国”指作为宗主国藩属的国家,并非属于外国或外族的国家,不能写成“番属国”。

曹先擢（左）、李行健（右）向吕叔湘先生汇报《现代汉语规范词典》工作

编者按

由著名语言学家李行健先生主编的《现代汉语规范词典》，已完成新一轮修订，于2022年8月推出第4版。《现代汉语规范词典》第3版于2014年出版发行，不久编写组即启动了修订工作。近10年来，社会语言生活不断发生变化，这对汉语规范化和词典编纂提出了新的要求。在修订工作中，编写组坚持了什么样的标准，秉持了怎样的原则，做了哪些具体工作？本刊特此刊发一组编写组撰写的文章予以介绍。广大读者读后，对词典的修订以及词典本身，一定会有更深入的了解。

优化语文词典中百科词的收释

《现代汉语规范词典》编写组

语文词典除了收释语文词语，必然要收录一部分百科性词语。据调查统计，《现规》等语文词典收录的百科条目都在总收词量的20%左右。百科词条的编写质量直接影响着辞书的质量。改革开放以来,新事物、新技术层出不穷,科技领域的内外交流日趋频繁,形势的发展为科技术语的规范、宣传和推广工作提出了新任务、新目标。国家科委等多部门曾于1990年发出联合通知,明确要求“各种工具书,应把是否使用已公布的规范名词作为衡量该书质量的标准之一”,中国辞书学会自1995年开始,已将使用规范的科技术语作为工具书获奖的重要条件之一。语文词典作为语言文字规范的引领者、推广者,理应写好术语词条,把宣传、推广规范科技术语作为自己的专业职责。

在百科词编写中,《现规》的编修人员不断强化规范意识、科学意识,力求处理好百科词目的定形、定义、定音等方面的工作。科学性、准确性是对百科词释义的第一要求,百科词的释义应杜绝知识性偏差。“北极星”一词,《现规》第3版释作:“天空正北部一颗较亮的星,属小熊星座。从地球上观察,它的位置几乎不变,人们夜间可以靠它辨别方向。”据《天文学名词》和新版《辞海》,北极星并非是一颗星,而是“由三颗星构成的三合星”,也不在“天空正北部”。“北极星”条释义《现规》第4版最后修订为:“小熊座(北方天空星座之一)中由三颗星构成的聚星,位于北斗星斗口两颗星的延长线上。从地球上观察,它的位置几乎不变,夜间可以靠它辨别方向。”

百科性词语用于一般词语释义时也要准确到位,体现规范。“倒牙”一词,属一般语文词,《现规》第3版释作:“因受酸性食物刺激,牙齿的咀嚼功能变差。”其他同类词典的解释与此基本相同,认定“倒牙”的原因是吃了较多的“酸性食物”。显然,“酸性食物”被理解为有酸味的、对牙齿产生刺激的食物了。这是按字面上的理解随意使用术语词的一个例子。

什么是“酸性食物”？按照现代营养学、医学的认识，一般可将食物分成酸性和碱性两大类。味道酸的食物不一定是“酸性食物”，属于酸性还是非酸性，要看食物经过消化、吸收、代谢后，最后在人体内形成的是何种物质来界定。按照全国名词委提供的定义，规范名称“酸性食品”为：经过加工的最终平衡 pH 小于 4.5 的食品。此外还有一个从另外角度定义的名称“成酸性食品”，其定义为：含有较高的硫、磷、氯等元素，经体内氧化代谢后，生成带阴离子的酸根，可使体液偏向酸性的食物。如肉类、鱼类。“成酸性食品”习惯上称作“酸性食品”，或称“酸性食物”。与之相对的是“成碱性食品”，即“含有金属元素如钠、钾等，经体内氧化代谢后可使体液偏向碱性的食物。如水果、蔬菜”。“成碱性食品”习惯称作“碱性食品”或“碱性食物”。这组以酸碱性定义的食品类词语，不管怎么使用，有一点很明确：“酸性食品”或“酸性食物”，并非指有酸味的食品。如蛋黄、乳酪、甜点、鸡肉、猪肉、牛肉、面包、奶油、巧克力、花生、啤酒等，都属于“酸性食品”，而葡萄、柑橘、番茄、香蕉、草莓、柠檬等，不管味道酸不酸，却列为“成碱性食品”或“碱性食品”。因而，《现规》第4版中，“倒牙”条释义修订为“因受酸、冷食物的刺激，牙齿的咀嚼功能变差”。

在现代词语系统中，除了日常的普通词语和专门的学科词语，还有一类词语是具有双重性能的，即同时包括术语义和普通词义。本典主编很早就注意到这类“两性词”在语文词典中的释义特点，指出要从分清概念意义和一般词义方面处理好这类词的释义。对于一部语文词典中的“两性”词语，要重视其“语文性”，把它们收入语文词典，是因为它们具有不同于科学术语以外的语文义。如“国家”，在“我们的祖国是一个富饶美丽的国家"说法里不是作为政治术语"国家"所定义的"阶级统治的工具"。用概念的意义代替一般的词义，是释义上失之过深的表现，也是对语言的社会性注意不够的表现。

在《现规》的编修中，我们特别注意两性词收释的平衡。如"暴雨""小雨""中雨""大雨"等词，既要介绍它们作为气象学名词的定义，也要交代其语文义。这次修订发现，"大暴雨"一条，《现规》第3版只有气象学上的名词义，于是增加了它的语文义，从而使"暴雨""小雨""中雨"等词的释义系统更加完整。

单音词"海"是一高频常用词，现有语文词典的解释基本相同：靠近陆地跟大洋连接的水域。有的百科词典"海"的释义为：大洋的边缘部分。面积约占海洋总面积的11%，深度一般小于2000～3000米。按所处位置的不同，可分为边缘海、陆间海和内陆海……全国科学技术名词委创办上线的术语在线"海"的定义为：大洋的边缘部分及被陆地封闭面积较大的咸水水域。这些都是"海"作为地理学专科名词的术语义。但"海"作为一个语文词还有它的语文义，其外延要大于术语义，以"海"构成的大量复合词语都属于延伸使用，如"海风、海面、海流、海水、海鲜、海运、海战、远海、航海、外海"等。"远海"被释为"离陆地较远的海域"，就是泛指的海洋的"海"；"他们在海上漂流了二十天"，其中的"海"也不是仅指"大洋的边缘部分"。修订中我们在"海"的义项组里加了"泛指海洋"的意思。

收录于语文词典中的"两性词"还有一种分化形式：同义或近义的两个词构成一个同义词组，每个成员所指相同，功能不同，其中一个承担术语义，或兼有术语义和一般语文义。如"噪音"和"噪声"，二者词义相同或部分义项相同，但术语义仅由其中一个词承担，在"噪声”和“噪音”组成的同义词组里，只有“噪声”用作专业术语。这种类型的组合，可以称作“两性兼容性同义词组”。

在这类“语（文）—专（科）共存”的同义组合中，应重视其中语文词的具体表现。往往有这种情况，一组词语，其中担任术语角色的一个词，在通用度上可能弱于另一个一般语文词，或者说与之相关联的语文词更为强势。如“催眠药—安眠药”一组：中国搜索，安眠药 12 万条，催眠药 258 条；新华搜索，安眠药 306 条，催眠药 53 条；光明日报学术文化多媒体素材库，安眠药 1882 条，催眠药 315 条。“催眠药”多用于正式文件或专业文献，而“安眠药”多用于日常生活，使用频次远高于“催眠药”。再从更大的华文使用层面考察，据香港泛华语地区汉语共时语料库 LIVAC，使用“催眠药”的仅中国大陆和新加坡等地，“安眠药”基本通用于华语地区各地。这种情况下，虽然“催眠药”被确定为专业规范词，我们仍以“安眠药”为主条目。

类似情况如“发热”和“发烧”一组：前者是个应用于多学科的规范名称，可以在《医学名词》《地方病学名词》《感染病学名词》《全科医学与社区卫生名词》等多处找到来源；按全国名词委分类，“发烧”仅划在“生态学”范围内，定义为“动物或人发生的使体核温度升高的一种状态”。有的词典把“发热”列为主条目，但“发烧”在日常语文生活中是一高频用词，在表述生理状态一义上“发烧”具有频次优势。“发烧”还多用于“发高烧”“发低烧”“退烧”等说法，显示了“发烧”的口语色彩和组合能力。据此，《现规》修订中我们把词义单纯、日常生活中多用多见的“发烧”列为主条。

涉及国家法令法规的词语，必须及时修订

《现代汉语规范词典》编写组

词典中某些涉及国家法律、法规方面的词语，其释义和例句必须与法律法规保持内容和原则上的一致性，使词典更具有规范性和权威性。

例如“查抄”一词，《现规》第3版释作：清查并没收犯罪人的财产；搜查并没收违禁的物品。需要注意的是“查抄”的对象很多都是尚未定性的“涉案”人员。我国《刑事诉讼法》第十二条规定：“未经人民法院判决，对任何人都不得确定有罪。”所以不能随便称查抄对象为“犯罪者”“犯罪人”，检察机关正式向法院提起公诉之前，只能叫“犯罪嫌疑人”“嫌犯”“疑犯”“嫌疑人”或“涉案人”。《现规》这一次修订把第3版中的“清查并没收犯罪人的财产”中的“犯罪人”改为“涉案人员”。

修订中发现，有些释义已不符合新的法律法规的定义和用法，我们一律“依法”处理，使之“合法”到位。如“扶养”一词，《现规》第3版释“扶养”：养育；扶助供养。举例：扶养子女｜关爱扶养。在“抚养”条目下《现规》有一则提示：（抚养）跟“扶养”不同。“抚养”只用于长辈对晚辈；“扶养”可用于平辈之间或晚辈对长辈。该提示可能会使人理解为：“扶养”可以用于“平辈之间或晚辈对长辈”，也可用于“长辈对晚辈”。新近颁行的《中华人民共和国民法典》（2021年1月1日起开始实施）显示，“扶养”“抚养”“赡养”等所适用的对象有明显区别。第1059条：夫妻有相互扶养的义务。需要扶养的

一方，在另一方不履行扶养义务时，有要求其给付扶养费的权利。第1075条：有负担能力的兄、姐，对于父母已经死亡或者父母无力抚养的未成年弟、妹，有扶养的义务。由兄、姐扶养长大的有负担能力的弟、妹，对于缺乏劳动能力又缺乏生活来源的兄、姐，有扶养的义务。以上用词非常严格、清楚，家庭成员之间，什么关系用“扶养”，什么关系用“抚养”，绝不相混。这次修订，我们根据《民法典》，修订了释义和相关提示。

随着我国法治建设的不断进步、法律体系的不断完善，法律制度和法律法规会不断出现新的调整变化，词典编纂和修订应该密切跟踪，及时准确反映法律法规的新内容。

“公审”一词，《现规》第3版释为：公开审判，即法院在群众的参加下公开审理案件。在我国，除涉及国家机密、个人隐私和未成年人犯罪的案件以及法律另有规定的以外，一律实行公开审理。

《现规》第3版“公审”的释义所表达的是“公开审判”的意思，但“公审”并非“公开审判”的简称。审判形式上明显区别的一点是，后者指的是法院在法庭内审判案件公开进行的诉讼形式，开庭时间、地点对外公开，允许公众旁听和新闻记者采访，而前者是在庭外群众间进行审判，如解放初期以及某个特定时期或个别地区的公审大会。

最高人民法院2007年公布了《关于加强人民法院审判公开工作的若干意见》，要求全国各级法院进一步加强审判公开工作，确保当事人的诉讼知情权。这也是中国最高司法机关首次以司法文件的形式对审判公开工作进行全面规范。其中第24条规定，人民法院公开审理案件，庭审活动应当在审判法庭进行。权威性的司法解释否定了“集中公审公判”等审判活动。经《现规》编写组研究讨论，决定第4版《现规》中不出“公审”这个词条。

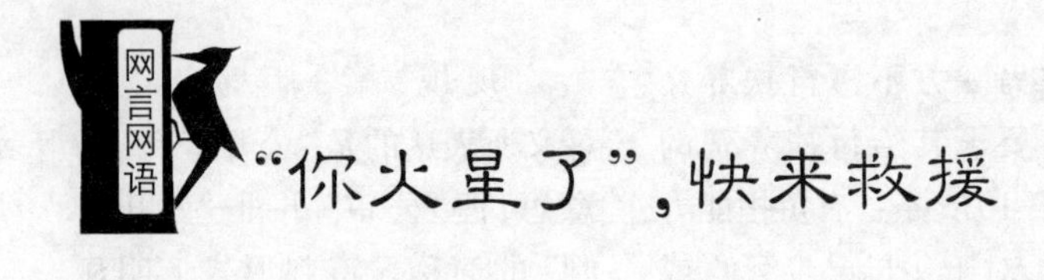

“你火星了”，快来救援

◎熊梓希

“你火星了”是什么意思？一个星球的名字怎么可以加“了”？原来在网络语言里，“你火星了”意思就是“你在火星吧，这你都不知道”，说的是这个人没有跟上潮流，对大家习以为常的事感到陌生。那么，这么奇怪的用法，究竟是怎么火起来的呢？

“火星”一词在网上的传播早就开始了，二十年前80后一代人流行写“火星文”，比如“涐不啈湢”（我不幸福），就是用大家看不懂的怪字显得自己十分潮流。后来，又有了一个“火星人”，指的是一个人在火星生存，不食人间烟火，与地球隔绝了。久而久之，“火星”就产生了新的含义，义为“落伍的”“过时的”，变得像一个形容词了。

为什么用“火星”来表示这种含义呢？或许是来源于周星驰的电影《少林足球》，里面有一句经典台词：“地球太危险了，你还是回火星去吧！”嘲讽对方就像火星人一样，什么都不知道。后来，“火星”还产生了一个衍生梗——“火星救援”，来源于电影《火星救援》，而这跟电影的内容无关，单纯是电影名字的解释，表示“你在火星太久了，知道的东西太旧了，我们要救你一把”。接下来又有了不少衍生梗，比如“火星就算了，救不了了”（表述对方太落伍实在没法救了），“冥王星救援”（比火星还遥远，更加落伍的意思）……

网络语言中，类似表示“你已经过时”这种含义的梗还有很多，比如“大清亡了”（某电视剧中雍正穿越到现代后不知道清朝已经灭亡,完全跟不上时代),“致远星战况如何了”(游戏衍生梗,其实这一场战争早就发生过)。还有用早就发生过的事来表示这种含义,比如一个人对一件众所周知的事感到疑惑不解时,网友会使用“北京申奥成功了”“秦始皇登基了”“第一颗原子弹爆炸了”“3G网通了”等等来表示“你说的这件事早就已经发生了”,这些都是相同含义,可以互相替换。

当一个人提出一个傻傻问题的时候,大家心里肯定会想:“这个人怎么连这个也不知道?”但直截了当地指出对方浅薄无知实在太不礼貌,“你火星了”系列梗可以登场缓解尴尬。提问者会心一笑,就会自觉去网上寻求答案;回复者也没必要耐心解释一遍,也能让那位“火星人”重新又赶上了潮流,岂不美哉。网上大量新鲜信息充斥,一部分人不能很好地理解,他们并非跟不上潮流,而是缺乏机遇去了解在别处已经流传甚广的事。对于这些不知情者的提问,“你火星了”就成为一个善意的提醒。

值得注意的是,有的人使用这个梗却不是出于善意,他们用“你火星了”来提升自己的身价,用一种高高在上的态度去显摆自己见多识广,这种带有恶意的用法当然是不可取的。

所以,现在你该明白了,如果一不小心做了“火星人”,那么就赶快开展“火星救援”,去恶补一下相关资讯吧!

《胆大的药店》解疑

据了解,在北方一些方言里,拿环指一种中医正骨疗法,即关节发生脱臼,通过推拿使其复原。“环”指关节,“拿”有牵引、推搡的意思。迷信认为,小孩由于受惊吓而生病,是其灵魂出窍而致,有“法力”的人能“收”回小孩的灵魂。当地称“收小孩”。这当然不可信,不应提倡。

精神自律≠精神胜利

◎郑添奕

随着社会的发展，人们的生活节奏越来越快，这使得时间对于人们来说越来越宝贵，越来越多的人发现自己"时间不够用，但工作越来越多"。伴随着这种趋势，互联网上越来越多的人开始呼唤"自律"，并且有越来越多的人开始分享"自律教程"。"早上六点起床，六点二十健身，七点洗澡，七点二十吃早餐……"越来越多这样的时刻表开始在互联网上流传，似乎这样高度程式化的生活安排已经成了一种理想的生活方式。

然而，随着"自律"的呼声越来越高，在互联网上还出现了一个新的词语——"精神自律"。"精神自律"一词的主要使用者是年轻人群，形容在精神层面极度自律，道理懂得很多，每天告诉自己"我得自律，我要合理安排每天的计划，只有自律才能给我自由"，但刚说完就又拿起手机躺下。"精神自律"似乎是一种虚假的努力，用网络流行的话说就是"间歇性踌躇满志，持续性混吃等死"。年轻人使用"精神自律"一词，主要是自嘲自己效率不高、生活颓废，常常与"躺平""颓废"等词联系在一起。

从"精神自律"的含义和用法可以看出，"精神自律"的"精神"主要指与"现实"相对的概念，偏向于主观想象和虚构，与阿Q的"精神胜利法"中的"精神"一词如出一辙。"精神胜利法"中的"精神"主要是指阿Q逃避现实，在心理上进行自我欺骗；而"精神自律"同样也是指年轻人在心理层面暗示自己要自律，而实际上并没有自律的情况。我们都知道，阿Q是一个得过且过、不知上进的人，如果用今天互联网上的词来形容，是真正意义上的“混吃等死”。可当今年轻人也是如此吗？答案显然是否定的。

其实，现在网上大肆宣传的所谓“自律教程”和“自律时刻表”，更多地倾向于一种精英式自律，这种自律模式的前提是具有足够的财富，同时具有大量可自由支配的时间。而现在的年轻人往往需要上班、上学，可自由支配的时间并不充足，自然也无法满足“自律教程”中的要求。因此，用这套标准来衡量年轻人是否自律，显然是失之偏颇的。

实际上，随着社会的发展，现在年轻人对生活的追求悄然发生了变化。越来越多的年轻人已经不再像前几代人那样，信奉“时间就是金钱”，废寝忘食地学习、工作，为了将来能有足够的积蓄买车、买房、结婚生子，甚至不惜以损害健康为代价。现在年轻人的着眼点已经转移到了提高自己生活的质量，追求自己喜爱的事物上，越来越多的年轻人种起了花，养起了狗，开始做一些在旧观念里“中老年人才会做的事”。这被许多人误解成年轻人不再自律、不再努力，只是颓废消极地度日。可实际上，这些都只是年轻一代转变了生活方式，转变了生活态度而已。

种种证据表明，“精神自律”和“躺平”“丧”一起，只是年轻人的自嘲和玩笑。实际上，越来越多的年轻人坚持每天阅读，坚持锻炼身体，坚持自己的兴趣爱好，坚持过舒适并且喜爱的生活——无论嘴上如何“躺平”，背地里都在努力积极向上。

其实，无论采取何种生活方式，只要经营好自己的生活，生活得健康、快乐，就是好的生活。如今互联网上高呼的不再是“时间就是生命”，而是变成了“爱我所爱”。“爱我所爱”，就是要爱自己的个性，爱自己的生活。而“精神自律”，正是对这种理念的一种自嘲式诠释。

万物皆可“拿捏”

◎李梦阳

前段时间，微信里一个“拿捏了”的表情包火了。这表情包就是一个简单的手势加上“拿捏了”三个字，瞬间刷屏了。其实我们对“拿捏”一词并不陌生，但是随着表情包的广泛流传，在网络语言中，“拿捏”一词含义渐渐延伸，体现出一种“万物皆可拿捏”的态势来。

在汉语中，“拿”和“捏”作为基本动词，在我们生活中使用得很多，用来表达“用手抓住或夹住某一物体”的意思，比如“拿一双筷子”“捏捏脸蛋”。后来，“拿”和“捏”被放在一起，组合成“拿捏”一词，通常用来表示“把握、掌握机会”之意，如长辈们常常会提醒我们做事情要“拿捏分寸”“拿捏时机”，所含的情感色彩并不强烈。但是随着“拿捏了”表情包的快速传播，在网络语言中，“拿捏”一词被广泛运用，网络上几乎所有事物都可以被“拿捏”。具体来看，主要存在以下三种用法：

其一，“拿捏”一个人，表示对这个人的完全控制。有时用在情侣关系中，比如视频网站上的许多美妆博主，以“学会了这个妆，把男朋友拿捏得死死的”为题，来吸引女生的关注。一个精致妆容就能让男朋友更加喜欢自己,这里的“拿捏”就体现了一种积极的吸引、主动的控制。有时,“拿捏”一个人,还可以表示对一个人的了解。比如在人际关系中,我们往往用“拿捏领导”“拿捏同学”来表达自己对他们的熟悉程度。

其二,“拿捏”一个活动过程,表达对这个过程的节奏调节得很好。就像在球赛中,当场上形势一边倒的时候,解说员就会说“××× 已经完全拿捏了这场比赛”,这里“拿捏”就体现了球员对比赛的把握,胜券在握。有时我们还可以说“拿捏一场讲座”,此时“拿捏”就体现了演讲者对场面的调节能力很好,完成了一场精彩的讲座。

其三,“拿捏”一种环境气氛,是指营造一种身临其境的感觉。比如在网络上,一些商家为了售卖节日装饰的物品,就会以“圣诞节快到了,氛围拿捏起来”等作为广告词,为还没来到的节日进行预热。

以上三种用法,体现了网络语言中大家对“拿捏”对象的全方位扩展。此外,我们还常常听到“被拿捏得死死的”这样的被动用法,这通常用来表示表达者心甘情愿地被深深吸引和控制的情绪。比如迪士尼新推出了一个卡通形象“玲娜贝儿”,姑娘们直呼:“被拿捏得死死的!”由此来表达自己被玲娜贝儿可爱形象深深吸引的心情。

网络语言中,“万物皆可拿捏”的词句使用让我们的语言轻松活泼。希望大家不管是在网络还是现实生活中,都能做一个“拿捏”万物的人!

《火眼金睛》提示

图 1,“开使”应为“开始”。
图 2,“苍廪”应为“仓廪”。
图 3,“信息纰漏”应为“信息披露”。
图 4,“肉囊”应为“肉馕”。

《安大简》《诗经》新读（中）

◎刘志基

四、“驷驖”还是“四牡”?

《安大简》《秦风·驷驖》:“四駇孔屖,六辔(辔)才(在)手。”前面一句,《毛诗》云“驷驖孔阜”,两个四字句看似有三个字的差异。驷,本指四马拉一车,也可谓四马,所以两句中的“驷”与“四”意义相同;“阜”,是肥硕的意思,“屖”,通“夷”,也有大的意思,所以与“阜”同样义近。因此,两句真正不同的用字,只有“驖”与“駇”而已。“駇”,从马,戊声,整理者认为是“牡”之异体,理由是上古音“戊”“牡”均属明纽幽部。然而,这个认识似乎有个障碍:因为《安大简》这句诗再跳过两个四字句便有了这两句:“遊于北圂(园),四駐(牡)既柬(闲)。”这个“駐”与后来的“牡”的差别就是把义符“牛”换成“马”,也就是“牡”的异体字,甲骨文里就有这个字形。一般会认为:同一篇诗文中“牡”既然写作“駐”,那“駇”就不应是“牡”了。然而,这种看法是片面的。我们曾经发现,楚简同语境中重见字避复是非常多见的文字现象,如“美”字:

天下皆知美(□)之为美(□)也,恶已。(《郭店·老子甲》15)

铦功为上,弗美(□)也。美(□)之,是乐杀人。(《郭店·老子丙》7)

前一句的两个“美”变换了右边偏旁,后一句的“美”变换了左边偏旁。这种情况,在楚简文献中出现频率较高,比如《语丛二》,全篇300来字,此类避复共15见。由此来看,“四駇孔屖”之“駇”就是“牡”的避复字形,是完全可能的。

《毛诗》此句所用的“驖”,指毛色似铁,即红黑色的马。这个字在这句诗里的出现,曾经受到质疑,驾车的马为什么要限定为毛色如铁呢?因此,有的《诗经》研究者就曾经提出过“驷驖孔阜”应该就是“驷牡孔阜”。这种猜想的出现是很自然的,因为在古文献中,“牡”作为孔武有力的雄性牲兽,是经常在诗文中出现的。如“牡”在甲骨文中就是个出现两三百次的常见字,商周金文除了从“牛”的“牡”,还反复出现以“马”为义符的“牡”(下面第1、2字形),楚简中的“牡”则只见以“马”为偏旁者(下面第3字形):

（庚壶、子犯编钟）（好蚉壶）（曾侯乙简）

而“驖”就不然了,出土古文字材料中从未露面,《说文》虽然收了该字,但引用文例也是《毛诗》的“驷驖孔阜”。总而言之,《毛诗》用“驖”字,从出土文献材料来看,很可能不是真实的历史用字。有学者怀疑《毛诗》之“驖”,可能为“駇”之误书,应该是有道理的。

五、“扰我心曲”还是“乱我心曲”?

《安大简》《秦风·小戎》:“才(在)皮(彼)板屋,嬲我心曲。”“嬲”,从又,嚻声,根据古文字构形规律,“又”与“手”是同类表义偏旁,“嚻”和“尧”都是“宵”部字,古音很近,因此整理者认为是“挠”字异体。《广雅·释诂三》:“挠,乱也。”典籍中“挠乱”一词习见,“挠”“乱”两字在其中同义复合。而传世《秦风·小戎》对应《安大简》“嬲我心曲”句为“乱我心曲”。这似乎只是换汤不换药,并没多少可聊的,其实不然。需要关注的一点是,《安大简》的这个“嬲”,与“𤔔(乱)”字实在太像了:

（安大简·秦风·小戎）（上博三·亙先8）

后一字,是楚简“乱”字常见的写法,如果不仔细分辨,很可能看不清它和前一个“挠”字有什么不同。但做偏旁分析,则这种“乱”是从㗊从𤔔的结构(“𤔔”字从爫,即上下两手,从幺,即丝之省,表示手理乱丝;

“㗊”为四口，表示乱声），与从又从器的“挠”还是完全不同的。然而，由于两者外形的相似，又使得问题变得有点复杂，因为这个所谓“夒（挠）”字，有没有可能本来就是“𤔔（乱）”字的一种讹变？回答这个问题，还是需要用楚简文字系统演变规律的事实说话。根据两字的构形特点及其在楚简文字中的出现频度，大致可以观察这样几个方面：首先，可以系统观察楚简“乱”字有没有演变作“夒（挠）”的可能性。目前楚简已公布材料的“乱”近60见，归纳其简文原形结构，有如下几种变化。

一是前文所举从“㗊”从“𤔔”者：

[古文字形]

以上构形又有“𤔔”旁省去“又”者：

[古文字形]

又有“㗊”旁讹成两“丨”者：

[古文字形]

此外还有进一步省略“爪”或“㝵”，或者加“止”旁“土”旁者：

[古文字形]

综合来看，楚简“乱”的变化确实挺乱，但无论怎样变异，“𤔔”旁都没有发生向“页”旁讹化的任何迹象。

其次，有必要再看一看“器”有没有朝“夒（挠）”讹化的趋向，同样是楚简中的常见字，共计50余见，其字形综合如下：

[古文字形]

很显然，“器”的构形变异不大，关键是所有“页”旁，也都没有任何向“𤔔”讹化的迹象。

再次，“器”这个字符，笔画繁多，从后世文字看来，是不太可能充当声旁的，如果在楚文字中也是如此，自然也不利于“夒”为“挠”的判断。因此有必要观察“器”在楚简文字中，充当表音偏旁的概率。事实上，这种情况并不鲜见。如“鄙”，从邑，嚣声（下面第1字）；“爊”（即“熬”字），从火，嚣声（下面第2字）；“礹”，从石，嚣声（下面第3字）；“戳”，从戈，嚣声（下面第4、5字）。

（包山117）（包山257）（包山143）（上博七-君人者何必安哉-甲本7、乙本7）（曾侯乙1、12、73）

据此来看，《安大简》“爊我心曲”读成“挠我心曲”，还是可以得到更多证据支持的。

六、刺人蒺藜草变身墙头大蜈蚣

《诗经·鄘风·墙有茨》：“墙有茨，不可束也。”其中“茨”字，一般都认为是“蒺藜”的合音词，表示一种长刺的植物。毛传：“茨，蒺藜也。”《尔雅·释草》：“茨，蒺藜。”郭注：“布地蔓生，细叶，子有三角，刺人，见《诗》。”

《安大简》此句作：“牆（墙）又（有）蚕䖵，不可敕（束）也。”忽略一般性用字差异，如“牆”是“墙”的异体，“敕”为“束”的通假字，两句主要差异是“茨”变作“蚕䖵”。

这两个字从“虫”或“䖵”旁，显然所指为昆虫，即后世通用的“蝍”“蛆（蠊）”二字。那么，“蚕䖵”究竟是什么虫呢？《尔雅·释草》中释“茨”的“蒺藜”，又收在《尔雅·释虫》中：“蒺蔾蝍蛆”。这个“蒺蔾”收在《释虫》里，自然就是虫了。所以它们的本字，应该就是《安大简》的“蚕䖵”。“蚕䖵”所指的这种虫为何虫，郭璞对《尔雅·释虫》中“蒺蔾蝍蛆”的注释是：“似蝗而大腹，长角，能食蛇脑。”郝懿行义疏：“《玉篇》云：‘蝍蠊，蝍蛆，能食蛇，亦名蜈蚣。’”

《墙有茨》的意旨就是劝告人们不要将夫妻枕席间淫词秽语即“中冓之言”向外传扬，因而起兴之辞言有害之物是很自然的。蜈蚣多居于古人柴墙之上，活动于夜间，以它起兴，引起“中冓之言”，较之墙上长蒺藜更加触目惊心，于诗意也更为吻合。

需 要

（文中有十处差错，你能找出来吗？答案在本期找）

◎梁北夕　设计

游泳池旁围着一堆人，正七嘴八舌大声地叫嚷着什么。

一个男子穿好游泳衣，正走到池边。“哎呀！”眼前的景象让他经不住叫了一声。原来是一个小男孩溺水了。小男孩在水里忽沉忽浮，手忙脚乱地在水里滑动，情形很是危急。岸上的人在不停地冲他喊：“摒住呼吸！这样你就能浮上来了。”“放松！你什么都别想，尽量躺在水面上，让水的浮力拖着你。”……

孩子精疲力竭，挣扎的动作越来越慢，眼看就要没进水里；而岸上的人们还在不停地大声喊叫。在这千均一发的时刻，男子跳进游泳池，飞快地游过去，一把抓住那个孩子，把他救上了岸。男子转头对叫喊的人们说道：“人都快掉到池底了，不是下水去救他，而是去教他游泳，有用吗？”

一个男子经过一家牛奶店，看见一个小女孩在买牛奶。小女孩拿了牛奶后，刚一转身，便被台阶绊了一下，手里的牛奶瓶飞了出去，掉在地上摔得粉碎。旁边有人嘲笑小女孩笨拙，店里的老板也不无报怨地说：“撒了一地的牛奶，真是添乱！”

看到小女孩手足无错的样子，男子走进店买了同样一瓶牛奶，递给她。小女孩一边掬躬一边向他表示感谢。“这个时候她需要的是牛奶，而不是教训！”男子回顾一下周围的人，自言自语地说道。然后，和小女孩一道走出了牛奶店。

图中差错知多少？

闫克家 杨昌俊 李学东 张震东 提供

（答案在本期找）

1

2

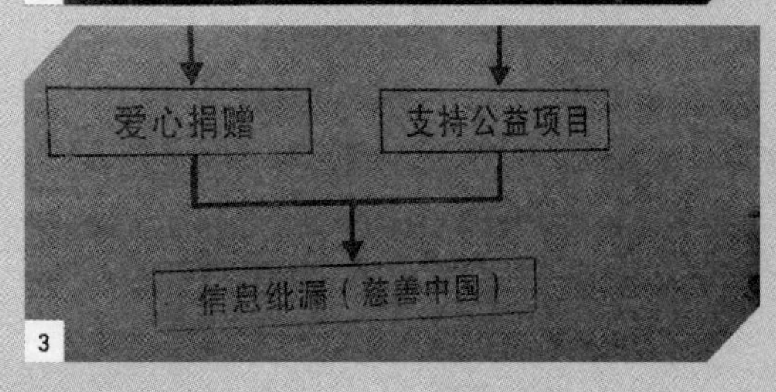

3

4

微信公众号

邮 政

淘 宝

微 店

电子版

ISSN 1009-2390

YAOWEN-JIAOZI

咬文嚼字®

2022.11

云吞

广东等地区对馄饨的称呼。《清稗类钞》："馄饨，点心也。汉代已有之，以薄面为皮……粤肆售此者写作云吞。""馄饨"在粤语中与"云吞"发音相似，广东地区便写作"云吞"。

上海世纪出版集团
欢迎至邮局订阅本刊 邮发代号 4-641
国内统一连续出版物号 CN 31-1801/H
定价：6.00 元

雾里看花

“踢尖”是什么

郭桂红

这张照片摄于山西太原某县一家饭店门口。“踢尖”让人纳闷，到底是什么？猜猜看，答案见本期。

“检查作业的爸爸”

钱欢欣 / 文　臧田心 / 画

2022年6月5日，神舟十四号飞船发射升空，陈冬担任指令长，将和队友刘洋、蔡旭哲在轨工作6个月。陈冬有美丽的妻子和两个可爱的孩子，拥有一个幸福的家庭。两个孩子也想飞上太空，陈冬对他们说：“这次没票了，等你们长大得自己争取。这次我给你们留一项作业——你们为什么想上太空，上去之后想干什么？回来之后我想问问。”陈冬于是被广大网民称作“检查作业的爸爸”。

咬文嚼字®

2022年11月1日出版

11

总第335期

主管：上海文艺出版总社
主办：上海文化出版社
编辑、出版：《咬文嚼字》杂志社
集团网站：http://www.shwenyi.com
E-mail：yaowenjiaozi2@163.com
官方微博：
http://weibo.com/yaowenjiaozish
电话传真：021-64330669
发行电话：021-53204165
邮购电话：021-53204211
地址：上海市闵行区号景路159弄A座3楼
邮政编码：201101
发行：上海市报刊发行局
发行范围：国内外公开
订阅处：全国各地邮局
邮发代号：4-641
ISSN 1009-2390
CN 31-1801 / H
印刷：上海中华印刷有限公司
印厂电话：021-60829062
021-60299079
定价：6.00元

"阳性""阴性"今昔谈

◎高丕永

现代汉语的"阳性""阴性",只是医学术语,前者指经检测体内有某种病原体(细菌、病毒等)存在,或对某种药物有过敏反应,后者的意思则反之。新冠疫情期间,我们经常做核酸检测,"阳性"特指感染了新冠病毒,"阴性"特指没有感染新冠病毒。从词的结构来看,"阳性""阴性"似乎是汉语用语素"阳""阴"加语素"性"直接构成的,实际上不是。

现代汉语的"阳性""阴性"借自日语,原词是日本用汉字书写的"陽性""陰性"。唐宋时,日语从汉语借去了"陽""陰",后来造出了互为反义的"陽性""陰性",前者指"积极、能动、活泼的特性或性能",后者指"消极、受动、沉闷的特性或性能"。日语"陽性""陰性"的意思分别与英语的"positive""negative"相似。所以,日本从西方引入医学检测技术时,把"positive reaction"意译为"陽性反応",把"negative reaction"意译为"陰性反応"。后来,日语的"陽性反応""陰性反応"缩略为"陽性""陰性"。

二十世纪二三十年代,全称"陽性反応""陰性反応"和简称"陽性""陰性"已经全部借入汉语。如今,全称"阳性反应""阴性反应"在医学书籍、报刊里用得比较多,简称"阳性""阴性"在普通书报刊里用得多一点。不过,《汉语大词典》《现代汉语词典》只收录简称。

如今,汉语的"阳性""阴性"有了进一步的缩略,主要表现在缩略为"阳""阴"后,与别的词语一起构成简明的表达。像"阳转阴""转阴""复阳""全阴”等,新冠疫情之前已有使用,新冠疫情暴发后使用更多了。

“阳转阴”“转阴”都指阳性转为阴性。如:“妻子的生日是4月12日,她说能看到我‘阳转阴’就是最好的礼物。”(《解放日报》2022年4月6日)又如:“‘德尔塔’毒株病毒载量高、潜伏期短、转阴时间长”(小标题,《光明日报》2021年6月27日)。“复阳”指阳转阴后又转为阳性。如:“上海1.1万余位感染者出院,会复阳再度感染吗?”(标题,《新闻晨报》2022年4月11日)“全阴”指核酸筛查全部为阴性。如:“‘全阴’工地是怎么做到的?”(标题,《新民晚报》2022年4月25日)

新冠疫情之后出现的还有“涉阳(与阳性有关联的)”,当下常见的短语是“涉阳楼栋”。比如:“全面彻底做好清洁消杀,对涉阳楼栋等场所、快递物品等物资、楼梯扶手等部位的消杀要应消尽消、不留死角。”(《解放日报》2022年4月24日)比“涉阳楼栋”更简练的是“阳楼”。比如:“陈智敏下意识地犹豫了一下,因为他需要跟着队伍进入阳楼才能拍摄,但他认为,整个消杀的过程都是普通市民无法看到的,他觉得有必要用镜头记录下来,也要让大家看到为抗疫同样付出努力的救援队志愿者的身影。”(《新民晚报》2022年4月27日)

新冠疫情暴发后出现的快捷表达有“出阳(核酸筛查中出现阳性)”“追阳(尽快筛查出阳性)”等。如:“有的小区已经超过14天没有‘出阳’了,为何仍未调整管控措施?”(《解放日报》2022年4月22日)又如:“清晨5点40分,接居委电话,辖内开展追阳复测需尽快支援。”(《解放日报》2022年4月20日)

更快捷的表达是单独使用的“阳”“阴”。比如:“我大概率是阳了,有点遗憾”(标题,《新民晚报》2022年4月9日)。又如:“下午5点多,核酸采样。等到19日凌晨,结果出来了:一家三口齐刷刷地‘阴’了!”(《人民日报》2022年4月22日)

黄袍怪是“灰目狼”吗

◎李可钦

1986年版《西游记》是重播率最高的几部电视剧之一，寒暑假常会看到各大电视台重播。2022年8月28日，山西卫视播出第11集，唐僧师徒来到宝象国，唐僧被黄袍怪施法变成老虎。孙悟空打败黄袍怪后，天庭派使者召回黄袍怪，在云端这样唤道：“kuímù狼，kuímù狼！玉帝有旨，宣你返回天宫。”字幕显示的是“灰目狼”，有误，应是“奎木狼”。

《西游记》中，黄袍怪原是天界二十八宿之一的奎星，属木，为狼，故又叫奎木狼，属四木禽星之一。因在天界与披香殿侍香的玉女相爱，私自下界。玉女托生成了宝象国公主百花羞，奎木狼变身为黄袍怪，居住在宝象国的碗子山波月洞。黄袍怪摄走百花羞，并与她做了十三年的夫妻。天庭后来得知奎星下凡，于是命二十七宿星君收他上界，罚他给太上老君烧火，带俸差操，有功复职，无功重加其罪。后来奎木狼官复原职。《西游记》中没有灰目狼，误“奎木”为“灰目”显然是音近所致。

“一届草民”？

◎方纪红

由丁海峰、潘长江出演的电影《武松血战狮子楼》中，衙役到武大郎家找到武松，一进门，衙役就说道：“武都头，属下可找到您了。”武松道：“差爷怕是找错人了吧，在下不过一 jiè 草民。”衙役回道：“错不了，县令大人下了钧旨，聘您这个打虎英雄，做我们府衙的都头呢。”字幕同步显示的“一届草民”错了，应是“一介草民”。

“一介草民”的“介”，通“芥”，意思是小草，比喻细微、微末的事物。“一介”即一个，多用于指人，含有微贱的意味。如茅盾《我走过的道路·一九二七年大革命》：“许克祥不过是兵痞出身的一介武夫。”

届，可表示到，如：届时、届期。也可作量词，用于定期的会议或毕业的班级等，如：历届毕业生、本届委员会。如今网络上有“这一届人民”的调侃说法，但武松口中所言只能是“一介草民”，绝无可能是“一届草民”。

不是“转还”，是“转圜”

◎汤青武

央视电影频道今年7月16日播出国产片《风雨欲来》。康城发生连环杀人案，警方追查线索，发现案件涉及严督办。乔青青带人找到严督办问话，但严督办没正面做出回应，乔青青因此警告：“我想说的是，独眼龙要杀你，这么躲着不是办法，只有跟我们合作，把以前的事情都说清楚，才有转还的余地。”（字幕同步显示）“转还”错了，应该是“转圜”。

转圜，读为zhuǎnhuán，“圜”的意思是环绕。“转圜”可表示挽回，如鲁迅《致许寿裳》：“北新以文字获大咎，颇多损失，但日来似大有转圜之望。”也可指从中调停，如徐迟《牡丹》：“当场有一个善于转圜的水电公司总经理出来打圆场，几句笑话转换了话题。”影片中乔青青的意思是：如果严督办与警方合作，事情还有挽回的余地，否则，他只有死路一条。“转圜”正有“挽回”之义。

“还”读huán时，有返回、归还、恢复等义。也可表示环绕的意思。如《战国策·燕策三》：“荆轲逐秦王，秦王还柱而走。”但笔者未见辞书收录“转还”，更未见释以“挽回”者。

梁羽生作品集的三处差错

◎杨宏著

近日，笔者阅读了“梁羽生作品集”（中山大学出版社2012年出版）中收入的好几部武侠小说，被梁羽生先生武侠世界中引人入胜的情节、家国天下的情怀深深打动。美中不足的是，在阅读过程中，笔者也发现了几处文字差错。

一、“金甄复固”应为“金瓯复固”

《龙虎斗京华》第64页上说：“娄无畏微微一震道：‘莫非您老就是云中奇老前辈？’原来匕首会中以‘金甄复固，汉族重光’八字，排列班辈。云中奇是‘金’字辈的人，据说当年因暗杀了一个贝勒，被四处搜捕……”此处“金甄”一词难以理解，应是“金瓯”之讹。

瓯，音ōu，指盆盂类瓦器，“金瓯”即金的盆、盂等容器。干宝《搜神记》卷四：“妇以金瓯、麝香囊与婿别，涕泣而分。”也可作为酒杯的美称。后用“金瓯”比喻疆土之完固，亦可用以指国土。唐代李延寿《南史·朱异传》：“（武帝）尝夙兴至武德阁口，独言：‘我国家犹若金瓯，无一伤缺。’”清代秋瑾《鹧鸪天》：“金瓯已缺总须补，为国牺牲敢惜身。”《龙虎斗京华》是梁羽生的第一部武侠小说，讲的是晚清时期义和团中发生的一系列故事。小说中，义和团、匕首会等组织最初都是以“反清灭洋”为旗号展开斗争的，匕首会以“金瓯复固，汉族重光”排列班辈是符合小说背景的。

甄，音zhēn，本指制作陶器，亦指制作陶器的转轮。引申有审定、鉴别、选拔、培养、昭显等义。“金甄复固”说不通。

二、应是“不为已甚”

《龙凤宝钗缘》第99页有一段李天敖和牟世杰对战的描写，其中说道：“幸而牟世杰不为己甚，随手转了几圈，便将木棍撤回，笑道：‘李寨主的乱披风拐法果然非同小可，小弟再领教几招。’”此处“不为己甚”错了，应是“不为已甚”。

已和甚，都有太、过分之义。“已甚”即过甚，太过。《论语·泰伯》：“好勇疾贫，乱也。人而不仁，疾之已甚，乱也。”说的是，喜爱勇武而痛恨贫穷，易生祸乱，对于不仁爱的人痛恨太过分，也会导致祸乱。不为已甚，义为不做过头的事，后多指对人的责备或处罚适可而止。上引文字中，论身手牟世杰要技高一筹，但是并未对李天敖进行压制性的武力逼迫，这里用“不为已甚”是说得过去的。

汉语中并无“己甚”这个词，“不为己甚”说不通。

三、“揉进”应为“猱进”

《龙凤宝钗缘》第152页上写道：“风振羽的点穴手法果然了得，挺身揉进，左手判官笔直点面门，史若梅微一侧面，青钢剑反手削出……”其中的“揉进”应为“猱进”。

揉，音róu。本指使东西弯曲，如：揉木为耒。现在的常用意义是来回擦或搓，如：揉眼睛、揉面团。另有顺从义。如柳青《创业史》：“素芳这几年也揉顺啰，她不敢胡来的！”又指攀援，如明代徐弘祖《徐霞客游记·游天台山日记》：“余赤足跳草莽中，揉木缘崖，莲舟不能从。”“挺身揉进”难以说通。

猱，音náo，是兽名，猿类。身体便捷，善攀援。引申形容轻便、快捷。“猱进”义为轻捷地前进。如蒲松龄《聊斋志异·妖术》：“鬼怒甚，拔佩刀，挥如风，望公力劈。公猱进，刀中庭石，石立断。”上述文章中，风振羽应是快速移动到史若梅身边，用判官笔点穴，显然应是“猱进”而非“揉进”。

是“臂力”还是“膂力”？

◎杨亚东

近读郦波老师《人生自有境界》(学林出版社 2017 年 8 月出版）一书，其中第 26 页这样写道：“比如说三国时的吕布，《三国志》里说，吕布臂力过人，号为‘飞将’。”事实上，《三国志》中说的是吕布“膂力过人”。

膂，读 lǚ，指脊骨，也指脊旁肌肉。膂力，表示体力。如《儿女英雄传》第八回：“及至看了那各种兵书，才知不但技艺可以练得精，就是膂力也可以练得到。”

臂，读 bì，指胳臂，即从肩到手腕的部分，如左膀右臂、一臂之力。读轻声 bei，用于“胳臂”一词。臂力就是臂部的力量。

“膂力”指全身的力气，而“臂力”则指臂部的力量。《三国志·魏书·吕布传》中说：“布便弓马，膂力过人，号为飞将。”意思是吕布擅长射箭、骑马，体力超过一般人，被称为“飞将”。既然书中说的是《三国志》之言，那最好按原文写成“膂力过人”，而不宜作“臂力过人”，二者的意思不一样。

《“踢尖”是什么》解疑

“踢尖”是“剔尖”之误。剔尖是山西传统面食之一。剔尖的做法一般是将调成糊状的面放在大碗或特制的铁板上，靠近开水锅，用铁签或铁筷等将面拨成两头尖、鱼形的条(所以又叫拨鱼)，直入锅中。煮熟捞出后，再浇上浇头，味道鲜美可口。剔，本指分解骨肉。引申指向外挑、拨动，“剔尖”之“剔”正取此义。汉语中也有“踢尖”一词，是江湖隐语，意思是鞋，与吃食相距甚远。

何谓“天王山之战”

◎曹志彪

如果你是一个体育迷，在翻阅体育报刊或者观看体育比赛直播的时候，经常会看到或者听到“天王山之战”的说法。比如今年6月举行的美国职业篮球联赛（NBA）总决赛，东部的凯尔特人队与西部的金州勇士队在激战四场后，双方比分战成2∶2，6月14日迎来了第五场比赛，媒体都把这场比赛叫作“天王山之战”。

“天王山之战”一说源自日语。天王山是位于日本京都府乙训郡大山崎町的一座山，因为山腰有用来祭祀牛头天王的山崎天王社而得名。此处扼守大阪府与京都府的交通咽喉，在军事上有非常重要的战略意义。1582年，羽柴秀吉与明智光秀在这里展开了一场激战，战斗中羽柴秀吉的军队夺得天王山的控制权，明智光秀最终落败，不久身死于逃亡途中。这就是日本历史上著名的“山崎合战”，又称为“天王山之战”，此战是影响后期日本由谁主宰的一个关键。

因此，在日语中，“天王山”就逐渐用来指战争中影响胜败走势的要塞，而对这一要塞的争夺就被称为“天王山之战”“天王山之争”等。竞技体育和战争多有相通之处，在用法上常有互借现象。于是，最早在日本围棋中引入了“天王山”，“天王山”指双方势均力敌时，既能最大限度地扩张自己的势力，又能削弱对方的一步棋。“天王山之战”则用来比喻番棋赛双方关键场次的争夺。围棋自南北朝时期从我国传入日本后，一直非常流行，深受日本人的喜爱。上世纪七十年代以后，随着中日邦交正常化，两国文化交流逐渐深入，围棋交流更加频繁，“天王山之战”作为围棋术语进入到汉语中，时常见诸媒体。例如：

（1）年度妙手：应氏杯决赛第3局常昊九段白78挖——本局是应氏杯决赛“天王山”之战，前两局双方战成1比1平。行至本图局面时，白棋上边大块隐隐约约尚未活净，白棋怎样突出黑棋屏障？（《棋艺》2006年第2期）

（2）前4局中韩两队2比2战平，且这四局棋都是执白者胜。10日的第5局比赛是第一阶段的最后一局，本局算得上是首届江原大世界杯的天王山之战。第二阶段比赛将从3月20日起在中国杭州进行。（《围棋报》2006年2月11日）

职业围棋赛双方对垒有不同的赛制规则，如三战两胜、五战三胜、七战四胜等。严格来讲，围棋比赛的“天王山之战”并不一定是最终定胜负的那一盘棋，却是系列赛中非常关键的一盘棋，是决定胜利天平向哪一方倾斜的一战。如“‘天王山’之战”在例（1）中指应氏杯决赛五番棋赛中第三盘。在双方对垒的竞技比赛中，获得这样的关键场次的胜利，就标志着系列赛胜利在望了。

后来“天王山之战”很自然地从围棋比赛移用到其他体育赛事中，其中使用最活跃、最频繁的当数篮球运动领域。例如：

（3）老练的马刺在西区半决赛关键的第五场中，成功地钳制住了勇士的库里和汤普森，主场以109比91大胜对手，攻下“天王山”。（《长江日报》2013年5月16日）

（4）北京时间6月14日中午，回到主场的金州勇士凭借着威金斯的出色发挥和决胜节的一波流得分，以104比94击败波士顿凯尔特人，在NBA总决赛第五战中胜出，赢下通常所说的“天王山”之战。（《北京青年报》2022年6月15日）

此外，排球、足球、网球等

体育赛事也可以用“天王山之战”来指系列赛中的关键场次。例如：

（5）中国女排超级联赛决赛第5场比赛27日晚在天津打响，在7战4胜制的决赛中，此役被誉为天王山之战。（《深圳特区报》2018年3月28日）

（6）在赢下与多特蒙德的天王山之战后，拜仁慕尼黑俱乐部基本锁定了本赛季的德甲冠军。（《中国体育报》2020年6月12日）

（7）决定胜负的“天王山之战”，加拿大新星阿利亚西姆世界排名更高，而且最近两次遇到阿古特都带走了胜利，包括2021年美网那场激动人心的五盘大战。（《中国体育报》2022年1月11日）

俗话说，人生处处如战场。“天王山之战”也跳出体育圈，用于社会领域其他方面，例（8）（9）“天王山之战”分别用于政治领域和经济领域：

（8）在所有“摇摆州”的角逐中，奥巴马大获全胜，其中包括俄亥俄州的“天王山之战”，而罗姆尼仅在北卡罗来纳州获胜。（《光明日报》2012年11月8日）

（9）得芯片者得天下：中美贸易战的“天王山之战”（标题，《电子产品世界》2018年4月20日）

社会各领域总免不了面对种种竞争和对抗，其中常会遇到决定力量消长和胜败走势的关键点、分水岭，这样的节点能不能顺利突破，往往决定了是否能迎来局势的拐点和胜利的希望。因此，凡是某一系列工作中围绕决定局势走向的关键环节所采取的行动或发生的争夺，都可以被称为“天王山之战”。

《火眼金睛》提示

图1，“七晕八素”应为“七荤八素”。

图2，“敦布池”应为“墩布池”。

图3，“刺绣馆”应为“刺绣馆”。

图4，“撅个嘴”应为“噘个嘴”。

人间至味“烟火气”

◎南　园

常言道：“民以食为天。”要吃饭，就离不开“烟火气”。

古汉语的“烟火气”一词，宋代已有使用。其本义一般指“烧煮食物的气味”。比如：“下咽顿除烟火气，入齿便作冰雪声。”（文天祥《西瓜吟》）又如：“煮酒只带烟火气，生酒不离泉石味。”（杨万里《生酒歌》）比喻义指“尘世庸俗之气”，有贬义色彩，是“风雅、儒雅”的反义词。比如：“（李建勋）以鲂诗诘之，彬曰：‘此非有风雅制度，但得人间烟火气多尔。’”（《马氏南唐书》卷十三）又如：“句里略无烟火气，更教谁上少陵坛。”（杨万里《蜜渍梅花》）

“烟火气”的用例，古代汉语里不多，现代汉语里以往也不多。尽管《汉语大词典》收入了它的本义和比喻义，但《国语辞典》（1937年）只收了比喻义，《现代汉语词典》则根本没有收录这个词。

2000年后，“烟火气”的使用逐年增多，近两三年来更是急剧增加。2022年5月上旬，上海发布《关于加快本市商贸企业复工复市的通知》，商贸企业逐步推进复工复产。6月1日起，上海进入全面恢复正常生产生活秩序阶段。繁华的大上海又回来了，“烟火气”上了热搜，成了热词。请看下面的例句：

（1）商贸活动逐步恢复，上海“烟火气”渐渐回归（标题，《新华每日电讯》2022年5月8日）

（2）街头巷尾，人们从四面八方回归，繁华的大上海，正在熟悉的烟火气中回来。（《文汇

报》2022年6月2日）

（3）理发、游园、洗车成上海市民消费“刚需”，多家商场人气持续增长重拾“烟火气”，活力加速释放（标题，《解放日报》2022年6月3日）

（4）黄浦江畔，上海堂食恢复首日，到店餐饮线上交易额周环比增长达293%，城市“烟火气”徐徐升腾。（《人民日报》2022年7月25日）

很明显，除例（4）仍与“烟火气”的本义“烧煮食物的气味”相关，其他3例都与本义无关。同时以上几例皆摒弃了贬义的比喻义“尘世庸俗之气”，而是演变出了一个褒义的比喻义。这个褒义的“烟火气”，有时也写为“人间烟火气”。比如：“消费活力从线上延伸至线下，人间烟火气回归。”（《光明日报》2022年6月20日）

近二十年来，我国的民生不断改善，褒义的“烟火气”也随之越用越多。那么，它到底具体指什么呢？2022年高考天津卷作文题里的一段话比较完整地、诗意满满地回答了这个问题：“烟火气是家人团坐，灯火可亲；烟火气是国泰民丰，岁月安好；烟火气是温情，是祥和，需要珍惜和守护，也需要奉献和担当。”简单地说，褒义的“烟火气”就是指“党和政府‘时时放心不下’的民生，老百姓心目中的美好生活”。

微语录·父亲

他的记忆中没有妈妈的影子，爸爸跟他说，他很小的时候妈妈就去世了。有次他对爸爸说：给我找个后妈吧。爸爸笑说：此生只爱你妈妈一个！他长大了，爸爸说要结婚。他生气地把那女人撵走了，还说爸爸是个骗子。多年后爸爸去世，整理遗物时他发现了一张自己婴儿时的照片，背面是爸爸的字迹：战友之子，当如吾儿！他向亲友求证，知道自己确实不是爸爸的亲生子，并且还知道了，爸爸从未结过婚。

（刘　芳/辑）

何来“褚石”色

◎浦东轩

2022年5月31日《上海老年报》第5版《百里画廊唐布拉》一文说：“唐布拉山色水光两相宜，中间有一大段名唤独山子的山路极为险峻……几乎都是裸着的嶙嶙山石，山石呈褐、黄、褚石多种色彩……”颜色中哪来“褚石”？

褚，读chǔ时，作姓。读zhǔ时，指在衣服里铺丝绵，也可指丝绵衣服、口袋，还指古代的一种棺饰。另有储藏的意思。“褚”并不是一种颜色。

赭，音zhě。《说文解字》：“赤土也。”本指红土，引申为红褐色，如王谠《唐语林·补遗一》：“赭，黄色之多赤者。”又可用于表示染成红色、羞愧脸红等。赭石则是一种矿石，主要含有三氧化二铁，一般是红褐色，也有土黄色或红色的。可以用作颜料。

上文“褚石”当为“赭石”之误。然而，“山石呈褐、黄、赭石多种色彩”仍欠通，改“赭石”为“赭”，庶几可通。

王维是白居易的晚辈？

◎杨顺仪

《文史知识》杂志2022年第8期刊载《白居易的诗意人生》一文，文中写道：

白居易活到了七十五岁，超过了孔子。他的年寿在唐代著名诗人中仅次于八十六岁的贺知章，远远超过了在其前的陈子昂……以及晚辈王维、杜牧、李商隐、李贺这些大文学家。

白居易出生于772年，殁于846年。引文提及的“晚辈”中，杜牧生于803年，李商隐生于约813年，李贺生于790年，从生辰先后看，这三位大诗人确是白居易的晚辈。但说王维是白居易的晚辈，就错得离谱了。

提到唐代大文学家，王维必说无疑。他高歌“劝君更尽一杯酒，西出阳关无故人”，吟咏“独在异乡为异客，每逢佳节倍思亲”，是盛唐山水田园诗派代表，与孟浩然齐名，并称“王孟”。他生于约701年，殁于761年，活了大概六十岁。

从年寿长短看，王维确实不如白居易。但王维生活在盛唐，白居易生活在中唐，王维死后11年，白居易才出生。王维当是白居易的前辈。

“杯土”应是“抔土”

◎国　轩

2022年4月5日《上海老年报》第8版所刊《杏花雨》一文这样写道：“外婆的墓在半山腰……陈设祭品，点上香烛，烧上纸钱，在母亲的率领下，我们依次跪拜。此时，风徐徐吹来，捎来绵绵细雨。风雨中，杯土带愁，杂草含烟。”其中“杯土”应是“抔土”。

“抔（póu）”是手捧的意思，可用作量词，相当于“捧”“把”。“抔土”即一捧之土，极言其少。可借指坟墓，如康有为《大同书》：“远志屈于短年，雄心埋于抔土。”上述文章讲的是祭拜外婆的过程，描绘的是外婆墓前的情景与扫墓人的心情，正是“抔土带愁，杂草含烟”，“抔土”指的即坟墓。“杯土”何意？恐怕是因字形相近而误“抔”为“杯”了。

“刻鹄类鹜”的不是“鸟孙”

◎林日波

暑中消闲，随手取阅架上《中国古典美学丛编》（凤凰出版社2009年出版）一书，第一编“文质”部分从刘知几《史通·叙事》中辑录了一段文字，末句谓：“譬夫鸟孙造室，杂以汉仪，而刻鹄不成，反类于鹜者也。”何谓“鸟孙”？一时难解，遂根据书中注明的《史通》版本《四部丛刊》本，按图索骥，始知“鸟孙”其实是“乌孙”之误。古人说“书经三写，乌焉成马”，实在是经验之谈。

乌孙，古代西域国名，地处今伊犁河和伊塞克湖一带。班固《汉书》卷九十六下《乌孙国传》称：“乌孙国，大昆弥治赤谷城，去长安八千九百里。”汉武帝遣张骞出使其国，与之结盟以制衡匈奴。元封年间，武帝以江都王刘建之女细君为公主，远嫁乌孙。昭帝时，又遣楚王刘戊之孙女解忧嫁与军须靡。乌孙与汉通，在一定程度上受到了汉朝礼仪制度的影响，故刘知几说“乌孙造室，杂以汉仪”，但其大体仍保持着“穹庐为室兮旃为墙，以肉为食兮酪为浆”的民族特性，所以在刘氏看来不免是“刻鹄类鹜”了。

莫把孙子当爷爷

◎张铁鹰

2022年9月2日《今晚报》第11版刊有《斗鸡台》一文，其中讲到初唐四杰之一的王勃因写了《檄英王鸡》而被罢职一事。文中这样说道：“他（李治）读罢王勃的檄文，勃然大怒，当即要王勃滚出大明宫。因为这篇檄文，王勃丢了官。其实，唐高祖李治不是因为儿子贪欢而发怒的，他也不是因为儿子们斗鸡而封了斗鸡台。”历史上确有此事，据《旧唐书》，皇帝李治读罢《檄英王鸡》，怒道：“据此是交构（即离间、播弄是非）之渐。”不过，李治不是唐高祖，而是唐高宗。

唐高祖是李渊（566—635）。李渊是唐朝的建立者。隋大业十三年（617）他任太原留守，趁当时农民起义，在晋阳（今山西太原西南）起兵，攻取长安，次年隋亡，建立唐朝。玄武门兵变后，他传位李世民（即唐太宗），成为太上皇。

李治（628—683）是唐高宗，是李世民之子。他在位期间，政治稳定，经济发展，后世称为永徽之治。后来因病，他让皇后武则天参决政事。此后武则天逐渐把持朝政，最终改唐为周。

唐高祖、唐太宗、唐高宗，是唐朝最早的三个皇帝，他们是祖孙三代,可不能错把孙子当爷爷。

二十四史哪有《清史稿》

◎辜良仲

《光明日报》2022年1月10日载有《史料·史观·史学——漆侠先生与他的历史研究》一文,其中说:"在此期间,他读完了前四史《史记》《前汉书》《后汉书》《三国志》。二十四史中,漆侠先生一生通读过除《清史稿》以外的23部。"揣摩文意,文章是将《清史稿》误作二十四史中的一部了,但它不是。

二十四史,旧时所称正史中的二十四部纪传体史书。明代时有二十一史之称,即《史记》《汉书》《后汉书》《三国志》《晋书》《宋书》《南齐书》《梁书》《陈书》《魏书》《北齐书》《周书》《隋书》《南史》《北史》《新唐书》《新五代史》《宋史》《辽史》《金史》《元史》。清乾隆四年(1739),《明史》定稿,又增加《旧唐书》《旧五代史》,形成了二十四史。1920年,《新元史》最终修成。加上之前的二十四部史书,称二十五史。

《清史稿》是记录清朝历史的纪传体史书,由赵尔巽主编,修于1914年至1927年间。《清史稿》加上"二十五史",则称二十六史。也有人不列入《新元史》,而将《清史稿》列为二十五史之一。

不是"5世纪",亦非"编年史"

◎许泽清

"正如5世纪的一部编年史(译注:《北史》)提到的:风之所至,唯老驼预知之……"这段话出自美国汉学家魏泓《丝绸之路》一书(四川人民出版社2020年4月版,第43页)。书中所引用的这段话确实在《北史》中出现,然而,《北史》是一部"5世纪"的"编年史"吗?

先看时间。《北史》是唐代

李延寿继承父亲遗志完成的史书,记述了从北魏至隋的历史,成书于唐高宗显庆四年(659),这是7世纪。再看对体例的描述。“编年史”是按时间顺序编排史实的史书,《春秋》《资治通鉴》等是编年史。纪传体史书则是以人物为中心的史书,源于西汉司马迁编著的《史记》。《北史》分为本纪十二卷和列传八十八卷,很明显属于纪传体史书。

“草灰蛇线”?“草蛇灰线”!

◎孙　凯

《中学语文教学参考》2022年第6期(上旬)刊有《统编版教材小说文本示范作用探析》一文,其中说:

> 作者既是故事的见证者,也是故事的讲述人。你的眼睛、他的所见、我的所想……成为贯穿小说情节的合乎逻辑的“草灰蛇线”,尽管忽断忽续、时隐时现,但有助于我们明了故事的来龙去脉和前因后果。

这里的“草灰蛇线”是“草蛇灰线”之误。草蛇,指蛇从草丛穿过,留下一些不明显却仍存在的痕迹。灰线,指缝衣线在柴灰中拖一下会留下隐约的痕迹。草蛇灰线,比喻事物留下隐约的线索和迹象,常用来指行文中用不易被人发现的各种暗伏、遥应,来作一些暗示,似断似续,起伏照应。如《花月痕》第五回回评:“写秋痕,采秋,则更用暗中之明,明中之暗……草蛇灰线,马迹蛛丝,隐于不言,细入无间。”

应是“铺采摛文”

◎吴孝成

《被误读的传统》(广西师范大学出版社2009年4月出版)中有《“江郎才尽”非因才》一文,其中讲到江淹的《别赋》:

> 当年江淹离乡背井,远出谋生……他的《别赋》开端一句:“黯然销魂者,唯别而已矣!”至今读来仍然能令我们

震撼。然后他用了那么多清辞丽句，铺采摛文，反复叙写离别的悲痛，末尾竟说离别"使人意夺神骇，心折骨惊……谁能摹暂离之状，写永诀之情者乎！"

这段文字中的"铺采摘文"，显系"铺采摛文"之误。

铺采，铺排华词丽句。摛文，铺张辞藻。"摛"读chī，舒展、散布的意思。刘勰《文心雕龙·诠赋》："赋者，铺也，铺采摛文，体物写志也。"上引文字中的"摘文"，当然也可强解成"摘录文词"；但文中讲江淹《别赋》的行文，说他反复叙写离别的悲痛，"摘文"不符合语境。

特拉斯如何继承"衣帛"

◎姚静夫

2022年9月9日《报刊文摘》所刊《撒切尔夫人"平替"：英国又迎来一位女首相》一文说："特拉斯想继承撒切尔夫人的衣帛，但她的诸多表现在反对派眼里，显得过于教条和呆板，并讽刺她'是个公众演说家，且并不总是一个真正的保守党人'……"特拉斯想继承的是撒切尔夫人的"衣帛"吗？

帛，古代丝织物的通称。"衣帛"是什么意思？记得《孟子·梁惠王上》有"五亩之宅，树之以桑，五十者可以衣帛矣"的句子，"衣帛"即"穿丝织衣服"。陆游的诗中也曾多次用"衣帛"，如"老子虽安眠，衣帛可无怍""槲叶蔽身胜衣帛，金丹照室不燃灯"，均是穿丝织衣服的意思。一时还找不到"衣帛"的其他意思。

"衣帛"应是"衣钵"之误。衣钵，原指佛教僧尼的袈裟与饭盂。佛家以衣钵为师徒传授之法器，于是引申指师传的思想、学问、技能等。文章认为，特拉斯崇敬撒切尔夫人，成为"新铁娘子"的野心也贯穿首相竞选的始终，从穿衣到行事风格都刻意学习撒切尔夫人。可见，特拉斯是想继承撒切尔夫人的执政理念、行事风格。既如此，用"衣钵"是妥帖的。

韩复榘的左右笑话

◎宗守云

《侨报》2013年5月16日有一篇《齐鲁大学演讲韩复榘句句雷人》，文章写韩复榘有一次到齐鲁大学演讲，他说："今天先讲两个纲目，蒋委员长的新生活运动，兄弟我双手赞成，就是一条，行人靠右，实在不妥，大家想一想，行人都靠右，那左边留给谁呢？第二个纲目：刚才看到学校的篮球赛事，十来个人穿着裤衩抢一个球，多难看，叫总务长明天到我公馆再领一些钱，多买几个球，每人发一个，省得再你争我抢。第三个纲目……完了。"

文中演讲内容不知真假，在此不深究。其中"行人都靠右，那左边留给谁呢"一句，涉及方位问题，文中韩复榘把"左、右"类的相对方位当作"东、南、西、北"类的绝对方位理解，所以才造成笑话。

方位可以分为两种。一是固有方位，也就是只涉及主体、不涉及参照物的方位。二是非固有方位，也就是既涉及主体，又涉及参照物的方位。非固有方位又分为两种：绝对方位和相对方位。绝对方位是以地理为坐标的方位，包括"东、南、西、北"等；相对方位是以自我为坐标的方位，包括"前、后、上、下、左、右"等。绝对方位和相对方位都涉及主体和参照物，而且是可以变动的。比如，"狗在房子东面"，"狗"是主体，"房子"是参照物，当狗移动到房子的另一侧时，就变动为"狗在房子西面"；同样，"狗在房子前面"，当狗移动到房子的另一侧就成了“狗在房子后面”。由于绝对方位和相对方位都是可以变动的,因此都属于非固有方位。

方位是通过方位词或方位短语表达的。就非固有方位而言,很多语言都既有绝对方位词,又有相对方位词,比如汉语和英语。有的语言只有绝对方位词,没有相对方位词,比如古古语(一种澳大利亚原住民语言)。“古古语完全没有表示左右向的词。更奇怪的是,它甚至不使用像‘在前面’‘在后面’这样的短语来形容物体位置。每当我们使用自我中心的方位词时,古古语都使用这四个基本方向:东(naga)、南(jiba)、西(guwa)、北(gungga)。……如果讲古古语的人想让车里的人往里挪一下腾出点地方,他们会说 naga-naga manaayi,意思是‘往东挪一点’……他们不说约翰‘在树前面’,而是会说‘约翰在树的北边’。如果想告诉你前面左拐,他们会说‘从这里往南走’。……想让你关掉露营的火炉,他们会说‘往东拧旋钮’。”(盖伊·多伊彻《话/镜:世界因语言而不同》,王童鹤、杨捷译,清华大学出版社 2014 年版)有的语言只有相对方位词,而没有绝对方位词,比如壮语缺乏绝对方位词,原生文化中只有相对方位词,“东、西、南、北”是后来从汉语借来的。(覃凤余《壮语方位词》,《民族语文》2005 年第 1 期)

有很多语言既有绝对方位词,又有相对方位词。绝对方位词以地理为坐标,在用法上有一定的标准性;相对方位词以自我为坐标,在用法上有一定的便捷性。在具体运用中,说话人可以根据需要选取方位表达,既可以选择绝对方位词,也可以选择相对方位词,还可以配合使用,如“往南走,然后向右转”。绝对方位词和相对方位词属于特征范畴,有着明确的边界,不存在中间状态,因此两者是不能混淆的。把相对方位词解读为绝对方位词,当然是要闹笑话的。

“众里寻他千百度”，作者何人

◎夏斯斯

在杭州市上城区景昙路一个工地的围挡上，笔者看到不少与杭州相关的诗词，如白居易的《杭州回舫》、苏轼的《饮湖上初晴后雨》、杨万里的《晓出净慈寺送林子方》等。其中一块写的是《青玉案·元夕》：“众里寻他千百度。蓦然回首，那人却在，灯火阑珊处。”落款处标有“杨万里”。这首词的作者应是辛弃疾，而非杨万里。

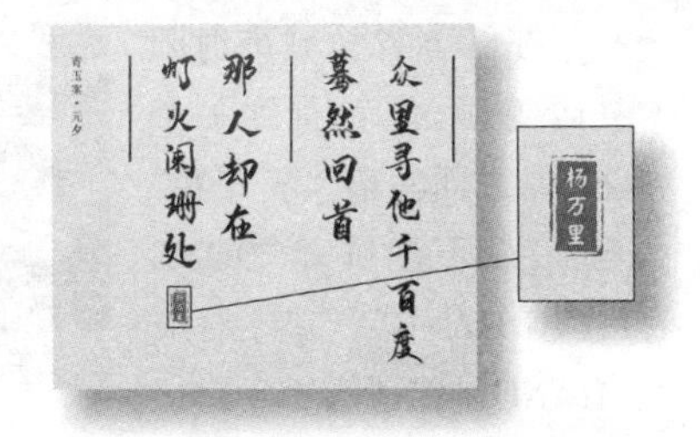

辛弃疾（1140—1207）是南宋词人，字幼安，号稼轩，历城（今山东济南）人。出生时，家乡已被金兵占领，成年后归附南宋。历任湖北、江西、湖南、福建、浙东安抚使等职，一生坚决主张抗金。他的词以豪放风格为主，写有《破阵子·为陈同甫赋壮词以寄之》《永遇乐·京口北固亭怀古》《水龙吟·登建康赏心亭》《菩萨蛮·书江西造口壁》等，都很有名。

《青玉案·元夕》是辛弃疾的一首婉约词，描写了南宋都城临安（今浙江杭州）元宵灯会的场景，是宋词里的名篇。学者王国维在《人间词话》中借词喻事，将“众里寻他千百度。蓦然回首，那人却在，灯火阑珊处”归为古今成大事业、大学问者必经过的三种境界中的最高境界。

杨万里（1127—1206）也是南宋诗人，字廷秀，吉水（今属江西）人。曾任秘书监，亦主张抗金。他与尤袤、范成大、陆游

“街巷(xiàng)”不是“巷(hàng)道”

◎刘　利

在江苏省盐城市射阳县合德镇，笔者看到一个路牌，上面写着“东方巷”三个字，下注拼音“DONG FANG HANG”。“巷”对应“HANG”，错了。

“巷”字确实有两个读音，一是 xiàng，一是 hàng。念 xiàng 时，表示狭窄的街道，如街头巷尾。还表示住宅，如《论语·雍也》：“一箪食，一瓢饮，在陋巷。”中医称脉气流通处为巷，如《灵枢经·邪气藏腑病形》：“中气穴，则针染(游)于巷。”念 hàng 时，用于“巷道”，指“在地面或地下挖掘成的水平或倾斜的坑道，供备战，以及采矿时运输、通风、排水、行人等之用”(《汉语大词典》)。东方巷因位于东方红小学门前而得名，与采矿无关，应取街道之义，当读 xiàng。

这一误读大概源于方言，江苏许多地方都把“街巷”的“巷”念成 hàng。

并称“中兴四大家”。他一生作诗两万余首，风格清新，用语通俗，如咏西湖名句“接天莲叶无穷碧，映日荷花别样红”(《晓出净慈寺送林子方》)。

辛弃疾与杨万里都是南宋前中期的主战派官员，都写过有关杭州的诗词。但给辛弃疾的词作冠以杨万里之名，实在不应该。

"秀"字的七七八八

◎史有为

1."秀"的造字理据。"秀"字是个常用字,奇怪的是没有找到甲骨文的写法,只有石鼓文作和《说文解字》里小篆作。《说文解字》只在"秀"的下面写了"上讳"二字。原来许慎(约58—147)撰写该书时,要避东汉光武帝刘秀之讳,不做解释,免得惹麻烦。后来南唐的徐锴(920—974),才做了点解释:秀,"禾实也。有实之象。下垂也"。也没有对造字的理据做出说明,因此造字的原意至今不很清楚。算象形吗?不像。"禾"字本身就像谷穗下垂的样子。下部的"乃"既不表声,也看不出跟意义有啥关系。如果只是个表示谷穗曲折长实的记号,那"秀"也就可能是个"指事"字。

2."秀"的本义。"秀"在《现代汉语词典》里的第一义项"植物抽穗开花",标"动",说明是个"词",还是动词。有人说不是"词",可能觉得都只是在复合词里使用。因为举的例子是"秀穗"和"六月六,看谷秀"。"秀穗",让人觉得像是个复合词。后者是谚语,并非固定词组,而是口语里的一种固定表达,里面的用语应该就是"词"。其实把"秀穗"里的"穗"读成"穗儿",这"秀"的单用味道就突出了,也就像"词"了。如果能把"秀穗"换成一个更能体现"秀"单独使用的例子,那就更好了。

其实,如果我们下乡去走走,就会知道"秀"的地位。许多误解可能就源于缺乏实际生活的体会。我们家乡管稻谷或麦子开花抽穗就叫"秀",我也听到北方方言里把抽穗叫作“麦子秀了”。因此,《现代汉语词典》把“秀”标注为动词的确没错。

3.“秀”的分合。《现汉》第5版把“秀”的“清秀、聪明、特别优异”等4个义项另外分出,成为另一个“秀²”。因为觉得这些意义跟“抽穗开花”没有什么关系。到了第6版,把原来的“秀¹”和“秀²”这两个字头合并成一个,因为找到了一个中间环节的义项:“凸出、高出”,举例是“一峰独秀|木秀于林,风必摧之”。就这样,两个似乎没有关系的义项族一下子串了起来,成为一个完整的拥有7个义项的义项链。这证明《现汉》是在进步,也在不断研究,不断修订以往的结论。

判断几个义项是不是属于一个意义家族(义项族)时,最重要的是要搞清楚,几个义项之间有没有清晰的意义联系,有无可解释的历时演化脉络。如果没有,那就只能分别成为几个字头。比如“会¹”的“聚合”义和“会²”的“理解”义,的确找不到意义联系,只能断成两个“会”。如果知道语源不同,那也必须分成两个字头,下面的“秀²”就是一例。

4.外来的“秀”。《现代汉语词典》第6版的另一个字头“秀²”,义项是“表演、演出”,举例“作秀|时装秀|泳装秀”。这是英语show的音译,也可以说兼带点意译的味道。但严格说起来并非音译兼意译。进入改革开放时期,境外各种show被引进,于是来自台湾的翻译“秀”,来自香港的翻译“骚”,就成了时髦客。它们确实带那么一点点意译的味道。但是把“秀”和“骚”两个放在一起比较,立刻就看出两个翻译都是以音译为主,其实并没有真正的意译。因为在汉语“秀”固有的那7个义项里没有一个是“表演、演出”,连接近或引申都难说。汉语“骚”固有的义项“扰乱、不安定”和“举止轻佻、作风放荡”也与show没有什么关系。因此,设置一个字头“秀²”非常

合理。

但外来的“秀”和“骚”跟汉语固有成分又确实有那么一丝关系：演出、表演，可能就容易“凸出”，似乎比别人更“优异”，也容易更让人觉得“举止”和“作风”超乎寻常，不合传统规矩，甚至接近“放荡”。这样一看似乎有些联想。但联想仅止于联想，而非真实。因此严格说，“秀”和“骚”不是音译兼意译，只是在音译的前提下恰好挑选了一个汉字，可以让人联想，可以靠近汉语固有字义而已。

5. 真实的音译兼意译。绝大部分的音译兼意译，都不大可能是真的兼有意译，都只是靠近意译。例如：音译自 cool 的“酷”，英语是冷的意思。只是汉语有“冷酷”，好像“酷”就有了冷的意思。其实“酷”只是“残酷、程度厉害”的意思。又如：音译自 mini- 的“迷你”，英语是小的意思。“迷你”则是“让你迷恋”的意思，与“小”差得不是一点点。再如：“艾滋病”音译自 AIDS，外语的原意是“获得性免疫缺陷综合征”（Acquired Immune Deficiency Syndrome）。“艾滋”只有“停止滋长”的意思，它们跟原文的意思差得太远了。AIDS 还有多个音译兼意译的译名：“爱死病、爱滋病”，而这些译名哪一点“意译”了？所谓的“兼意译”，只是有了点可让人抓住便于记忆的东西，容易让中国人接受而已。因此，千万不要误会上当。真正音译兼意译的一定很少，新近出现的“霸凌”可能是一个，那也是凑巧，正好英语 bullying 对上了两个有类似意义的汉字，于是组成了一个似乎是汉语自造的“霸凌”。

6. 被遗忘的一个“秀”。其实，还应该有个“秀”。那是上世纪四五十年代，由于篮球运动的开展，英语里的一些篮球术语开始进入中国，最为人关注的就是投篮。北京话称投篮为“秀”或“秀球”。“秀一个”就是“投一个篮”。这个“秀”是个外来词，是英语 shoot 的音译，并非从汉语“秀”变来。于

各类书刊都要重视语文的规范使用

◎苏培成

近来我读了一本书，叫《周易注译》，是浙江古籍出版社2009年3月出版的。书的作者主要用象数学的方法阐释《周易》的哲理，提出一些值得重视的看法，这是应该肯定的，可是书内涉及一些语文问题，与科学的语文知识相去甚远，应该提出来予以纠正。下面举出该书的三点失误，供读者参酌。

一、释“罔”。《周易·大壮九三》：“小人用壮，君子用罔。”这两句爻辞很好懂，意思是：奴隶捕兽靠力气大，贵族捕兽要用罔。高亨《周易大传今注》说：“罔，古网字，以喻法律，即所谓法网。”高亨的讲法是正确的。上古的“罔”字有时作“无”“没有”解，这样用时后面一定要带宾语。例如，

……………………………………………………………………

是，就有了第三个“秀[3]”。差不多同时期，上海话把投篮叫“骁/逍”（记音），也是英语shoot的音译。但这个外来词只出现在上海人的口语里，没有表现在文字上。上海是个比北京更早开放的城市，上海话里篮球的外来词也比北京话多些，比如：争球叫“僵搏/强搏”（记音），音译自英语jump ball（跳球）；传球叫“派司/趴斯”（记音），音译自英语pass（通过）。现在这些外来词，可能已经逐渐淘汰了。当汉语的自主意识逐渐起来以后，有些音译词就可能被意译词替代，因为意译词毕竟更容易理解与接受。这也是一种趋势。

《周易·晋初六》：罔孚裕（没有抢夺财物）。“罔”后带宾语“孚裕”。《史记·秦始皇本纪》：“二十有六年，初并天下，罔不宾服。”（罔不宾服：没有人不服从）而《周易注译》却把“君子用罔”的“罔”说成“无”。（该书第152页）“君子用无”是讲不通的。所以《周易注译》的说法是不能成立的。

二、“观”字的读音。《周易·观卦》是谈政治上如何观察和观察什么的。《周易注译》说：“‘观’字有两层含义：一是展示的意思，即自上示下，上面作出榜样给众人看，读去声；二是仰观的意思，即自下观上，群众观看上头的行为风范，读平声。”（第89页）《周易注译》的这段话有两个问题需要澄清。第一，这样给“观”字分类是分不清的，分出来也没有用。请看《观》卦的六爻的爻辞：初六的“童观”指仰视；六二的“窥观”，指从门缝中偷看；六三的“观我生”，指观察自己的生存条件；六四的“观国之光”，指真切地观看到君王德行的辉光；九五的“观我生”，指应经常自我反省；上九的“观其生”，指展示九五之德政于天下。按照《周易注译》的分法，如何能分为两类？第二，上古汉语的声调系统不是仅有去声和平声两大类，实际是复杂得多。顾炎武主张四声一贯，承认临时变调。江永认为异调相押只是四声杂用。黄侃认为只有平入两声。王念孙认为古有四声，但是有些韵部是四声具备，有些是只有平上去而无入，有些是有去入而无平上，有些是有入而无平上去。王力认为上古阴阳入各有两个声调，一长一短，阴阳的长调到后代成为平声，短调到后代成为上声，入声的长调到后代成为去声，短调到后代仍为入声。而《周易注译》硬把中古汉语的四声搬到上古汉语去，方枘圆凿，完全不是那么一回事。

三、关于“读若”的性质，《周易注译》批评高亨误解“读若”。高亨《周易古经今注》以《说文》“惢……读若《易·旅》

琐琐”一语来证明“琐”通“惢”，训“琐琐”为“多疑”。《周易注译》认为：“‘读若’只起到给被训释字注音的作用，并不涉及字义，故不能作为通借之依据。”理由是段玉裁在《说文·示部》“櫜”字条下注曰：“凡言‘读若’者，皆拟其音也。凡传注言‘读为’者，皆易其字也。”《周易注译》认为高亨因不明“读若者皆拟其音”之理，做出了错误的解释。（该书第247页）许嘉璐在《读若》一文中指出：“段玉裁《周礼汉读考·序》说：‘读如、读若者，拟其音也。古无反语，故为比方之词。’清代学者对此多持异议。钱大昕认为：‘许氏书所云“读若”、云“读与同”，皆古书假借之例，假其音并假其义，音同而义亦随之，非后世譬况为音者可同日而语也。’（《潜研堂文集·古同音假借说》）王筠《说文释例》和张行孚《说文发疑》都认为，明音、明假借二者兼有，不可一概而论。”（《中国大百科全书·语言文字卷》第1版59页）可见，关于“读若”在表音之外，是否还表义，学者意见并不一致，高亨对“读若”的使用不能断为错误。

语文是人类最重要的交际工具，也是各类学术著作传播的媒介。语文学是科学，不能信口开河，乱下雌黄。人们在撰著各类学术著作时，必须努力学好语文，规范使用语文，才能发挥各类学术著作的作用。

微语录·善

一只虫子掉进一个小洞爬不出来，一位善人决定救它。谁知一碰，虫子蜇了他的手。善人无惧，再次出手，岂知又被虫子蜇了一下。如此数次，最终善人救出了虫子。有人问：既然蜇你，何必救它？善人回答：蜇人是虫子的本性，行善是我的本性。我怎能因虫子的本性，而放弃自己的本性？

（乔　桥/辑）

“交恶”不读“交 è”

◎横山居士

电视剧《欢乐颂 3》中，朱喆被前男友陈祖法纠缠，为摆脱陈祖法，朱喆与他吃饭时，直问他的年收入、房产等，将其吓退。在第 13 集中，朱喆谈到这顿饭局，说：“有句话说‘君子交恶，不出恶语’，我昨天晚上想了一夜，做梦都在设计该怎么说。”《战国策》中有“古之君子交绝不出恶声”，意思是古代君子与人绝交，不说无礼中伤的言语，剧中“君子交恶，不出恶语”应是化用此句。可惜的是，演员将“交恶”的“恶”读成 è，有误。

恶是一个多音字，既可读 è 也可读 wù。“恶”读作 wù 时，表示讨厌、憎恨，如厌恶、深恶痛绝等。“交恶”就是互相憎恨、仇视，其中“恶”的意思是憎恨、讨厌，应读 wù。

读作 è 时，“恶”可表示凶恶、凶狠，如恶徒、恶骂。也可以表示恶劣或不好，如恶习、恶语。还可表示很坏的行为或犯罪的事情，如作恶、疾恶如仇等。所以应是“君子交恶（wù），不出恶（è）语”。

应是“校(jiào)音器”

◎禅意斋

今年6月央视重播《经典咏流传》第一季，其中，陈力、余少群演唱了《红楼梦》插曲《枉凝眉》。演唱结束后，陈力将她随身携带多年的“哨子”送给余少群，并说：“这个是校音器，这个校音器就是我平时练习的定调（的工具）或者有的时候唱高音的时候，控制这个调不要跑调（的工具）……希望它不仅能帮你校正音，还能帮你在今后的道路上，作为一种校尺，（你的）人生的校尺……”余少群接过校音器，说：“我一定把它好好收藏起来，作为我今后学习创作表演的一个校正器。”对话中出现了多个“校”，读法却不尽相同：陈力将“校音器”“校音”的“校”读作xiào，“校正”“校尺”的“校”读为jiào，余少群回答中“校”则读xiào。其实，这段对话中的“校”均应读作jiào。

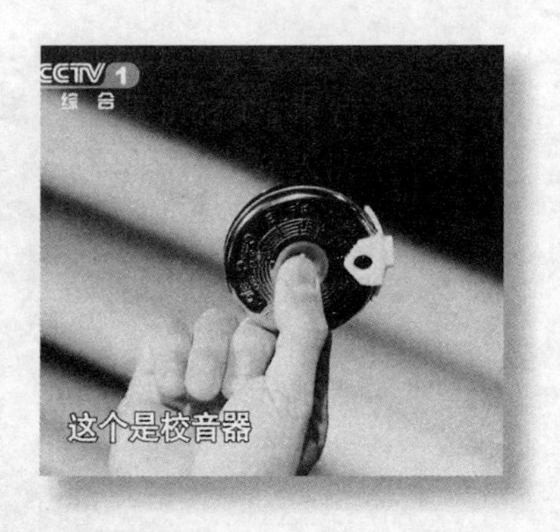

“校”有两读。读xiào时，表示专门进行教育的机构，如学校。还是军衔的一级，在将官之下，尉官之上，如：上校。读jiào时，“校”表示比较，如校场。还表示查对、订正。早在1985年12月发布的《普通话异读词审音表》中就已审定此音。上述节目中的“校正”“校尺”“校音器”之“校”表示的均是订正、查对之义，应读作jiào。

说“葡萄”

◎钱　伟

我国是葡萄属植物的起源地之一。早在先秦时期，古人就已经知道采集、加工、食用各种野生葡萄，甚至将其酿成酒饮用。如《诗经·豳风·七月》中就记录了古人以野生葡萄酿酒祝福长寿老人：“六月食郁及薁，七月亨葵及菽。八月剥枣，十月获稻，为此春酒，以介眉寿。”句中的“薁（yù）”就是那时的野葡萄。

在漫长的历史长河中，人类逐渐通过选育，将一部分优质的野生葡萄发展成为栽培种。欧亚种葡萄就是由野生葡萄培育而来，并在西汉传入我国中原地区。

对此，王维的诗句“苜蓿随天马，葡萄逐汉臣”可引以为证。诗中所咏之事是，汉武帝时张骞出使，凿空西域，曾至大宛国（大致在今中亚费尔干纳盆地）。《史记·大宛列传》记载：“大宛在匈奴西南，在汉正西，去汉可万里。其俗土著，耕田，田稻麦，有蒲陶酒”，大宛人喜“蒲陶酒”，“宛左右以蒲陶为酒，富人藏酒至万余石，久者数十年不败”。张骞从大宛带回来了苜蓿和葡萄：“汉使取其实来。于是天子始种苜蓿、蒲陶肥饶地。及天马多，外国使来众，则离宫别观旁尽种蒲萄、苜蓿极望。”

典籍中，葡萄有“蒲陶”“蒲萄”“蒲桃”等音同字异的不同写法。如南朝梁何思澄《南苑逢美人》诗：“风卷蒲萄带，日照石榴裙。”唐代李颀《古从军行》：“年年战骨埋荒外，空见蒲桃入汉家。”

对于其名称来历，有多种不同的说法。明代李时珍《本草纲目》对“葡萄”的释名为“葡萄,《汉书》作蒲桃,可以造酒,人酺饮之,则醄然而醉,故有是名”。“酺(pú)”古指国有喜庆,特赐臣民聚会饮酒,后来泛指聚饮。“醄(táo)”是酒醉的样子。李时珍以同音的“酺”“醄”二字释“葡萄”之名,意即因葡萄酒能让人聚饮后醄醄大醉,于是称这种酿酒的水果为葡萄(或“蒲桃”“蒲陶”等)。这种解释,显然是牵强附会,不足为据。然而,因《本草纲目》颇具影响,此说目前被许多媒体所引用,流传甚广。

不少近代西方学者都假定“葡萄”之名来自希腊文“βότρυς”,意思是一串葡萄。而美国汉学家劳费尔在《中国伊朗编》里反驳了这种说法。他提出,葡萄的名字应该是张骞在大宛学来的,葡萄一词大概与波斯语的“budāwa”或“buδāwa”相当。他认为葡萄很早就在伊朗高原北部一带种植,时代上比希腊要早。葡萄和葡萄酒是由波斯往西传到希腊,以至整个欧洲,往东沿丝绸之路进入我国。该波斯语词与新波斯语 buda(酒)及古波斯语的 βατιάκη(酒具)有关。还有学者认为葡萄是从《汉书·西域传》提及的扑挑国而来的,“扑挑”实为“朴桃”。因这个地方盛产葡萄,就以此地名为葡萄之名。这也可备一说。

微语录·父亲

儿子才五岁,爸爸却被查出绝症。

爸爸:儿子,你觉得少林功夫厉害吗?

儿子:厉害。

爸爸:如果我剃成光头,咱们一起练少林功夫好吗?

儿子:太好了,我们是武林高手!

第二天爸爸就剃成了光头,他开始陪儿子练少林拳。但孩子不知道,那是爸爸化疗的前一天。

(蔡 玫/辑)

社交新风

意味深长的自嘲

◎徐默凡

近年来的网络流行语，有很多是描述各种人物的名词，其间有一个规律，贬义的要比褒义的多得多。以《咬文嚼字》2008—2021年评选的年度十大流行语来看，明显贬义的有柠檬精、巨婴、杠精、土豪，略带贬义的有神兽、打工人、剁手党、网红、女汉子、吃瓜群众、高富帅、大V，而褒义的只有逆行者、创客、达人寥寥数个。究其原因，假恶丑比真善美更容易引发轰动效应，刻薄的发泄比真诚的赞美更容易传播。

负面词语充斥网络，然而有一股清流始终在与之对抗，那就是对贬义词语的自嘲用法。被贴上标签的小人物们没有暴跳如雷，也没有自暴自弃，而是清醒认识到自己的不足，勇于自嘲，善于自嘲，用戏谑的态度来面对别人的嘲讽。比如"打工人"本来含有对社会底层的蔑视，但是打工人创造了一系列打工语录来调侃自己："打工人，打工魂，打工人都是人上人"是押韵合辙的顺口溜，"打工可能会少活十年，不打工你一天也活不下去，早安！打工人！"是笑中带泪的清醒问候。再如"小镇做题家"指出身村镇，只会读书应试的贫寒子弟，但当舆论在为"小镇做题家"们鸣不平时，他们自己已经在豆瓣网上成立了万人小组，甚至自贬为"985废物"，把清华大学称为"五道口技校"，北京大学称为"圆明园职业技术学院"。这些嬉皮笑脸的流行梗极大消解了语词背后的恶意。

还有一些自嘲是"自投罗网"，本来不是针对自己的说法，非要往里套，然后再自我解嘲。比如"打工人"本来是指学历低、没技术、从事体力劳动的外来务工人员，但是现在很多技术员、工程师甚至大学老师都自认为是"打工人"，用这种自嘲来对抗工作压力，与此同时也使

“打工人”带上了“自强不息”的褒义色彩。再比如“网红”本来是指网上走红的名人，在使用中带有“哗众取宠”“轻浮浅薄”“不择手段博取流量”的贬义特征。但在疫情期间，不少教师需要网上授课，他们就给自己戴上了“网红”的帽子，还自称“十八线网红”，这种自嘲让大家体会到了网课教师的不易。

自嘲者还往往把一个贬义称呼用到极致，因为把自己放到最低，别人就再也没有办法贬低了。还是以“打工人”为例，这个词语中隐含了生活和工作的压力，自嘲者就变本加厉，将它放大到“工作996、生病ICU”，甚至进一步自称为“社畜”，用这种低端表述来呼吁社会关注，同时也自我解压。再如“剁手党”，本身的构词法就有夸张的因素，因过度购物到了需要“剁手”的地步，可谓匪夷所思了。“剁手党们”还经常用“网购穷三代”“这个月只好吃土了”等说法来自嘲，话说到这个地步，别人也没法继续指责，只好一笑了之了。

对于个人来说，自嘲其实是一种自信的表现。在面对别人责难时，缺乏自信的人总是百般辩解，唯恐别人看低自己；而自信的人却会自我嘲讽，放低姿态把攻击消弭于无形。自嘲者能客观认识自己的缺陷，不惜自暴其短之后，往往能奋而改变窘况，从而改变现状重新赢得别人的尊重。

对于流行语来说，自嘲的用法多了，词语的含义就愈加丰满起来，有些甚至经由自嘲用法而在新词新语里占据了一席之地。“打工人”就是一个典型的例子，指称对象从苦情的“外来工”变成了平凡的“劳动者”，联想意义从没有前途、得过且过转而带上了积极乐观、自强不息的意味。如果缺少自嘲用法的“添油加醋”，“打工人”这个简单的词形无法长期留存。看看近年来更多的流行语，可以发现“吃瓜群众”“搞笑女”等也在经历这个因自嘲而复杂化的过程。

自嘲，使人生的不堪得到消解，也使词语变得意味深长。

东坡爱簪玫瑰花？

◎李信宜

2022年1月12日《中国教师报》第16版所刊《烂漫"簪花"话宋朝》一文这样写道："直至宋朝，无关男女的'全民簪花'才成为社会的审美归宿。……才子苏轼，年轻时尤爱头插玫瑰，'人老簪花不自羞，花应羞上老人头'。"此说有误，这句诗说的可不是苏轼"年轻时尤爱头插玫瑰"。

"人老簪花不自羞，花应羞上老人头"出自苏轼《吉祥寺赏牡丹》一诗。熙宁四年（1071），苏轼出任杭州通判，次年三月二十三日，杭州举行了一次盛大的牡丹花会，他跟随知州沈立去吉祥寺赏花，州府官员都参加了盛会。官员们都兴致高涨，痛饮大醉，并且头上都插上牡丹花，跟随着太守，醉得东倒西歪地回家，引得路人争相观看。有感于此，苏轼便写了《吉祥寺赏牡丹》，全诗如下："人老簪花不自羞，花应羞上老人头。醉归扶路人应笑，十里珠帘半上钩。"簪花，即插花于冠上或头上。从背景和诗题来看，这首诗中的"老人"说的是苏轼自己。苏轼生于1037年，熙宁五年（1072）才三十多岁，却说自己是"老人"。苏轼在三四十岁已常认老，熙宁八年（1075），他在《江城子·密州出猎》里又称"老夫聊发少年狂"。

可见，《吉祥寺赏牡丹》诗句"人老簪花不自羞，花应羞上老人头"中，苏轼自称"老人"，且只字未提玫瑰。上述引文说苏轼"年轻时尤爱头插玫瑰"，不知这样说的根据是什么。

肯定不是“抓阄儿”，大概是在“抓周”

◎龙启群

2022 年 9 月 16 日《讽刺与幽默》第 7 版刊载有一组漫画，标题是《抓阄儿》。何谓“抓阄（jiū）儿”？《现代汉语词典》给出的解释是：“从预先做好记号的纸卷或纸团中每人取一个，以决定谁该得什么东西或谁该做什么事。也说拈阄儿。”但这幅漫画所画的并不是几个人抓取纸团，分明是一个还含着奶嘴的幼儿，被父母围着，随其意抓取父母亲给他准备的东西——书本、篮球、平板……这样的活动显然不是“抓阄儿”。从父母二人的对话来看，大概是在“抓周”。

抓周是一种民间旧俗，婴儿周岁时，父母在其面前陈列各种小物件，比如书本、算盘、笔墨等，任他抓取，以推测其未来的志趣和成就，也叫“试周”“试儿”。

“抓阄儿”抓的是结果，“抓周”抓的是可能，两者不能混为一谈。

说说“太行八陉”

◎乔莉平

“问我祖先来何处，山西洪洞大槐树。”我是山西洪洞人，对自己家乡的文化、历史尤其感兴趣，为此特别拜读了人民出版社2010年出版的《为什么是洪洞——大槐树下的文化传统与地方认同》一书。书中第50页写道：“（山西）东部的太行山间有‘太行八径’，为山西高原与华北平原间的交通孔道……”这里的“太行八径”应为“太行八陉”。

陉，音xíng，指山脉中断的地方。太行八陉是古代穿越太行山、由河北平原进入山西高原的八条通道，是重要军事关隘所在之地。如山西省与河北省交界处有井陉县，井陉是太行八陉之第五陉，素有“天下九塞之第六塞”的称号，是历代兵家必争之地。井陉连同轵关陉、太行陉、白陉、滏口陉、飞狐陉、蒲阴陉、军都陉，并称“太行八陉”。第一陉轵关陉，在今河南济源市西北。第二陉太行陉，南起河南焦作沁阳市，北至山西晋城泽州县。第三陉白陉，在今河南辉县市西。第四陉滏口陉，在今河北邯郸市西南石鼓山。第五陉井陉，在今河北井陉县的井陉山上。第六陉飞狐陉，今河北蔚县东南恒山峡谷口之北口。第七陉蒲阴陉，在今河北易县西北。第八陉军都陉，在北京昌平军都山中。

径，音jìng，本义是小路，如山径、曲径。后引申比喻达到目的的方法，如捷径。也表示直接，如径直。还指直径。汉语中没有“太行八径”的说法。

“赵抃”是谁

◎周　振

《幽默与笑话》杂志2022年第7期(上)所载的《皇帝们能做什么工作：刘邦可做主播,崇祯可搞文学》一文认为,“放在现代社会,不当皇帝的宋仁宗”,“有一份工作就很适合他——大学辅导员”,并进一步解释道：

大学生年轻气旺,又处于青春叛逆期,“战斗力”生猛,不时会惹出点儿令人头疼的事。不过放在宋仁宗身上,这都不是事。你再生猛,能有拽着宋仁宗袖子不放的赵拤(在朝弹劾不避权势,时称“铁面御史”)生猛？你再令人头疼,能有喷宋仁宗满脸唾沫的包拯令人头疼？

这位“铁面御史”的名字不是“赵拤”,而是“赵抃”。

拤,读qiá,义为用两手掐住。鲁光《中国姑娘》:“她用手使劲拤住受伤的部位,疼得头上冒出了汗水。”抃,读biàn,可表示鼓掌,还可表示搏击。如汉代扬雄《法言·渊骞》:“秦悼武、乌获、任鄙,扛鼎抃牛,非绝力邪？”其中的“抃牛”指两手拉开相斗的牛,比喻有超人勇力。

赵抃(1008—1084),字阅道,号知非子,衢州西安(今浙江省衢州)人。宋仁宗景祐元年(1034)中进士,元丰二年(1079)以太子少保致仕,为政45年。赵抃是与“包青天”包拯齐名的清廉、恤民和刚直之吏。至和元年(1054),赵抃被授为殿中侍御史,掌纠弹百官朝会失仪者。《宋史》中说赵抃在朝弹劾不避权势,名声凛然,时称“铁面御史”。

此“出口”非彼“出口”

◎袁林新

人员、车辆等从某场地进入或出去，此处一般称“进口”或“出口”。常见有人将“进口”译作“Import”，将“出口”译作“Export”。

图1

图2

比如图1，上海某三甲医院的检验报告打印处，将打印的报告“出口”译作了“Export”，以“Report Print Export”翻译“报告打印出口”。又比如图2，某体育公园曾将专为摄影记者设置的“进口”译作了“Imports”，以“The Press Photographer Imports”翻译“摄影记者进口”。

口，指出入通过的地方。进口和出口，都是歧义结构。当进口和出口是偏正结构时，是名词，分别指由建筑物或场地进入、出去所经过的门或通道等。当进口和出口是动宾结构时，则是动词，可指船只驶入、驶出港口，也引申指本地与外地、本国与外国之间的商品交易，进口指外地、外国的货物进入本地、本国，出口指本地、本国的货物运到外地、外国。弄清了“进 / 出口”不同结构代表的不同意义，就能找到正确的英语翻译。

英语中的“import”对应动词“进口”，“export”对应动词“出口”。“port”是港口的意思。前缀 im- 和 ex-，分别表示向内和向外。

表示由建筑物或场地进入所经过的门或通道的名词“进口”，其对应的英文其实是“Entrance”，或者也可以用“Entry”，这两个词是 enter（进入）的名词形式。有时也可以用“Way In”（由此进入）。这个意义上的“出口”，英文是“Exit”，有时也可以用“Way Out”（由此出去）。

上面两张照片，建议英译修改如下。“报告打印出口”不必直译，可译成“Collect Test Reports Here”，意即在此处拿打印的报告。“摄影记者进口”可译成“Entrance. Photographers Only”，意即为摄影记者所设的入口。

《“劣势”与“优势”》参考答案

1. 阴蘊——阴霾
2. 想往——向往
3. 招势——招式
4. 委曲——委屈
5. 早已练得心应手——早已练得得心应手
6. 稳操胜卷——稳操胜券
7. 颌首——颔首
8. 鼓励到——鼓励道
9. 柔道届——柔道界
10. 声名雀起——声名鹊起

编校差错扫描(五十一)

◎王　敏

“踔厉奋发”莫用“历”

【错例】凝心聚力谋发展 踔历奋发谱新篇(标题)

【简析】“踔历”应为“踔厉”。“厉”繁体字作“厲”,形声字,从厂(hǎn,山崖),蠆(chài,蝎类毒虫的古称)省声,本义指粗的磨刀石,是“砺”的本字。《说文解字》:“厉,旱石也。”徐锴系传:“旱石,麤(粗)悍石也。”《玉篇·厂部》:“厉,磨石也。”作动词指磨(使锋利),如“秣马厉兵”。由磨砺,引申指勉励、激励,如《三国志·蜀书·诸葛亮传》:“亲秉旄钺,以厉三军。”此义后写作“励”。再引申,指振奋向上、高扬疾飞,如“铺张扬厉”。进而引申指威猛、刚烈,如“雷厉风行”“变本加厉”。还引申指严格、严厉,如“厉行节约”“正颜厉色”。“历”繁体字作“歷”,甲骨文作,会意兼形声字,从秝(lì,稀疏均匀貌)从止会意,秝亦表声,本义指经过。金文和小篆字形加厂改从厤,其义不变。《说文解字》:“历,过也。”如“历时”“历程”。引申指出行,如“游历”。另作修饰语用,指经过的,如“历届”“历来”。又用作“秝”,如“历历在目”。推算日月星辰之运行以定岁时节气的方法也称“历”,如“历法”“阳历”“阴历”。其繁体字原作“歷”,后分化另造“曆”字,从日专指日月星辰运作之象。《说文解字·日部》新附:“曆,厤象也。”如今

"曆"也简化作"历",如"万年历""日历"。"踔厉风发"语出唐韩愈《柳子厚墓志铭》:"议论证据今古,出入经史百子,踔厉风发,率常屈其座人。"本形容雄辩恣肆、议论纵横,后形容精神振奋、斗志昂扬,亦作"踔厉奋发"。朱起凤《辞通》认为"蹈厉"与"踔厉"是联绵词,此说恐不确。"蹈厉"出自《礼记·乐记》:"发扬蹈厉之已蚤,何也?"孔颖达疏:"初舞之时,手足发扬,蹈地而猛厉。"《史记·乐书》引此文,张守节正义:"蹈,顿足蹋地。厉,颜色勃然如战色也。""踔"(chuō)本指踩踏、踢。《说文解字》:"踔,踶(dì,踢)也。""踔厉"确实义近"蹈厉",但并非联绵词,实可逐字训释:本指踢踏的动作威猛刚劲,后形容文风雄健有力,又形容精神奋发有为。"踔厉"含义与经历、日历无关,不能写成"踔历"。

"臃"本肿毒"庸"本用

【错例】久坐导致双腿庸肿、腿麻,考虑有椎间盘突出。

【简析】"庸肿"应为"臃肿"。"臃"是形声字,从月(肉),雍声,是"痈"的异体字,本义指肿毒、毒疮。《集韵·钟韵》:"痈,《说文》:'肿也。'或作臃。""臃肿"本指痈疽肿大、肌肉肿胀。《战国策·韩策三》:"人之所以善扁鹊者,为有臃肿也。"引申指物体粗大笨重,特指身体过度肥胖或衣着过分肥大。如清汪懋麟《洗象》诗:"自愧臃肿形,难为耳目赏。"又比喻机构庞大,效率低下。如"机构臃肿"。"庸"甲骨文作,是会意兼形声字,从庚从用,用亦声。上边的"庚"象乐器之形(或说象钲,或说象镛,均为钟形),下边的"用"象水桶之形,上下均为用具,会使用之意,"用"兼表音。后字形演变,"庚""用"连为一体,上下贯通为"庸",其本义即用。《说文解字》:“庸,用也。”如“毋庸讳言”。由使用,又引申指功劳、劳苦等。《尔雅·释诂下》:“庸,劳也。”乐器、水桶等为日常用品,“庸”遂泛指平常、一般。《尔雅·释诂上》:“庸,常也。”如“凡庸”“庸言庸行”。再引申指愚、不高明。《集韵·钟韵》:“庸,愚也。”如“庸人”“庸医”。双腿因病“臃肿”,非属平常,无关愚钝,误成“庸肿”是说不通的。

祓除不祥称“禊”事

【错例】永和九年,岁在癸丑,暮春之初,会于会稽山阴之兰亭,修褉事也。

【简析】“褉事”应为“禊事”。“禊”“褉”均是形声字,两者声旁相同,区别在形旁。“禊”从示,本义指古代消除不祥的一种祭祀。《广雅·释天》:“禊,祭也。”《广韵·霁韵》:“禊,祓除不祥也。”禊祭常在春秋二季于水滨举行。农历三月上旬的巳日行春禊,七月十四日行秋禊。《史记·外戚世家》“武帝禊霸上还”,裴骃集解引徐广曰:“三月上巳,临水祓除谓之禊。”魏以后春禊固定为三月初三。《南齐书·礼仪志上》:“三月三日曲水会,古禊祭也……旧言阳气布畅,万物讫出,姑洗洁之也……一说,三月三日清明之节,将修事于水侧,祷祀以祈丰年。”东晋永和九年(353)三月初三日,时任会稽内史的王羲之与友人雅集兰亭,饮酒赋诗。王羲之兰亭“修禊”时所作的诗序即《兰亭序》,亦称《禊序》《禊帖》,飘逸精妙,被奉为“天下第一行书”。其实,存世唐摹墨迹“神龙本”写的是“稧事”。“稧”(xì)从禾,本义指插秧。《广韵·霁韵》:“稧,换秧。”古用同“禊”,“稧事”即“禊事”。“褉”(xiè)从衣,本义指短袄。《集韵·屑韵》:“褉,襦(rú)也。”“禊”“褉”形近义别,“褉事”实为误写。

“懂王”懂什么

◎娄楚楚

在生活中，有一类人你难免会遇到，他们总喜欢卖弄学识并认为自己什么都懂。在新近的网络用语中，这类人被叫作“懂王”。

第一位被中国网友冠上“懂王”头衔的是美国第45任总统唐纳德·特朗普，他的口头禅是“There's nobody that knows...better than me”，翻译成中文就是“没有人比我更懂……”。例如面对新型冠状病毒肺炎，他会说“没人比我更懂病毒”；面对科技，他会说“没人比我更懂无人机”；面对经济，他又说“没人比我更懂货币贬值”。诸如此类，有四五十条之多。在特朗普的公开演说中，他将自己塑造成一位似乎什么都懂的总统，然而很多时候只是在班门弄斧、贻笑大方，因此被网友戏称为“懂王”。

随后广大网友发现，日常生活中也存在着像特朗普那样的人，“懂王”这个称号便开始不再为特朗普专有，也被网友们用来作为同类人的贬称。这类人或许并不一定会使用“没有人比我更懂……”的句式，但他们往往在人前表现得盲目自信，总是侃侃而谈自己的观点并对他人评头论足，他们永远觉得自己的言论是对的，将自己塑造成懂得一切的知识型王者。

为什么我们称这些人为“懂王”呢？其中的“懂”，在正常情况下是“知道、了解”的意思，但是在“懂王”中表示的恰恰是“不知道、不了解”的状态。当我们批评“懂王”的时候，我们会说“嗯嗯，你最懂了，全世界都没你懂”,看似在说对方懂了,实际上却是在讽刺他的“不懂装懂”。而“懂王”的“王”主要不是表示此人的社会地位,而是表示此人“不懂”的程度之深以及我们对他的嘲讽程度之深。

随着“懂王”的使用愈发广泛,许多“懂 ×”的构式也随之出现。当“懂王”是男生时,我们将其称为“懂哥”或者“老懂哥”,例如在游戏圈,那些“对游戏的制作和设计了解不多,却对批评和谩骂特别在行”的男生会被称作“懂哥”。而“懂王”是女生时,我们就会叫她“懂姐”甚至“懂后”。此外,还有“懂 × 帝”的结构,自以为懂车的人就是“懂车帝”、自以为懂法律的则是“懂法帝”等等。不过无论是“哥”“姐”“后”还是“帝”,它们都在一定程度上延续了“王”的含义,即表示“不懂”的程度之深。毕竟我们似乎不会叫他们“懂弟”或者“懂妹”吧!

“懂王”的广泛使用不仅产生了更多的构词形式,它的情感色彩也逐步开始发生变化。最初我们使用“懂王”是用来讽刺特朗普,后来这个词被用于嘲弄那些喜欢卖弄、不懂装懂的人,都带有贬义的情感色彩。后来,在某些语境下,“懂王”也可以指懂的东西确实比较多的人,那么此时“懂王”的情感色彩就是中性的。就比如有网友在网上提问的时候会说:“想请教各位懂王,美国后面还有多少夺金点?”而在极少数情况下,“懂王”甚至可以表示褒义的情感色彩,例如在褒奖别人游戏技能出众的时候,也可以说:“他是骨灰级玩家了,真正的懂王,让他带你上星吧!”不过,需要提醒的是,在如今的网络用语中,“懂王”一词的情感色彩在大多数情况下仍表贬义,仅在特殊语境下可以表示中性或者褒义。

懂得多固然是件好事,但是在日常生活中,我们也要时刻对“不懂装懂”保持警惕,真诚待人,成为真正“懂”的“懂王”!

尽人皆知的“密码”

◎陈亦鎏

日常生活中，我们对密码并不陌生。它每天保护着我们的银行账号和个人信息等，发挥了“口令”的认证作用。另一方面，“密码”充满着神秘色彩，作为“加密算法”活跃在各种破译与反破译的传说中。有时，“密码”又见于一些文学化的表达，如“故乡的密码”“古诗词的密码”“美味密码”等，这里表示的是“对人保密的关键因素”。

在网络语言上，“密码”同样有着丰富的用法。首先是“财富密码”，主要沿用了“密码”的“口令”含义，指打开财富宝库的口令，即获得财富的关键。得益于形象生动的表述，“财富密码”早年就常被用于理财读物的标题中，诸如《××人生的财富密码》《解密××的财富密码》。随着自媒体行业与流量经济的兴起，“财富密码”被网民借以表示发布者所使用的、利于赚取目标群体流量或支持的创作要素，这里的“财富”就不再限于投资理财中流通的金钱，而泛指网络中可变现的各种资源，如粉丝量、关注量、点赞数等。

如网络上曾流行一类视频，内容是外国人对着镜头说“我爱中国”，一开始吸引了很多网友关注。当这种拍摄模式泛滥到一定程度，“我爱中国”和外国人的组合，就被认为是视频创作者的“财富密码”。类似被贴上“财富密码”标签的创作要素，还有抄袭与反抄袭、精神疾病、网络暴力等。由于部分自媒体过于功利地使用“财富密码”，不惜以夸大甚至欺骗的方式进行炒作，直接干扰了正常的网络创作环境，所以在互联网语境中，“财富密码”通常具有讽刺或质疑意味。

“财富密码”流行于网络后，网民创造性地从中提炼出“××密码”的格式，并搭配产生了“流量密码”“收视密码”“热评密码”“涨粉密码”“爆款密码”等组合。一般来说，这一格式可以理解为“使用后能够获得/提高/成为××的关键秘密”。同时，或许是出于“××密码”天然与自媒体的浪潮密不可分的关系，五花八门的修饰语背后，始终隐含着各种主体对网络存在感以及影响力的追求。

同样妙用了“密码”含义的，还有短语“密码正确”。它主要存在三种用法：其一，用于调侃影视或动漫作品中，某个人物因三言两语便产生重要思想转变的情节。比如配角从小感到自卑，主角却夸赞他有“出色的才能”，寥寥数语就使配角受到触动，迅速投入主角阵营，这时弹幕便会称主角“密码正确”。其二，表示创作内容的某要素对自己有吸引力。例如广受欢迎的央视记者王冰冰，在她走红后吸引了一批网友去看她所出现的电视节目，每当她出现在节目中时，就会有网友戏称这档节目“密码正确”，表达自己为支持王冰冰而心甘情愿“上钩”的心情。其三，用来暗指内容发布者使用了有效的炒作手段，通常具有贬义色彩。这个用法类似于“财富密码”，但相比而言“密码正确”没有明确地指向“财富”，因此使用也更自由。

有趣的是，当“密码”被道破，失去其最可贵的保密性，又如何能称之为“密码”？也许，高质量有巧思的内容本身，才是动人心扉的真正“密码”。

DNA 动了

◎柴徐顺烨

当你在弹幕、评论中读到“DNA 动了”的时候，你是否感到疑惑？ DNA 真的会动吗？根据生物知识推断，这是不是意味着我们要改变性状了？要回答这些问题，首先需要从“DNA”说起。

DNA，中文名“脱氧核糖核酸”，是携带有生物体繁衍所必需的遗传信息的生物大分子。从生物学角度来看，DNA 在进行复制、解旋等活动时的确处于一个运动的状态，但我们在网络以及日常生活中所见到的“DNA 动了”，并不是生物学角度的“DNA 动了”。

实际上，网络语言中所谓的“DNA 动了”，是指某一段刻骨铭心的记忆因为某个外界刺激而被激活。这种外部刺激可以是某个画面、某段音乐甚至是一句话，比如当“80 后”“90 后”听到“葫芦娃，葫芦娃，一根藤上七朵花”的熟悉旋律，就会引发对于动画片《葫芦兄弟》的童年回忆，这时就可以说“DNA 动了”。由于 DNA 具有携带遗传信息的功能，是生理层面最基础的存在，而刻骨铭心的记忆也是心理层面最深处的存在，二者就有了一定程度上的相似性，所以“记忆被唤醒”也就被隐喻为“DNA 动了”，这实际上形成了一种比“条件反射”强度更大的心理唤醒方式。

“DNA 动了”这种表达方式在各种语境下被广泛应用。

在网络中的用法首先体现在粉丝圈用语中，如追星、追剧等。比如自己年少时很喜欢的一个偶像团体突然宣布回归，在听到那些熟悉的旋律时，不禁也想到了自己的青葱岁月，于是感慨“DNA动了”。而在看电视剧时，“DNA动了”主要出现在一些经典台词或是经典画面的评论中。如《甄嬛传》中出现“粉色娇嫩，你如今几岁了”的台词时，“DNA动了”就成了刷屏的弹幕。

在日常生活运用中，“DNA动了”也有广泛的使用，比如在学习方面可以用“DNA动了”来表示一种知识融会贯通的状态，可以体现在一门学科不同内容的交汇，也可以体现在不同学科的交叉中。以“张力”为例：在物理学中指“物体受到拉力作用时，存在于其内部而垂直于两邻部分接触面上的相互牵引力”；在哲学中指“矛盾或不相容”；在文学中指“作者对文章的情节内容掌握的力度，就像弓的开合”。而这些对于“张力”的理解实则都是在自己的脑海深处，所以当我们在物理书籍中看到这个名词，便会自然而然地“DNA一动”，联想到它在其他学科领域的意义用法。

除了上述这些用法，“DNA动了”还衍生出了一个特别的用法：DNA作为一种携带遗传信息的生物大分子，也被借用成为性格、习惯的标签。对于一个天生幽默风趣的人而言，在他做出一些搞笑好玩的事情时，我们就可以说：“他的喜剧人DNA动了。”这种用法和前述用法的不同之处在于，它不是一段记忆的激活，而是个体骨子里所带的特质在某一时刻得到了典型的表现。

综上可见，这种将严肃性的生物科学专有名词转化为网络用语的表达，具有很强的趣味性和生命力。改变自己生理上的“DNA”是困难的，但我们可以努力为自己合成一些正向积极的后天“DNA”，让它们在未来“动”的频率更高一些。

“剧本杀”的英译

◎陆建非

近些年来，“剧本杀”游戏在年轻人群体中非常火爆。相关数据显示，2020年我国剧本杀市场规模达117亿元，预计2022年将达239亿元。剧本杀游戏是升级版的“role play”（角色扮演），在游戏中，每个人都有自己的角色，参与者阅读人物对应剧本，破解谋杀之谜，找出真相。年轻人把它作为一种“探险之旅”或者“情感体验”，也是迅速拉近彼此关系的社交手段和渠道。

剧本杀在英语媒体的报道中，大多被直译成“script murder”或者“scripted murder/homicide”（“script”即剧本，“murder”即谋杀，“homicide”义为杀人），甚至音译成“jubensha”。

《纽约时报》2021年10月18日刊载文章介绍剧本杀，称“剧本杀”为“中国最新热潮”（China’s latest craze），其中说：“‘Scripted homicide’ clubs have opened around the country as young people look for ways to escape and connect.”（“剧本杀”俱乐部在全国各地纷纷开张，年轻人在寻找逃离和联系关系的方式。）以“scripted murders/homicide”对译“剧本杀”。

又如美国之音新闻2021年11月7日报道说：“Participants in a script murder — or a jubensha in Chinese — adopt characters’ personas, then spend hours together, online or in person, solving fictional murders using clues scattered throughout scripted scenarios.”（一场剧本杀，或者中文叫“jubensha”的参与者采用人物的角色，然后在网上或面对面

地花上几个小时，利用分散在剧本情节中的线索侦破虚构的谋杀案。）以“script murder”和“a jubensha in Chinese”译“剧本杀”。

澎湃新闻第六声（SixthTone）2019年12月23日载文，介绍了剧本杀的来源、发展及剧本杀行业的快速增长所带来的问题，其中有这样一句：“Chinese murder mystery games are attracting players with complex plots packed with robots, demons, and dastardly astrologists. But not everyone is amused.”（中国的谋杀推理游戏以充满机器人、恶魔和卑鄙的占星家的复杂情节吸引着玩家，但并不是所有人都觉得有趣。）这里出现了将“剧本杀”翻译作“murder mystery games”的译例，“murder mystery ”即谋杀之谜，进一步对“剧本杀”做了解释。

此外，也有不少英语媒体将“剧本杀”解释性地翻译成“Live Action Role Playing games”，即真人角色扮演游戏，“Live Action Role Playing”常缩写为“LARP”。如《中国日报》2021年11月17日刊发了一则有关“剧本杀”的报道，其中说：“The most popular is called jubensha — an LARP game usually involving murder mystery scripts.”（其中最受欢迎的是剧本杀，这通常是一款包含谋杀推理剧本的真人角色扮演游戏。）

由于频繁使用，LARP这个缩略语竟然变成了一个动词，义为“玩剧本杀，参与真人角色扮演”。假如邀请朋友一起玩剧本杀就可以说：Let's larp together！ / Let's go larping！ / Let's larp up！

以上几种译法，“scripted murders/homicide”简约明晰，一看就明白了。“murder mystery games”的译法把重点放在“游戏”上，表明剧本杀是一种参与性较强的游戏活动。“Live Action Role Playing games”的译法诠释了剧本杀这一新业态的特征——真人角色扮演类的游戏。演绎出缩略语形态的动词LARP，使这一新词的生命力指数见涨。

《安大简》《诗经》新读(下)

◎刘志基

七、小貉还是豪猪

《伐檀》:“不狩不猎,胡瞻尔庭有县貆兮?”郑笺:“貉子曰貆。”依此说,貆就是幼小的貉。而后来有的学者则认为此句中的“貆”是“貆”的异文。《安大简》此句为:“不戰(獸)不邌(獵),古(胡)詹(瞻)尔(爾)廷(庭)又(有)縣獴可(兮)。”两句异文如“獸”作“戰”、“獵”作“邌”、“胡”作“古”、“瞻”作“詹”、“庭”作“廷”、“有”作“又”等,皆楚简异于传世文献的寻常用字,可忽略不论。值得注意的是“貆”变作“獴”。“獴”字简文原形作:

该字右下是“犬”,其余部分与金文“遼”字如“”(鲁遼钟)、“”(应侯簋)右下所从同,当是“遼”字省形。因此,该字被认为“獂”字异体,即“獂”字。《集韵·元韵》:“獂,《博雅》:‘獂,豖属。’或从犬。”“獂”,即豪猪。如此来看,两种版本的《诗经》此句,所描述的狩猎对象,有小貉与豪猪的差异。

貉这种野生动物,近年来在生态环境大有改善的上海市区被经常发现,所以时不时在电视荧屏上露脸,我们看到的是一种眼睛大大、有点萌态的小型动物。显然,作为狩猎对象,它并不能成为猎手的劲敌。

而能够考验猎手狩猎本事的,应该是獂等野猪之类。甲骨文有“獂”字,描摹豖身的背或腹部长有长毛、刚鬣之形(下

图1、2)：

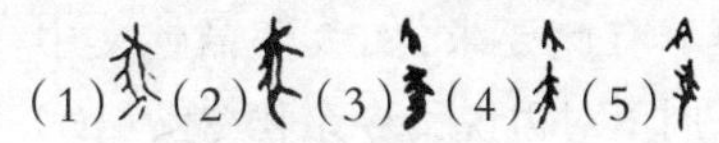

该字在甲骨文中还可以与“夂”组合成“衾”(一般认为是“邍”字)，该字上面是向下的“止(脚)”，下面可以是“豕”(上图3)，也可以是“貑”(上图4、5)。，字形被认为象迎头兜捕野猪之形，这样的构形之所以可以表示“邍”，学者解释为“在邍野上捕捉野猪，因之捕捉野猪的邍野也称邍”。由此可知在甲骨文的造字思维中，狩猎的对象可以“貑”类野猪为代表。与此字相类，甲骨文中还有这样一个字：

或两手持猎网对着野猪：

或单手持网捕猎野猪：

又可省去手形只描摹猎网迎对野猪：

就造字本义来说，此字表示捕猎野猪是没有问题的，有学者将其释为“敢”，这也就意味着“敢”作为形容词可以表示勇敢、勇武这类美德，最初是与在狩猎中敢于搏击野猪这种勇气相关联的。成语有“封豕长蛇”“狼奔豕突”，正可说明野猪的凶悍和冲撞力是相当了得的。

另外，在上古时代，猪的地位远比貉要来得高。突出的表现就是在祭祀礼仪中它们经常作为重要祭牲来奉献给先祖神灵。猪的种类很多，貑也是其中之一，如：

钔吴日丙豕，又殷丁匕貑。又匕戊貑。又父乙豚。(屯南5002附2)

丙卜：叀貑妣庚。(花东39)

以上两辞中，前一条“貑”祭献妣丁、妣戊，后一条“貑”祭献妣庚。“貑”的这种重要性，未见于“貉”。

就此来看，“不狩不猎，胡瞻尔庭有县貑兮”比“不狩不猎，胡瞻尔庭有县貆兮”似乎更加能够凸显狩猎的成果，因而也更符合《伐檀》的语境。

八、“职思其居”还是“犹思其惧”

《唐风·蟋蟀》：“蟋蟀在堂，岁聿其莫。今我不乐，日月其除。无已大康，职思其居。”“无已大康”，意思是不要太过于享乐；“职思其居”，郑笺解释为“又当主思于所居之事”。而这八个字，《安大简》作“母（毋）巳（已）大庺（康），猷（猶）思亓（其）懼（懼）”。两者异文，忽略一般通用之字，主要是用“懼”字替换了“居”字。“懼”，亦见于《上博五·三》简四，“惧”之异体，或直接隶定为“惧”。

《蟋蟀》之诗，是以蟋蟀进堂屋喻岁末将至，面对时光荏苒，人所应持有的生活态度。“职思其居”，即做好本分之事，固然容易理解，然而“犹思其惧”的表述，似乎与出土的同时期文献更相符。

两周青铜器铭文中有大量言及忠于职守之事的同时强调“心怀畏惧”的表述。周王对臣下有此要求，如大盂鼎铭文中周王对盂说：“今余隹令女（汝）盂𬨭（召）焚（榮）苟（敬）雝（雍）德巠（經），敏（敏）朝夕入闌（諫），亯（享）奔走（走），畏（畏）天畏（威）。”意思是说你对上天抱有畏惧之心，来兢兢业业辅助我周王，做好入谏及传递王命诸事。而臣子的这类在履职中必须心怀畏惧的言辞，多见于春秋战国铭文中作器者自己表达，数达40余见，仅录两例如下：

𩒨（鮑）子𪐗曰：余彌心畏諆（忌），余四事是台（以）。（𪐗镈）

余啚（函）龏（恭）𠤷屖，䰠（畏）厶（忌）趩趩，肅哲聖武，惠于政𢛳（德），𢘐（淑）于威義，誨猷不（丕）飤（飭）。（王孙遗者钟）

由此可见，很显然，两周时代，心怀畏惧安分履职的思想观念是一种主流意识，而《安大简》“毋已大康，犹思其惧”的表达，与以上铭文言辞更加相近，也与这一时代的观念意识更相容。

九、“邂逅”与“邢侯”

《唐风·绸缪》第二章有“今夕何夕,见此邂逅”的句子。然而这个表述与第一章“今夕何夕,见此良人”和第三章“今夕何夕,见此粲者”似有不类之处：一般认为此诗祝贺婚嫁,“良人”指新郎,“粲者”指新娘,两者都是名词。而“邂逅”,或曰读为“解媾”,“解”是“悦”的意思,故“解媾”原意是男女和合爱悦,是一个动宾结构的词组。为了让“邂逅”与“良人”“粲者”相对应,或将其解读为志趣相投的人,也变成一个名词。然而,古诗之中,字词的对应是重在字面义的,因此这种引申义的解读似乎难以令人信服。

《安大简》此句作“今夕可(何)夕,見此郱侯?”简文“郱”字原形为：

此字从“邦”从“方”,整理者认为是“邢”字异体,可从。显然,“邢侯”也是人称,颇可与“良人”“粲者”相对应。那么,“邢侯”何许人呢?在《诗经》时代,“邢侯”应该是个名人,他在《卫风·硕人》中也出现过。《硕人》是一首赞美诗歌,赞美的是卫庄公夫人庄姜。诗言硕人是“齐侯之子,卫侯之妻。东宫之妹,邢侯之姨”,这显然是形容硕人身世不凡,可见“邢侯”也不是凡人。据史书记载,西周初,周成王将周公第四子姬苴封于邢地(在今河北邢台市),建立邢国,爵位为侯,故称邢侯。这个邢侯究竟有什么功德能耐得到当时人们的追捧,还需要进一步研究。当时祝贺婚嫁的场合,将其视为后来的“潘安”“西施”之类人物来比喻新郎或新娘,完全是可以理解的。

“劣势”与“优势”

（文中有十处差错，你能找出来吗？答案在本期找）

◎林 辰 设计

一场交通事故，让小男孩永远失去了他的右臂。父亲见孩子每日郁郁寡欢，陷于悲痛之中，鼓励他发展新的兴趣，希望他能从命运的阴蘙中走出来。

从小，小男孩就想往柔道运动，在父亲的鼓舞下，他决定拜师学艺。一番周折之后，有一位柔道大师接纳了他。

小男孩开始学习柔道。三个月过去，大师只教了他一招。他忍不住问：“是不是可以开始学习其他的招势了？”大师摇了摇头：“不用，你就练这一招。”小男孩是师门中最刻苦的学生，尽管他满腹委曲，依然认真地练习，那一招早已练得心应手。

有人上门踢馆。那是个身材魁梧、手臂上青筋暴起的壮汉。大师让男孩应战。准备阶段，壮汉脸上稳操胜卷的笑容，让男孩背脊发寒。比赛正式开始，男孩退缩了，一味地躲闪。第一次对敌，又只练了那一招，况且还缺了一条手臂，怎么敌得过这样的壮汉？大师却微微颌首，鼓励到：“别怕，你一定能赢！”男孩开始进攻。没有几个回合，壮汉败下阵来，男孩赢了！这是怎么回事？

“你练的这一招，是柔道中最难的几招之一。而且，”师傅停顿了一下，“对付这一招的最有效的办法，就是抓住对方的右臂。”此后男孩在柔道届声名雀起。

无法避免的劣势，换一种环境，也许就成了优势。

火眼金睛

图中差错知多少？

马兆家　马明辉　古　桥　蒋逸征　提供

（答案在本期找）

1

2

3

4

微信公众号

邮　政

淘　宝

微　店

电子版

ISSN 1009-239

9 771009 239227

YAOWEN-JIAOZI

咬文嚼字®

2022.12

三明治

一种典型的西方食品，以面包片夹火腿、奶酪、蔬菜等制作而成。“三明治”是英语“sandwich”的音译，Sandwich 原本为英格兰的一个小镇。据说，这种广泛流行于西方各国的食品的得名，与曾以此小镇为封地的伯爵有关。

上海世纪出版集团
欢迎至邮局订阅本刊 邮发代号 4-641
国内统一连续出版物号 CN 31-1801/H
定价：6.00 元

雾里看花

“开刀即劏”是什么意思

郭荣武

一外地来到广州的朋友，看到某餐馆的招牌，怎么也读不出“劏”字，更说不出它的意思。如何读？啥意思？猜猜看，答案见本期。

被尘封的赫赫战功

钱欢欣 / 文　臧田心 / 画

在解放战争中，张富清荣立西北野战军特等功一次、军一等功一次、师一等功一次、师二等功一次、团一等功一次，被授予军“战斗英雄”称号、师“战斗英雄”称号，获“人民功臣”奖章。赫赫战功被张富清刻意尘封六十余年，连儿女们也不知情。直到2018年底，在一次退役军人信息采集中，张富清的事迹才重现人们面前。2019年，张富清被授予“共和国勋章”。“做人要知足，要懂得感恩，不给组织添麻烦。”这是张富清说给儿女们的。“吃得好，住得好，没得什么要求了。”这是张富清说给组织的。

咬文嚼字®
2022年12月1日出版
12
总第336期

主管：上海文艺出版总社
主办：上海文化出版社
编辑、出版：《咬文嚼字》杂志社
集团网站：http://www.shwenyi.com
E-mail：yaowenjiaozi2@163.com
官方微博：
http://weibo.com/yaowenjiaozish
电话传真：021-64330669
发行电话：021-53204165
邮购电话：021-53204211
地址：上海市闵行区号景路159弄A座3楼
邮政编码：201101
发行：上海市报刊发行局
发行范围：国内外公开
订阅处：全国各地邮局
邮发代号：4-641
ISSN 1009-2390
CN 31-1801 / H
印刷：上海中华印刷有限公司
印厂电话：021-60829062
021-60299079
定价：6.00元

踔厉奋发,勇毅前行

◎刘明奇

"踔厉奋发,勇毅前行"这两个四字短语,在2022年中央发布的文件、报告中经常出现。在党的二十大报告中的主题部分,也使用了"踔厉奋发,勇毅前行"这两个短语:

(1)高举中国特色社会主义伟大旗帜,全面贯彻新时代中国特色社会主义思想,弘扬伟大建党精神,自信自强、守正创新,踔厉奋发、勇毅前行,为全面建设社会主义现代化国家、全面推进中华民族伟大复兴而团结奋斗。

"踔"有"跳跃"的意思,"厉"表示"猛烈,雷厉风行","踔厉奋发"可以解读为"以更高更强的姿态奋发向上";"勇"是"勇敢","毅"是坚毅,"勇毅前行"则表示"勇敢坚决地前行"。

"踔厉"和"勇毅"并不是当代才出现的新词语,它们是汉语词汇中已经存在很久的词语,属于一般词汇中的传承词。例如:

(2)其慷慨助饷,多为华侨;热心宣传,多为学界;冲锋破敌,则在军队与会党,踔厉奋发,各尽所能,有此成功。(孙中山《中国革命史·革命之运动》)

(3)食草者善走而愚,食桑者有绪而蛾,食肉者勇毅而捍,食气者神明而寿。(《孔子家语·执辔》)

由于语言的渐变性和继承性,古语词有很大一部分会沿用至现当代,这就是所谓的"传承词"。与基本词汇相比,这类词不具备普遍性和能产性,它们使用的范围比较狭窄，使用的频率也比较低，只在书面语中偶尔使用，具有很强的书面语色彩，是现代汉语词汇系统中的生僻词。“踔厉”和“勇毅”虽然是生僻词，但在全面建设社会主义现代化国家的火热实践中，它们随着政治生态的需要而流行起来。

在现代汉语词汇中，似乎很难找到与“踔厉”意义相同或相近的词语；“勇毅”与“勇敢”也不同，“勇毅”在“勇敢”的基础上还增加了一层“坚决”之义，词义更加丰富。词义的形成一方面以现实为基础，另一方面也受制于同一语言中与其他词义的相互关系。既然在现代汉语词汇系统中，已有“踔厉”表示“更高更强”之义，“勇毅”表示“勇敢坚决”之义，那么把这些生僻词挖掘出来，与政治生态相呼应，重新变成书面语中常用的词语，这既符合词汇系统的经济原则，又丰富了我们的语言表达。

“踔厉奋发”和“勇毅前行”两个四字短语，可以连在一起使用，也可以分开来使用；它们大多用在政府为新阶段发展所作出的重要决策部署中，体现了党带领人民团结一致全面推进中华民族伟大复兴的斗争精神和坚定信念。例如：

（4）习近平总书记对青海工作把脉定向、掌舵领航、寄予厚望，北区上下愈加感恩习近平总书记的深切关怀，更加信心满怀，踔厉奋发书写崭新答卷！（《西宁晚报》2022年6月10日）

（5）要以史为鉴，埋头苦干，勇毅前行，以咬定青山不放松的执着，奋力实现既定目标，为创建一流矿产资源绿色利用科技创新机构而不懈奋斗！（《中国矿业报》2022年1月4日）

（6）立足本职工作，踔厉奋发、勇毅前行，为奋力谱写多彩贵州现代化建设新篇章贡献力量。（《铜仁日报》2022年4月27日）

“踔厉奋发，勇毅前行”水到渠成地表达出的赤诚之心，

“中国式”和“中国式现代化”

◎高丕永

习近平总书记在二十大开幕会上的报告已经传遍全世界，报告里的“中国式现代化”举世瞩目。一个多月来，中央宣讲团的成员分别在全国各地宣讲了二十大的精神，其中“中国式现代化”是必不可少的着重点之一。全国各大报纸和杂志，全方位、多角度、深入精准地解读“中国式现代化”的论文数以百计。基于《咬文嚼字》刊物的性质，本文试图换个角度，从语言应用上来解说“中国式”和“中国式现代化”。

“中国式现代化”里的“中国式”，指“中国样式，中国模式，中国特色”。汉语里，由“中国式”构成的短语（以下简称“‘中国式’短语”）还有很多。有时，“中国式”加上“的”后再构成短语。“中国式”短语的语义色彩，由语用环境决定是中性的、褒义的还是贬义的。

上世纪二三十年代，报刊上已有不少“中国式”短语。比如“中国式代数之应用，亦只以

是我们奋斗道路上必须具备的两大优秀品质，在努力奋斗的同时也要有勇敢坚决的信念。随着政治生态的健康发展，像“踔厉”“勇毅”这类从古汉语传承下来的不常用的生僻词，因其内涵丰富、色彩积极，从而得以重新启用。我们相信，随着“踔厉”和“勇毅”的高频使用，它们会出现在越来越多的领域中，很有可能会从生僻词变为人们耳熟能详的常用词。

四元为止境也”(《清华大学学报(自然科学版)》1924年第1卷第2期)。又如:“桃花泣血记:纯以中国人的理性写成中国式的悲剧”(标题,《影戏杂志》1931年第2卷第2期)。以上例句里的“中国式”短语,语义色彩是中性的。

2012年下半年,因所在语境而多多少少带有点贬义的“中国式”短语一时流行,常见的有“中国式过马路、中国式相亲、中国式堵车、中国式消费、中国式买房、中国式家长、中国式接送”等。比如:“‘中国式过马路’折射什么心态”(标题,《人民日报》2012年10月16日)。这些“中国式”短语,带有调侃、吐槽等意味,但“表现的是一种在经济水平提高以后,人们要重新打量自己、打量自己所处的社会状态的文化自觉意识”(参见教育部语言文字信息管理司策划的《2012汉语新短语》前言)。因此,“中国式”一词入选《咬文嚼字》2012年十大流行语。

更多的则是用在褒义语境里的“中国式”短语,常见的有“中国式微笑、中国式幽默、中国式浪漫、中国式亲情、中国式人生、中国式励志、中国式担当、中国式责任、中国式办法”等。比如:“他们创造的‘中国速度’、树立的‘中国标准’、留下的‘中国式微笑’,他们以中国军人特有的气质与精神撑起一片和平的蓝天。”(《人民日报》2010年10月18日)又如:“实践证明,坚持用中国式办法解决医药卫生体制改革难题,方向正确,路径明晰,措施得力,成效显著。”(《人民日报》2020年8月8日)

褒义语境用的“中国式”短语,具有重大历史和现实意义的是“中国式(的)现代化”。党的十一届三中全会后不久,邓小平同志明确提出了“中国式的现代化”概念,并把实现“小康社会”作为阶段性目标。1979年3月30日,在党的理论工作务虚会上,小平同志受党中央委托发表讲话说:“过去搞民主革命，要适合中国情况，走毛泽东同志开辟的农村包围城市的道路。现在搞建设，也要适合中国情况，走出一条中国式的现代化道路。”（该讲话以《坚持四项基本原则》为题，收入《邓小平文选》第二卷）1983年6月18日，邓小平会见参加一九八三年北京科学技术政策讨论会的外籍专家时又说：“我们搞的现代化，是中国式的现代化。我们建设的社会主义，是有中国特色的社会主义。”（该讲话的部分内容，以《路子走对了，政策不会变》为题，收入《邓小平文选》第三卷）

如今，中国人民在中国共产党的坚强领导下，以前所未有的“中国式速度”，创造了举世瞩目的“中国式奇迹”，实现了小平同志当初定下的“小康社会”目标，实现了中国人的千年梦想。那么，怎么理解经过长期继承和发展的、在二十大报告中用到十一次的“中国式现代化”呢？习总书记在报告中做了深刻的阐述：中国式现代化，是中国共产党领导的社会主义现代化，既有各国现代化的共同特征，更有基于自己国情的五个中国特色——人口规模巨大的现代化，全体人民共同富裕的现代化，物质文明和精神文明相协调的现代化，人与自然和谐共生的现代化，走和平发展道路的现代化。

展望未来，中国式现代化之路越走越宽，因“中国式（的）现代化”而“生”、与改革开放全程息息相关的“中国式决策、中国式改革、中国式创新、中国式发展、中国式民主、中国式人权、中国式扶贫、中国式反腐、中国式医改、中国式养老、中国式减排、中国式抗疫”等“中国式”短语，也将继续伴随我们踔厉奋发一路向前。

“佯攻”应读“yáng 攻”

◎崔子荣

《雪豹特战》第1集，江婷帮郑帅分析战术，说：“面对这样的对手，你们的方法应该更简单明确，长时间地让对方等待，他们的心就会乱，这个时候你要不断地试探，佯攻，再试探，再佯攻，这样就有效地干扰了他们。”（字幕同步显示）这里，演员把“佯攻”的“佯”读作 xiáng，错了。

佯，读作 yáng，是个形声字，从人，羊声。本义是假装，《玉篇·人部》：“佯，诈也。”佯装即假装，佯狂即假装疯癫。佯攻，义为虚张声势地假装进攻，是一种军事上欺敌作战的手段，目的是为了混淆敌方视听，使敌方发生错误的判断。魏巍《东方》：“大部分同志都主张以东边的山腿为佯攻的方向，主要攻击西边的山腿，然后夺取主峰。”

以“羊”为声旁的字确实也有读 xiáng 的，常用的如“详”字和“祥”字。“详”在古汉语中还可通“佯”，把“佯”误读成 xiáng，也许是受到这类形近字的影响吧。

代代传承宜用“薪火相传”

◎梁德祥

在央视怀旧剧场播出的电影《李时珍》中，李时珍向太医院递上重修《本草》的申请后，听到一位老医生在给学生上课：“讲到本草这门学问，自从汉朝出了神农《本草》以后，就一个接一个的星火相传，代代不绝。可是，到了宋朝以后，就没有人修《本草》了，旧的《本草》就不免有错误和不足的地方。”（字幕同步显示）这里的“星火相传”应为“薪火相传”。

薪火相传，亦作薪尽火传。语本《庄子·养生主》：“指穷于为薪，火传也，不知其尽也。”成玄英疏：“穷，尽也。薪，柴樵也。……前薪虽尽，后薪以续，前后相继，故火不灭也。”前柴烧尽，后柴继续燃烧，火种相递地留传下去。后以之借喻师生传授，学问一代接一代地留传下来，亦可表示某项事业或工作继续传承之义。也泛指传延不绝，形骸有尽而精神不灭。

星火，古代星名，即二十八宿中的心宿。也指繁星。后也指灯光，并无传承之义。

电影《李时珍》中，老医生想说的是，《本草》育中医，中医修《本草》，代代传承，与时俱进，犹如薪火相传。

“斯文在兹”说“版本”

◎南　园

“版本”一词，至少有一千五百年历史了，在现代汉语中常用的义项，即《现代汉语词典》(第7版)里的释义：“同一部书因编辑、传抄、刻版、排版或装订形式等的不同而产生的不同的本子。”显然，这个释义把“版本”的所指范围局限于“书籍”，但在实际应用中早已有了两次“跨界”扩展。

第一次“跨界”扩展发生在改革开放之后，“版本”还可以指“音乐、舞蹈、雕塑、戏剧、电影等艺术的同一作品的不同载体(表现形式)”。比如：“交响组曲《天方夜谭》新版本”(标题，《人民日报》1995年1月7日)。扩展后的“版本”常常缩略为“版”。比如：“中国国家话剧院版《四世同堂》(2010年)，是将原著浓缩为3小时的话剧。”(《人民日报》2021年1月7日)

随着计算机、互联网、智能手机、人工智能等高新技术的发展，“版本”的所指范围第二次“跨界”扩展，还可以指“同一种操作系统、应用软件、网游、智能机器人程序等的不同载体(表现形式)”。比如：“黑马文字校对系统推出新版本”(标题，《人民日报》1995年5月3日)。这个扩展后的“版本”也常常缩略为“版”。比如：“《新华字典》有了手机版”(标题，《人民日报海外版》2017年6月19日)。

可见，如今人们熟悉的“版本”，所指范围已经比词典上的释义扩大了很多，但是仍解释不了2020年起出现的很多“版本”新用例。请看下面的例句：

(1)“斯文在兹——中华古代文明版本展”荟萃刻符陶器、

青铜器、甲骨简帛、古籍图书等多类型版本瑰宝。(《人民日报海外版》2022 年 8 月 2 日)

(2) 此外,收藏的特色版本也亮点颇多,包括重点历史文献、岭南文化、侨批侨刊、票据票证、音响唱片、科学技术等 20 多万册(件)版本。(《人民日报》2022 年 8 月 3 日)

(3) 守护版本里的中国,为何要收藏软件与网游?(标题,人民日报评论2022年7月26日)

(4) 我们坚信:国家版本馆必将成为新的文化地标、标志性传世工程,推动守护版本里的中国,以文化之光照亮复兴之路。(《人民日报》2022 年 8 月 12 日)

以上例句里的"版本",不能缩略为"版"来使用。我们找到的最早例句出自《中共中央关于制定国民经济和社会发展第十四个五年规划和二〇三五年远景目标的建议》(2020 年 10 月 29 日党的十九届五中全会审议通过),其中建议之一是"推进国家版本馆工程"。不久,又出现在《中华人民共和国国民经济和社会发展第十四个五年规划和 2035 年远景目标纲要》(2021 年 3 月 11 日十三届全国人大四次会议批准)里,其中目标之一是"建设国家版本馆"。2022 年 7 月 23 日,中国国家版本馆和西安分馆、杭州分馆、广州分馆均已竣工,并在 7 月 30 日举办了开馆暨展览开幕式。从此,所指范围涵盖了陶器、青铜器、甲骨简帛、古籍图书、票据票证、音响唱片、软件、网游等的"版本"也在媒体上广泛使用了。

那么,什么样的定义适用于这个全新"版本"呢?拟可定义为"承载某一事物历史文化传承价值的不同载体"。例(1)(2)(3)提及的物件,都具有传承中华文明历史文化的重要价值,因此都成了集图书馆、博物馆、档案馆、美术馆等功能于一体的中国国家版本馆及其三个分馆所收藏的版本。由此看来,留有中国四十多年改革开放辉煌成就印记的"版本"这个词本身,倒也是一件颇具特色的"版本"。

“续命”：是夸张也是日常

◎李昕颐

夏日炎炎，回到家开启空调，瞬间找回常温，做回自己；工作辛劳一天，喝上一杯奶茶，似乎又找回了活力。这种空调、奶茶所带来的美好体验，近年来常被人们戏称为空调“续命”、奶茶“续命”。“续命”常配合热门产品使用，因用法新颖，表达夸张，迅速在网络上走红，得到广泛应用，无论在日常生活还是在社交媒体上，都不难看到“续命”的身影。

“续命”即“延续生命”，属于缩略语，最早就是指维持生命，例如：

（1）出生9个月起，永州的小旭就被确诊为重型地中海贫血。现在七岁半的他一直靠输血续命，从开始的一个月输一次，到现在的十几天输一次。（《三湘都市报》2020年7月22日）

（2）杭州市的张女士为给女儿治病，花钱让“神婆”买通“阎王”为女儿续命。（《沧州晚报》2018年7月21日）

例（1）“输血续命”即小旭因重型地中海贫血要依靠输血才能维持生命；例（2）“为女儿续命”指张女士试图通过花钱让“神婆”作法为生病的女儿维持生命。

生命得以延续，意味着生命行将结束这样的不良状态得以改善，因此“续命”引申出改善状态的意义，例如：

（3）这两天已经在北方冻得瑟瑟发抖，再看看南方也没好到哪去，北方好在还有令南方人民羡慕的暖气，到南方就会发现外面冷屋里更冷，所以也得靠羽绒服续命。（《今日章

丘》2020年1月11日）

（4）入秋后，很多人容易疲劳、困倦，提不起精神，可能是秋乏，但有些“秋乏”可能是身体的一些疾病信号，不能一味地依赖咖啡、奶茶等“续命神器”，持续透支精力。（《海峡都市报》2021年9月9日）

（5）炎炎夏季，高温酷暑，不少人直呼要靠冷饮“续命”，而且要多多加冰。（《开封日报》2022年6月28日）

例（3）“靠羽绒服续命”指南方的冬天寒冷而室内没有暖气，同样需要穿羽绒服保暖，维持正常的体温以御寒。例（4）把咖啡、奶茶比作“续命神器”，指入秋后很多人容易疲乏，而咖啡、奶茶此类含咖啡因的饮品能够提神，改善精神状态。例（5）“靠冷饮‘续命’”指在炎炎夏季，通过吃冷饮来降温，改善身体状态。

“续命”作为改善状态义使用时，在表达上较为夸张。“续命”的本义与生命相关，是生命攸关的大事，而引申义“改善状态”虽然不涉及生死问题，但在运用时也不可避免地使人联想到本义，因而在表达上具有夸张效果。如例（5），冷饮本身是不能用来延续生命的，只能用来改善身体状态，而“续命”一词能够让人感觉到附加了冷饮可以“延续生命”的夸张意义。这种夸张的效果能激起人们的强烈共鸣，因而“续命”的这一用法在网络、纸媒以及日常语言运用中有很高的热度。

另一方面，“续命”还从维持生命义引申出维持时效义，这是隐喻形成的词义引申：生命结束可以映射到时效到期，生命延续可以映射到时效维持，生命和时效在时间延续的性质上具有相似性。“续命”的维持时效义，最典型的用法就是当前所谓的“核酸续命”，这一用法尚未在正式书面媒体见到，但网络上特别多见，百度检索有200多万条。例如：

（6）如何做好核酸“续命”和“要命”之间的平衡，并不是无解。如可以适当延长核酸检

“东数西算”正当时

◎王冬雪

继“南水北调”“西气东输”“西电东送”后，又一项国家跨区域重要战略工程——“东数西算”正式启动。“东数西算”中“数”指的是“数据”，“算”指的是“算力”，也就是数据计算能力。顾名思义，“东数西算”工程指将东部庞大的数据处理需求引导至西部地区进行运算，此项举措既能缓解东部地区的计算压力，又能带动西部地区的科技进步和经济发

测时间要求，对不同的人群采取不同的检测方案，现场的抗原代替核酸检测，研发出可以即采即出的检测手段。（腾讯网2022年6月12日）

（7）现在看来，曾一直被小编忽视的带有动力储存显示的手表，可真是派上大大大用处了，简直就是核酸续命法宝，再也不用绞尽脑汁掰着手指头算时间了呀。（搜狐网2022年9月21日）

“续命”不只用来表示维持生命，还用来表示改善人体状态，延续事物时效。“续命”意义的引申，体现了社会的深刻变化：一方面要在生活上改善人们的身体状态，另一方面也要在工作上维持事物的正常时效，这都是当前社会生活所必需的。从语言运用看，“续命”具有夸张性和放大性，把生活中非致命的内容表述为生死攸关，这样可以凸显词语的价值，容易引人注意。正因为如此，“续命”也会因不断被使用而得以“续命”，展现其作为新词语的旺盛生命力。

展。请看：

（1）数据的超大“体量”需要强大算力，也需要更大规模、更高效的数据中心，而“东数西算”可以推进数据中心在空间布局上的优化和算力上的提升。（《贵阳日报》2021年5月28日）

“南水北调”“西气东输”“西电东送”工程跨区域调配水、气、电，输送能源，保障人民基本生活需求；“东数西算”工程跨区域调配网络数据需求，输送虚拟资源，满足人民美好生活需要。

“东数西算”是新兴的热点政策名词，但形式上更像短语，成分与成分之间的结合程度还不够紧密，因此“东数”和“西算”中可以插入其他成分，例如：

（2）“东数”为何“西算”？（《经济日报》2022年3月17日）

（3）并非所有的“东数”都要“西算”。（《人民日报》2022年6月21日）

同时，正因为“东数西算”这类词语形式不固定，所以使用上较为灵活。在交际过程中，说话人可依据语境需要，对词语中的动词性成分进行替换，例如：

（4）从一开始的“东数西存”，到新赛道“东数西算”，到新场景“东数西训”，乃至最后实现“东数西营”，贵州大数据发展路径明确、目标清晰。（《科技日报》2022年5月24日）

例（4）中“存”是“存储”，“训”是“训练”，“营”是“运营”。

“东数西算”在形式上具有简洁性。“东数西算”仅用四个字就将一项新政策言简意赅地表达出来。这是因为，一方面，语言运用需要遵循经济性原则，语言经济性原则要求使用尽量少的语言形式表达尽可能多的意义；另一方面，有关国家时事政治经济方面的用词都要求在完整、全面的基础上做到简洁精练。

“东数西算”在用法上具有明确性。词语和语法的选择应当遵从语体的规范。政论语体的主要特征是具有宣传的鼓动性和严密的逻辑性。首先，词语和语序的设置必须以句义为先，避免引发歧义，“东数西算”是符合这一原则的。其次，“东数西算”中的第一个字和第三个字都是方位成分，这有利于人们理解这些跨区域战略工程对于不同地区之间互助协作的价值和重要性。并且，四字词语中方位成分位置相应，显得对仗工整、韵律和谐、朗朗上口。

“东数西算”类词语的出现，给语言带来了一定的变化，具体表现为：含方位的四字结构由原来单一的并列关系而发展出并列关系和主谓关系并存的局面。普通含方位的四字结构都是并列关系，如“东邪西毒”“南帝北丐”“东奔西忙”“南征北战”等；而和国家政策有关的含方位的四字结构是主谓关系，“南水北调”意思是“南方的水向北方调配”，“南水”是定中结构作主语，“北调”是状中结构作谓语，“南水”和“北调”之间是主谓关系；同样，“东数西算”意思是“东部的数据在西部运算”，“东数”和“西算”之间也是主谓关系。

如今，我国正着力对东西部数据资源进行重新分配布局，这对全国数字经济的发展是极为有利的，“东数西算”有着广阔的前景，请看：

（5）如同“西电东送”“西气东输”解决能源问题一样，“东数西算”通过新型基础设施建设不仅可以为西部带来投资，助力当地产业结构调整和经济转型，还能通过算力基础设施建设撬动上层应用的引流和发展，带动全国数字经济协同发展。（《人民日报》2022年6月15日）

“洪水漫漶”？

◎石廷玉

著名音乐家叶小纲先生随笔集《素手烹茶》(人民音乐出版社 2021 年 3 月出版)中有《反复的隐喻》一文,其中这样说道:“疫情再次提醒人们,决不能松懈,需科学应对与重视。……却传来遥远南方洪水漫漶的消息。”这里“漫漶”一词使用不当。

“漫”和“漶”都有模糊的意思;漫漶,义为文字、图画、书板、石刻等因磨损或浸水受潮而模糊不清,难以辨别。唐代韩愈《新修滕王阁记》:“于是栋楹梁桷板槛之腐黑挠折者,盖瓦级砖之破缺者,赤白之漫漶不鲜者,治之则已,无侈前人,无废后观。”其中“赤白之漫漶不鲜者”即指建筑物表面原来所涂的颜色失去光泽,变得模糊不清了。此外,“漫漶”还可以形容迷茫不清,如清代金农《怀人绝句》之二十:“七年不见朱循吏,往事漫漶如埽(同扫)尘。”

因而“漫漶”只能形容事物模糊,不能用来形容洪水的水势凶猛。上引文把“漫漶”改成“泛滥”“漫溢”,庶几可通。

“矍铄”不宜形容年轻人

◎江城子

2022 年 10 月 10 日的《张家界日报》第 3 版刊有《幸福就在身边》一文,其中这样写道:“他们二十七八岁的样子,女子的脸庞略显倦意,但精神头依旧矍铄。”此处,用“矍铄”一词来修饰二十七八岁女子的“精神头”,明显有误。

矍(jué)铄,形容老年人目光炯炯、精神健旺的样子;也形容人虽老,但壮心不已,不忘建功立业。语出《后汉书·马援传》:“帝令试之。援据鞍顾眄以示可用。帝笑曰:‘矍铄哉,是翁也!’”说的是,汉光武帝派兵攻打武陵五溪蛮夷,马援请求前往。皇帝怜惜他年龄大,未答应。马援自述还能披甲上马。皇帝令他试一试。马援手扶马鞍左右看看,表示还可以任用。皇帝笑着说:“真精神啊,这老头儿!”后世也以“矍铄翁”代称马援。

“矍铄”的语源决定其与老人搭配的特点,将其用在年轻女子身上,则大谬不然。如“矍铄”改成“旺盛”,就合适了。

“颓糜”?“颓靡”!

◎杨昌俊

2022年10月1日《滁州日报》第3版刊有《心有家国》一文,文中提及“经历沧桑世事后的阔达”的苏轼时,这样写道:“人的一生不可能一帆风顺,总会经历各种不如意。……逆境时,不颓糜。有了这种达观,前行路上的危险自然就转化成了机遇。”这里的“颓糜”,应为“颓靡”。

“颓”是个会意字,从页从秃,本义为头光秃秃的样子,引申出脱落、倒塌、落下、衰败等义。“靡”是多音字,读作mǐ时,本义为散乱、倒下。《左传·庄公十年》:“吾视其辙乱,望其旗靡,故逐之。”颓靡,即萎靡、衰败,形容情绪低落、意志消沉、困顿不振的样子。明归有光《与周淀山书》之三:“不顾纪纲决裂,风俗颓靡,人心纷乱而莫可收拾。”上引文字想说的是,苏轼遭遇逆境也能保持豁达的心态,乐观积极地应对挫折。用“不颓靡”符合文意。

“糜”,多音字,读作mí时,本义为稠粥。也指像粥的食品。《释名·释饮食》:“糜,煮米使糜烂也。”引申出碎烂、浪费等义。汉语中并无“颓糜”,把“颓靡”写成“颓糜”,应是“糜”“靡”音近形似致误。

苏轼的“轼”何意

◎杨西仑

《读者》2022年第16期刊

有短文《取名》，记录了苏洵在《名二子说》中谈的给两个儿子取名的用意。在说到苏轼的名字时这样写道："轼啊，我愿你在人们眼中，不要成为可有可无的人。"这句话偏离了苏洵的原意。

苏洵是苏轼、苏辙之父。父子三人都是北宋有名的文学家，合称"三苏"。《名二子说》是苏洵所作的一篇短小的散文，通过论说给两个儿子取名的用意，分析了两子的不同性格，并表达了自己的担忧和期许。其中关于"轼"的文字是："轮辐盖轸，皆有职乎车，而轼独若无所为者。虽然，去轼则吾未见其为完车也。轼乎，吾惧汝之不外饰也。"轼，是古代设在车厢前供立乘者凭扶的横木。轼属于车的一个组成部分，虽然对于车辆的运行没有作用，但对于乘坐的人来说却很重要，一辆车如果没有了车轼，就不能称其为一辆完整的车。"轼独若无所为者"，"去轼则吾未见其为完车也"说的就是这个意思。车轼的一个特点就是露在外面，"轼乎，吾惧汝之不外饰也"，表现了苏洵担忧苏轼的性格过于直率，锋芒外露，易招祸患，希望他能够内敛处世。

因而，苏洵原文对"轼"的担忧是外露而不掩饰，并非"可有可无"。

应是"树蕙滋兰"

◎刘骐珲

2022年1月10日《山西日报》第8版刊有《山西大学120周年校庆公告(第一号)》，文中有这样一句话："百廿间树慧滋兰，两甲子春华秋实。"此处的"树慧滋兰"应作"树蕙滋兰"。

"树蕙滋兰"语本屈原《离骚》："余既滋兰之九畹(wǎn)兮，又树蕙之百亩。"说的是，我已经栽培了九畹兰草("畹"是古代地积单位，东汉王逸在《楚辞章句》中解释："十二亩为畹。")，又种植了百亩蕙草。"树"有种植、培育的意思，

"滋"有培植之义,"蕙"与"兰"都是香草名。"树蕙滋兰"本义为种植、培育香草,后比喻修行仁义,也可用来比喻培育英才。

慧,义为聪明、有才智。汉语中没有"树慧"一词。如果说"树慧"是临时组合,那么首先它说的是智慧,语义上与喻指修行仁义的"树蕙"不同,其次"慧"与"兰"义类不同,将"树慧"与"滋兰"并列,在结构上也是不恰当的。

"钹铙"错成了"钹铙"

◎方必成

《老年人》2022年第6期《诗词曲联》栏目登载了一首词《行香子·晨练》,词的下半阕为:"媪身矫健,翁心悠闲。舞翩翩,甩臂挥肩。钹铙激越,鼓乐回旋。可畅形骸,舒筋骨,驻童颜。"其中的"钹铙"错了,改成"钹铙"才对。

钹,音bó,是中国一种打击乐器,铜制,圆形,中部隆起如半球状,其径相当于全径的二分之一,中心有小孔穿绸条可供持握。以两片为一副,相击发声。最初流行于西域,南北朝时期传入内地。后在我国民间舞蹈、戏曲、吹打乐中被广泛使用。铙,音náo,是和钹形制相似的打击乐器,只不过中间隆起的部分较小。大小相当的铙和钹,铙的声音较为浑厚,钹的声音较脆亮。时间上铙比钹出现得晚。我国传统音乐中,有铙钹相和之乐。

钹,音pō,本指一种两边有钩、有刃,下有长木柄的镰刀,引申用作动词义为用镰刀、钐刀等割(草、谷物等)。上引词描述的是老翁老媪在清晨跟着音乐跳舞打拳、强身健体的画面,这里用"钹铙激越"是符合语境的,"钹铙"难以索解。

应为"踏勘"

◎荣可寄

《梁氏庄园》(山东人民出

版社 2015 年版）一书中，章节名中有“踏堪万家”一语。“堪”字用错了，应该用“勘”。

勘，读 kān，是个形声字，从力，甚声。本义为校订、核对。后引申有探测、实地查看之义。踏，本义是用脚踩，引申指在现场（查、勘验）。踏勘，即到现场实地调查。陆文夫《献身》：“他经常出外踏勘山川河谷，风尘仆仆，辗转万里。”

堪，也读 kān，同样是个形声字，从土，甚声。本义是地面突起处。后也有胜任、能够、经得起等义。“踏堪”说不通。

心旷神怡，怎会“意兴阑珊”

◎吴孝成

《人民文学》2022 年第 7 期所刊《向天而歌》一文中有这样一段话：“一个志在强国富民，一个力推变法维新，如同两个踏春者，走在同一棵树下，微风吹过，杏花桃雨落了一个满身，怎不让人心旷神怡，意兴阑珊？”“阑珊”一词用错了。

阑珊，义为将尽、衰落。白居易《咏怀》：“诗情酒兴渐阑珊。”说的是作诗饮酒热情衰减，兴味索然。李煜《浪淘沙》：“帘外雨潺潺，春意阑珊，罗衾不耐五更寒。”说的是雨中气温下降，春意消减。辛弃疾《青玉案·元夕》词：“众里寻他千百度，蓦然回首，那人却在，灯火阑珊处。”说的是灯火残存，意趣萧索。可见，“阑珊”多形容热情衰减、光芒暗淡、境遇窘迫等低落的情形。

上引文字中说的是，黄遵宪的变法主张得到光绪皇帝的赏识，二人会见之后，一拍即合，黄遵宪心情振奋，因而“心旷神怡”。这怎会感到“意兴阑珊”呢？用“意兴遄飞”之类的词语才对。

误把“矬子”当“锉子”

◎严佳明

这位已近古稀之年的乐器

制作人艾依提·依明，大半辈子都在跟刨子、凿子、矬子、砂纸打交道。如今，他已是国家级非物质文化遗产维吾尔族乐器制作技艺代表性传承人。今年，是他制作民族乐器的第54个年头。

以上文字来自2022年9月26日《光明日报》09版所刊《来加依村，听一曲天籁之音》一文。“矬子”错了，应是“锉子”。

锉，读cuò，是个形声字，从金，坐声，本义为小锅。后也指磨削金属或竹木等的钢制工具，通常为条形，多刃，主要用来对金属、木料、皮革等表层做微量加工。也称锉刀、锉子。按横剖面不同，可分为扁锉、方锉、三角锉等。

矬，读cuó，义为（身材）短、矮。矬子，指身材短小的人。根据上下文理解，上引文字中提到的刨子、凿子、砂纸都是制作乐器所用到的工具，“矬子”显然不在此列。误“锉”为“矬”，当是两字形似音近所致。

应是“乌氏倮”

◎厉国轩

2022年7月12日《上海老年报》第7版《司马迁为商人立传正名》一文说，司马迁在《史记》中“列举了历史上一些大商人……说牧长鸟氏倮和经营朱砂矿的巴蜀寡妇清，‘礼抗万乘，名显天下’”。何来鸟氏倮？应是乌氏倮。

乌氏，音wūzhī，古县名，一作“乌枝”。乌氏本戎地，战国时被秦攻灭，秦惠文王在位时设置乌氏县，治今甘肃平凉市东。北魏末年废。倮，音luǒ，人名，是历史上有记载的秦代经营畜牧业的大商人，因出身乌氏县，史书中称为“乌氏倮”。司马迁《史记·货殖列传》载，乌氏倮养了大量牛羊，换成珍奇异宝，献给戎王。戎王以十倍的价格赏赐牛羊，以至成了牛羊多到“用谷量”的大富商。秦始皇闻讯后给其封君一样的待遇，可与朝臣一样觐见皇帝。

史书中没有“鸟氏倮”。

12-23

"觉也吃不下，饭也睡不着"

◎宗守云

四川卫视综艺节目《天下笑友会》曾播出过一个小品《王保长》(主持人版)，里面有这样一段对话：

(1)王保长：三嫂子。

三嫂子：啊。

王保长：屋里只有我们两个人。

三嫂子：啊。

王保长：我是说，这么大个屋子里，只有我们两个人。

三嫂子：你要怎么嘛？我说就是。

王保长：三嫂子，现在而今眼目下，你还是很漂亮的。

三嫂子：讨厌。

王保长：我王保长对你，历来，那是觉也吃不下，饭也睡不着。

例(1)"觉也吃不下，饭也睡不着"显然是口误现象，所谓口误，就是说话人编码的内容和发送的内容不一致的现象。根据信息交流原则，说话人先把要表达的内容在头脑中进行编码，然后把编码的内容发送出来，经过传递，到达听话人那里，听话人接收所听到的内容并进行解码，信息交流就完成了。如果说话人编码的内容与发送的内容不一致，就会出现口误现象。例(1)说话人编码的内容是"饭也吃不下，觉也睡不着"，而发送的内容是"觉也吃不下，饭也睡不着"，这就是典型的口误。

从语言看，口误往往和语音干扰、语义干扰、结构干扰有关。有个流传很广的报幕员口误笑话，报幕员本来想说的是“请欣赏笛子独奏《当枫叶红了的时候》”，结果口误为“请欣赏独子笛奏《当红叶枫了的时候》”。“独子笛奏”是由于“笛”和“独”声母相同，语音干扰而导致口误，如果是“钢琴独奏”就不可能出现类似的口误；“当红叶枫了的时候”是由于“枫叶”和“红叶”意义相关，语义干扰而导致口误，如果是“当枫叶掉了的时候”也不可能出现类似的口误。“觉也吃不下，饭也睡不着”则是结构干扰的结果，由于“饭也吃不下，觉也睡不着”结构相同，容易出现错位而导致口误，如果是“饭也吃不下，真是痛苦不堪啊”则不会出现类似口误。

从心理看，口误往往和潜意识有关。例(1)王保长并非善流，只是利用权势偷鸡摸狗，想占三嫂子便宜，于是出现口误。桂诗春在《新编心理语言学》中引用弗洛伊德的观点，说明口误是无意识中被压制的意念入侵到有意识的言语输出造成的。比如，美国前总统老布什对一演说进行评论说“I don’t want to run the risk of ruining what is a lovely recession”，其实他想说的不是“recession”，而是“reception”，因为当时布什总统正在为经济衰退而困扰。再比如，有个学生解释他为什么要推迟参加考试，“Last night my grandmother lied”，他把“died”说成“lied”，是潜意识里透露了自己的愿望。

口误不仅包括语言成分的错位，也包括语言成分的超出。例如：

(2)忽然间，谢安玉嘴里蹦出一个词：“……十八！”

这是奇了，经文中没有这个词，是念了十八遍？数数纸上划的“正”字，却又已不止，已念了五十六遍了。

老向问：“什么十八？”

谢安玉却一声不吭，有些被吓住似的望着天花板，嘴抿紧了，不准备交代的意思。

……

她推说饱了，让珍珠扶她回到了卧房躺下来，手不由伸向了床单下一个夹层，那里，藏着个小药瓶，里面的安眠药已经攒了十八粒。攒这些药时，她也没有什么清晰的想法，只是觉得可以多掌握点主动权，至少不用等到屎尿缠身时才去死，从活到死都能清清爽爽的。出了院后，攒药并不那么容易，这事也就放下了。未曾想到，诵经时，这个数字竟然会忽然从她的嘴里蹦出来，不是故意不跟老向说，而是她被自己吓着了。（莉莉陈《回向》，《野草》2022 年第 3 期）

例（2）谢安玉在诵经时突然说出一个“十八”，这是经文之外的词语，属于超出式口误。这一口误也是由于潜意识造成的，谢安玉自己偷偷攒下十八粒安眠药，本来只有自己知道，不能告诉他人，但在诵经时不自觉地流露出来，这也是“无意识中被压制的意念入侵到有意识的言语输出”。

从语言运用看，口误是消极的，是交际中应该极力避免的。但从语言研究看，口误又是研究语言运用的好材料，通过探究口误的成因，不但可以了解语言本身的情形，还可以知晓说话人的心理状况，甚至可以洞察说话人内心深处的隐秘世界。

《文豪的手杖》参考答案

1. 不喑世事——不谙世事
2. 翻天复地——翻天覆地
3. 而且——而
4. 悖然大怒——勃然大怒
5. 危胁——威胁
6. 执迷不误——执迷不悟
7. 笔耕不缀——笔耕不辍
8. 压跨——压垮
9. 亨誉——享誉
10. 走过来的？——走过来的，

“牡丹”探名

◎钱　伟

牡丹原产于中国，系传统名花之首，为著名的观赏花卉。古往今来，人们都将其视为富贵、美好的象征。据传，唐文宗喜爱诗画，一次在花园里赏牡丹时问周围的臣子谁的牡丹诗最好，有人便推荐中书舍人李正封的五言绝句“天香夜染衣，国色朝酣酒”。于是，牡丹便有了“国色天香”的美誉，并流传至今。牡丹虽为花之富贵者，可并不娇气，它遍植大江南北，尤以洛阳、菏泽、彭州三地最盛。

宋代扇面画牡丹图

在古代，牡丹被称为“木芍药”。据《本草纲目》载：“唐人谓之木芍药，以其花似芍药，而宿干似木也。群花品中，以牡丹第一，芍药第二，故世谓牡丹为花王，芍药为花相。”这是因为二者是“近亲”，同为芍药属，故常相提并论。区别在于芍药系草本，茎为草质，牡丹系木本，茎为灌木。

那么，“牡丹”之名又因何而来呢？

我们先从“牡”字说起。古汉语中，“牡”字常出现在“牡+动植物名称”为结构的词语里，有两个义项：一是指雄性，与“牝”相对，如“牡牛”“牡菊”等；二是指体形较“大”的动植物，如“牡蛎”“牡蒿”等。据

《说文》等字书的解释，“牡蛎”为蚌之大者，“牡蒿”俗名“齐头蒿”，为蒿类植物中之高大者。从植物学角度来讲，牡丹系双性花，即同一朵花内既有雄蕊，又有雌蕊（与之相对的是单性花，指的是一朵花中仅有雄蕊或雌蕊）。这说明“牡丹”之“牡”并非指“雄性”，而是指“硕大”。对此，古人早有明确认识，如唐人段成式在《酉阳杂俎》中云：“牡蛎言牡，非谓雄也。”《本草纲目》中“牡蛎”条下引用了段成式这句话，又补充说：“且如牡丹，岂有牝丹乎？”

那么，“牡丹”的“丹”又如何解释呢？笔者认为此字指丹红色。虽然牡丹品种繁多，亦不乏五颜六色，但在古代以红色为“正色”，正如《本草纲目》所说：“牡丹，以色丹者为上品。”清代“文字狱”还有一著名的例子。有人在自己的著作中引用了前人咏紫牡丹的诗句“夺朱非正色，异种尽称王”，原意是说红牡丹为上品，紫牡丹能称上品是因夺了牡丹的正色，是“异种称王”。“朱”即红色，又是明朝皇帝的姓，因而这两句诗被指影射夺取明王朝天下的满人，涉事文人最终被处以极刑。这个例子从另一个角度印证了牡丹的“正色”就是红色。另外，《汉语大词典》中“丹”列有“形容色彩绚丽”之义，丹霄，即谓绚丽的天空。这暗合了红牡丹给人的热烈绚丽的观感。

综上所述，“牡丹”因花形硕大、色彩艳丽而得名。正是由于这一显著特点，早在一千多年前的唐代，“端庄大气”“艳压群芳”的牡丹就已成为雍容华贵的象征，深受国人喜爱。在当时的京城洛阳甚至出现了“三条九陌花时节，万户千车看牡丹”的盛况。爱花者争相购买，竟至于“一丛深色花，十户中人赋”。同时，描写牡丹的锦言佳句大量涌现：刘禹锡的“唯有牡丹真国色，花开时节动京城”脍炙人口，李白的“云想衣裳花想容，春风拂槛露华浓”千古流传。

“台风”补说

◎楼启明

9月，台风“轩岚诺”“梅花”接连袭来。“咬文嚼字”微信公众号发布《台风的“台”从何而来》旧文，猜测“台风”源自粤语“大风”，并介绍了有关“typhoon 词源说”的代表性观点——“台风”源自英语 typhoon，而英语 typhoon 来自希腊文。笔者不揣冒昧，就相关问题略做补充。

音韵学家李荣曾搜集古今“台风”语料，发现：唐宋以来书面上通用“颶風”；明嘉靖年间的潮州戏文和清康熙年间的《台湾府志》出现“風颱”记录；至民国，气象学家竺可桢始用“颱風”取代“颶風”以对译 typhoon[taɪˈfuːn]。那么，“台风”究竟是源自粤语“大风”、英语 typhoon，还是潮州戏文“風颱”？

先看粤语，“大”的韵母确实是[aɪ]，但“台”不是，二者并非“读音非常接近”。试看英语 tyre[ˈtaɪə]（轮胎），粤语译作“呔”，为什么不像普通话那样译作“胎”呢？因为粤语中“台”的韵母是[ɔɪ]，与英语发音有一定的距离，而“太”的韵母正是[aɪ]。由此可见，“台风”也许并非直接源自粤语“大风”。反过来，粤语“大风”却对英语产生了影响。

《牛津英语大词典》将四百多年来英语 typhoon 的词形归为三类，并认为第一类（例如 tufan）源自乌尔都语 ṭūfān，第二、三类源自汉语“大风”。第二类（例如 tuffoon）暂且不论（窃以为与希腊语 tuphōn 有关），第三类与汉语的渊源显而易见——1771年出现的 tay-fun

与粤语“大风”发音 [taɪ foŋ] 非常接近。若当时粤语已经使用“台风”，西人的记录则将是 toy-fun，实际没有这个词形。

潮州戏文和《台湾府志》记录的是“風颱”，与今天闽语说法一致。需要注意的是，闽语“颱”字念“胎”，不同于“台湾”的“臺”，这也从字音上补证了《台风的“台”从何而来》一文中所言“二者是两个完全不同的字”。论及地名特殊读音时，“台州”常被拿出举例。其实“台”字本就念“胎”音（当然另有“怡”的读音），而与“臺”字不同。“台”字的“抬”音由民间用以简写“臺”后带来，并最终由简化字方案确定。从“颱”字声旁来看，在其诞生的明代，“台”“臺”读音还是泾渭分明的。到了民国，以“台”代“臺”习以为常，“颱”字也就没按闽语读音订为“胎”音，而订为“臺”音。

综上所述，“台风”与粤语“大风”有关联，但不是直接源自粤语“大风”，与“typhoon 词源说”也并非不可调和。英语本有 tufan、tuffoon，汉语则有“風颱”“大风”。粤语“大风”以 tay-fun 等形式进入英语，与其原有词形杂糅产生 typhoon，近代汉语学者又改“風颱”为“颱風”来对译 typhoon，由此产生了一段奇妙的中西术语交流史。

微语录·亲情

妈妈买了一堆卖相一般并且也不怎么甜的桂圆回来。我和爸爸边吃边抱怨，妈妈用低低的声音说：“我看卖桂圆的那个老奶奶，很像你外婆。”气氛瞬间凝固。对亲人的深情和思念，往往都不从口中说出，而是从行为上自然流出。

（刘　芳／辑）

社会泛尊称的网络变异

◎徐默凡

所谓社会“泛尊称”，就是在社会交往中针对陌生对象的表示尊敬的称呼。比如我们在问路、购物等场景中，面对陌生人往往称对方为“先生”“师傅”，这些就是泛尊称。

网络交往开启了一种新的社交方式，我们和外界打交道的场景更丰富了，论坛讨论、网站购物、在线咨询都会接触陌生人，网络语言中的社会泛尊称有什么特殊表现呢？

在中国人的语言习惯里，常常用亲属称谓来代替社会泛尊称，比如“爷爷”“奶奶”“叔叔”“阿姨”“大哥”“大姐”等都既可以称呼亲属或亲戚，也可以称呼陌生人。考察这些泛尊称，存在一个规律——以长为尊：年纪略大一点的，即以高辈分相称，如称呼为“叔叔”“阿姨”的可能还很年轻；年纪差不多的，就尽量冠以“大”字，如“大哥”“大姐”；即使年纪比自己小很多，也以平辈对待，如“小妹”“小弟”，从不见称陌生人为“侄女”“侄子”的。

网络语言也有化亲属称谓为社会称谓的做法，但增加了两个很有意思的称呼语——小哥哥和小姐姐，这背后其实是现代观念和传统观念冲突妥协的结果。

传统观念以长为尊，称呼别人最好能叫高一辈，但是现代人崇尚年轻，不希望被别人叫老了。很多年轻女性吐槽自己还在读大学，就被小朋友叫作“阿姨”，似乎很显老，心情一下子就变得不好了。鉴于这种心态，“小哥哥”“小姐姐”就应运而生了。“哥哥”“姐姐”是平辈里的尊长，仍然是尊敬的，但加上一个“小”字，就说明年龄不大，还很年轻。“小哥哥”和“小姐姐”就这样平衡了传统和现代，也难怪它们一出现就流行起来。

网络语言还发明了一个和亲属称谓相关的泛尊称，即“亲”，也很有意思。现实生活中，我们有时候也会用“亲爱的”“宝贝”这样的词语去称呼很亲近的人，但一般不用于社会泛尊称。网络语言发明了“亲”字后，却可以适用于任何场合，男女不限，亲疏不论，一概以“亲”呼之，颇有“天下一家亲”的气度。其实，“亲”的盛行，骨子里还是中国人重视家庭伦理的表现，传统观念中所谓“修身齐家治国平天下”，我们始终是把社会当作家庭的放大版来看待的。从修辞效果来看，“亲”的语义内含了“亲近”“亲热”“亲善”等因素，单音节缩略后又显得俏皮可爱，也是一个很有创意的新词了。

口语交际里还有一个女性社会泛尊称缺位的问题，就是男性有通配性的称呼语，雅一点的都可以称“先生”，俗一点的都可以叫“师傅”，但是女性似乎就没有这样的称呼语：“小姐”只适用于年轻女性；“女士”只适用于年长女性；“夫人”只适用于已婚女性，而且有点做作……这个问题在网络语言里是通过忽略性别特征来解决的，早年有一个“大侠”（后来谐音为“大虾”），可以用作社会泛尊称，这是把网络拟作江湖了；后来有“大神”，这是把网络拟作仙界了。再后来“大虾”“大神”都省称为“大大”，这个“大大”的词源和方言里另一个表示“爸爸”和“伯伯”的“大大”没有任何关系，是不分男女的泛尊称。

“亲”本来也有资格竞争无性别的社会泛尊称，但由于“亲”首先出现于淘宝购物的场景中，后来又成为客服招呼买家的通用称呼语，所以这个词语的尊敬味道和亲热味道都贬值了，叫你一声“亲”，其实盯着你的钱袋子呢！

类似忽略性别特征的社会泛尊称，在口语里只有一个“同志”，近年来也不常用了，而网络语言里倒是补上了缺位，这可能和网上交流经常不辨男女，所以只好笼统称之有关吧。

也谈“说/讲中文”的规范性

◎傅惠钧

“说/讲中文”一类用法是否规范，学界有不同意见。如汪化云、肖擎柱(《汉字文化》2011年第5期)就持否定态度。但我们觉得还有继续讨论的必要。

首先，我们不能不正视“说/讲中文”一类用法的普遍性。汪、肖二位十余年前用谷歌搜索的数据便足可证明：“说/讲中文”有11590万条，与“说/讲汉语”之比约为16∶1，这充分代表了网民语用选择的倾向性。时过十余载，这种使用状况并无减弱，反而加强。近期搜索，“说/讲中文”绝对数增至汪、肖二位统计数字的15倍强。无论是网络，还是纸媒，此类用法都随处可见，且有扩展新用法的趋势。下面例子见于《人民日报》：

印度是家，中国是根，寻根就必须会说中文。

《光明日报》2020年1月4日刊发著名语言学家李宇明教授的《中文怎样才能成为世界通用第二语言》。李教授笔下“中文”一词的用法，是在上述基础上的进一步扩展、衍化。既曰“语言”，当然可“说”可“讲”。正文中还有多处类似用法。“说/讲中文”的用法，就目前态势说，似不是几位语言学者说个“不”便可阻挡的。

根据王希杰的“潜显”理论，一个语言形式既存在着已被使用的显性用法，也可能隐含着未被使用的潜在用法。在语言中，潜义的显性化并经由词汇化之路成为新的义项，这是一种常态。“中文”一词，也是这样。“中文”这个形式，实际上隐含有“中国语文”的可能意义，根据叶圣陶对于语文的解释，“中文”的意思便可释为“中国的语言（口头、书面）”。这个意义，在没被使用之前，是潜在的，但当其在特定语境中使用开来，也便成了显性意义。“说/讲中文”中的“中文”就属于这种用法。

“中文”一词包含口头语言和书面语言之意，在具体语境中因上下文的制约，有可能会偏向一边，当与“说/讲”等组合时，显现的是口头语言之意。而在李文“中文怎样才能成为世界通用第二语言”的表述中，却是既指口头，也指书面。而李文下面的表达则偏向书面：

国际上很多机场、旅游场所和商贸中心的指示牌，都标写有中文，中文一般列在第三行。

可见“中文”一词，从语言内部看，本身潜存着这样使用的理据。

再从语言外部看，推动这一用法的因素主要有二。

其一，是特定表达的需要。尽管现代汉语（普通话）是宪法规定的国家通用语言，但“汉语”一词最直观的意义则是“汉族的语言”。在对外交往中，需要表达“中国的语言”的意思时，用“汉语”有时就不是十分契合，这就特别需要一个具有明显国别语言特征的词来适应，“中文”的新用法便应时而生。如李文是在讨论世界通用语言中我国语言地位的问题，“汉语”所给出的信息，不如“中文”更具有国家意识。

在汉语中，“普通话”“国语”“华语”“中文”这些词语各有其用。“普通话”是国家法定的通用语言，但这个词在词面上未能突显国家内涵，用在涉外场合，其区别特征仍不明显。而“国语”，原本就代表国家通用语言，后为“普通话”所取代。“国语”一词因有“国”这个语素，在代表国家语言的层面上，比“普通话”的区别特征要明显，但是用于涉外，同样不能显示“中国”这一区别特征，因为许多国家都有国语。要说有“中国”特征，“华语”一词应该称得上。这个词在海外华人中用得比较多，在上述涉外语境中也见“说/讲华语”的用例，但正如李文所言“中国国内很少有人自称为‘华人’，而‘华语’一词在国内也缺乏流通的必要基础”，因而较少被国人使用。相比之下，“中文”既带有明显的中国标记，又在国内外具有广泛的流通基础，在这组词中，便理所当然地成为首选。

其二，是同类用法的影响。在英语中，Chinese、English、Japanese，分别都有中文、汉语，英文、英语，日文、日语的意义。“说/讲中文”显然是受到“说/讲英文”“说/讲日文”等类推的影响。早期多出现在外语水平较高的作者笔下，如林语堂、冰心等，也说明这一点。

“说/讲中文”的用法尽管较早就已见使用，但频率一直不高。真正普遍使用开来，是在改革开放之后。这跟我国外语教育的普及不无关系。在新时期的语言生活中，“说/讲英文”“说/讲日文”等不断扩大使用人群，增加使用频率，从而形成一种具有较大影响力的用法。在现实语言中“说英文/日文”比“说英语/日语”的频率高得多。基于语言的类推机制，这种状况对原先并不多用的“说/讲中文”产生了强大的助推作用。就社会文化语境说，这一时期国门的打开，对外交往的日益频繁，再加上国家汉语国际推广策略的强有力推行，形成了涉外语用空前繁荣的情景。这些因素在客观上促使“说/讲中文”出现广泛、高频、持久使用的状况，使得这一用法日趋稳固。

由以上分析可知，“说/讲中文”一类用法，有其特定的表达功能和不可替代的修辞价值，对于丰富汉语的表达系统富有积极意义，其形成也有理据可循，且已被大众普遍接受，因而，应该充分认可其规范地位。

『冰激凌』们带来的无奈

◎史有为

冰激凌，它的名称音译自 ice cream，字面意思是“冰奶油”。《现代汉语词典》收了两个 ice cream，一个“冰激凌”，还有一个是“冰淇淋”，都是意译+音译的类型。人们就奇怪了，《现代汉语词典》不是规范词典吗，每一个词应该只有一个规范形式才对，怎么出了双黄蛋啦？

这就涉及外来词规范的原则。外来词有相当一部分都是音译的，怎么音译，各人有各人的倾向，不好一刀切。过去有多种外来词规范的建议，有以历史久远为准则的，也有以汉字难易为原则的，等等，但都很难照单实行。音译不是意译，以字记音，只要汉字不是过于荒唐，就不能绝对地说译名不合格。最后不得不以使用数量作为考量，避免这些争论。

ice cream 的译名很多，都是意译+音译的形式。实际收集到的异体不仅两个，以下我们用十个不同的 ice cream 译名展开论述。

以第二字的声母为观察点，有两类。汉拼为“j”（中古是清声母）的有五个：冰激凌、冰激淋、冰忌淋、冰结涟、冰搅凌。汉拼为“q”（中古是浊声母）的也有五个：冰淇淋、冰其淋、冰淇琳、冰淇凌、冰琪淋。

而以第三字的鼻音尾为观察点，有三类。收 -n（中古为 -m）的有六个：冰淇淋、冰激淋、冰忌淋、冰其淋、冰淇琳、冰琪淋。收 -ng 的有三个：冰激凌、冰搅凌、冰淇凌。收 -n（中古同为 -n）的仅一个：冰结涟。

从这十个 ice cream 译名来看，我们可知以下四项知识：

第一，意译最稳定。这十个形式的第一字都是“冰”，意译 ice，异常稳定。这显示汉语还是偏好意译，意译也最稳定。

第二，汉字因素。汉语是用汉字音译的，而汉字都带有意义，而且大都带上表意的偏旁，难免引起联想。汉语人几乎人人都有靠汉字联想的本领。由于这个关系,就造成了一人有一个音译的形式。即使不能意译,也要在偏旁上提醒与意义的关系。这十个异体里,第二字有五个是水字旁,第三字有九个是三点或两点水做偏旁,提醒人们冰激凌是含丰富水分的,也的确是冰冻的。这不是“兼意译”,而是提供一点“联想”,有助于记忆和稳定。可以说,这些异体的出现就是由于汉字在作怪。

第三,方音因素。翻译大都是从接触外国最易、最多、最早的地区开始的。因此,方言方音的因素会影响音译词。广东和上海是两个接触西洋首开风气之先的地区,接受外来词也必然最多。从第三字来看,“–淋、–琳”在广东话里是收“–m”,与原文相同。估计这样的词形应该是按广东话(包括广州和港澳)翻译的。“–涟”(–n)字词应该是上海人翻译的,剩下的都是“凌”(–ng),也可能是上海人所翻译,因为上海人 –n 和 –ng 没有区别。

第四,因素混合引起的无奈。上面所举的十个译名形式里许多都是混合的,可能是一些使用者按照自己的意愿随便选择这些汉字,里面还忍不住地加入一些带有意译味道的字,如:“搅、结”(冰激凌的确是快速搅拌形成的,也是凝结而成)。有的将不同地区创造的译名混合在一起,广东译名里有上海成分,上海译名里有广东味道,造成了音译形式的繁多并很难稳定。这也可以理解《现代汉语词典》的无奈。因为按使用频度和数量为规范标准,二者可能相差不大,只能全都进词典,当然还是分出了主副。

这四点让我们清楚地认识到语词翻译的复杂性,同时也可以给我们许多启发。对照日文用假名音译西语,大体稳定,极少异体,有利译名使用。那么汉字音译的利与弊就清清楚楚,控制或规范音译用字就是一项重要的任务。以汉语拼音来音译,这是许多人的理想,但问题很多,也不容易。

何来墙壁喻“名酒”

◎居容人

2022年9月7日的《西安日报》第8版刊有《书味可人甘如饴》一文，其中有这样一段文字：“将别人心爱之书看作是平常物，并且深信‘书非借不能读’，岂不知还有一句古训曰：‘名酒过于求赵壁，异书浑似借荆州。’”这句话中的引文出自宋代陆游《到严十五晦朔郡酿不佳求于都下既不时至欲借》诗，能否称作古训姑且不论，但其中的“赵壁”实为“赵璧”之误。

璧，古代玉器名。扁平，呈圆形，中心有孔，边阔大于孔径。《尔雅·释器》：“肉倍好，谓之璧。”邢昺疏：“肉，边也；好，孔也。边大倍于孔者名璧。”璧是古代贵族朝聘、祭祀、丧葬时所用的一种礼器，也作佩饰。后成为美玉的通称。“赵璧”源于“赵氏璧”，是“和氏璧”的别称，据《韩非子·和氏》载，春秋时，楚人卞和（又称和氏）于楚山中得玉璞，先后献给楚国的厉王和武王，因玉工不识受诬，被刖去两足。后献给楚文王，经玉工剖璞而得玉，被称为“和氏璧”而奉为国宝。战国时，和氏璧为赵惠文王所得。《史记·廉颇蔺相如列传》载有蔺相如代表赵国奉璧出使秦国，最终“完璧归赵”一事，“赵氏璧”遂以著称，亦可省称“赵璧”，并常为后人诗文所道及。唐代方干《送郑端公》诗：“随珠此去方酬德，赵璧当时误指瑕。”

壁，指墙壁，引申指某些物体的表层。如肠壁、细胞壁。可指陡峭如墙的山崖。如壁立千仞。可指营垒。《史记·淮阴

『陌路』非『末路』

◎王宗祥

2022年8月9日《新民晚报》第13版刊载一则体坛报道——《41岁的他9月要复出了，费德勒仍未说再见》。文中说，今年41岁的瑞士男子网球名将费德勒，宣布9月在拉沃尔杯中复出，之后他还将参加家乡巴塞尔的赛事。对此文章感慨道："美人迟暮，英雄陌路，最是世间不忍事。"这里的"英雄陌路"应为"英雄末路"。

"末路"是个多义词。可指路途的最后一段、一个朝代的末期、人的晚年或老年，也可指事物的下场和结局，后也比喻失意潦倒或没有前途、指望的境地。鲁迅《彷徨·祝福》："人何必增添末路人的苦恼，为她起见，不如说有吧。"迟暮，义为傍晚，天快黑的时候，常比喻晚年。美人迟暮、英雄末路，均是形容好景易逝、盛年难再的没落之境。41岁的费德勒，对一般人可以说是尚处盛年，但是对于体育运动员，已处在竞技生涯晚期，这里用"英雄末路"是恰当的。

陌路，指路上碰到的不相识的人，泛指陌生人。清代纪昀《阅微草堂笔记·姑妄听之三》："君先陌路视我，而怪我视君如陌路。"后陌路也指人世间的道路。"英雄陌路"在上述语境中难以说通。

侯列传》："赵见我走，必空壁逐我。"

陆游任职严州时，怨此地无佳酿少藏书，以至于"度日殊惘惘"。其"名酒过于求赵璧，异书浑似借荆州"，用得名酒、见异书甚于求赵璧、借荆州的夸张之语，抒发借书遭拒后的慨叹，道出爱书之人怕人借书不还又不便催要的心理。把"赵璧"写成"赵壁"，既无法索解，又模糊了语源。

胡适耶？胡仔也！

◎汤生根

2022年9月10日《安徽老年报》第8版刊有《吟诗赏月过中秋》一文，文中引用了北宋苏轼的名作《水调歌头·明月几时有》，并对这首词做出了很高的评价："全词字字珠玑，举杯问月，风流豪放，胡适曾评道：'中秋词自东坡《水调歌头》出，余词尽废。'" 苏轼写于中秋的这首《水调歌头》确实是有口皆碑的佳作，"中秋词自东坡《水调歌头》出，余词尽废" 这句评价也很有名，不过这句话并非胡适之语，它出自南宋文学家胡仔（zī）的《苕溪渔隐丛话》。

胡仔（1110—1170），字元任，绩溪（今属安徽）人。其父是北宋名臣胡舜陟。胡舜陟力主抗金，曾上疏弹劾秦桧独断专权，又替岳飞辩诬，而被秦桧记恨，最终受诬下狱而死。在其父遭秦桧陷害后，胡仔隐居苕溪（即吴兴，今浙江湖州），"日以渔钓自适"，自号苕溪渔隐。《苕溪渔隐丛话》是胡仔编的诗话集，共一百卷，前集六十卷，后集四十卷。《苕溪渔隐丛话》推尊元祐诗坛领袖苏轼、黄庭坚，因而有关苏黄的诗话占了相当的篇幅。上引文中关于《水调歌头》的那句评论即出自《苕溪渔隐丛话》的后集卷三九："中秋词，自东坡《水调歌头》一出，余词尽废。"

胡适（1891—1962），字适之，安徽绩溪人，是中国新文化运动的领袖之一，长期从事文化、教育工作，在文学、哲学、历史等领域都做出了较大的贡献。安徽绩溪出过多位胡姓名人，除了胡舜陟胡仔父子和胡适，还有明代抗倭名将胡宗宪、

岂有“回鹘文”

◎杨亚东

近期查资料时读到《文史天地》杂志2016年第10期上刊登的《飘零百年：流散到海外的敦煌文物》，其中写道：“还有中亚古民族文字写本，其中363件回鹘文写本、211件西夏文写本、1000件龟兹语写本、30件粟特语写本、13件梵文写本、75件于阗文写本和3175件古藏文写本。”这里的“回鹘文”错了，应是“回鹘文”。

回鹘(hú)即回纥(hé)，是我国古代西北地区的少数民族，主要分布在今天的鄂尔浑河流域。他们是袁纥的后裔，为东部铁勒的一支，起先受统辖于突厥，唐玄宗天宝三载(744)推翻突厥之后建立了可汗政权。唐德宗贞元四年(788)武义成功可汗上表请求将“回纥”的名称改为“回鹘”，即回旋轻捷如鹘(古书上所说的一种鸟，动作迅疾)的意思。唐文宗开成五年(840)被黠戛斯所破，余众分为三支向西迁徙，于是形成高昌回鹘(西州回鹘)、葱岭西回鹘、河西回鹘。

回鹘文是回鹘人借鉴粟特文字母而创制的一种文字类型，它属于音素文字，主要的使用区域是今天的吐鲁番盆地、中亚楚河流域。字母分为字头、字中、字尾，字体分为刻本体、写经体、草体。上述引文列举了多种中亚古民族文字写本，“回鹘文写本”无疑应是“回鹘文写本”。“鹘”误为“鹘”，显系二字形近所致。

清代红顶商人胡雪岩等。胡仔和胡适虽同为绩溪人，生活年代却相差几百年，不能将胡仔的话算到胡适的头上。

误把吴诗当袁诗

◎时未

清代诗人袁枚说："不好诣人贪客过，惯迟作答爱书来。"他说了四样事。我呢：和他一样，不好访问别人，喜欢捧读来函；不同的是，我能及时作复，却不贪恋往来宾客。

这是2022年8月31日《新民晚报》第13版所刊散文《乐在忙中》中的一段话。其中所引两句清诗的"版权"不属袁枚，属于诗人吴伟业。

吴伟业(1609—1672)，字骏公，号梅村，明末清初诗人。"梅村"是吴伟业在江苏太仓的别墅，其别号"梅村"源此。明崇祯进士。工诗文，善词曲，亦精书画，而尤以诗歌名世，与钱谦益、龚鼎孳并称"江左三大家"。其七言歌行体诗极富个人特色，形成了独特的艺术风格，也影响了一批清人的诗风，因而被称为"梅村体"。

"不好诣人贪客过，惯迟作答爱书来"是吴伟业所作七律《梅村》中的一联，全诗如下：

枳篱茅舍掩苍苔，乞竹分花手自栽。不好诣人贪客过，惯迟作答爱书来。闲窗听雨摊诗卷，独树看云上啸台。桑落酒香卢橘美，钓船斜系草堂开。

这首诗写得散淡恬适，尤其是颔联"不好诣人贪客过，惯迟作答爱书来"，由于写出了在以书信为主要交往方式的年代多数收信人的心思，几百年来或被书家取作对联，或被印人镌于金石，颇受人们的喜爱。现当代学人夏丏尊、叶圣陶、钱锺书、谷林等都曾在诗文中引用或化用过。近年出版的一部收录扬之水和谷林二十年书信往来的集子，书名《爱书来》也取自该联。

袁枚(1716—1798)，字子才，号简斋，晚年自号仓山居士、随园主人等。在诗歌上也有很高的造诣，是"性灵派"的代表人物，与赵翼、蒋士铨合称为"乾嘉三大家"(或"江右三

入党怎能『火速』

◎新德

2022年7月1日《益寿文摘》第10版《三代人的入党誓言》一文说："我是1998年在部队入的党。那年南方发洪水，我和战友们奉命去抗洪救灾，在抗洪一线，我火速入党。"何谓"火速入党"？应是"火线入党"。

"火线"，本指作战双方对峙的前沿地带，后引申指抗震救灾等第一线。"火线入党"是指在战争、灾难等特殊情况下，简化入党程序，不按常规入党，但有特定的条件和程序。中共中央组织部《关于做好在抗震救灾第一线发展党员工作的意见》规定，对作为党组织确定的入党积极分子或发展对象，本人一贯表现好，符合党员条件，但培养考察期未满一年，对在抗震救灾第一线递交入党申请书或向党组织提出入党申请，本人一贯表现好，符合党员条件，经党支部研究同意，报上级党组织批准，可及时吸收其为预备党员。上引文提到"我"是在抗洪的第一线入党，"火线入党"是符合文意的。

火速，形容极快的速度。如邹韬奋《患难余生记》第一章："第一件事即将行李交与家人之外，火速乘一辆汽车奔往杜先生狱中去见他。"火速，强调时间短；火线，强调所面临的形势紧张危急。党员发展是一件严肃而郑重的事，即使非常时期，也不能只追求速度而随便降低标准，"火速入党"不合适。

大家"）。吴、袁分别为清代前期、中期诗坛领袖，生活年代也有一定的距离。袁的部分诗作与吴的某些早期创作在情绪的闲适和流转自如的诗风上也确有那么几分相似。不知是否缘此，作者在落笔时未遑细考，误将吴诗作袁诗了。

希望达到应用“企及”

◎周　振

2022年6月8日《报刊文摘》第6版刊载有《探索大脑宇宙，人类只走了一小步》一文，谈到了脑科学研究的现状：“近几十年来，大脑研究突飞猛进，电生理记录、GFP（绿色荧光蛋白）、FMRI（功能性磁共振成像）、转基因技术、光遗传学、基因编辑等等先进技术看似让研究者们获得了以往难以启及的进步。”“但如同对外太空的探索，人类启及的地方越是遥远，越发现宇宙的浩渺。”其中两个“启及”均为“企及”之误。

“启”是个会意字，甲骨文字形左边是手（又），右边是户（单扇门），用手开门，会开启之义。本义是打开，后又有开始（启用、启航）、开导（启蒙、启发）、陈述（启禀、启事）等义，过去也指简短的书信，如小启、书启等。

“企”也是一个会意字，甲骨文字形上面是一个人，下面是“止”（趾），表示人踮起脚后跟，本义为踮起脚跟。引申有希望、盼望之义，如企求、企盼。企及，即盼望达到、希望赶上。晋葛洪《〈抱朴子·内篇〉序》：“夫以僬侥之步，而企及夸父之踪，近才所以踬阂（也有版本作“碍”）也。”也指赶上、够得上。郭沫若《批评—欣赏—检察》：“作者的谦逊，是我们可羡而却难于企及的。”

上述所刊之文，说的是当代脑科学研究者由于引入其他学科的先进科学技术对大脑进行研究，获得了以往难以达到的成果，人类对大脑探索得越是深入，越会发现未知的空间依然寥廓。这里用“企及”是妥当的，“启及”则说不通。

“悦怪”？“馨折”？

◎厉申东

2022年3月22日《上海老年报》第7版刊有《春之雅称》一文，文章引用历代诗人诗句介绍春天的各种“雅称”。其中一例为：“三国时期魏国诗人阮籍就是这样来称谓春天的，他的《咏怀》云：‘悦怪若九春，馨折似九霜。’”这里的“悦怪”“馨折”“九霜”均有误，分别是“悦怿”“磬折”“秋霜”之误。

“悦怿若九春，磬折似秋霜”两句，出自阮籍《咏怀》八十二首之十二。全诗为：

昔日繁华子，安陵与龙阳。
夭夭桃李花，灼灼有辉光。
悦怿若九春，磬折似秋霜。
流盼发姿媚，言笑吐芬芳。
携手等欢爱，宿昔同衣裳。
愿为双飞鸟，比翼共翱翔。
丹青着明誓，永世不相忘。

诗中提及的“安陵”和“龙阳”分别指战国时楚宣王和魏安釐王的男宠。“怿”读yì，与“悦”同义，悦怿，即欢乐、愉快。九春，即春天。“悦怿若九春”是说安陵君与龙阳君的容貌像春天一样美丽，惹人喜爱。“磬”读qìng，是中国古代一种打击乐器，通常为石制，其形若古人在宗庙等大典时行鞠躬之礼。“磬折”，把腰弯得像磬一样，表示恭敬。“磬折似秋霜”是说安陵君和龙阳君分别在楚宣王和魏安釐王面前像秋天严霜之下的草木那样柔顺。“秋霜”不必解释，误成“九霜”实在是不应该。

阮籍这首咏怀诗，写的是历史人物，也并非描写春天的诗作。

编校差错扫描（五十二）

◎王　敏

"抱有"用"赍"不用"赉"

【错例】一片痴心成执念，半生赉恨误终身。

【简析】"赉恨"应为"赍恨"。"赍"音 jī，繁体为"賫"，其本字为"齎"，形声字，从貝齊（齐）声，本义指拿东西送给人。《说文解字》："齎，持遗（wèi）也。"徐锴系传："持以遗人也。""齎"字形复杂，其中"齊"在传写中讹变，"齎"字俗体作"賫"或"賷"。《字汇补·贝部》："賷，俗齎字。"如今以简体的"赍"为规范字。由持物送人，"赍"引申泛指持、携。《广雅·释诂三》："赍，持也。"《史记·秦始皇本纪》："乃令入海者赍捕巨鱼具"。又引申指怀有、抱有。如"赍志"即怀抱志愿。"赉"音 lài，繁体为"賚"，金文作[金文字形]，其上部字形[金文字形]是一人持麦（來），一手拿棍击打脱粒，后"來"讹为"未"，"人"讹为"厂"，人手拿棍的"攴"变形为"攵"，[金文字形]楷化变为"𠩺"（lí）。[金文字形]从貝从𠩺会上苍赐予之意，𠩺兼表声。小篆字形省作从貝从來（小麦）会意，來兼表声。如今以简体的"赉"为规范字。由天赐，"赉"引申泛指赐予。《说文解字》："赉，赐也。"如"赉赏""赉赐"即"赏赐"，"赉奖"即"奖赏"。又引申指赠予、送给，如"赉赠"即"赠送"。"赍恨"指抱憾、抱恨，文言中常说"赍恨而没""赍恨泉下"，其含义与赐予、赠送无关。"赍""赉"形近易混，"赉恨"实为误写。

“孢”指孕育“胞”胎衣

【错例】如今灵芝胞子粉的破壁率可达99%以上，传说中的仙草已飞入寻常百姓家。

【简析】“胞子粉”应为“孢子粉”。“孢”是形声兼会意字，从子包声，包兼表包孕之意，本义指怀孕、孕育。《字汇·子部》：“孢，孕也。”如今用作“孢子”，指的是细菌、原生动物、真菌和植物等产生的一种有繁殖或休眠作用的生殖细胞，能直接发育成新个体。“胞”本字为“包”。“包”是会意兼形声字，从勹（bāo，裹也），从巳（象未出生小儿），会包裹胎儿的胎衣之意，勹兼表声，本义即胎衣。《说文解字》：“包，象人褱（huái）妊，巳在中，象子未成形也。”“褱”后常写作“懷”（怀）。“胞”也是会意兼形声字，从肉（月）从包会意，包兼表声，是“包”的加旁分化字，义即胎衣。《说文解字》：“胞，儿衣裹也。”“勹”是“包”的古字，“包”是“胞”的古字。清代王筠《说文释例》：“《说文》之勹，今之包也，故以包裹说之。《说文》之包，今之胞也，其说解全是胞义。”“胞”由胎衣引申指同父母所生的、嫡亲的，如“胞兄”“胞妹”。再引申指同一国家或民族的人，如“同胞”“侨胞”。另用作细胞的简称，如“胞间隙”。“孢子”指的是能够发育成新个体的生殖细胞，用“孢”说明有孕育新生命的能力，误为“胞子”就没有这一层含义了。

宰割鱼肉用刀“俎”

【错例】“人为刀殂，我为鱼肉。”这种境地太危险！

【简析】“刀殂”应为“刀俎”。“俎”音zǔ，其初文为“且”。“且”是象形字，字形象立于地上的几案，两横象足间横木，本义指用于盛祭肉的器具。《说文解字》："且，荐（垫物之器）也。从几。足有二横（同桄，guàng）。一，其下地也。"段玉裁注曰："且，古音俎，所以承借进物者。""进物"指进献之物。"且"很早就被借用作虚词，为了其表示盛垫进物之器具的含义，金文中出现了[illegible]的写法，"且"旁所加部分，后来变形为"仌"，因此"俎"是"且"的加旁分化字。有人认为"仌"为"且"（俎）下支撑之足，而传统的说法是："仌"为"且"（俎）上放置之肉。"俎"从仌（"半肉"）从且（有足、似几之盛器）会意，本义指祭祀时陈置羊豕等牲体的礼器。《说文解字》："俎，礼俎也。从半肉在且上。"段玉裁注曰："仌为半肉字，如酋谷有半水字，会意字也。""酋""谷"两字上部两点为三点水的省写，会水少之意，因此称为"半水"。"俎"中"仌"是"肉"的省写，会"半肉"之意——"俎"上陈置的牲体为"半体牲"。段注又曰："鲁颂传曰：大房，半体之俎也。按半体之俎者，少牢礼上利升羊载右胖，下利升豕右胖载于俎是也，故曰礼俎。""大房"即"俎"，因周人之"俎""足间有横，横下有跗（同柎，器物的足部），似乎堂后有房，故云大房"（段注）。"少牢"，用羊豕二牲之祭。"上利""下利"，主祭人助手中之上手、下手。"胖"（pàn），祭祀用的半边牲肉，"右胖"即右半边。礼器"俎"常与"豆"合称"俎豆"。"豆"形似高足盘，大多有盖。"俎豆"均有足，当是祭祀所需。盛肉的"俎"也作食器，与盛酒的"樽"合称"樽俎"，泛指盛酒食之器。"俎"引申指切肉用的砧板，如"俎上肉"，喻任人宰割，无可逃避。"殂"音 cú，形声字，从歹（歺，è，剔肉后残骨）且声，本义指死亡。《说文解字》："殂，往死也。"如"殂逝""殂殒"。"刀俎"即刀和砧板，是宰割的工具，亦喻宰割者。"刀殂"语义不通，显然是混淆了"俎""殂"造成的误写。

汉字的第二层级象形

◎石毓智

象形是汉字的造字方法之一，比如“日”“月”“人”“木”“口”等字的形体与所指的事物之间存在形体相似。我们把这种从现实到汉字形体的相似现象称作“第一层级象形”。一个汉字一旦被创造出来，它就有了自身的书写形体，人们又根据这书写形体去联想现实中的事物，而这所联想的事物是与这个汉字的原义没有任何关系的，我们把这种现象叫作“汉字的第二层级象形”。下面我们举几个典型的例子来说明这种现象。

自从互联网兴起以来，有一个非常冷僻的汉字“冏”（又写作“囧”）被赋予了新生命，成为了网络语言中的高频词，表示错愕、犯傻、窘迫等。先看网络的一段描写：

有人研究它如何拼写；有人把它称之为“21世纪最牛的一个字”；在百度的贴吧里出现了一个“囧吧”，跟帖有10600多个；众多的人用这个字开设了博客；甚至，有人用它开始做生意开了一家奶茶店；比如还有一个关于“囧”的专门网站。为什么这样一个90%的中国人不知道如何读的生僻字能有如此大的“魅力”呢？

第一次接触“囧”，是一个朋友通过QQ发来，这位朋友很神秘地告知这是个汉字，并且得意地说：“不认识，只能说明你老了。”还说，这个字只要会上网的90后多半都认识。其实，“囧”这个字的本义跟现在流行的用法毫不搭界，“囧”读音为jiǒng，是个象形字，象一堵墙上的窗口，从窗户透过光来，表示窗透明，引申有光明、明亮之义。现在作为流行语的“囧”的意思与它原来的意思并没有任何关系，而是跟它的字形有关系。外边的方框像人的脸庞，倒竖着八字眉，张大嘴巴，活像一个人窘迫、错愕时候的表情。可见，“囧”本来是一个象形字，因为它的字形又使得它产生了现在这个新义。

这里涉及两次创造性思维：第一次，把从窗户射进来的光，用象形字把它表示出来，代表“光明”。第二次，因为这个字的形体像人的一种表情，就用它来表示相应的心理状况。第一次象形是从现实到语言，第二次象形则是从语言到现实，走了一个循环。

由字形获得新义的用法还有一个典型的例子，这就是“呆”。“呆”是“保”的原来写法，也念如“保”。《说文解字·人部》：“呆，古文保。”古文作呆，是个会意字，古文呆是甲骨文“孚”（人背负孩子）的省略，省去了手，剩下孩子和臂的变形，隶变后写作“呆”，与“保”同义。

渐渐地发音也变了，变读成 dāi。元明以后“呆”出现了各种新用法，第一个用法是表示“傻，头脑迟钝”，例如“倘申生饮鸩而亡则是呆”（元杂剧《死生交范张鸡黍》）。第二个用法是“发愣，表情死板”，例如“惊得呆了半晌”（《水浒传》三十九回）。细看“呆”的字形，就像一个木桩子一样，站在那里，张大嘴巴，就像一个人眼睛无神，张着嘴巴，杵在那里发愣的样子。所以很自然地联系到“傻”“发愣”的意思。接着又引申出“停留”的意思，比如“你在这里呆着，别乱跑”，“呆一会儿再走”。本来这个意思是写作“待”的，结果现代汉语中表示等待有两个写法，出现“呆会儿”和“待会儿”并行使用的情况。

这是汉语词语发展的特殊现象，是由汉字的造字系统决定的。使用拼音文字的语言，基本见不到这种现象。

“宇宙的尽头”在哪里

◎陶馨妍

人生的目的是什么？我从哪里来，要到何处去？宇宙的尽头在何方？……这些问题，会出现在人类的遐思中，也会出现在科学家、哲学家的研究课题里，答案似乎很遥远很深奥。但是，在脱口秀演员李雪琴的演出中，“宇宙的尽头”有了一个答案：铁岭。

这个回答原本只是脱口秀表演中引人发笑的段子：在表演中，李雪琴说无论她遇到什么事，她的妈妈都一概建议她回家乡铁岭，就仿佛铁岭是宇宙的尽头一样。当然，妈妈想表达的意思其实很简单：家乡是永远的归宿。然而此后，“宇宙的尽头是××”这个句式在各路网友的加工之下，却逐渐成为了一个万能句式。

“宇宙的尽头是编制！”看到有些企业裁员而公务员职位稳稳当当，人们一边刷着公考题目，一边感叹道。这背后有一种调侃的心情：铁饭碗是许多人难以拒绝的职业选择，无论在人生道路上遇到了何种挫折，只要拥有了编制，那么恭喜你，已经身处宇宙的尽头，完成了最终目标。

冬奥会期间，冰雪项目火爆异常，许多人都跃跃欲试。但是滑雪运动是有风险的，一旦失误就很可能造成骨折，因此过来人发出了忠告：“雪道的尽头是骨科！”在这一句中，只保留了原句的“尽头”，替换了句头和句尾，但表达的意思与原句相差不远，也是在揭示两个看似不相关的词语之间的必然联系——你滑雪，你摔倒，你就会进骨科。同时，“雪道”的替换更是使句子的空间递进富有逻辑：雪道的确是长长的一条，也的确有尽头，只不过在这个句子的条件下，它不仅是物理意义上的“尽头”，更是因果意义上的“尽头”。

刷短视频的时候，因为一个有趣的开头而关注接下来的发展，看到最后竟然是植入的广告——原来“短视频的尽头是直播带货”！如同“科学的尽头是魔法”“物理的尽头是数学”“互联网公司的尽头是网贷”一样，保留“××的尽头是××”这个句式，套入任何符合说话者表达逻辑的内容，这个句式不仅局限于它最开始的意义，而且能够随着语境的改变而改变。一些本来显得深奥的问题在当代网友的调侃下拥有了离奇的“答案”，这种荒诞的落差感中往往包含着说话者朴素的现实诉求，也就是对于“答案”的曲折诠释。

对所有这些句式进行归纳，其底层含义就显现了出来，即我们对“最终归宿”的判断。人们似乎很想要得到某种过程的结果，就连宇宙都要有一个清晰明白、可以被定义的尽头，在这句话被说出口的时候，“尽头”可以是目标，也可以是结局，它可以很远，但它不能不存在。

从社会心理上看，这种语言现象体现出当下年轻人笼统归因的倾向，实际上还是一种群体迷茫的表现——正因为不知道该往何处去，才想要归纳出一个正确终点。但这又不是一种正儿八经的回答，同一个句式在一次次的填充之下分化出各种不同的用法，但其内核始终带有出人意料的调侃意味，这也用幽默精神部分化解了迷茫和无奈。这正是它得以流行的秘密所在。

只有菜肴才“下饭”吗

◎林婕雯

如果你是一个吃货，常常在各大商圈或者老街小巷寻觅美食，那你一定听过这样一句话“这个菜很下饭”；如果你是一个电视迷，不论影视剧还是综艺你都如数家珍，那你一定刷到过这样一句赞叹“这个节目很下饭”；如果你是一个电竞迷，喜欢看职业选手开游戏直播，那你一定在弹幕上看见过这样一句调侃“这个操作真下饭”……为什么在不同的场合我们总能听到或看到同一个词“下饭”呢？这还要从词的本义说起。

追本溯源，“下饭”是一个方言名词，指“菜肴”，也就是我们生活中常说的“小菜”。下者，送下也，“下饭”也就是陪饭下肚之物，所以用“下饭”指代菜肴，是十分贴切形象的。现代人所讲的“饭”多指稻米煮成的米饭，而稻米多产于南方，所以“下饭”称菜肴也多见于南方方言。

除了名词之外，“下饭”还有一个用法，就是用作形容词，此时意为“适宜用来佐餐”，比如开头说的“这个菜很下饭”。这便引申出网络用语“下饭综艺”“下饭剧”中的“下饭”了，即就着电视节目把饭吃下去，也就是一边吃饭一边看剧，不仅能让吃饭的过程变得更有趣，还能够增加食欲。所以，当我们想要夸赞一个电视节目时，我们就会用“下饭”一词以示其质量之高，观看感受之愉悦。

但如果你想用“下饭”一

词来夸赞电竞主播的操作，则会令人啼笑皆非。因为在电竞圈，“操作下饭”中的“下饭”有着和“下饭综艺”中的“下饭”完全相反的情感色彩，它用来形容游戏操作水平低、质量差，是一种调侃和嘲讽的委婉说辞。这个“下饭”的语义演变逻辑是：低水平的操作被称为“菜”“好菜”，既然是“好菜”，那么就适合用来“下饭”。其中，“好菜”由一个状中结构的形容词短语被偷换概念成为一个定中结构的名词短语，这是其语义演变的关键。

“下饭”这个调侃用语这两年在电竞圈广泛流行，但当游戏操作水平低得离谱时，“下饭”这种委婉说辞便不再能够满足观众的表达需要了，他们创造出了更多更夸张的衍生表达。比如“直接往我嘴里塞饭”，当动词由“下”换为“塞”时，因为“塞”的动作要比“下”更夸张，所以其表达更为强烈。又比如，“直接往我嘴里塞电饭煲”“直接在我嘴里开饭店”“直接往我嘴里种水稻”……虽然这些表达千奇百怪又不符合实际，但它们与“饭”都有着一定的联系：饭是用电饭煲煲出来的、饭在饭店里卖、饭是由水稻的果实煮成的……人们通过联想与“饭”相关的对象，使用转喻创造出了这些衍生表达，当它们与“饭”的相关性越弱，其表达效果便越夸张——也就是说“菜”的程度越高。

民以食为天，“吃饭”是一件很重要的事情，而“下饭”从“下饭菜”引申为“下饭综艺”“操作下饭”并被创造出各种衍生表达，也是网络世界充满语言活力、语言创造力的一种体现。

《火眼金睛》提示

图 1，“素未蒙面”应为“素未谋面”。

图 2，“不妄”应为“不枉”。

图 3，“五昌鱼”应为“武昌鱼”。

图 4，“庶糖”应为“蔗糖”。

游戏流行语大赏

◎葛雯卿

“嗨！兄弟！周末通宵吃鸡吗？”

说起这，有些人不禁感叹了：“现在年轻人天天伙食这么好，半夜还要吃鸡，不怕得三高吗？”错啦错啦，近来不少网络游戏大火，越来越多的年轻人通过在线游戏来释放压力。这“吃鸡”一词，就是源于这两年最火爆的网络手游之一——《绝地求生》。

不仅仅是“吃鸡”一词，还有大量随着网络游戏应运而生的词汇。那我们不禁疑惑，究竟是什么原因让这些游戏词汇大火，甚至成为如今的网络流行语呢？

原因大致有三种。其一，如今网络游戏种类丰富，体验感也愈发逼真，有趣的台词层出不穷。早年的《植物大战僵尸》贡献了经典台词：“僵尸吃掉了你的脑子！”许多热爱历史的玩家争先恐后地登录《二战风云》《权倾三国》《三国志》，喊出了“犹豫就会败北，果断就会白给”的口号。而“兽人永不为奴，我们终将称王！”“规则就是用来打破的！”这些出自《魔兽世界》《英雄联盟》的游戏流行语，也在一定程度上给“打工人”解了压。

其二，有些网络游戏流行语也出现了“多义化”倾向，扩大了适用范围。网游《绝地求生》中将还没开始就已经结束的秒死状态称为“落地成盒”，也被网友调侃为“快递盒”“骨灰盒”，于是“落地成盒”往往被用来表示还没有发力就已经失败的状态。再如网游《全面战争：三国》中的一句“匡扶汉室”，有些网民会这样说“孤现在无心上班，只想匡扶汉室！”难道他们真的想去重建汉朝吗？真正的意思是只想沉迷游戏之中吧！还有一些网络游戏的流行语渐渐演化得“阴阳怪气”，以此来嘲讽游戏对手。就像“GG了”，是英语“good game”的英文缩写，意为打得不错。但是现在却被许多获胜方用来嘲讽失败者，表明“失败了”“没救了”等含意。“信不信我给你一记上勾拳警告？”“你说完了吗？”这些出自游戏《守望先锋》的经典台词，也演变成了对对手能力的嘲讽，用来贬损对方。

其三，许多网络游戏用语一经流传就抛弃了本身的意思，变成了“无厘头玩梗”。“大吉大利，今晚吃鸡”这句《绝地求生》中的经典台词在近两年可以说是无人不晓，一听就知道是在号召玩家一起“厮杀战场”。“开黑开黑”“记得放大招”“人在！塔在！”“为了部落！”这些从《王者荣耀》《英雄联盟》等游戏中流行开来的游戏用语逐渐成为一起“团战”的“接头暗号”。似乎只要喊出这些暗号，玩家们就能一起进入战场，“艾欧尼亚”的力量才会“昂扬不灭”！

越来越多的人热衷于使用网络游戏用语，其中不少也成了流行语，而网络游戏的层出不穷又决定了这些流行语每一年都有不同的变化。这些网络游戏流行语经历过时间的筛选，最终有些可能会留存，比如“直到我的膝盖中了一枪”这句2011年发行的游戏《上古卷轴5：天际》中的台词，至今仍有人使用；但绝大多数会被淘汰，很快湮没不闻。所以我们也不必对这些“游戏黑话”谈虎色变，因为只有那些与正确的时代观念、文化观念相结合的游戏用语，才可能进入大众的日常语言生活。

"屈人之兵"如何"屈"

◎陈亦鋆　刘志基

多年前，有位老先生在一次讲座中言及《孙子兵法》中"不战而屈人之兵"的释读："屈"并不作"屈服"解，而表示"无"。所谓"屈人之兵"，就是把敌兵化为乌有。此说颇有新意，且与春秋时代"止戈为武"的观念相符，笔者深以为然。

然而，此说似乎影响有限，因为当下人们对"不战而屈人之兵"的解读，依然多将"屈"理解为"屈服"。此说之所以未被广泛认同，当为如下两个原因所致：其一，《说文》训"屈"曰"无尾也"而并非是"无"，而其义符"尾"的本义显然与"无"也是有距离的；其二，从出土古文字用字来看，以往材料中"屈"并无可训"无"的文例。二重证据缺了其一，证据链就不完整了。两者之中，以后者最为关键，因为前一个问题，前人并非没有解释，只是同样因地下出土材料的证据缺失而缺乏一点公信力。然而，《清华简》的面世，使这种状况得以改变。

《清华简》五《汤在啻门》："嬃（气）屈乃丹（终），百志皆竆（穷）。"简文的"屈"字从"尾"从"出"无疑：

而其意义，正表穷尽、竭尽。所谓"气屈乃终"，整理者认为就是说人的气竭尽则生命终结，乃死也。

《清华简》七《越公其事》："句戏（践）不許吴成，乃使

(使)人告於吳王曰天以吳土賜雩(越)句戉(践)不敢弗受,殹民生不劢(仍),王亓(其)母(毋)死,民生埅(地)上,寓也,亓(其)與幾可(何)?不㝅(穀)亓(其)牆(将)王於甬句重(東),夫婦吾(三百)唯王所安,以屈𦘒(尽)王年。"

这段简文,记述了勾践打败夫差后对夫差的处置:勾践接受"天赐"的吴国领土后劝说夫差找个地方颐养天年,"屈尽王年"就是让夫差过完剩下的岁数。这段记述,反映了勾践对战败者夫差的恭敬尊重,而与传世文献一般描述的勾践的复仇者形象颇为不同,这些与本文的焦点关系不大,姑且忽略,而其中的"屈",简文作:

亦分明是从尾,出声,且与"尽"同义连缀,更是"屈"表"无""尽"之类意义的铁证。

出土文献的用例,亦可证明段玉裁等对《说文解字》"屈"字之释的解读是合理的,《说文解字注》援引许慎为《淮南子》"屈奇之服"所作的注:"屈,短也。奇,长也。凡短尾曰屈。"认为"屈"也有短义。马叙伦《说文解字六书疏证》也有类似的意见,强调那些用"屈"形容的动物并不是没有尾巴,而是"短尾","短尾"才是本训。直到今天,部分粤、闽方言仍然保留着"屈"最初的用法,例如用"屈尾龙"指断尾的龙。总体而言,"屈"字从"尾",从"出"声,"尾"表义,本义当是短尾,"短""缺"意义相近,故"屈"又多表短缺、穷尽。

理解"屈"的以上形义关系,当然不仅有利于解读"不战而屈人之兵",最近有学者论及人们对《荀子·礼论》的误读,就是一例。

《荀子·礼论》开篇曰:"先王恶其乱也,故制礼义以分之,以养人之欲,给人之求,使欲必不穷于物,物必不屈于欲。两者相持而长,是礼之所起也。"对"物必不屈于欲",人们多解读为“不要让物质过分顺从于欲望”,仿佛劝人抵抗欲望。实际上,“屈”在这句话中并非“顺从”,而是表“竭尽”,与上句的“穷”对应。结合上下文,全句大意是说,先王制作礼义的意义,在于让人的欲望不必受现有物资的限制,同时物资不应被欲望的满足耗尽,物、欲两者互相扶持。这样解释,才比较符合荀子重视社会发展、以礼导欲的态度。(李晨阳《〈荀子〉物欲关系新解》,《中州学刊》2021(10):101—107)

古文献中“屈”字多见,而用为“尽”“无”义的文句颇多,若不明“屈”的以上形义关系,也是容易误读的:

《孙子·作战》:“攻城则力屈。”

《荀子·王制》:“以时禁发,使国家足用而财物不屈。”

《汉书·食货志》:“生之有时,而用之亡度,则物力必屈。”

《汉书·贾谊传》:“国已屈矣,盗贼直须时耳,然而献计者曰‘毋动’,为大耳。”

《汉书·贾谊传》:“古者以奉一帝一后而节适,今庶人屋壁得为帝服,倡优下贱得为后饰,然而天下不屈者,殆未有也。”

《代张方平谏用兵书》:“师徒丧败,财用耗屈。”

带“屈”字的成语也有不少:情见势屈、势穷力屈、理屈词穷、力屈计穷……千万注意,其中之“屈”也是用为“尽”“无”义的,解作“屈服”,便贻笑大方了。

《“开刀即劏”是什么意思》解疑

“劏”读 tāng,是“劏”的类推简化字,粤语中义为割、宰杀。可指把动物从肚皮切开,再去除内脏;也指把胸肚状的物体剖开(如劏西瓜)。“开刀即劏山泉大鱼”,即拿起刀就宰杀山泉水养出来的大鱼。广州人吃鱼讲究,常趁其生猛鲜活时宰杀。

文豪的手杖

（文中有十处差错，你能找出来吗？答案在本期找）

◎梁北夕　设计

巴尔扎克考大学时，还是一个不喑世事的孩子。父亲希望他成为一名大律师，巴尔扎克顺从父亲的意愿，选择了某大学的法律系。

大学生活让巴尔扎克迅速成长起来，思想也发生了翻天复地的变化。他意识到自己对法律毫无兴趣，而且对文学创作充满了热情。决定放弃当一名律师，改为向自己喜爱的文坛进军。父亲得知了巴尔扎克的想法，悖然大怒，训斥他不务正业，并发出危胁：如果继续执迷不误，就不再向他提供生活费用。

面对父亲的怒火，巴尔扎克表现得很平静，他并没有改变自己的想法，继续埋首书卷，笔耕不缀。最终，父亲真的“断炊”了，巴尔扎克的生活陷入了绝境。也许是上天还想惩罚一下这个“忤逆”的年轻人，巴尔扎克接二连三地被退稿，还背上了沉重的债务。他只能以清水和干面包充饥。但乐观的他并没有被压跨，在啃干面包的时候，他摆上写有“香肠”“牛排”“奶酪”等的空盘子，在想象的美味中狼吞虎咽。数年之后，巴尔扎克终于迎来了文学生命的春天，最终成为亨誉世界的大文豪。

有人曾向巴尔扎克请教是什么支撑着他一路走过来的？他回答：是这根手杖！原来，这根手杖上刻着这样一行字：我将粉碎一切障碍。

火眼金睛

图中差错知多少？

张 旭 杨昌俊 孙延宜 付 寓 提供

（答案在本期找）

打赢疫情防控阻击战

虽然我们素未蒙面

但你一定要平平安安

1

2

3

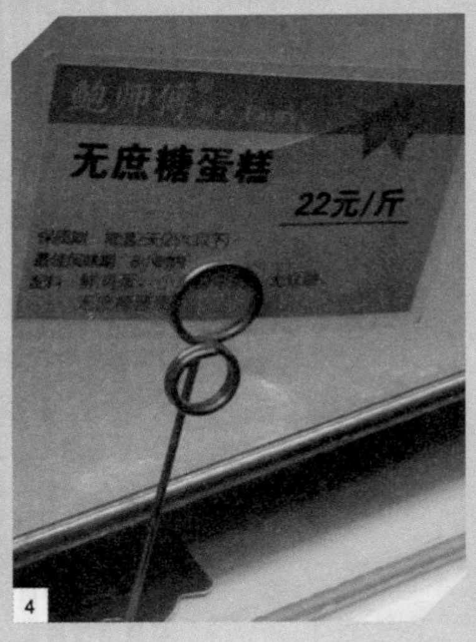

4

微信公众号

邮 政

淘 宝

微 店

电子版

ISSN 1009-239(

9 771009 239227

2022年荣誉校对名录

田玉道	吴孝成	陈关春	侯新民	张骏鹏
姜登榜	叶才林	霍民起	孙延宜	厉国轩
阎德喜	李学东	谢海华	蔡美权	李景祥
孙凯歌	周开轩	李昌鸿	杨西仑	卫　强
王成玉	李晓伟